농협계열사

필기전형(직무능력평가 + 직무상식평가)

KB189265

NH농협계열사

필기시험(직무능력평가+직무상식평가)

개정 4판 1쇄 발행	2024년 01월 12일
개정 5판 1쇄 발행	2025년 04월 14일

편 저 자	취업적성연구소
발 행 처	(주)서원각
등록번호	1999-1A-107호
주 소	경기도 고양시 일산서구 덕산로 88-45(가좌동)
대표번호	031-923-2051
팩 스	031-923-3815
교재문의	카카오톡 플러스 친구 [서원각]
홈페이지	goseowon.com

PREFACE

NH농협계열사(중앙회, 경제지주, 금융지주)는 다양한 사업을 전개하고 있습니다. 본인의 적성에 맞는 분야를 택하여 능력을 발휘할 수 있으며, 연고지 또는 희망지에서 지역사회발전을 위해 근무할 수 있습니다. 공익 지향적 사업을 추구하는 만큼, 일에 대한 가치와 보람을 함께 느낄 수 있다는 장점이 있습니다. 더불어 비교적 안정적인 직장이라는 인식도 큰 매력을 느끼게 해주기도 합니다.

NH농협계열사는 지원자의 기본 자질을 심사하고 유능한 인재를 선발하고자 서류전형 이후, 필기전형 단계에서 인·적성 검사를 통해 성격특성 요인을 특정하여 적정성 여부를 판단하고, 직무능력검사를 통해 직무에 필요한 능력을 측정합니다. 인재 선발을 위한 최종단계인 면접전형에서는 서류전형과 필기전형을 보완하여 농협의 인재상 부합여부, 잠재적 역량과 열정 등을 평가합니다.

본서는 NH농협계열사 필기 및 면접전형을 효과적으로 대비하기 위하여 다음과 같이 구상하였습니다.

- 4개년(2024~2021) 농협 필기전형 기출문제를 복원 및 재구성하여 수록하였습니다.
- 직무능력평가(의사소통능력, 수리능력, 문제해결능력, 정보능력, 자원관리능력, 조직이해능력) 출제 경향 및 기출 예상 문제를 수록하였습니다.
- 출제가 예상되는 직무상식평가(농협, 농업·농촌, 경제, 디지털·ICT, 유통·경영관리) 용어를 정리하여 수록하였습니다.
- 인·적성평가 대비를 위한 실전 문제와 연도별 면접 기출 문제를 수록하였습니다.
- 논술의 기초와 논술 개요 예시, 기출논제, 예상 논제를 수록하였습니다.

끝으로, 본서가 NH농협 계열사 시험을 준비하는 수험생들에게 합격의 기쁨을 전할 수 있기를 바라며, 자신을 믿고 노력하며 달려가는 길을 서원각이 응원합니다.

STRUCTURE

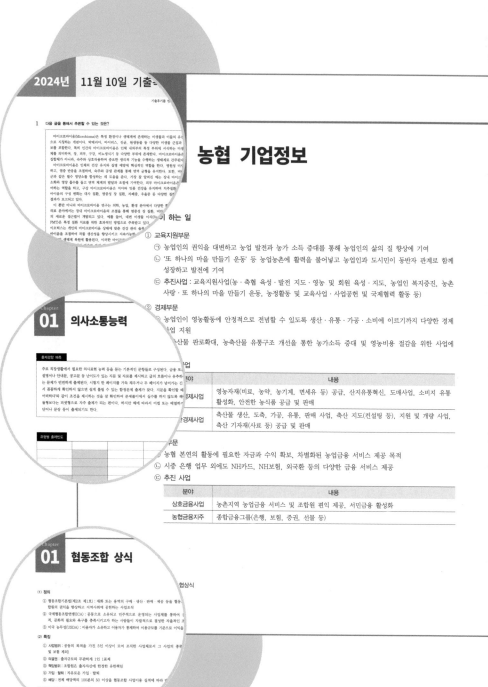

Chapter 02 2025 농업·농촌 10대 이슈

※ 마

(1) 기후쇼크, 농장에서 식탁까지 : 지속가능한 생산과 소비를 위한 기후 적응력 강화

① 기상이변으로 인한 농업·농촌 위기 가중 및 소비자 물가 부담 증가
→ 이상기후의 일상화로 농업 재해가 빈번하게 발생
→ 온열 질환에 취약한 농작업 환경
→ 2024년 온열질환자 15.7%가 논·밭·하우스에서 발생(질병관리청 발표)

② 기상이변으로 인한 농산물 물가 상승으로 소비자 부담 증가
→ 2024년 상반기 사과, 2024년 하반기 채소류 중심으로 소비자 가격 급증
→ 고물가 충격 완화에 대한 소비자 요구 확산

③ 정부의 기후변화 대응 및 물가안정 정책 추진
→ 심화되는 기후위기 피해 증가로 기존 「3차 국가 기후변화 적응대책(2021~2025)」을 보완하는 국가 기후위기 적응 강화대책(2023~2025) 발표(2023. 6.)
→ 물가안정을 위한 할당관세 활용 정책 기조 확대

[자료1] 농업 분야의 지속가능한 농수산 환경 조성 추진 과제

구분	내용
농업생산·기상정보 고도화 및 기후재난 예방	• 작물·축산 생산성 변화 진단·예측 강화 • 기상재해 사전 대비 경보 강화 • 병해충 모니터링, 예측·방제 강화 • 기후·기상 종합 정보 제공
재해대응 생산기반 적응력 제고	• 수자원 개발을 통한 가뭄 피해 최소화 • 농업생산기반 시설 개선으로 홍수 피해 대비 • 수질·토양 관리 강화
기후적응형 기술·품종 개발 및 보급 확대	• 스마트농업 확산 • 극한기상 피해 경감 기술 개발·보급 확대 • 기후적응형 작품 품종 육성 • 기후적응형 농업기술 보급 확산
기후 대응체계 개편 및 식량 안보 제고	• 농식품 기후 변화대응센터 건립 • 농산물 비축 확대 및 해외 공급망 구축 • 농작물 재해 보험 및 복구대책 개선

실전모의고사

실전 대비 2회분 실전 모의고사를 수록하였습니다. 실제 시험장에서 응시하듯 준비해보세요.

인적성평가(Lv.2) 및 면접

인·적성평가를 준비할 수 있도록 개요 및 실전 문제를 수록하였습니다. 또한 연도별 면접 기출 문제를 수록하여 면접 경향을 파악하고 이를 대비할 수 있도록 하였습니다.

논술

NH농협 계열사 논술을 대비할 수 있도록 논술의 기초뿐만 아니라 논술 개요 예시, 예상 논제 및 기출논제까지 수록하였습니다.

CONTENTS

PART 01

농협상식

농협 기업정보

(1) 농협이 하는 일

① 교육지원부문

　㉠ 농업인의 권익을 대변하고 농업 발전과 농가 소득 증대를 통해 농업인의 삶의 질 향상에 기여

　㉡ '또 하나의 마을 만들기 운동' 등 농업농촌에 활력을 불어넣고 농업인과 도시민이 동반자 관계로 함께 성장하고 발전에 기여

　㉢ 추진사업 : 교육지원사업(농·축협 육성·발전 지도·영농 및 회원 육성·지도, 농업인 복지증진, 농촌사랑·또 하나의 마을 만들기 운동, 농정활동 및 교육사업·사업공헌 및 국제협력 활동 등)

② 경제부문

　㉠ 농업인이 영농활동에 안정적으로 전념할 수 있도록 생산·유통·가공·소비에 이르기까지 다양한 경제사업 지원

　㉡ 농축산물 판로확대, 농축산물 유통구조 개선을 통한 농가소득 증대 및 영농비용 절감을 위한 사업에 주력

　㉢ 추진 사업

분야	내용
농업경제사업	영농자재(비료, 농약, 농기계, 면세유 등) 공급, 산지유통혁신, 도매사업, 소비지 유통 활성화, 안전한 농식품 공급 및 판매
축산경제사업	축산물 생산, 도축, 가공, 유통, 판매 사업, 축산 지도(컨설팅 등), 지원 및 개량 사업, 축산 기자재(사료 등) 공급 및 판매

③ 금융부문

　㉠ 농협 본연의 활동에 필요한 자금과 수익 확보, 차별화된 농업금융 서비스 제공 목적

　㉡ 시중 은행 업무 외에도 NH카드, NH보험, 외국환 등의 다양한 금융 서비스 제공

　㉢ 추진 사업

분야	내용
상호금융사업	농촌지역 농업금융 서비스 및 조합원 편익 제공, 서민금융 활성화
농협금융지주	종합금융그룹(은행, 보험, 증권, 선물 등)

(2) 비전 2030

① 수립 방향
- ㉠ 농협이 추구하는 「농업·농촌의 미래상」 반영 : 희망농업·행복농촌
- ㉡ 「농협의 정체성」이 살아있는 농협의 미래상 반영 : 국민의 농협, 농민의 농협, 농축협 중심의 농협, 글로벌 농협
- ㉢ 기존의 「경영 패러다임의 대전환」을 위한 변화·혁신 강조 : 농축협이 중심에 서는 중앙회, 농산업을 선도하는 농협경제, 지역발전에 앞장 서는 농축협, 농축협 성장을 지원하는 농협 금융, 국민의 자랑이 되는 세계 속의 농협, 변화와 혁신으로 도전하는 농협·人

농업·농촌의 위기	농업·농촌의 기회	농협이 안고 있는 문제	농협에 대한 새로운 기대
• 농업성장 둔화 • 농업소득 감소 • 미래영농세대 부족 • 농촌활력 저하 • 지역소멸위기	• 식량안보 중요성 • 농업농촌 인식전환 • 애그테크 확산 • 정책 지원 증가 • 귀농·귀촌 증가	조합원 고령화·이질화 • 농축협 양극화 • 정체성 약화 • 중앙회 중심 사업리드 • 관료적 조직문화	• 사업/서비스 확대 요구 • K-food 확산 • 글로벌 협동조합 위상 제고 • 협동조합 간 협동 • 국제 경쟁력 확보

② 비전 : 변화와 혁신을 통한 새로운 대한민국 농협
→ 중앙회 중심 경영, 열위한 사업 경쟁력, 구조적 비효율을 벗어나 인식, 사람, 조직, 제도 등 근본적인 패러다임의 대전환 추진

③ 슬로건 : 희망농업, 행복농촌 농협이 만들어 갑니다
→ 농업·농촌의 '새롭고 당당한 미래상'을 '농협이 중심'이 되어 '추진'

④ 4대 핵심가치
- ㉠ 국민에게 사랑받는 농협 : 지역사회와 국가경제 발전에 공헌하여 온 국민에게 신뢰받고 사랑받는 농협 구현
- ㉡ 농업인을 위한 농협 : 농업인의 행복과 발전을 위해 노력하고, 농업인의 경제적·사회적·문화적 지위 향상 추구
- ㉢ 지역 농축협과 함께 하는 농협 : 협동조합의 원칙과 정신에 의거, 협동과 상생으로 지역 농축협이 중심에 서는 농협 구현
- ㉣ 경쟁력 있는 글로벌 농협 : 미래 지속가능한 성장을 위하여 국내를 벗어나 세계 속에서도 경쟁력을 갖춘 농협으로 도약

⑤ 혁신 전략

　㉠ 농업인 · 국민과 함께 「농사같이(農四價値) 운동」 전개
　　• 농사같이(農四價値) : 농민존중(국민들로부터 인정받고 존경받는 농업인), 농업성장(농업에 대한 본질을 농업; Agriculture에서 농산업; agribusiness으로 전환), 농촌재생(살기 좋은 농촌, 찾고 싶은 농촌, 활력 넘치는 농촌으로 전환), 농협혁식(농업인과 농축협이 중심이 되는 농협, 농업인의 눈높이에 맞는 농협)
　　• 60년 농협 · 농촌 운동의 전통과 정신 계승
　　• 농업변화 · 혁신의 대전환을 위한 성장동력 내재화

　㉡ 중앙회 지배구조 혁신과 지원체계 고도화로 「농축협 중심」의 농협 구현
　　• 농축협의 눈높이에 맞춘 중앙회 지배구조 혁신
　　• 농축협 지원확대와 지원체계 고도화로 지속성장 기반 확보
　　• 산지유통 중점 지원으로 농축협 경제사업 활성화

　㉢ 디지털 기반 「생산 · 유통 혁신」으로 미래 농산업 선도, 농업소득 향상
　　• 금융-경제 시너지로 애그테크 기반 미래 농산업 선도
　　• 스마트 영농 정착과 농자재 가격안정으로 농업소득 향상
　　• 유통혁신을 통한 농축산물 수급안정과 디지털 인프라 확충

　㉣ 「금융부문 혁신」과 「디지털 경쟁력」을 통해 농축협 성장 지원
　　• 상호금융특별회계의 안정적인 수익창출로 농축협 경영지원 강화
　　• 상호금융 정체성 강화 및 제1금융권 수준의 사업경쟁력 확보
　　• 디지털 기반 초일류 금융그룹으로 도약하여 농축협 수익센터 역할 강화

　㉤ 「미래 경영」과 「조직문화 혁신」을 통해 새로운 농협으로 도약
　　• 미래전략실 설치로 농축협-중앙회 성장과 혁신을 주도
　　• 범농협 위기대응체제 구축 및 디지털 전환
　　• 미래 인재 육성 및 조직문화 혁신으로 경쟁력과 전문성 확보

⑥ 엠블럼 의미

　㉠ 'ㄴ'과 'ㅎ'이 결합하여 '농'의 완성 : 농업 · 농촌의 새롭고 당당한 미래상의 중심에 「새로운 대한민국 농협」이 있음을 부각
　㉡ 변화와 혁신을 담은 수레 : 새수레에 변화와 혁신의 황금빛 불꽃을 담아 희망농업, 행복농촌을 만들겠다는 의미

(3) 농협의 역사

① 종합농협 이전(1907~)

㉠ 1907년 광주지방 금융조합설립

㉡ 1919년 조선경제협회 설립(지방금융연합회 승계)

㉢ 1927년 조선 농회령 공포 및 선 농회 설립

㉣ 1928년 조선금융조합협회 설립(조선경제협회 승계)

㉤ 1933년 조선금융조합연합회 설립(조선금융조합협회 승계)

㉥ 1935년 조선금융조합연합회 하부조직 식산계 설치

㉦ 1956년 금융조직·연합회·식산계 업무 인수, ㈜농업은행 설립

㉧ 1957년 농업협동조합법, 농업은행법 제정(조선농회 업무·재산 인수), 농업은행법 제정

㉨ 1958년 농협중앙회 창립총회 개최, 농업은행 업무 개시

② 종합농협 출범(1961~)

㉠ 1961년 농협중앙회와 농업은행 통합, 종합농협 형태 농업협동조합 창립(전국단위 중앙회 - 시군조합 - 이동조합의 3단계)

㉡ 1962년 농협대학교 개교

㉢ 1964년 농협신문 창간(농민신문 전신)

㉣ 1965년 자립·과학·협동을 다짐하는 새농민운동 전개

㉤ 1969년 조합에 상호금융제도를 도입해 농촌지역 고리채(高利債)해소

㉥ 1972년 농신보 업무 실시

㉦ 1981년 농협중앙회에서 축산부문 분리, 농협 계통조직 2단계 개편(시군조합 폐지, 조합 - 중앙회 2단계)

㉧ 1984년 연금공제·화재공제 실시, 신용카드 업무 개시

㉨ 1986년 면세유 공급 개시

③ 농협의 민주화와 통합농협시대(1988~)

㉠ 1988년 민주 농협법 개정, 조합장 및 중앙회장 직선제 도입

㉡ 1989년 우리농산물애용운동 전개

㉢ 1990년 농식품 수출전담 자회사 ㈜협동무역(現NH무역) 설립

㉣ 1994년 사업부제 실시

㉤ 1995년 ㈜농협유통·농협사료 설립

㉥ 1998년 양재동 하나로클럽 개장, ㈜남해화학 인수 완료

㉦ 2000년 통합 농협중앙회 출범(농·축·인삼협중앙회 통합)

㉧ 2004년 새농촌새농협운동 추진 선포, 농협재단·농촌사랑운동 전개 및 범국민운동본부 출범

㉨ 2006년 농촌사랑지도자연수원·NH투자증권·농협목우촌·농협경제연구소 출범

㉩ 2007년 한국 농협, 국제협동조합연맹(ICA)의 세계 4대 협동조합기관 선정

㉪ 2010년 국제협동조합기구(ICAO) 개최, 도농 상생자금 5,000억 지원

④ 사업전문화 새농협 출범(2011~)

  ㉠ 2011년 사업구조개편을 위한 농협법 개정창립 50주년 기념, 농협장학관 개관, 식사랑농사랑운동 전개

  ㉡ 2012년 경제사업 활성화를 위한 사업 분할(중앙회 · 경제지주 · 금융지주)전개

  ㉢ 2013년 국제협동조합연맹(ICA) 이사국 재선임국제협동조합농업기구(ICAO) 회장 기관

  ㉣ 2015년 농협하나로유통 · 농협양곡 설립

  ㉤ 2016년 농협이념중앙교육원 개원농협미래농업지원센터 개원

  ㉥ 2018년 깨끗하고 아름다운농촌마을 가꾸기 운동 전개

  ㉦ 2020년 비전2025 "함께하는 100년 농협" 선포

  ㉧ 2021년 창립 60주년 농협, 혁신으로 새로운 100년을 향해

  ㉨ 2022년 「탄소Zero 챌린지 적금」 출시로 ESG 동참, 농산업혁신기업 육성

  ㉩ 「범농협 3행3무 실천운동」 결의, 「61천 그루 나무심기」, 금융기관 최초로 「112 신고자동화 시스템 구축」, 제28회 농업인의 날, 새로운 미래비전 「함께하는 100년 농촌」 선포

⑤ 「농업 · 농촌 · 농협운동」 추진 경과

  ㉠ 1964~1965년 : 농협 체질개선 운동

  ㉡ 1965~1978년 : 새농민 운동

  ㉢ 1978~1978년 : 신풍 운동

  ㉣ 1980~1987년 : 농협 경영 개선 운동

  ㉤ 1988~1992년 : 새농협운동

  ㉥ 1989~1994년 : 身土不二 운동

  ㉦ 1995~2002년 : 農都不二 운동

  ㉧ 2003~2004년 : 농촌사랑 운동

  ㉨ 2004~2012년 : 새농촌 새농협 生운동

  ㉩ 2012~2015년 : 食사랑 農사랑 운동

  ㉪ 2016~2018년 : 함께하는 마을 만들기

  ㉫ 2018~2023년 : 깨끗하고 아름다운 농촌마을 가꾸기

시험에 이렇게 나온다! **60년 농협 · 농촌운동의 전통과 정신을 계승한 「농사같이(農四價値) 운동」의 네 가지 농업가치 기반으로 옳지 않은 것은?**

① 농민존중

② 농촌재생

③ 농민개몽

④ 농협혁신

A. ③

(4) 계열사 현황

분야	내용
중앙회 교육지원 계열사(4개사)	농협정보시스템, 농협자산관리, 농협네트웍스-농협파트너스
농협경제 계열사(16개사)	• 유통 : 농협하나로 유통, 농협유통 • 제조 : 남해화학-엔이에스머티리얼즈, 농협케미컬, 농우바이오, 농협에코아그로 • 식품/서비스 : 농협양곡, 농협홍삼, 농협식품, 농협물류, NH농협무역 • 축산 : 농협사료-농협TMR, 농협목우촌
농협금융 계열사(12개사)	• 은행 : NH농협은행 • 보험 : NH농협생명, NH농협손해보험 • 증권 : NH투자증권-NH선물, NH헤지자산운용 • 기타 : NH-Amundi 자산운용, NH농협캐피탈, NH저축은행, NH농협리츠운용, NH벤처투자

(5) 농협의 인재상

① **시너지 창출가** : 항상 열린 마음으로 계통 간, 구성원 간에 존경과 협력을 다하여 조직 전체의 성과가 극대화될 수 있도록 시너지 제고를 위해 노력하는 인재

② **행복의 파트너** : 프로다운 서비스 정신을 바탕으로 농업인과 고객을 가족처럼 여기고 최상의 행복 가치를 위해 최선을 다하는 인재

③ **최고의 전문가** : 꾸준히 자기계발을 통해 자아를 성장시키고, 유통·금융 등 맡은 분야에서 최고의 전문가가 되기 위해 지속적으로 노력하는 인재

④ **정직과 도덕성을 갖춘 인재** : 매사에 혁신적인 자세로 모든 업무를 투명하고 정직하게 처리하여 농업인과 고객, 임직원 등 모든 이해관계자로부터 믿음과 신뢰를 받는 인재

⑤ **진취적 도전가** : 미래지향적 도전의식과 창의성을 바탕으로 새로운 사업과 성장동력을 찾기 위해 끊임없이 변화와 혁신을 추구하는 역동적이고 열정적인 인재

(6) NH 커뮤니케이션 브랜드 및 캐릭터(ARI)

① NH 커뮤니케이션 브랜드

㉠ Nature&Human(Nature Green) : 순수한 자연을 세상에 널리 전하는 농협의 건강한 이미지를 표현, 농협 전통의 친근하고 깨끗한 이미지 계승

㉡ New Happiness(Human Blue) : 농협의 앞서나가는 젊은 에너지와 전문적인 이미지를 표현, 젊은 농협의 현대적이고 세련된 새로운 이미지 창조

㉢ New Hope(Heart Yellow) : 풍요로운 생활의 중심, 근원이 되는 농협의 이미지를 계승

※ 그래픽 모티브는 인간과 자연을 위한 새로운 물결 상생, 화합, 조화 및 변화, 혁신, 새로운 바람 상징

② 캐릭터 아리(ARI)

  ㉠ 농업의 근원인 씨앗을 모티브로 쌀알, 밀알, 콩알에서 '알'을 따와서 명칭

  ㉡ 통합 농협으로 새출발하는 농협의 미래지향적인 기업 이미지는 캐릭터를 통해 발현

  ㉢ 우리의 전통 음율 '아리랑'을 연상케 하여 '흥, 어깨춤' 등 동적인 이미지

  ㉣ 곡식을 담는 '항아리', '풍요 및 결실'의 의미

(7) 농협의 파란 농부

① 의미

  ㉠ 청년(젊은) 농부

  ㉡ 알을 깨고 나온(破卵, 고정관념과 틀을 깬) 농부

  ㉢ 농업의 블루오션을 창출하는 농부

  ㉣ 농업에 파란을 일으키는 농부

② 내용

  ㉠ 우리 농업의 미래를 선도한 청년 농업인 육성

  ㉡ 국내 및 해외 주요 농업선진지에 대한 연수비 지원

  ㉢ 기수별 연수책자 제작 및 연수결과 보고회 실시(팜파티)

  ㉣ 농업관련 종합컨설팅 및 선도 창업농과의 멘토링

  ㉤ 농업관련 실습 및 교육과정 참여 추천 등

  ㉥ 자치회 결성 및 활동 지원

시험에 이렇게 나온다! NH 커뮤니케이션 브랜드 색상으로 옳지 않은 것은?

① Orange   ② Green

③ Yellow   ④ Blue

A. ①

시험에 이렇게 나온다! 농협비전 2030 엠블럼에 대한 설명으로 옳은 것은?

① 농업에 파란을 일으키는 농부 의미

② 곡식을 담는 항아리, 풍요의 결실 의미

③ 농업의 근원인 씨앗이 모티브

④ 변화와 혁신을 담은 수레

A. ④

⑧ 기사

농협경제지주, 쌀 소비 촉진 위한 MOU 체결 확대… 파트너십 강화

농협경제지주가 범국민 쌀 소비 붐 확산을 위해 협력기업과의 파트너십을 강화한다. 먼저, 경제기획본부는 이디야커피와 함께 이디야커피 본사에서 쌀 소비 촉진을 위한 업무협약(MOU)을 체결, 쌀 소비 촉진 홍보에 적극 협력하기로 하였다. 같은 날, 소매체인본부는 농협복합건물 대회의실에서 농협하나로마트 11개 동반사*와 쌀 소비촉진을 위한 업무협약(MOU)을 체결, 아침밥 먹기 운동 확산과 쌀 관련 상품 개발 확대 등 우리 쌀 소비 활성화에 적극 나서기로 하였다.

※ 하이트진로, 롯데웰푸드, 롯데칠성음료, 엘지생활건강, 빙그레, 매일유업, 해태제과, 정식품, 깨끗한나라, 삼양식품, 칠갑농산

㈜농협네트웍스, 공사대금 체불방지 시스템 도입 "소상공인 및 일용근로자 보호강화"

최근 재무구조가 취약하고 신용상태가 열악한 일부 건설사들의 부실 위험이 증가하고 있으며 건설사의 체불로 인하여 지역 소상공인, 일용근로자 등의 체불 발생, 공사지연 및 중단 등 다양한 문제가 연쇄적으로 발생하고 있어 현재 사회적 문제로 대두되고 있다. 이에 따라, ㈜농협네트웍스는 하도급사의 워크아웃, 법정관리, 가압류 등 유동성 위기 상황 시 소상공인 및 일용근로자에게 직접 대금을 지급하는 공사대금 지급시스템을 도입한다고 전했다. 또한, 하도급사의 경영부담 완화를 위해 신탁계약 체결 시 발생하는 수수료를 지원하여 상생경영을 실천할 예정이다. ㈜농협네트웍스는 「클린페이 플러스」를 대형공사 현장에 먼저 적용하고, 소규모 건설공사 현장까지 점차 확대 적용해나갈 계획이라고 밝혔다.

농협, 'K-푸드 스페셜 페스타 위드 서울콘' 참가 … K-라이스페스타 수상작 등 홍보

농협경제지주가 지난 1월 28일부터 29일까지 'K-푸드 스페셜 페스타 위드 서울콘'에 참여하여 우리쌀 가공식품을 홍보했다. 이번 행사는 DDP에서 진행되었으며 전 세계 60여 개국에서 글로벌 인플루언서 약 3,500여 명이 참가하여 개인 채널로 현장을 생중계하였다. 농협은 이번 행사에서 '2024 우리쌀·우리술 K-라이스페스타' 수상작을 비롯한 쌀 가공식품 20여 점을 전시 및 홍보하고 내방객들에게 우수 제품의 시식 기회를 제공했다.

Chapter 02

2025 농업·농촌 10대 이슈

※ 매년 1월 발표

(1) 기후쇼크, 농장에서 식탁까지 : 지속가능한 생산과 소비를 위한 기후 적응력 강화

① 기상이변으로 인한 농업·농촌 위기 가중 및 소비자 물가 부담 증가

→ 이상기후의 일상화로 농업 재해가 빈번하게 발생

→ 온열 질환에 취약한 농작업 환경

→ 2024년 온열질환자 15.7%가 논·밭·하우스에서 발생(질병관리청 발표)

② 기상이변으로 인한 농산물 물가 상승으로 소비자 부담 증가

→ 2024년 상반기 사과, 2024년 하반기 채소류 중심으로 소비자 가격 급증

→ 고물가 충격 완화에 대한 소비자 요구 확산

③ 정부의 기후변화 대응 및 물가안정 정책 추진

→ 심화되는 기후위기 피해 증가로 기존 「3차 국가 기후변화 적응대책(2021~2025)」을 보완하는 「제3차 국가 기후위기 적응 강화대책(2023~2025)」 발표(2023. 6.)

→ 물가안정을 위한 할당관세 활용 정책 기조 확대

[자료1] 농업 분야의 지속가능한 농수산 환경 조성 추진 과제

구분	내용
농업생산·기상정보 고도화 및 기후재난 예방	• 작물·축산 생산성 변화 진단·예측 강화 • 기상재해 사전 대비 경보 강화 • 병해충 모니터링, 예측·방제 강화 • 기후·기상 종합 정보 제공
재해대응 생산기반 적응력 제고	• 수자원 개발을 통한 가뭄 피해 최소화 • 농업생산기반 시설 개선으로 홍수 피해 대비 • 수질·토양 관리 강화
기후적응형 기술·품종 개발 및 보급 확대	• 스마트농업 확산 • 극한기상 피해 경감 기술 개발·보급 확대 • 기후적응형 작품 품종 육성 • 기후적응형 농업기술 보급 확산
기후 대응체계 개편 및 식량 안보 제고	• 농식품 기후 변화대응센터 건립 • 농산물 비축 확대 및 해외 공급망 구축 • 농작물 재해 보험 및 복구대책 개선

④ 향후 전망

→ 농업인 피해 경감과 농산물 물가안정 동시 달성 요구 증대

→ 농업 온실가스 감축 목표 달성을 위한 기술 · 재정 지원 확충 필요

(2) 한국형 농업인 소득 · 경영 안전망 : 농업수입안정보험 활성화를 위한 논의 본격화

① 농가 경영상태 지속적인 악화로 인한 농업소득 불확실성 확대

→ 자연재해, 영농자재 및 인건비 상승, 농산물 가격변동성 심화 등으로 인한 지속적인 영농 여건 악화

→ 지속적인 농업소득 비중 감소세

[자료2] 농업소득 비중

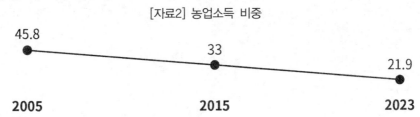

2005	2015	2023
45.8	33	21.9

② 농가소득 및 경영안정을 위한 정책 강화

→ 「한국형 농업인 소득 · 경영 안전망 구축 방안」 발표

→ 지난 10여 년 동안 시범 사업을 거친 농업수입안정보험 본사업으로 전환(2025년)

→ 중장기적으로 채소가격안정제 등 기존 수급 정책들과 통합 · 연계할 예정

③ 향후 전망

→ 농업소득 증대를 위한 정책 확대 및 범농협 사업 활성화

→ 농업수입안정보험에 대한 쟁점사항 논의 본격화

(3) 농촌 사회서비스 사막화 : 지역소멸 대응 농촌 사회서비스 확충

① 지역소멸 위기 및 낮은 삶의 질

→ 농촌 139개 시 · 군 1,404개 읍면의 농촌소멸위험지수 중 726개 면(약 52%)가 농촌소멸 위험 · 고위험 지역에 해당

→ 열악한 수준의 사회서비스 영역

② 식품사막, 의료사막 등 사각지대 확대

→ 식료품 소매점 접근성 악화

→ 의료인력 부족으로 인한 의료시스템 붕괴

③ 향후 전망

→ '가가호호 농촌 이동장터', '농촌아이돌봄지원사업', '농번기돌봄지원사업', '농촌왕진버스' 등 농촌 사회서비스 확충을 위한 맞춤형 대책 강화

→ 「제5차 삶의 질 기본계획(2025~2029)」 정책 마련으로 농촌주민의 삶의 질 향상 기대

(3) 쌀 수급 균형 : 쌀 산업 구조개혁 본격 시동

① 쌀 재배면적 및 생산량 감소세
  → 논 타작물 재배지원 사업 등으로 지속적인 감소

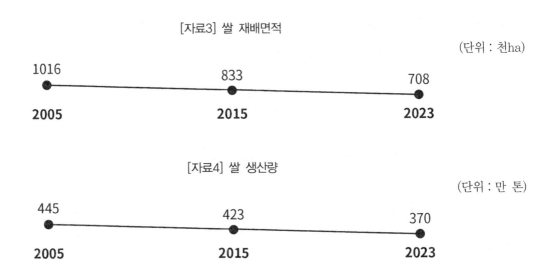

[자료3] 쌀 재배면적

(단위 : 천ha)

1016 — 2005
833 — 2015
708 — 2023

[자료4] 쌀 생산량

(단위 : 만 톤)

445 — 2005
423 — 2015
370 — 2023

② 구조적 공급과잉 현상
  → 육류·우유류 소비 증가, 밀가루 수요 확대 등 식품소비 패턴의 변화로 인해 쌀 수요 하락 예상
  → 1인당 쌀 소비 추이량 지속적인 감소

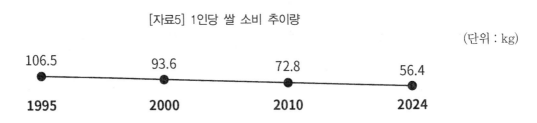

[자료5] 1인당 쌀 소비 추이량

(단위 : kg)

106.5 — 1995
93.6 — 2000
72.8 — 2010
56.4 — 2024

  → 2013~2022년 동안 쌀 생산량은 연평균 1.2%, 소비량은 1.7% 감소
  → 쌀 생산 감소폭보다 소비 감소폭이 더 크게 나타나면서 쌀 수급 불균형 및 쌀값 하락 등 구조적 공급
    과잉 현상 발생

③ 향후 전망
  → 벼 재배면적 조정제 시행으로 쌀 가격 상승 견인 및 벼 재배농가 소득 증대 기여
  → 쌀 가공식품 산업 활성화 및 K-Food 수출 확대 본격화
  → 정부 및 농업인 단체 중심으로 쌀밥 효능 홍보, 아침밥먹기 캠페인 등 확대를 통해 쌀 소비 확대를 위
    한 범국민적 활동 활성화

(5) 식량안보 대응 강화 : 글로벌 식량위기 상시화, 법제화 통한 식량안보 강화 논의 확산

① 기후변화 · 국제정세로 인한 글로벌 공급망 불안정 심화
  → 이상기후 및 곡물수출국 제한조치, 전쟁과 분쟁, 무역갈등 등으로 인한 글로벌 식량위기 문제
  → 국제 원자재 가격 상승

② 글로벌 주요국(美 · 中 · 日), 법제화를 통한 식량안보 강화에 초점

③ 향후전망
  → 글로벌 공급망 재편 움직임 가속화, 식량안보 중요성 확대
  → 식량안보 보장을 위한 제도화 논의 확산

(6) 농산물 도매시장 혁신 : 도매시장 공적 기능 강화 및 참여자 간 경쟁 촉진

① 농산물 도매시장 유통구조 개선 필요성 대두

② 정부의 「농산물 유통구조 개선방안」 발표
  → 2024년 4월부터 범부처 합동으로 농수산물 출하유통 실태 및 농산물 시장의 불공정 행위 점검 결과를
    바탕으로 「농산물 유통구조 개선방안」 발표
  → 유통비용 10% 이상 절감 목표 및 4대 전략, 10대 중점 추진과제 구성

[자료6] 「농산물 유통구조 개선방안」 주요 내용

4대 전략	10대 중점 추진과제
공영도매시장 공공성 · 효율성 제고	• 도매시장 내 경쟁 확대 • 도매법인 공공성 강화 • 도매가격 변동성 완화
온라인 도매시장 활성화	• 판매자 · 구매자 확대를 통한 경쟁 촉진 • 경쟁력 있는 판매자 · 구매자 주체 육성 • 법조직 등 인프라 구축
산지 유통 규모화 · 효율화	• 산지의 유통 · 수급 관리 역량 강화 • 물류기기 시장 경쟁 확대
소비자 유통 환경 개선	• 유통비용 절감을 위한 新 소비 문화 정착 • 유통업체 간 경생 활성화

③ 향후 전망
  → 공영도매시장의 유통구조 개선을 위한 제도 마련 및 개선 전개
  → 온라인도매시장 활성화를 위한 규제완화 및 지원강화

(7) 공동영농을 통한 영농효율화 : 공동영농으로 농업의 구조적 전환 가속화

① 농업의 구조적 한계를 해결하기 위한 공동영농의 필요성 제기
→ 농지 규모화 · 기계화로 노동력 절감, 농지 이용률 제고
→ 유휴농지 통합적 활용으로 효율성 제고 및 참여 농가의 농가 소득 증대

② 지자체 · 지역농협 중심으로 공동영농 시범사업 추진

③ 향후 전망
→ 경영 주체 · 방식 등 구조적 전환 가속화
→ 공동영농의 안정적인 정착과 활성화를 위한 제도 구축 논의 확대

(8) 첨단기술로 진화하는 농식품 산업지형 : 스마트농업 · 푸드테크 등 관련 법률 시행에 따른 기대와 우려

① 첨단기술 기반 농식품 산업의 제도적 기반 마련

② 스마트농업 · 푸드테크 등 첨단 농산업 가속화로 경쟁력 강화 추진
→ 2024년 3월 「스마트농산업 발전방안」 발표
→ 2027년까지 스마트 온실 보급률 30% 이상 확대, 스마트농업 전문기업 100개 이상, 유니콘 기업 30개 육성 · 발굴 목표
→ 푸드테크 전용펀드 310억 원 조성(2023~2024년), 푸드테크 연구지원센터 구축 지원(2024~2026년)

③ 향후 전망
→ 스마트농업 육성지구 지정, R&D와 표준화 사업, 전문인력 양성, 중 · 장기 투자계획 등 수립
→ 수직농장 중심으로 스마트팜 확산, 관련 산업 육성
→ 데이터 · 인공지능 기반 신기술 개발 및 창업 활성화 기대
→ 기술 격차에 따른 농업인 내부 불균형 야기 및 첨단 기술도입으로 인한 전통 농업과의 갈등 발생 우려

(9) 트럼프 2.0 시대, 거세지는 통상파고 : 더 강해지는 '아메리카 퍼스트'로 통상 불확실성 최고조

① 美, 트럼프 1기에 이어 강력한 보호무역 장벽 구축, 불공정 무역관행 강력 대응, 외국 생산자에 대한 관세 인상 예상

② 관세 · 방위비 등으로 동맹국을 포함한 무역상대국들이 미국에 더 나은 시장접근을 허용하도록 압박

③ 향후 전망
→ 농산물 수입압박 및 수출둔화 등 농업통상 난기류 예상
→ 중국과의 경제관계 재설정 및 對세계와의 균형 잡힌 무역정책 추구
→ 국내 농업의 농업경영 및 농산물 수급에 리스크 발생 가능성 전망

⑩ K-Food, 글로벌 영토 확장 : 외연을 확대하며 세계 시장으로 비약적 성장

① K-콘텐츠의 인기에 힘입어 지속적인 K-Food 수출 규모 확대
→ 2023년 K-Food(농식품) 수출액 90억 2천만 달러 기록
→ 스마트팜, 농기자재, 펫푸드, 동물용의약품 등 2023년 121억 4천만 달러 기록

② K-Food 수출 확대 및 식품산업 외연확장을 위한 「K-Food+ 수출 혁신 전략」 발표
→ 2027년까지 230억 달러 수출 목표 제시
→ 수출 지역 편중 해소를 위해 내실화 전략, 신시장 수출 비중 확대, K-Food 박람회 개최, 할랄인증 상호 인정 협약국 9개국 확대 등 추진
→ 해외 안테나숍 사업 25개국 28개소 확대 운영

③ 향후 전망
→ 현지 인프라, 원재료 수급 고려, 시장 세분화, 브랜드 고유성 확보, 콜드체인 시스템, 마케팅 강화 등의 개선으로 신선식품 수출 확대 전망
→ 수출 여건 악화에 따라 이슈별 대응 전략 마련 및 맞춤형 지원 등 정부의 지원 강화 및 다각화

2025년 채용 필기시험 합격 전략

2024년도 NCS 과목은 대놓고 어려운 문제보다는 헷갈리는 문제들이 많았다. 간단하고 빠른 계산 문제는 수월하게 풀수 있는 난도였으나, **길고 복잡한 지문과 자료가 다수 출제**되어 시간 분배에 어려움이 있었다. 체감 난도 역시 시험보다 더 높았다. 일반 공기업과 비슷한 유형이지만 농협은 특히 **농업 또는 농협의 대출·보험에 관련한 지문과 자료가** 나오므로 평소에 보도자료 등으로 용어를 미리 익혀둔다면 지문을 읽고 시간을 절약할 수 있을 것이다.

직무상식은 농협의 역사 및 연도별 사업 등 농협 상식은 물론이며 농업·농촌, 경제, 경영, 유통 등 두루 알아야 하는데 2024년에는 **투자원론, 디지털 상식에** 관련된 문제가 많았다. 농협 상식 문제는 2~3문제 정도 차지하는데 특히 **협동조합이나 농협이 진행하는 사업**은 거의 빠지지 않고 출제되므로 반드시 확인하는 것이 좋다.

모의고사 다회독도 물론 좋지만, 기본 베이스를 충분히 다져놔야 지문을 이해하는 속도가 붙으니 귀찮더라도 문제 유형과 풀이과정을 확인하는 것이 좋다. 또한 NCS만큼이나 직무상식, 특히 농협과 금융상식의 비중도 높으니 신경 써야한다. 합격의 핵심은 시간 단축 그리고 정확한 문제풀이다. 정확도를 기반으로 학습한 후, 어느 정도 기본 베이스가 완성되었다 생각되면 시간 단축 연습을 철저하게 하는 것이 좋다. 마지막으로 직무능력과 직무상식 둘 다 오답 감점이 있었으나 2024년 하반기 시험에는 오답 감점이 없었다.

PART

02

기출
복원문제

1 다음 글을 통해서 추론할 수 있는 것은?

마이크로바이옴(Microbiome)은 특정 환경이나 생태계에 존재하는 미생물과 이들의 유전체 정보를 포괄적으로 지칭하는 개념이다. 박테리아, 바이러스, 진균, 원생동물 등 다양한 미생물 군집과 그들의 유전적 정보를 포함한다. 특히 인간의 마이크로바이옴은 인체 내외부의 특정 부위에 서식하는 미생물과 이들의 유전체를 의미하며, 장, 피부, 구강, 비뇨생식기 등 다양한 부위에 존재한다. 마이크로바이옴은 단순한 미생물의 집합체가 아니라, 숙주와 상호작용하며 중요한 생리적 기능을 수행하는 생태계로 간주된다.

마이크로바이옴은 인체의 건강 유지와 질병 예방에 핵심적인 역할을 한다. 병원성 미생물의 성장을 억제하고, 염증 반응을 조절하며, 숙주와 공생 관계를 통해 면역 균형을 유지한다. 또한, 비타민 K와 비타민 B군과 같은 필수 영양소를 합성하는 데 도움을 준다. 가장 잘 알려진 예는 장내 마이크로바이옴으로, 이는 소화와 영양 흡수를 돕고 면역 체계의 발달과 조절에 기여한다. 피부 마이크로바이옴은 병원체의 침입을 방어하는 역할을 하고, 구강 마이크로바이옴은 치아와 잇몸 건강을 유지하며 치주질환을 예방한다. 마이크로바이옴의 구성 변화는 대사 질환, 염증성 장 질환, 자폐증, 우울증 등 다양한 질환과 관련이 있다는 연구 결과가 보고되고 있다.

이 뿐만 아니라 마이크로바이옴 연구는 의학, 농업, 환경 분야에서 다양한 활용 가능성을 열어주고 있다. 의료 분야에서는 장내 마이크로바이옴의 조절을 통해 염증성 장 질환, 비만, 당뇨병, 암과 같은 질병 치료의 새로운 접근법이 개발되고 있다. 예를 들어, 대변 미생물 이식(Fecal Microbiota Transplantation, FMT)은 특정 질환 치료를 위한 효과적인 방법으로 주목받고 있다. 또한, 맞춤형 프로바이오틱스와 프리바이오틱스는 개인의 마이크로바이옴 상태에 맞춘 건강 관리 솔루션을 제공한다. 농업에서는 토양의 마이크로바이옴을 조절하여 작물 생산성을 향상시키고 지속가능한 농업을 구현할 수 있다. 환경 분야에서는 폐기물 분해 및 생태계 복원에 활용된다. 이러한 마이크로바이옴의 응용 가능성은 지속적으로 확대되고 있으며, 미래 바이오산업의 핵심 기술로 자리 잡고 있다.

① 미생물은 장 이외의 공간에서 살 수 있다.

② 마이크로바이옴은 박테리아 미생물의 집합체에 해당한다.

③ 장내에 마이크로바이옴의 수가 늘어나면 병원성 미생물이 장내에 다양해진다.

④ 마이크로바이옴은 비타민을 생성하여 필수 영양소와 합성하는 촉진제 역할을 한다.

⑤ 장내에 염증성 질환을 앓고 있는 사람에게 대변 미생물을 이식하여도 특정 질환 치료에 특별한 효과는 없다.

2 다음 글의 ㉠ ~ ㉤을 문맥에 맞게 수정한 것으로 가장 적절한 것은?

    최근 전 세계적으로 경제적 불확실성과 소비자들의 구매력 변화가 두드러지며 ㉠초저가 상품의 인기가
급증하고 있다. 이는 소비자들이 실용성과 경제성을 중시하는 가치소비 경향으로 이동하고 있음을 보여준
다. 초저가 상품은 기본적인 기능과 실용성을 강조하며, 품질 대비 가격 경쟁력을 앞세워 폭넓은 소비층의
관심을 끌고 있다. 특히, 온라인 쇼핑몰과 대형 유통업체에서 초저가 전략을 통해 고객 충성도를 확보하고,
가격 민감도가 높은 소비자들의 선택을 이끌어내고 있다. 이와 같은 소비경향은 젊은 세대뿐만 아니라 가성
비를 중요하게 여기는 전 연령층에서 나타나고 있으며, 이러한 흐름은 지속적인 경제적 압박과 생활비 증가
로 인해 당분간 유지될 것으로 보인다.
    ㉡초저가 상품 시장의 인기는 실제 매출 데이터에서도 뚜렷하게 드러난다. 최근 발표된 통계에 따르면,
글로벌 초저가 상품 시장의 매출은 전년 대비 약 15% 상승한 것으로 나타났다. 특히, 일상생활 필수품, 의
류, 전자제품 소형 액세서리 등에서 이러한 성장세가 두드러졌다. 예를 들어, 한 대형 온라인 유통 플랫폼
에서는 초저가 카테고리의 판매량이 20% 이상 증가했으며, 이는 ㉢전반적인 소매시장 성장률보다 두 배
높은 수치다. 이러한 매출 상승은 초저가 상품이 단순히 경기 침체기에 일시적인 현상이 아니라, 지속 가
능한 소비 트렌드로 자리 잡고 있음을 시사한다.
    반면, ㉣초저가 상품의 인기가 높아지는 동시에 초고가 상품의 시장은 꾸준한 감소세를 보이고 있다.
글로벌 명품 시장은 전년 대비 7% 성장하며, 그 규모가 꾸준히 확대되고 있다. 이러한 성장은 프리미엄 제
품에 대한 소비자들의 관심이 증가한 결과로, 개인화, 지속 가능성과 윤리적 생산을 강조하는 브랜드가 주
요한 경쟁력을 확보하고 있기 때문이다. 특히, 명품은 자신을 위한 투자라는 심리적 만족감과 함께 품질에
대한 신뢰를 기반으로 구매가 이루어지고 있다. 이에 따라, 명품 시장은 경제적 양극화 속에서도 비교적 안
정적인 성장 궤도를 유지하고 있다.
    초저가 상품과 초고가 상품만 높은 수요를 얻는 현상은 현대 사회의 소비 양극화를 극명하게 드러내는
특징적인 사례다. 이는 소비자들이 중간 가격대의 상품보다는 자신에게 최대 가치를 제공한다고 느끼는 극
단적인 선택을 선호하는 경향으로 이어지고 있다. 초저가 상품은 경제적 제약 속에서도 기능성과 효율성을
충족시킬 수 있는 대안으로 자리 잡은 반면, ㉤초고가 상품은 품질, 명성, 그리고 차별화된 가치를 추구
하는 소수의 소비자를 타겟으로 한다. 이러한 현상은 경제적 불균형의 심화와 함께 소비자 개개인의 가치
판단 기준이 극단적으로 나뉘어 가는 사회적 배경을 반영한다. 결과적으로, 기업들은 초저가와 초고가라는
양극화된 소비 수요에 대응하기 위해 극단적인 가격 전략을 개발하며, 중간 시장은 점차 축소되는 추세를
보이고 있다.

① ㉠ "초저가 상품의 인기가 급감하고 있다."로 수정한다.
② ㉡ "초저가 상품 시장의 인기는 실제 매출 데이터에서는 특징적으로 나타나지 않는다."로 수정한다.
③ ㉢ "전반적인 소매시장 성장률보다 두 배 낮은 수치다."로 수정한다.
④ ㉣ "초저가 상품의 인기가 높아지는 동시에 명품 시장 역시 꾸준한 성장세를 보이고 있다."로 수정한다.
⑤ ㉤ "초고가 상품은 대중적인 가치를 추구하는 다수의 소비자를 타겟으로 한다."로 수정한다.

📝Answer. 1.① 2.④

3 다음 보도자료에서 알 수 있는 것은?

> **BIS 및 4개국 중앙은행, 만달라(Mandala) 프로젝트를 통해**
> **국가 간 거래와 관련한 규제준수 절차의 내재화 가능성을 확인**
>
> ■ 만달라 프로젝트는 국가별로 상이한 규제 및 정책 체계를 준수에 따르는 부담을 완화하는 방안 모색
> ■ 만달라 프로젝트는 국가 간 금융거래와 관련한 규제준수 절차를 성공적으로 자동화할 수 있음을 확인
>
> 국제결제은행(BIS)과 협력 중앙은행은 공동으로 만달라 프로젝트를 통해 국가 간 거래절차에 규제준수 기능을 내재화할 수 있음을 성공적으로 입증했다. 이 실험적인 프로젝트는 BIS 혁신허브 싱가포르센터, 한국은행, 호주 중앙은행, 말레이시아 중앙은행, 싱가포르 통화청이 공동으로 진행하였다. 이 개념증명(PoC) 단계의 프로젝트는 규제를 준수하면서 비용을 절감하고 거래 속도를 높이는 잠재력을 가지고 있어, G20의 국가 간 지급 개선을 위한 우선 과제와도 부합한다. "만달라 프로젝트는 개인정보 보호나 규제준수 확인 의무를 온전히 수행하면서 국가 간 지급을 개선하기 위해 시스템 설계 단계부터 규제준수 절차를 내재화하는 접근법(compliance-by-design) 개발을 선도하고 있다. 우리는 이러한 초기 성과가 국가 간 지급을 개선할 잠재력을 보여주는 것이라고 생각한다."라고 BIS 혁신허브 싱가포르센터장인 마하 엘 디마키가 말했다.
>
> [국가 간 거래의 규제준수 확인 간소화]
> 국가 간 거래와 관련된 규제체계는 글로벌 금융시스템의 안전한 운영에 필수적이지만, 서로 다른 국가의 상이한 규제체계를 준수하는 것은 국가 간 지급의 비용을 높이고 거래 속도에 영향을 미칠 수 있다. 만달라 프로젝트는 규제준수 확인 절차를 자동화하고 국가별 정책에 대한 투명성을 높이며 규제 및 감독기관에게 실시간 보고 및 모니터링을 제공함으로써, 국가 간 거래의 속도와 효율성을 높이는 것을 목표로 한다.
>
> [주요 혁신 및 기술적 성과]
> 만달라 프로젝트는 설계에 의한 규제준수가 가능한 시스템을 개발하였다. 이 시스템은 금융기관과 중앙은행으로 구성된 네트워크 시스템에 규제준수 확인 절차를 내재화하여 국가 간 지급의 절차를 간소화하였다. 만달라 시스템의 아키텍처는 P2P 메시징 시스템, 규칙엔진, 증명엔진이라는 세 가지 핵심요소로 구성된다. 만달라 시스템은 지급지시 개시 이전에 필요한 모든 규제준수 확인을 완료하고, 모든 규제 준수 확인이 완료되면 만달라 시스템은 규제준수 증명서를 자동으로 생성한다. 이 증명서는 디지털 결제자산 또는 지급지시 전문(message)과도 결합되어 전송될 수 있다. 또한 고객정보를 노출시키지 않고도 규제준수 증명서에 대한 검증이 가능하여 개인정보가 보호된다. 이 프로젝트는 두 가지 주요 활용사례를 통해 기술적인 구현가능성을 입증했다
>
> 1. 싱가포르-말레이시아 간 자금대차 : 만달라는 금융기관의 자본이동관리(CFM) 정책 점검 및 제재리스트 확인 등 규제준수 절차를 간소화하고, 중앙은행의 실시간 규제준수 모니터링을 가능하게 하였다.
> 2. 한국-호주 간 증권취득 관련 자본거래 : 만달라는 비상장증권 거래에 대한 제재리스트 확인 및 자본이동관리(CFM) 보고요건을 자동화했다.
>
> [디지털 자산 및 기존 전문(message) 송·수신 시스템과의 통합]
> 만달라는 기관용 중앙은행 디지털화폐(wCBDC) 등 디지털자산 시스템 및 Swift와 같은 전통적인 전문 송·수신시스템과 성공적으로 통합될 수 있다. 이러한 두 가지의 통합사례에서 미래의 디지털자산 생태계와 기존 금융인프라를 모두 지원하는 만달라 시스템의 범용성과 모듈성을 확인할 수 있었다. 특히 디지털자산 시스템의 경우 규제준수 확인 절차를 스마트계약에 내재화할 수 있는 방식을 활용했다.

① 만달라 프로젝트는 전 세계 은행이 모여서 금융거래에서 규제준수 방안을 내재화하는 모색을 협의한 것이다.

② 국가별로 차별점이 있는 금융거래의 체계를 한 가지로 통일하여 국가 간의 거래 속도를 높여 효율적인 금융거래를 목표로 한다.

③ 설계를 통해서 규제준수가 가능한 시스템을 개발하여 국가 간에 지급절차를 간단하게 하는 프로젝트이다.

④ 규제준수 절차를 간소화하면서 중앙은행에서 실시간으로 모니터링이 어려운 점이 단점에 해당한다.

⑤ 기관용 중앙은행 디지털화폐(wCBDC)와의 통합은 새로운 프로젝트를 통해서 내재화를 할 계획이다.

4 다음 보기가 참일 경우에 반드시 참인 것은?

> B회사에서는 사내 부서 대항 체스 대회를 열었다. 4강전에 대표를 진출시킨 부서는 기획부, 생산부, 개발부, 마케팅부이다. 부서 대표로 4강전에 진출한 이는 갑, 을, 병, 정의 네 사람이다. 대회 진행 방식은 다음과 같다. 4강전 두 경기의 승자는 결승에서 맞붙어 우승자를 결정하고, 4강전의 패자는 3~4위전에서 맞붙어 3위를 결정한다. 모든 경기는 단판제로 진행되며 무승부는 없다. 4강전 이후 경기 결과는 다음과 같다.
>
> ㉠ 갑의 전적은 2승 0패이다.
> ㉡ 병은 갑과 정에게 모두 졌다.
> ㉢ 을은 병을 이겼다.
> ㉢ 마케팅부는 3위를 기록했다.
> ㉣ 기획부와 개발부는 대결하지 않았다.

① 갑은 1위이고 정은 2위이다.

② 을과 병은 3 ~ 4위전에서 대결했다.

③ 병은 마케팅부이고 정은 개발부이다.

④ 기획부와 마케팅부는 4강전에서 대결했다.

⑤ 정과 을은 결승전에서 대결했다.

5 다음 글의 핵심논지로 적절한 것은?

> 망상(Delusion)은 사실과 부합하지 않는 비현실적이고 고정된 믿음으로, 논리적 설득이나 객관적 증거로도 쉽게 수정되지 않는 특징을 지닌다. 망상은 조현병, 조울증, 망상장애 등 다양한 정신질환에서 주로 나타나는데, 개인의 현실 인식과 사고 과정에 심각한 영향을 미친다. 단순한 오해나 착각과는 달리 망상은 강한 확신을 동반하며, 이는 종종 개인의 행동 및 사회적 관계에 부정적인 결과를 초래한다.
>
> 망상은 그 내용과 주제에 따라 여러 유형으로 나뉜다. 피해망상은 자신이 누군가로부터 해를 입거나 감시당하고 있다는 믿음으로, 가장 흔하게 나타나는 망상 중 하나다. 과대망상은 자신이 특별한 능력이나 지위를 가졌다고 믿는 형태로, 예를 들어 자신이 세계적인 구원자라고 확신하는 경우이다. 질투망상은 배우자나 연인이 부정행위를 하고 있다고 의심하는 것이며, 신체망상은 자신의 신체가 비정상적이거나 중대한 질병에 걸렸다는 믿음이다. 이 외에도 특정 인물이 자신을 사랑한다고 확신하는 애정망상 등 다양한 형태의 망상이 있다. 망상은 개인의 환경, 문화적 배경 및 심리적 요인에 따라 발생하며, 내용도 달라진다.
>
> 현대 사회에서 빈번히 발생하는 망상 사례로는 감시망상이 대표적이다. 이는 기술 발전과 개인정보 유출 우려로 인해 자신이 카메라나 휴대폰 등을 통해 지속적으로 감시당하고 있다고 믿는 형태로 나타난다. 또한 건강 염려와 관련된 질병망상도 흔하게 나타나는데, 이 경우 환자는 심각한 질병에 걸렸다고 확신하며 불필요한 의료 검사를 반복적으로 요구한다. 음모론적 망상 역시 빈번히 관찰되며, 정부나 특정 단체가 자신을 겨냥해 음모를 꾸미고 있다고 믿는 경우가 이에 해당한다. 이러한 망상은 단순한 의심에서 그치지 않고 개인의 일상생활과 사회적 관계에 실질적인 어려움을 초래할 수 있다.
>
> 망상은 사람의 행동에 직접적인 변화를 일으키며, 이는 종종 비합리적이고 예측 불가능한 방식으로 나타난다. 피해망상을 가진 사람은 타인을 지나치게 의심하거나 방어적인 태도를 보이며, 극단적인 경우 공격적인 행동으로 이어질 수 있다. 과대망상을 가진 사람은 현실적이지 않은 목표를 추구하거나 과도한 자신감으로 인해 위험한 결정을 내릴 가능성이 있다. 질투망상은 대인관계에서 심각한 갈등을 유발하며, 극단적인 경우 폭력적 행동으로 발전할 수도 있다. 이러한 행동 변화는 망상을 가진 개인뿐만 아니라 주변 사람들에게도 부정적인 영향을 미치며, 사회적 고립과 기능 저하를 초래할 수 있다.
>
> 망상에 효과적으로 대처하기 위해서는 전문적인 치료와 사회적 지지가 필수적이다. 정신과 전문의의 진단과 약물치료는 망상의 심각성을 완화시키는 데 중요한 역할을 하며, 인지행동치료는 비현실적인 믿음을 수정하고 현실 검증 능력을 향상시키는 데 도움을 준다. 가족과 친구들의 지지는 망상 환자가 치료를 꾸준히 받도록 격려하며, 사회적 고립을 예방하는 데 기여할 수 있다. 또한 스트레스를 효과적으로 관리하는 것이 중요하며, 이를 위해 명상, 운동, 그리고 일상생활의 균형을 유지하는 활동이 권장된다. 초기 증상을 인지하고 조기에 개입하는 것도 망상의 악화를 막는 데 필수적이다. 망상은 적절한 관리와 치료를 통해 완화될 수 있으며, 이를 위해 지속적인 관심과 노력이 필요하다.

① 망상은 특별한 이유 없이 나타나는 정신질환으로 치료가 필요하지 않다.
② 망상에 효과적으로 대처하기 위해 지속적으로 관심을 주면서 사회적 지지가 필요하다.
③ 망상은 주변에 영향을 주지 않기에 조기발견이 어려울 수 있다.
④ 이해관계자들 사이의 갈등을 완화시키면 망상의 증상은 극복할 수 있다.
⑤ 위험을 회피하기 위해서 현대사회에서 망상이 흔하게 발생하고 있다.

6 다음 글에서 알 수 없는 것은?

(개) 우리나라 가계소비는 경제 성장, 소득 수준, 고용 안정성, 그리고 사회적 환경의 변화에 따라 꾸준히 변동해왔다. 최근 통계에 따르면, 가계소비는 생활필수품과 주거비에 집중되는 경향을 보이며, 저축 성향은 증가하고 소비성향은 감소하는 양상이 뚜렷하다. 특히 고물가와 금리 상승 등의 경제적 불확실성이 가계의 소비 지출을 억제하는 주요 요인으로 작용하고 있다. 또한, 소득 수준에 따른 소비 패턴의 양극화가 심화되고 있으며, 고소득층은 여가, 교육, 건강에 더 많은 지출을 하는 반면, 저소득층은 식료품과 주거비에 대부분의 예산을 할애하고 있는 것으로 나타난다. 이러한 현황은 우리나라 가계소비가 경제적 환경에 민감하게 반응하고 있으며, 구조적 변화를 겪고 있음을 시사한다.

(내) 실업경험은 가계소비에 직접적이고 부정적인 영향을 미치는 요인 중 하나이다. 실업은 소득의 감소로 이어져 가계의 구매력을 약화시키며, 이로 인해 필수 지출을 제외한 소비가 급격히 축소된다. 실업 상태에 있는 가구는 불확실한 경제 상황에 대비하여 저축을 우선시하고, 비필수적 소비를 지연하거나 포기하는 경향을 보인다. 특히, 교육, 여가, 문화활동과 같은 비필수적 소비 항목에서 감소 폭이 크게 나타나며, 이는 개인의 삶의 질과 사회적 활동에도 부정적인 영향을 미친다. 실업 경험은 단기적으로는 소비를 감소시키고, 장기적으로는 가계의 소비 패턴에 구조적인 변화를 초래할 가능성이 높다.

(대) 실업경험이 가계소비에 영향을 미치는 경로는 크게 두 가지로 나뉜다. 첫 번째는 소득 감소를 통한 경로로, 실업은 가구의 총소득을 감소시키며, 이는 가계소비 여력을 직접적으로 약화시킨다. 소득이 감소하면 필수적인 생활비를 제외한 다른 지출 항목에 대한 예산이 축소될 수밖에 없고, 이는 소비 위축으로 이어진다. 두 번째는 심리적 요인을 통한 경로이다. 실업은 경제적 불안정성과 미래에 대한 불확실성을 증폭시키며, 이는 소비자 심리에 부정적인 영향을 미친다. 이러한 심리적 불안정성은 불필요한 지출을 억제하고 저축을 선호하는 행동으로 연결된다. 따라서 실업경험은 단순히 소득 감소에 의한 경제적 요인뿐만 아니라, 심리적 요인을 통해서도 가계소비에 영향을 미친다는 점에서 복합적인 작용 메커니즘을 가지고 있다.

(라) 실업경험이 가계소비에 미치는 영향을 고려할 때, 몇 가지 중요한 시사점을 도출할 수 있다. 우선, 실업으로 인한 소비 감소는 개인적인 차원뿐만 아니라 경제 전반에 걸쳐 소비 둔화와 경기 침체를 초래할 수 있으므로, 실업 문제를 해결하기 위한 적극적인 정책적 노력이 필요하다. 정부는 고용 안정성을 높이고 실업 기간을 단축시키는 데 초점을 둔 정책을 추진해야 하며, 실업 상태에서도 최소한의 소비 여력을 보장할 수 있는 사회적 안전망을 강화해야 한다. 또한, 소비심리 회복을 위해 실업 가구에 대한 심리적 지원과 재취업 프로그램을 제공하는 것이 중요하다. 마지막으로, 경제적 불확실성을 줄이고 가계가 안정적인 소비 패턴을 유지할 수 있도록 금리 및 물가 안정을 위한 거시경제 정책이 함께 이루어져야 한다. 이러한 정책적 대응은 개인의 경제적 회복뿐만 아니라, 국가 경제의 지속 가능성을 높이는 데 기여할 것이다.

① OECD 중 우리나라의 실업률이 가장 높은 이유는 일자리 대책이 부족하기 때문이다.
② 경제적으로 불확실성이 높아지면서 가계에서 소비 지출을 억제하고 있다.
③ 소득의 감소를 발생시키는 실업은 저축을 우선시하고 비필수적인 소비를 포기하는 경향을 만든다.
④ 가계에 소득이 감소하면서 소비위축으로 저축을 선호하는 행동이 나타난다.
⑤ 실업상태에서도 소비 여력을 보장할 수 있는 정책적인 노력을 적극적으로 해야 한다.

📝 Answer. 5.② 6.①

7 다음 자료를 보고 바르게 해석한 사람은?

- 보험상품명 : A독감케어보험(무배당)
- 보험계약자 · 피보험자
－선물형 : 보험계약자와 피보험자가 상이한 경우에만 계약이 가능
－일반형 : 보험계약자와 피보험자가 동일한 경우에만 계약이 가능
- 가입나이
－선물형 : 보험계약자(만 19세 이상), 피보험자(만 19세 이상 64세 이하)
－일반형 : 만 19세 이상 64세 이하
- 보험기간 : 1년납
- 납입주기 : 일시납
- 보험료

- 납입기간 : 일시납
- 가입금액 : 1,000만 원

(기준 : 1년 만기, 일시납, 보험가입금액 1,000만 원)

구분	선물형		일반형	
	남자	여자	남자	여자
20세			5,600원	7,300원
30세			5,400원	7,200원
40세	5,300원	7,100원	5,400원	7,200원
50세			5,500원	7,300원
60세			6,000원	7,800원

- 해약환급금 예시

경과기간	납입보험료	예상 해약환급금	예상 환급률
3개월	5,400원	2,700원	50.0%
6개월	5,400원	1,800원	33.3%
9개월	5,400원	900원	16.7%
1년	5,400원	0원	0.0%

이 보험계약을 중도에 해지할 경우 해약환급금은 납입한 보험료에서 경과된 기간의 위험보험료 및 미상각 계약체결비용 등이 차감되므로 납입보험료보다 적거나 없을 수 있습니다.

- 주계약 보장내용
－선물형 : 독감(인플루엔자)항바이러스제 치료보험금

지급사유	피보험자가 보험기간 중 독감(인플루엔자) 보장개시일 이후에 '독감(인플루엔자)'으로 진단 확정되고, 보험기간 중 그 질병의 직접적인 치료를 목적으로 '독감 항바이러스제'를 처방 받았을 경우(최초 1회한)
지급금액	20만원

• 피보험자가 보험기간 중 사망한 경우에는 이 계약은 그 때부터 효력이 없습니다. 이때 '보험료 및 해약환급금 산출방법서'에서 정하는 바에 따라 회사가 적립한 사망 당시의 계약자적립액을 계약자에게 지급합니다.

- '독감(인플루엔자) 보장개시일'은 계약일[부활(효력회복)하는 경우에는 부활(효력회복)일]부터 그 날을 포함하여 10일이 지난날의 다음날로 합니다.

－일반형 : 독감(인플루엔자)항바이러스제 치료보험금

지급사유	피보험자가 보험기간 중 독감(인플루엔자) 보장개시일 이후에 '독감(인플루엔자)'으로 진단 확정되고, 보험기간 중 그 질병의 직접적인 치료를 목적으로 '독감 항바이러스제'를 처방받았을 경우(최초 1회한)
지급금액	20만 원

- 피보험자가 보험기간 중 사망한 경우에는 이 계약은 그 때부터 효력이 없습니다. 이때 '보험료 및 해약환급금 산출방법서'에서 정하는 바에 따라 회사가 적립한 사망 당시의 계약자적립액을 계약자에게 지급합니다.
- '독감(인플루엔자) 보장개시일'은 계약일[부활(효력회복)하는 경우에는 부활(효력회복)일]부터 그 날을 포함하여 10일이 지난날의 다음날로 합니다.

■ 제도성 특약

－선물형

선물하기 특약	피보험자는 보험계약자가 보험을 선물하는 날부터 3일 이내에 피보험자 등록을 해야합니다. 회사는 피보험자를 등록한 날을 계약일로 하여 '이 특약이 적용되는 주계약 또는 특약'의 약관이 정하는 바에 따라 보장합니다.
지정대리 청구서비스 특약	계약자가 보험금을 직접 청구할 수 없는 특별한 경우를 대비하여 보험금의 대리청구인을 지정할 수 있습니다(단, 이 계약의 계약자, 피보험자 및 보험수익자가 모두 동일한 경우에 한하여 적용됩니다).
장애인전용 보험전환 특약	소득세법에 따라 보험료가 특별세액공제의 대상이 되는 보험 중 모든 피보험자 또는 모든 수익자가 세법상 장애인에 해당하는 경우에는 이 특약을 통해 '장애인전용보험'으로 전환할 수 있습니다.

－일반형

지정대리 청구서비스 특약	계약자가 보험금을 직접 청구할 수 없는 특별한 경우를 대비하여 보험금의 대리청구인을 지정할 수 있습니다(단, 이 계약의 계약자, 피보험자 및 보험수익자가 모두 동일한 경우에 한하여 적용됩니다).
장애인전용 보험전환 특약	소득세법에 따라 보험료가 특별세액공제의 대상이 되는 보험 중 모든 피보험자 또는 모든 수익자가 세법상 장애인에 해당하는 경우에는 이 특약을 통해 '장애인전용보험'으로 전환할 수 있습니다.

① 가연 : 甲(55세)을 위해서 일반형으로 A독감케어보험을 내가 직접 계약을 해야겠다.
② 나연 : 선물형으로 乙(16세)을 가입하려고 했는데 가입조건이 부적합하네.
③ 다연 : 丙(62세)이 일반형 가입이 6개월 지났는데 해약하면 예상 해약환급금은 1,800원 정도 되겠다.
④ 라연 : 독감으로 진단이 확정되진 않았지만 감기 증상이 심하니까 지급신청을 해봐야겠어.
⑤ 마연 : 친구가 A독감케어보험을 선물형으로 줬는데 피보험자 등록을 1개월 이내에 하면 될 것 같아.

Answer. 7.②

8   다음 상품에 가입할 수 있는 사람은?

- 보험상품명 : 세테크연금저축보험(무배당)
- 보험계약자/피보험자 : 보험계약자와 피보험자가 동일한 경우에만 계약이 가능
- 가입나이 : 만 19 ~ (연금개시나이 – 보험료 납입기간)세
- 납입기간 : 5년, 7년, 10년, 15년, 20년, 전기납(전기납은 보험료 납입기간이 10년 이상인 경우에만 적용)
- 납입주기

–기본보험료 : 월납

–추가납입보험료 : 수시납(보험계약 성립 후부터 연금개시 전 보험기간 내)

- 연금개시나이 : 만 55 ~ 80세   ■ 연금지급주기 : 매월, 3개월, 6개월, 매년
- 연금지급형태

–종신연금형 : 10년, 20년, 30년 보증지급

–확정기간연금형 : 10년, 15년, 20년, 25년, 30년 확정지급

–자유설계연금형 : 연금개시시점의 계약자적립액을 계약자가 선택한 연금형태에 대한 분할비율(이하 "연금분할비율"이라 함)로 분할하여 종신연금과 확정기간연금형으로 조립한 연금형태. 연금분할비율은 10%단위로 선택이 가능하며, 연금분할비율의 합은 100%가 되어야 함(종신연금은 종신연금형에서 보증지급기간 선택이 가능하며, 확정기간연금은 확정기간연금형에서 연금지급기간 선택가능).

※ 계약체결 시 연금지급형태는 종신연금형태로 결정되며, 이후에 연금개시 전까지 연금지급형태를 변경할 수 있습니다. 단, 계약자가 종신연금형을 선택 시 연금개시나이와 보증지급기간의 합은 110을 초과할 수 없습니다.

※ 계약자의 특별한 의사 표시가 없는 경우 매년 지급하는 연금액은 관련세법에서 정한 바에 따라 연금소득으로 인정받을 수 있는 범위 내로 합니다.

※ 종신연금형(자유설계연금형에서 연금분할비율에 의해 계산된 종신연금 해당부분포함)의 경우 연금개시 이후에는 해지할 수 없습니다.

- 기본보험료 납입한도

실납입기간	납입기간 후 거치기간	납입보험료 한도	실납입기간	납입기간 후 거치기간	납입보험료 한도
5년납	0년	13만 원 ~ 150만 원	7년납	0년	6만 원 ~ 150만 원
	1~2년	8만 원 ~ 150만 원		1년 이상	5만 원 ~ 150만 원
	3년 이상	6만 원 ~ 150만 원	10년납 이상	0년 이상	5만 원 ~ 150만 원

※ 실납입기간은 실제 납입한 기간을 의미하며 전기납의 경우 '연금개시나이-가입나이'로 계산합니다.

- 추가납입보험료

–추가납입보험료는 기본보험료 이외에 연금개시 전 보험기간 중 수시로 납입할 수 있는 보험료입니다.

–총 추가납입보험료의 납입한도는 납입기간 동안 납입하기로 약정한 기본보험료 총액의 2배 이내(최저 1만 원 이상)로 합니다.

–추가납입보험료는 회사가 정한 방법에 따라 계약관리비용이 차감된 후 적립됩니다. 다만, 기본보험료와 추가납입보험료의 연간 합계액(연금계좌를 취급하는 금융회사에 가입한 연금계좌의 합계액)은 1,800만원 이내로 합니다.

–추가납입보험료의 납입은 해당월 기본보험료가 납입된 경우에 한하여 납입할 수 있습니다.

① 5년 전기납으로 가입하려고 하는 A

② 50세부터 연금을 수령을 받고 싶은 B

③ 종신연금형으로 30년 보증지급으로 가입하려는 80세 C

④ 7년납으로 6개월 거치하고 5만원 납입하려고 하는 D

⑤ 기본보험료와 추가납입보험료의 연간 합계액을 1,500만 원 납입하려는 E

9 다음은 각 지역에 있는 전체 학교 중에서 교내 도서관별로 장서 보유량에 대한 자료이다. 이에 대한 설명으로 옳지 않은 것은?

(단위 : 곳)

보유량 구분	500권 이하	501 ~ 1,000권	1,001 ~ 2,000권	2,001 ~ 3,000권	3,001 ~ 5,000권	5,001권 이상	합
甲지역	60	158	( )	354	257	104	1,328
乙지역	( )	49	52	39	34	21	262
丙지역	0	2	22	18	33	( )	111
丁지역	1	5	17	19	13	9	( )
전체	128	214	486	( )	337	170	1,765

① 5,001권 이상의 장서를 보유하고 있는 도서관이 두 번째로 많은 지역은 丙지역에 해당한다.

② 모든 지역 중에서 2,001 ~ 3,000권을 가지고 있는 교내 도서관이 가장 많다.

③ 丙지역 장서 보유량 합은 20만 권 이상이다.

④ 丁지역이 교내 도서관의 수가 가장 적다.

⑤ 500권 이하 보유한 교내 도서관이 가장 많은 지역은 乙지역이다.

10 다음 글을 근거로 판단할 때 옳은 것은?

제00조(보험계약의 의의)

보험계약은 당사자 일방이 약정한 보험료를 지급하고 재산 또는 생명이나 신체에 불확정한 사고가 발생할 경우에 상대방이 일정한 보험금이나 그 밖의 급여를 지급할 것을 약정함으로써 효력이 생긴다.

제00조(보험계약의 성립)

① 보험자가 보험계약자로부터 보험계약의 청약과 함께 보험료 상당액의 전부 또는 일부의 지급을 받은 때에는 다른 약정이 없으면 30일 내에 그 상대방에 대하여 낙부의 통지를 발송하여야 한다. 그러나 인보험계약의 피보험자가 신체검사를 받아야 하는 경우에는 그 기간은 신체검사를 받은 날부터 기산한다.

② 보험자가 제1항의 규정에 의한 기간 내에 낙부의 통지를 해태한 때에는 승낙한 것으로 본다.

③ 보험자가 보험계약자로부터 보험계약의 청약과 함께 보험료 상당액의 전부 또는 일부를 받은 경우에 그 청약을 승낙하기 전에 보험계약에서 정한 보험사고가 생긴 때에는 그 청약을 거절할 사유가 없는 한 보험자는 보험계약상의 책임을 진다. 그러나 인보험계약의 피보험자가 신체검사를 받아야 하는 경우에 그 검사를 받지 아니한 때에는 그러하지 아니하다.

제00조(보험약관의 교부 · 설명 의무)

① 보험자는 보험계약을 체결할 때에 보험계약자에게 보험약관을 교부하고 그 약관의 중요한 내용을 설명하여야 한다.

② 보험자가 제1항을 위반한 경우 보험계약자는 보험계약이 성립한 날부터 3개월 이내에 그 계약을 취소할 수 있다.

제00조(타인을 위한 보험)

① 보험계약자는 위임을 받거나 위임을 받지 아니하고 특정 또는 불특정의 타인을 위하여 보험계약을 체결할 수 있다. 그러나 손해보험계약의 경우에 그 타인의 위임이 없는 때에는 보험계약자는 이를 보험자에게 고지하여야 하고, 그 고지가 없는 때에는 타인이 그 보험계약이 체결된 사실을 알지 못하였다는 사유로 보험자에게 대항하지 못한다.

② 제1항의 경우에는 그 타인은 당연히 그 계약의 이익을 받는다. 그러나 손해보험계약의 경우에 보험계약자가 그 타인에게 보험사고의 발생으로 생긴 손해의 배상을 한 때에는 보험계약자는 그 타인의 권리를 해하지 아니하는 범위안에서 보험자에게 보험금액의 지급을 청구할 수 있다.

③ 제1항의 경우에는 보험계약자는 보험자에 대하여 보험료를 지급할 의무가 있다. 그러나 보험계약자가 파산선고를 받거나 보험료의 지급을 지체한 때에는 그 타인이 그 권리를 포기하지 아니하는 한 그 타인도 보험료를 지급할 의무가 있다.

제00조(보험사고의 객관적 확정의 효과)

보험계약 당시에 보험사고가 이미 발생하였거나 또는 발생할 수 없는 것인 때에는 그 계약은 무효로 한다. 그러나 당사자 쌍방과 피보험자가 이를 알지 못한 때에는 그러하지 아니하다.

제00조(사고발생전의 임의해지)

① 보험사고가 발생하기 전에는 보험계약자는 언제든지 계약의 전부 또는 일부를 해지할 수 있다. 그러나 타인을 위한 보험의 보험계약의 경우에는 보험계약자는 그 타인의 동의를 얻지 아니하거나 보험증권을 소지하지 아니하면 그 계약을 해지하지 못한다.

② 보험사고의 발생으로 보험자가 보험금액을 지급한 때에도 보험금액이 감액되지 아니하는 보험의 경우에는 보험계약자는 그 사고발생 후에도 보험계약을 해지할 수 있다.

① 보험계약에서 약정한 보험료를 지급하면 보험계약자는 효력이 생긴다.

② 보험자가 보험약관의 중요내용을 설명하지 않은 경우 보험계약은 언제든 취소할 수 있다.

③ 보험계약자는 불특정 타인을 위해서 보험계약을 할 수 없다.

④ 피보험자가 알지 못했더라도 보험계약 당시에 보험사고가 이미 발생한 경우에는 계약은 무효가 될 수 있다.

⑤ 타인을 위한 보험계약은 타인의 동의가 없더라도 보험사고가 발생하기 전에 계약의 일부를 해지할 수 있다.

11 보석을 금고에 최대 800g까지 담을 수 있다. 보석은 종류별로 나누거나 잘라 넣을 수 없으며, 하나씩만 통째로 넣을 수 있다. 금고에 보석을 넣어 최대 금액을 달성하려고 할 때, 넣을 수 있는 B 보석의 최대 개수는?

보석종류	개당 가격	개당 무게	수량
A	15만 원	25g	20개
B	10만 원	30g	15개
C	8만 원	40g	10개
D	5만 원	10g	25개

① 1

② 3

③ 5

④ 15

⑤ 20

12 다음 조건에 따라 A 씨가 일주일 동안 고양이를 돌볼 수 있는 최대 횟수는?

> A 씨는 한 마리의 고양이를 키우고 있다. A 씨는 매일 고양이를 돌보는 일정을 다음 조건에 따라 최대한 효율적으로 배치하려고 한다.
> 1. 고양이 돌봄은 아침, 점심, 저녁 중 한 번에 한 가지만 가능하다.
> 2. 하루에 최대 두 번만 고양이를 돌볼 수 있다.
> 3. 연속되는 두 번의 돌봄 후에는 반드시 한 번의 돌봄을 쉬어야 한다(아침–저녁 조합은 가능하지만, 아침–점심 조합은 불가능하다).
> 4. A 씨는 매일 동일한 돌봄 패턴을 유지한다.

① 10
② 11
③ 12
④ 13
⑤ 14

13 다음 조건을 근거로 외향형 합격자의 수를 계산하면?

> A 회사는 100명의 지원자를 대상으로 신입사원 채용 과정에서 성격 유형과 면접 점수를 평가했다. 지원자들은 성격 유형으로 외향형과 내향형으로 나뉜다. 면접결과에 따라 합격과 불합격자로 구분된다.
>
> 〈조건〉
> 1. 외향형 합격자의 수는 내향형 합격자의 두 배이다.
> 2. 내향형 불합격자의 수는 외향형 불합격자의 두 배이다.
> 3. 외향형 지원자 전체 수는 내향형 지원자 전체 수의 세 배이다.

① 10명
② 20명
③ 30명
④ 40명
⑤ 50명

14 다음은 우수실적자 포상 후보자이다. 기준에 따라 부여된 점수가 가장 높아 포상을 받게 되는 직원은?

후보자	근무경력	A프로젝트 성과	프로젝트 참여횟수	직무수행실적	동료평가
김민수	5	5	2	3	1
최영주	10	7	5	2	2
정나연	6	8	3	4	3
조현우	3	2	1	2	2
이길성	2	3	1	3	2

■ 평가기준점수별 최종 점수 배점

근무경력	A프로젝트 성과	프로젝트 참여횟수	직무수행실적	동료평가
20	50	10	10	10

■ 평가기준별 최종 점수 계산방법
- 프로젝트 참여횟수, 직무수행실적, 동료평가 : 가장 높은 점수를 받은 사람을 순서로 1등 10점, 2등 8점, 3등 5점, 4등 3점, 5등 1점을 받는다.
- 근무경력 : 가장 높은 점수를 받은 사람을 순서로 1등 20점, 2 ~ 4등 15점, 5등 10점을 받는다.
- A프로젝트 성과 : 가장 높은 점수를 받은 사람을 순서로 1등 50점, 2등 40점, 3등 30점, 4등 20점, 5등 10점을 받는다.

■ 유의사항
평가점수가 동일한 경우에는 동일한 등수를 부여한다.
예) 2등이 점수가 동일한 사람이 2명인 경우에는 2명을 모두 2등 점수로 부여

① 김민수
② 최영주
③ 정나연
④ 조현우
⑤ 이길성

15 다음 표는 정부 지원사업을 위해 산정한 각 기업별 평가점수이다. 〈조건〉에 따라 지원을 받을 수 있는 기업은?

기업	중간보고서 점수	시설설치 점수	최종보고서 점수	정부지원사업 참여기업
A	60	70	70	×
B	90	60	80	×
C	85	60	70	×
D	80	90	90	○
E	70	90	80	×

〈조건〉
• **총점 계산법** : 중간보고서 점수의 20 %, 시설설치 점수의 30 %, 최종보고서 점수의 50 %를 합한 총점
• 정부지원사업 참여기업은 지원대상에서 제외
• 총점이 가장 높은 기업 한 곳만 지원을 받을 수 있다.

① A   ② B
③ C   ④ D
⑤ E

16 A는 영국에서 영국 시간으로 오전 12시에 서울로 출발한다. 총 비행시간은 11시간이며, 서울은 영국보다 9시간 앞선 시간대이다. A가 서울에 도착했을 때 서울의 시간은?

① 오후 8시   ② 오후 9시
③ 오후 10시   ④ 오후 11시
⑤ 다음날 오전 12시

17 A회사에서 직원 세 명(A, B, C)이 각각 기부를 했다. 다음 조건을 참고하여 A, B, C의 기부 금액의 모든 자리 숫자의 합을 구하면?

<조건>
㉠ B의 기부 금액은 A의 금액의 2배다.
㉡ C의 기부 금액은 B의 금액의 4배다.
㉢ C의 기부 금액의 모든 자리 숫자는 8이다.

① 52
② 66
③ 75
④ 87
⑤ 99

18 다음 글이 모두 참일 때, 성적표를 3번째로 검토한 선생님은?

• 甲 : 나는 1번째 아니면 5번째로 검토했어.
• 乙 : 나는 중간 순서로 검토하지 않았어.
• 丙 : 내 앞에서 검토한 사람은 '乙'와 '丁'뿐이야.
• 丁 : 나는 '甲'보다 먼저 검토했어.
• 戊 : 우리 중 같은 순서로 검토한 사람은 없어.

① 甲
② 乙
③ 丙
④ 丁
⑤ 戊

19 다음은 엑셀 데이터를 처리하는 상황에 관한 설명이다. 주어진 함수 또는 그 사용 방법으로 옳은 것은?

> • 셀 A1:A10에는 각 학생의 점수가 입력되어 있다.
> • B1에는 점수가 90 이상인 학생의 수를 표시해야 한다.
> • C1에는 모든 학생의 평균 점수가 표시되어야 한다.
> • D1에는 최고 점수가 표시되어야 한다.

① [B1] 셀에 입력해야 하는 함수 =COUNTIF(A1:A10, ">90")

② [C1] 셀에 입력해야 하는 함수는 =AVERAGEIF(A1:A10, ">=0")

③ [D1] 셀에 입력해야 하는 함수는 =MAX(A1:A10)

④ [B1] 셀에 입력해야 하는 함수는 =COUNTIF(A1:A10, "<=90")

⑤ [C1] 셀에 입력해야 하는 함수는 =SUM(A1:A10)/COUNT(A1:A10)

20 다음 〈조건〉에 따라 A셀은 학생의 이름, B셀에는 학생들의 점수를 작성하였다. 엑셀 [C1] 셀에 점수가 80 이상인 학생들의 점수 합계를 계산해야 하는 경우 입력할 함수는?

	A	B	C
1	김철수	85	
2	이영희	92	
3	박민수	70	
4	정하늘	90	
5	김은지	78	

① =SUMIF(A1:A5, ">=80", B1:B5)

② =SUMIF(B2:B6, ">=80", B2:B6)

③ =SUMIF(B2:B6, ">80", A2:A6)

④ =SUMIF(A2:A6, ">80", B2:B6)

⑤ =SUMIF(B2:B6, ">=80")

21 농업협동조합법에 대한 설명으로 옳지 않은 것은?

① 조합은 공직선거에서 특정 정당을 지지하거나 특정인을 당선되도록 하는 행위를 하여서는 아니 된다.
② 조합원은 지역농협의 구역에 주소, 거소(居所)나 사업장이 있는 농업인이어야 한다.
③ 조합원의 출자액은 질권(質權)의 목적이 될 수 있다.
④ 조합원은 지역농협의 승인 없이 지분을 양도(讓渡)할 수 없다.
⑤ 지역농협은 탈퇴 조합원이 지역농협에 대한 채무를 다 갚을 때까지는 지분의 환급을 정지할 수 있다.

22 다음 옵션과 선물에 대한 설명으로 옳은 것은?

① 선물은 특정 시점에 기초 자산을 매수와 매도를 할 권리를 부여한다.
② 선물은 매도할 때 매도자에게 지급하는 금액은 프리미엄이다.
③ 옵션은 기초 자산 가격이 하락해도 매수자는 프리미엄 이상 손실을 보지 않는다.
④ 옵션은 기초 자산을 약정한 가격에 매매할 의무를 부여한다.
⑤ 옵션은 증거금을 예치하고 가격 변동에 따라서 마진 조정을 한다.

23 다음 상품 중에서 성격이 다른 하나는?

① 적금
② 주택청약적금
③ 예금
④ CMS
⑤ ISA

24 코즈의 조건이 성립되지 않은 조건은?

① 거래 비용이 높은 경우
② 재산권이 명확히 정의된 경우
③ 거래 비용이 없거나 매우 낮은 경우
④ 교섭이 자유롭게 이루어지는 경우
⑤ 외부 효과가 없는 경우

Answer. 19.③ 20.② 21.③ 22.③ 23.④ 24.①

25 공리주의의 역풍으로 적절하지 않은 것은?

① 소수의 권익 침해   ② 도덕적 직관과 충돌

③ 단기적 행복 극대화   ④ 사생활 침해

⑤ 인간의 존엄성 존중

26 보험에 대한 설명으로 옳지 않은 것은?

① 보험기간 중에 법원에서 인정한 실종기간이 끝나는 때에 사망한 것으로 본다.

② 보험기간 중의 특정시점에 살아 있을 경우에는 약정한 만기보험금을 지급한다.

③ 연명의료중단 결정으로 피보험자가 사망하는 경우 연명의료중단 결정은 사망의 원인이나 사망보험금 지급에 영향을 미치지 않는다.

④ 장해지급률이 결정되었으나 그 이후 보장받을 수 있는 기간에 장해상태가 더 악화된 때에는 그 악화된 장해상태를 기준으로 장해지급률을 결정한다.

⑤ 피보험자가 심신상실 등으로 자유로운 의사결정을 할 수 없는 상태에서 자신을 해친 경우에 해당하면 보험금을 지급한다.

27 연금저축계좌에 대한 설명으로 옳지 않은 것은?

① 계좌의 가입기간은 계좌에 연금납입액이 최초 입금된 날로부터 기산한다.

② 가입자가 새로운 계좌 설정 시 다른 연금계좌의 전액을 이체 받은 경우에는 다른 연금계좌의 가입기간을 적용할 수 없다.

③ 회사는 예탁금이용료의 지급기준이 변경되는 경우 매매거래를 통지할 때 변경내용을 함께 가입자에게 알려준다.

④ 가입자는 계좌에서 일부 금액 또는 전액을 인출할 수 있다.

⑤ 가입자는 위법계약의 해지가 가능한 경우에 한하여 계약체결일로부터 5년을 초과하지 않는 범위에서 계약체결에 대한 위반사항을 안 날부터 1년 이내에 계약의 해지를 요구할 수 있다.

28 금융감독원의 역할로 옳은 것은?

① 한국은행의 통화신용정책에 관한 주요 사항을 심의·의결

② 화폐 발행

③ 금융수요자에 투자상품 판매

④ 금융기관에 대한 검사·감독 업무 수행

⑤ 외환보유액 관리

29 소득이 증가해도 수요가 크게 증가하지 않는 재화로, 생존이나 생활 유지를 위해 필수적인 재화는?

① 보완재
② 대체재
③ 필수재
④ 사치재
⑤ 열등재

30 다음 중 직접파생상품에 해당하는 것은?

① 외환 선도(FX Forward)
② CDS(Credit Default Swaps)
③ 레버리지 ETF(Exchange-Traded Fund)
④ 이중 옵션
⑤ ELS((Equity-Linked Securities)

31 자영업자 고용보험에 대한 설명으로 옳은 것은?

① 피보험자가 선택한 기준보수의 1.25%가 보험료에 해당한다.
② 부동산 임대업자는 가입이 가능한 업종에 해당한다.
③ 고용보험 가입 신청일 전 2년 이내 자영업자로서 실업급여를 받아도 가입이 가능하다.
④ 50명 미만 근로자를 사용하는 사업주 중 가입을 희망하는 경우에 임의로 가입한다.
⑤ 신청일로부터 최대 3년까지 지원한다.

32 다음 설명 중 옳지 않은 것은?

① 대부, 연계대출, 소액후불결제는 대출성 금융상품에 해당한다.
② 집합투자업자는 투자자에 대한 귀책사유가 있는 경우에는 배상책임이 없다.
③ 국채란 금전의 지급을 목적으로 하는 국가의 권리를 말한다.
④ 뉴욕 외환시장은 전 세계 외환 거래를 하는 국제금융시장에 해당한다.
⑤ S&P 500 선물, KOSPI 200 옵션은 장내파생상품에 해당한다.

33 단위변환이 올바른 것은?

① 1B → 5bit
② 1GB → 1,024MB
③ 1MB → 1,000KB
④ 1TB → 10,000GB
⑤ 1PB → 1,480,000GB

📝 **Answer.** 25.⑤ 26.② 27.② 28.④ 29.③ 30.① 31.④ 32.② 33.②

34 다음 중 국제금융기구에 해당하는 것을 모두 고르면?

> ⊙ 국제금융기금
> ⓛ 국제부흥개발은행
> ⓒ 국제금융공사
> ⓔ 아시아개발은행
> ⓜ 아프리카개발은행

① ⊙ⓛ   ② ⓛⓒⓔ
③ ⓒⓔⓜ   ④ ⊙ⓛⓒⓜ
⑤ ⊙ⓛⓒⓔⓜ

35 다음 중 역선택에 해당하는 경우는?

① 공공의 비용으로 불필요하게 병원을 방문하거나 약을 받는 행동
② 자동차 운전자가 사고 비용을 보험사가 부담하기 때문에 부주의하게 운전하는 경우
③ 은행이 정부의 구제금융에 대한 믿음으로 위험한 투자를 반복하는 경우
④ 건강한 사람보다 건강이 나쁜 사람이 건강보험에 많이 가입하는 경우
⑤ 성과에 관계없이 고정급을 받는 직원이 노력을 덜 기울이는 경우

36 예금자보호법에 대한 설명으로 옳지 않은 것은?

① 지방자치단체로부터 조달한 금전은 예금범위에 해당하지 않는다.
② 농협은행에서 환매조건부채권의 매도로 조달한 금전은 예금범위에 포함되지 않는다.
③ 새마을금고중앙회는 예금보험의 적용을 받는다.
④ 1인당 보호한도는 각 농·축협이 별도로 적용된다.
⑤ 상호저축은행의 예금은 예금보험 적용을 받지 않는다.

37 다음 중에서 핀테크에 해당하지 않는 것은?

① 모바일 결제 서비스   ② 인터넷 전문은행
③ 크라우드펀딩 플랫폼   ④ 일반 클라우드 서비스
⑤ 가상자산 거래소

38 다음 그래프 A, B에 들어가는 것으로 적절한 것은?

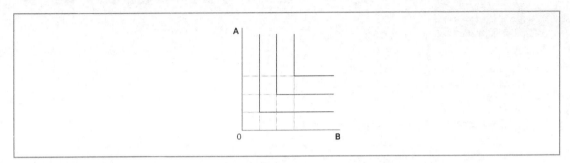

	A		B
①	왼쪽 신발		오른쪽 신발
②	맥주		소주
③	콜라		사이다
④	휘발유		전기
⑤	USB		외장 하드디스크

39 양도성예금증서(CD)와 MMDA의 공통점으로 옳은 것은?

① 만기 이전에는 인출이 불가능하다.
② 명확한 만기일(1개월, 3개월, 6개월, 1년 등)을 지정한다.
③ 예금자보호제도로 보호되지 않는다.
④ 은행에서 제공하는 예금상품이다.
⑤ 고정금리를 제공한다.

40 구글에서 개발한 오픈소스로 머신러닝 및 딥러닝 프레임워크에 해당하는 것은?

① TensorFlow　　　　　② OpenCV
③ PyTorch　　　　　　④ Dlib
⑤ scikit-image

Answer. 34.⑤ 35.④ 36.⑤ 37.④ 38.① 39.④ 40.①

1 다음 글을 통해 알 수 있는 사실이 아닌 것은?

(가) 바젤Ⅲ는 글로벌 금융위기 이후 은행의 자본 건전성 및 유동성 관리를 강화하기 위해 바젤위원회가 도입한 국제적인 금융 규제 체계이다. 바젤Ⅲ는 기존 바젤Ⅱ의 규제를 보완하고, 은행들이 예상치 못한 금융위기에 더욱 잘 대응할 수 있도록 자본 비율 및 유동성 비율을 강화하는 것을 목표로 하고 있다. 이를 통해 전 세계 금융시장의 안정성을 제고하고자 하는 규제 체계이다.

(나) 바젤Ⅲ은 은행의 자본 건전성을 강화하여 금융 시스템의 안정성을 높이고, 향후 발생할 수 있는 금융위기나 경제적 충격에 대비하기 위함이다. 바젤Ⅲ는 은행이 보유해야 하는 최소 자본 비율을 높이고, 자본의 질적 수준을 개선하며, 유동성 위험을 줄이는 규제를 도입하였다. 이러한 규제는 금융기관이 안정적인 경영을 유지하도록 하여 글로벌 금융 시스템 전반의 리스크를 줄이는 것을 목표로 하고 있다.

(다) 주요 국가의 바젤Ⅲ 도입 안에 대한 주요한 특징이 있다. 미국은 신용리스크를 규제하면서 표준방법 위험가중치를 강화하고 내부등급법의 사용을 금지하고 있다. 또한 신용가치조정, G-SIB규제 등의 특징이 있다. 유럽연합은 모든 은행에 바젤 기준을 적용하여 표준방법 및 내부등급법 일부를 완화하여 신용리스크를 규제한다. 영국의 경우는 무등급기업 익스포저에 대해서 차등화된 위험가중치를 적용하며 상업용 부동산에 위험가중치를 하한으로 도입하였다.

(라) 바젤Ⅲ의 국내 도입은 국내 금융기관의 자본 관리와 리스크 관리 체계에 큰 영향을 미치고 있다. 바젤Ⅲ는 자본 비율 및 유동성 규제를 강화함으로써 국내 금융기관이 더 많은 자본을 확보하고, 안정적인 유동성 자산을 보유하도록 요구하고 있다. 이에 따라 은행들은 자본 확충을 위해 증자나 내부 자본 축적 등을 통해 자본 비율을 높이고 있으며, 유동성 관리 측면에서는 단기 자산 비중을 늘리는 방식으로 대응하고 있다. 이러한 변화는 국내 금융기관의 안정성을 강화하고, 금융위기에 대한 대응력을 향상시키고 있다.

(마) 바젤Ⅲ의 국내에 도입하면서 금융기관의 경영 및 규제 환경에 여러 가지 시사점이 있다. 첫째, 금융기관은 자본 확충을 통해 단기적인 수익성 감소를 감수해야 하지만, 장기적으로는 안정적인 경영을 유지할 수 있는 기반을 마련하게 된다. 둘째, 리스크 관리 체계가 강화됨에 따라 금융기관은 신중한 대출 및 투자 정책을 채택하게 될 것이며, 이는 금융시장의 건전성을 높이는 데 기여할 것이다. 마지막으로, 바젤Ⅲ의 유동성 규제로 인해 국내 금융기관들은 유동성 비율을 충족하기 위한 유동성 자산의 확보를 더욱 신중히 고려해야 하며, 이는 금융 시스템 전반의 안정성 강화로 이어질 수 있다.

① (가) 바젤Ⅲ에 대한 정의

② (나) 바젤Ⅲ의 폐단

③ (다) 주요국가의 바젤Ⅲ 도입안 특징

④ (라) 바젤Ⅲ 국내에 도입으로 인한 영향

⑤ (마) 바젤Ⅲ 국내도입으로 인한 시사점

2 다음 지문에 대한 설명으로 옳은 것은?

유럽중앙은행(ECB)에서는 디지털 유로 프로젝트를 준비하기 위해서 디지털 유로 준비단계 작업을 진행하고 있다. 디지털 유로란 유로지역에서의 소매 지급서비스 이용이 가능한 법정화폐(범용 CBDC)로, ECB와 회원국 중앙은행이 발행하고 지급서비스 제공업자(PSP)에서 유통을 담당한다. 디지털 유로 프로젝트 준비단계 1차 보고서에서는 디지털 유로 개발에 있어서 최우선 과제를 정리하고 있다.

첫 번째는 개인정보 및 데이터 보호와 관련한 기술 솔루션 제공이다. 온라인 거래를 하는 경우에는 지급서비스 제공업자(PSP)는 제한된 정보에만 접근이 가능하다. 온라인 거래는 PSP가 EU 법률이 허용하는 범위의 정보에만 접근 가능하도록 기술적 안전장치를 마련할 계획이다. 오프라인 결제의 경우는 현금 수준으로 관련된 데이터가 보호되도록 설계할 계획이다. 오프라인 거래 내역은 지급인과 수취인만 알 수 있다.

두 번째는 복수계좌를 개설하는 경우 개인정보보호에 미치는 영향을 분석하는 것이다. EU 집행위원회가 제안한 디지털 유로 법안은 사용자의 디지털 유로 계좌 수를 제한하지 않고 있다. 복수계좌를 허용하는 경우에도 계좌가 하나만 있는 경우와 비교하여 처리되는 개인 데이터에 차이가 없기에 개인정보 보호에 추가적인 영향이 없는 것으로 판단하고 있다. 기술적으로는 사용자의 보유한도가 여러 개의 계좌로 배분되어 관리하는 것이 가능하나, 운영 측면에서는 복잡성이 높아질 우려가 있다.

마지막으로 소비자, 상점, 디지털 유로의 유통을 담당하는 PSP 등 모든 경제주체가 디지털 유로의 혜택을 받을 수 있도록 보상 모델(compensation model)을 설계할 계획이다. 디지털 유로의 최종 소비자에게는 수수료를 부과하지는 않아 비용 없이 사용이 가능하며 발행 비용은 실물 화폐와 마찬가지로 중앙은행에서 부담을 할 예정이다. PSP가 디지털 유로 유통 과정에서 발생하는 비용을 충당할 수 있도록 현행 여타 디지털 지급수단과 같이 상점에 수수료를 부과하고 수익 추구를 위한 추가적인 서비스를 개발할 수 있도록 설계할 계획이다.

준비단계를 진행하고 추후에 다음 단계로 전환할지의 여부를 결정할 예정이다. ECB는 주요 은행들과 함께 디지털 유로가 은행의 유동성, 실물 화폐에 미치는 영향 등에 대한 데이터를 수집·분석하여 적정 보유한도를 제안할 것으로 보인다.

---

① 디지털 유로란 유로지역에서 온라인상으로만 지급서비스 이용이 가능한 법정화폐에 해당한다.

② 온라인 거래를 하는 경우에는 PSP는 모든 정보에만 접근이 가능하다.

③ 디지털 유로의 복수계좌를 허용하는 경우에도 개인정보보호에 추가적인 큰 영향은 없는 것으로 판단한다.

④ 디지털 유로는 소비자 주체를 제외한 모든 경제주체가 유로 혜택을 볼 수 있도록 설계할 계획이다.

⑤ 현재 ECB에서는 준비 단계를 마치고 시행 단계를 진행하고 있다.

📝 Answer. 1.② 2.③

3 다음 글에서 추론할 수 있는 내용으로 적절한 것은?

한국은행은 대한민국의 경제 안정과 성장에 중요한 역할을 수행한다. 가장 기본적인 기능은 통화 정책을 통해 물가 안정과 금융 안정을 도모하는 것이다. 이를 위해 한국은행은 시중 통화량을 관리하고, 정책 금리를 조정하여 경제 활동을 조절한다. 또한, 한국은행은 금융 시스템의 안정성을 유지하며, 외환 시장에서 환율 안정화를 목표로 다양한 활동을 펼친다. 이 외에도 은행들의 지급결제 시스템을 운영하고, 금융 시장의 유동성을 관리하여 경제의 지속 가능한 성장을 도모한다. 한국은행은 다양한 역할을 하지만 대표적인 역할 중에 하나는 발권업무에 해당한다.

한국은행의 발권업무 중 하나는 새 화폐의 발행이다. 새로운 화폐는 주로 기존 화폐가 물리적으로 손상되거나, 경제 성장에 따른 통화 수요 증가로 인해 발행된다. 한국은행은 화폐 발행의 권한을 독점적으로 보유하고 있으며, 이를 통해 국가 경제의 신뢰성과 통화 시스템의 안전성을 보장한다. 새 화폐의 발행은 국가 경제 상황을 고려한 철저한 계획에 따라 이루어지며, 화폐의 디자인과 보안 요소도 경제 상황과 기술 발전에 맞추어 지속적으로 개선되고 있다.

화폐의 지급과 수납은 한국은행의 또 다른 중요한 발권업무이다. 한국은행은 시중 은행에 화폐를 공급하고, 이들이 요구하는 만큼의 화폐를 지급한다. 또한, 시중에서 회수된 화폐는 한국은행으로 다시 들어오며, 그 과정에서 손상되거나 더 이상 유통이 어려운 화폐는 폐기되고 새로운 화폐로 대체된다. 이를 통해 시중에 유통되는 화폐의 질을 유지하고, 원활한 통화 유통을 보장할 수 있다.

화폐정사는 손상된 화폐를 회수하고 폐기하는 업무를 말한다. 일상생활에서 유통되는 화폐는 시간이 지나면서 물리적으로 훼손이 되면 손상된 화폐를 한국은행으로 회수하여 교체된다. 한국은행은 일정 기준에 따라 화폐의 손상 정도를 평가하고, 더 이상 사용하기 어려운 화폐를 폐기하며 새로운 화폐로 교체한다. 이는 화폐 유통 과정에서 화폐의 품질을 유지하기 위한 필수적인 과정이다.

한국은행은 구 화폐와 신 화폐 간의 교환도 담당한다. 화폐의 디자인이 변경되거나 새로운 화폐가 발행될 때, 기존에 유통되던 구 화폐는 일정 기간 동안 시중에서 사용되다가 한국은행을 통해 신 화폐로 교환된다. 이 과정에서 구 화폐는 점차 유통이 중단되고, 신 화폐가 그 자리를 대신하게 된다. 한국은행은 이러한 교환 과정을 원활히 관리하여 국민들이 불편함 없이 신 화폐로 전환할 수 있도록 지원한다.

한국은행의 발권업무 중 중요한 역할은 화폐의 유통을 원활하게 유지하는 것이다. 이를 위해 한국은행은 시중의 통화 수요를 면밀히 관찰하고, 필요한 양의 화폐를 적시에 공급하여 경제 활동이 원활히 이루어지도록 한다. 또한, 화폐가 특정 지역에 과잉 공급되거나 부족해지지 않도록 균형을 유지하고, 화폐 유통 경로의 효율성을 제고하는 다양한 정책을 시행한다. 이러한 과정을 통해 한국은행은 경제 전반에 걸쳐 안정적인 화폐 공급을 보장하고, 국민들이 필요로 하는 화폐를 적시에 사용할 수 있도록 한다.

① 한국은행에서는 국가경제의 안정성을 유지하기 위해서 발권업무를 담당한다.
② 한국은행은 화폐의 디자인 변경 시 기존 화폐를 즉시 폐기하고 신 화폐만 유통한다.
③ 발권업무는 경제 상황과 상관없이 일정한 주기로 이루어진다.
④ 한국은행에서 개인을 대상에게 화폐를 공급하고 대출업무를 진행한다.
⑤ 화폐 보안요소는 한번 정해진 경우에는 변화하지 않는다.

4 다음 글에서 알 수 있는 것은?

외상은 개인의 자아가 감당하기 어려운 충격적 사건을 경험할 때 발생한다. 이러한 경험은 자아가 처리하기에는 너무나 고통스러워 무의식으로 억압되거나, 처리되지 못한 채 마음속에 남게 되는 것이다. 이때 외상은 심리적 고착으로 이어질 수 있는데, 이는 개인이 그 외상적 경험을 떨쳐내지 못하고 반복적으로 그 사건과 관련된 감정이나 행동을 재현하는 것이다. 프로이트는 이러한 고착이 개인의 심리적 발달을 방해하고, 그 결과 신경증과 같은 정신적 문제가 발생할 수 있다고 보았다.

무의식은 프로이트 정신분석에서 핵심적인 개념으로 자아가 의식적으로 다루지 못한 감정이나 생각이 억압되어 저장되는 심리적 공간을 의미한다. 외상 경험은 너무나 고통스럽기 때문에 의식적으로 다루는 것이 어려워지고, 그 결과 무의식 속으로 밀려난다. 이때 무의식은 외상적 기억을 보존하면서도 그것이 의식적으로 떠오르지 않도록 방어기제를 작동시킨다. 하지만 무의식 속에 억압된 외상은 완전히 사라지지 않고 다양한 방식으로 간접적으로 의식에 영향을 미친다.

외상에 대한 고착은 무의식 속에 억압되어 있더라도, 개인의 행동이나 감정에서 다양한 방식으로 표현된다. 프로이트는 외상이 억압된 후에도 그 영향이 개인의 삶에 계속해서 나타날 수 있다고 주장했다. 예를 들어, 외상적 사건과 관련된 반복적인 꿈, 특정 상황에서 불안 발작, 또는 강박적인 행동 등이 외상의 무의식적 표현이 될 수 있다. 이러한 표현들은 무의식에 억압된 외상적 기억이 외부로 발현되려는 시도로 정신분석을 통해 분석되고 치료될 수 있다.

외상에 대한 고착이 장기적으로 지속될 경우, 이는 다양한 정신병리적 문제를 야기할 수 있다. 프로이트는 신경증, 우울증, 강박증 등의 문제들이 외상에 대한 무의식적 고착과 밀접한 관련이 있다고 보았다. 외상적 경험이 무의식 속에 억압된 상태로 남아 있는 한, 개인은 계속해서 심리적 갈등을 겪게 되며, 이는 정신적 에너지를 소모시켜 일상생활에서 적응하기 어려운 상황을 만들어낸다. 따라서 외상에 대한 고착을 풀어내기 위해 무의식을 탐구하는 것이 필요하다.

프로이트의 정신분석 이론에서 외상에 대한 고착과 무의식은 상호 밀접한 관계를 가지고 있다. 외상은 자아가 감당할 수 없을 때 무의식 속으로 억압되지만, 무의식은 외상적 기억을 지속적으로 보존하면서 다양한 방식으로 개인의 행동과 감정에 영향을 미친다. 고착된 외상은 정신병리를 야기할 수 있기 때문에 해결하기 위해서는 무의식 속 억압된 외상을 의식으로 끌어올려 치료하는 과정이 필요하다. 따라서 정신분석적 치료는 이러한 무의식적 고착을 해소하고, 개인이 과거 외상을 극복할 수 있도록 돕는 중요한 역할을 한다.

① 외상적 경험은 항상 자아에 의해 즉각적으로 의식에서 처리된다.
② 무의식은 일상적인 행동과 감정에 영향을 미치지 않는다.
③ 정신분석 치료는 외상적 경험을 무의식 속에 더 깊이 억압하여 문제를 해결하는 방식이다.
④ 외상에 대한 고착은 무의식에 억압된 외상이 간접적으로 표현되는 방식이다.
⑤ 외상에 대한 고착이 무의식에 억압된 경우 외상은 개인의 심리적 발달을 촉진하고 문제를 해결하는 데 기여한다.

5 다음 글에서 알 수 있는 것은?

인류 역사에서 여러 위대한 문명들이 찬란한 발전을 이루었지만, 시간이 흐르면서 결국 몰락을 맞이했다. 문명의 몰락은 단순히 하나의 요인으로 설명될 수 없다. 정치적, 경제적, 환경적, 사회적 요인들이 복합적으로 작용한 결과이다. 대표적으로 문명의 몰락과 관련된 것으로 로마 제국, 마야 문명, 그리고 메소포타미아 문명이 있다.

위대한 문명들이 몰락하는 주요 요인 중 하나는 정치적 불안정과 내부 권력의 부패이다. 예를 들어, 로마 제국의 몰락은 정치 체제의 붕괴와 지도층의 부패로부터 시작되었다. 로마는 한때 지중해를 중심으로 거대한 제국을 형성했지만, 정치적 권력의 분산과 황제들의 무능함, 정치적 음모가 끊임없이 일어나며 내부가 붕괴되었다. 이로 인해 외부 침입에 대한 방어력이 약화되었고, 결국 게르만족의 침입으로 서기 476년에 서로마 제국이 멸망하게 되었다.

경제적 요인 역시 문명의 몰락에 중요한 역할을 한다. 경제적 자원이 고갈되거나 분배가 불평등하게 이루어질 때, 사회적 혼란이 발생하고 문명은 쇠퇴하게 된다. 마야 문명의 경우, 농업 생산량 감소와 상업 교류의 붕괴가 주요 몰락 원인으로 지적된다. 마야 문명은 정교한 도시 국가를 건설하고, 천문학과 수학에서 높은 성취를 이루었지만, 인구 과밀과 농업 생산의 한계로 인해 경제가 붕괴했다. 이로 인해 도시 국가 간의 전쟁이 발생했고, 결국 많은 마야 도시들이 버려지게 되었다.

환경 변화는 문명의 존속에 중요한 영향을 미치며, 기후 변화나 자원의 고갈이 문명을 멸망에 이르게 할 수 있다. 메소포타미아 문명은 기원전 수천 년 동안 티그리스와 유프라테스 강 사이에서 번영했으나, 환경적 요인으로 인해 쇠퇴했다. 특히, 과도한 관개 농업으로 인해 토양 염분화가 진행되었고, 이는 농업 생산성의 급격한 하락을 초래했다. 또한, 기후 변화로 인한 가뭄과 홍수가 반복되면서 도시들은 생존하기 어려운 환경에 직면하게 되었고, 이는 문명의 붕괴로 이어졌다.

사회적 불평등과 문화적 퇴보 또한 문명 몰락의 주요 요인이다. 사회 내부에서 계층 간의 갈등이 심화되면 문명은 내부적 균열을 겪게 된다. 로마 제국의 경우, 지배계층과 피지배계층 간의 갈등이 격화되었으며, 시민의 권리와 의무가 불평등하게 분배되었다. 이로 인해 로마 시민들의 충성심이 약화되었고, 제국을 유지하기 위한 사회적 연대가 붕괴되었다. 이러한 사회적 분열은 제국을 외부 침략에 더욱 취약하게 만들었다.

위대한 문명의 몰락은 정치적, 경제적, 환경적, 사회적 요인들이 복합적으로 작용한 결과로 설명할 수 있다. 로마 제국의 정치적 부패, 마야 문명의 경제적 붕괴, 메소포타미아 문명의 환경적 악화는 문명 몰락의 다양한 요인을 보여준다. 이러한 몰락의 원인들은 현대 사회에도 경고를 준다. 문명이 지속되기 위해서는 정치적 안정, 경제적 번영, 환경적 균형, 그리고 사회적 연대가 필요하며, 이들 중 하나라도 실패할 경우 문명은 붕괴의 길로 들어설 수 있다.

① 로마 제국은 외부 침략보다는 내부의 정치적 부패와 무능함으로만 몰락했다.
② 마야 문명은 경제적 요인 외에도 기후 변화와 같은 환경적 요인으로 몰락했다.
③ 메소포타미아 문명은 토양 염분화 문제를 극복해 번영을 유지했다.
④ 지배계층과 피지배계층의 갈등은 사회적 연대를 발달시킨다.
⑤ 문명의 몰락은 정치적, 경제적, 환경적, 사회적 요인이 복합적으로 작용한다.

6 다음 글에 대한 이해로 적절하지 않은 것은?

> 수상음악(Water Music)은 헨델의 대표적인 관현악 모음곡이다. 이 모음곡은 1717년 영국 국왕 조지 1세가 템스강에서 연주회를 열었을 때 처음 연주된 작품이다. 수상음악은 관악기와 현악기의 화려한 조합으로 이루어진 다채로운 곡들로 구성되어 있으며, 당시 왕실의 행사에서 장엄한 분위기를 자아내는 데 큰 역할을 했다. 헨델은 이 작품을 통해 당시 군주가 요구했던 화려함과 귀족 사회의 취향을 동시에 만족시키는 음악적 성과를 이뤘다.
>
> 수상음악은 세 개의 모음곡으로 구성되어 있다. 각 모음곡은 여러 개의 짧은 악장으로 나뉘며, 각 악장은 독립적인 성격을 띤다. 첫 번째 모음곡은 F장조로 시작하며, 활기차고 웅장한 느낌을 전달한다. 두 번째 모음곡은 D장조, 세 번째 모음곡은 G장조로 서로 다른 분위기와 스타일을 가지고 있어 다양한 감정적 변화를 제공한다. 이러한 다양한 장조 사용은 헨델 음악의 주요 특징 중 하나로, 청중에게 음악적 흥미를 지속적으로 유발한다.
>
> 수상음악의 첫 번째 모음곡의 대표적인 악장으로는 알르망드(Allemande)와 쿠랑트(Courante)가 있다. 알르망드는 느린 템포와 우아한 리듬으로 시작하며, 전체 곡의 웅장한 분위기를 조성하는 역할을 한다. 이어지는 쿠랑트는 빠른 템포로 전환되며, 경쾌하고 활기찬 분위기를 형성한다. 이러한 리듬적 대조는 헨델의 음악적 구성에서 중요한 요소로 작용한다.
>
> 두 번째 모음곡은 호른파이프(Hornpipe) 악장이 두드러진다. 호른파이프는 독특한 리듬 패턴과 관악기의 음색을 활용하여 장엄하고 축제적인 느낌을 극대화한다. 이 악장은 수상음악의 가장 잘 알려진 부분으로, 강한 리듬과 밝은 멜로디가 특징적이다. 이러한 악장들은 왕실의 행사를 위한 음악적 배경으로 이상적이었으며, 당대의 귀족적 취향을 반영했다.
>
> 세 번째 모음곡에서는 부레(Bourrée)와 메뉴에트(Minuet)가 눈에 띄는데, 이 악장들은 상대적으로 차분하고 우아한 분위기를 전달한다. 메뉴에트는 3박자 계통의 춤곡으로, 그 우아함과 정형화된 리듬 패턴이 청중들에게 평온함을 제공한다. 이러한 악장들은 전반적인 모음곡의 구조에서 완급 조절을 통해 청중의 집중을 유지하는 데 기여한다.
>
> 헨델은 수상음악에서 각 장조의 성격을 극대화하여 음악적 표현력을 강화했다. F장조는 밝고 화려한 느낌을 전달하며, 종종 축제적이고 희망적인 분위기를 나타낼 때 사용되었다. 이 장조는 수상음악의 첫 번째 모음곡에 잘 어울리며, 국왕의 위엄과 장엄함을 강조하는 데 적합하다. 반면, D장조는 조금 더 강렬하고 진지한 감정을 전달하는 장조로, 주로 장대한 순간이나 중요한 행사를 위한 음악에 사용된다. 헨델은 D장조를 통해 작품에 무게감을 더하고, 관악기의 음색을 활용하여 강한 인상을 남겼다.
>
> 마지막으로, G장조는 부드럽고 안정적인 느낌을 주며, 휴식과 안정을 상징하는 장조로 자주 사용되었다. 헨델은 이러한 장조 선택을 통해 음악적 대비를 극대화하고, 청중의 감정적 반응을 다양하게 유도했다.
>
> 헨델은 그의 수상음악을 통해 바로크 시대의 음악적 특징을 완벽히 구현했으며, 정치적, 사회적 맥락에서 중요한 역할을 한 음악 작품을 남겼다. 그의 교향곡적 특징은 대조와 변형, 명확한 구조를 중시하는 음악적 접근에서 드러나며, 수상음악의 각 악장은 이러한 특징을 반영하고 있다. 장조별 특징을 적절히 활용한 헨델의 음악적 선택은 작품의 감정적 깊이를 더한다.

① 수상음악은 현악기만을 사용하여 곡을 구성했다.
② 수상음악은 짧은 모음곡 세 개로 구성된다.
③ 호른파이프는 느리고 우아한 리듬을 사용하여 차분한 분위기를 조성한다.
④ G장조는 밝고 희망찬 느낌을 전달하여 축제적인 분위기를 표현한다.
⑤ 메뉴에트는 변주가 빠른 리듬 패턴으로 집중 유지에 기여한다.

📖 Answer. 5.⑤ 6.②

7 다음 글에 대한 이해로 적절하지 않은 것은?

> 에탄올의 역사는 고대 문명에서 발효 과정을 통해 자연적으로 생성된 알코올을 사용하는 것으로 시작된다. 고대 이집트와 메소포타미아 등 여러 문명에서 발효된 음료가 발견되었으며, 이는 에탄올의 가장 초기 형태이다. 현대 과학적 방법으로 에탄올을 합성하거나 정제하는 기술은 19세기 후반에 이르러 발달되었다. 그 이후 에탄올은 다양한 연구와 기술 발전을 통해 정제 및 생산이 효율적으로 이루어지며, 산업용, 연료용 등 다양한 분야에서 활용되기 시작했다.
>
> 에탄올은 C_2H_5OH라는 화학식을 가진 유기 화합물로 알코올 군에 속한다. 에탄올의 구조는 2개의 탄소 원자에 수소 원자들이 결합한 에틸기와, 수산화기($-OH$)로 구성되어 있다. 에탄올은 무색 투명한 액체로, 특유의 알코올 냄새를 가지고 있으며, 물과 잘 섞이고 다양한 유기용매에도 잘 용해된다. 끓는점은 약 $78.37\,^\circ C$로 상대적으로 낮으며, 이 때문에 연료로서도 유용하다. 에탄올은 휘발성이 강하며, 산소와 결합할 때 연소하여 물과 이산화탄소를 생성한다.
>
> 에탄올은 다양한 분야에서 활용되며 응용 범위는 매우 넓다. 가장 잘 알려진 용도는 음료용 알코올로, 발효 과정을 통해 제조된 에탄올은 술의 주성분이다. 이 외에도 에탄올은 연료로 사용되며, 특히 바이오에탄올로 불리는 재생 가능한 연료로 각광받고 있다. 자동차 연료나 보일러 연료로 사용될 수 있으며, 이산화탄소 배출량을 줄이는 데 기여할 수 있다. 또한, 의료용 소독제로서 광범위하게 사용되며, 다양한 산업에서 용매로도 활용된다. 특히 화장품, 의약품, 향료 제조 등에서도 필수적인 성분으로 사용된다.
>
> 에탄올은 화학적으로 중간 극성 물질로, 극성 물질인 물과 비극성 물질인 유기 화합물 모두와 혼합될 수 있는 특징을 가지고 있다. 이로 인해 에탄올은 용매로서의 역할이 매우 중요하다. 또한, 에탄올은 상대적으로 반응성이 적은 안정한 분자로, 실온에서는 화학적으로 안정하지만, 산화되면 아세트알데하이드로 전환될 수 있다. 에탄올은 에너지 밀도가 낮지 않아 연료로도 적합하며, 연소 시 상대적으로 깨끗한 연료로 평가된다. 에탄올의 본성은 이러한 다용도성 덕분에 다양한 산업 분야에서 필수적으로 활용된다.
>
> 에탄올은 발효 과정에서 자연스럽게 생성된 화합물로 시작하여 현대에는 다양한 방식으로 제조 및 활용되고 있다. 화학적으로 중간 극성 물질로서 독특한 물리적, 화학적 특성을 가지고 있으며, 이러한 특성은 에탄올이 여러 산업에서 중요한 자원으로 사용되는 이유이다. 에탄올은 연료, 음료, 용매, 소독제 등 다방면에서 중요한 역할을 하고 있다.

① 에탄올은 발효 과정을 통해 고대 문명에서부터 사용되었다.

② 에탄올은 물과 잘 섞이며 휘발성이 강하다.

③ 의료용 소독제로 주요하게 사용되는 것은 에탄올이다.

④ 에탄올은 다양한 물질과 혼합되어 불안정한 분자에 해당한다.

⑤ 음료용으로도 에탄올을 활용할 수 있다.

8 다음 글에 대한 이해로 적절하지 않은 것은?

> LLM은 주로 트랜스포머(Transformer) 기반의 신경망 구조를 사용한다. 트랜스포머는 입력된 텍스트 데이터를 여러 층의 셀프 어텐션(self-attention) 메커니즘을 통해 처리하며, 이 과정을 통해 각 단어 간의 상호작용과 관계를 깊이 있게 학습한다. LLM의 훈련은 대규모 데이터셋을 기반으로 이루어지며, 문장 내의 단어 순서, 문맥적 의미, 그리고 텍스트 구조 전반에 대한 패턴을 인식할 수 있도록 설계된다. 이를 통해 모델은 주어진 입력에 맞는 적절한 답변을 생성할 수 있다. 특히, GPT(Generative Pre-trained Transformer)와 같은 모델은 사전 훈련(pre-training)과 미세 조정(fine-tuning) 과정을 거쳐 특정 작업에 최적화된다.
>
> AI가 LLM을 이용해 답변을 하는 과정은 질문-응답 시스템(Q&A system)의 형태로 이루어지는데, 이 과정에서 AI는 먼저 입력된 텍스트, 즉 사용자의 질문을 처리하고, 해당 질문의 문맥적 의미와 핵심 개념을 이해한 후, 이에 대한 답변을 생성하게 된다. 토큰화(tokenization) 과정을 통해 텍스트는 개별 단어 또는 단위로 나뉘며, 모델은 이를 기반으로 문맥적 관계를 추론한다. 이후 AI는 훈련된 패턴을 활용해 가장 적절한 답변을 생성한다. 이때, 모델은 질문의 의도, 주제, 문맥을 분석하여 높은 수준의 자연스러운 답변을 도출할 수 있다.
>
> LLM을 통한 답변의 품질을 향상시키기 위해서는 미세 조정(fine-tuning)과 지속적 학습(continual learning)이 중요하다. 미세 조정은 특정 도메인이나 작업에 맞춰 모델을 세밀하게 조정하는 과정으로, 이를 통해 보다 정교한 답변 생성이 가능해진다. 또한, AI 모델은 최신 데이터를 지속적으로 학습함으로써 실시간으로 변화하는 정보에 대응할 수 있다. 답변의 정확성, 일관성, 문맥성을 유지하기 위해서는 다양한 훈련 데이터와 상황에 맞는 학습 환경이 필요하다. 이러한 기술적 개선은 AI가 보다 전문적이고 신뢰성 높은 답변을 제공하는 데 기여한다.
>
> LLM 기반 AI는 뛰어난 성능을 보이지만, 여전히 몇 가지 한계가 존재한다. 첫째, 대규모 데이터로 학습된 모델은 편향(bias) 문제를 내포할 수 있다. 이는 훈련 데이터에 포함된 편향된 정보가 모델의 답변에 영향을 미치는 현상이다. 둘째, LLM은 추론 능력에서 한계를 보일 수 있으며, 복잡한 논리적 질문에 대해 부정확한 답변을 제공할 가능성도 있다. 이러한 문제를 해결하기 위해서는 다양한 도메인에서의 학습, 편향성 제거 기술, 그리고 추론 능력 강화를 위한 추가적인 연구가 필요하다. 또한, 설명 가능 인공지능(XAI, Explainable AI)의 도입을 통해 AI의 의사결정 과정을 투명하게 할 수 있다.
>
> AI는 트랜스포머 기반의 언어 모델과 복잡한 자연어 처리 기술을 결합하여 LLM을 통해 답변을 생성한다. LLM은 입력된 텍스트 데이터를 문맥적으로 이해하고, 학습된 패턴을 바탕으로 정교한 답변을 생성할 수 있다. 그러나 LLM 기반 AI는 편향 문제와 추론 능력의 한계와 같은 도전 과제에 직면해 있으며, 이를 해결하기 위한 추가적인 연구가 필요하다. 지속적인 기술 발전을 통해 LLM은 보다 정확하고 신뢰성 있는 답변을 제공하는 도구로 자리매김할 것이며, 이는 AI의 다양한 응용 분야에서 혁신적인 변화를 이끌어낼 것이다.

① LLM은 문맥적 관계를 파악하기 위해 셀프 어텐션 메커니즘을 사용한다.
② 미세 조정(fine-tuning)과 지속적 학습을 통해 LLM의 답변 정확성과 일관성을 높일 수 있다.
③ LLM은 편향과 추론 능력에서 한계가 존재한다.
④ LLM은 토큰화로 텍스트의 단위를 나누고 문맥을 추론한다.
⑤ XAI(설명 가능 인공지능)는 답변의 정확성을 향상시키기 위한 기술적 방법이다.

Answer. 7.④ 8.⑤

9 다음 글을 근거로 판단할 때 옳은 것은?

제00조(국민건강보험종합계획의 수립 등)
① 보건복지부장관은 이 법에 따른 건강보험의 건전한 운영을 위하여 건강보험정책심의위원회의 심의를 거쳐 5년마다 국민건강보험종합계획(이하 종합계획)을 수립하여야 한다. 수립된 종합계획을 변경할 때도 또한 같다.
② 종합계획에는 다음 각 호의 사항이 포함되어야 한다.
  1. 건강보험정책의 기본목표 및 추진방향
  2. 건강보험 보장성 강화의 추진계획 및 추진방법
  3. 건강보험의 중장기 재정 전망 및 운영
  4. 보험료 부과체계에 관한 사항
  5. 요양급여비용에 관한 사항
  6. 건강증진 사업에 관한 사항
  7. 취약계층 지원에 관한 사항
  8. 건강보험에 관한 통계 및 정보의 관리에 관한 사항
  9. 그 밖에 건강보험의 개선을 위하여 필요한 사항으로 대통령령으로 정하는 사항
③ 보건복지부장관은 종합계획에 따라 매년 연도별 시행계획(이하 시행계획)을 건강보험정책심의위원회의 심의를 거쳐 수립·시행하여야 한다.
④ 보건복지부장관은 매년 시행계획에 따른 추진실적을 평가하여야 한다.
⑤ 보건복지부장관은 다음 각 호의 사유가 발생한 경우 관련 사항에 대한 보고서를 작성하여 지체 없이 국회 소관 상임위원회에 보고하여야 한다.
  1. 제1항에 따른 종합계획의 수립 및 변경
  2. 제3항에 따른 시행계획의 수립
  3. 제4항에 따른 시행계획에 따른 추진실적의 평가
⑥ 보건복지부장관은 종합계획의 수립, 시행계획의 수립·시행 및 시행계획에 따른 추진실적의 평가를 위하여 필요하다고 인정하는 경우 관계 기관의 장에게 자료의 제출을 요구할 수 있다. 이 경우 자료의 제출을 요구받은 자는 특별한 사유가 없으면 이에 따라야 한다.
⑦ 그 밖에 제1항에 따른 종합계획의 수립 및 변경, 제3항에 따른 시행계획의 수립·시행 및 제4항에 따른 시행계획에 따른 추진실적의 평가 등에 필요한 사항은 대통령령으로 정한다.

제00조(건강보험정책심의위원회)
① 건강보험정책에 관한 다음 각 호의 사항을 심의·의결하기 위하여 보건복지부장관 소속으로 건강보험정책심의위원회(이하 심의위원회)를 둔다.
  1. 종합계획 및 시행계획에 관한 사항(의결은 제외한다)
  2. 요양급여의 기준
  3. 요양급여비용에 관한 사항
  4. 직장가입자의 보험료율
  5. 지역가입자의 보험료율과 재산보험료부과점수당 금액
  5의2. 보험료 부과 관련 제도 개선에 관한 다음 각 목의 사항(의결은 제외한다)
    가. 건강보험 가입자의 소득 파악 실태에 관한 조사 및 연구에 관한 사항
    나. 가입자의 소득 파악 및 소득에 대한 보험료 부과 강화를 위한 개선 방안에 관한 사항
    다. 그 밖에 보험료 부과와 관련된 제도 개선 사항으로서 심의위원회 위원장이 회의에 부치는 사항

---

6. 그 밖에 건강보험에 관한 주요 사항으로서 대통령령으로 정하는 사항

② 심의위원회는 위원장 1명과 부위원장 1명을 포함하여 25명의 위원으로 구성한다.

③ 심의위원회의 위원장은 보건복지부차관이 되고, 부위원장은 제4항 제4호의 위원 중에서 위원장이 지명하는 사람이 된다.

④ 심의위원회의 위원은 다음 각 호에 해당하는 사람을 보건복지부장관이 임명 또는 위촉한다.

    1. 근로자단체 및 사용자단체가 추천하는 각 2명

    2. 시민단체, 소비자단체, 농어업인단체 및 자영업자단체가 추천하는 각 1명

    3. 의료계를 대표하는 단체 및 약업계를 대표하는 단체가 추천하는 8명

    4. 다음 각 목에 해당하는 8명

        가. 대통령령으로 정하는 중앙행정기관 소속 공무원 2명

        나. 국민건강보험공단의 이사장 및 건강보험심사평가원의 원장이 추천하는 각 1명

        다. 건강보험에 관한 학식과 경험이 풍부한 4명

⑤ 심의위원회 위원(제4항 제4호 가목에 따른 위원은 제외한다)의 임기는 3년으로 한다. 다만, 위원의 사임 등으로 새로 위촉된 위원의 임기는 전임위원 임기의 남은 기간으로 한다.

⑥ 보건복지부장관은 심의위원회가 제1항 제5호의2에 따라 심의한 사항을 국회에 보고하여야 한다.

⑦ 심의위원회의 운영 등에 필요한 사항은 대통령령으로 정한다.

① 보건복지부장관은 수립된 종합계획을 변경할 때 건강보험정책심의위원회 심의를 거쳐 국민건강보험종합계획을 변경한다.

② 보건복지부장관은 연도별 시행계획을 수립하면 건강보험정책심의위원회에서 시행계획의 추진실적을 평가한다.

③ 종합계획의 수립 및 변경이나 시행계획의 수립을 해야 하는 경우 관련 사항은 특별한 사유가 없으면 보고를 하지 않아도 된다.

④ 건강보험정책에 관한 심의·의결하기 위하여 국회 소관 상임위원회 소속으로 건강보험정책심의위원회를 둔다.

⑤ 건강보험정책심의위원회에서는 가입자의 소득 파악 및 소득에 대한 보험료 부과 강화를 위한 개선 방안에 관한 사항을 의결한다.

10 다음 지문의 내용에 따라 빈칸에 들어갈 것으로 가장 적절한 것은?

> 현대사회에서 '평균의 종말'이라는 사회현상이 점점 두드러지고 있다. 과거에는 대다수의 사람들이 특정한 중간값이나 평균적인 삶의 방식, 행동 양식에 맞추어 살아가는 경향이 강했지만, 오늘날 사회는 더 이상 평균적인 기준이 주를 이루지 않는다. 급격한 기술 발전, 개인화된 소비 패턴, 그리고 다양한 사회적 변화가 복합적으로 작용하면서, 평균보다는 개별화된 경험과 특화된 요구가 더욱 중요시되고 있다.
>
> 평균의 종말은 주로 (   )에서 기인한다. 디지털화된 세상에서는 데이터를 통해 개인의 취향, 습관, 행동을 정밀하게 분석할 수 있으며, 이를 바탕으로 맞춤형 제품과 서비스를 제공하는 것이 가능해졌다. 예를 들어, 스트리밍 서비스는 사용자 개개인의 시청 기록에 따라 추천 콘텐츠를 제공하고, 광고 산업 역시 특정 그룹이 아닌 개별 사용자에게 최적화된 광고를 보여준다. 이러한 변화는 평균적 대중을 위한 보편적인 제품이 아닌, 다양한 개별화된 요구에 맞춘 제품과 서비스가 주를 이루게 만들었다.
>
> 이와 같은 '평균의 종말' 현상은 사회 전반에 걸쳐 개인화와 다양성의 증가를 가져왔다. 교육, 소비, 정치 등 모든 영역에서 사람들은 평균적인 선택을 하기보다는 자신만의 독특한 성향과 요구에 맞는 결정을 내리기 시작했다. 이는 사회의 다원화와 선택의 폭이 넓어졌다는 긍정적인 측면도 있지만, 동시에 개인 간 격차가 심화되고, 공통의 경험이나 가치가 줄어드는 부작용도 초래할 수 있다.

① 광고산업의 발달
② 기술 발전과 데이터 분석의 세분화
③ 자국우선주의에 따른 획일성
④ 성과우선주의와 계급의 서열화
⑤ 사회의 단일화

11 다음 글을 근거로 판단할 때 옳지 않은 것은?

> 제00조(국가 및 지방자치단체 등의 책무)
> ① 국가 및 지방자치단체는 산림의 보전, 산림의 공익기능 증진, 임업의 발전 및 산촌의 진흥 등 산림의 보전 및 이용에 관한 종합적인 시책을 수립하고 이를 시행할 책무를 진다.
> ② 국가 및 지방자치단체는 산림의 보전 및 이용에 관한 시책을 추진함에 있어서 필요한 법제 및 재정에 관한 조치를 하여야 한다.
> ③ 국민은 산림이 합리적으로 보전 및 이용될 수 있도록 국가 및 지방자치단체의 산림시책에 적극 협력하여야 한다.
> ④ 산림의 소유자 또는 산림을 이용하여 수익을 얻으려는 자는 지속가능한 산림경영을 위하여 노력하여야 한다.
>
> 제00조(산림의 합리적 보전 및 이용)
> ① 국가 및 지방자치단체는 산림시책과 이에 관련된 사업을 추진함에 있어서 지속가능한 산림경영을 위하여 산림의 보전과 이용이 조화를 이루도록 노력하여야 한다.
> ② 국가 및 지방자치단체는 지속가능한 산림경영과 종합적·효율적인 산림관리를 위하여 산림을 이용목적에 따라 구분·관리하여야 한다.

제00조(산림기능의 증진)
국가 및 지방자치단체는 산림이 지니고 있는 국토환경의 보전, 임산물의 공급, 산림복지의 증진 및 탄소흡수원의 유지·증진 등 다양한 기능들이 충분하게 발휘될 수 있도록 장기적인 목표와 방향을 설정하여 산림을 조성·보호하고 관리하여야 한다.

제00조(임업의 육성)
국가 및 지방자치단체는 임업의 균형적인 성장 및 임업인의 건전한 육성을 위하여 임업의 경쟁력을 높이고 임업인의 소득이 향상될 수 있도록 노력하여야 한다.

제00조(산촌의 진흥)
국가 및 지방자치단체는 국토의 균형 있는 발전과 산림자원의 효율적인 관리를 위하여 산촌의 소득증진 및 산촌주민의 복지증진을 위하여 노력하여야 한다.

제00조(국제협력 및 통일대비 정책)
① 국가 및 지방자치단체는 지구의 산림 보전을 위한 국제협력을 강화하고 통일에 대비하기 위하여 필요한 산림에 관한 시책을 수립하고 시행하기 위하여 노력하여야 한다.
② 국가는 남북 간 산림 보전 및 이용의 상호교류와 협력을 증진할 수 있도록 노력하여야 한다.
③ 국가는 남북 간 산림 보전 및 이용의 상호교류와 협력을 증진하기 위하여 북한의 산림에 관한 정책·제도 및 현황 등에 관하여 조사·연구하여야 한다.
④ 국가는 남북 간 산림 보전 및 이용의 상호교류와 협력을 증진하기 위하여 외국정부, 국제기구 또는 관련 기관·단체 등과의 국제협력을 촉진하는 방안을 마련할 수 있다.

① 지방자치단체는 산촌의 진흥을 위한 종합적인 시책을 수립하여야 한다.
② 국가는 산림의 보전에 필요한 재정에 관한 조치를 하여야 한다.
③ 탄소흡수원의 유지를 위해서 국가는 장기적인 목표를 설정하여야 한다.
④ 국가는 통일에 대비하여 필요한 산림 시책을 수립하기 위하여 노력하여야 한다.
⑤ 산촌주민 복지증진은 시책의 수립에 포함하지 않는다.

12 다음 빈칸에 들어갈 숫자의 합으로 적절한 것은?

> A, B, C, D는 매일 최대한 많이 걷기로 하고, 특정 시간에 만나서 각자의 걸음 수와 그 합을 기록하였다. 그 기록한 걸음 수의 합은 299,997걸음이었다. 하지만 기록된 걸음 수 중 몇 개의 숫자가 잘 보이지 않아 빈칸(□)으로 표기되었다.
>
> • A : 1, □, 7, 3, 5
> • B : 8, 2, □, 9, 6
> • C : 9, □, 1, □, 8,
> • D : 7, 8, □, 6, 4,

① 15 ② 16

③ 17 ④ 18

⑤ 19

13 다음 글을 근거로 판단할 때 〈보기〉에서 옳은 것만 모두 고른 것은?

> 철수는 세 가지 색상의 공을 〈조건〉에 따라서 상자 안에 각각 나누어 담으려고 한다.
>
> | 색상 | 무게(kg) | 개수 |
> |---|---|---|
> | 빨강 | 20 | 5 |
> | 파랑 | 30 | 3 |
> | 초록 | 50 | 2 |
>
> 〈조건〉
> • 각 상자에는 100kg을 초과해 담을 수 없다.
> • 각 상자에는 최소한 2가지 색상의 공을 담아야 한다.

> 〈보기〉
> ㉠ 빨간색 공은 서로 다른 상자에 담긴다.
> ㉡ 한 상자에는 상자에 빨강색 공은 3개, 초록색 공은 1개를 담을 수 있다.
> ㉢ 빨간색 공이 담긴 상자에는 파란색 공이 담기지 않는다.
> ㉣ 세 개의 상자 중에서 공의 무게 합이 가장 큰 상자는 초록색 공이 포함된다.

① ㉠㉡ ② ㉡㉢

③ ㉢㉣ ④ ㉡㉣

⑤ ㉠㉣

14 2024년 폐수 처리시설 현황에 관한 자료에 대한 설명으로 옳은 것은?

구분	시설수	연간처리량	관리인원
A	700	500,000m^3	150명
B	900	700,000m^3	200명
C	400	200,000m^3	80명
D	500	100,000m^3	70명
합계	2,500	1,500,000m^3	500명

※ 시설수는 각 시설이 처리할 수 있는 최대 일일 처리 용량을 의미한다.

① 연간처리량이 많은 시설일수록 관리인원이 적다.
② 시설수 대비 연간처리량 비율이 가장 높은 시설은 A이다.
③ 연간처리량은 B가 C의 3배를 넘어선다.
④ D의 시설수는 전체 시설수의 25% 이상이다.
⑤ B의 2024년 기준 일일 처리량은 2,000㎥ 이상이다.

15 다음을 근거로 판단할 때 〈보기〉에서 옳은 것을 모두 고르면?

암호화 알고리즘은 크게 대칭키 암호화(symmetric-key cryptography)와 비대칭키 암호화(asymmetric-key cryptography)로 구분된다. 두 방식은 키의 사용 방식에서 차이가 있으며 보안성, 성능, 사용 용도에 따라 상호 보완적인 관계를 가진다.

대칭키 암호화는 암호화와 복호화에 동일한 키를 사용하는 알고리즘이다. 이 방식의 대표적인 알고리즘으로는 DES(Data Encryption Standard), AES(Advanced Encryption Standard) 등이 있다. 대칭키 암호화는 키 관리가 어려운 점이 단점으로 꼽히지만, 비대칭키 방식보다 훨씬 더 빠르다는 장점이 있다. 대칭키 암호화에서는 데이터의 기밀성을 유지하기 위해 키의 길이를 충분히 길게 설정해야 하며, 현재 일반적으로 128비트 이상의 키가 사용된다.

비대칭키 암호화는 서로 다른 두 개의 키, 즉 공개키(public key)와 개인키(private key)를 사용하는 방식이다. 공개키는 암호화를 위해 사용되며, 개인키는 복호화를 위해 사용된다. 대표적인 비대칭키 알고리즘으로는 RSA(Rivest-Shamir-Adleman), Elliptic Curve Cryptography(ECC) 등이 있다.

비대칭키 암호화는 키 관리가 상대적으로 용이하다는 장점이 있지만, 대칭키 암호화에 비해 속도가 느리다는 단점이 있다. 따라서 대칭키와 비대칭키를 혼합하여 사용하는 하이브리드 암호화 방식이 종종 사용되는데, 이는 비대칭키로 세션 키를 교환한 후 해당 세션 키를 사용해 대칭키 방식으로 데이터를 암호화하는 방법이다.

암호화의 보안 수준은 주로 사용되는 키 길이(key length)에 의해 결정된다. 키 길이가 길어질수록 브루트 포스 공격에 대한 저항력이 커지며, 더 안전한 암호화를 제공한다. 하지만 키 길이가 증가하면 암호화 및 복호화에 소요되는 시간이 길어지고, 시스템의 처리 성능에 영향을 미칠 수 있다.

대칭키 암호화에서 권장되는 키 길이는 일반적으로 128비트 이상이다. 예를 들어, AES 알고리즘의 경우 128비트 키는 충분한 보안성을 제공하지만, 향후 컴퓨터의 처리 능력 향상에 따른 공격 가능성을 대비하기 위해 192비트 또는 256비트 키가 선호되기도 한다.

비대칭키 암호화는 대칭키 암호화에 비해 훨씬 긴 키 길이를 요구한다. 현재 대부분의 보안 시스템에서 2048비트 이상의 RSA 키가 사용되며, ECC의 경우 256비트 키가 널리 사용된다. 특히, ECC는 RSA에 비해 짧은 키로도 강력한 보안을 제공하기 때문에, 미래의 암호화 기술에서 더욱 주목받고 있다.

〈보기〉
㉠ 128비트, 192비트, 256비트의 다양한 키 길이를 지원하는 AES는 키 관리가 어렵다.
㉡ 개인키는 암호화와 복호화에 동일한 키를 사용하는 알고리즘이다.
㉢ 키 길이는 암호화 보안 수준을 결정한다.
㉣ 대칭키 암호화는 비대칭키 암호화에 비해 훨씬 긴 키 길이이다.

① ㉠㉡
② ㉠㉢
③ ㉡㉢
④ ㉡㉣
⑤ ㉢㉣

16 다음 글을 근거로 판단할 때, 인쇄에 필요한 A4용지의 장수는?

> 회사에서는 프로젝트 보고서를 작성하고, 이를 여러 부서에 인쇄하여 배포하려고 한다. 아래는 인쇄 규칙에 따른 보고서의 인쇄 지침이다.
>
> 〈인쇄규칙〉
>
> • 문서는 A4 용지에 인쇄한다.
> • 2페이지 이상인 문서는 양면으로 인쇄한다. 단, 중요한 문서는 한 면만 인쇄한다.
> • 문서의 중요도에 따라, 상, 중, 하로 구분된다. '상'에 해당하는 문서는 모두 단면 인쇄를 하며, '중'이나 '하'에 해당하는 문서는 양면 인쇄를 적용한다.
> • 각 문서는 다른 부서에 배포되므로, 한 문서당 한 장의 A4용지에는 오직 해당 문서의 내용만 담긴다.

문서의 종류	페이지 수	중요도
A	3	상
B	8	중
C	5	하
D	7	상

① 14장

② 15장

③ 16장

④ 17장

⑤ 18장

17 다음의 상황이 모두 참일 때, 〈보기〉에서 옳은 것을 모두 고르면?

　　회사에서는 임원 선발을 위해 사내 순위 1위에서 10위까지의 직원 중 4명을 선발하려고 한다. 임원으로 선발된 직원은 직급에 따라 순위가 높은 직원이 우선권을 가지며, A, B, C, D 부서의 소속 직원 중에서 최소한 1명씩은 포함되어야 한다.

〈상황〉
- 사내 순위 1위에서 10위까지는 공통 순위가 없다.
- 직원 10명 중 4명은 A 부서, 3명은 B 부서, 2명은 C 부서, 1명은 D 부서 소속이다.
- A 부서 직원 중 사내 순위가 가장 높은 직원은 1위이며, B 부서 직원 중 가장 높은 직원은 2위이다.
- C 부서의 직원 중 가장 높은 순위는 5위이고, D 부서의 직원은 8위에 속해 있다.
- 각 부서에서 선발된 직원은 각각 다른 직급으로 임명되며, 동일 부서에서 한 명 이상 선발되지 않는다.

〈보기〉
- ㉠ 사내 순위 1위 직원의 소속 부서는 A 부서이다.
- ㉡ C 부서 직원 중 사내 순위가 가장 높은 직원은 5위에 해당한다.
- ㉢ B 부서 직원 중 사내 순위가 가장 높은 직원은 3위이다.
- ㉣ 사내 순위 8위 직원은 D 부서에 속해 있다.

---

① ㉠
② ㉠㉡
③ ㉠㉡㉣
④ ㉡㉢㉣
⑤ ㉣

18 다음 글을 근거로 할 때 P를 5kg 생산하는 데 드는 최소 비용은 얼마인가?

> 회사는 제품 P를 생산할 때 두 가지 재료 M과 N을 3:2의 비율로 혼합해야 한다. 이를 통해 P 1kg을 생산할 수 있다. 아래의 공정을 통해 M과 N을 각각 생산하며, 이를 혼합하여 P를 생산한다.
> - M은 재료 X와 Y를 1:2의 비율로 혼합하여 만들 수 있다. X 1kg과 Y 2kg을 혼합하면 M 1kg이 생산된다.
> - N은 재료 W와 Z를 1:1의 비율로 혼합하여 만들 수 있다. W 1kg과 Z 1kg을 혼합하면 N 1kg이 생산된다.
> - 각 재료의 가격은 다음과 같다. 재료 간의 혼합에 따른 가공비용은 발생하지 않는다.
>
> | 재료 | 가격(원/kg) |
> |------|------------|
> | X | 2,000원 |
> | Y | 1,500원 |
> | W | 3,000원 |
> | Z | 2,500원 |

① 21,000원

② 22,500원

③ 23,000원

④ 24,500원

⑤ 26,000원

19 다음은 2018 ~ 2023년 신선식품의 평균 가격과 가격 지수 변동 및 주요 식재료의 판매단위당 가격에 대한 자료이다. 이에 대한 설명으로 옳은 것은?

〈2018 ~ 2023년 신선식품 평균 가격 및 가격지수〉

구분	2018년	2019년	2020년	2021년	2022년	2023년
평균가격(원)	4,500	4,800	5,200	5,600	6,000	( )
가격지수	100	106.7	115.6	124.4	133.3	144.4

〈2018 ~ 2023년 주요 식재료의 판매단위당 가격〉

(단위 : 원)

품목	단위	2018년	2019년	2020년	2021년	2022년	2023년
쌀	1kg	3,000	3,200	3,500	3,800	4,000	4,300
고구마	1kg	4,000	4,200	4,500	4,800	5,200	5,600
양파	1kg	1,500	1,600	1,800	2,000	2,200	2,500
돼지고기	500g	7,000	7,200	7,500	7,800	8,200	8,500

① 2023년 신선식품 평균 가격은 2018년 대비 40% 이하로 상승했다.
② 2023년 쌀 2kg, 고구마 1kg, 양파 2kg의 총 비용은 17,200원이다.
③ 2023년 신선식품 평균 가격은 약 6,500원에 달한다.
④ 2018년에 비해 2023년에 가격이 2배 이상 상승한 품목은 3가지이다.
⑤ 2023년 신선식품 가격지수가 80이라고 가정할 때 신선식품의 가격은 4,000원 이상이다.

20 다음은 XYZ 회사의 각 부서별 프로젝트 완료 및 교육 수료 현황에 관한 자료이다. 이에 대한 설명으로 옳지 않은 것은?

〈XYZ 회사 부서별 프로젝트 완료 및 교육 수료 현황〉

부서	직원 수	프로젝트 완료자 수	완료율	교육 수료자 수	수료율
영업부	600명	360명	( )	90명	15.0%
기획부	500명	250명	( )	75명	15.0%
경영부	400명	240명	( )	40명	10.0%
합계	1,500명	850명	56.7%	205명	13.7%

※ 1) 프로젝트 완료율(%) = (프로젝트 완료자 수 ÷ 직원 수) × 100
　 2) 교육 수료율(%) = (교육 수료자 수 ÷ 직원 수) × 100
　 3) 미수료 비율(%) = 100 - (프로젝트 완료율 + 교육 수료율)

① 영업부의 프로젝트 완료율은 기획부보다 높다.
② 교육 미수료 비율은 경영부가 가장 낮다.
③ 교육 수료자가 10% 증가하면, 전체 교육 수료율은 15% 이상이 된다.
④ 교육 수료자가 5% 감소하면, 전체 교육 수료율은 13% 이하가 된다.
⑤ 교육 수료율 경영부가 가장 낮다.

21 다음은 자동차가 일정 시간 동안 이동한 거리에 대한 자료이다. 이에 대한 설명으로 옳지 않은 것은?

시간	1시간	2시간	3시간	4시간	5시간
거리(km)	60	130	200	270	340

※ 1) 평균 속력 = (총 이동 거리 ÷ 총 시간)

   2) 시간당 속력 변화 = (다음 시간 거리 − 이전 시간 거리) ÷ 1시간

① 자동차는 처음 2시간 동안 평균 65km/h로 이동했다.
② 자동차는 매 시간 일정한 속도로 이동했다.
③ 4시간까지의 총 이동 거리는 270km이다.
④ 5시간 동안 평균 속력은 68km/h이다.
⑤ 1시간에서 3시간까지의 속력 변화는 35km/h이다.

22 다음은 X사 각 팀의 프로젝트 현황에 관한 자료이다. 자료에 대한 설명으로 옳지 않은 것은?

〈X사 부서별 프로젝트 현황〉

팀	진행 중 프로젝트 수	완료된 프로젝트 수	직원 수
A팀	100개	60개	150명
B팀	50개	30개	100명
C팀	75개	45개	120명
D팀	75개	45개	130명
합계	300개	180개	500명

〈조건〉
• 팀별 완료된 프로젝트 수는 진행 중 프로젝트 수에 비례한다.
• 완료된 프로젝트 수 ÷ 진행 중 프로젝트 수는 각 팀의 프로젝트 완성률을 나타낸다.
• 직원 수 ÷ 진행 중 프로젝트 수는 팀당 평균 담당 프로젝트 수를 나타낸다.

① A팀은 C팀에 비해 프로젝트 완성률이 높다.
② D팀의 평균 담당 프로젝트 수가 B팀보다 높다.
③ B팀의 프로젝트 완성률은 60%이다.
④ 전체 완료된 프로젝트 수는 진행 중 프로젝트 수의 60% 이상이다.
④ C팀과 D팀의 완료된 프로젝트 수는 동일하다.

23 다음은 X국의 상위 5개 은행의 자산 규모와 연간 수익 현황에 관한 자료이다. 이에 대한 〈보기〉의 설명 중 옳은 것을 모두 고르면?

〈상위 5개 은행 자산 규모 및 연간 수익 현황〉

(단위 : 억 원, 천 원/억 원)

순위	은행	자산규모(억 원)	연간 수익(천 원)	자산 대비 수익(천 원/억 원)
1	A	12,000	840,000	70
2	B	14,500	1,015,000	70
3	C	13,000	910,000	70
4	D	10,200	680,000	67
5	E	9,500	627,500	66

〈보기〉
㉠ X국의 전체 은행 자산 규모는 70,000억 원 이상이다.
㉡ A ~ E 중, 자산 대비 수익률이 가장 높은 은행은 B이다.
㉢ A ~ E 은행의 자산 대비 수익률이 가장 낮은 은행은 D 은행이다.
㉣ D, E 은행의 연간 수익 합계는 C 은행의 연간 수익보다 크다.
㉤ E 은행과 A 은행의 자산 규모 차이는 약 1.3배이다.

① ㉠㉡
② ㉡㉢㉣
③ ㉢㉣㉤
④ ㉣㉤
⑤ ㉠㉡㉢㉣㉤

24 다음은 2023년 甲 국가의 산업 폐기물 처리실적에 관한 자료이다. 이에 대한 설명으로 옳은 것은?

처리 주체	재활용	소각	매립	기타
공공	500	350	300	50
자가	200	100	50	20
위탁	150	120	80	30
합계	850	570	430	100

① 전체 처리실적 중 매립의 비율은 20% 이하이다.
② 기타를 제외하고, 공공의 재활용 실적은 위탁보다 2배 이하이다.
③ 각 처리주체에서 소각의 비율은 자가가 가장 높다.
④ 처리주체가 위탁인 경우 기타의 비율은 10% 이상이다.
⑤ 소각 처리 산업 폐기물 중 공공의 비율은 60% 이상이다.

25 다음은 C 고등학교의 올해 도서관 도서 대출 현황에 관한 자료이다. 이에 대한 설명으로 옳은 것은?

학년	문학	과학	역사	기타	합
1학년	200	150	100	50	500
2학년	180	120	90	60	450
3학년	220	130	80	70	500
합계	600	400	270	180	1,450

① 전체 도서 대출 중 문학의 비율은 40% 이상이다.
② 2학년의 도서 대출 중 과학의 비율은 40%이다.
③ 각 학년에서 기타 대출의 비율은 2학년이 가장 높다.
④ 역사 도서 대출 중 3학년의 비율은 30% 이상이다.
⑤ 1학년 도서 대출 중 문학의 비율은 35% 미만이다.

26 다음은 甲국이 구매를 고려 중인 A ~ E 자동차의 제원과 평가 방법에 관한 자료이다. 이를 근거로 A ~ E 중 甲국이 구매할 자동차를 고른 것은?

자동차 종류	최고속도 (km/h)	연비 (km/L)	안전성 (점)	가격 (억 달러)	공공도로 주행 가능 여부	오프로드 주행 가능 여부
A	220	15	4	1.6	○	×
B	180	18	5	1.8	○	○
C	200	12	3	1.5	○	×
D	250	10	5	2.1	×	○
E	240	8	4	1.9	×	○

• 평가항목 중 최고 속도, 연비, 안전성은 높을수록, 가격은 낮을수록 우수하다.
• 각 평가항목별로 1위에서 5위를 순서대로 5점, 4점, 3점, 2점, 1점을 부여한다.
• 공공도로 주행 가능 여부와 오프로드 주행 가능 여부는 가능 시 1점, 불가능 시 0점을 부여한다.
• 동점일 경우 동일한 점수를 부여한다.
• 甲국은 평가항목의 총점이 가장 높은 자동차를 구매한다. 단, 동점일 경우 공공도로 주행 가능 여부에서 가격이 낮은 자동차를 구매한다.

① A   ② B
③ C   ④ D
⑤ E

27 다음은 甲국가의 장학금 신청 학생에 관한 자료이다. 이를 근거로 학생 A~D 중 산정된 장학금이 가장 적은 학생과 가장 많은 학생을 바르게 연결한 것은?

- 장학금 = 학생 성적 지수 × (평균 가계 소득 × 4) + (참여활동 수 × 활동 시간 × 5)
- 평균 가계 소득이 높을수록 장학금은 감소한다.

〈장학금 신청 학생 현황〉

(단위 : 만 원, 시간, 명)

학생	성적 지수	평균 가계 소득	참여활동 수	활동 시간
A	150	200	5	30
B	130	150	4	25
C	170	300	3	20
D	120	250	6	40

	가장 적은 학생	가장 많은 학생
①	A	B
②	A	D
③	B	C
④	C	D
⑤	D	A

▎28 ~ 29 ▎다음은 N회사의 직원 목록과 관련 정보가 정리된 표이다. A 열은 직원 ID, B 열은 직원 이름, C 열은 부서명, D 열은 월급이다. 각 직원의 ID를 기준으로 다른 시트에서 해당 직원의 정보를 조회하려고 한다. 표를 확인 하고 다음 물음에 답하시오.

A	B	C	D
101	김철수	마케팅부	3,500
102	이영희	인사부	3,200
103	박민수	개발부	4,500
104	정수정	마케팅부	3,800
105	최준영	영업부	3,900

28 B 시트에 직원 ID가 입력되어 있을 때, A 시트에서 해당 직원의 이름을 조회하는 공식으로 옳은 것은? (단, B 시트에서 [A1] 셀에 직원 ID가 있고, A 시트가 "EmployeeData"라는 이름으로 되어 있다고 가정한다.)

① =VLOOKUP(A1, EmployeeData!$A$1:$D$5, 2, TRUE)

② =VLOOKUP(A1, EmployeeData!$A$1:$D$5, 2, FALSE)

③ =VLOOKUP(A1, EmployeeData!$B$1:$D$5, 2, FALSE)

④ =VLOOKUP(A1, EmployeeData!$A$1:$D$5, 3, TRUE)

⑤ =VLOOKUP(A1, EmployeeData!$A$1:$C$5, 3, FALSE)

29 C 시트에서 직원의 ID에 따라 월급을 조회하려고 할 때, A 시트에서 월급 정보를 가져오는 공식으로 옳은 것은? (단, C 시트에서 [B1] 셀에 직원 ID가 있고, A 시트가 "EmployeeData"라는 이름으로 되어 있다고 가정한다.)

① =VLOOKUP(B1, EmployeeData!$A$1:$D$5, 4, FALSE)

② =VLOOKUP(B1, EmployeeData!$A$1:$D$5, 4, TRUE)

③ =VLOOKUP(B1, EmployeeData!$A$1:$C$5, 3, FALSE)

④ =VLOOKUP(B1, EmployeeData!$B$1:$D$5, 4, FALSE)

⑤ =VLOOKUP(B1, EmployeeData!$A$1:$D$5, 5, TRUE)

30 다음의 데이터가 있는 엑셀 워크시트에서 총점 열에 각 학생의 수학, 영어, 과학 점수를 더한 값을 구하고, 결과 열에는 총점이 200점 이상이면 '합격', 그렇지 않으면 '불합격'이라는 값을 표시하고자 할 때, 결과 열에 들어갈 적절한 수식은?

	A	B	C	D	E	F
1	이름	수학	영어	과학	총점	결과
2	홍길동	70	80	90		
3	김영희	60	70	60		
4	박철수	80	90	70		

① =IF(SUM(B2:D2)>=200, "합격", "불합격")
② =IF(AVERAGE(B2:D2)>=200, "합격", "불합격")
③ =IF(SUM(B2:D2)<=200, "합격", "불합격")
④ =IF(MAX(B2:D2)>=200, "합격", "불합격")
⑤ =IF(SUM(B2:D2)>300, "합격", "불합격")

31 다음 수식을 엑셀에 입력하면 [B2] 셀이 빈 셀일 때, 결과값은?

=IFERROR(10 / B2, "Error")

① 0
② #DIV/0!
③ Error
④ 10
⑤ #VALUE!

📓 Answer. 28.② 29.① 30.① 31.③

32 IPv4(인터넷 프로토콜 버전 4)의 주요 특징으로 옳은 것은?

① 128비트 주소 체계를 사용한다.

② 주소는 A, B, C, D, E의 다섯 개 클래스로 나뉜다.

③ 주소의 수량이 무한하게 생성 가능하다.

④ 데이터 무결성 및 재전송은 상위 프로토콜(예: TCP)을 담당한다.

⑤ 멀티캐스트를 사용한다.

33 다음 C언어 코드의 출력 결과로 옳은 것은?

```c
#include <stdio.h>
int main() {
    int a = 5, b = 10;
    int result = 0;
    result = a * 2 + b / 2;
    printf("%d\n", result);
    return 0;
}
```

① 15

② 20

③ 25

④ 30

⑤ 35

34 다음 C언어 코드의 출력 결과로 옳은 것은?

```
#include <stdio.h>
int main() {
    int num = 8;
    if (num % 2 == 0) {
        printf("Even\n");
    } else {
        printf("Odd\n");
    }
    return 0;
}
```

① 8
② Even
③ Odd
④ 0
⑤ Error

35 다음 JAVA에서 코드의 출력 결과로 옳은 것은?

```java
public class Main {
    public static void main(String[] args) {
        int x = 5;
        int y = 10;
        int result = calculateSum(x, y);
        System.out.println(result);
    }
    public static int calculateSum(int a, int b) {
        return a + b;
    }
}
```

① 5
② 10
③ 15
④ 50
⑤ 오류발생

36 조합 논리 회로의 특징으로 옳은 것은?

① 입력과 출력 사이에 피드백(반환) 경로가 존재한다.
② 입력이 변화해도 출력이 변하지 않는다.
③ 출력은 현재 입력의 상태에만 의존한다.
④ 회로의 상태를 저장할 수 있다.
⑤ 클럭 신호에 의해 동작한다.

37 새로운 디렉토리를 생성하는 명령어로 옳은 것은?

① mkdir
② del
③ copy
④ cd
⑤ move

38 다음 조건에 따라서 A회사의 본사와 해외 LA지사 근무시간에 맞추어 회의시간을 설정하고자 한다. LA와 서울의 시차가 17시간이라고 할 때, 본사 근무시간을 기준으로 선택할 수 있는 적절한 회의 시작 시간은?

> • 근무시간
>   서울 본사 근무 시간 : 오전 8시 ~ 오후 5시(KST)
>   로스앤젤레스 지사 근무 시간 : 오전 9시 ~ 오후 6시(PST)
> • 화상 회의는 각 지사의 근무 시간 내에만 가능합니다.
> • 화상 회의는 최소 1시간 이상 진행되어야 합니다.
> • 회의는 근무 시작 1시간 후, 근무 종료 1시간 전까지만 가능합니다.

① 오전 9시   ② 오전 11시
③ 오후 1시   ④ 오후 4시
⑤ 오후 6시

39 甲회사의 팀은 두 가지 프로젝트(A, B)를 동시에 진행하고 있다. 각 프로젝트의 마감 시간이 다가오고 있으며, 팀원들은 두 프로젝트 모두 시간 내에 완료해야 한다. 팀원의 근무 시간은 오전 8시부터 오후 5시일 경우 다음 〈조건〉을 모두 만족하기 위해 작업을 시작해야 하는 최적의 시간은?

> 〈조건〉
> • 반드시 하나의 프로젝트가 끝난 후 다음 프로젝트를 진행할 수 있습니다.
> • 프로젝트 A는 총 8시간이 필요하며, 반드시 프로젝트 B를 완료한 후에 시작해야 합니다.
> • 프로젝트 B는 총 4시간이 필요하며, 오후 1시까지 완료되어야 합니다.
> • 점심시간(오후 12시 ~ 오후 1시)에는 모든 작업을 중단해야 합니다.
> • 프로젝트 B를 먼저 시작하고, 완료된 후에 프로젝트 A를 시작할 수 있습니다.

① 오전 8시   ② 오전 9시
③ 오전 10시   ④ 오전 11시
⑤ 오전 12시

40 다음은 甲 국가 공무원의 특별휴가에 대한 규정이다. 다음 규정에 대한 설명으로 옳지 않은 것은?

제20조(특별휴가)

① 행정기관의 장은 소속 공무원이 결혼하거나 그 밖의 경조사가 있는 경우에는 해당 공무원의 신청에 따라 별표 2의 기준에 따른 경조사휴가를 주어야 한다.

② 임신 중인 공무원은 출산 전과 출산 후를 통하여 90일(한 번에 둘 이상의 자녀를 임신한 경우에는 120일)의 출산휴가를 사용할 수 있되, 출산 후의 휴가기간이 45일(한 번에 둘 이상의 자녀를 임신한 경우에는 60일) 이상이 되도록 해야 한다. 다만, 임신 중인 공무원은 다음 각 호의 어느 하나에 해당하는 사유로 출산휴가를 신청하는 경우에는 출산 전 어느 때라도 최장 44일(한 번에 둘 이상의 자녀를 임신한 경우에는 59일)의 범위에서 출산휴가를 나누어 사용할 수 있다.
  1. 임신 중인 공무원이 유산·사산의 경험이 있는 경우
  2. 임신 중인 공무원이 출산휴가를 신청할 당시 연령이 40세 이상인 경우
  3. 임신 중인 공무원이 유산·사산 또는 조산(早産)의 위험이 있다는 의료기관의 진단서를 제출한 경우

③ 여성공무원은 생리기간 중 휴식을 위하여 매월 1일의 여성보건휴가를 사용할 수 있다. 이 경우 여성보건휴가는 무급으로 한다.

④ 임신 중인 여성공무원은 1일 2시간의 범위에서 휴식이나 병원 진료 등을 위한 모성보호시간을 사용할 수 있다. 이 경우 모성보호시간의 사용 기준 및 절차 등에 관하여 필요한 사항은 인사혁신처장이 정한다.

⑤ 8세 이하 또는 초등학교 2학년 이하의 자녀가 있는 공무원은 자녀를 돌보기 위하여 36개월의 범위에서 1일 최대 2시간의 육아시간을 사용할 수 있다. 이 경우 육아시간의 사용 기준 및 절차 등에 관하여 필요한 사항은 인사혁신처장이 정한다.

⑥ 한국방송통신대학교에 재학 중인 공무원은 출석수업에 참석하기 위하여 연가 일수를 초과하는 출석수업 기간에 대한 수업휴가를 받을 수 있다.

⑦ 재난으로 피해[배우자, 부모(배우자의 부모를 포함한다) 또는 자녀가 입은 피해를 포함한다. 이하 이 항에서 같다]를 입은 공무원과 재난 발생 지역에서 자원봉사활동을 하려는 공무원은 5일 이내의 재해구호휴가를 받을 수 있다.

⑧ 유산하거나 사산한 여성공무원은 다음 각 호의 구분에 따른 유산휴가 또는 사산휴가를 사용할 수 있다.
  1. 임신기간이 15주 이내인 경우 : 유산하거나 사산한 날부터 10일까지
  2. 임신기간이 16주 이상 21주 이내인 경우 : 유산하거나 사산한 날부터 30일까지
  3. 임신기간이 22주 이상 27주 이내인 경우 : 유산하거나 사산한 날부터 60일까지
  4. 임신기간이 28주 이상인 경우 : 유산하거나 사산한 날부터 90일까지

⑨ 남성공무원은 배우자가 유산하거나 사산한 경우 3일의 유산휴가 또는 사산휴가를 사용할 수 있다.

---

① 쌍둥이를 임신한 경우 출산 전과 출산 후를 통하여 120일의 출산휴가를 사용가능하다.

② 임신 중인 여성은 1일 3시간의 범위에서 휴식을 위해 모성보호시간을 사용할 수 있다.

③ 8세 이하 자녀가 있는 공무원은 자녀를 돌보기 위하여 36개월의 범위에서 1일 최대 2시간의 육아시간을 사용할 수 있다.

④ 한국방송통신대학교에 재학 중인 공무원은 출석수업을 위한 휴가를 받을 수 있다.

⑤ 남성공무원은 배우자가 유산한 경우 3일의 유산휴가를 사용할 수 있다.

41 K 씨의 급여 총액은 700만 원이고, 공제 총액은 200만 원에 해당한다. 이번 달에 시간외근무를 10시간을 한 경우 K 씨의 시간외수당 금액으로 적절한 것은? (단, 소수점 이하는 절사한다.)

① 약 250,000원

② 약 320,000원

③ 약 360,000원

④ 약 375,000원

⑤ 약 400,000원

42 K 씨는 팀원들과 야근을 하면서 저녁 식사로 자장면, 짬뽕, 샐러드 중에서 선택하여 주문하려고 한다. 총 야근 인원은 10명이지만 팀장과 대리는 식사를 하지 않는다. 회사에서 제공되는 야근 식대 금액은 70,000원에 해당한다. 자장면 7,000원, 짬뽕 8,500원, 샐러드 10,000원일 때 8명에게 식사를 제공할 수 있는 메뉴를 모두 고른 것은?

> ㉠ 자장면
> ㉡ 짬뽕
> ㉢ 샐러드
> ㉣ 자장면과 샐러드를 혼합하여 주문

① ㉠㉢

② ㉠㉡

③ ㉡㉣

④ ㉡㉢

⑤ ㉠㉣

｜43 ~ 44｜ 다음 甲 기업의 임직원 경조사 업무처리지침을 보고 물음에 답하시오.

〈임직원 경조사 업무처리지침〉

① 배우자, 부모 또는 배우자 부모 사망 시
- 근조화환 및 근조기 송부
- 조의금 지급 : 10만 원 이내
- 경조회보로 공지
- 경조금 지급(화환/조의금 지급 시 미지급)

② 본인 결혼식
- 축의금 지급
- 경조회보로 공지
- 경조금 지급(축의금 지급 시 미지급)
- 화환 및 축기 송부

③ 위에서 언급되지 않은 사항은 알림조치만 진행

---

43 임직원 경조사 업무처리지침에 따라 바르게 말한 임직원은?

① A과장 : 이번에 부모님 회갑이라서 회사에서 현금을 지급받을 예정입니다.

② B대리 : 제 결혼식에 축의금을 받지 못해서 경조금을 받습니다.

③ C부장 : 딸 결혼식에 회사에서 화환과 축의금이 나옵니다.

④ D사원 : 아들 돌잔치에 회사에서 축의금이 나올 것으로 생각합니다.

⑤ E사원 : 제 배우자 조부의 사망이 경조회보에 공지되겠네요.

44 다음 임직원 중에서 현금과 화환을 모두 받을 수 있는 사람은 몇 명인가?

- 배우자의 부모가 사망한 甲 대리
- 부모님이 사망한 乙 부장
- 자녀가 결혼을 하게 되는 丙 전무
- 부모님의 칠순잔치를 하는 丁 차장
- 결혼기념일을 맞이한 戊 사원

---

① 1명　　　　　　　　　　② 2명

③ 3명　　　　　　　　　　④ 4명

⑤ 5명

45 다음은 구매해야 하는 A, B, C, D, E 업체별로 비품의 가격이다. 전 사원 100명에게 각각 노트와 볼펜을 한 개씩 증정하는 경우 가장 저렴한 업체는?

업체	노트	볼펜
A업체	1,400원	600원
B업체	1,200원	700원
C업체	1,500원	500원
D업체	1,300원	550원
E업체	1,250원	650원

① A업체
② B업체
③ C업체
④ D업체
⑤ E업체

46 다음 중 농협의 인재상이 아닌 것은?

① 행복의 파트너
② 정직과 도덕성을 갖춘 인재
③ 진취적 도전가
④ 최고의 전문가
⑤ 신뢰를 통한 협업

47 농협의 혁신전략으로 적절하지 않은 것은?

① 농업인·국민과 함께 「농사같이 운동」 전개
② 중앙회 지배구조 혁신과 지원체계 고도화로 「농축협 중심」의 농협 구현
③ 디지털 기반 「생산·유통 혁신」으로 미래 농산업 선도, 농업소득 향상
④ 「금융부문 혁신」과 「디지털 경쟁력」을 통해 농축협 성장 지원
⑤ 「AI기술 습득」과 「조직구조 혁신」을 통해 새로운 농협으로 도약

Answer. 43.② 44.② 45.④ 46.⑤ 47.⑤

48 다음 농협에 대한 설명으로 옳지 않은 것은?

① 2023년 2월 6일 「범농협 3행 3무 실천운동」을 결의하였다.
② 2019년 2월 1일 산지유통혁신 112운동을 전개하였다.
③ 1999년 9월 1일 사이버 쌀도매시장을 국내최초로 개장하였다.
④ 1989년 8월 11일 신토불이 운동을 전개하였다.
⑤ 1963년 1월 20일 ICA집행위원회, 한국농협 준회원으로 가입을 결정하였다.

49 협동조합 기본법에 따라 조합원의 출자 및 책임에 대한 것으로 옳은 것은?

① 조합원은 정관으로 정하는 바에 따라 5좌 이상을 출자하여야 한다.
② 조합원 1인의 출자좌수는 총 출자좌수의 100분의 20을 넘어서는 아니 된다.
③ 조합원이 납입한 출자금은 질권의 목적이다.
④ 협동조합에 납입할 출자금은 협동조합에 대한 채권과 상계하지 못한다.
⑤ 조합원의 책임은 납입한 출자액을 이하로 한다.

50 협동조합 기본법의 기본원칙에 해당하는 것이 아닌 것은?

① 협동조합은 그 업무 수행 시 조합원을 위하여 최대한 봉사하여야 한다.
② 협동조합연합회는 그 업무 수행 시 회원을 위하여 최대한 봉사하여야 한다.
③ 협동조합은 자발적으로 결성하여 공동으로 소유하고 민주적으로 운영되어야 한다.
④ 협동조합은 투기를 목적으로 하는 행위를 하여서는 아니 된다.
⑤ 협동조합은 일부 조합원등의 이익만을 목적으로 하는 업무와 사업을 할 수 있다.

51 우루과이 라운드에 대한 설명으로 옳지 않은 것은?

① 우루과이 라운드는 GATT 체제 하에서 시작된 무역 협상이다.
② 농산물과 서비스 분야에 대한 무역 자유화를 논의하였다.
③ 우루과이 라운드는 1994년에 종료되었다.
④ 협상의 결과로 세계무역기구(WTO)가 설립되었다.
⑤ 우루과이 라운드는 환경 보호와 관련된 규제를 강화하였다.

52 도덕적 해이를 예방하는 방법으로 적절하지 않은 것은?

① 책임과 권한을 명확히 구분한다.
② 성과에 따른 보상 제도를 마련한다.
③ 감독과 감시 체계를 강화한다.
④ 보상 체계를 단순화하여 모든 직원에게 동일한 보상을 제공한다.
⑤ 직원들에게 윤리 교육을 시행한다.

53 경제활동인구에 해당하지 않는 사람은?

① 정년퇴직 후 연금을 받으며 생활하는 사람
② 직장을 구하고 있는 실업자
③ 회사에서 일하는 직장인
④ 자영업을 하는 소상공인
⑤ 아르바이트를 하는 대학생

54 체계적 위험과 비체계적 위험에 대한 설명으로 적절하지 않은 것은?

① 체계적 위험은 시장 전반에 영향을 미치기 때문에 분산투자를 통해 줄일 수 없다.

② 비체계적 위험은 특정 기업이나 산업에만 영향을 미치기 때문에 분산투자를 통해 줄일 수 있다.

③ 체계적 위험은 금리 변화, 환율 변동과 같은 요인에서 발생한다.

④ 비체계적 위험은 정치적 불안정이나 경제 전반의 변화와 같은 요인에서 발생한다.

⑤ 비체계적 위험은 주식 포트폴리오를 다양화함으로써 감소시킬 수 있다.

55 보통주의 특징이 아닌 것은?

① 주주에게 의결권이 부여된다.

② 배당이 우선주보다 우선적으로 지급된다.

③ 회사의 이익에 따라 배당금이 변동될 수 있다.

④ 회사 청산 시 잔여 자산 배분에서 우선주보다 후순위이다.

⑤ 보통주는 회사 경영에 참여할 수 있는 권리를 제공한다.

56 채권에 대한 설명으로 옳지 않은 것은?

① 국채는 정부가 발행하는 채권이다.

② 단기채는 만기가 1년 이하인 채권이다.

③ 사모채는 특정 투자자들을 대상으로 발행되는 채권이다.

④ 이표채는 이자를 한 번만 지급하고, 만기 시 원금과 함께 상환한다.

⑤ 액면발행채는 발행 시 액면가로 발행되는 채권이다.

57 J커브의 특징으로 옳지 않은 것은?

① 초기에는 무역수지가 악화되지만 시간이 지나면 개선된다.
② J커브는 환율 상승 후 무역수지 변화 패턴을 설명한다.
③ 무역수지는 환율 변동에 즉각적으로 반응하여 개선된다.
④ 환율 상승 초기에는 수입 가격이 상승해 무역수지가 악화될 수 있다.
⑤ 시간이 지나면서 수출이 증가하고 수입이 감소하여 무역수지가 개선된다.

58 립진스키 정리에 대한 설명으로 옳은 것은?

① 한 국가의 기술 수준이 높아질수록 모든 상품의 생산량이 증가한다.
② 특정 생산 요소가 증가하면, 그 요소를 많이 사용하는 상품의 생산량이 감소한다.
③ 특정 생산 요소가 증가하면, 그 요소를 적게 사용하는 상품의 생산량이 증가한다.
④ 특정 생산 요소가 증가하면, 그 요소를 많이 사용하는 상품의 생산량이 증가한다.
⑤ 두 상품의 생산량은 생산 요소의 변동에 상관없이 일정하게 유지된다.

59 CDS의 특징으로 옳지 않은 것은?

① 채무 불이행에 대비한 보험 역할을 한다.
② 채권 발행자의 신용위험을 피하기 위한 파생상품이다.
③ 채권자가 채무 불이행 위험을 회피하는 유일한 방법이다.
④ 매입자는 채권 발행자가 파산할 경우 손실 보상을 받을 수 있다.
⑤ 시장에서 채권의 신용위험을 측정하는 지표로 사용된다.

Answer. 54.④ 55.② 56.④ 57.③ 58.④ 59.③

60 맨델 플레밍 모델(Mundell–Fleming Model)의 특징으로 옳은 것은?

① 개방 경제에서 자본 이동이 불가능한 상황을 가정한다.
② 고정 환율 제도에서는 통화정책이 매우 효과적이다.
③ 유동 환율 제도에서는 재정정책이 매우 효과적이다.
④ 고정 환율 제도에서는 재정정책이 유효하게 작용한다.
⑤ 유동 환율 제도에서는 자본 이동에 제한이 있다.

61 콜옵션의 특징으로 옳지 않은 것은?

① 콜옵션은 특정 자산을 미래의 일정 시점에 미리 정해진 가격으로 매수할 수 있는 권리이다.
② 콜옵션은 옵션 보유자가 자산을 매도할 수 있는 권리를 제공한다.
③ 콜옵션의 구매자는 자산 가격이 상승할 경우 이익을 얻는다.
④ 콜옵션은 기초 자산의 시장 가격이 옵션 행사 가격보다 높을 때 가치가 있다.
⑤ 콜옵션 보유자는 기초 자산을 사야 할 의무는 없다.

62 독점시장의 특징으로 옳지 않은 것은?

① 시장에서 유일한 공급자가 모든 수요를 충족한다.
② 상품이나 서비스의 가격을 자유롭게 결정할 수 없다.
③ 다른 기업이 시장에 진입하는 것을 어렵게 만드는 장벽이 있다.
④ 제공되는 상품이나 서비스는 대체재가 없다.
⑤ 독점자는 생산량을 늘려도 다른 기업이 제공하는 것과 경쟁하지 않는다.

63 다음 중 공공재에 해당하는 것은?

① 공원
② 영화관
③ 공영 주차장
④ 유료 도로
⑤ 콘서트 티켓

64 웹 프로그래밍 언어에 대한 설명으로 옳지 않은 것은?

① HTML은 웹 페이지의 구조를 정의하는 언어로, 스타일링과 레이아웃을 제어할 수 있다.
② CSS는 웹 페이지의 시각적 스타일을 지정하는 언어로, 레이아웃과 색상 등을 제어할 수 있다.
③ JavaScript는 웹 페이지에 동적 기능을 추가하는 언어로, 사용자와의 상호작용을 가능하게 한다.
④ PHP는 서버 측에서 실행되는 스크립트 언어로, 데이터베이스와의 상호작용을 지원한다.
⑤ Python은 웹 서버와 함께 사용될 수 있는 언어로, 데이터 처리와 분석을 위한 다양한 라이브러리를 제공한다.

65 그래픽 파일 형식에 대한 설명으로 옳지 않은 것은?

① JPEG는 손실 압축 방식을 사용하여 사진과 같은 고해상도 이미지를 저장하는 데 적합하다.
② PNG는 투명한 배경을 지원하며, 손실 압축 방식을 사용한다.
③ GIF는 애니메이션을 지원하며, 256색 이하의 이미지를 저장하는 데 적합하다.
④ SVG는 벡터 그래픽 형식으로, 확대해도 화질이 유지된다.
⑤ BMP는 압축되지 않은 이미지 파일 형식으로, 일반적으로 파일 크기가 크다.

2023년 11월 26일 기출복원문제

기출후기를 반영하여 복원·재구성한 문제입니다.

1 다음 설문 조사 결과의 결론으로 가장 적절한 것은?

> A구에서는 자립 준비 청년의 건강한 삶을 위한 지원 프로그램을 진행하고 있다. 해당 프로그램은 생필품뿐만 아니라 청년가구의 자립적인 생활을 지원하고 사회관계망 형성을 통한 삶의 질 향상을 도모하기 위한 것으로 요리수업, 정리수납 방법, 심리상담 등이 진행된다. 이와 관련한 설문 조사에서 자립 준비 청년의 참여도가 꽤 높은 것으로 밝혀졌다. 향후 다양한 프로젝트 확대 추진 및 실질적인 지원책을 마련하기 위해 참여 자립 준비 청년 150명을 대상으로 해당 프로그램들이 자립 능력 향상에 기여하였는지 설문 조사한 결과, '매우 그렇다'는 35%, '그렇다'는 25%, '그렇지 않다'는 15%, '매우 그렇지 않다'는 5%, 무응답은 10%였다.

① A구의 프로그램은 다른 지역보다 다양하다고 할 수 있다.
② A구의 설문 조사 참여도는 다른 지역보다 참여도가 낮은 편이다.
③ A구의 프로그램은 자립 능력 향상에 기여했다고 평가할 수 있다.
④ A구의 설문 조사 결과는 향후 프로젝트 진행 시, 비슷한 결과가 도출될 것이다.
⑤ A구의 설문 조사는 자립 준비 청년들의 구직활동 참여도를 평가하는 기준으로 활용될 수 있다.

2 다음 글을 읽고 난 후의 반응으로 적절하지 않은 것은?

甲그룹에서 시범사업으로 시행하고 있는 농식품바우처 사업은 현물 중심 식품보조정책이다. 미국의 식품 지원 프로그램 *SNAP과 유사하다. 시범사업을 통해 향후 예상되는 이슈를 파악하고 이를 해결하고 최적의 대안을 찾기 위한 노력을 거듭하고 있다. 甲그룹의 농식품바우처는 취약계층 영양 보조에 필요한 특정 품목만을 지원하며 신선식품 섭취 및 규칙적인 식품 섭취로 영양균형과 건강 효과를 기대한다. 그러나 국내산 채소, 과일, 흰 우유, 신선란, 육류, 잡곡, 두부류, 꿀, 단순가공채소류, 산양유 외 품목은 구매가 불가하다. 이는 선택적 지원으로 이어질 수 있으며 취약계층의 선호에 따라 바우처 이용률이 저하되고 취약계층 영양 보조 효과라는 정책 의도 달성이 어렵다. 해당 바우처는 사용할 수 있는 식료품점이 제한되어 있다는 점에서도 식품 접근성이 떨어진다. 거주 지자체에 위치한 甲그룹 매장이나 甲그룹의 온라인몰을 이용해야 하는데, 취약계층은 이동수단이 마땅치 않거나 온라인몰 사용에 익숙하지 않을 가능성이 높다. 미국 SNAP 연구에 따르면, 지원금이 다음 지급 전까지 이어지지 않는 현상, 이른바 Benefit Cycle 현상으로 바우처 지급 이후 영양섭취가 과다하다가 다음 바우처 지급 전까지 영양섭취가 급격히 감소하며 건강상에 문제가 발생하는 것으로 확인되었다. 해당 바우처는 SNAP와 동일하게 매달 1회 지급으로, 당장은 Benefit Cycle 효과가 나타나지 않지만 SNAP 정책과 유사하므로 지속적인 모니터링이 요구된다. 이처럼 농식품바우처 활성화를 위해서는 운영 시 발생가능한 문제점을 확인하고 개선 방안에 대한 검토가 필요하다.

※ SNAP(Supplemental Nutrition Assistance Program) : 직불카드 형태로 지원금이 지급되며, 해당 카드를 이용하여 대부분의 식품과 음료를 구매할 수 있으나 주류, 담배, 비타민, 의약품, 조리 식품 등은 구매가 제한된다. SNAP 대상자에게는 온·오프라인으로 영양교육이 진행되며, 한정된 예상에서 건강한 식품을 선택할 수 있는 역량을 강화시키는 것을 목표로 한다. 이 뿐만 아니라 근로 가능한 성인에게는 고용훈련 프로그램도 제공하여 경제적으로 자립할 수 있는 역량을 기를 수 있도록 한다.

① 국내산 농산물에도 관심도가 증가하겠군.
② 바우처 사용률 제고를 위해서는 품목 확대를 통해 만족도를 증대시켜야겠군.
③ 취약계층이 건강한 식생활을 할 수 있도록 유도하는 긍정적인 효과가 있겠군.
④ 취약계층을 위해서는 온라인몰에 집중하는 게 좋겠군.
⑤ Benefit Cycle 현상에 따른 부정적인 효과가 발생하지 않도록 지속적인 모니터링이 필요하다.

3 다음은 N재단에서 운영하는 2024년도 장학관 사업 계획 일부다. 주어진 글을 바탕으로 알 수 있는 내용으로 적절하지 않은 것은?

---

1. 지원 자격

가. 농업인 또는 농업인 자녀 대학생(대학원생)으로 2024년 재학 중(입학예정)인 자

　※ 또는 이전 입주 학생도 새로 입주신청을 하여야 함

나. 대학원생은 선발 가능 대학에 재학 중인 일반 및 전문 대학원생을 대상으로 하며 미취업 전일제 대학원생이어야 함

다. 지원자 중 선발대상 제외 요건에 해당하는 자는 불합격 처리

　※ 입주 후 발견 시에도 관련 수칙에 의거 퇴관될 수 있음

라. 선발 대상 제외 요건

- 해당 재단 인재육성 장학생 외 농촌정주 장학생인 경우

　※ 2024년도 장학금 포기 시 입주지원 가능, 장학생은 장학관 입주 합격 시 장학금 포기 서류를 제출하여야 함

- 잔여 학기가 1학기만 남은 경우
- 입주지원 신청내용을 허위로 기재한 경우
- 전염병 등 신체적 또는 정신적인 사유로 공동생활이 부적합한 경우

2. 지원 불가 대학 : 고등교육법 제2조 5호의 방송대학·통신대학·방송통신대학 및 사이버대학 학생

3. 선발 심사 일반기준

가. 경제적 여건(건강보험료), 성적, 입주생활 등 종합 심사

나. 입주생활 평가는 기존 입주 생활생을 대상으로 함

다. 경제적 여건(건강보험료)이 어려운 학생 중 성적이 높은 순으로 선발

라. 동점자 처리 기준

- 1순위 : 경제적 여건이 어려운 학생
- 2순위 : 입주심사위원회에서 결정한 학생
- 3순위 : 입주 연차가 적은 학생

마. 대학원생은 대학생 지원자 선발 이후 공실 발생 시 선발 ※ 선발기준은 대학생 선발과 동일하게 적용

4. 항목별 선발 심사 기준

가. 경제적 여건

- 건강보험료 납부액을 기준으로 심사
- 기초생활수급자 및 차상위계층 해당자는 다른 결격사유가 없을 경우 경제적 여건 외 미심사 우선 선발

나. 성적

- 지원자들의 성적분포에 따라 적정한 기준을 정하여 심사
- 재학생(대학원생) : 직전 2개 학기 성적의 평균
- 신입생 : 고등학교 3학년 내신 성적과 수능성적 중 유리하다고 판단되는 성적을 선택하여 제출

　※ 단, 수능 4과목 미만 응시자는 반드시 내신 성적 제출

5. 선발 인원

구분	일정	비고
입주(1학기 시작일)	2024. 2. 29.	여름방학기간 포함
퇴관(2학기 종료일)	2024. 12. 25.	겨울방학 미운영

① 경제적으로 어려운 농업인(또는 농업인의 자녀)을 지원하기 위한 사업 계획이다.

② 기존 입주 생활생의 경우 재신청을 해야 하며 입주생활평가가 이루어진다.

③ 대학생 및 대학원생이 동점일 경우 대학생 지원자를 우선 선발한다.

④ 기초생활수급자는 결격사유가 없을 때 별도의 선발 심사 없이 우선 선발한다.

⑤ 졸업예정자인 기존 입주 생활생은 재신청이 불가하다.

4 다음 글의 주제로 옳은 것은?

> 지난 2022년 1인 연간 쌀 소비량은 56.7kg으로 1992년 112.9kg와 비교했을 때 절반가량 감소했음을 알 수 있다. 현재 정부에서 추진하는 쌀 적정생산 유도 등의 공급 정책의 효과가 없는 것은 아니지만 쌀 공급 과잉 문제 해결과 지속가능한 쌀 산업구조를 위해서는 보다 현실적이고 효율적인 방안이 필요하다. 가장 먼저 소비패턴변화에 부응한 쌀 가공 수요 창출이 중요하다. 그동안 쌀은 곧 주식이라는 인식이 강하게 자리를 잡았지만 더 이상 주식보다는 식품산업 원료로 인식을 전환할 시기가 되었다. 과거 생산 중심이었던 식량정책을 점차 소비 중심의 정책으로 전환하는 것이 필요하며, 민간 또는 식품 기업 등과 협력해야 한다. 이를 위해서는 탄수화물이 성인병의 원인이라는 부정적인 인식 개선과 1인 가구의 증가로 인한 간편식에 부응하는 등 소비트렌드를 반영하는 노력이 필요하다.

① 쌀 수급 문제로 인한 농촌의 어려움

② 쌀 수요 확대를 위한 정책 개선 필요

③ 식습관 제고를 위한 관계부처 협력 강화

④ 소비자 시각으로, 쌀에 대한 정보제공 노력 필요

⑤ 해외 수요 확대를 위한 활동

Answer. 3.③ 4.②

5 다음 글의 제목으로 가장 적절한 것은?

> 지역인구감소 문제가 심화되면서 정부는 인구감소지역을 지정하고 지방소멸대응기금을 투입하기로 결정하였는데, 인구감소지역의 대부분은 농촌지역이 차지하고 있다. 현재 농촌은 인프라가 부족해 생활여건이 불편한 실정이며, 나아가 농촌다움을 보전하는 데도 어려운 상황이다. 이에 일자리뿐만 아니라 주거 및 사회서비스가 균형적으로 갖춰진 농촌으로 재탄생되기 위해 농촌의 일터, 삶터, 쉼터로서의 기능 회복이 시급하며, 인구유입을 촉진하고 성공적인 추진을 위해서는 농촌 주민들의 자발적인 참여와 체계적인 관리가 필요하다.

① 고향사랑기부제의 시행
② 스마트농업의 확산
③ 글로벌 시장의 확대
④ 식량안보 안전망 구축
⑤ 농촌공간 재구조화

6 ○○기업은 다음과 같은 프로젝트를 진행하려고 한다. 제시된 조건과 상황이 다음과 같을 때, 프로젝트가 완료되기까지의 총 소요기간은?

> 가. 3개 프로젝트에 투입할 수 있는 전문가는 총 8명이다. ※ 단, 모든 전문가의 생산성은 동일하다.
> 나. 전문가는 모든 프로젝트에 참여할 수 있지만, 동시에 여러 프로젝트에 참여할 수 없다. 참여한 프로젝트가 종료되어야 다음 날, 다른 프로젝트에 투입될 수 있다.
> 다. 프로젝트 시작 시, 필요한 인원이 동시에 투입되어야 한다. 예를 들어, 두 명이 필요한 프로젝트에는 두 명이 동시에 투입되어야 한다.

구분	프로젝트 甲	프로젝트 乙	프로젝트 丙
투입 필요 인원	3명	5명	4명
소요 기간	1일	4일	2일

① 5일
② 6일
③ 7일
④ 8일
⑤ 9일

7 N기업의 집행 비용이 다음과 같을 때, 이에 대한 설명으로 옳지 않은 것은?

- 급여 : 2,000만 원
- 상여금 : 400만 원
- 출장비 : 200만 원
- 광고비 : 350만 원
- 사무비품비 : 40만 원
- 원료비 : 1,500만 원
- 화재보험료 : 85만 원
- 사무실 임대료 : 280만 원
- 사무실 관리비 : 90만 원
- 인터넷 사용료 : 60만 원

---

① 간접비용 항목은 직접비용 항목보다 많다.

② 광고비는 간접비용에 해당한다.

③ 간접비용은 직접비용의 30%에 미치지 못한다.

④ 이번 달 출장비가 지급되지 않는다면 직접비용은 간접비용의 3배가 된다.

⑤ 지난달 상여금을 이번 달에 지급한다면 이번 달의 직접비용이 그만큼 증가한다.

|8～9| ○○보험사의 보험 상품 A, B, C를 매체별 홍보 방법에 따른 예상 매출에 관해 정리한 것을 보고 물음에 답하시오.

가. 매체별 예상 매출액

(단위 : 억 원)

보험 상품 B / 보험 상품 A	자체 어플	옥외 광고	SNS
자체 어플	(5, 6)	(5, 3)	(3, 7)
옥외 광고	(4, 3)	(−1, 7)	(6, 3)
SNS	(2, 4)	(−5, 3)	(7, 5)

※ ( )안의 숫자는 각 매체별 보험 상품의 예상 매출액을 의미한다. 예를 들어 보험 상품 A가 자체 어플, 보험 상품 B가 SNS 를 통해 홍보할 때 예상되는 매출액은 각각 3억 원, 7억 원이다.

나. 분기별 홍보 매체 선호도

시기	홍보 매체
1/4분기	SNS
2/4분기	옥외광고
3/4분기	SNS
4/4분기	자체어플

※ 홍보 매체를 선호하는 분기에 이용하면 월 수익의 50% 증가(또는 월 손해의 40% 감소)한다.

8 보험 상품 A와 B의 매출액 합계가 가장 큰 광고로 옳은 것은? (단, 시기는 고려하지 않는다.)

	보험 상품 A	보험 상품 B
①	자체 어플	옥외광고
②	자체 어플	자체어플
③	옥외광고	SNS
④	SNS	자체어플
⑤	SNS	SNS

9 2/4분기 선호 홍보 매체를 이용할 경우 두 보험 상품의 매출액 차가 가장 클 때의 매출액 차로 옳은 것은?

① 4억 원　　　　　② 4.5억 원

③ 5억 원　　　　　④ 5.5억 원

⑤ 6억 원

▌10 ~ 11 ▌ 다음 예산 수립 과정에 관한 내용을 읽고 물음에 답하시오.

　　모 기업의 홍보팀 A는 다음 달 외부 홍보 행사의 예산을 수립하려고 한다. A는 먼저 홍보 행사에 필요한 활동 및 활동별로 예상되는 예산을 정리했다. 행사 홀 대여에 3,000,000원, 로고를 새긴 의자 제작에 2,000,000원, 기념 영상 촬영 및 편집에 1,500,000원, 기념품 제작에 2,800,000원이 필요할 것으로 파악되었으나, 홍보 행사 예산은 8,000,000원으로 예산이 다소 부족하다. 동료 직원의 조언에 따라 행사 홀 대여, 기념 영상 촬영 및 편집, 기념품 제작만 진행하기로 결정하였다. 최종적으로 행사 홀 대여 3,475,000원, 기념 영상 촬영 및 편집에 1,500,000원, 기념품 제작에 3,000,000원을 배정하고 행사를 준비하게 되었다.

10 위 내용에서 A의 예산관리 절차 순서로 옳은 것은?

　① 우선순위 결정 → 필요한 과업 및 활동 규명 → 예산 배정
　② 우선순위 결정 → 예산 배정 → 필요한 과업 및 활동 규명
　③ 필요한 과업 및 활동 규명 → 우선순위 결정 → 예산 배정
　④ 필요한 과업 및 활동 규명 → 예산 배정 → 우선순위 결정
　⑤ 예산 배정 → 필요한 과업 및 활동 규명 → 우선순위 결정

11 예산안과 예산 관련 규정이다. 다음 중 규정에서 어긋난 것을 고르시오.

가. 예산안

항목	내역		금액	비고
행사 홀 대여	• 기본 값 : 2,75,000원 • ㉠ 보조 인력 : 100,000원 × 3명 • ㉡ 식대 지급 : 25,000원 × 3명 • ㉢ 여유 비용 : 150,000원	• 기타 소모품 : 200,000원	3,475,000원	보조 인력은 단기직으로 1인당 6시간 근무
기념 영상 촬영 및 편집	• 영상 촬영 대행업체 : 700,000원 • 편집 대행업체 : 800,000원		1,500,000원	㉤ 수의계약
기념품 제작	• 텀블러 : 12,000원 × 250개	• ㉣ 여유분 : 45개	3,000,000원	

나. 예산 관련 규정
　• 단기직으로 보조인력을 고용할 경우, 최저 임금 이상으로 지급할 것. 이때 식대는 별도로 지급하며 인당 전체 금액의 15%를 넘지 않도록 할 것
　• 기념품 여유분은 주문량의 20%로 제작할 것
　• 여유 비용은 전체 금액의 10% 이하로 책정할 것
　• 대행업체와의 계약이 3,000,000원 이하일 경우 수의계약으로 진행할 것

　① ㉠　　　　　　　　　　　　② ㉡
　③ ㉢　　　　　　　　　　　　④ ㉣
　⑤ ㉤

12 전체 제품 중 1월 현재 판매 중인 제품의 수를 구하려고 할 때, [C4] 셀에 들어갈 수식은?

	A	B	C	D
1		**20xx년도 1월 제품 매출 자료**		
2				
3		전체 제품수	14	
4		판매 중인 제품 수	10	
5				
6		제품 코드	정가	판매 수량
7		A6513	78,000	60
8		A3749	200,000	78
9		D1345	124,900	20
10		F4952	141,200	-
11		B6074	130,000	-
12		B7793	88,000	45
13		B1279	276,000	-
14		L1965	429,000	73
15		L1984	121,200	41
16		N0704	212,900	9
17		G7346	85,600	-
18		T9205	268,750	16
19		O0412	144,900	80
20		K8852	92,630	112

① =COUNTA(C7:C20)

② =COUNTA(D7:D20)

③ =COUNT(C7:C20)

④ =COUNT(D7:D20)

⑤ =AVERAGE(C7:C20)

| 13 ～ 14 | 다음 워크시트를 참조하여 물음에 답하시오.

	A	B	C	D	E	F
1						
2		no.	성명	입사 연도	부서	연봉
3		1	김성찬	2022	인사팀	36,000,000
4		2	이아영	2019	총무팀	38,000,000
5		3	정희연	2013	총무팀	44,000,000
6		4	윤정훈	2023	재무심사팀	33,000,000
7		5	강미나	2023	인사팀	32,000,000
8		6	유석훈	2022	홍보팀	31,000,000
9		7	박미진	2018	재무심사팀	37,000,000
10		8	김정균	2014	재무심사팀	44,000,000
11		9	정하랑	2021	홍보팀	33,000,000
12		10	오현영	2021	총무팀	34,000,000
13		11	주진영	2014	인사팀	44,000,000
14		12	김지현	2011	인사팀	48,000,000
15		13	이정률	2011	홍보팀	44,000,000
16		14	강희진	2020	인사팀	33,000,000
17						

13 경영기획부문에서는 예산관리를 위한 부서별 인건비를 파악하려고 한다. 경영지원국 인사팀 직원들의 연봉 합계액을 구하려고 할 때 사용할 수식으로 옳은 것은?

① =SUM(E3:E16,"인사팀", F3:F16)

② =SUMIF(E3:E16,"인사팀", F3:F16)

③ =SEARCH(E3:E16,"인사팀", F3:F16)

④ =REPLACE(E3:E16,"인사팀", F3:F16)

⑤ =HLOOKUP(E3:E16,"인사팀", F3:F16)

14 C열을 기준으로 오름차순 정렬했을 때 [C9] 셀의 값은?

① 정하랑

② 윤정훈

③ 박미진

④ 오현영

⑤ 이아영

📖 **Answer.** 12.④ 13.② 14.④

▌15 ~ 16 ▌ 아래의 자료를 참고하여 물음에 답하시오.

N사의 온라인몰은 고객이 주문한 물품에 대해 주문번호를 부여한다. 주문번호는 모두 11자리로, 부여 방식은 다음과 같다.

1	2	3	4	5	6	7	8	9	10	11
제품종류			배송 장소		배달 방법		물류센터		주문일 (예 : 2월 3일 주문→03)	

제품 종류	채소 및 과일	육류	곡물	밀키트
	042	071	053	068
배송장소	A시	B시	C시	D시
	22	32	56	17
배달 방법	당일	일반	예약	픽업
	01	02	03	04
물류센터	甲센터	乙센터	丙센터	丁센터
	hb	hd	nu	hc

※ 1) 픽업 시 물류센터를 거치지 않는다.
　2) 기본적으로 A ~ C시는 甲센터, D시는 乙센터를 이용하나, 밀키트는 丙센터를 이용하며 예약 배송은 丁센터를 이용한다.

15 다음은 온라인몰 주문현황이다. A시 a구의 평균 주문 금액을 구할 수 있는 함수식을 모두 고르시오.

no.	제품	배송지	배달 방법	주문 금액
1	사과 1Box, 샤인머스켓 1봉지	A시 a구	당일	42,000
2	쌀 20kg	C시 c구	예약	45,000
3	절임배추 20kg	D시 d구	예약	43,000
4	샤브샤브 밀키트, 부대찌개 밀키트	B시 b구	픽업	21,000
5	애호박 2개, 양파 5개입	C시 c구	당일	15,000
6	캠핑전용 전골 밀키트	A시 a구	일반	24,900
7	팽이버섯 3봉지, 상추 2봉지	D시 d구	일반	9,800
8	삼겹살 2근	D시 d구	픽업	35,000
9	다진육 500g, 돼지갈비 1근	B시 b구	당일	40,000
10	잡곡 5kg, 찹쌀 3kg	A시 a구	예약	54,000
11	마라탕 밀키트, 탕후루 밀키트	B시 b구	픽업	29,900

㉠ =AVERAGEIF(D3:D13,D3,F3:F13)
㉡ =DATEDIF(D3:D13,D3,F3:F13)
㉢ =SUMIF(D3:D13,D3,F3:F13)/COUNTIF(D3:D13,D3)
㉣ =COUNTIF(D3:F13,D3)

① ㉠㉢
② ㉠㉣
③ ㉡㉢
④ ㉢㉣
⑤ ㉠㉡㉢

16 주문번호 0422202nu12로 알 수 있는 사항이 아닌 것은?

① 주문 날짜는 1월 2일이다.
② 배송 장소는 A시다.
③ 일반 배송으로 전달된다.
④ 丙 물류센터를 이용한다.
⑤ 주문 제품은 채소 및 과일이다.

근무자	연락 가능한 당직자
A	C, E, F
B	A, C, D
C	B, D, H
D	E, F, H
E	B, C
F	A, E, G
G	A, B, C
H	B, C, G

17 근무자 B를 통해 G에게 연락하려고 할 때 다음 중 연락이 불가능한 경로는?

① B→A→C→D→F→G
② B→C→D→H→G
③ B→D→E→C→H→G
④ B→D→F→A→C→H→G
⑤ B→A→E→B→D→G

18 E가 A에게 최대한 빠르게 연락해야 할 때, 중간에서 거쳐야 하는 최소 인원은 모두 몇 명인가? (단, E와 A은 제외한다.)

① 1명
② 2명
③ 3명
④ 4명
⑤ 5명

19 N기업의 준법지원부는 수확기 농촌일손돕기 봉사 실시에 앞서 강당에 모였다. 부장, 차장, 甲대리, 乙대리, 丙대리, 丁주임이 일렬로 앉아있을 때, 다음 〈보기〉를 바탕으로 부장의 바로 왼쪽에 앉은 사람을 고르시오.

- 丙대리는 가장 오른쪽에 앉아있다.
- 부장은 차장의 바로 옆자리에 앉아있다.
- 甲대리는 丁주임 바로 오른쪽에 앉아있다.
- 丁주임은 丙대리와 가장 멀리 떨어져 있다.
- 차장은 乙대리 바로 왼쪽에 앉아있다.

---

① 甲대리
② 乙대리
③ 丙대리
④ 丁주임
⑤ 차장

20 N기업은 외국인 공공형 외국인 계절근로제 MOU를 위해 베트남 현지에 파견 직원을 보낼 예정이다. 다음 선발 평가 공고를 보고 파견될 가능성이 높은 지원자를 모두 고르면? (단, 평가 결과, 종합 평점이 90점 이상이면 우선대상자로 선정한다.)

〈20xx년도 베트남 파견자 선발 평가 공고〉

1. 심사 항목
   가. 전문성 및 업무 경력
   나. 현지 적응력
   다. 외국어능력
   라. 활동계획서

2. 전문성 및 업무 경력 : 전년도 종합 근무평가 결과 및 전년도 기준 업무 경력 평가

종합 근무평가 결과	점수	업무 경력	점수
A+	20	8년 이상	20
A ~ A0	18	8년 미만 ~ 5년 이상	18
B+ ~ B0	16	5년 미만 ~ 3년 이상	16
C+ ~ C	14	3년 미만	14

3. 현지 적응력 : 해외 체류 경험

해외 체류 경험	점수	해외 체류 경험	점수
2년 이상	20	3개월 이상 ~ 1년 미만	8
1년 이상 ~ 2년 미만	15	3개월 미만	2

4. 외국어 능력 : 영어 능력

외국어 능력	점수	외국어 능력	점수
1등급 : 비즈니스 회화 90점 이상	18	3등급 : 비즈니스 회화 70점 이상	7
2등급 : 비즈니스 회화 80점 이상	15	4등급 : 비즈니스 회화 60점 이상	3

※ 1) 무역영어 자격증 소지자에게 가산점 20점을 부여함
   2) 비즈니스 회화 점수가 60점 미만일 경우 부과되는 점수는 없음

5. 활동계획서 : 사업진행에 따른 적합성 및 목표, 세부활동계획서와의 연계성
※ 30점 만점으로 지원자 부서 팀장, 해외법인 팀장이 각각 부여함

지원자	전문성	업무 경력	현지 적응력	외국어능력	활동계획서
유**	A+	8년	17개월	73점	27점
한**	B0	3년	18개월	82점	28점
장**	A+	6년	10개월	85점	25점
서**	C	7년	27개월	67점	26점
박**	B+	2년	23개월	90점	26점
계**	A0	5년	15개월	92점	27점

① 유**, 장**
② 서**, 박**
③ 한**, 박**
④ 한**, 계**
⑤ 유**, 계**

21 농촌지역상생 사업의 일환으로, 농촌문화생활공간 보수 지원 사업을 시행하고자 한다. 다음의 조건에 따라 지원 사업 선정 여부가 확실한 마을은 총 몇 개인가?

- A 마을은 선정하지 않는다.
- C 마을을 선정하면 E 마을은 선정하지 않는다.
- A 마을이 선정되지 않으면 B 마을이 선정된다.
- B 마을이 선정되면 G 마을은 선정되지 않는다.
- F 마을이 선정되면 D 마을도 선정된다.
- G 마을이 선정되지 않으면 C 마을이 선정된다.

① 1개
② 2개
③ 3개
④ 4개
⑤ 5개

22 다음은 지자체에서 운영하는 교육 프로그램이다. A, B, C, D는 각각 정부 지원을 받아 1개 이상의 프로그램을 신청할 수 있다고 할 때, 적절한 것은?

프로그램	목적 및 내용	지원 대상
스마트폰 · 키오스크 학습 프로그램	스마트폰 및 키오스크 사용설명, 실습	65세 이상 노인
다문화가정 사회적응 프로그램	• 한국어 교육 • 문화이해 교육 • 일자리 연계	결혼이민자
	• 한국어 교육 • 문화이해 교육 • 진로 및 적성검사	이민 · 다문화가정 아동 · 청소년
경력 단절 여성 취업 캠프	• 자소서 컨설팅 및 면접 특강 • 적성검사 및 직업선호도 테스트 • 적성검사에 따른 직업훈련 • 일자리 연계	혼인 · 임신 · 출산 · 육아 등으로 경력이 단절된 취업 희망 여성
취업준비 프로그램	• 프로필 사진 촬영 지원 • 헤어&메이크업 지원	20세 이상 ~ 35세 미만 취업준비생
심리상담 및 쿠킹클래스	• 정서적 안정과 사회적응을 위한 지속가능한 심리상담 • 건강한 식생활을 위한 요리 수업	18세 이상 ~ 30세 미만 자립 준비 청년
금융사기예방센터	• 금융사기 예방 • 생활복지	65세 이상 노인
주말 초등돌봄 프로그램	주말 맞벌이 가구의 돌봄 공백 해소	초등학생
금연 클리닉	• 1:1 금연 교육 상담 • 니코틴 의존도 및 일산화탄소 측정 • 금연보조제 제공(단, 상담 후 필요시 제공하며 1회 2주일분 이상 처방 제한 및 6주간 처방)	청소년 및 성인
장애인 스포츠 강좌	• 장애인 체육활동 참여 기회 제공 • 수영, 테니스, 탁구, 요가 택 1	30세 이상 ~ 60세 미만 국내 장애인 등록자
치매예방 운동교실	영양 · 수면, 인지강화 생활습관 관리	치매 진단을 받지 않은 65세 이상 노인

- A(22세) : 자립 준비 청년으로, 현재 취업을 준비하고 있으나 불안정한 미래로 정신건강 고위험군으로 의심된다.
- B(34세) : 취업을 희망하고 있는 경력 단절 여성으로, 허리 수술을 받은 72세 노모를 모시고 있다.
- C(40세) : 초등학생 자녀를 둔 미혼부로 최근 근무 시간이 조정되면서 주말 근무가 늘어나 걱정이 많다. 잦은 흡연과 불규칙한 식습관으로 관리가 필요하다.
- D(18세) : 무릎수술 이후 후유증으로 장애 등급을 판정 받은 57세 아버지와 베트남 출신 어머니와 함께 살고 있는 3인 가족이다.
- E(51세) : 치매 판정을 받은 어머니를 모시고 있으며 경제적 어려움을 겪고 있다.

① A는 최대 3개의 프로그램을 신청할 수 있다.
② B는 취업준비 프로그램과 장애인 스포츠 강좌를 신청할 수 있다.
③ C는 금연 클리닉, 심리상담 및 쿠킹클래스 프로그램을 신청할 수 있다.
④ D는 장애인 스포츠 강좌를 신청할 수 있으며, 어머니와 다문화가정 사회적응 프로그램을 수강할 수 있다.
⑤ E는 최대 1개의 프로그램을 신청할 수 있다.

23 甲~戊 중 두 명만 승진했다. 甲~戊 중 두 명은 거짓을 말하고 세 명은 참을 말하고 있을 때, 다음 〈조건〉을 바탕으로 승진한 사람을 고르시오. (단, 참을 말하는 사람의 발언은 모두 참이며 거짓을 말하는 사람의 발언은 모두 거짓이다.)

〈조건〉
- 甲 : 丙은 승진하지 못했어.
- 乙 : 나는 승진하지 못했고 戊는 승진을 했어.
- 丙 : 나는 승진을 했고 甲은 승진하지 못했어.
- 丁 : 나는 승진하지 못했고 甲도 승진하지 못했어.
- 戊 : 丁은 승진하지 못했어.

① 甲, 乙   ② 乙, 丙
③ 乙, 丁   ④ 甲, 丁
⑤ 戊, 丙

📖 **Answer.** 22.④ 23.②

24 다음은 N기업의 5년간 생명보험과 손해보험의 수지 실적에 관한 자료이다. 이에 대한 설명으로 옳은 것은? (단, 소수점 둘째 자리에서 반올림한다.)

〈표 1〉 2019 ~ 2023년 생명보험 수지 실적

(단위 : 십억 원)

연도	경과보험료	발생손해액	순사업비
2019	71,653	45,584	20,667
2020	77,468	45,511	22,182
2021	82,640	51,877	23,999
2022	85,129	57,659	22,714
2023	86,957	58,213	23,973

〈표 2〉 2019 ~ 2023년 손해보험 수지 실적

(단위 : 십억 원)

연도	경과보험료	발생손해액	순사업비
2019	31,711	29,732	6,792
2020	37,479	31,630	7,831
2021	46,825	35,300	8,500
2022	46,369	39,145	9,196
2023	51,247	42,378	10,016

※ 1) 손해율(%) = (총 지출액/경과보험료 × 100)
2) 총 지출액 = (발생손해액 + 순사업비)

① 5년간 생명보험과 손해보험 경과보험료는 모두 매년 증가하고 있다.
② 2020년 생명보험의 손해율은 90%가 넘는다.
③ 2021년 생명보험 발생손해액은 2021년 손해보험 발생손해액의 2배가 넘는다.
④ 생명보험의 손해율이 가장 컸던 해는 2023년이다.
⑤ 손해보험의 손해율이 가장 컸던 해와 적었던 해의 손해율 차이는 20 미만이다.

25 甲이 지원한 기업의 하반기 필기전형 합격 기준은 70점이다. 정답일 경우 4점을 취하며, 오답일 경우 2점이 감점된다. 총 30문항이며, 전부 다 풀었다고 가정할 때 합격하기 위한 최소 문항은 몇 개인가?

① 20   ② 21

③ 22   ④ 23

⑤ 24

26 다음은 IT기획부 직원 15명의 초과 근무를 조사하여 나타낸 도수분포표다. 초과 근무 시간의 평균이 18시간이고 분산을 구하시오.

초과 근무 시간	도수(명)
12	2
14	1
16	4
18	3
20	4
합계	15

① 5   ② 7

③ 8   ④ 11

⑤ 15

📄 **Answer.** 24.④ 25.③ 26.③

❙ 27 ~ 28 ❙ 甲기업은 연말마다 각 팀의 팀장들이 팀원들의 업무수행능력을 평가한다. 다음 지재사업팀 팀원들의 업무수행능력 평가표를 보고 이어지는 물음에 답하시오.

1. 평가항목
가. 업무성과
나. 업무역량
다. 조직역량
라. 구성원 평가
※ 각 영역별로 40%, 30%, 20%, 10%의 가중치를 적용하여 최종 점수를 산출한다.
2. 지재사업팀 팀원 영역별 평가점수

구분	업무성과	업무역량	조직역량	구성원 평가	당해 해외 출장 경험
한**	70	70	80	90	O
정**	60	70	90	90	X
유**	80	90	70	70	O
강**	90	80	60	80	O
엄**	70	80	70	80	X

27 최종 점수가 동일할 경우 다음과 같은 평가 방법으로 최고점자를 선별한다고 할 때, 지재사업팀 최고점자는 누구인가?

> • 최종 점수가 동일한 경우, 업무역량 점수가 높은 자를 상위득점자로 한다.
> • 업무역량 점수가 동일한 경우 당해 해외 출장 경험 기준에 근거하여 상위득점자를 산출한다.

① 한**   ② 정**
③ 유**   ④ 강**
⑤ 엄**

28 지재사업팀 팀원들의 최종 점수로 평균, 표준편차를 구했을 때 옳은 것은?

	평균	표준편차
①	74	$\sqrt{11.2}$
②	76	$\sqrt{11.2}$
③	76	$\sqrt{11.5}$
④	77	$\sqrt{11.5}$
⑤	77	$\sqrt{11.7}$

▌29 ~ 30▐ 다음 A국, B국의 경제활동인구를 나타낸 자료를 보고 이어지는 물음에 답하시오.

⟨20xx년 A국과 B국의 경제활동인구⟩

(단위 : 천 명, %)

구분	계	A국	B국
15세 이상 인구	51,307	( )	24,967
취업자	25,613	10,641	14972
실업자	889	421	( )
경제활동참가율	( )	70.5	81.6
실업률	( )	( )	4.2

※ 1) 경제활동참가율 = 경제활동 참가자 수/15세 이상 인구 × 100
　2) 경제활동 참가자 = 취업자 + 실업자
　3) 실업률 = 실업자 수/경제활동 참가자 수 × 100
　4) 경제활동참가율과 실업률은 소수점 둘째 자리에서 반올림한다.

29 A국의 실업자 수는 15세 이상 인구의 몇 %인지 구하시오. (단, 소수 둘째 자리에서 반올림한다.)

　① 1.6%
　② 1.7%
　③ 2.1%
　④ 2.2%
　⑤ 2.3%

30 전체 인구의 경제활동참가율은 전체 인구 실업률의 몇 배인지 구하시오. (단, 소수 첫째 자리에서 반올림한다.)

　① 12배
　② 13배
　③ 14배
　④ 15배
　⑤ 16배

1   다음 워크시트에서 1행의 데이터에 따라 2행처럼 표기하려고 할 때, [A2] 셀에 들어갈 수식으로 옳은 것은?

	A	B
1	6	-2
2	양	음

① =IF(A1〈=0, "양", "음")

② =IF(A1 IS=0, "양" OR "음")

③ =IF(A1〉=0, "양", "음")

④ =IF(A1〉=0, "양" OR "음")

⑤ =IF(A1 IS=0, "양", "음")

2 다음 아래 시트에서 [A9] 셀에서 수식 OFFSET(B3,2,-1)를 입력한 경우 결과 값은?

	A	B	C	D	E
1	직급	학과	연차	성명	주소
2	사원	경제학과	1	최**	서울
3	대리	외교학과	5	허**	경기
4	과장	경영학과	8	윤**	인천
5	부장	경영학과	15	박**	고양
6	부사장	경제학과	17	김**	서울
7					
8					
9					

① 외교학과
② 5
③ 경기
④ 최**
⑤ 부장

3 다음 [A1:D1] 영역을 선택하고 채우기 핸들을 이용하여 아래로 드래그를 할 때, 동일한 데이터로 채워지는 것은?

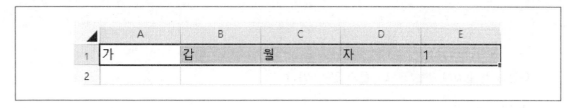

	A	B	C	D	E
1	가	갑	월	자	1
2					

① 가
② 갑
③ 월
④ 자
⑤ 1

4 다음 지원자의 수험번호[B2:B5]를 통해 성별[D2:D5]을 표시하고자 한다. 수험번호에서 M은 '남'이고, F는 '여'에 해당하는 경우 [D2] 셀에 들어가는 수식으로 적절한 것은?

	A	B	C	D
1	지원자	합계 점수	수험번호	성별
2	한유미	70	F0001	
3	김준석	65	M0002	
4	고정혁	95	M0003	
5	정주연	80	F0004	
6				
7	코드	성별		
8	M	남		
9	F	여		

① =IFERROR(IF(SEARCH(C2,"M"), "남"), "여")

② =VLOOKUP(MID(C2,4,1), $A$2:$B$5,2,FALSE)

③ =INDEX(C2:C5,A8:B9)

④ =INDEX($A$2:$B$5,2)

⑤ =IF(MID(C2,1,1)="M", "남", "여")

5 다음 엑셀 함수에 대한 정의로 옳지 않은 것은?

① SUM : 인수들의 합을 구한다.

② ROUND : 수를 지정한 자릿수로 반올림을 한다.

③ IFERROR : 논리검사를 수행하여 식의 true와 false에 해당하는 값을 반환한다.

④ DCOUNT : 지정한 조건에 맞는 데이터베이스 필드에서 숫자를 포함한 셀의 수를 구한다.

⑤ COUNT : 범위에 숫자가 포함된 셀의 개수를 구한다.

6   다음에서 [C4] 셀에 원금과 예금이율이 곱해진 수식을 입력한 뒤에 나머지 모든 셀을 [자동 채우기] 기능
    으로 채우고자 할 때 [C4] 셀에 입력해야 하는 수식은?

◢	A	B	C	D	E	F
1						
2			원금			
3			1,500,000	2,000,000	2,500,000	3,000,000
4	예	1.0%				
5	금	1.5%				
6	이	2.0%				
7	율	2.5%				
8		3.0%				
9		3.5%				

① =C3:F9

② =C3*B4

③ =$C3*B$4

④ =C$3*$B4

⑤ =$C$3*$B$4

7   다음에서 각 기업의 평가점수의 평균 이상이 되는 평균점수를 true와 false로 구하는 고급 필터의 조건은?

	A	B
1	기업	평가점수
2	A회사	60
3	B회사	70
4	C회사	80
5	D회사	90
6	E회사	55
7	F회사	40
8	G회사	95

① =AVERAGE($B$2:$B$8)

② =$B2〉AVERAGE($B$2:$B$8)

③ =LARGE(B2:B8,1)

④ =INDEX(B2:B8,1)〈$B2

⑤ =SMALL(B2:B8, AVERAGE({1;2;3;4;5}))

8   다음 워크시트 [C1] 셀에 '=A1+B1+C1'을 입력하는 경우 나타나는 것은?

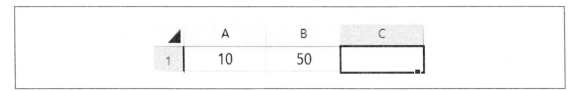

	A	B	C
1	10	50	

① #REF!

② #NUM!

③ #SPILL!

④ 순환 참조 경고 메시지

⑤ 60

9 다음 워크시트를 확인하여 '전진수' 사원의 입사일자를 [B11] 셀에 나타나게 하기 위한 함수는?

	A	B
1	사원명	입사일자
2	김찬성	2002.12.10
3	진미령	2005.11.5
4	김태호	2015.1.23
5	전진수	2020.3.5
6	차승미	2001.4.5
7	민호연	2009.11.5
8		
9		
10	이름	입사일자
11	전진수	

① =VLOOKUP(A2:B7,A11,2,1)

② =VLOOKUP(A11,A2:B7,2,0)

③ =HLOOKUP(A11,A2:B7,2,1)

④ =HLOOKUP(A2:B7,A11,2,1)

⑤ =XLOOKUP(A11,A2:B7,A2,A5,A2)

Answer. 7.② 8.④ 9.②

10 다음 워크시트에서 [A1:E8] 영역에서 B열과 D열만 아래와 같이 배경색을 설정하려고 한다. 수식을 사용하여 서식을 지정할 셀을 결정하기 위한 조건부 서식의 규칙으로 옳은 것은?

	A	B	C	D	E
1	지원자	국어	영어	한국사	경제학
2	김필영	75	89	75	55
3	이진수	85	50	89	95
4	정성오	80	95	88	85
5	김연주	99	75	95	75
6	진효리	89	88	87	95
7	주성현	75	80	85	88
8	연미정	90	95	80	80

① =MOD(COLUMN(A$1),2)=0

② =MOD(COLUMN($A1),2)=0

③ =MOD(COLUMNS($A1),2)=1

④ =MOD(COLUMNS($A1),1)=1

⑤ =MOD(COLUMNS($A$1),1)=1

11 다음 중 함수식의 결과로 옳은 것은?

① =COUNT(1, "참", TRUE, "1") → 1

② =COUNTA(5, "거짓", TRUE, "5") → 2

③ =POWER(10,3) → 15

④ =ROUND(151.5, −2) → 215.14

⑤ =COLUMN(C5) → 3

12 다음 워크시트에서 [C2:C6]은 품목별 공장에서 출고한 날짜이다. 제품별 출시일은 공장 출고일에서 1개월 이후이다. [C9] 항목에 수식으로 적절한 것은?

	A	B	C
1	코드	품목명	공장 출고일
2	20200115	새우과자	2022-11-05
3	20180506	초코과자	2020-05-05
4	20051215	나쵸	2019-11-06
5	20050101	초콜렛	2015-11-07
6	20220505	젤리	2021-01-01
7			
8		품목명	출시일
9		새우과자	2022-12-31

① =EOMONTH(C2,1)

② =EOMONTH(C2,-1)

③ =EOMONTH(C2:C6,1)

④ =EOMONTH(C$2,2)

⑤ =EOMONTH($C2:$C6,1)

13 전과목 점수 평균이 75점을 초과하는 경우 합격을 하는 기업이 있다. 다음 시트와 같이 [F3:F6]의 값이 나오기 위해서 [F3] 셀에 들어가야 하는 수식은?

	A	B	C	D	E	F
1						
2	이름	국어	영어	한국사	평균	합/불
3	민기영	95	75	45	71.7	불합격
4	고주연	99	65	95	86.3	합격
5	길호영	80	50	80	70.0	불합격
6	김혜련	88	97	54	79.7	합격

① =AVERAGE(B3:D3)

② =COUNTIF(E3:E6,E3>75)

③ =ROUNDDOWN(E3,1)

④ =SUMIF(B3:D3,E3,B3:D6)

⑤ =IF(E3>75,"합격","불합격")

14 다음 워크시트에서 이름을 개인정보보호를 위해 두 번째 자리에서부터 **로 표시하려고 할 때, [D2] 셀에 사용되는 함수수식은?

	A	B	C	D
1	이름	지역	입사일	정보보호
2	김연수	서울	2020-05-05	
3	최갑순	고양	2015-10-10	
4	정만오	파주	2010-11-01	
5	한정길	인천	2021-12-03	

① =REPLACE(A1,1,2,"**")

② =REPLACE(A2,2,2,"**")

③ =REPLACE(A2:A5,2,"**")

④ =REPLACE($A$2:A5,1,"**")

⑤ =REPLACE(A2,1,1,"**")

15 다음 워크시트 [C7] 셀에 =SUM(C2:C5) 수식을 등록한 경우 결과 값으로 옳은 것은?

	A	B	C
1	코드	품목명	출고수량
2	A1K1DD	프린트	수량:1000
3	BD1KF2	토너	수량:500
4	CEC21D	마우스	수량:750
5	A2KDZX	모니터	수량:997
6			
7		합계	

① #NAME?

② #N/A

③ #DIV/0!

④ 0

⑤ #BLOCKED

16 다음은 농작물재해보험(밭작물) 보험 약관의 일부이다. 보험의 목적이 인삼작물일 때 해석을 바르게 한 경우는?

① 작물특성 및 시설종합위험방식

보상하는 손해	보험기간	
보험의 목적	보장개시	보장종료
인삼	1형(4~5월 가입) : 판매 개시연도 5월 1일(단, 5월 1일 이후 보험에 가입하는 경우에는 계약체결일 24시)	1형(4~5월 가입) : 이듬해 4월 30일 24시(단, 6년근은 판매 개시연도 10월 31일을 초과할 수 없음)
	2형(10~11월 가입) : 판매 개시연도 11월 1일(단, 11월 1일 이후 보험에 가입하는 경우에는 계약체결일 24시)	2형(10~11월 가입) : 이듬해 10월 31일 24시(단, 10월 31일 이전에 수확이 완료된 경우에는 보장 종료)

② 인삼(작물) 보장하는 손해

회사는 보험의 목적에 아래에 재해로 인해 입은 손해를 보상합니다.

1. 태풍(강풍) : 기상청에서 태풍에 대한 특보(태풍주의보, 태풍경보)를 발령한 때 해당지역의 바람과 비 또는 최대순간풍속 14m/s 이상 강풍을 말합니다. 이때 강풍은 해당지역에서 가장 가까운 3개 기상관측소(기상청 설치 또는 기상청이 인증하고 실시간 관측 자료를 확인할 수 있는 관측소)에 나타난 측정자료 중 가장 큰 수치의 자료로 판정합니다.

2. 폭설 : 기상청에서 대설에 대한 특보(대설주의보, 대설경보)를 발령한 때 해당 지역의 눈 또는 24시간 신적설이 해당지역에서 가장 가까운 3개 기상관측소(기상청 설치 또는 기상청이 인증하고 실시간 관측 자료를 확인할 수 있는 관측소)에 나타난 측정자료 중 가장 큰 수치의 자료가 5cm 이상인 상태를 말합니다.

3. 집중호우 : 기상청에서 호우에 대한 특보(호우주의보, 호우경보)를 발령한 때 해당 지역의 비 또는 해당지역에서 가장 가까운 3개소의 기상관측장비(기상청 설치 또는 기상청이 인증하고 실시간 관측 자료를 확인할 수 있는 관측소)로 측정한 24시간 누적강수량이 80mm 이상인 강우상태를 말합니다.

4. 침수 : 태풍, 집중호우 등으로 인하여 인삼 농지에 다량의 물(고랑 바닥으로부터 침수 높이가 최소 15cm 이상)이 유입되어 상면에 물이 잠긴 상태를 말합니다.

5. 우박 : 적란운과 봉우리 적운 속에서 성장하는 얼음알갱이나 얼음덩이가 내려 발생하는 피해를 말합니다.

6. 냉해 : 출아 및 전엽기(4~5월로 한정) 중에 해당지역에서 가장 가까운 3개소의 기상관측장비(기상청 설치 또는 기상청이 인증하고 실시간 관측 자료를 확인할 수 있는 관측소)에서 측정한 최저기온 0.5℃ 이하의 찬 기온으로 인하여 발생하는 피해를 말하며, 육안으로 판별 가능한 냉해 증상이 있는 경우에 피해를 인정합니다.

7. 폭염 : 해당 지역에 최고기온 30℃ 이상이 7일 이상 지속되는 상태를 말하며, 잎에 육안으로 판별 가능한 타들어간 증상이 50% 이상 있는 경우에 인정합니다.

8. 화재 : 화재로 인하여 발생하는 피해

③ 추가지급

회사는 ②에서 보장하는 위험으로 인하여 손해가 발생한 경우 계약자 또는 피보험자가 지출한 아래의 비용을 추가로 지급합니다. 다만, 보험의 목적 중 인삼의 경우 잔존물 제거비용은 지급하지 않습니다.

1. 잔존물 제거비용 : 사고현장에서의 잔존물의 해체비용, 청소비용 및 차에 싣는 비용. 다만, ②에서 보장하지 않는 위험으로 보험의 목적이 손해를 입거나 관계법령에 의하여 제거됨으로써 생긴 손해에 대하여는 보상하여 드리지 않습니다(청소비용에서 사고현장 및 인근 지역의 토양, 대기 및 수질 오염물질 제거 비용과 차에 실은 후 폐기물 처리비용은 포함되지 않습니다.)
2. 손해방지비용 : 손해의 방지 또는 경감을 위하여 지출한 필요 또는 유익한 비용
3. 대위권 보전비용 : 제3자로부터 손해의 배상을 받을 수 있는 경우에는 그 권리를 지키거나 행사하기 위하여 지출한 필요 또는 유익한 비용
4. 잔존물 보전비용 : 잔존물을 보전하기 위하여 지출한 필요 또는 유익한 비용. 다만, 잔존물에 의해 회사가 잔존물을 취득한 경우에 한합니다.
5. 기타 협력비용 : 회사의 요구에 따르기 위하여 지출한 필요 또는 유익한 비용
④ 보상하지 않는 손해 : 회사는 보험의 목적이 인삼인 경우 아래의 사유로 인한 손해는 보상하여 드리지 않습니다.
1. 계약자, 피보험자 또는 이들의 법정대리인의 고의 또는 중대한 과실
2. 수확기에 계약자 또는 피보험자의 고의 또는 중대한 과실로 수확하지 못하여 발생한 손해
3. 제초작업, 시비관리 등 통상적인 영농활동을 하지 않아 발생한 손해
4. 원인의 직접, 간접을 묻지 않고 병충해로 발생한 손해
5. 연작장해, 염류장해 등 생육 장해로 인한 손해
6. 보상하지 않는 재해로 제방, 댐 등이 붕괴되어 발생한 손해
7. 해가림 시설 등의 노후 및 하자로 생긴 손해
8. 계약체결 시점 현재 기상청에서 발령하고 있는 기상특보 발령 지역의 기상특보 관련 재해로 인한 손해
9. 보상하는 손해에 해당하지 않은 재해로 발생한 손해
10. 전쟁, 혁명, 내란, 사변, 폭동, 소요, 노동쟁의, 기타 이들과 유사한 사태로 생긴 손해
 ※ 1) 기상 특보 관련 재해 : 태풍, 호우, 홍수, 강풍, 풍랑, 해일, 대설, 폭염 등을 포함합니다.
   2) 시비관리 : 수확량 또는 품질을 높이기 위해 비료성분을 토양 중에 공급하는 것
⑤ 보험금의 청구 : 피보험자가 보험금을 청구할 때에는 다음의 서류를 회사에 제출하여야 합니다.
1. 보험금 청구서(회사양식)
2. 신분증(주민등록증이나 운전면허증 등 사진이 붙은 정부기관발행 신분증, 본인이 아닌 경우에는 본인의 인감증명서 또는 본인서명사실확인서 포함)
3. 기타 회사가 요구하는 증거자료

① 영희 : 조수해(鳥獸害)로 발생한 피해도 보장해주겠다.
② 민지 : 인삼작물은 적란운과 봉우리 적운 속에서 성장하는 얼음알갱이나 얼음덩이가 내려와서 발생하는 피해도 보상하겠군.
③ 연주 : 사고현장에서의 잔존물의 해체비용, 청소비용을 추가지급을 받을 수 있겠다.
④ 혜령 : 수확량 또는 품질을 높이기 위한 비료성분을 토양에 공급하지 않아서 발생한 손해도 보상해주네.
⑤ 준수 : 보험금 청구할 때에는 회사에서 준 양식에 보험금 청구서만 첨부하여 제출하면 돼.

📝 **Answer.** 16.②

17 다음은 운전자 보험 상품설명서와 약관의 일부이다. 다음 상품설명서에 대한 설명으로 옳지 않은 것은?

〈○○손해보험 운전자보험〉

① 보장금액

1. 운전자보험의 기본 보장 가입금액을 높였습니다.

2. 보장금액
- 교통사고처리지원금 – 최대 2억 원
- 자동차사고변호사선임비용 – 최대 3,000만 원(자가용)
- 자동차사고벌금비용 – 2,000만 원 한도
- 스쿨존 어린이 사고 3,000만 원 한도
- 보복운전사고를 당한 입장(피해자)에서 운전자를 지켜주는 보복운전피해 위로금을 제공합니다.

※ 단, 위의 금액 및 위로금은 특약에 가입한 경우에 보장됩니다.

3. 보장내용

	보장명	보장 상세	지급금액
기본계약	자동차사고부상치료비 (1~7급단일)	교통사고로 발생한 상해로 「자동차손해배상보장법 시행령」 제3조 자동차사고부상등급표의 부상등급 (1~7급)을 받은 경우	1,000만 원
선택계약	일반상해사망	일반상해로 사망 시	10,000만 원
	교통사고처리지원금 (6주 미만, 중대법규위반)	자동차 운전 중 발생한 중대법규위반 교통사고로 피해자(피보험자의 부모, 배우자 및 자녀 제외)에게 상해를 입혀 피해자가 42일 미만(피해자1인 기준) 치료를 요한다는 진단을 받은 경우(1사고당 피보험자가 실제로 지급한 형사합의금 지급)	• 28일(4주) 미만 진단 시 : 3백만 원 한도 • 28일(4주) 이상 42일 (6주) 미만 진단 시 : 7백만 원 한도
	자동차사고벌금	자동차 운전 중 교통사고로 타인의 신체에 상해를 입힘으로써 신체상해와 관련하여 벌금액을 확정받은 경우 1사고당 2,000만 원 한도(단, 어린이보호구역에서 어린이 치사상의 가중처벌에 따른 벌금액 확정 시 1사고당 3,000만 원 한도)로 실제손해액 보상	가입금액 한도
	보복운전피해위로금 (운전자)	자동차 운전 중 보복운전의 피해자가 되어 수사기관에 신고, 고소, 고발 등이 접수되고, 검찰에 의해 공소제기(이하 "기소"라 하며, 약식기소를 포함합니다) 또는 기소유예 된 경우	가입금액
	자전거사고벌금	자전거 운전 중 급격하고도 우연히 발생한 자전거 사고로 타인의 신체에 상해를 입힘으로써, 신체상해와 관련하여 벌금액을 확정받은 경우 1사고당 2,000만 원 한도로 실제손해액 보상	2,000만 원(1사고당)

② 보험기간
  1. 5/10/15/20년 만기
  2. 70/80/90/100세 만기
③ 납입기간 및 납입방법
  1. 납입기간 : 3년납/10년납, 전기납, 10/20/30년납
  2. 납입방법 : 매월 납입, 매년 납입
④ 보험료 할인
  1. 당사 장기 보장성보험 기가입자(계약자) 영업보험료의 2% 할인
  2. 당사 농기계종합보험 기가입자(계약자) 영업보험료의 2% 할인
  3. 전기자동차, 하이브리드자동차, 수소전기자동차(계약자) 소유자 2% 할인
  ※ 단, 기가입자 할인, 농기계 종합보험의 경우 할인 중복적용 불가
⑤ 비고
  1. 회사에서 정하는 기준에 의거 피보험자의 가입연령 및 건강상태, 직업 또는 직무 등에 따라 보험가입
     금액이 제한되거나 가입이 불가능할 수 있습니다.
  2. 실제 손해를 보상하는 담보를 다수의 보험계약으로 체결되어 있는 경우(공제계약 포함) 약관내용에 따
     라 비례보상합니다.
  3. 중도인출은 1년 이후부터 기본계약 해지환급금과 적립부분 해지환급금 중 적은 금액의 80% 한도, 연
     12회

① 기본계약 보장금액으로 교통사고처리지원금이 최대 2억 원까지 보장된다.
② 「자동차손해배상보장법 시행령」 제3조 자동차사고부상등급표의 부상등급으로 3급을 받은 경우 1,000
   만 원의 금액으로 보험금이 지급이 된다.
③ 10년만기/10년납으로 보장기간 동안 납입하는 조건으로 가입이 가능하다.
④ 할인 적용을 받지 않았던 농기계종합보험 기가입자는 2% 할인을 받을 수 있다.
⑤ 중도인출은 1년 이후부터 조건이 맞는 경우에 받을 수 있으며 연 12회 가능하다.

18 다음은 가축재해보험에 관련한 상품설명서의 일부이다. 상품설명서에 대한 설명으로 옳은 것은?

〈가축재해보험〉

구분	내용
보험기간	1년 원칙
납입방법	일시납
상품형태	순수보장형(소멸성)
상품구성	보통약관 + 특별약관 + 추가특별약관

1. 가입대상
   • 돼지 : 종돈(모돈, 웅돈), 자돈, 육성돈, 비육돈 등
   • 축사 : 가축사육 건물 및 관련 시설(태양광, 태양열 등 관련 시설은 제외)
2. 보장내용
• 주계약

구분	보상하는 손해	자기부담금
가축	• 화재에 의한 손해 • 풍재 · 수재 · 설해 · 지진에 의한 손해	손해액의 5%, 10%, 20%
축사	• 화재(벼락 포함)에 의한 손해 • 풍재 · 수재 · 설해 · 지진에 의한 손해	손해액의 0%, 5%, 10% (풍 · 수재, 설해 · 지진 최저 50만 원)

• 특약

구분	보상하는 손해	자기부담금
질병위험보장 특약	TGE, PED, Rota virus에 의한 손해 ※ 신규가입일 경우 가입일로부터 1개월 이내 질병 관련 사고는 보상하지 않습니다.	손해액의 20%, 30%, 40% 중 자기부담금과 200만 원 중 큰 금액
축산휴지 위험보장 특약	돼지보험(보통약관 및 특약)에서 보상하는 사고로 인한 경영손실 손해	–
전기적장치 위험보장 특약	전기적장치의 고장에 따른 손해	손해액의 10%, 20%, 30%, 40% 중 자기부담금과 200만 원 중 큰 금액
폭염재해보장 추가특약	폭염에 의한 손해	손해액의 10%, 20%, 30%, 40% 중 자기부담금과 200만 원 중 큰 금액
동물복지인증계약 특약	동물복지축산농장 인증(농림축산검역본부) 시 5% 할인	–

① 보험기간은 1년 이상의 기간은 가입할 수 없다.
② 가입대상에 모돈, 웅돈, 가금 등이 포함된다.
③ 가축이 냉해로 인한 피해를 입은 경우 자기부담금은 손해액의 5%, 10%, 20%이다.
④ 축사가 화재로 인해서 손해를 입은 경우 자기부담금은 최저 50만 원이다.
⑤ TGE가 가입일로부터 1개월 이내에 발생했다면 자기부담금은 200만 원에 해당한다.

19 다음 보고서에 대한 설명으로 옳은 것은?

> 글로벌 금융부문 총자산에서 NBFI가 차지하는 비중이 거의 절반에 이르고('08년 42% → '20년 48.3%) 사업 역시 다각화되면서, 잠재리스크의 평가 및 대응의 필요성이 증대되었다. 특히 2020년 3월 글로벌 시장불안에서 대부분의 국가가 NBFI 부문의 자금이탈 등 극심한 스트레스를 경험한 바, FSB는 NBFI 복원력 강화를 위한 포괄적인 작업을 진행하고 있다. 포괄적인 작업에는 위기 시 충격 확산 경로 식별, 관련 시스템 리스크 분석, 복원력 강화 정책수단 평가 등이 있다.
>
> NBFI 생태계의 원활한 작동과 복원력은 시장 스트레스 상황에서도 충분한 유동성을 확보하는 것에 기반한다. NBFI 취약성 평가는 유동성 불균형(liquidity imbalances)의 축적요인 및 확산경로 식별에 중점을 두고 있다. 유동성불균형의 축적요인 및 확산경로는 3가지로 식별할 수 있다.
>
> 첫 번째로는 유동성 수요이다. 유동성 불일치 유발행위, 파생상품거래의 예상외 대규모 마진콜, 대외자금 조달 시 통화불일치, 레버리지 등이 있다. 두 번째로는 유동성 공급으로 급증한 유동성 수요 대비 유동성 공급 기능 약화, 주요 도매자금시장의 구조적 한계 등이 있다. 마지막으로 스트레스 발생 시 상호연계구조 도식화 등이 있다.
>
> FSB는 기존 미시건전성 정책·투자자보호 수단에 더해 NBFI의 복원력제고를 위한 정책으로 3가지 방안을 제시하였다. 유동성 수요 급증 억제 방안을 위해 NBFI 복원력 제고를 위한 핵심과제로서 NBFI 자산·부채의 유동성 불일치 및 레버리지 감축, 펀드 조기환매 유인 축소, 마진콜 등에 대비한 유동성 자산 확충 등이 있다. 또한, 유동성 공급여력 확충 방안으로 정부채와 RP 거래의 중앙청산소 활용을 확대하고, 채권시장과 RP시장의 투명성 제고, 채권 중개거래 의존도축소 및 직접거래 확대 등이 있다. 마지막으로 시스템 리스크 모니터링 강화로 NBFI의 히든 레버리지(hidden leverage) 등과 관련된 취약성 모니터링을 강화하고 필요시 정책수단을 마련할 계획이다.

① FSB는 NBFI 복원력 강화를 위한 포괄적인 작업을 자금이탈 등의 극심한 스트레스로 진행하지 못하고 있다.
② 유동성불균형의 축적요인 및 확산경로를 정확하게 식별이 불가능하다.
③ 대외자금 조달 시 통화불일치, 레버리지 등의 유동성 수요가 유동성 불균형의 요인 중에 하나이다.
④ 레버리지를 늘리는 것은 NBFI 복원력 제고를 위한 핵심과제이다.
⑤ 유동성 공급여력을 늘리기 위해서 간접거래를 확대한다.

---

20 다음 요약문의 제목으로 적절한 것은?

> 신흥시장국의 대외채무는 3.3조 달러에서 5.6조 달러로 크게 늘어났다. 대부분 미 달러화표시 부채를 중심으로 크게 증가했으나 경제주체별(은행, 비금융기업, 정부부문 등) 부채의 특징이 상이하고 외환보유액 및 장기외채비중의 확대로 복원력은 향상된 편이다. 또한 NBFIs의 신흥시장국 투자 증가로 신흥시장국의 글로벌 자본시장 접근성이 높아지고 조달 비용이 축소되는 등 시장의 효율성이 증대되었으나 동시에 자본 유출입 변동성도 확대되었다. 신흥시장국 대외 자금조달 과정은 글로벌 금융시스템 내 다수의 기관·국가·시장에 걸쳐 일어나는 자금순환이기 때문에 금융시스템 내 충격의 전파 속도와 범위도 함께 확장되며 복잡성이 나타난다.

① 신흥시장국의 대외채무 비용
② 신흥시장국의 대외자금조달의 특징
③ 신흥시장국의 글로벌투자 스트레스
④ 신흥시장국의 금융시장 긴장 완화를 위한 조치
⑤ 신흥시장국의 금융정책

21 세 사람의 나이를 모두 곱하면 2450이고 모두 더하면 46이다. 최고령자의 나이는?

① 21
② 25
③ 28
④ 35
⑤ 40

22 A, B, C, D, E 5명 중에서 3명을 순서를 고려하지 않고 뽑을 경우 방법의 수는?

① 5가지
② 8가지
③ 10가지
④ 15가지
⑤ 20가지

23 4명의 신입직원 중에서 2명만이 회의실 A, B에 들어가야 할 때, 회의실에 들어가야 하는 2명의 인원을 고르는 경우의 수는?

① 1   ② 2

③ 4   ④ 6

⑤ 7

24 5개의 숫자 1, 1, 2, 2, 3를 일렬로 나열하기 위한 경우의 수는?

① 10   ② 20

③ 30   ④ 40

⑤ 50

25 다음은 1봉(1회 제공량)의 포장단위가 20g인 K사 아몬드초콜릿의 영양성분표이다. 이에 대한 설명으로 옳지 않은 것은?

	100g 당 함량	% 영양소 기준치
열량	605kcal	
탄수화물	30g	10%
당류	20g	
단백질	20g	35%
지방	45g	90%
포화지방	7.5g	50%
트랜스지방	0g	
콜레스테롤	25mg 미만	5%
나트륨	25mg	0%

① K사 아몬드초콜릿 1회 제공량의 탄수화물 함량은 6g이다.

② K사 아몬드초콜릿이 제공하는 열량 중 60% 이상이 지방으로부터 얻어진다.

③ K사 아몬드초콜릿으로 지방의 1일 영양소 기준치를 100% 이상 섭취하려면 6봉 이상 섭취해야 한다.

④ K사 아몬드초콜릿 2봉을 섭취하면 1일 영양소 기준치 이상의 포화지방을 섭취하게 된다.

⑤ K사 아몬드 초콜릿의 100g당 열량은 605kcal이다.

26 전체 창업지원금 신청자 대비 회사원 비율이 가장 높은 해는 몇 년인가?

(단위 : 명)

직업＼연도	2019년	2020년	2021년	2022년
교수	54	34	152	183
연구원	49	73	90	118
대학생	23	17	59	74
대학원생	12	31	74	93
회사원	357	297	481	567
기타	295	350	310	425
계	790	802	1,166	1,460

① 2019년

② 2020년

③ 2021년

④ 2022년

⑤ 전부 동일하다.

27 다음은 2018 ~ 2021년까지 주요 진료과목별 병·의원의 사업자 수이다. 다음 자료에 대한 설명으로 옳은 것은?

(단위 : 명)

진료과목＼연도	2018년	2019년	2020년	2021년
신경정신과	1,270	1,317	1,392	1,488
가정의학과	2,699	2,812	2,952	3,057
피부과 · 비뇨의학과	3,267	3,393	3,521	3,639
이비인후과	2,259	2,305	2,380	2,461
안과	1,485	1,519	1,573	1,603
치과	16,424	16,879	17,217	17,621
일반외과	4,282	4,369	4,474	4,566
성형외과	1,332	1,349	1,372	1,414
내과 · 소아과	10,677	10,861	10,975	11,130
산부인과	1,726	1,713	1,686	1,663

① 2018 ~ 2021년에서 사업자 수가 제일 많은 진료과목은 내과·소아과이다.
② 매년 사업자 수의 총 인원은 증가하고 있다.
③ 매년 사업자 수가 줄고 있는 것은 성형외과이다.
④ 2021년에 전년대비 사업자 수가 제일 많이 증가한 것은 치과 다음으로 피부과·비뇨의학과이다.
⑤ 2021년 사업자 수가 가장 적은 것은 신경정신과이다.

28 다음은 '갑'국의 초등돌봄교실에 관한 자료이다. 이에 대한 설명으로 옳지 않은 것은?

〈초등돌봄교실 이용학생 현황〉

(단위 : 명)

구분 \ 학년		1	2	3	4	5	6
오후 돌봄교실	학생 수	124,000	91,166	16,421	7,708	3,399	2,609
저녁 돌봄교실	학생 수	5,215	3,355	772	471	223	202

① 오후 돌봄교실 2학년의 학생 수 비율은 오후 돌봄 교실 전 학년의 오후 돌봄교실 전 학년의 40% 이상 이다.

② 학년이 올라갈수록 돌봄교실 학생수는 감소한다.

③ 전 학년에서 오후 돌봄교실이 저녁 돌봄교실보다 학생 수가 많다.

④ 3학년에서 저녁 돌봄교실을 이용하는 학생 수의 비율이 오후 돌봄교실 학생 수 비율보다 더 높다.

⑤ 저녁 돌봄교실 1학년의 학생 수 비율은 50.9%이다.

29 다음은 사원별 매출 현황 보고서이다. 매출액이 가장 큰 사원은 누구인가?

(단위 : 천 원)

사원 번호	이름	부서	1사분기	2사분기	3사분기	4사분기	합계	평균
ZH1001	김성은	영업부	8,602	7,010	6,108	5,058	26,778	6,695
ZH1002	윤두현	개발부	8,872	5,457	9,990	9,496	33,815	8,454
ZH1003	노정희	총무부	8,707	6,582	9,638	7,837	32,764	8,191
ZH1004	강일중	영업부	6,706	7,432	6,475	4,074	26,687	6,672
ZH1005	황인욱	영업부	7,206	8,780	8,034	5,832	29,852	7,463
ZH1006	노성일	영업부	9,142	6,213	6,152	9,699	31,206	7,802
ZH1007	전용국	개발부	6,777	8,104	8,204	7,935	31,020	7,755
ZH1008	박민하	총무부	6,577	8,590	9,726	8,110	33,003	8,251
ZH1009	백금례	영업부	9,468	9,098	8,153	9,082	35,801	8,950
ZH1010	서은미	개발부	5,945	7,873	5,168	9,463	28,449	7,112

① 윤두현

② 노정희

③ 박민하

④ 백금례

⑤ 서은미

30 다음 조건을 바탕으로 을순이의 사무실과 어제 갔던 식당이 위치한 곳은?

- 갑동, 을순, 병호는 각각 10동, 11동, 12동 중 한 곳에 사무실이 있으며 서로 같은 동에 사무실이 있지 않다.
- 이들 세 명은 어제 각각 자신의 사무실이 있는 건물이 아닌 다른 동에 있는 식당에 갔었으며, 서로 같은 동의 식당에 가지 않았다.
- 병호는 12동에서 근무하며, 갑동이와 을순이는 어제 11동 식당에 가지 않았다.
- 을순이는 병호가 어제 갔던 식당이 있는 동에서 근무한다.

	사무실	식당
①	11동	10동
②	10동	11동
③	12동	12동
④	11동	12동

기출후기를 반영하여 복원 · 재구성한 문제입니다.

1 다음은 맹견사고배상책임 보험 상품 요약서이다. 보험 상품에 대해 바르게 이해한 사람은?

---

1. 가입자격 제한
   가. 「동물보호법 시행규칙」 제1조의3(맹견의 범위)에서 정하는 개를 제외한 다른 종의 반려견 등은 가입할 수 없다.
   나. 위의 범위에 속하는 맹견이라 하더라도 「동물보호법」 제15조(등록대상동물의 등록 등)에 의해 등록대상동물로 등록되지 아니한 맹견은 가입이 제한될 수 있다.
2. 보장내용
   가. 가입대상 및 가입시점 : '맹견소유자'가 맹견(동물등록 가능한 3개월령 이상)을 소유하는 즉시
   나. 보험기간 : 소멸성 1년
3. 보험금 지급 사유 … 대한민국 내에서 보험기간 중 보험가입증서에 기재된 맹견의 행위에 기인하는 우연한 사고로 타인의 신체장해 및 타인 소유의 동물에 손해를 입혀 법률상의 배상책임을 부담함으로써 입은 손해를 보상하여 드립니다.
4. 보상한도액
   가. 사망보험금 및 후유장해보험금 : 보험가입금액을 한도로 실제로 발생한 손해액
   나. 대인 사망 · 후유장해 : 1인당 8,000만 원
   다. 대인 부상 : 1인당 1,500만 원
   라. 대동물 피해 1사고당 : 200만 원(단, 자기부담금 : 대인과 대동물 1사고당 각각 10만 원)
5. 보험금을 지급하지 않는 사유
   가. 회사는 계약자, 피보험자, 보험수익자 등의 고의로 인해 보험금 지급사유가 발생한 때에는 보험금을 지급하지 않습니다.
   나. 다음 중 하나의 사유로 보험금 지급사유가 발생한 때에는 지급하지 않습니다.
   • 보험개시시점 이전에 발생한 보험사고에 대해서는 보상하지 않습니다.
   • 계약자, 피보험자(법인인 경우에는 그 이사 또는 법인의 업무를 집행하는 그 밖의 기관) 또는 이들의 법정대리인의 고의로 생긴 손해에 대한 배상책임. 단, 「동물보호법」을 위반하였더라도 고의가 아닌 사고는 보상하여 드립니다.
   • 전쟁, 혁명, 내란, 사변, 테러, 폭동, 소요, 노동쟁의 기타 이들과 유사한 사태로 생긴 손해에 대한 배상책임
   • 범죄행위, 경주, 수색, 폭약탐지, 구조, 투견, 실험 및 이와 유사한 목적으로 이용하는 중에 발생한 손해에 대한 배상책임
   • 가입 맹견의 소음, 냄새, 털날림으로 인하여 발생한 배상책임
   • 가입 맹견이 질병을 전염시켜 발생한 배상책임

---

6. 지급 기일

  가. 회사는 피보험자가 서류를 제출한 서류를 접수받은 후 지체 없이 지급할 보험금을 결정하고 지급할 보험금이 결정되면 7일 이내에 이를 지급한다. 지급할 보험금이 결정되기 전이라도 피보험자의 청구가 있을 때에는 회사가 추정한 보험금의 50% 상당액을 가지급보험금으로 지급합니다.

  나. 지급기일이 지나도록 보험금을 지급하지 않은 경우 '보험금을 지급할 때의 적립이율'에 따라 연단위 복리로 계산한 금액을 보험금에 더하여 지급한다. 그러나 피보험자의 책임 있는 사유로 지급될 때에는 그 해당기간에 대한 이자를 더하여 드리지 않는다.

〈부표〉 보험금을 지급할 때의 적립이율

기간	지급 이자
지급 기일의 다음 날부터 30일 이내 기간	보험계약대출이율
지급 기일의 31일 이후부터 60일 이내 기간	보험계약대출이율 + 가산이율(4.0%)
지급 기일의 61일 이후부터 90일 이내 기간	보험계약대출이율 + 가산이율(6.0%)
지급 기일의 91일 이후 기간	보험계약대출이율 + 가산이율(8.0%)

※ 보험계약대출이율은 보험개발원이 공시하는 보험계약대출이율을 적용한다.

7. 보험금 등의 지급한도

  가. 보상하는 손해 : 보험증권상 아래금액의 초과금액이 기재된 경우에는 보험증권상의 금액을 한도로 보험금을 지급한다. 다만 아래의 단서를 제외하고 실손해액(피해자의 과실 및 직업, 나이, 수입 등을 고려한 법률상 손해배상금)을 한도로 한다.

    1. 대인사고 사망의 경우 : 피해자 1인당 8,000만 원(단, 실손해액이 2,000만 원 미만인 경우에는 2,000만 원)

    2. 대인사고 부상의 경우 : 피해자 1인당 상해 등급별 맹견배상책임보험 보험금액의 한도에서 정하는 금액

    3. 부상의 경우 그 치료가 완료된 후부터 당해 부상이 원인이 되어 신체장해가 생긴 때에는 피해자 1인당 후유장해 등급별 맹견배상책임보험 보험금액의 한도에서 정하는 금액

    4. 부상자가 치료 중에 당해 부상이 원인이 되어 사망한 경우에는 피해자 1인당 제1호와 제2호의 금액의 합산액

    5. 부상한 자에게 당해 부상이 원인이 되어 후유장해가 생긴 경우에는 피해자 1인당 제2호와 제3호 금액의 합산액

    6. 제3호의 금액을 지급한 후 당해 부상이 원인이 되어 사망한 경우에는 피해자 1인당 제1호의 금액에서 제3호의 규정에 의한 금액중 사망한 날 이후에 해당하는 손해액을 공제한 금액

    7. 대동물피해의 경우에는 1사고당 200만 원을 한도로 합니다.

① 가현 : 대인사고의 사망은 실손해액이 1,500만 원이라면 피해자 1인당 8,000만 원을 수령받겠다.

② 나현 : 대동물피해 사고가 대인, 대동물 각각 1건이 발생한다면 자기부담금은 10만 원이겠다.

③ 다현 : 계약자가 고의로 낸 사고가 아니더라도 「동물보호법」을 위반하면 보험금 수령이 불가하겠다.

④ 라현 : 맹견이 사람을 구조하다가 생긴 대인사고 부상의 경우는 보험금을 지급하지 않겠구나.

⑤ 마현 : 1월 3일에 서류 접수해서 보험금이 결정됐는데 1월 29일에도 지급이 안 되면 이율 4.0%를 가산해서 받을 수 있겠구나.

📝 Answer. 1.④

2 다음 글의 주제로 옳은 것은?

> 저출산, 고령사회로의 급속한 진행과 수도권 및 대도시 등으로의 지역인구 유출이 가속화되면서 2023년 2월 기준 소멸위험지역은 118곳으로 전체 228개 시군구의 52%를 차지하였다. 특히 소멸위험지수 값이 0.2 미만인 소멸고위험지역이 51곳으로 크게 증가하였다. 지역인구 유출의 가속화로 대부분의 농어촌 지자체는 심각한 재정부족 문제에 직면해 있다. 이러한 가운데 지방소멸의 위기를 막고 지역경제를 활성화시키기 위해 고향사랑 기부제가 도입되었다. 개인이 고향(기부자 본인의 주민등록등본상 거주지를 제외한 지역자치단체)에 기부하고 지자체는 이를 모아 주민복리에 사용하는 제도로, 기부자에게는 고향사랑 기부에 대한 세액공제와 기부한 고향의 답례품 혜택이 주어진다.

① 고향사랑기부제 도입 배경   ② 고향사랑기부제 법률안 주요 내용
③ 기부금 증가 요인   ④ 오프라인 기부 절차 안내
⑤ 답례품 예산 규모 확대 방안

3 다음은 소비자·생산자 물가상승률을 나타낸 자료이다. 이에 대한 설명으로 옳지 않은 것은?

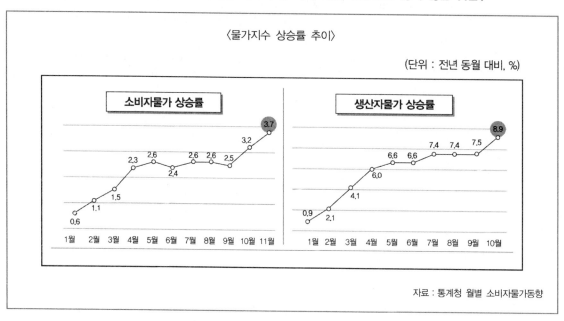

〈물가지수 상승률 추이〉
(단위 : 전년 동월 대비, %)
자료 : 통계청 월별 소비자물가동향

① 1월부터 10월까지 생산자물가 상승률 평균이 소비자물가 상승률 평균보다 높다.
② 10월에 소비자물가와 생산자물가 상승폭이 제일 크다.
③ 소비자물가와 생산자물가는 7월과 8월에는 변동이 없다.
④ 생산자물가가 제일 큰 폭으로 상승한 시기는 3월이다.
⑤ 1월부터 4월까지 생산자물가 상승폭이 소비자물가 상승폭보다 높다.

4 다음은 2021년 기준 농림어업 생산액 상위 20개국의 GDP 및 농림어업 생산액에 관한 자료이다. 이에 대한 설명으로 옳지 않은 것은?

(단위 : 십억 달러, %)

연도 구분 국가	2021년			2017년		
	GDP	농림어업 생산액	GDP대비비율	GDP	농림어업 생산액	GDP대비비율
중국	12,237	967	7.9	8,560	806	9.4
인도	2,600	403	15.5	1,827	307	16.8
미국	19,800	198	1.0	16,155	194	1.2
인도네시아	1,015	133	13.1	917	122	13.3
브라질	2,055	93	4.5	2,465	102	4.1
나이지리아	375	78	20.8	459	100	21.8
파키스탄	304	69	20.7	224	53	23.7
러시아	1,577	63	4.0	2,210	70	3.2
일본	4,872	52	1.1	6,230	70	1.1
터키	851	51	6.0	873	67	7.7
이란	454	43	9.5	598	45	7.5
태국	455	39	8.6	397	45	11.3
멕시코	1,150	39	3.4	1,201	38	3.2
프랑스	2,582	38	1.5	2,683	43	1.6
이탈리아	1,934	37	1.9	2,072	40	1.9
호주	1,323	36	2.7	1,543	34	2.2
수단	117	35	29.9	68	22	32.4
아르헨티나	637	35	5.5	545	31	5.7
베트남	223	34	15.2	155	29	18.7
스페인	1,311	33	2.5	1,336	30	2.2
전세계	80,737	3,351	4.2	74,993	3,061	4.1

① 2021년 농림어업 생산액 상위 5개국 중에서 2017년 대비 농림어업 생산액이 하락한 국가는 브라질뿐이다.

② 2021년 농림어업 생산액 상위 3개국의 GDP 합은 전세계 GDP의 50% 이상이다.

③ 2017년 대비 2021년 농림어업 생산액의 GDP대비비율이 증가한 국가는 모두 2017년 대비 2021년 GDP가 감소하였다.

④ 2017년 대비 2021년 농림어업 생산이 상승한 국가 중에서 2021년 GDP대비비율이 제일 높은 국가는 수단이다.

⑤ 2017년 대비 2021년 GDP가 상승한 국가 중에서 전세계 GDP대비비율보다 낮은 국가는 미국이다.

5 다음은 하계작물 공급계획에 대한 자료와 기사이다. 이에 대한 설명으로 옳지 않은 것은?

〈작물별 종자 공급 계획〉

1. 벼
• 25개 품종, 21,800톤 공급
• 고품질 품종 공급계획 : 새청무 3,100톤, 삼광 3,090톤, 일품 2,285톤, 친들 1,350톤, 참드림 1,150톤
• 공급량 : ('20) 22.5천톤 → ('21) 22.3천톤 → ('22) 21.8천톤 → ('23) 21.8천톤
• 다수확 품종 공급량(비율) : ('20) 6,340톤(28.2%) → ('21) 5,345톤(24.0%) → ('22) 4,400톤(20.2%) → ('23) 3,464톤(15.9%)
• 외래품종 공급량(비율) : ('22) 1,978톤(9%) → ('23) 1,420톤(7%)

2. 콩
• 9개 품종, 1,292톤 공급
• 공급량 : ('20) 1,500톤 → ('21) 1,300톤 → ('22) 1,292톤 → ('23) 1,292톤
• 선풍콩 : ('22) 166톤 → ('23) 210톤(44톤 증)
• 대찬콩 : ('22) 120톤 → ('23) 142톤(22톤 증)

3. 팥
• 아라리 품종 50톤 공급
• 아라리 품종 공급량 : ('20) 11톤 → ('21) 22톤 → ('22) 50톤 → ('23) 50톤

농림축산식품부, 하계작물 종자 공급 계획 발표…

농업인이 필요로 하는 고품질 우량종자 생산·공급으로 농업 생산성 향상 및 농업인의 소득 증대하기 위해서 정부보급종 생산·공급사업을 진행한다. 「종자산업법」 제22조에 근거하여 하계에는 벼, 콩, 팥을 생산하고 동계에는 보리, 밀, 호밀을 생산한다. 종자수급계획 결정체계도는 국립종자원에서 종자수급 계획 기본방향 시달하면 도별 지역종자에서 생산·공급을 협의한다. 국립종자원에서 도별 수급 계획량을 종합하고 조정하면 농림축산식품부에서 작물별 수급계획 확정하고 시달한다. 벼는 쌀 품질 고급화, 소비를 고려한 수급 동향을 반영하여 고품질 품종인 새청무, 삼광, 일품, 참드림 등 25개 품종 21,800톤을 공급할 계획이다.

쌀 적정생산 및 품질고급화 등의 정책방향을 고려하여 다수확 및 외래품종의 지속적으로 축소할 계획이다. 신동진을 포함한 다수확 품종은 전체 공급량의 16% 수준으로 축소하고, 일본유래 외래품종(고시히카리, 추청)은 '참드림'으로 점진적 대체할 계획이다. 콩은 논 재배에 적합하며 기계화 작업이 적합하며 수량성도 우수한 품종인 선풍, 대찬을 공급을 확대할 예정이다. 선풍, 대찬 대원, 대찬, 선풍 등 9개 품종 1,292톤을 공급할 계획이다. 팥은 국산 팥 종자수요 증가 등을 반영하여 농기계 작업이 쉬운 품종이다. 국산팥 종자수요 및 재배면적을 반영하여 생산성이 높고 통팥, 앙금제조용 등으로 소비에 용이한 아라리 품종 50톤을 공급할 계획이다.

① 벼의 고시히카리 수급은 지속적으로 축소하고 있는 추세이다.
② 선풍콩과 대찬콩의 경우는 수확이 용이하므로 공급이 확대하고 있다.
③ 2023년 아라리 품종 팥의 수급은 전년도 수준과 동일하게 유지할 계획이다.
④ 2023년에 다수확 품종은 전체 쌀의 공급량의 약 15.9% 수준으로 축소할 계획이다.
⑤ 국립종자원에서 하계·동계작물의 종자수급계획을 시행하고 작물별 수급계획을 결정한다.

6 다음 자료를 근거로 판단한 것으로 옳은 것은?

제12조(농어촌 자연환경 및 경관 보전시책 등)
국가와 지방자치단체는 농어촌의 자연환경 및 경관 보전시책을 추진할 때에는 다음 사항을 포함하는 자연환경 및 경관 보전계획을 수립·시행하여야 한다.
1. 농어촌의 자연환경 및 경관 보전을 위한 기본목표 및 방향
2. 농어촌의 자연환경 및 경관 보전을 위한 추진시책 및 기준에 관한 사항
3. 농어촌의 자연환경 및 경관 보전을 위한 활동 및 지원에 관한 사항
4. 농어촌의 자연환경 및 경관에 대한 분석·평가 및 관리계획에 관한 사항
5. 그 밖에 농어촌의 자연환경 및 경관 보전에 필요한 사항

제12조의2(농업·농촌공간정보 등의 종합정보체계 구축 대상)
"대통령령으로 정하는 농업·농촌공간정보 등"이란 농업·농촌과 관련된 객체의 위도·경도, 주소 등 위치정보를 포함하는 정보로서 관계 기관이 수집·생성·가공하는 다음 각 호의 정보를 말한다.
1. 고해상(高解像)의 위성·항공 영상을 활용하여 농경지에 대한 면적 및 속성 정보(논, 밭, 과수원, 시설 등)를 구축한 농경지 전자지도 정보
2. 무인항공기 등에서 촬영한 농경지 영상정보
3. 자동화된 농림축산물의 생산·유통·가공 시설의 환경, 생육, 제어, 경영 등 관련 정보
4. 국가가축방역통합정보시스템의 축산차량이동 정보 등 가축방역 관련 정보
5. 농어업경영정보, 공익직접지불제도 및 직접지불제도에 관한 농식품사업 관련 정보
6. 토지대장 및 건축물대장 등 토지 관련 정보
7. 비옥도 등 농경지의 변동사항 및 토양도(土壤圖) 등 토양환경 관련 정보
8. 종자, 농약잔류허용기준, 병해충 및 면세석유류 등 영농 관련 정보
9. 농작물·가축 및 농업용 시설물에 대한 농업재해 및 농업재해보험 관련 정보
10. 농수산물유통 종합정보시스템의 농축산물 가격 및 농축산물의 유통 관련 정보
11. 이력추적관리 정보 및 농축산물의 이력관리 정보 등 농축산물의 안전 관련 정보

제13조(기반시설의 지원 대상)
농어촌에 투자되는 시설의 해당 용도로 쓰이는 건축물의 바닥면적 합계가 1천 제곱미터 이상이거나 부지면적 합계가 5천 제곱미터 이상인 시설이다.

제16조(정책 등의 분석·평가의 방법 및 절차 등)
제1항 중앙행정기관의 장 및 지방자치단체의 장은 국가 차원의 중장기 계획 및 소관 중요 정책이 농어촌에 미칠 영향을 분석·평가할 때에는 농어업인 등 및 관계 전문가의 의견을 충분히 수렴하여야 한다.
제2항 농림축산식품부장관은 정책 등의 분석·평가에 필요한 지침을 제정할 때에는 분석·평가의 주체, 방향, 절차, 대상 정책 등 및 세부기준 등에 관한 사항을 포함하여야 한다.
제3항 중앙행정기관의 장 및 지방자치단체의 장은 정책 등이 농어촌에 미칠 영향을 분석·평가할 때 지침에 따라 분석·평가하여야 한다.
제4항 중앙행정기관의 장 및 지방자치단체의 장은 정책 등이 농어촌에 미칠 영향을 분석·평가할 때 관계 전문가, 연구기관 및 단체에 의견수렴을 위한 설문조사, 여론조사 등 조사를 의뢰하거나 분석·평가 업무를 위탁할 수 있다.

① 농림축산식품부장관은 농어촌 자연경관 보전을 위해서 추진시책 및 기준에 관한 사항을 설정하고 보전 시책을 추진한다.

② 농어촌에 투자 용도로 쓰이는 건축물의 바닥면적 합계가 1,000㎡ 이상인 경우 기반시설의 지원대상이다.

③ 농업·농촌공간정보에는 부동산종합증명서, 차상위 본인부담경감 증명서, 장애인증명서가 들어가야 한다.

④ 농업·농촌공간정보에는 농림축산물의 가공시설 환경은 포함되지 않지만 토양환경에 관한 정보는 포함된다.

⑤ 농림축산식품부장관은 국가차원의 중장기 계획이 농어촌에 주는 영향을 평가할 때 전문가 의견을 수렴한다.

7   다음 농어촌 민박 사업시행지침에서 알 수 없는 사실은?

농어촌지역과 준농어촌지역의 주민이 직접 거주하고 있는 단독주택(다가구주택 포함)을 이용하여 농어촌 주민의 소득 증대를 위해서 '농어촌민박사업'이 진행되고 있다. 농어촌 및 준농어촌지역의 주민이 본인이 거주하고 있는 연면적 230제곱미터 미만의 단독주택을 이용하여 투숙객에게 숙박·취사시설·조식 등을 제공하는 사업이다. 농어촌지역 및 준농어촌지역 주민이거나 본인이 직접 거주하는 주택에 한하여 농어촌민박사업이 가능하다. 「소방시설 설치유지 및 안전관리에 관한 법률」에 따라서 소화기, 단독 경보형 감지기, 휴대용 비상 조명등을 설치해야 하며, 연면적 150제곱미터 이하인 경우에는 유도표지, 연면적이 150제곱미터를 초과하는 경우 피난구유도등을 설치해야 한다. 연면적 150제곱미터를 초과하면서 3층 이상인 건물은 3층부터 객실마다 완강기 설치한다. 난방기 및 화기를 취급하면 일산화탄소경보기, 가스누설경보기(가스보일러 사용 시), 소화기 및 자동확산 소화기를 설치해야 한다. 조식 제공만 가능하며 투숙객 이외의 자에게 식사를 제공·판매할 수 없고, 그 비용은 민박요금에 포함시켜야 한다.

농어촌민박사업자 신고필증 및 요금표를 해당 민박의 잘 보이는 곳에 게시하고 농어촌민박을 운영한다. 숙박위생·식품위생·소방안전·풍기문란 영업행위 금지 등 서비스·안전기준을 준수하고, 매년 소방·안전 교육 2시간, 서비스·위생 교육 1시간을 이수해야 한다. 농어촌민박사업을 하려는 자는 「농어촌정비법」에 따라 농어촌민박사업자 신고서를 작성하여 해당 시장·군수·구청장에게 제출하고 시장·군수·구청장은 농어촌민박사업자 요건 및 시설기준 등을 검토 및 확인받는다. 농어촌민박사업자로 적합한 경우 농어촌민박사업자 신고확인증을 발급한다.

---

① 사업의 목적

② 소방시설 기준

③ 서비스·위생 교육 내용

④ 사업자 자격요건

⑤ 거주하는 단독주택 연면적

8 '농지연금'에 관련한 자료에 대해 바르게 이해하는 사람은?

1. 목적 : 농업인 노후생활안정 지원 및 농지의 효율적 이용 제고
2. 가입연령 : 본인이 60세 이상
3. 지원대상 : 영농경력 5년 이상
   • 신청일 기준 5년 이상일 것. 경력은 직전 계속 연속적이지 않아도 되고 영농기간 합산 5년 이상이면 된다.
   • 영농경력 5년 이상 여부는 농지대장(구 농지원부), 농업경영체등록확인서, 농협조합원가입증명서(준조합원 제외), 국민연금보험료 경감대상농업인 확인서류 등으로 확인한다.
4. 대상농지
   ① 「농지법」상의 농지 중 공부상 지목이 전, 답, 과수원으로서 사업대상자가 소유하고 있고 실제 영농에 이용되고 있는 농지
   ② 사업대상자가 2년 이상 보유한 농지(단, 상속받은 농지는 피상속인의 보유기간 포함)
   ③ 사업대상자의 주소지(주민등록상 주소지 기준)를 담보농지가 소재하는 시, 군, 구 및 그와 연접한 시, 군, 구 내에 두거나, 주소지와 담보농지까지의 직선거리가 30km 이내의 지역에 위치하고 있는 농지
   ※ 단, ②와 ③의 요건은 2020년 1월 1일 이후 신규 취득한 농지부터 적용한다.
   ④ 저당권 등 제한물권이 설정되지 아니한 농지(단, 선순위 채권최고액이 담보농지 가격의 100분의 15 미만인 농지는 가입이 가능하다.)
   ⑤ 압류·가압류·가처분 등의 목적물이 아닌 농지
5. 제외 농지
   • 불법건축물이 설치되어 있는 토지 또는 본인 및 배우자 이외의 자가 공동소유하고 있는 농지
   • 개발 지역 및 개발계획이 지정 및 시행 고시되어 개발계획이 확정된 지역의 농지 등 농지연금 업무처리요령에서 정한 제외농지
   • 2018년 1월 1일 이후 경매 및 공매(경매,공매후 매매 및 증여 포함)를 원인으로 취득한 농지(단, 농지연금 신청일 현재 신청인의 담보농지 보유기간이 2년 이상이면서 '담보농지가 소재하는 시군구 및 그와 연접한 시군구 또는 담보농지까지 직선거리 30km 이내'에 신청인이 거주(주민등록상 주소지 기준)하는 경우 담보 가능)
6. 지급방식 : 종신형은 사망 시까지, 기간형은 설정한 기간 동안 연금을 수령하는 것입니다.
   • 종신정액형 : 가입자(배우자) 사망시까지 매월 일정한 금액을 지급하는 유형
   • 전후후박형 : 가입초기 10년 동안은 정액형보다 더 많이 11년째부터는 더 적게 받는 유형
   • 수시인출형 : 총지급가능액의 30% 이내에서 필요금액을 수시로 인출할 수 있는 유형
   • 기간정액형(5년/10년/15년) : 가입자가 선택한 일정 기간 동안 매월 일정한 금액을 지급받는 유형

지급방식	종신형/경영이양형	기간정액형(5년)	기간정액형(10년)	기간정액형(15년)
가입연령	60세 이상	78세 이상	73세 이상	68세 이상

   • 경영이양형 : 지급기간 종료 시, 공사에 소유권 이전을 전제로 더 많은 연금을 받는 유형
7. 적용금리 : 대출이자율은 농지연금 가입신청시 신청자가 다음 중 한 가지를 선택할 수 있습니다.
   • 고정금리 : 2%
   • 변동금리 : 농업정책자금 변동금리대출의 적용금리, 최초 월지급금 지급일로부터 매 6개월 단위로 재산정

① 영호 : 60세가 되신 아버지가 설정한 기간 동안 연금을 받을 수 있도록 가입해야겠다.
② 준식 : 2018년 1년간 농사를 하다가 가뭄이 들어 2019년부터 2022년까지 농사를 안했는데 영농경력이 연속적이지 않아도 되니까 지원대상이 되겠군.
③ 진우 : 농지가 압류상황이긴 하지만 제외 농지가 아니니까 가입은 가능하겠다.
④ 춘미 : 아버지가 10년을 보유하신 농지를 2020년 3월에 상속받았으니 대상농지에 해당하네.
⑤ 진숙 : 2% 고정금리로 가입하고 1년 뒤에는 최초 월지급금 지급일로부터 6개월 단위로 금리를 재산정 받아야겠어.

9 다음 글을 읽고 이 글을 뒷받침할 수 있는 주장으로 가장 적절한 것은?

> X선 사진을 통해 폐 질환 진단법을 배우고 있는 의과대학 학생을 생각해 보자. 그 학생은 암실에서 환자의 흉부 X선 사진을 보면서, 이 사진의 특징을 설명하는 방사선 전문의의 강의를 듣고 있다. 그 학생은 흉부 X선 사진에서 늑골뿐만 아니라 그 밑에 있는 폐, 늑골의 음영, 그리고 그것들 사이에 있는 아주 작은 반점들을 볼 수 있다. 하지만 처음부터 그럴 수 있었던 것은 아니다. 첫 강의에서는 X선 사진에 대한 전문의의 설명을 전혀 이해하지 못했다. 그가 가리키는 부분이 무엇인지, 희미한 반점이 과연 특정질환의 흔적인지 전혀 알 수가 없었다. 전문의가 상상력을 동원해 어떤 가상적 이야기를 꾸며내는 것처럼 느껴졌을 뿐이다. 그러나 몇 주 동안 이론을 배우고 실습을 하면서 지금은 생각이 달라졌다. 그는 문제의 X선 사진에서 이제는 늑골뿐만 아니라 폐와 관련된 생리적인 변화, 흉터나 만성 질환의 병리학적 변화, 급성 질환의 증세와 같은 다양한 현상들까지도 자세하게 경험하고 알 수 있게 될 것이다. 그는 전문가로서 새로운 세계에 들어선 것이고, 사진의 명확한 의미를 지금은 대부분 해석할 수 있게 되었다. 이론과 실습을 통해 새로운 세계를 볼 수 있게 된 것이다.

① 관찰은 배경지식에 의존한다.
② 과학에서의 관찰은 오류가 있을 수 있다.
③ 과학 장비의 도움으로 관찰 가능한 영역은 확대된다.
④ 관찰정보는 기본적으로 시각에 맺혀지는 상에 의해 결정된다.
⑤ X선 사진의 판독은 과학 데이터 해석의 일반적인 원리를 따른다.

10 다음은 4,000명을 대상으로 홈페이지 비밀번호 변경주기를 조사한 자료이다. 이에 대한 설명에서 옳지 않은 것은?

<홈페이지 비밀번호 변경주기 조사 결과>

(단위 : 명, %)

구분		대상자 수	변경하였음	1년 초과	6개월 초과 1년 이하	3개월 초과 6개월 이하	3개월 이하	변경하지 않았음
전체		4,000	70.0	30.9	21.7	10.5	6.9	29.7
성별	남성	2,059	70.5	28.0	23.2	11.7	7.6	29.1
	여성	1,941	69.5	34.0	20.1	9.2	6.2	30.3
연령대	15 ~ 19세	367	55.0	22.9	12.5	12.0	7.6	45.0
	20대	702	67.7	32.5	17.0	9.5	8.7	32.3
	30대	788	74.7	33.8	20.4	11.9	8.6	24.5
	40대	922	71.0	29.5	25.1	10.1	6.4	28.5
	50대 이상	1,221	72.0	31.6	25.5	10.0	4.9	27.8
직업	전문직	691	70.3	28.7	23.7	11.4	6.5	29.2
	사무직	1,321	72.7	30.8	23.1	11.6	7.3	26.7
	판매직	374	74.3	32.4	22.2	11.5	8.3	25.4
	기능직	242	73.1	29.8	25.6	9.1	8.7	26.9
	농림어업직	22	81.8	13.6	31.8	18.2	18.2	18.2
	학생	611	58.9	27.5	12.8	11.0	7.7	41.1
	전업주부	506	73.5	36.4	24.5	7.5	5.1	26.5
	기타	233	63.5	35.6	19.3	6.0	2.6	36.1

※ 항목별로 중복응답은 없으며, 전체 대상자 중 무응답자는 12명이다.

① 변경주기가 1년 이하인 응답자수는 남성이 여성보다 많다.
② 비밀번호를 변경한 응답자 중 변경주기가 1년 초과인 응답자수는 '학생'이 '전업주부'보다 많다.
③ 20대 응답자 중 변경주기가 6개월 이하인 비율은 40대 응답자 중 변경주기가 6개월 이하인 비율보다 높다.
④ 사무직의 무응답자는 2명 이상이다.
⑤ 20대 이하의 연령과 학생에게는 무응답자가 없다.

11   다음 글을 읽고 추론할 수 있는 것으로 옳지 않은 것은?

메트포르민은 식이를 조절하고 운동을 해도 혈당이 조절되지 않는 제2형 당뇨병을 위한 의약품의 성분 중에 하나이다. 메트포르민은 포도당 생성을 막고 포도당 흡수를 감소시켜서 인슐린 민감성을 개선시키는 작용을 한다.

제2형 당뇨병(type 2 diabetes mellitus, T2DM)은 인슐린의 조절 활성도(regulatory activity)에 문제가 생겨서 발생하는 것으로 일반적으로 성인 당뇨병이며 대부분의 당뇨병 환자가 이에 해당한다. 일반적으로 연령이 높거나 비만도가 심할수록 발병확률이 높아진다.

우리 몸에 혈액에 존재하는 포도당은 간에서 글리코겐으로 저장되어 있다. 활동을 하거나 혈당이 부족해질 때에는 글리코겐이 분해되어 장에서 흡수되면서 사용된다. 비구아니드(biguanide) 계열의 메트포르민은 포도당의 생성과 흡수작용에 관여로 인슐린의 민감성을 증가하면서 혈당 감소에 효과가 있다.

메트포르민을 투여한 환자는 식욕저하와 체중감소 효과가 있다. 상대적으로 저혈당 부작용이 적어서 당뇨병 초기 환자에 자주 사용하는 약물이며 복합제로도 널리 사용하고 있다. 가장 흔한 부작용으로는 식욕부진, 설사, 구토, 복부팽만 등이 있다. 위장관계에 이상이 있을 수 있지만 식사와 함께 복용하면서 용법을 늘리면서 위장관계 부작용 위험을 낮출 수 있다.

신장 질환자, 제1형 당뇨병이나 대사성산증이나 케톤산증 병력이 있는 환자, 기아상태로 영양상태가 좋지 않은 환자, 뇌하수체·부신기능 부전 환자, 간 장애 환자 등에게 금기이다. 또한 메트포르민 의약품을 장기 복용하면 비타민 B12가 결핍될 수 있으므로 정기적으로 비타민 B12 수치를 검사하는 것이 좋다. 알코올을 병용 투여하거나 식사를 충분히 하지 않고 격렬한 운동을 후에 혈당 섭취가 부족한 경우에는 저혈당이 발생할 수 있다.

당뇨병 치료약물인 메트로포르민이 식약처 의약품안전성을 조사한 결과 완제품 의약품 'A'제품과 'B'제품에서 비의도적 불순물인 N-니트로소디메틸아민(NDMA)이 검출되었다. 미국과 유럽 등의 국가에서는 메트포르민 의약품을 시험검사를 진행중에 있으며 일부 국가에서는 NDMA 초과 상품을 전면 회수조치를 취하고 있다.

NDMA은 유기 화학 물질로 모든 산업에서 사용이 금지된 약물 중에 하나이다. 제조공정에서 비의도적으로 생성되는 물질 중에 하나로 강한 메틸화제로 발암 물질로 분류되고 있다. 원료에서 존재하지 않더라도 제조공정에서 NDMA이 생겨날 수 있다. 피부, 심혈관계, 생식, 기형유발, 신경계, 소화기계, 신장, 면역성, 간, 유전, 호흡 등에 독성을 유발하는 것으로 보고되고 있다.

① 부작용이 적으므로 제2형 당뇨병이 처음 발병한 환자에게 사용하는 것이 좋다.
② 저혈당 부작용은 다른 당뇨 처방약에 비해서 적지만 식사가 적절하지 않으면 저혈당 위험이 있을 수 있다.
③ 제1형 당뇨병 병력이 있었던 환자에게는 메트포르민 약물을 사용하지 않는다.
④ 메트포르민 완제품에서 NDMA가 검출되었으므로 메트포르민 원료를 의약품에서 더 이상 사용하지 않는다.
⑤ 비만이 있고 연령이 높을수록 제2형 당뇨병 발병확률이 증가한다.

12 다음 글의 내용과 부합하지 않는 것은?

1776년 애덤 스미스가 '국부론(The Wealth of Nations)'을 펴낼 때는 산업혁명이 진행되는 때여서, 그는 공장과 새로운 과학기술에 매료되었다. 공장에서 각 부품을 잘 연결해 만든 기계에 연료를 투입하면 동륜(動輪)이 저절로 돌아가는 것이 신기했던 애덤 스미스는 시장경제도 커다란 동륜처럼 생각해서 그것을 구동하는 원리를 찾은 끝에 '자기 이득(Self-Interest)'이라는 에너지로 작동하는 시장경제의 작동원리를 발견했다. 이는 개인이 자기 자신의 이득을 추구하기만 하면 '보이지 않는 손'에 의해 공동체 이익을 달성할 수 있다는 원리이다. 이것은 모두가 잘살기 위해서는 자신의 이득을 추구하기에 앞서 공동체 이익을 먼저 생각해야 한다는 당시 교회의 가르침에 견주어 볼 때 가히 혁명적 발상이었다. 경제를 기계로 파악한 애덤 스미스의 후학들인 고전학파 경제학자들은 우주의 운행원리를 '중력의 법칙'과 같은 뉴턴의 물리학 법칙으로 설명하듯, 시장경제의 작동원리를 설명해주는 '수요 공급의 법칙'을 비롯한 수많은 경제법칙을 찾아냈다.

경제를 기계로 보았던 18세기 고전학파 경제학자들의 전통은 200년이나 지난 지금까지도 내려오고 있다. 경제예측을 전문으로 하는 이코노미스트들은 한 나라 거시경제를 여러 개 부문으로 구성된 것으로 상정하고, 각 부문 사이의 인과관계를 수식으로 설정하고, 에너지인 독립변수를 입력하면 국내총생산량이 얼마일지 계산할 수 있을 것으로 본다. 그래서 매년 연말이 되면 다음 해 국내총생산이 몇 % 증가할 것인지 소수점 첫째 자리까지 계산해서 발표하고, 매스컴에서는 이를 충실하게 게재하고 있다.

경제를 기계처럼 보는 인식은 기업의 생산량을 자본과 노동의 함수로 상정하고 있는 경제원론 교과서에 나오는 생산함수에서도 볼 수 있는데 기업이 얼마의 자본(기계)과 얼마의 노동을 투입하면 얼마의 제품을 생산할 수 있다고 설명한다. 하지만 이러한 인식에서 기업의 생산 과정 중 인간인 기업가의 위험부담 의지나 위기를 기회로 만드는 창의적 역할이 작용할 여지는 없다. 기계는 인간의 의지와 관계없이 만들어진 원리에 따라서 자동으로 작동하는 것이기 때문이다.

우리나라가 60년대 말에 세계은행(IBRD)에 제철소 건립에 필요한 차관을 요청했을 때 당시 후진국 개발 차관 담당자였던 영국인 이코노미스트가 후진국에서 일관제철소 건설은 불가능하다면서 차관 제공을 거절한 것은 기계론적 기업관으로 보면 이해할 수 있는데, 우리나라 기술 수준으로 보아 아무리 포항제철에 자본(기계)과 노동을 투입해도 철강이 생산되지 않을 것은 분명해 보였을 것이기 때문이다. 박태준 포철 회장이 생존해 있을 때 박 회장은 그 영국인을 만나서 "아직도 후진국에서 일관제철소 건설은 불가능하다고 생각하느냐?"라고 질문하였고 그는 여전히 "그렇다"고 대답했다고 한다. 박 회장이 세계적 종합제철소로 부상한 포항제철을 예로 들면서 한국은 가능했지 않았느냐고 반론을 제기하자, 그 사람은 "박태준이라는 인적 요인을 참작하지 못했다"고 실토했다는 이야기는 기업가와 기업가 정신의 중요성을 웅변적으로 보여주고 있다.

① 애덤 스미스는 시장 경제를 움직이는 작동 원리인 '자기 이득' 에너지를 발견하였다.
② 고전학파 경제학자들은 경제를 기계처럼 보았다.
③ 일정량의 제품 생산을 투입되는 자본과 노동의 함수로 설명하는 것이 기업가 정신의 핵심이다.
④ 기업가와 기업가 정신 측면에서의 생산량 예측은 자본 및 노동 투입량만으로 계산하기 어렵다.
⑤ 포철의 종합제철소 건설은 고전학파 경제학자들의 관점을 뛰어넘은 결과였다.

13 다음은 주간회의를 끝마친 영업팀이 작성한 회의록이다. 다음 회의록을 통해 유추해 볼 수 있는 내용으로 적절하지 않은 것은?

[영업팀 9월 회의록]

회의일시	20xx. 09. 11. 10:00 ~ 11:30	회의장소	5층 대회의실
참석자	팀장 이하 전 팀원		
회의안건	• 3/4분기 실적 분석 및 4/4분기 실적 예상 • 본부장, 팀장 해외 출장 관련 일정 수정 • 10월 바이어 내방 관련 계약 준비상황 점검 및 체류 일정 점검 • 월말 부서 등반대회 관련 행사 담당자 지정 및 준비사항 확인		

안건별
F/up
사항
	• 3/4분기 매출 및 이익 부진 원인 분석 보고서 작성(오 과장)
	• 항공 일정 예약 변경 확인(최 대리)
	• 법무팀 계약서 검토 상황 재확인(박 대리)
	• 바이어 일행 체류 일정(최 대리, 윤 사원)
	  – 호텔 예약 및 차량 이동 스케줄 수립
	  – 업무 후 식사, 관광 등 일정 수립
	• 등반대회 진행 담당자 지정(민 과장, 서 사원)
	  – 참가 인원 파악
	  – 배정 예산 및 회사 지원 물품 수령 등 유관부서 협조 의뢰
	  – 이동 계획 수립 및 회식 장소 예약		

협조부서	총무팀, 법무팀, 회계팀		

① 오 과장은 회계팀에 의뢰하여 3/4분기 팀 집행 비용에 대한 자료를 확인해 볼 것이다.

② 최 대리와 윤 사원은 바이어 일행의 체류 기간 동안 업무 후 식사 등 모든 일정을 함께 보내게 될 것이다.

③ 윤 사원은 바이어 이동을 위하여 차량 배차 지원을 총무팀에 의뢰할 것이다.

④ 민 과장과 서 사원은 담당한 업무를 수행하기 위하여 회계팀과 총무팀의 협조를 의뢰하게 될 것이다.

⑤ 총무팀은 본부장과 팀장의 변경된 항공 일정에 따른 예약 상황을 영업팀 최 대리에게 통보해 줄 것이다.

14 다음은 N사의 신입사원 채용에 관한 안내문의 일부이다. 다음 내용을 근거로 할 때, N사가 안내문의 내용에 부합한 행동이라고 볼 수 없는 것은?

- 모든 응시자는 1인 1개 분야만 지원할 수 있습니다.
- 응시 희망자는 지역제한 등 응시자격을 미리 확인하고 응시원서를 접수하여야 하며, 응시원서의 기재사항 착오·누락, 공인 어학능력시험 점수, 자격증, 장애인·취업 지원 대상자 가산 점수, 가산비율 기재 착오, 연락불능 등으로 발생되는 불이익은 일체 응시자의 책임으로 합니다.
- 입사지원서 작성내용은 추후 증빙서류 제출 및 관계기관에 조회할 예정이며 내용을 허위로 입력한 경우에는 합격이 취소됩니다.
- 응시자는 시험장소 공고문, 답안지 등에서 안내하는 응시자 주의사항에 유의하여야 하며, 이를 준수하지 않을 경우에 본인에게 불이익이 될 수 있습니다.
- 원서 접수 결과 지원자가 채용 예정 인원 수와 같거나 미달하더라도 적격자가 없는 경우 선발하지 않을 수 있습니다.
- 시험 일정은 사정에 의하여 변경될 수 있으며 변경내용은 7일 전까지 당사 채용 홈페이지를 통해 공고할 계획입니다.
- 제출된 서류는 본 채용 목적 이외에는 사용하지 않으며, 채용 절차의 공정화에 관한 법령에 따라 최종합격자 발표일 이후 180일 이내에 반환 청구를 할 수 있습니다.
- 최종합격자 중에서 신규 임용 후보자 등록을 하지 않거나 관계법령에 의한 신체검사에 불합격한 자 또는 당사 인사 규정 제21조에 의한 응시자격 미달자는 신규 임용 후보자 자격을 상실하고 차순위자를 추가합격자로 선발할 수 있습니다.
- 임용은 교육성적을 포함한 채용시험 성적순으로 순차적으로 임용하되, 장애인 또는 경력자의 경우 성적순위에도 불구하고 우선 임용될 수 있습니다.

※ 당사 인사 규정 제22조 제2항에 의거 신규 임용 후보자의 자격은 임용 후보자 등록일로부터 1년으로 하며, 필요에 따라 1년의 범위 안에서 연장될 수 있습니다.

① 동일한 응시자가 두 개의 직렬에 중복지원을 한 사실이 뒤늦게 발견되어 임의로 한 개의 직렬에서 응시 관련 사항 일체를 무효처리하였다.

② 대학 졸업예정자로 채용된 A 씨는 마지막 학기 학점이 부족하여 졸업이 미뤄지는 바람에 채용이 취소되었다.

③ 50명 선발이 계획되어 있었고, 45명이 지원을 하였으나 42명만 선발하였다.

④ 최종합격자 중 신규 임용 후보자 자격을 상실한 자가 있어 불합격자 중 임의의 인원을 추가 선발하였다.

⑤ 채용시험 성적이 합격권이 아니지만 경력자인 B 씨를 우선 채용하였다.

15 다음 글의 내용과 부합하는 것을 〈보기〉에서 모두 고른 것은?

(가) "회원이 카드를 분실하거나 도난당한 경우에는 즉시 서면으로 신고하여야 하고 분실 또는 도난당한 카드가 타인에 의하여 부정 사용되었을 경우에는 신고접수일 이후의 부정사용액에 대하여는 전액을 보상하나, 신고접수한 날의 전날부터 15일 전까지의 부정사용액에 대하여는 금 2백만 원의 범위 내에서만 보상하고, 16일 이전의 부정사용액에 대하여는 전액 지급할 책임이 회원에게 있다."고 신용카드 발행회사 회원규약에 규정하고 있는 경우, 위와 같은 회원규약을 신의성실의 원칙에 반하는 무효의 규약이라고 볼 수 없다.

(나) 카드의 월간 사용한도액이 회원 본인의 책임한도액이 되는 것은 아니므로 부정사용액 중 월간 사용한도액의 범위 내에서만 회원의 책임이 있는 것은 아니다.

(다) 「신용카드업법」에 의하면 "신용카드 가맹점은 신용카드에 의한 거래를 할 때마다 신용카드 상의 서명과 매출전표 상의 서명이 일치하는지를 확인하는 등 당해 신용카드가 본인에 의하여 정당하게 사용되고 있는지 여부를 확인하여야 한다."라고 규정하고 있다. 따라서 가맹점이 위와 같은 주의의무를 게을리하여 손해를 자초하거나 확대하였다면, 그 과실의 정도에 따라 회원의 책임을 감면해 주는 것이 거래의 안전을 위한 신의성실의 원칙상 정당하다.

〈보기〉
㉠ 신용카드사는 회원에 대하여 카드의 분실 및 도난 시 서면신고 의무를 부과하고, 부정사용액에 대한 보상액을 그 분실 또는 도난당한 카드의 사용 시기에 따라 상이하게 정할 수 있다.
㉡ 카드의 분실 또는 도난 사실을 서면으로 신고접수한 날의 전날까지의 부정사용액에 대해서는 자신의 월간 카드 사용한도액의 범위를 초과하여 회원이 책임을 질 수 있다.
㉢ 월간 사용한도액이 회원의 책임한도액이 되므로 부정사용액 중 월간 사용한도액의 범위 내에는 회원의 책임이 있다.
㉣ 신용카드 가맹점이 신용카드의 부정사용 여부를 확인하지 않은 경우에는 가맹점 과실의 경중을 묻지 않고 회원의 모든 책임이 면제된다.

① ㉠㉡
② ㉠㉢
③ ㉡㉢
④ ㉡㉣
⑤ ㉢㉣

16 다음 조건이 참이라고 할 때 항상 참인 것을 고르면?

> • 민수는 A기업에 다닌다.
> • 영어를 잘하면 업무 능력이 뛰어난 것이다.
> • 영어를 잘하지 못하면 A기업에 다닐 수 없다.
> • A기업은 우리나라 대표 기업이다.

① 민수는 업무 능력이 뛰어나다.
② A기업에 다니는 사람들은 업무 능력이 뛰어나지 못하다.
③ 민수는 영어를 잘하지 못한다.
④ 민수는 수학을 매우 잘한다.
⑤ 업무 능력이 뛰어난 사람은 A기업에 다니는 사람이 아니다.

17 A, B, C, D, E, F가 달리기 경주를 하여 보기와 같은 결과를 얻었다. 1등부터 6등까지 순서대로 나열한 것은?

> ㉠ A는 D보다 먼저 결승점에 도착하였다.
> ㉡ E는 B보다 더 늦게 도착하였다.
> ㉢ D는 C보다 먼저 결승점에 도착하였다.
> ㉣ B는 A보다 더 늦게 도착하였다.
> ㉤ E가 F보다 더 앞서 도착하였다.
> ㉥ C보다 먼저 결승점에 들어온 사람은 두 명이다.

① A – D – C – B – E – F
② A – D – C – E – B – F
③ F – E – B – C – D – A
④ B – F – C – E – D – A
⑤ C – D – B – E – F – A

다음 조건을 만족할 때, 영호의 비밀번호에 쓰일 수 없는 숫자는 어느 것인가?

> - 영호는 회사 컴퓨터에 비밀번호를 설정해 두었으며, 비밀번호는 1 ~ 9까지의 숫자 중 중복되지 않는 네 개의 숫자이다.
> - 네 자리의 비밀번호는 오름차순으로 정리되어 있으며, 네 자릿수의 합은 20이다.
> - 가장 큰 숫자는 8이며, 짝수가 2개, 홀수가 2개이다.
> - 짝수 2개는 연이은 자릿수에 쓰이지 않았다.

① 2
② 3
③ 4
④ 5
⑤ 6

19 다음 글의 내용이 참일 때 최종 선정되는 단체는 어디인가?

> 문화체육관광부는 우수 문화예술 단체 A, B, C, D, E 중 한 곳을 선정하여 지원하려 한다. 문화체육관광부의 금번 선정 방침은 다음 두 가지이다. 첫째, 어떤 형태로든 지원을 받고 있는 단체는 최종 후보가 될 수 없다. 둘째, 최종 선정 시 올림픽 관련 단체를 엔터테인먼트 사업(드라마, 영화, K－POP) 단체보다 우선한다. A 단체는 자유무역협정을 체결한 필리핀에 드라마 콘텐츠를 수출하고 있지만 올림픽과 관련한 사업은 하지 않는다. B 단체는 올림픽의 개막식 행사를, C 단체는 올림픽의 폐막식 행사를 각각 주관하는 단체이다. E 단체는 오랫동안 한국 음식문화를 세계에 보급해 온 단체이다. A와 C 단체 중 적어도 한 단체가 최종 후보가 되지 못한다면, 대신 B와 E 중 적어도 한 단체는 최종 후보가 된다. 반면 게임 개발로 각광을 받는 단체인 D가 최종 후보가 된다면, 한국과 자유무역협정을 체결한 국가와 교역을 하는 단체는 모두 최종 후보가 될 수 없다. 후보 단체들 중 가장 적은 부가가치를 창출한 단체는 최종 후보가 될 수 없고, 최종 선정은 최종 후보가 된 단체 중에서만 이루어진다. 문화체육관광부의 조사 결과, 올림픽의 개막식 행사를 주관하는 모든 단체는 이미 보건복지부로부터 지원을 받고 있다. 그리고 위 문화예술 단체 가운데 한국 음식문화 보급과 관련된 단체의 부가가치 창출이 가장 저조하였다.

① A
② B
③ C
④ D
⑤ E

20 김 대리는 모스크바 현지 영업소로 출장을 갈 계획이다. 4일 오후 2시 모스크바에서 회의가 예정되어 있어 모스크바 공항에 적어도 오전 11시에는 도착하고자 한다. 인천에서 모스크바까지 8시간이 걸리며, 시차는 인천이 모스크바보다 6시간이 더 빠르다. 김 대리는 인천에서 늦어도 몇 시에 출발하는 비행기를 예약하여야 하는가?

① 3일 09 : 00   ② 3일 19 : 00

③ 4일 09 : 00   ④ 4일 11 : 00

⑤ 5일 02 : 00

21 다음은 면접관 A ~ E가 응시자 갑 ~ 정에게 부여한 면접 점수이다. 〈보기〉 중 옳은 내용만 모두 고른 것은?

〈응시자 면접 점수〉

(단위 : 점)

면접관 \ 응시자	갑	을	병	정	범위
A	7	8	8	6	2
B	4	6	8	10	( )
C	5	9	8	8	( )
D	6	10	9	7	4
E	9	7	6	5	4
중앙값	( )	( )	8	( )	−
교정점수	( )	8	( )	7	−

※ 1) 범위는 해당 면접관이 각 응시자에게 부여한 면접 점수 중 최댓값에서 최솟값을 뺀 값이다.
   2) 중앙값은 해당 응시자가 면접관에게서 받은 모든 면접 점수를 크기순으로 나열할 때 한가운데 값이다.
   3) 교정점수는 해당 응시자가 면접관에게 받은 모든 면접 점수 중 최댓값과 최솟값을 제외한 면접 점수의 산술 평균값이다.

〈보기〉
㉠ 면접관 중 범위가 가장 큰 면접관은 'B'이다.
㉡ 응시자 중 중앙값이 가장 작은 응시자는 '정'이다.
㉢ 교정점수는 '병'이 '갑'보다 크다.

① ㉠   ② ㉡

③ ㉠㉢   ④ ㉡㉢

⑤ ㉠㉡㉢

22 다음은 1960 ~ 1964년의 전남지역 곡물 재배면적 및 생산량을 정리한 표이다. 이에 대한 설명으로 옳은 것은?

(단위 : 천 정보, 천 석)

곡물	구분	1960년	1961년	1962년	1963년	1964년
두류	재배면적	450	283	301	317	339
	생산량	1,940	1,140	1,143	1,215	1,362
맥류	재배면적	1,146	773	829	963	1,034
	생산량	7,347	4,407	4,407	6,339	7,795
미곡	재배면적	1,148	1,100	998	1,118	1,164
	생산량	15,276	14,145	13,057	15,553	18,585
서류	재배면적	59	88	87	101	138
	생산량	821	1,093	1,228	1,436	2,612
잡곡	재배면적	334	224	264	215	208
	생산량	1,136	600	750	633	772
전체	재배면적	3,137	2,468	2,479	2,714	2,883
	생산량	26,520	21,385	20,585	25,176	31,126

① 1961 ~ 1964년 동안 재배면적의 전년 대비 증감 방향은 미곡과 두류가 동일하다.

② 생산량은 매년 두류가 서류보다 많다.

③ 재배면적은 매년 잡곡이 서류의 2배 이상이다.

④ 1964년 재배면적당 생산량이 가장 큰 곡물은 미곡이다.

⑤ 1963년 미곡과 맥류 재배면적의 합은 1963년 곡물 재배면적 전체의 70% 이상이다.

23 다음은 지난 10년간의 농가경제의 변화 추이를 나타낸 표이다. 표에 대한 설명으로 옳지 않은 것은?

〈표 1〉 농가 판매가격 및 농가 구입가격 지수 추이

(단위 : %)

구분	2011년	2014년	2018년	2019년	2020년
농가 판매가격 지수	92.5	100.0	117.5	113.2	111.3
농가 구입가격 지수	81.8	100.0	106.1	107.1	108.4

〈표 2〉 2011년 ~ 2020년 농가 판매 및 구입가격 증감률

(단위 : %)

농가 판매가격 지수		농가 구입가격 지수	
농산물 전체	20.3	구입용품 전체	32.5
곡물	14.0	가계용품	25.5
청과물	31.2	농업용품	46.7
축산물	5.9	농촌임료금	51.9

※ 1) 농가교역조건지수 : 농가가 판매하는 농축산물과 구입하는 가계용품·농업용품·농촌임료금의 가격상승 정도를 비교하여 가격 측면에서 농가의 채산성을 나타내는 지표

2) 농가교역조건지수 = $\dfrac{농가판매가격지수}{농가구입가격지수} \times 100$

① 지난 10년간 농가가 농축산물을 판매한 가격보다 가계용품·농업용품·농촌임료금 등을 구입한 가격이 더 크게 상승하였다.

② 지난 10년간 농가구입 품목 중 농촌임료금은 51.9% 증가하였다.

③ 지난 10년간 농가 판매가격은 곡물 14.0%, 청과물 31.2%, 축산물 5.9% 증가하는 데 그쳤다.

④ 지난 10년간 가격 측면에서 농가의 채산성을 나타내는 '농가교역조건'이 악화되고 있음을 알 수 있다.

⑤ 지난 10년간 농가교역조건지수는 약 14.0%p 하락하였다.

24 다음 표와 그림은 올해 한국 골프 팀 A ~ E의 선수 인원수 및 총 연봉과 각각의 전년 대비 증가율을 나타낸 것이다. 이에 대한 설명으로 옳지 않은 것은?

〈표〉 올해 골프 팀 A ~ E의 선수 인원수 및 총 연봉

(단위 : 명, 억 원)

골프 팀	선수 인원수	총 연봉
A	5	15
B	10	25
C	8	24
D	6	30
E	6	24

※ 팀 선수 평균 연봉 = $\dfrac{총\ 연봉}{선수\ 인원수}$

〈그림〉 올해 골프 팀 A ~ E의 선수 인원수 및 총 연봉의 전년 대비 증가율

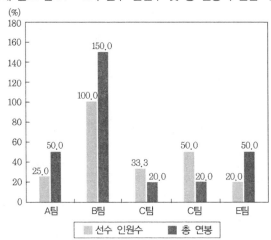

※ 전년 대비 증가율은 소수점 둘째 자리에서 반올림한 값이다.

① 올해 팀 선수 평균 연봉은 D팀이 가장 많다.

② 올해 전년 대비 증가한 선수 인원수는 C팀과 D팀이 동일하다.

③ 올해 A팀이 팀 선수 평균 연봉은 전년 대비 증가하였다.

④ 올해 선수 인원수가 전년 대비 가장 많이 증가한 팀은 총 연봉도 가장 많이 증가하였다.

⑤ 올해 총 연봉은 A팀이 E팀보다 많다.

25 다음은 미국의 신용협동조합과 상업은행을 비교한 표이다. 표에 대한 설명으로 옳지 않은 것은?

	신용협동조합		상업은행	
	2021년	2020년	2021년	2020년
기관 수	6,395	6,679	6,508	6,809
기관당 지점 수	3	3	15	14
기관당 자산(백만$)	178	161	2,390	2,162
총 대출(백만$)	723,431	655,006	8,309,427	7,891,471
총 저출(백만$)	963,115	922,033	11,763,780	11,190,522
예대율(%)	75.1	71.0	70.6	70.5
자산 대비 대출 비중(%)	60.9	63.7	51.7	52.6
핵심 예금 비중(%)	45.8	47.6	32.2	33.4
순 자본 비율(%)	10.8	11.0	11.2	11.2

① 2020년 대비 2021년 상업은행의 감소폭은 같은 기간 신용협동조합의 감소폭보다 크다.

② 2021년 상업은행의 기관당 지점 수는 신용협동조합의 5배에 달한다.

③ 2020년 대비 2021년 예대율 증가폭은 신용협동조합이 상업은행보다 크다.

④ 2020년 대비 2021년 순 자본 비율은 신용협동조합이 0.2%p 감소한 반면 상업은행은 변화가 없다.

⑤ 2021년 자산 대비 대출 비중은 상업은행이 신용협동조합보다 8.2%p 높다.

26 워크시트 [A1:E1] 영역에 '조건부 서식'을 지정하였다. '굵게, 취소선'으로 적용되는 셀 값으로 옳은 것은?

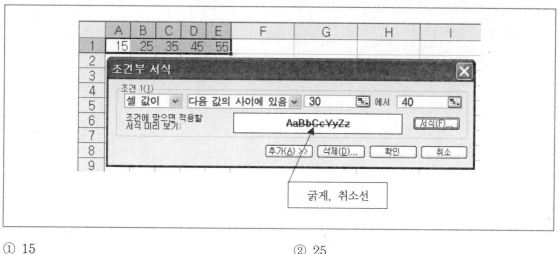

① 15   ② 25

③ 35   ④ 45

⑤ 55

📖 **Answer.** 24.⑤   25.⑤   26.③

27 〈조건〉을 참고하여 워크시트 문서를 작성하였다. ⊙에 사용된 함수와 ⓒ의 결과를 바르게 연결한 것은?

〈조건〉

• 성별은 주민등록번호의 8번째 문자가 '1'이면 '남자', '2'이면 '여자'로 출력한다.
• [G5] 셀의 수식은 아래와 같다.
  =IF(AND(D5〉=90,OR(E5〉=80,F5〉=90)),"합격","불합격")

	A	B	C	D	E	F	G
1	○○회사 신입사원 선발 시험						
2							
3	이름	주민등록번호	성별	면접	회화	전공	평가
4	김유신	900114-1010XXX	남자	90	80	90	합격
5	송시열	890224-1113XXX	남자	90	80	70	ⓒ
6	최시라	881029-2335XXX	여자	90	70	80	불합격
7	이순신	911201-1000XXX	남자	90	90	90	합격
8	강리나	890707-2067XXX	여자	80	80	80	불합격

⊙ (가리키는 셀: C4)

	⊙	ⓒ
①	=IF(MID(B4,8,1)="1","남자","여자")	합격
②	=IF(MID(B4,8,1)="1","여자","남자")	불합격
③	=IF(RIGHT(B4,8)="1","남자","여자")	합격
④	=IF(RIGHT(B4,8)="1","여자","남자")	불합격
⑤	=IF(LEFT(B4,8)="1","남자","여자")	합격

28 워크시트에서 다음과 같이 블록을 지정한 후 채우기 핸들을 아래로 '셀 복사'를 하여 드래그하였다. [B6], [C6], [D6] 셀에 들어갈 값은?

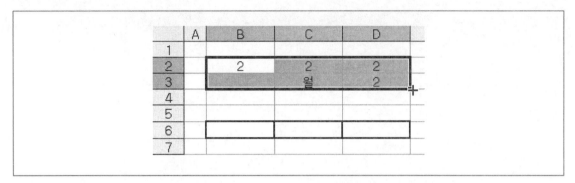

	[B6] 셀	[C6] 셀	[D6] 셀
①	2	월	2
②	2	화	2
③	6	수	4
④	2	2	2
⑤	6	6	6

Answer. 27.① 28.④

29 다음 인터넷 옵션에 대한 설명 중 옳은 것을 모두 고른 것은?

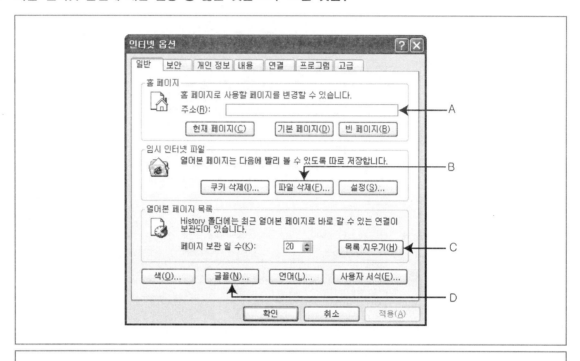

ㄱ A는 브라우저를 실행하면 처음으로 연결되는 홈페이지 주소를 설정한다.
ㄴ B를 선택하면 임시 인터넷 파일이 삭제된다.
ㄷ C는 즐겨찾기 목록을 삭제한다.
ㄹ D는 브라우저에서 사용되는 언어를 설정한다.

① ㄱㄴ   ② ㄱㄷ

③ ㄴㄷ   ④ ㄴㄹ

⑤ ㄷㄹ

30 다음 제시문에서 필자가 논점을 전개하는 방식에 대한 설명으로 옳은 것은?

> 당뇨병 환자가 밤잠을 잘 못 이룬다면 합병증의 신호일 수 있어 주의를 해야 한다. 당뇨병 환자가 가장 많이 겪는 합병증인 '당뇨병성 신경병증'이 있는 경우 다리 화끈거림 등의 증상으로 수면장애를 겪는 경우가 많기 때문이다. 당뇨병성 신경병증은 높은 혈당에 의해 말초신경이 손상돼 생기며, 당뇨병 합병증 중에 가장 먼저 생기는 질환이다. 그 다음이 당뇨병성 망막병증, 당뇨병성 콩팥질환 순으로 발병한다. 2013년 자료에 따르면, 전체 당뇨병 환자의 14.4%가 당뇨병성 신경병증을 앓고 있다.
>
> 통증(Pain)잡지에 발표된 논문에 따르면 당뇨병성 신경병증은 일반적으로 아침에 가장 통증이 적고 오후 시간이 되면서 통증이 점차 증가해 밤 시간에 가장 극심해진다. 또한 당뇨병성 신경병증은 통증 등의 증상이 누워있을 때 악화되는 경우도 많아 수면의 질에 큰 영향을 미친다. 실제로 당뇨병성 신경병증 통증을 갖고 있는 환자 1,338명을 대상으로 수면장애 정도를 조사한 결과, 수면의 질을 100점으로 했을 경우 '충분히 많이 잠을 잤다'고 느끼는 경우는 32.69점, '일어났을 때 잘 쉬었다'고 느끼는 경우는 38.27점에 머물렀다. '삶의 질'에 대한 당뇨병성 신경병증 환자의 만족도 역시 67.65점에 머물러 합병증이 없는 당뇨병 환자 74.29보다 낮았다. 이는 일반인의 평균점수인 90점에는 크게 못 미치는 결과이다.
>
> 당뇨병성 신경병증은 당뇨병 진단 초기에 이미 환자의 6%가 앓고 있을 정도로 흔하다. 당뇨병 진단 10년 후에는 20%까지 증가하고, 25년 후에는 50%에 달해 당뇨병 유병기간이 길수록 당뇨병성 신경병증에 걸릴 확률이 크게 높아진다. 따라서 당뇨병을 오래 앓고 있는 사람은 당뇨병성 신경병증의 신호를 잘 살펴야 한다. 당뇨병 진단을 처음 받았거나 혈당 관리를 꾸준히 잘 해온 환자 역시 당뇨병성 신경병증 위험이 있으므로 증상을 잘 살펴야 한다.
>
> 당뇨병성 신경병증의 4대 증상은 찌르는 듯한 통증, 스멀거리고 가려운 이상감각, 화끈거리는 듯한 작열감, 저리거나 무딘 무감각증이다. 환자에 따라 '화끈거린다', '전기자극을 받는 것 같다', '칼로 베거나 찌르는 듯하다', '얼어버린 것 같다'는 등의 증상을 호소하는 경우가 많다. 당뇨병성 신경병증의 가장 큰 문제는 피부 감각이 둔해져 상처를 입어도 잘 모르는데다, 상처를 입으면 치유가 잘 되지 않아 궤양, 감염이 잘 생긴다는 것이다. 특히 발에 궤양·감염이 잘 생기는데, 심하면 발을 절단해야 하는 상황에까지 이르게 된다. 실제로 족부 절단 원인의 절반은 당뇨병으로 인한 것이라는 연구 결과도 있다. 따라서 당뇨병 환자는 진단받은 시점부터 정기적으로 감각신경·운동신경 검사를 받아야 한다.
>
> 모든 당뇨병 합병증과 마찬가지로 당뇨병성 신경병증 또한 혈당조절을 기본으로 한다. 혈당 조절은 당뇨병성 신경병증의 예방뿐만 당뇨병성 망막병증 같은 눈의 합병증, 당뇨병성 콩팥질환 같은 콩팥 합병증이 생기는 것도 막을 수 있다. 그러나 이미 신경병증으로 인해 통증이 심한 환자의 경우에는 통증에 대한 약물치료가 필요한 경우도 있다. 치료제로는 삼환계항우울제, 항경련제, 선택적 세로토닌/노르아드레날린 재흡수억제제, 아편유사제, 국소도포제 등이 처방되고 있다. 다만 약제 선택 시 통증 이외에도 수면장애 등 동반되는 증상까지 고려하고, 다른 약물과의 상호작용이 적은 약제를 선택해야 한다. 말초 혈액순환을 원활하게 하는 것도 중요하다. 그래야 말초 신경 손상이 악화되는 것을 예방할 수 있다. 말초 혈액순환을 원활히 하기 위해서는 금연이 중요하다. 당뇨병 환자가 금연을 하면 당뇨병성 신경병증이 악화되는 것은 물론, 눈·콩팥 등 다른 합병증도 예방할 수 있다.

📄 **Answer.** 29.①

① 특정 환자들의 사례를 구체적으로 제시하여 논리의 근거를 마련하였다.

② 각 증상별 차이를 비교 분석하여 질환의 정도를 설명하였다.

③ 의학계의 전문가 소견을 참고로 논리를 정당화시켰다.

④ 해당 병증을 앓고 있는 환자들의 통계를 분석하여 일반화된 정보를 추출하였다.

⑤ 각 단락이 모두 유기적인 인과관계를 통하여 기승전결의 구성을 완성하였다.

31 다음 워크시트는 이용하여 진급 대상자 명단을 작성한 것이다. 〈보기〉 중 옳은 설명만을 모두 고른 것은? (단, 순위[E4:E8]은 '자동채우기' 기능을 사용한다.)

	A	B	C	D	E	F	G	H
1	진급 대상자 명단							
2				대상인원 : 5명				
3	성명	코드	부서명	승진점수	순위			
4	정태정	B	기획부	93	1			
5	김태영	C	인사부	80	5			
6	한인수	C	인사부	82	4			
7	박술희	A	총무부	85	3			
8	지명환	A	총무부	92	2			

최고/최저 비교　■ 승진점수

김태영
정태정

70　80　90　100

〈보기〉

㉠ 차트는 '가로 막대형'으로 나타냈다.

㉡ 부서명을 기준으로 '오름차순' 정렬을 하였다.

㉢ 순위 [E4] 셀의 함수식은 '=RANK(D4,$D$4:$D$8,0)'이다.

① ㉠

② ㉡

③ ㉠㉢

④ ㉡㉢

⑤ ㉠㉡㉢

32 다음 글의 내용이 참일 때, 반드시 참인 것은?

> 외교부에서는 남자 6명, 여자 4명으로 이루어진 10명의 신임 외교관을 A, B, C 세 부서에 배치하고자 한다. 이때 따라야 할 기준은 다음과 같다.
> ○ 각 부서에 적어도 한 명의 신임 외교관을 배치한다.
> ○ 각 부서에 배치되는 신임 외교관의 수는 각기 다르다.
> ○ 새로 배치되는 신임 외교관의 수는 A가 가장 적고, C가 가장 많다.
> ○ 여자 신임 외교관만 배치되는 부서는 없다.
> ○ B에는 새로 배치되는 여자 신임 외교관의 수가 새로 배치되는 남자 신임 외교관의 수보다 많다.

① A에는 1명의 신임 외교관이 배치된다.
② B에는 3명의 신임 외교관이 배치된다.
③ C에는 4명의 신임 외교관이 배치된다.
④ B에는 1명의 남자 신임 외교관이 배치된다.
⑤ C에는 2명의 여자 신임 외교관이 배치된다.

33 다음 〈표〉는 6개 지목으로 구성된 A 지구의 토지수용 보상비 산출을 위한 자료이다. 이에 대한 〈보기〉의 설명 중 옳은 것만을 모두 고르면?

〈표〉 지목별 토지수용 면적, 면적당 지가 및 보상 배율

(단위 : m², 만 원/m²)

지목	면적	면적당 지가	보상 배율	
			감정가 기준	실거래가 기준
전	50	150	1.8	3.2
답	50	100	1.8	3.0
대지	100	200	1.6	4.8
임야	100	50	2.5	6.1
공장	100	150	1.6	4.8
창고	50	100	1.6	4.8

※ 1) 총보상비는 모든 지목별 보상비의 합임

2) 보상비 = 용지 구입비 + 지장물 보상비

3) 용지 구입비 = 면적 × 면적당 지가 × 보상 배율

4) 지장물 보상비는 해당 지목 용지 구입비의 20%임

〈보기〉

㉠ 모든 지목의 보상 배율을 감정가 기준에서 실거래가 기준으로 변경하는 경우, 총보상비는 변경 전의 2배 이상이다.

㉡ 보상 배율을 감정가 기준에서 실거래가 기준으로 변경하는 경우, 보상비가 가장 많이 증가하는 지목은 '대지'이다.

㉢ 보상 배율이 실거래가 기준인 경우, 지목별 보상비에서 용지 구입비가 차지하는 비율은 '임야'가 '창고'보다 크다.

㉣ '공장'의 감정가 기준 보상비와 '전'의 실거래가 기준 보상비는 같다.

① ㉠㉢   ② ㉠㉣
③ ㉡㉢   ④ ㉡㉣
⑤ ㉠㉡㉣

34 다음 중 글의 내용과 일치하지 않는 것은?

1 시간 예술이라고 지칭되는 음악에서 템포의 완급은 대단히 중요하다. 동일곡이지만 템포의 기준을 어떻게 잡아서 재현하느냐에 따라서 그 음악의 악상은 달라진다. 그런데 중요한 템포의 인지 감각도 문화권에 따라, 혹은 민족에 따라서 상이할 수 있다. 동일한 속도의 음악을 듣고도 누구는 빠르게 느끼는 데 비해서 누구는 느린 것으로 인지하는 것이다. 결국 문화권에 따라서 템포의 인지 감각이 다를 수도 있다는 사실은 바꿔 말해서 서로 문화적 배경이 다르면 사람에 따라 적절하다고 생각하는 모데라토의 템포도 큰 차이가 있을 수 있다는 말과 같다. 한국의 전통 음악은 서양 고전 음악에 비해서 비교적 속도가 느린 것이 분명하다. 대표적 정악곡(正樂曲)인 '수체천(壽齊天)'이나 '상령산(上靈山)' 등의 음악을 들어보면 수긍할 것이다.

2 또한 이 같은 구체적인 음악의 예가 아니더라도 국악의 첫인상을 일단 '느리다'고 간주해 버리는 일반의 통념을 보더라도 전래의 한국 음악이 보편적인 서구 음악에 비해서 느린 것은 틀림없다고 하겠다. 그런데 한국의 전통 음악이 서구 음악에 비해서 상대적으로 속도가 느린 이유는 무엇일까? 이에 대한 해답도 여러 가지 문화적 혹은 민족적인 특질과 연결해서 생각할 때 결코 간단한 문제가 아니겠지만, 여기서는 일단 템포의 계량적 단위인 박(beat)의 준거를 어디에 두느냐에 따라서 템포 관념의 차등이 생겼다는 가설 하에 설명을 하기로 한다.

3 한국의 전통 문화를 보면 그 저변의 잠재의식 속에는 호흡을 중시하는 징후가 역력함을 알 수 있는데, 이 점은 심장의 고동을 중시하는 서양과는 상당히 다른 특성이다. 우리의 문화 속에는 호흡에 얽힌 생활 용어가 한두 가지가 아니다. 숨을 한 번 내쉬고 들이마시는 동안을 하나의 시간 단위로 설정하여 일식간(一息間) 혹은 이식간(二息間)이니 하는 양식척(量息尺)을 써 왔다. 그리고 감정이 격앙되었을 때는 긴 호흡을 해서 감정을 누그러뜨리거나 건강을 위해 단전 호흡법을 수련한다. 이것은 모두 호흡을 중시하고 호흡에 뿌리를 둔 문화 양식의 예들이다. 더욱이 심장의 정지를 사망으로 단정하는 서양과는 달리 우리의 경우에는 '숨이 끊어졌다'는 말로 유명을 달리했음을 표현한다.

4 이와 같이 확실히 호흡의 문제는 모든 생리현상에서부터 문화 현상에 이르기까지 우리의 의식 저변에 두루 퍼져있는 민족의 공통적 문화요소이다. 이와 같은 동서양 간의 상호 이질적인 의식 성향을 염두에 두고 각자의 음악을 관찰해 보면, 서양의 템포 개념은 맥박, 곧 심장의 고동에 기준을 두고 있으며, 우리의 그것은 호흡의 주기, 즉 폐부의 운동에 뿌리를 두고 있음을 알 수 있다.

5 서양의 경우 박자의 단위인 박을 비트(beat), 혹은 펄스(pulse)라고 한다. 펄스라는 말이 곧 인체의 맥박을 의미하듯이 서양음악은 원초적으로 심장을 기준으로 출발한 것이다. 이에 비해 한국의 전통 음악은 모음 변화를 일으켜 가면서까지 길게 끌며 호흡의 리듬을 타고 있음을 볼 때, 근원적으로 호흡에 뿌리를 둔 음악임을 알 수 있다. 결국 한국 음악에서 안온한 마음을 느낄 수 있는 모데라토의 기준 속도는, 1분간의 심장의 박동수와 호흡의 주기와의 차이처럼, 서양 음악의 그것에 비하면 무려 3배쯤 느린 것임을 알 수 있다.

① 각 민족의 문화에는 민족의식이 반영되어 있다.
② 서양 음악은 심장 박동수를 박자의 준거로 삼았다.
③ 템포의 완급을 바꾸어도 악상은 변하지 않는다.
④ 우리 음악은 서양 음악에 비해 상대적으로 느리다.
⑤ 우리 음악의 박자는 호흡 주기에 뿌리를 두고 있다.

📖 **Answer.** 33.⑤ 34.③

35 다음은 ○○기관 디자인팀의 주간회의록이다. 자료에 대한 내용으로 옳은 것은?

주간회의록					
회의일시	3월 17일(목)	부서	디자인팀	작성자	윤 사원
참석자	김 과장, 박 주임, 최 사원, 이 사원				
회의안건	• 개인 주간 스케줄 및 업무 점검 • 회사 홍보 브로슈어 기획				

	내용	비고
회의내용	1. 개인 스케줄 및 업무 점검 • 김 과장 : 브로슈어 기획 관련 홍보팀 미팅, 외부 디자이너 미팅 • 박 주임 : 신제품 SNS 홍보이미지 작업, 회사 영문 서브페이지 2차 리뉴얼 작업 진행 • 최 사원 : 홈페이지 개편 작업 진행 • 이 사원 : 2분기 사보 편집 작업 2. 회사 홍보 브로슈어 기획 • 브로슈어 주제 : '신뢰' 　- 창립 ○○주년을 맞아 고객의 신뢰로 회사가 성장했음을 강조 　- 한결같은 모습으로 고객들의 지지를 받아왔음을 기업 이미지로 표현 • 20페이지 이내로 구성 예정	• 3월 23일 AM 10:00 디자인팀 전시회 관람 • 3월 21일까지 홍보팀에서 브로슈어 최종원고 전달 예정

	내용	작업자	진행일정
결정사항	브로슈어 표지 이미지 샘플 조사	최 사원, 이 사원	03/17 ~ 03/18
	브로슈어 표지 시안 작업 및 제출	박 주임	03/17 ~ 03/30

특이사항	• 다음 회의 일정 : 4월 4일 • 브로슈어 표지 결정, 내지 1차 시안 논의

① ○○기관은 외부 디자이너에게 브로슈어 표지 이미지 샘플을 요청하였다.

② 디자인팀은 이번 주 금요일에 전시회를 관람할 예정이다.

③ 김 과장은 이번 주에 내부 미팅, 외부 미팅이 모두 예정되어 있다.

④ 이 사원은 이번 주에 2분기 사보 편집 작업만 하면 된다.

⑤ 최 사원은 홈페이지 개편 작업을 완료한 후, 사보 편집 작업과 브로슈어 표지 디자인 자료를 조사할 예정이다.

36 다음은 OO 공사의 식수 오염을 주제로 한 보고서의 내용이다. A ~ E 사원 중 보고서를 바르게 이해한 사람은?

---

1. 식수 오염의 방지를 위해서 빠른 시간 내 식수의 분변 오염 여부를 밝히고 오염의 정도를 확인하기 위한 목적으로 지표 생물의 개념을 도입하였다. 병원성 세균, 바이러스, 원생동물, 기생체 소낭 등과 같은 병원체를 직접 검출하는 것은 비싸고 시간이 많이 걸릴 뿐만 아니라 숙달된 기술을 요구하지만, 지표 생물을 이용하면 이러한 문제를 많이 해결할 수 있다.

2. 식수가 분변으로 오염되어 있다면 분변에 있는 병원체 수와 비례하여 존재하는 비병원성 세균을 지표 생물로 이용한다. 이에 대표적인 것은 대장균이다. 대장균은 그 기원이 전부 동물의 배설물에 의한 것이므로, 시료에서 대장균의 균체 수가 일정 기준보다 많이 검출되면 그 시료에는 인체에 유해할 만큼의 병원체도 존재한다고 추정할 수 있다. 그러나 온혈 동물에게서 배설되는 비슷한 종류의 다른 세균들을 배제하고 대장균만을 측정하기는 어렵다. 그렇기 때문에 대장균이 속해 있는 비슷한 세균군을 모두 검사하여 분변 오염 여부를 판단하고, 이 세균군을 총대장균군이라고 한다.

3. 총대장균군에 포함된 세균이 모두 온혈동물의 분변에서 기원한 것은 아니지만, 온혈동물의 배설물을 통해서도 많은 수가 방출되고 그 수는 병원체의 수에 비례한다. 염소 소독과 같은 수질 정화 과정에서도 병원체와 유사한 저항성을 가지므로 식수, 오락 및 휴양 용수의 수질 결정에 좋은 지표이다. 지표 생물로 사용하는 또 다른 것은 분변성 연쇄상구균군이다. 이는 대장균을 포함하지는 않지만 사람과 온혈동물의 장에 흔히 서식하므로 물의 분변 오염 여부를 판정하는 데 이용된다. 이들은 잔류성이 높고 장 밖에서는 증식하지 않기 때문에 시료에서도 그 수가 일정하게 유지되어 좋은 상수 소독 처리지표로 활용된다.

---

① A 사원 : 온혈동물의 분변에서 기원되는 균은 모두 지표 생물이 될 수 있다.
② B 사원 : 수질 정화 과정에서 총대장균군은 병원체보다 높은 생존율을 보인다.
③ C 사원 : 채취된 시료 속의 총대장균군의 세균 수와 병원체 수는 비례하여 존재한다.
④ D 사원 : 지표 생물을 검출하는 것은 병원체를 직접 검출하는 것보다 숙달된 기술을 필요로 한다.
⑤ E 사원 : 분변성 연쇄상구균은 시료 채취 후 시간이 지남에 따라 시료 안에서 증식하여 정확한 오염지표로 사용하기 어렵다.

📝 **Answer.** 35.③ 36.③

37 다음은 甲지역에서 개최하는 전시회의 연도별, 기업별 부스 방문객 현황을 나타낸 자료이다. 이를 통해 알 수 있는 내용으로 적절하지 않은 것은?

(단위 : 명)

연도 전시기업	2016년	2017년	2018년	2019년	2020년	2021년
A 기업	1,742	2,011	2,135	2,243	2,413	2,432
B 기업	2,418	2,499	2,513	2,132	2,521	2,145
C 기업	3,224	3,424	3,124	3,017	3,114	3,011
D 기업	1,245	1,526	1,655	1,899	2,013	2,114
E 기업	2,366	2,666	2,974	3,015	3,115	3,458
F 기업	524	611	688	763	1,015	1,142
G 기업	491	574	574	630	836	828
전체	12,010	13,311	13,663	13,699	15,027	15,130

① 전시회의 연도별 전체 방문객 방문 현황을 알 수 있다.
② 전시회 참여 업체의 평균 방문객 수를 알 수 있다.
③ 각 기업별 전시회 참여를 통한 매출 변동을 알 수 있다.
④ 방문객이 가장 많은 기업의 연도별 방문객 변동 내역을 확인할 수 있다.
⑤ 평균 방문객 수에 미치지 못하는 기업의 수를 알 수 있다.

38 다음은 甲공단의 연금보험료 지원사업의 공고문이다. 공고문을 본 A ~ E의 반응으로 적절하지 않은 것은?

구분	내용
지원대상	☐ 연금 가입 기간이 10년 미만인 가입자 중 아래의 조건을 충족시키는 자 　－ 저소득자 : 기준 중위소득 80% 이하인 자 　☞ 확인방법 　건강보험료 납부확인서, 소득금액증명(국세청) 등으로 확인되는 신청 직전 연도의 월평균소득 또는 월평균 건강보험료 납부액이 아래 표에 표기된 금액 이하인 자

구분		1인 가구	2인 가구	3인 가구	4인 가구	5인 이상
기준중위소득 80%		1,366,000원	2,325,000원	3,008,000원	3,691,000원	4,374,000원
건강 보험료	직장가입자	44,120원	75,600원	97,680원	120,060원	142,720원
	지역가입자	15,550원	40,670원	82,340원	113,530원	142,330원

구분	내용
지원대상	－ 연금수급 연령에 도달한 자 중 대부를 통해 연금수급이 가능한 자
지원금액	☐ 1인당 300만 원 이내
상환조건	☐ 대부조건 : 무담보, 무보증, 무이자 ☐ 상환조건 : 연금수급 개시 월부터 5년 이내 원금균등분할상환
지원절차	☐ 신청접수 → 대출심사 → 대출실행(약정 및 연금보험료 납부) → 연금 청구 및 상환
접수기간	☐ 수시접수 : ~ 자금 소진 시 마감
구비서류	☐ 제출서류 － 지원신청서 1부(홈페이지 내 양식, 첨부파일 참조) － 개인정보 조회동의서 1부(홈페이지 내 양식, 첨부파일 참조) － 약정서 1부(홈페이지 내 양식, 첨부파일 참조) － CMS출금이체 동의서 1부(홈페이지 내 양식, 첨부파일 참조) － 연금산정용 가입내역확인서 1부(국민연금공단 지사 방문하여 발급) － 주민등록등본 1부 － 소득금액 증빙서류 1부(건강보험 납부확인서, 소득금액증명서 중 택1)
접수방법	☐ 우편접수 － 홈페이지 알림마당 내 공지사항 신청 양식을 다운로드 및 작성, 구비서류와 함께 등기우편으로 제출 － 접수처 : 서울 ○○구 ○○로 지원사업 담당자 앞
문의사항	☐ 지원사업 담당자 ☎ ○○-○○○-○○○○

① A : 연금보험료는 무이자, 무담보로 지원되며 연금 수령 후에 연금으로 분할 상환하는 사업이다.

② B : 2인 가구의 경우 중위소득이 2,350,000원이라면 지원대상자에 해당되지 않는다.

③ C : 지원을 받고자 하는 사람은 개인정보 조회동의서를 제출해야 한다.

④ D : 1인당 300만 원 이내로 지원되며 지원사업 공고일로부터 일주일 동안 접수받는다.

⑤ E : 연금수급 개시월부터 3년간 원금균등분할상환이 가능하다.

📝 **Answer.** 37.③　38.④

1 프레임(frame)은 영화와 사진 등의 시각 매체에서 화면 영역과 화면 밖의 영역을 구분하는 경계로서의 틀을 말한다. 카메라로 대상을 포착하는 행위는 현실의 특정한 부분만을 떼어 내 프레임에 담는 것으로, 찍는 사람의 의도와 메시지를 내포한다. 그런데 문, 창, 기둥, 거울 등 주로 사각형이나 원형의 형태를 갖는 물체를 이용하여 프레임 안에 또 다른 프레임을 만드는 경우가 있다. 이런 기법을 '이중 프레이밍', 그리고 안에 있는 프레임을 '이차 프레임'이라 칭한다.

2 이차 프레임의 일반적인 기능은 크게 세 가지로 구분할 수 있다. 먼저, 화면 안의 인물이나 물체에 대한 시선 유도 기능이다. 대상을 틀로 에워싸기 때문에 시각적으로 강조하는 효과가 있으며, 대상이 작거나 구도의 중심에서 벗어나 있을 때도 존재감을 부각하기가 용이하다. 또한, 프레임 내 프레임이 많을수록 화면이 다층적으로 되어, 자칫 밋밋해질 수 있는 화면에 깊이감과 입체감이 부여된다. 광고의 경우, 설득력을 높이기 위해 이차 프레임 안에 상품을 위치시켜 주목을 받게 하는 사례들이 있다.

3 다음으로, 이차 프레임은 작품의 주제나 내용을 암시하기도 한다. 이차 프레임은 시각적으로 내부의 대상을 외부와 분리하는데, 이는 곧잘 심리적 단절로 이어져 구속, 소외, 고립 따위를 환기한다. 그리고 이차 프레임 내부의 대상과 외부의 대상 사이에는 정서적 거리감이 조성되기도 한다. 어떤 영화들은 작중 인물을 문이나 창을 통해 반복적으로 보여 주면서, 그가 세상으로부터 격리된 상황을 암시하거나 불안감, 소외감 같은 인물의 내면을 시각화하기도 한다.

4 마지막으로, 이차 프레임은 '이야기 속 이야기'인 액자형 서사 구조를 지시하는 기능을 하기도 한다. 일례로, 어떤 영화는 작중 인물의 현실 이야기와 그의 상상에 따른 이야기로 구성되는데, 카메라는 이차 프레임으로 사용된 창을 비추어 한 이야기의 공간에서 다른 이야기의 공간으로 들어가거나 빠져나온다.

5 그런데 현대에 이를수록 시각 매체의 작가들은 ㉠이차 프레임의 범례에서 벗어나는 시도들로 다양한 효과를 끌어내기도 한다. 가령 이차 프레임 내부 이미지의 형체를 식별하기 어렵게 함으로써 관객의 지각 행위를 방해하여, 강조의 기능을 무력한 것으로 만들거나 서사적 긴장을 유발하기도 한다. 또 문이나 창을 봉쇄함으로써 이차 프레임으로서의 기능을 상실시켜 공간이나 인물의 폐쇄성을 드러내기도 한다. 혹은 이차 프레임 내의 대상이 그 경계를 넘거나 파괴하도록 하여 호기심을 자극하고 대상의 운동성을 강조하는 효과를 낳는 사례도 있다

39 〈보기〉의 자료를 추가로 보여줄 때, 이에 대한 평가로 가장 적절한 것은?

〈보기〉

1950년대 어느 도시의 거리를 담은 이 사진은 ㉮ 자동차의 열린 뒷문의 창이 우연히 한 인물을 테두리 지어 작품의 묘리를 더하는데, 이는 이중 프레임의 전형적인 사례이다.

① A : ㉮로 인해 화면이 평면적으로 느껴지는군.
② B : ㉮가 없다면 사진 속 공간의 폐쇄성이 강조되겠군.
③ C : ㉮로 인해 창 테두리 외부의 풍경에 시선이 유도되는군.
④ D : ㉮ 안의 인물은 멀리 있어서 ㉮가 없더라도 작품 내 존재감이 비슷하겠군.
⑤ E : ㉮가 행인이 들고 있는 원형의 빈 액자 틀로 바뀌더라도 이차 프레임이 만들어지겠군.

40 ㉠의 사례로 적절하지 않은 것은?

① A : 한 그림에서 화면 안의 직사각형 틀이 인물을 가두고 있는데, 팔과 다리는 틀을 빠져나와 있어 역동적인 느낌을 준다.
② B : 한 영화에서 주인공이 속한 공간의 문이나 창은 항상 닫혀 있는데, 이는 주인공의 폐쇄적인 내면을 상징적으로 보여준다.
③ C : 한 그림에서 문이라는 이차 프레임을 이용해 관객의 시선을 유도한 뒤, 정작 그 안은 실체가 불분명한 물체의 이미지로 처리하여 관객에게 혼란을 준다.
④ D : 한 영화에서 주인공이 앞집의 반쯤 열린 창틈으로 가족의 화목한 모습을 목격하고 계속 지켜보는데, 이차 프레임으로 사용된 창틈이 한 가정의 행복을 드러내는 기능을 한다.
⑤ E : 한 영화는 자동차 여행 장면들에서 이차 프레임인 차창을 안개로 줄곧 뿌옇게 보이게 하여, 외부 풍경을 보여 주며 환경과 인간의 교감을 묘사하는 로드 무비의 관습을 비튼다.

┃41 ~ 42┃ ○○공단의 기획조정실에서 근무하는 H 주임은 '국민이 참여하는 혁신제안 공모전'을 담당하고 있다. 아래의 자료를 읽고 물음에 답하시오.

혁신성장을 위한 공공서비스를 제공하고자 '국민이 참여하는 혁신제안 공모전'을 실시하오니, 여러분의 많은 관심과 참여 부탁드립니다.
1. 응모대상 : 공단 사업에 관심 있는 국민 누구나
2. 공모주제 : 공단 사업 혁신 또는 사업 관련 동반성장 아이디어
   ※ 아이디어 예시 : 신규 사업 발굴, 지역사회 공헌, 중소기업 등 동반성장
3. 접수기간 : 20XX. 03. 01.(월) ~ 20XX. 03. 07.(일)
4. 접수방법 : E-Mail 제출
5. 제출서류 : 요약서, 아이디어 제안서, 개인정보 활용 동의서 각 1부
6. 심사 및 포상
   • 심사방법 : 제출된 자료에 대해 서면심사 진행
   • 포상 : 최우수(1점, 100만 원) 우수(2점, 50만 원) 장려(5점, 30만 원)
7. 결과발표 : 6월초(수상자 개별 연락)
8. 유의사항
   • 입상 작품에 대한 소유권은 ○○공단에 있음
   • 필요한 경우 개인정보 제공에 동의하여야 함
   • 타 공모전 입상작, 다른 작품과 유사·모방성이 인정되는 작품은 심사대상에서 제외되며, 사후 판명 시 입상을 취소할 수 있음
9. 문의 : ○○공단 혁신기획부 (OOO-OOO-OOO)

〈아이디어 제출 유형 및 작성방향〉

구분		작성방향
사업 혁신	신규 사업 발굴	공단에서 실시하고 있는 사업 외의 신규 사업 발굴 (예) 기업 자율형 일학습병행
	사업 수행 혁신	공단에서 실시하고 있는 사업수행 관련 혁신 (예) 중소기업에서의 산업현장교수 활용 방안
동반 성장	지역사회	공단의 지역사회 공헌 관련 아이디어 (예) 산업현장교수의 지역사회를 위한 재능기부
	중소기업·소상공인 등	중소기업 일자리창출 등 동반성장 (예) 외국인 근로자를 도입한 영세사업자를 위한 노무관리 지원

〈평가기준〉

구분	평가내용
고객 효용성	제안의 효과가 내·외부 고객의 효용 향상에 미치는 정도
실시 가능성	제안의 실시 가능성 정도
창의성	독창성, 창의성의 정도
효과성	업무개선과 비용이 감소하는 등 정성·정량적 효과가 발생하는 정도

〈작성요령〉
1. 제목 : 아이디어의 핵심내용이 드러나게 구체적으로 작성
   ※ 예시 : 중소기업 관련 일자리 창출 (×), 퇴직한 고숙련 기술인력을 활용한 중소기업 현장 컨설팅 (O)
2. 제안자 : 제안자 이름 명시, 2명 이상 제안일 경우 모두 명시(예시 : 홍길동(1명일 경우) / 홍길동, 김철수 (2명일 경우))
3. 전화번호 : 휴대폰, 사무실 전화번호(제안자 2명 이상일 경우 대표 제안자만 명시)
4. 아이디어 제출 분야 : 공단혁신 관련 또는 동반성장 관련

5. 타 공모전 아이디어 제출 여부 : 동일 사례로 타 공모전에 아이디어 제출한 사실 및 내역 기재

　　※ 1) 타 대회 수상작 및 국내외 논문 발표작은 제출 불가하며, 추후 모방 또는 차용한 사실 적발 시 입상 취소, 상금회수 등 불이익이 있음

　　　　 2) 제출된 아이디어의 저작권, 초상권 등과 관련된 분쟁 발생 시 모든 책임은 참가자에 있음

6. 배경 : 아이디어 제안 배경, 문제점, 추진해야 하는 이유 등 설명

7. 세부시행방안 : 제안의 구체적인 내용 기술, 추진전략 및 실행방법, 시민사회의 참여방안, 민관협업 방안 등을 세부적 기술

8. 기대효과 : 아이디어 시행에 따른 경제·사회적 효과를 기술하고 아이디어 추진 이전(As–Is)과 이후(To–Be)의 모습이 대비되게 작성

9. 서식 : 기본 글꼴(휴먼명조 15p), 줄간격 140% 준수

10. 분량 : A4 3페이지 이내로 작성하고 관련 참고자료는 별첨

　　※ 참고자료는 제출서식에 붙여 제출하되, 별도 형식(ppt, pdf 등)의 경우 파일제목에 사례제목과 제안자 명시
　　　 (예시 : OOO 지원사례_홍길동)

11. 용량 : 용량이 큰 사진 등은 반드시 파일 용량을 작게 하여 제출

41 자료의 내용과 일치하는 것은?

① 갑 : 유관기관 근무자는 공모전에 참여할 수 없으나 관련 경력을 보유했을 경우 참여 가능하다.

② 을 : 최우수상 100만 원이 포상으로 주어지며 11월 초에 발표된다.

③ 병 : 수상자는 홈페이지 게시판을 통해 공지되며 타 공모전 입상이 판명될 경우 입상이 취소될 수 있다.

④ 정 : 영세사업자와의 동반성장을 주제로 A와 B가 공동으로 제안할 경우 제출 서류에 A, B 이름을 모두 명시한다.

⑤ 무 : 아이디어 시행을 하고 난 이후에 변화하는 기대효과만을 명확하고 상세하게 작성한다.

42 담당자에게 공모전 문의가 오고 있다. 답변으로 부적절한 것은?

① 문 의 : 제안서를 작성하려는데 분량 제한은 없는 건가요?
　　답 변 : A4 3페이지 이내로 작성하면 됩니다. 참고자료가 있을 경우 별도 첨부해주세요.

② 문 의 : 제안서를 쓰다 보니 사진이 많이 들어갑니다. 용량은 몇 메가까지 가능할까요?
　　답 변 : 용량 제한은 별도로 명시하지 않았으나, 파일 용량을 작게 하여 첨부해주세요.

③ 문 의 : 2명 이상이 제안서를 작성했는데 이름은 두 명 모두 기재하였습니다. 그런데 핸드폰 번호는 한 명만 기재하였습니다.
　　답 변 : 전화번호는 제안자가 2명 이상일 경우 대표 제안자만 명시하면 됩니다.

④ 문 의 : 아이디어가 있어서 제안서를 쓰려고 하는데요, 도입 후의 효과를 중심으로 쓰면 되는 건지 문의드립니다.
　　답 변 : 아이디어 추진 이전과 이후의 모습이 대비되게 작성해야 합니다.

⑤ 문 의 : 일학습병행의 효과성 분석으로 박사논문을 받았습니다. 사업 수행 혁신 분야로 제안하면 될까요?
　　답 변 : 일학습병행의 효과성 분석은 사업 수행 혁신 분야보다는 신규 사업 발굴 분야에 가깝습니다.

Answer. 41.④ 42.⑤

1️⃣ 과거에 일어난 금융위기에 대해 많은 연구가 진행되었어도 그 원인에 대해 의견이 모아지지 않는 경우가 대부분이다. 이것은 금융위기가 여러 차원의 현상이 복잡하게 얽혀 발생하는 문제이기 때문이기도 하지만, 사람들의 행동이나 금융 시스템의 작동 방식을 이해하는 시각이 다양하기 때문이기도 하다. 은행위기를 중심으로 금융위기에 관한 주요 시각을 다음과 같은 네 가지로 분류할 수 있다. 이들이 서로 배타적인 것은 아니지만 주로 어떤 시각에 기초해서 금융위기를 이해하는가에 따라 그 원인과 대책에 대한 의견이 달라진다고 할 수 있다.

2️⃣ 우선, 은행의 지불능력이 취약하다고 많은 예금주들이 예상하게 되면 실제로 은행의 지불능력이 취약해지는 현상, 즉 ㉠'자기 실현적 예상'이라 불리는 현상을 강조하는 시각이 있다. 예금주들이 예금을 인출하려는 요구에 대응하기 위해 은행이 예금의 일부만을 지급준비금으로 보유하는 부분준비제도는 현대 은행 시스템의 본질적 측면이다. 이 제도에서는 은행의 지불능력이 변화하지 않더라도 예금주들의 예상이 바뀌면 예금 인출이 쇄도하는 사태가 일어날 수 있다. 예금은 만기가 없고 선착순으로 지급하는 독특한 성격의 채무이기 때문에, 지불능력이 취약해져서 은행이 예금을 지급하지 못할 것이라고 예상하게 된 사람이라면 남보다 먼저 예금을 인출하는 것이 합리적이기 때문이다. 이처럼 예금 인출이 쇄도하는 상황에서 예금 인출 요구를 충족시키려면 은행들은 현금 보유량을 늘려야 한다. 이를 위해 은행들이 앞다투어 채권이나 주식, 부동산과 같은 자산을 매각하려고 하면 자산 가격이 하락하게 되므로 은행들의 지불능력이 실제로 낮아진다.

3️⃣ 둘째, ㉡은행의 과도한 위험 추구를 강조하는 시각이 있다. 주식회사에서 주주들은 회사의 모든 부채를 상환하고 남은 자산의 가치에 대한 청구권을 갖는 존재이고 통상적으로 유한책임을 진다. 따라서 회사의 자산 가치가 부채액보다 더 커질수록 주주에게 돌아올 이익도 커지지만, 회사가 파산할 경우에 주주의 손실은 그 회사의 주식에 투자한 금액으로 제한된다. 이러한 ⓐ비대칭적인 이익 구조로 인해 수익에 대해서는 민감하지만 위험에 대해서는 둔감하게 된 주주들은 고위험 고수익 사업을 선호하게 된다. 결과적으로 주주들이 더 높은 수익을 얻기 위해 감수해야 하는 위험을 채권자에게 전가하는 것인데, 자기자본비율이 낮을수록 이러한 동기는 더욱 강해진다. 은행과 같은 금융 중개 기관들은 대부분 부채비율이 매우 높은 주식회사 형태를 띤다.

4️⃣ 셋째, ㉢은행가의 은행 약탈을 강조하는 시각이 있다. 전통적인 경제 이론에서는 은행의 부실을 과도한 위험 추구의 결과로 이해해왔다. 하지만 최근에는 은행가들에 의한 은행 약탈의 결과로 은행이 부실해진다는 인식도 ⓑ강해지고 있다. 과도한 위험 추구는 은행의 수익률을 높이려는 목적으로 은행의 재무 상태를 악화시킬 위험이 큰 행위를 은행가가 선택하는 것이다. 이에 비해 은행 약탈은 은행가가 자신에게 돌아올 이익을 추구하여 은행에 손실을 초래하는 행위를 선택하는 것이다. 예를 들어 은행가들이 자신이 지배하는 은행으로부터 남보다 유리한 조건으로 대출을 받는다거나, 장기적으로 은행에 손실을 초래할 것을 알면서도 자신의 성과급을 높이기 위해 단기적인 성과만을 추구하는 행위 등은, 지배 주주나 고위 경영자의 지위를 가진 은행가가 은행에 대한 지배력을 사적인 이익을 위해 사용한다는 의미에서 약탈이라고 할 수 있다.

5️⃣ 넷째, ㉣이상 과열을 강조하는 시각이 있다. 위의 세 가지 시각과 달리 이 시각은 경제 주체의 행동이 항상 합리적으로 이루어지는 것은 아니라는 관찰에 기초하고 있다. 예컨대 많은 사람이 자산 가격이 일정 기간 상승하면 앞으로도 계속 상승할 것이라 예상하고, 일정 기간 하락하면 앞으로도 계속 하락할 것이라 예상하는 경향을 보인다. 이 경우 자산 가격 상승은 부채의 증가를 낳고 이는 다시 자산 가격의 더 큰 상승을 낳는다. 이러한 상승 작용으로 인해 거품이 커지는 과정은 경제 주체들의 부채가 과도하게 늘어나 금융 시스템을 취약하게 만들게 되므로, 거품이 터져 금융 시스템이 붕괴하고 금융위기가 일어날 현실적 조건을 강화시킨다.

43 부서장으로부터 〈보기〉의 자료를 받았고, 윗글에 제시된 네 가지 시각으로 〈보기〉에 대한 평가를 받아오라는 지시를 받았다. 가장 적절한 평가는?

> 〈보기〉
>
> 1980년대 후반에 A국에서 장기 주택담보 대출에 전문화한 은행인 저축대부조합들이 대량 파산하였다. 이 사태와 관련하여 다음과 같은 사실들이 주목받았다.
> - 1970년대 이후 석유 가격 상승으로 인해 부동산 가격이 많이 오른 지역에서 저축대부조합들의 파산이 가장 많았다.
> - 부동산 가격의 상승을 보고 앞으로도 자산 가격의 상승이 지속될 것을 예상하고 빚을 얻어 자산을 구입하는 경제 주체들이 늘어났다.
> - A국의 정부는 투자 상황을 낙관하여 저축대부조합이 고위험채권에 투자할 수 있도록 규제를 완화하였다.
> - 예금주들이 주인이 되는 상호회사 형태였던 저축대부조합들 중 다수가 1980년대에 주식회사 형태로 전환하였다.
> - 파산 전에 저축대부조합의 대주주와 경영자들에 대한 보상이 대폭 확대되었다.

① 최 팀장 : ㉠은 위험을 감수하고 고위험채권에 투자한 정도와 고위 경영자들에게 성과급 형태로 보상을 지급한 정도가 비례했다는 점을 들어, 은행의 고위 경영자들을 비판할 것이다.

② 박 과장 : ㉡은 부동산 가격 상승에 대한 기대 때문에 예금주들이 책임질 수 없을 정도로 빚을 늘려 은행이 위기에 빠진 점을 들어, 예금주의 과도한 위험 추구 행태를 비판할 것이다.

③ 김 대리 : ㉢은 저축대부조합들이 주식회사로 전환한 점을 들어, 고위험채권 투자를 감행한 결정이 궁극적으로 예금주의 이익을 더욱 증가시켰다고 은행을 옹호할 것이다.

④ 홍 부장 : ㉣은 저축대부조합이 정부의 규제 완화를 틈타 고위험채권에 투자하는 공격적인 경영을 한 점을 들어, 저축대부조합들의 행태를 용인한 예금주들을 비판할 것이다.

⑤ 이 과장 : ㉤은 차입을 늘린 투자자들, 고위험채권에 투자한 저축대부조합들, 규제를 완화한 정부 모두 낙관적인 투자 상황이 지속될 것이라고 예상한 점을 들어, 그 경제 주체 모두를 비판할 것이다.

44 ⓐ에 대한 의견으로 적절하지 않은 것은?

① 김 주임 : 파산한 회사의 자산 가치가 부채액에 못 미칠 경우에 주주들이 져야 할 책임은 한정되어 있다.

② 박 대리 : 회사의 자산 가치에서 부채액을 뺀 값이 0보다 클 경우에, 그 값은 원칙적으로 주주의 몫이 된다.

③ 전 팀장 : 회사가 자산을 다 팔아도 부채를 다 갚지 못할 경우에, 얼마나 많이 못 갚는지는 주주들의 이해와 무관하다.

④ 오 대리 : 주주들이 선호하는 고위험 고수익 사업은 성공한다면 회사가 큰 수익을 얻지만, 실패한다면 회사가 큰 손실을 입을 가능성이 높다.

⑤ 이 과장 : 주주들이 고위험 고수익 사업을 선호하는 것은, 이런 사업이 회사의 자산 가치와 부채액 사이의 차이가 줄어들 가능성을 높이기 때문이다.

📖 **Answer.** 43.⑤ 44.⑤

45 다음 글은 ○○농수산 식품연구원의 보고서의 일부이다. 이 글을 읽고 평가한 것으로 옳지 않은 것은?

> ① 유엔 식량농업기구(FAO)에 따르면 곤충의 종류는 2,013종인데, 그중 일부가 현재 식재료로 사용되고 있다. 곤충은 병균을 옮기는 더러운 것으로 알려져 있지만 깨끗한 환경에서 사육된 곤충은 식용에 문제가 없다.
>
> ② 식용으로 귀뚜라미를 사육할 경우 전통적인 육류 단백질 공급원보다 생산에 필요한 자원을 절감할 수 있다. 귀뚜라미가 다른 전통적인 단백질 공급원보다 뛰어난 점은 다음과 같다. 첫째, 쇠고기 0.45kg을 생산하기 위해 필요한 자원으로 식용 귀뚜라미 11.33kg을 생산할 수 있다. 이것이 가능한 가장 큰 이유는 귀뚜라미가 냉혈동물이라 돼지나 소와 같이 체내 온도 유지를 위한 먹이를 많이 소비하지 않기 때문이다.
>
> ③ 둘째, 식용 귀뚜라미 0.45kg을 생산하는 데 필요한 물은 감자나 당근을 생산하는 데 필요한 수준인 3.8L이지만, 닭고기 0.45kg을 생산하려면 1,900L의 물이 필요하며, 쇠고기는 닭고기의 경우보다 4배 이상의 물이 필요하다. 셋째, 귀뚜라미를 사육할 때 발생하는 온실가스의 양은 가축을 사육할 때 발생하는 온실가스양의 20%에 불과하다.
>
> ④ 현재 곤충 사육은 많은 지역에서 이루어지고 있지만, 식용 곤충의 공급이 제한적이고 사람들에게 곤충도 식량이 될 수 있다는 점을 이해시키는 데 어려움이 있다. 따라서 새로운 식용 곤충 생산과 공급방법을 확충하고 곤충 섭취에 대한 사람들의 거부감을 줄이는 방안이 필요하다.
>
> ⑤ 현재 식용 귀뚜라미는 주로 분말 형태로 100g당 10달러에 판매된다. 이는 같은 양의 닭고기나 쇠고기의 가격과 큰 차이가 없다. 그러나 인구가 현재보다 20억 명 더 늘어날 것으로 예상되는 2050년에는 귀뚜라미 등 곤충이 저렴하게 저녁식사 재료로 공급될 것이다.

① 김 연구원 : 쇠고기 생산보다 식용 귀뚜라미 생산에 자원이 덜 드는 이유 중 하나는 귀뚜라미가 냉혈동물이라는 점이다.

② 이 연구원 : 현재 곤충 사육은 많은 지역에서 이루어지고 있지만, 식용으로 사용되는 곤충의 종류는 일부에 불과하다.

③ 박 연구원 : 식용 귀뚜라미와 동일한 양의 쇠고기를 생산하려면, 귀뚜라미 생산에 필요한 물보다 500배의 물이 필요하다.

④ 정 연구원 : 식용 귀뚜라미 생산에는 쇠고기 생산보다 자원이 적게 들지만, 현재 이 둘의 100g당 판매가격은 큰 차이가 없다.

⑤ 임 연구원 : 가축을 사육할 때 발생하는 온실가스의 양은 귀뚜라미를 사육할 때의 5배다.

1. 하드디스크는 고속으로 회전하는 디스크의 표면에 데이터를 저장한다. 데이터는 동심원으로 된 트랙에 저장되는데, 하드디스크는 트랙을 여러 개의 섹터로 미리 구획하고 트랙을 오가는 헤드를 통해 섹터 단위로 읽기와 쓰기를 수행한다. 하드디스크에서 데이터 입출력 요청을 완료하는 데 걸리는 시간을 접근 시간이라고 하며, 이는 하드디스크의 성능을 결정하는 기준 중 하나가 된다. 접근 시간은 원하는 트랙까지 헤드가 이동하는 데 소요되는 탐색 시간과 트랙 위에서 해당 섹터가 헤드의 위치까지 회전해 오는 데 걸리는 대기 시간의 합이다. 하드디스크의 제어기는 '디스크 스케줄링'을 통해 접근 시간이 최소가 되도록 한다.

2. ㉠ 200개의 트랙이 있고 가장 안쪽의 트랙이 0번인 하드디스크를 생각해보자. 현재 헤드가 54번 트랙에 있고 대기 큐*에는 '99, 35, 123, 15, 66' 트랙에 대한 처리 요청이 들어와 있다고 가정하자. 요청 순서대로 데이터를 처리하는 방법을 'FCFS 스케줄링'이라 하며, 이때 헤드는 '54 → 99 → 35 → 123 → 15 → 66'과 같은 순서로 이동하여 데이터를 처리하므로 헤드의 총 이동 거리는 356이 된다.

3. 만일 헤드가 현재 위치로부터 이동 거리가 가장 가까운 트랙 순서로 이동하면 '54 → 66 → 35 → 15 → 99 → 123'의 순서가 되므로, 이때 헤드의 총 이동 거리는 171로 줄어든다. 이러한 방식을 'SSTF 스케줄링'이라 한다. 이 방법을 사용하면 FCFS 스케줄링에 비해 헤드의 이동 거리가 짧아 탐색 시간이 줄어든다. 하지만 현재 헤드 위치로부터 가까운 트랙에 대한 데이터 처리 요청이 계속 들어오면 먼 트랙에 대한 요청들의 처리가 미뤄지는 문제가 발생할 수 있다.

4. 이러한 SSTF 스케줄링의 단점을 개선한 방식이 'SCAN 스케줄링'이다. SCAN 스케줄링은 헤드가 디스크의 양 끝을 오가면서 이동 경로 위에 포함된 모든 대기 큐에 있는 트랙에 대한 요청을 처리하는 방식이다. 위의 예에서 헤드가 현재 위치에서 트랙 0번 방향으로 이동한다면 '54 → 35 → 15 → 0 → 66 → 99 → 123'의 순서로 처리하며, 이때 헤드의 총 이동 거리는 177이 된다. 이 방법을 쓰면 현재 헤드 위치에서 멀리 떨어진 트랙이라도 최소한 다음 이동 경로에는 포함되므로 처리가 지나치게 늦어지는 것을 막을 수 있다. SCAN 스케줄링을 개선한 'LOOK 스케줄링'은 현재 위치로부터 이동 방향에 따라 대기 큐에 있는 트랙의 최솟값과 최댓값 사이에서만 헤드가 이동함으로써 SCAN 스케줄링에서 불필요하게 양 끝까지 헤드가 이동하는 데 걸리는 시간을 없애 탐색 시간을 더욱 줄인다.

※ 대기 큐 : 하드디스크에 대한 데이터 입출력 요청을 임시로 저장하는 곳

46 〈보기〉는 주어진 조건에 따라 ㉠에서 헤드가 이동하는 경로를 나타낸 것이다. (개), (내)에 해당하는 스케줄링 방식으로 적절한 것은?

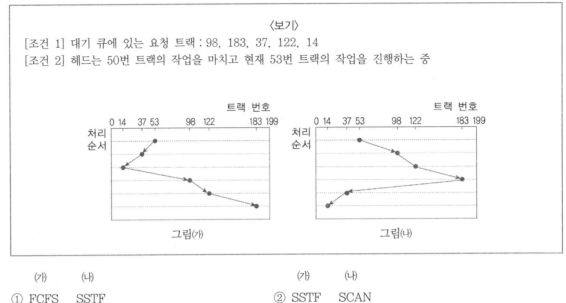

① FCFS   SSTF   ② SSTF   SCAN

③ SSTF   LOOK   ④ SCAN   LOOK

⑤ LOOK   SCAN

47 헤드의 위치가 트랙 0번이고 현재 대기 큐에 있는 요청만을 처리한다고 할 때, 각 스케줄링의 탐색 시간의 합에 대한 비교로 옳은 것은?

① 요청된 트랙 번호들이 내림차순이면, SSTF 스케줄링과 LOOK 스케줄링에서 탐색 시간의 합은 같다.

② 요청된 트랙 번호들이 내림차순이면, FCFS 스케줄링이 SSTF 스케줄링보다 탐색 시간의 합이 작다.

③ 요청된 트랙 번호들이 오름차순이면, FCFS 스케줄링과 LOOK 스케줄링에서 탐색 시간의 합은 다르다.

④ 요청된 트랙 번호들이 오름차순이면, FCFS 스케줄링이 SCAN 스케줄링보다 탐색 시간의 합이 크다.

⑤ 요청된 트랙 번호들에 끝 트랙이 포함되면, LOOK 스케줄링이 SCAN 스케줄링보다 탐색 시간의 합이 크다.

48 다음 〈표〉는 올해 화학제품 매출액 상위 9개 기업의 매출액에 대한 자료이다. 〈표〉와 〈조건〉에 근거하여 ⊙ ~ ㉣에 해당하는 기업을 바르게 나열한 것은?

〈표〉 올해 화학제품 매출액 상위 9개 기업의 매출액

(단위 : 십억 달러, %)

구분 기업	화학제품 매출액	전년 대비 증가율	총매출액	화학제품 매출액 비율
A기업	72.9	17.8	90.0	81.0
㉠	62.4	29.7	( )	100.0
㉡	54.2	28.7	( )	63.2
B기업	37.6	5.3	39.9	94.2
㉢	34.6	26.7	( )	67.0
C기업	32.1	14.2	55.9	57.4
㉣	29.7	10.0	( )	54.9
D기업	28.3	15.0	34.5	82.0
E기업	23.2	24.7	48.2	48.1

※ 화학제품 매출액 비율(%)= $\dfrac{\text{화학제품 매출액}}{\text{총매출액}} \times 100$

〈조건〉
• 'F기업'과 'G기업'의 전년 화학제품 매출액은 각각 해당 기업의 올해 화학제품 매출의 80 % 미만이다.
• 'H기업'과 'I기업'의 올해 화학제품 매출액은 각각 총매출액에서 화학제품을 제외한 매출액의 2배 미만이다.
• 올해 총매출액은 'C기업'가 'G기업'보다 작다.
• 전년 화학제품 매출액은 'B기업'이 'I기업'보다 크다.

	㉠	㉡	㉢	㉣
①	F기업	H기업	G기업	I기업
②	F기업	I기업	G기업	H기업
③	H기업	G기업	I기업	F기업
④	G기업	I기업	F기업	H기업
⑤	G기업	H기업	F기업	I기업

49 다음 자료를 참고할 때, 올해의 50 ~ 100인 미만의 근로자 파견사업체의 개수는 몇 개인가? (단, 사업체 수는 소수점 이하 절사한다.)

근로자 파견업체의 규모를 살펴보면 100인 이상의 근로자를 파견한 업체는 9.6%에 불과하나, 100인 미만의 근로자를 파견한 업체는 90.4%나 되는 등 대부분의 파견사업체가 영세성을 면치 못하고 있음을 알 수 있다. 한편 전체 파견사업자 수는 지난 해 2,388개보다 4.5% 증가한 수치를 보였다. 올1해 12월 말 기준으로 파견사업체 비중을 규모별로 살펴보면 다음과 같다.

〈근로자 파견규모별 파견사업체 현황〉

(단위: %)

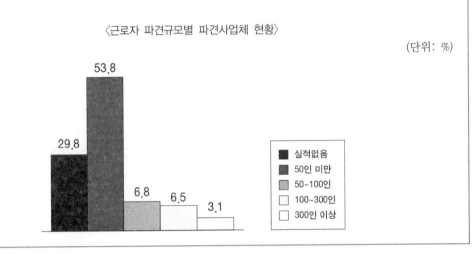

① 151개
② 155개
③ 164개
④ 169개
⑤ 173개

50 다음 〈조건〉을 근거로 판단할 때, 〈보기〉에서 옳은 것만을 모두 고르면?

〈조건〉
- A사와 B사는 신제품을 공동개발하여 판매한 총 순이익을 아래와 같은 기준에 의해 분배하기로 약정하였다.
  ⓐ A사와 B사는 총 순이익에서 각 회사 제조원가의 10%에 해당하는 금액을 우선 각자 분배받는다.
  ⓑ 총 순이익에서 위 ⓐ의 금액을 제외한 나머지 금액에 대한 분배기준은 연구개발비, 판매관리비, 광고홍보비 중 어느 하나로 결정하며, 각 회사가 지출한 비용에 비례하여 분배액을 정하기로 한다.
- 신제품 개발과 판매에 따른 비용과 총 순이익은 다음과 같다.

(단위 : 억 원)

구분	A사	B사
제조원가	200	600
연구개발비	100	300
판매관리비	200	200
광고홍보비	300	150
총 순이익	200	

〈보기〉
㉠ 분배받는 순이익을 극대화하기 위한 분배기준으로, A사는 광고홍보비를, B사는 연구개발비를 선호할 것이다.
㉡ 연구개발비가 분배기준이 된다면, 총 순이익에서 B사가 분배받는 금액은 A사의 3배이다.
㉢ 판매관리비가 분배기준이 된다면, 총 순이익에서 A사와 B사의 분배받은 금액은 동일하다.
㉣ 광고홍보비가 분배기준이 된다면, 총 순이익에서 A사가 분배받은 금액은 B사보다 많다.

① ㉠㉡
② ㉠㉢
③ ㉠㉣
④ ㉡㉣
⑤ ㉢㉣

▮1 ~ 3▮다음은 「농업협동조합법」에 관한 법률의 일부이다. 이어지는 물음에 답하시오.

제26조(의결권 및 선거권) 조합원은 출자액의 많고 적음에 관계없이 평등한 의결권 및 선거권을 가진다. 이 경우 선거권은 임원 또는 대의원의 임기만료일 전 180일까지 해당 조합의 조합원으로 가입한 자만 행사할 수 있다.

제27조(의결권의 대리)

제1항 조합원은 대리인에게 의결권을 행사하게 할 수 있다. 이 경우 그 조합원은 출석한 것으로 본다.

제2항 대리인은 다른 조합원 또는 본인과 동거하는 가족이어야 하며, 대리인이 대리할 수 있는 조합원의 수는 1 인으로 한정한다.

제3항 대리인은 ㉠ 대리권을 증명하는 서면을 지역농협에 제출하여야 한다.

제28조(가입)

제1항 지역농협은 정당한 사유 없이 조합원 자격을 갖추고 있는 자의 가입을 거절하거나 다른 조합원보다 불리 한 가입 조건을 달 수 없다. 다만, 제30조 제1항 각 호의 어느 하나에 해당되어 제명된 후 2년이 지나지 아니한 자에 대하여는 가입을 거절할 수 있다.

제2항 조합원은 해당 지역농협에 가입한 지 1년 6개월 이내에는 같은 구역에 설립된 다른 지역농협에 가입할 수 없다.

제3항 새로 조합원이 되려는 자는 정관으로 정하는 바에 따라 출자하여야 한다.

제4항 지역농협은 조합원 수를 제한할 수 없다.

제5항 사망으로 인하여 탈퇴하게 된 조합원의 상속인이 제19조 제1항에 따른 조합원 자격이 있는 경우에는 피 상속인의 출자를 ㉡ 승계하여 조합원이 될 수 있다.

제6항 제5항에 따라 출자를 승계한 상속인에 관하여는 제1항을 준용한다.

제29조(탈퇴)

제1항 조합원은 지역농협에 탈퇴 의사를 알리고 탈퇴할 수 있다.

제2항 조합원이 다음의 어느 하나에 해당하면 당연히 탈퇴된다.

    1. 조합원의 자격이 없는 경우

    2. 사망한 경우

    3. 파산한 경우

    4. 성년후견개시의 심판을 받은 경우

    5. 조합원인 법인이 해산한 경우

제3항 이사회는 조합원의 전부 또는 일부를 대상으로 제2항 각 호의 어느 하나에 해당하는지를 확인하여야 한다.

제30조(제명)

제1항 지역농협은 조합원이 다음 각 호의 어느 하나에 해당하면 총회의 의결을 거쳐 제명할 수 있다.

    1. 1년 이상 지역농협의 사업을 이용하지 아니한 경우

    1의2. 2년 이상 경제사업을 이용하지 아니한 경우. 다만, 정관에서 정하는 정당한 사유가 있는 경우는 제외한다.

    2. 출자 및 경비의 ⓒ납입, 그 밖의 지역농협에 대한 의무를 이행하지 아니한 경우

    3. 정관으로 금지한 행위를 한 경우

제2항 지역농협은 조합원이 제1항 각 호의 어느 하나에 해당하면 총회 개회 10일 전까지 그 조합원에게 제명의 사유를 알리고 총회에서 의견을 진술할 기회를 주어야 한다.

제31조(지분환급청구권과 환급정지)

제1항 탈퇴 조합원(제명된 조합원 포함)은 탈퇴(제명 포함) 당시의 회계연도의 다음 회계연도부터 정관으로 정하는 바에 따라 그 지분의 ⓔ환급을 청구할 수 있다.

제2항 제1항에 따른 청구권은 2년간 행사하지 아니하면 소멸된다.

제3항 지역농협은 탈퇴 조합원이 지역농협에 대한 채무를 다 갚을 때까지는 제1항에 따른 지분의 환급을 정지할 수 있다.

제32조(탈퇴 조합원의 손실액 부담) 지역농협은 지역농협의 재산으로 그 ⓜ채무를 다 갚을 수 없는 경우에는 제31조에 따른 환급분을 계산할 때 정관으로 정하는 바에 따라 탈퇴 조합원이 부담하여야 할 손실액의 납입을 청구할 수 있다. 이 경우 제31조 제1항 및 제2항을 준용한다.

제33조(의결 취소의 청구 등)

제1항 조합원은 총회(창립총회 포함)의 소집 절차, 의결 방법, 의결 내용 또는 임원의 선거가 법령, 법령에 따른 행정처분 또는 정관을 위반한 것을 사유로 하여 그 의결이나 선거에 따른 당선의 취소 또는 무효 확인을 농림축산식품부장관에게 청구하거나 이를 청구하는 소를 제기할 수 있다. 다만, 농림축산식품부장관은 조합원의 청구와 같은 내용의 소가 법원에 제기된 사실을 알았을 때에는 제2항 후단에 따른 조치를 하지 아니한다.

제2항 제1항에 따라 농림축산식품부장관에게 청구하는 경우에는 의결일이나 선거일부터 1개월 이내에 조합원 300인 또는 100분의 5 이상의 동의를 받아 청구하여야 한다. 이 경우 농림축산식품부장관은 그 청구서를 받은 날부터 3개월 이내에 이에 대한 조치 결과를 청구인에게 알려야 한다.

제3항 제1항에 따른 소에 관하여는 「상법」 제376조부터 제381조까지의 규정을 준용한다.

제4항 제1항에 따른 의결 취소의 청구 등에 필요한 사항은 농림축산식품부령으로 정한다.

1   위의 법률을 보고 판단한 내용으로 적절하지 않은 것은?

    ① 탈퇴 조합원은 그 지분의 환급금 청구를 2년간 행사하지 않을 경우 소멸된다.

    ② 1년 이상 지역농협 사업을 이용하지 아니한 경우에는 조합원 가입을 거절할 수 있다.

    ③ 위반의 사유로 의결의 취소를 청구할 경우 의결일로부터 2개월 이내에 청구할 수 있다.

    ④ 조합원은 출자액의 많고 적음에 관계없이 의결권과 선거권을 평등하게 가진다.

    ⑤ 다른 조합원, 본인, 동거 가족에게만 조합원 대신 의결권을 행사할 수 있다.

📖 **Answer.** 1.③

2 다음 A 씨의 의결권 대리 행사가 가능한 것은?

① 지방에 살고 계신 부모님이 대리권을 행사해도 출석이 인정된다.

② 조합원 B와 C가 함께 의결권을 행사할 수 있다.

③ A가 사전에 등록한 대리인일 경우에는 의결권을 행사할 수 있다.

④ A와 함께 사는 동생이 대리권을 증명하기 위해서는 서면을 제출해야 한다.

⑤ 조합원의 경우에 서면을 제출하지 않아도 된다.

3 ㉠ ~ ㉤에 해당하는 한자가 아닌 것은?

① ㉠ - 代理權

② ㉡ - 承繼

③ ㉢ - 納入

④ ㉣ - 還給

⑤ ㉤ - 債貿

4   다음 글의 논지 전개 방식과 관련한 서술상의 특징으로 적절하지 않은 것은?

생명은 탄생과 죽음으로 하나의 단위를 형성한다. 우리의 관심은 '잘 사는 것'과 '잘 죽는 것'으로 표현할 수 있다. 죽음은 인간의 총체를 형성하는 결정적인 요소라고 할 수 있는데, 이러한 요소로 탄생보다는 죽음에 대한 철학적이고 문화적인 이해가 훨씬 더 많이 발달할 수밖에 없었다. 게다가 죽음이란 한 존재의 사멸, 부정의 의미이므로 여러 가지 인격을 갖고 살아가고 있는 현대인의 어떤 정체성을 부정하거나 사멸시키는 하나의 행위로서 은유적으로 사용되기도 한다. 이것은 죽음이 철학적 사변의 대상이 될 뿐만 아니라 어느 시대나 그 시대를 살아가는 문화적 관습의 근거가 되기도 하며 더 나아가 예술의 핵심을 형성하고 있다는 말이 된다. 그러한 물음을 모아보면 다음과 같은 것들을 꼽을 수 있다. 모든 인간 하나하나는 자신이 죽는다는 사실을 확실하게 아는가? 인간은 모든 인간은 죽는다는 사실을 확실하게 아는가? 죽는다는 사실은 나쁜 것인가?

많은 심리학자들은 죽음에 대한 이해는 인간이 타고나면서 저절로 알게 되는 것은 아니라고 한다. 그보다는 죽음이란 이 세상을 살아가면서 배워서 아는 것이라고 한다. 말하자면 어린이들은 죽음에 대한 개념이 없다가 점차 주변의 죽음을 이해하고 죽음에 대한 가르침을 통해서 죽음이란 무엇인가를 배운다는 것이다. 또 지금까지 많은 사람들이 죽었다고 해서 모든 사람들이 다 죽는다고 결론을 내릴 수 없다는 것은 상식이다. 죽음을 이겨낸 사람이 있다는 믿음을 가진 사람들이 있고 죽음이 필연적이라는 데 대해서 확고한 증거를 제시할 수도 없다.

생명의 출발로부터 시작해서 죽음에 이르는 긴 시간의 과정이 바로 삶의 전체이다. 하지만 생명의 출발에 대한 이해도 여러 가지의 국면으로 나누어 이해할 수 있다. 나 자신의 물질적인 근거, 생물학적인 존재로서 나의 출발이다. 수정되어 태아 상태를 거쳐 하나의 성체가 되기까지의 나의 존재의 기원을 물질주의적으로 생물학적으로 묻는다.

또 하나는 철학적, 목적적으로 묻는 일이다. 즉 나는 이 세상에 왜 태어났는가 하는 것이다. 나의 이 세상에서 살아야 하는 목적을 묻게 되면 필연적으로 그것은 철학적, 윤리적, 가치론적 입장이 되지 않을 수가 없다. 인간 종의 기원에 대한 물음도 물질주의적 생물학적인 근거를 추적하는 일과 존재론적인, 목적론적인 원인을 추적하는 일로 나누어 생각해볼 수 있다. 그래서 인간의 기원을 외부로부터 들어온 유기물이 원시 지구의 환경 속에서 성장한 것이라고 생각할 수도 있겠지만, 두루미나 호박벌이 가져온 골칫거리라고 생각할 수도 있다. 어느 것이 더 믿을만하냐 라고 묻더라도 어떤 종류의 믿음을 말하느냐에 따라 달라진다.

이처럼 인간이라는 한 존재의 기원과 소멸까지는 단순히 하나의 분과 학문으로서만 이해할 수 있는 성질의 것은 아니다. 여러 학문, 특히 과학 기술적 접근과 인문주의적 접근이 동시에 이루어짐으로써 그것에 대하여 보다 풍성한 이해를 유도할 수 있다.

① 핵심 단어에 대한 의미를 찾아가며 논점을 전개하고 있다.
② 드러난 상식으로부터 새로운 가치를 도출하려는 시도를 하려고 한다.
③ 특정 현상을 다양한 각도에서 조명해 보고자 한다.
④ 일반적인 통념에 대한 심도 있는 고찰 방법을 제시하고 있다.
⑤ 반대되는 논거를 제시하여 절충된 가치를 통해 글의 주제에 접근하고 있다.

Answer. 2.④ 3.⑤ 4.⑤

|5~6| 다음 보험의 상품설명서를 확인하고 물음에 답하시오.

〈농작업 근로자 안전보험〉

1. 상품 특징
   • 농가 경영 안정화를 위한 농작업 근로자 대상 상품
   • 농작업 중 일어날 수 있는 재해 및 질병 중점 보장
   • 보험료의 50% 이상 정부에서 지원(단, 국고 지원 자격 충족 시)

2. 가입내용
   • 보험계약자 : 농업인 및 농업 관련 법인
   • 피보험자 : 보험계약자가 농작업 수행을 위해 고용한 단기 피고용인
   • 주 계약 : 기본형, 상해 · 질병치료급여금 부담보형
   • 가입 나이 : 15 ~ 87세
   • 보험 기간 : 1일 ~ 89일
   • 납입 방법 : 일시납

3. 보장내용

급부명	지급사유	지급 금액
유족급여금	농업작업안전재해 또는 농업작업안전질병으로 사망하였을 경우(다만, 농업작업안전질병 중 '유해생물방제제(농약)의 독성효과' 제외)	1,000만 원
재해장해급여금	농업작업안전재해로 인해 장해분류표에서 정한 장해지급률 중 3% 이상 80% 미만 장해상태가 되었을 경우	1,000만 원 × 장해지급률
휴업(입원)급여금	농업작업안전재해 또는 농업작업안전질병으로 치료를 직접목적으로 하여 4일 이상 계속 입원하였을 경우(1회 입원당 120일 한도)	3일 초과 입원일수 1일 2만 원
고도장해급여금	농업작업안전재해 또는 동일한 농업작업안전질병으로 인해 장해분류표 상 여러 신체부의 장해 지급률을 더하여 80% 이상인 장해상태가 되었을 경우(최초 1회 한)	1,000만 원
재활(재해장해)급여금	농업작업안전재해로 인하여 장해분류표에서 정한 장해지급률 중 3% 이상 80% 미만의 장해상태가 되었을 경우	500만 원 × 장해지급률
특정 질병수술급여금	특정 질병으로 수술을 받았을 경우	수술 1회당 30만 원
특정 감염병진단급여금	특정 감염병으로 진단 확정되었을 경우	진단 1회당 30만 원

※ 농업작업업안정질병은 '농업작업 관련 질병 분류표'를 따른다.

4. 주요 유의사항

- 청약 시 보험상품명, 기간, 보험료, 납입기간, 피보험자 등을 반드시 확인하고 보험상품에 대한 설명을 받아야 한다.
- 보험계약자 및 피보험자는 청약서상의 자필서명란에 반드시 본인 자필서명(전자서명 포함)을 해야 한다. 만일, 고의나 중대한 과실로 중요한 사항에 대해 사실과 다르게 알린 경우 회사가 별도로 정한 방법에 따라 계약 해지 또는 보장을 제한할 수 있다.
- 청약 시 직업·나이·운전여부·병력 등에 따라 가입이 거절될 수 있다.
- 약관 및 청약서를 받지 못한 경우, 약관의 중요내용을 설명 받지 못한 경우, 자필서명이 없는 경우에는 계약 성립일의 3개월 이내에 계약 취소가 가능하며 납입 보험료 및 보험료 전액과 정해진 이자를 돌려준다.

〈농업작업 관련 질병 분류표〉

대상 질병명	분류번호	대상 질병명	분류번호
피부염 및 습진	L20 – L30	파라티푸스	A01.0 – A01.4
두드러기 및 홍반	L50 – L54	급성 A형간염	B15
부식물질의 독성효과	T52	파상풍	A33 – A35
유해생물방제제의 독성효과	T60	디프테리아	A36
윤활막 및 힘줄장애	M60 – M63	일본뇌염	A37
관절통	M25.5	홍역	B05
기타 연조직장애	M70 – M79	탄저병	A22
과다한 자연열 노출	X30	렙토스피라병	A27
팔의 단일신경병증	G56	비폐렴성 재항군인병	A48.2
콜레라	A00		

5 다음의 내용을 분석한 것으로 적절하지 않은 것은?

① 특정 감염병진단 급여금은 진단 확정이 되면 1회당 30만 원을 지급받는다.
② 보험계약자 및 피보험자는 농협 관련 법인이다.
③ T60으로 사망한 경우에는 유족급여금이 지급되지 않는다.
④ 청약서에는 보험계약자 및 피보험자의 자필서명은 전자서명으로도 가능하다.
⑤ 만 15세 미만은 본 상품의 가입이 제한된다.

6 농작업 중 사고로 장해지급률 85%인 장해상태가 되었을 경우 보험금 지급 금액은?

① 지급 불가
② 425만 원
③ 500만 원
④ 850만 원
⑤ 1,000만 원

📝 **Answer.** 5.② 6.⑤

|7 ~ 8| 다음을 제시된 글을 읽고 물음에 답하시오.

갑의 주장은 토지 문제를 토지 시장에 국한하지 않고 경제 전체의 흐름과 밀접하게 연결해 파악하면 된다는 것이다. 이는 토지 문제를 이용의 효율에만 국한하는 단순한 문제가 아닌 경제의 성장, 물가, 실업 등의 거시경제적 변수를 함께 고려해야 하는 복잡한 문제로 본다. (㉠) 토지 문제는 경기 변동과 직결되며 사회 정의와도 관련이 있다고 주장하고 있다.

을은 토지 문제도 다른 상품과 마찬가지로 수요와 공급의 법칙에 따라 시장이 자율적으로 조정하도록 맡기면 된다는 주장이다. 토지의 투자는 상품 투자의 일종으로 [   ]

부동산의 자본 이득이 충분히 클 경우에는 좋은 투자 대상이 되어 막대한 자금이 금융권으로부터 부동산 시장으로 흘러 들어간다. 반대로 자본의 이득이 떨어지게 될 경우 부동산에 투입되었던 자금이 다시 금융권에 회수되어 다른 시작으로 흘러 들어간다. 따라서 부동산의 자본 이득은 금융권과 부동산 시장 사이를 이어주는 것이다.

갑은 을과 달리 상품 투자와 토지 투자를 구분한다. 상품 투자는 상품 가격을 상승시키고 상품 공급을 증가시킬 수 있다. 공급이 증가하면 다시 상품의 투자가 억제되므로 상품투자에는 내재적 한계를 포함한다. (㉡) 토지는 공급이 한정되어 있기 때문에 토지 투자는 가격 상승의 제어장치가 마련되어 있지 않다. 이러한 토지 투자는 지가의 상승을 부추기며 거품이 잔뜩 낀 부동산 가격을 만들게 된다.

---

7 다음 ㉠ ~ ㉡에 들어갈 접속사는?

	㉠	㉡
①	그러나	따라서
②	따라서	그러나
③	그리고	따라서
④	반면에	그리고
⑤	하지만	그리하여

8 다음 [   ] 에 들어갈 문장으로 옳은 것은?

① 토지는 투자대상으로 볼 수 없다.
② 거시경제적 관점에서 보면 토지와 상품 투자는 상호보완적이다.
③ 상품 생산 수단으로 토지에 대한 투자가 활용된다.
④ 귀금속, 주식, 은행 예금만큼 좋은 투자의 대상으로 본다.
⑤ 부동산 시장과 금융권의 사이를 이어준다.

9 다음은 정보공개제도에 대하여 설명하고 있는 글이다. 이 글의 내용을 제대로 이해하지 못한 것은?

☞ 정보공개란?
「정보공개제도」란 공공기관이 직무상 작성 또는 취득하여 관리하고 있는 정보를 수요자인 국민의 청구에 의하여 열람·사본·복제 등의 형태로 청구인에게 공개하거나 공공기관이 자발적으로 또는 법령 등의 규정에 의하여 의무적으로 보유하고 있는 정보를 배포 또는 공표 등의 형태로 제공하는 제도를 말합니다. 전자를 「청구공개」라 한다면, 후자는 「정보제공」이라 할 수 있습니다.

☞ 정보공개 청구권자
대한민국 모든 국민, 외국인(법인, 단체 포함)
• 국내에 일정한 주소를 두고 거주하는 자, 국내에 사무소를 두고 있는 법인 또는 단체
• 학술/연구를 위하여 일시적으로 체류하는 자

☞ 공개 대상 정보
공공기관이 직무상 또는 취득하여 관리하고 있는 문서(전자문서를 포함), 도면, 사진, 필름, 테이프, 슬라이드 및 그 밖에 이에 준하는 매체 등에 기록된 사항

☞ 공개 대상 정보에 해당되지 않는 예(행정안전부 유권해석)
• 업무 참고자료로 활용하기 위해 비공식적으로 수집한 통계자료
• 결재 또는 공람절차 완료 등 공식적 형식요건 결여한 정보
• 관보, 신문, 잡지 등 불특정 다수인에게 판매 및 홍보를 목적으로 발간된 정보
• 합법적으로 폐기된 정보
• 보유·관리하는 정보만이 대상이므로 공공기관은 정보를 새로 작성(생성)하거나 취득하여 공개할 의무는 없음

☞ 비공개 정보(「공공기관의 정보공개에 관한 법률」 제9조)
• 법령에 의해 비밀·비공개로 규정된 정보
• 국가안보·국방·통일·외교관계 등에 관한 사항으로 공개될 경우 국가의 중대한 이익을 해할 우려가 있다고 인정되는 정보
• 공개될 경우 국민의 생명·신체 및 재산의 보호에 현저한 지장을 초래할 우려가 있다고 인정되는 정보
• 진행 중인 재판에 관련된 정보와 범죄의 예방, 수사, 공소의 제기 등에 관한 사항으로서 공개될 경우 그 직무수행을 현저히 곤란하게 하거나 피고인의 공정한 재판을 받을 권리를 침해한다고 인정되는 정보
• 감사·감독·검사·시험·규제·입찰계약·기술개발·인사관리·의사결정과정 또는 내부검토과정에 있는 사항 등으로서 공개될 경우 업무의 공정한 수행이나 연구·개발에 현저한 지장을 초래한다고 인정되는 정보
• 당해 정보에 포함되어 있는 이름·주민등록번호 등 개인에 관한 사항으로서 공개될 경우 개인의 사생활의 비밀·자유를 침해할 수 있는 정보
• 법인·단체 또는 개인(이하 "법인 등"이라 한다)의 경영·영업상 비밀에 관한 사항으로서 공개될 경우 법인 등의 정당한 이익을 현저히 해할 우려가 있다고 인정되는 정보
• 공개될 경우 부동산 투기·매점매석 등으로 특정인에게 이익 또는 불이익을 줄 우려가 있다고 인정되는 정보

---

① 공공기관은 국민이 원하는 정보를 요청자의 요구에 맞추어 작성, 배포해 주어야 한다.
② 공공기관의 정보는 반드시 국민의 요구가 있어야만 공개하는 것은 아니다.
③ 공공의 이익에 저해가 된다고 판단되는 정보는 공개하지 않을 수 있다.
④ 공식 요건을 갖추지 않은 미완의 정보는 공개하지 않을 수 있다.
⑤ 관광차 한국에 잠시 머물러 있는 외국인은 정보 공개 요청의 권한이 없다.

Answer. 7.② 8.④ 9.①

10 다음은 은행의 보수적인 금융행태의 원인에 대하여 설명하는 글이다. 다음 글에서 지적한 가장 핵심적인 은행의 보수적인 모습으로 적절한 것은?

> 외환위기 이후 구조조정 과정에서 은행은 생존을 위해서는 양호한 경영실적을 올리는 것이 중요하다는 것을 절감하였다. 특히 단기수익을 중시하는 성향이 높은 외국인의 지분 확대는 은행의 단기수익성 제고에 대한 부담을 가중시켰다. 이에 따라 은행은 상대적으로 위험부담이 적고 수익창출이 용이한 가계대출을 중심으로 대출을 증가시키게 되었다. 2000년대 초반 가계대출의 예대마진이 중소기업대출보다 높았던 데다 부동산시장이 활황세를 나타냄에 따라 은행은 가계대출을 증가시킴으로써 수익을 향상시킬 수 있었다. 중소기업대출의 예대마진이 가계대출을 상회한 2000년대 중반 이후에도 부동산시장의 호조와 상대적으로 낮은 연체율 등에 힘입어 은행은 가계대출 중심의 대출행태를 지속하였다. 단기수익 중시의 단견주의(Short Termism)는 은행 임직원의 행태에도 큰 영향을 미쳤다. 대체로 3년 정도가 임기인 은행장은 장기 비전을 가지고 은행을 경영하기보다는 단기수익을 극대화할 수 있는 영업 전략을 선택할 수밖에 없게 되었다. 또한 직원에 대한 핵심성과지표(KPI)가 수익성 및 여수신 유치실적 등 단기성과 중심으로 구성되어 있어 위험성이 높지만 성장 가능성이 높은 유망한 중소·벤처 기업에 대한 대출보다는 주택담보대출과 같이 상대적으로 안전하고 손쉬운 대출을 취급하려는 유인이 높아졌다.

① 내부 임직원에 대한 구태의연한 평가방식
② 은행장의 무모한 경영 전략 수립
③ 대기업에 집중된 기업대출 패턴
④ 수익성 추구의 단기성과주의
⑤ 지급준비율 인상을 통한 현금 보유 확대

11 다음 글의 내용이 참일 경우, 반드시 참인 것을 보기에서 고른 것은?

해양자원기술 A연구소는 세계 최초의 해양자원을 통한 전기기술을 개발하였다. 연구소는 해양자원을 통한 전기의 상용화를 위하여 학술대회를 열었는데, 연구원들이 학술대회로 자리를 비운 사이 누군가가 해양자원 상용화를 위한 핵심 기술의 기밀자료를 훔쳐갔다. 경찰은 용의자로 민경, 성아, 지수, 혜민을 지목하였고 학술대회의 상황을 물어 심문하였는데 아래와 같은 답변을 하였다.

〈답변〉

민경 : 학술대회에서 발표한 상용화 아이디어 중 적어도 하나는 참석한 모든 사람들의 관심을 받았습니다. 성아는 범인이 아닙니다.

성아 : 학술대회에 참석한 누구나 학술대회에서 발표한 하나 이상의 아이디어에 관심을 가졌습니다. 범인은 지수이거나 혜민입니다.

지수 : 학술대회에 참석한 몇몇 사람은 학술대회에서 발표한 상용화 아이디어 중 적어도 하나에 관심이 있었습니다. 혜민은 범인이 아닙니다.

혜민 : 학술대회에 참석한 모든 사람들이 어떤 상용화 아이디어에도 관심이 없었습니다. 범인은 민경입니다.

수사 결과 이들은 각각 참만 말하거나 거짓만을 말하는 것으로 나타났다. 또한 네 명 중 한 명만 범인으로 드러났다.

〈보기〉

㉠ 민경과 지수의 말이 모두 참일 수 있다.
㉡ 성아와 지수의 말이 모두 참일 수는 없다.
㉢ 거짓말한 사람이 단 한 명이라면, 범인은 지수이다.

① ㉠
② ㉢
③ ㉠㉡
④ ㉠㉢
⑤ ㉠㉡㉢

📄 **Answer.** 10.④ 11.④

2021년 11월 28일 기출복원문제 **187**

12 다음 보고서에 대한 분석으로 적절한 것을 고른 것은?

〈보고서〉

제 목 : 인식론의 '자연화'

이 름 : 철학자 A

내 용 : 자연과학 방법론의 자연과학이 수용하는 존재론에 따라 연구를 수행하는 것을 '자연화'라고 한다. 하지만 심리학을 자연과학의 하나라고 생각하며 인식론의 '자연화'를 주장하기 위하여 다음과 같은 논증을 제시한다.

〈논증〉

(가) 전통적 인식론은 적어도 다음과 같은 목표를 가진다.

    1. 세계에 관한 믿음을 정당화 한다.

    2. 세계에 관한 믿음을 나타내는 문장을 감각 경험을 나타내는 문장으로 번역한다.

(나) 전통적 인식론은 두 가지 목표 모두 달성할 수 없다.

(다) 만약 두 가지 목표 중 어느 하나도 달성할 수 없을 경우, 전통적 인식론은 폐기해야 한다.

(라) 전통적 인식론은 폐기해야 한다.

(마) 만약 전통적 인식론이 폐기되면 인식론자는 전통적 인식론 대신 심리학을 연구해야 한다.

(바) 인식론자는 전통적 인식론 대신 심리학을 연구한다.

〈보기〉

㉠ (다)의 논증이 없어도 (바)의 도출이 가능하다.

㉡ (라)는 어떤 진술들의 결론이며 전체적인 논증의 또 다른 전제이기도 하다.

㉢ (가)의 '세계에 관한 믿음을 정당화 한다'는 목표가 이뤄질 경우 (바)는 도출되지 않는다.

㉣ 철학자 A는 심리학을 자연과학의 한 부분으로 생각하며 연구에 대한 논증을 제시하고 있다.

① ㉠㉡

② ㉠㉢

③ ㉡㉢

④ ㉡㉣

⑤ ㉠㉡㉢

13 다음 자료를 보고 12월 1일부터 6일까지의 지역 농산물 유통센터에서 판매된 ○○시의 감귤(box)의 총 판매액으로 옳은 것은?

<지역 농산물 유통센터 운영사항>
• 농산물의 판매를 촉진을 위하여 ○○시는 지역 농산물 유통센터를 운영하고 있다. 해당 유통센터는 농산물을 수확 당일 모두 판매하는 것을 목표로 운영한다.
• 유통센터는 당일 판매하지 못한 농산물들을 판매가에서 25% 할인하여 다음 날 판매한다.
• 농부 A는 12월 1일부터 5일까지 매일 수확한 감귤 100박스를 수확 당일 ○○시 지역 농산물 유통센터에 공급하였다.
• 농부 A로부터 공급받은 감귤의 당일 판매가는 박스 당 2만 원이며, 매일 판매된 감귤 박스의 수는 아래와 같다.

날짜	1일	2일	3일	4일	5일	6일
판매된 감귤	70박스	110박스	100박스	100박스	110박스	10박스

※ 단, 수확 당일 판매되지 않은 감귤은 다음 날 모두 판매되었다.

① 930만 원
② 940만 원
③ 945만 원
④ 950만 원
⑤ 960만 원

14 다음 글과 보기를 근거로 판단할 경우, K 씨의 계약 의뢰 날짜와 공고 종료 후 결과통지 날짜를 올바르게 짝지은 것은?

〈OO기업의 통신인프라 도입을 위한 계약 체결 절차〉		
순서	단계	소요기간
1	계약 의뢰	1일
2	서류 검토	2일
3	입찰 공고	30일(긴급계약의 경우 10일)
4	공고 종료 후 결과통지	1일
5	입찰서류 평가	7일
6	우선순위 대상자와 협상	5일

※ 1) 소요 기간은 해당 절차의 시작부터 종료까지 걸리는 기간
　 2) 모든 절차는 하루 단위이며 주말 및 공휴일에도 중단이나 중복 없이 진행

〈보기〉

　OO기업의 K 씨는 통신인프라 도입에 대해 6월 23일에 계약 체결을 목표로 하여 계약부서에 긴급으로 계약을 의뢰하려고 한다. 계약은 우선순위 대상자와의 협상이 끝난 날의 다음 날 체결이 이뤄진다고 한다.

	계약 의뢰 날짜	공고 종료 후 결과통지 날짜
①	5월 27일	6월 10일
②	5월 27일	6월 11일
③	5월 28일	6월 10일
④	5월 28일	6월 11일
⑤	5월 28일	6월 12일

|15 ～ 16| 다음 자료를 보고 물음에 답하시오.

〈경기도 지역별 자가격리자 및 모니터링 요원 현황(12월 12일 기준)〉

(단위 : 명)

구분 \ 지역명		A	B	C	D
내국인	자가격리자	9,778	1,287	1,147	9,263
	신규 인원	900	70	20	839
	해제 인원	560	195	7	704
외국인	자가격리자	7,796	508	141	7,626
	신규 인원	646	52	15	741
	해제 인원	600	33	5	666
모니터링 요원		10,142	710	196	8,898

※ 해당일 기준 자가격리자 = 전일 기준 자가격리자 + 신규 인원 − 해제 인원

〈회의록〉

• 회의 일시 : 20xx.12.12. 14:00 ~ 16:00
• 회의 장소 : 본청 4층 회의실
• 작성자 : ○○○
• 작성일 : 20xx.12.12.
• 안건 : 감염병 확산 확인 및 모니터링 요원 추가 배치의 건
• 회의내용
  1. 지역별 자가격리자 및 모니터링 요원 현황 확인(20xx.12.12. 기준)
     − 甲시 제외 3개(乙, 丙, 丁)의 도시 모두 전일보다 자가격리자가 증가하였다.
  2. 모니터링 요원의 업무 관련 통계 자료 확인(20xx.12.12. 기준)
     − 乙시, 甲시, 丁시 모니터링 요원 대비 자가격리자의 비율은 18% 이상이다.
  3. 지역별 모니터링 요원 추가 배치
     − 乙시가 자가격리자 중 외국인 비중이 가장 높다.
     − 乙시에 외국어 구사가 가능한 모니터링 요원의 우선적 배치를 검토한다.

15 자료에 대한 설명으로 옳지 않은 것은?

① 해당 회의는 20xx년 12월 12일에 진행되었으며 회의록 작성도 같은 날 작성되었다.

② 해제 인원이 재확진이 된 경우에도 다시 신규 인원으로 포함된다.

③ 해당일 기준으로 총 자가격리자 수가 가장 많은 지역은 A이다.

④ B지역의 외국인의 전일 기준 자가격리자 수는 내국인의 해제 인원보다 294명 더 많다.

⑤ 내국인 신규 인원이 가장 적은 지역과 외국인 신규 인원이 가장 적은 지역은 같다.

16 다음 보고서의 내용을 토대로 C와 D에 해당하는 지역구가 바르게 연결된 것은?

	C	D
①	乙	甲
②	丁	乙
③	丁	甲
④	丙	丁
⑤	丙	乙

17 다음 설명을 참고할 때, 대출금 지급이 조기에 만료되는 경우를 〈보기〉에서 모두 고른 것은? (단, 모두 주택연금 대출자로 가정한다.)

주택담보 노후연금대출을 받고 본인에게 다음 각 항목의 사유 중 하나라도 발생한 경우 은행으로부터 독촉, 통지 등이 없어도 본인은 당연히 은행에 대한 당해 채무의 기한의 이익을 상실하여 곧 이를 갚아야 할 의무를 지며, 대출 기한일과 관계없이 대출금 지급이 조기에 종료됩니다.
1. 본인 및 배우자가 모두 사망한 경우
2. 본인이 사망한 후 배우자가 6월 이내에 담보주택의 소유권이전등기 및 채권자에 대한 보증부대출 채무의 인수를 마치지 아니한 경우
3. 본인 및 배우자 담보주택에서 다른 장소로 이사한 경우
4. 본인 및 배우자가 1년 이상 계속하여 담보주택에서 거주하지 아니한 경우. 다만, 입원 등 은행이 정하여 인터넷 홈페이지에 공고하는 불가피한 사유로 거주하지 아니한 경우는 제외한다.
5. 본인이 담보주택의 소유권을 상실한 경우
6. 주택담보노후연금대출 원리금이 근저당권의 설정 최고액을 초과할 것으로 예상되는 경우로서 채권자의 설정 최고액 변경 요구에 응하지 아니하는 경우
7. 그밖에 은행의 주택금융운영위원회가 정하는 일정한 사유가 발생한 경우

〈보기〉

㉠ 7개월 전 대출 명의자인 남편이 사망하였으며, 은행에 보증부대출 채무 인수를 두 달 전 완료하여 소유권이전등기는 하지 않은 배우자 A 씨
㉡ 5/1일부터 이듬해 4/30일까지의 기간 중 본인 및 배우자 모두 병원 입원 기간이 각각 1년을 초과하는 B 씨 부부
㉢ 주택연금대출을 받고 3개월 후 살고 있던 집을 팔고 더 큰 집을 사서 이사한 C 씨
㉣ 연금 대출금과 수시 인출금의 합이 담보주택에 대해 은행에서 행사할 수 있는 근저당권 최고금액을 초과하여 은행의 설정 최고액 변경 요구에 따라 필요한 절차를 수행하고 있는 D 씨

① ㉠㉢
② ㉡㉣
③ ㉠㉡㉣
④ ㉠㉢㉣
⑤ ㉡㉢㉣

다음 전기요금 계산 안내문을 보고 이어지는 물음에 답하시오.

〈주택용 전력(저압)〉

기본요금(원/호)		전력량 요금(원/kWh)	
200kWh 이하 사용	900	처음 200kWh까지	90
201~400kWh 사용	1,800	다음 200kWh까지	180
400kWh 초과 사용	7,200	400kWh 초과	279

1) 주거용 고객, 계약전력 3kWh 이하의 고객
2) 필수사용량 보장공제 : 200kWh 이하 사용 시 월 4,000원 한도 감액(감액 후 최저요금 1,000원)
3) 슈퍼유저요금 : 동·하계(7~8월, 12~2월) 1,000kWh 초과 전력량 요금은 720원/kWh 적용

〈주택용 전력(고압)〉

기본요금(원/호)		전력량 요금(원/kWh)	
200kWh 이하 사용	720	처음 200kWh까지	72
201~400kWh 사용	1,260	다음 200kWh까지	153
400kWh 초과 사용	6,300	400kWh 초과	216

1) 주택용 전력(저압)에 해당되지 않는 주택용 전력 고객
2) 필수사용량 보장공제 : 200kWh 이하 사용 시 월 2,500원 한도 감액(감액 후 최저요금 1,000원)
3) 슈퍼유저요금 : 동·하계(7~8월, 12~2월) 1,000kWh 초과 전력량 요금은 576원/kWh 적용

18 다음 두 전기 사용자인 甲과 乙의 전기요금 합산 금액으로 옳은 것?

> 甲 : 주택용 전력 저압 300kWh 사용   乙 : 주택용 전력 고압 300kWh 사용

① 68,600원
② 68,660원
③ 68,700원
④ 68,760원
⑤ 68,800원

19 위의 전기요금 계산 안내문에 대한 설명으로 옳지 않은 것은?

① 주택용 전력은 고압 요금이 저압 요금보다 더 저렴하다.
② 동계와 하계에 1,000kWh가 넘는 전력을 사용하면 기본요금과 전력량 요금이 모두 2배 이상 증가한다.
③ 저압 요금 사용자가 전기를 3kWh만 사용할 경우의 전기요금은 1,000원이다.
④ 가전기기의 소비전력을 알 경우, 전기요금 절감을 위해 전기 사용량을 200kWh 단위로 나누어 관리할 수 있다.
⑤ 슈퍼유저는 1년 중 5개월 동안만 해당된다.

20 A지역에 거주하는 사람은 모두 2,000만 명이다. 가구는 4명의 가구로 구성되어 있으며, 가구 중 1/3만 정수기를 사용한다. 정수기를 사용하는 가구는 2개월에 한 번 정수기 점검을 받을 때, 정수기 직원은 4시간에 3가구를 점검할 수 있다고 한다. 정수기 직원은 하루 8시간, 일주일 5번 근무하고, 1년은 총 52주로 구성되어 있다고 할 경우 A지역의 정수기 직원은 몇 명이 필요한가? (단, 소수점 첫째 자리에서 반올림 한다.)

① 5,400명   ② 5,410명
③ 6,400명   ④ 6,410명
⑤ 7,400명

┃21 ~ 22┃ 다음은 최저임금제도에 대한 현황을 나타낸 표이다. 이어지는 물음에 답하시오.

(단위 : 원, %, 천 명)

구분	2016년	2017년	2018년	2019년	2020년	2021년
시간급 최저시급	6,030	6,470	7,530	8,350	8,590	8,720
전년 대비 인상률(%)	8.1	7.3	㉠	10.9	㉣	1.5
영향률(%)	23.9	㉡	24	25.9	24.3	25.9
적용대상 근로자 수	18,510	18,734	19,240	㉢	21,678	21,453
수혜 근로자 수	4,420	4,366	4,625	5,376	5,264	5,546

※ 영향률 = $\dfrac{\text{수혜 근로자 수}}{\text{적용대상 근로자 수}}$ × 100, 최저임금 인상으로 수혜를 받을 것으로 추정되는 근로자 비율

21 제시된 표의 ㉠ ~ ㉣에 들어갈 알맞은 것은?

	㉠	㉡	㉢	㉣
①	16.4	23.3	20,757	2.9
②	16.4	24.3	20,757	2.9
③	17.4	23.3	20,687	1.9
④	17.4	24.3	20,687	1.9
⑤	18.4	23.5	20,557	1.9

22 다음 중 자료의 내용과 일치하는 것을 모두 고른 것은?

> ㉠ 수혜 근로자 수는 2017년부터 계속해서 증가하고 있다.
> ㉡ 2015년 최저시급의 차이가 450원일 경우 전년 대비 인상률이 8% 이상이다.
> ㉢ 2022년 전년 대비 인상률이 가장 높아지기 위해서는 10,000원 이상이어야 한다.
> ㉣ 적용 대상 근로자 수가 가장 많이 증가한 시기는 2019년이다.

① ㉠㉡   ② ㉡㉢
③ ㉡㉣   ④ ㉡㉢㉣
⑤ ㉠㉡㉢㉣

23 다음은 유통업체 A ~ F의 계약직 간접 고용 현황에 관한 자료이다. 〈보기〉 중 옳은 것을 모두 고르면?

〈유통업체 A ~ F의 계약직 간접 고용 현황〉

(단위 : 명, %)

유통업체	사업장	업종	계약직 간접 고용 수(비율)
A	가	은행	384(70.2)
	나	은행	306(29.5)
B	다	마트	269(36.6)
	라	은행	256(19.8)
C	마	마트	694(34.3)
	바	마트	433(41.1)
D	사	은행	718(48.3)
	아	마트	316(22.6)
E	자	마트	619(73.7)
	차	마트	557(57.2)
F	카	은행	944(90.5)
	타	은행	612(32.6)

※ 계약직 간접 고용 비율(%) = $\dfrac{\text{계약직 간접 고용 인원}}{\text{계약직 간접 고용 인원 + 계약직 직접 고용 인원}} \times 100$

<보기>
㉠ 계약직 직접 고용 인원은 '타'가 '사'의 5배 이상이다.
㉡ 유통업체 계약직 간접 고용 비율은 E가 B보다 높다.
㉢ 은행의 계약직 간접 고용 인원은 마트보다 2배 이상 많다.
㉣ 계약직 간접 고용 비율이 가장 높은 사업장과 가장 낮은 사업장의 직접 고용 인원의 합은 1,000명 이상이다.

① ㉠㉢

② ㉡㉢

③ ㉡㉣

④ ㉠㉡㉢

⑤ ㉡㉢㉣

24 외환사업부서는 직원들에게 설 선물세트를 주려고 한다. 다음의 자료를 보고 해당 부서가 지불해야 하는 총 비용을 고르시오.

〈설 선물세트 선호도 조사〉

(단위 : 만 원, 명)

구분	개당 가격	수요
한과	10	5
보리굴비	15	11
한돈	11	8
한우	15	14
곶감	13	4
꿀	12	3

※ 1) 수요 인원 5명마다 해당 선물세트의 가격 할인율은 4%씩 증가한다. 단, 5명 미만은 해당되지 않는다.
    2) 위 조건이 반영되었을 경우 구매 가격이 70만 원 이상인 경우 추가로 3%를 할인해준다.

① 5,525,956원

② 5,589,331원

③ 5,654,800원

④ 5,696,800원

⑤ 5,726,316원

| 25 ~ 26 | 다음은 2월 19 ~ 20일 환전 고시 환율이다. 이어지는 물음에 답하시오.

(단위 : 원)

날짜	통화	매매기준율	현찰		송금	
			사실 때	파실 때	보내실 때	받으실 때
2월 19일	미국USD(달러)	1,186.00	1,206.75	1,165.25	1,197.60	1,174.40
	유럽연합EUR(유로)	1,342.55	1,369.26	1,315.84	1,355.97	1,329.13
	일본JPY(100엔)	1,044.48	1,055.44	1,030.41	1,053.27	1,048.34
	중국CNY(위안)	185.56	194.83	176.29	187.41	183.71
2월 20일	미국USD(달러)	1,185.50	1,207.69	1,194.31	1,198.19	1,184.22
	유럽연합EUR(유로)	1,344.52	1,370.38	1,326.74	1,341.85	1,327.39
	일본JPY(100엔)	1,044.61	1,062.89	1,026.33	1,054.80	1,034.38
	중국CNY(위안)	185.56	193.71	174.28	189.11	184.16

25 고객이 2월 19일에 원화 통장으로 미국에서 5천 달러를 송금 받고, 같은 통장에서 2월 20일에 일본으로 엔화 90,000엔을 송금하고자 한다. 송금 후 고객의 통장에 남아 있는 금액은? (단, 송금 전 통장은 0원이 며 수수료는 고려하지 않는다.)

① 4,924,057원
② 4,922,680원
③ 5,013,462원
④ 5,014,660원
⑤ 5,021,369원

26 박 대리는 2월 20일 원화 통장으로 유로화 3,000유로를 송금받았다. 이를 원화로 환전하여 출금할 수 있는 금액은? (단, 수수료는 고려하지 않는다.)

① 3,495,750원
② 3,552,660원
③ 3,980,220원
④ 3,982,170원
⑤ 4,012,610원

27 N사 신입행원 채용 과정에서 지원자 전체의 15%만이 2차 필기시험을 치렀다. 1차 서류전형을 통과한 남녀 비율이 2 : 3이고 2차 필기시험을 통과한 남녀의 비율이 4 : 6이다. 2차 필기시험을 통과한 합격자가 180명이라고 할 때 필기시험에 합격한 여자 지원자의 수는 몇 명인가?

① 72명   ② 94명
③ 101명   ④ 108명
⑤ 116명

28 연말을 맞이하여 N사에서는 뮤지컬 단체 관람을 준비했다. 직원들의 편의를 위해 회사에서부터 공연장까지 단체 버스를 운행하려고 할 때, 14시 30분에 직원을 픽업할 수 있는 버스는 최소 몇 대가 필요한가? (단, 버스 한 대당 60명씩 태울 수 있다)

〈공연 관람 시간〉	
공연 관람 시간	전체 직원 대비 비율(%)
13시	20
15시 30분	35
18시	20
21시 30분	25

※ 1) 전체 직원 수는 560명이다.
   2) 관람 시간 1시간 전에 직원들을 픽업할 수 있다.

① 2대   ② 3대
③ 4대   ④ 5대
⑤ 6대

Answer. 25.② 26.③ 27.④ 28.③

29 다음은 하루특가로 판매 중인 상품이다. 甲과 乙의 총결제 금액으로 옳은 것은?

〈하루특가 판매 상품〉

상품	가격(무게)	비고
한우 1++ 등급 등심	29,900원(300g)	선착순 300명 10% 할인
사과	15,800원(5kg)	10kg 이상 주문 시 2,000원 할인
수제 떡갈비	22,000원(120g × 5개)	선착순 500명 5% 할인
한라봉	19,000원(1.8kg)	3kg 이상 주문 시 1,500원 할인
감말랭이	23,800원(1.6kg)	2kg 이상 주문 시 2,000원 할인
단감	21,900원(5kg)	-

※ 1) 기본 배송비는 3,000원, 산간지역은 6,000원
2) N카드 결제 시 5% 추가 할인
3) 100,000원 이상 주문 시 무료 배송

〈보기〉

• 甲은 사과 10kg, 한라봉 1.8kg를 주문하였다. 그리고 수제 떡갈비를 구매하였는데 선착순 200등 안에 들었다.
• 乙은 감말랭이 1.6kg와 단감 5kg, 한우 등심 600g을 N카드로 결제하였다.

	甲	乙
①	69,500원	100,220원
②	69,500원	100,550원
③	72,500원	100,250원
④	72,500원	100,550원
⑤	72,500원	100,225원

30 A기업에서 고객에게 배부할 기념품을 제작하려고 한다. 제작하는 기념품의 총 제작비용을 구하면?

〈신년 기념품〉

구분	수량(1인 기준)	개당 제작비용	비고
마스코트 인형	1개	5,000원	–
다이어리	1개	3,000원	예상 인원의 10% 여유분 준비
우산	1개	5,000원	
수건	2매	1,000원	
3색 볼펜	1개	500원	예상 인원의 20% 여유분 준비

※ 수령 예상 인원 300명

① 4,567,000원
② 4,669,000원
③ 4,965,000원
④ 4,974,600원
⑤ 4,980,000원

31 다음 자료를 보고 유추했을 때 김 대리와 한 대리의 점수의 합은?

   N사는 매년 인사평가로 팀 평가를 실시한다. IT전략본부의 甲 팀장은 팀원에 대해 25점 만점을 기준으로 평가 점수를 부여하였다.
㉠ 김 대리는 22점이다.
㉡ 정 대리와 한 대리의 점수 합은 김 대리와 동일하다.
㉢ 이 대리는 김 대리보다 5점이 적다
㉣ 김 대리와 이 대리의 점수 차보다 정 대리와 한 대리의 점수 차가 1점 더 크다.
㉤ 정 대리 점수가 한 대리보다 크며, 네 사람의 점수 합은 61점이다.

① 30점
② 32점
③ 35점
④ 36점
⑤ 39점

32 다음은 지점별 과일 가격할인율과 할인 시간에 관한 자료이다. 〈표〉에 대한 내용으로 옳은 것을 〈보기〉에서 모두 고르면?

〈표 1〉 지점별 과일 가격 할인율

구분	사과	딸기	바나나	샤인머스캣
A지점	50%	40%	50%	60%
B지점	60%	60%	80%	60%
C지점	70%	80%	50%	60%

〈표 2〉 과일 가격 할인 시간

구분	월	화	수	목	금
사과	13 : 00 ~ 16 : 00	15 : 00 ~ 18 : 00	—	15 : 00 ~ 17 : 00	16 : 00 ~ 18 : 00
딸기	13 : 00 ~ 16 : 00	—	13 : 00 ~ 15 : 00	—	18 : 00 ~ 20 : 00
바나나	16 : 00 ~ 17 : 00	14 : 00 ~ 16 : 30	—	15 : 30 ~ 17 : 30	17 : 00 ~ 19 : 00
샤인머스캣	17 : 00 ~ 20 : 00	—	13 : 00 ~ 15 : 00	14 : 00 ~ 16 : 00	13 : 00 ~ 15 : 30

〈보기〉
• 甲 : 18시 퇴근 후 딸기를 싸게 사려면 금요일에 들려야겠다.
• 乙 : 샤인머스캣이랑 바나나를 한 번에 싸게 사려면 수요일과 목요일 13시에 가야겠네.
• 丙 : 학원이 17시에 끝나는데…. 바나나를 싸게 사려면 목요일과 금요일뿐이네.
• 丁 : 모든 과일을 할인된 가격으로 사고 싶으면 최소 이틀은 마트에 들려야 하네.

① 甲, 乙
② 甲, 丙
③ 乙, 丙
④ 乙, 丁
⑤ 丙, 丁

33 다음은 정보검색연산자에 관한 설명이다. 〈보기〉에서 필요한 자료를 검색하기 위해 김 사원이 사용할 검색 조건으로 옳은 것은?

> 정보검색연산자는 검색과 관련이 있는 두 개 이상의 단어를 조합하여 키워드로 사용할 때를 말한다. 단, 정보검색연산자를 사용할 때는 대문자와 소문자의 구분이 없으며 앞뒤로 반드시 공백(Space)을 넣어주어야 한다.

기호	연산자	검색 조건
* &	AND	두 단어가 모두 포함된 자료 검색 예) 수도권 and 서울, 수도권 * 서울
|	OR	두 단어가 모두 포함되거나 하나만 포함된 자료 검색 예) 수도권 or 서울, 수도권 | 서울
− !	NOT	'−', '!' 다음에 오는 단어는 포함하지 않는 자료 검색 예) 수도권 not 서울, 수도권 ! 서울
~ near	인접검색	앞뒤 단어가 가깝게 인접해 있는 자료 검색 예) 수도권 near 서울

〈보기〉

강 부장 : 김 사원, 이번 보고서에는 한국형 스마트팜에 대해 다룰 예정인데 혹시 관련된 자료를 가지고 있나?

김 사원 : 아뇨, 부장님. 이전에 관련 주제를 다룬 적이 없어서 새로 찾아봐야 할 것 같습니다.

강 부장 : 리서치에 시간이 좀 걸리겠군. 이번에는 우수 사례를 중점적으로 다룰 건데, 전북 진안에 대해서만 상세히 분석하려고 해. 다른 지역과 혼재되지 않도록 주의하고…. 특히 충북 청주에 대한 내용은 따로 준비하고 있으니 더욱 각별히 주의하자고.

김 사원 : 네. 알겠습니다.

① '한국형 스마트팜 near 충북 청주 * 전북 진안'
② '한국형 스마트팜 or 충북 청주'
③ '한국형 스마트팜 and 전북 진안 * 충북 청주'
④ '한국형 스마트팜 ! 전북 진안'
⑤ '한국형 스마트팜 * 전북 진안', '한국형 스마트 팜 ! 충북 청주'

| 34 ~ 35 | N사에서는 대학생을 대상으로 팜스테이 광고 공모전을 주최하려고 한다. 이어지는 물음에 답하시오.

〈참가 대학〉

대학교	참가번호
A	101101가03
B	101102라09
D	112903아02
G	102904라08
H	120605가02
K	111806바01
O	121107다06
S	112808나05

〈참가 번호 부여 기준〉

참가신청 일자 – 대학교 번호 – 학과 코드 – 신청 순서

참가 신청	대학교 번호		학과 코드		신청 순서
월일 예) 0921 : 9월 21일 참가 신청	A	01	가	경영학과	• 01부터 시작하여 순서대로 번호 부여 • 참가 신청 일자에 따라 번호 부여
	B	02	나	디자인과	
	D	03	다	관광학과	
	G	04	라	신문방송학과	
	H	05	마	철학과	
	K	06	바	미디어학과	
	O	07	사	광고홍보학과	
	S	08	아	영화예술학과	

예) 092104마03 → 9월 21일에 G대학의 철학과가 3번째로 신청

101308아02 → 10월 13일에 S대학의 영화예술학과가 2번째로 신청

34 공모전에 참가하는 S대학에 대한 설명으로 옳은 것은?

① 2월 8일에 참가 신청을 하였다.

② 8번째로 참가 신청을 하였다.

③ 디자인과 학생들이 5번째로 신청하였다.

④ 신문방송학과 학생들이 신청하였다.

⑤ 신청 순서는 무작위로 부여되었다.

35 D대학과 같은 달에 참가 신청을 한 대학 팀은 몇 개인가?

① 1팀

② 2팀

③ 3팀

④ 4팀

⑤ 5팀

Answer. 34.③ 35.②

36 다음은 20xx년도 상반기 신입사원 명부이다. 인사팀 함 대리가 개인정보보호를 위해 주민등록번호 뒷자리를 *로 바꾸려고 할 때 옳은 수식은?

	A	B	C	D	E
1					
2	구분	성명	주민등록번호	입사예정일	부서
3	1	강송이	980619-2224312	20xx-04-01	마케팅전략부
4	2	정두정	970316-1349651	20xx-04-01	기업고객부
5	3	김하나	970218-2018934	20xx-04-01	기업고객부
6	4	박국경	960630-2789571	20xx-04-01	디지털전략부
7	5	한다영	950715-2024567	20xx-04-01	디지털전략부
8	6	지민아	971229-1159314	20xx-04-01	IT기획부
9	7	전석희	960508-1647897	20xx-04-01	IT금융부
10	8	박태한	950421-1675783	20xx-04-01	마케팅전략부
11	9	강세경	970322-2689457	20xx-04-01	인사부
12	10	박세민	960111-1033412	20xx-04-01	인사부
13					

(제목행 A1: 20xx년도 상반기 신입사원 명부)

① =REPLACE(C3, 8, 7, "*******")

② =REPLACE(C3, 9, 6, "******")

③ =TEXT(C3, 8, 7, "*******")

④ =TEXT(C3, 9, 6, "******")

⑤ =FIND(C3, 9, 6, "******")

37 인사 담당자 김 대리는 최종 선발을 앞두고 지원자 A 씨가 작년에 음주운전 교통사고로 인해 집행유예 6개월을 선고받은 사실을 알게 되었다. 채용 규정에 따라 A 씨의 채용 취소 사유를 써낼 때 ㉠ ~ ㉤ 중 해당하는 사유는?

〈상반기 신입사원 채용 안내문〉

1. 채용 분야 및 인원
   - 일반(지역단위) : 지역별 10명
   - IT(전국단위) : 전산 13명, 기술 5명
2. 지원 자격
   - 학력 및 전공 : 제한 없음
   - 연령 및 성별 : 제한 없음
   - 병역 : 남자의 경우 병역필 또는 면제자
   - 당사 내규상의 신규채용 결격사유가 없는 자
3. 신규 채용 결격 사유
   - 피성년후견인 · 피한정후견인 · 피특정후견인
   - ㉠ 파산자로서 복권되지 아니한 자
   - ㉡ 금고 이상의 형을 선고 받고 그 집행이 종료되거나 집행을 받지 아니하기로 확정된 후 3년이 경과되지 아니한 자
   - ㉢ 금고 이상의 형을 선고 받고 그 집행유예의 기간이 만료된 날부터 1년이 경과되지 아니한 자
   - ㉣ 금고 이상의 형의 선고유예를 받고 그 선고유예기간 중에 있는 자
   - ㉤ 징계 해직의 처분을 받고 2년이 경과되지 아니한 자
   - 법원의 판결 또는 법률에 의하여 자격이 상실 또는 정지된 자
   - 병역의무를 기피 중인 자
   - 부정한 채용 청탁을 통해 합격된 사실이 확인된 자
   - 그 외 채용 전 파렴치 범죄, 폭력 및 경제 관련 범죄, 기타 불량한 범죄를 범하여 직원으로 부적당하다고 인정되는 자
4. 전형 절차

단계	구분	문항 수	시간	비고
2차 필기	인 · 적성평가	객관식 325문항	45분	–
	직무능력평가	객관식 50문항	70분	–
	직무상식평가	객관식 30문항	25분	–
3차 면접	집단 면접	–	–	5 ~ 6명이 1조를 이루어 多대多 면접으로 진행
	토의 면접	–	–	주어진 주제 및 상황에 대하여 지원자 간, 팀 간 토의 형식으로 진행

※ 상기 내용은 일부 변경될 수 있음

---

① ㉠   ② ㉡
③ ㉢   ④ ㉣
⑤ ㉤

| 38 ~ 39 | 다음의 회의록을 읽고 물음에 답하시오.

서울시	회의록		회의일자	20xx. 11. 7.
	사업명	공간정보 플랫폼 고도화 구축 사업	문서번호	회의록_1107_01

회의명	온라인 시민참여단 오프라인 간담회	장소	서울시 소서문별관 1관 3층 회의실
작성자	김OO	회의시간	19 : 00 ~ 21 : 00
참석자	A시 공무원 : 송OO 팀장, 이OO 주무관 온라인 시민참여단 : 유미O, 김미O, 박강O, 김미O, 이O, 김치O, 김누O, 심준O, 류영O, 김의O 수행사 : 김OO(홍보담당자)		

〈회의안건〉
• 공간정보 플랫폼 설명 및 온라인 시민참여단 활동 방안
• 공간정보 플랫폼 운영을 위한 간담회 : 추천 테마 / 홍보 / 개선사항 등

〈회의내용〉

1. A시형 지도태깅 공유마당의 목적 및 방향성

[이　O] 지도태깅 공유마당의 목적이 불분명함.

[수행사] 목적은 '지도를 통한 소통'을 하는 것이었음. 현재 '보는 지도 또는 만드는 지도'에 대한 방향성을 지속적으로 고민 중임.

[이　O] 보는 지도의 경우 사기업에서 이미 하고 있기 때문에 지도를 만드는 것으로 목적을 잡는 게 좋을 것 같음.

[유미O] 만드는 지도, 보는 지도의 구분이 모호함. 만드는 지도라고 해도 '검색' 등 보는 사람 위주의 인터페이스가 필요함.

[수행사] 공간정보 플랫폼의 방향성에 대해 분석하고 기획하는 사업계획이 잡혀 있기 때문에, 내년에는 공간정보 플랫폼의 목적 및 방향성이 명확하게 될 것으로 생각됨.

2. A시형 지도태깅 공유마당 개선 방향

　1) 사용 가이드 강화

　　[이　O] 가이드가 없어 사용하기 어려움. 기능은 많은 것 같지만 이용하기 어려워 해당 기능을 사용할 수 없음. 특히 테마나 콘텐츠를 등록하기 위해서는 로그인, 시민테마 이동 등을 해야 하는데 그러한 가이드가 없어 자신만의 정보를 등록할 수 있다는 것을 알기 어려움.

　　[김미O] 가이드가 제공되고 있으나 숨어 있는 느낌임. 사용자가 쉽게 찾을 수 있도록 제공하는 것이 중요함.

　　[심준O] 처음 방문객을 위해 쉽게 사용할 수 있도록 '앱의 따라하기'와 같은 가이드가 필요함.

　　[수행사] 도시생활지도 가이드를 시작으로 체계적인 가이드를 제작하여 배포하도록 하겠음.

　2) 공유마당 개선 사항

　　[박강O] 작은 시스템적인 오류가 있음(이미지 중복 등록 / 폴리라인 끊김 등). 콘텐츠를 등록할 때 기등록되어 있는 다른 테마의 정보를 가져와 등록할 수 있는 기능이 있으면 편리할 것 같음. 지도 레퍼런싱을 하는 데 어려움이 있음. 이미지 지도를 레퍼런싱할 수 있는 기능이 강화되었으면 좋겠음. 시민 테마는 서브 카테고리를 추가할 수 없는데 이 부분이 개선되었으면 좋겠음.

　　[수행사] 지도 레퍼런싱의 경우 올해 일반 사용자도 이미지 지도를 타일로 만들 수 있는 기능을 제공할 예정이었지만 전문가와 비전문가의 활용도를 구분할 필요가 있는 부분이 어려움. 올해 시민테마도 서브 카테고리를 등록할 수 있는 기능 구현 예정.

[이 O] 전공자 중심의 맵핑과 일반 사용자 중심의 맵핑으로 구분되면 좋을 것 같음.

[김미O] 배경지도를 다양한 지도앱에서 선택하면 좋을 것 같음.

[수행사] 지도앱별로 지도의 좌표 체계가 다르기 때문에 배경지도로 적용하기에는 어려움이 있음.

[박강O] 길 정보에서 선의 방향성에 대한 표출이 있었으면 좋겠음.

[수행사] 지도의 시각화가 지속적으로 개발할 예정이며, 선의 방향성은 내년 적용 예정임.

3) 공유마당 UI / UX

[심준O] 좌측 테마 선택창의 아이콘이 너무 많아 원하는 정보를 찾기 어려움. 검색을 통해 쉽게 테마에 접근할 수 있는 구성이 필요함.

[이 O] 정보 배열 등의 기능 정리가 필요함.

[류영O] 시민이 가입할 때 관심 분야를 설정할 수 있으면 자신이 원하는 정보를 얻을 수 있어 테마에 대한 접근성이 높아질 것 같음.

[수행사] 현재 운영되는 테마가 너무 많다 보니 테마를 보기 어려운 것이 사실이며, 이를 보완하기 위해 서비스하는 것이 '테마 갤러리'임. 내년에는 방향성 설정을 통해 접근성을 향상시키는 방안을 모색할 예정임.

[이 O] 등록 버튼만 첫 화면에 나와 있어도 시민이 직접 지도를 만들 수 있다는 점이 보여 좋을 것 같음.

[박강O] 지도 만들기 버튼이 밖으로 나왔으면 좋겠음.

3. 홍보

[김치O] 꾸준히 알리는 것이 중요할 것 같음.

[김누O] 시민이 참여할 수 있다는 의도가 무척 좋은데 접근성이 약해 홍보가 되지 않는 것 같음. 포탈 검색 등을 이용하여 접근성이 조금 더 좋아졌으면 좋겠음.

[박강O] 포털사이트에 연계 검색 홍보가 좋지 않을까?

[수행사] 포털사이트에서 검색시 A시 홈페이지로 검색되어 현실적으로 어려움.

[유미O] 시민참여단 전용 SNS를 운영하면 좋을 듯함.

[수행사] 블로그는 현실적으로 운영이 어렵고 SNS를 운영할 예정임.

〈핵심내용 진행 예정사항〉

1. 사용 가이드의 강화

1) 도시생활지도 가이드 제작 및 배포 : 2022년 12월

2) 사이트 내 가이드 강화 : 2022년 12월

2. 기능 개선

1) 지도 레퍼런싱 : 2022년 12월 이미지 지도 타일화 기능 제공(단, 일반 시민은 신청을 통해 사용 가능)

2) 시민 테마 서브 카테고리 적용 : 2022년 12월 적용 및 서비스 예정

3) 테마 표출 형식 변경 : 방향성 설정 후 개선 예정

4) 등록 버튼 메인 표출 : 등록 프로세스 변경이 이루어져야 하기 때문에 내년에 적용 예정

3. 홍보

1) 도시생활지도 가이드북을 시작으로 지속적인 가이드 및 홍보 예정

2) 공간정보 플랫폼은 SNS 홍보 예정

38 회의록의 내용을 잘못 이해한 사람은?

① 갑 : 만드는 지도와 보는 지도의 구분이 모호하고 보는 지도는 참신함이 없다.
② 을 : 가이드가 필요해 보이며 도시생활지도 가이드가 제일 먼저 나올 것이다.
③ 병 : 길 정보에서 선에 대한 방향성이 표출되는 기능은 현재 없다.
④ 정 : 가입자의 관심 분야를 설정할 수 있는 것에 접근성이 탁월하다.
⑤ 무 : 시민참여단 전용 SNS가 운영될 예정이다.

39 다음 회의에 준비해야 할 것으로 옳지 않은 것은?

① 도시생활지도 가이드 시안 준비
② 이미지 지도 타일화 기능 시연
③ 다양한 지도앱에서 배경지도를 선택
④ 등록 프로세스 변경 계획(안)
⑤ 시민 테마 서브 카테고리 준비

40 편람의 ㈏를 바탕으로 〈보기〉의 상황을 이해한 내용으로 적절한 것은?

㈎ 보험은 같은 위험을 보유한 다수인이 위험 공동체를 형성하여 보험료를 납부하고 보험 사고가 발생하면 보험금을 지급받는 제도이다. 보험 상품을 구입한 사람은 장래의 우연한 사고로 인한 경제적 손실에 대비할 수 있다. 보험금 지급은 사고 발생이라는 우연적 조건에 따라 결정되는데, 이처럼 보험은 조건의 실현 여부에 따라 받을 수 있는 재화나 서비스가 달라지는 조건부 상품이다.

㈏ 위험 공동체의 구성원이 납부하는 보험료와 지급받는 보험금은 그 위험 공동체의 사고 발생 확률을 근거로 산정된다. 특정 사고가 발생할 확률은 정확히 알 수 없지만 그동안 발생된 사고를 바탕으로 그 확률을 예측한다면 관찰 대상이 많아짐에 따라 실제 사고 발생 확률에 근접하게 된다. 본래 보험 가입의 목적은 금전적 이득을 취하는 데 있는 것이 아니라 장래의 경제적 손실을 보상받는 데 있으므로 위험 공동체의 구성원은 자신이 속한 위험 공동체의 위험에 상응하는 보험료를 납부하는 것이 공정할 것이다. 따라서 공정한 보험에서는 구성원 각자가 납부하는 보험료와 그가 지급받을 보험금에 대한 기댓값이 일치해야 하며 구성원 전체의 보험료 총액과 보험금 총액이 일치해야 한다. 이때 보험금에 대한 기댓값은 사고가 발생할 확률에 사고 발생 시 수령할 보험금을 곱한 값이다. 보험금에 대한 보험료의 비율(보험료/보험금)을 보험료율이라고 하는데, 보험료율이 사고 발생 확률보다 높으면 구성원 전체의 보험료 총액이 보험금 총액보다 더 많고, 그 반대의 경우에는 구성원 전체의 보험료 총액이 보험금 총액보다 더 적게 된다. 따라서 공정한 보험에서는 보험료율과 사고 발생 확률이 같아야 한다.

㈐ 물론 현실에서 보험사는 영업 활동에 소요되는 비용 등을 보험료에 반영하기 때문에 공정한 보험이 적용되기 어렵지만 기본적으로 위와 같은 원리를 바탕으로 보험료와 보험금을 산정한다. 그런데 보험 가입자들이 자신이 가진 위험의 정도에 대해 진실한 정보를 알려주지 않는 한, 보험사는 보험 가입자 개개인이 가진 위험의 정도를 정확히 파악하여 거기에 상응하는 보험료를 책정하기 어렵다. 이러한 이유로 사고 발생 확률이 비슷하다고 예상되는 사람들로 구성된 어떤 위험 공동체에 사고 발생 확률이 높은 사람들이 동일한 보험료를 납부하고 진입하게 되면, 그 위험 공동체의 사고 발생 빈도가 높아져 보험사가 지급하는 보험금의 총액이 증가한다. 보험사는 이를 보전하기 위해 구성원이 납부해야 할 보험료를 인상할 수밖에 없다. 결국, 자신의 위험 정도에 상응하는 보험료보다 더 높은 보험료를 납부하는 사람이 생기게 되는 것이다. 이러한 문제는 정보의 비대칭성에서 비롯하는데 보험 가입자의 위험 정도에 대한 정보는 보험 가입자가 보험사보다 더 많이 갖고 있기 때문이다. 이를 해결하기 위해 보험사는 보험 가입자의 감춰진 특성을 파악할 수 있는 수단이 필요하다.

㈑ 우리 상법에 규정되어 있는 고지 의무는 이러한 수단이 법적으로 구현된 제도이다. 보험 계약은 보험 가입자의 청약과 보험사의 승낙으로 성립된다. 보험 가입자는 반드시 계약을 체결하기 전에 '중요한 사항'을 알려야 하고, 이를 사실과 다르게 진술해서는 안 된다. 여기서 '중요한 사항'은 보험사가 보험 가입자의 청약에 대한 승낙을 결정하거나 차등적인 보험료를 책정하는 근거가 된다. 따라서 고지 의무는 결과적으로 다수의 사람들이 자신의 위험 정도에 상응하는 보험료보다 더 높은 보험료를 납부해야 하거나, 이를 이유로 아예 보험에 가입할 동기를 상실하게 되는 것을 방지한다.

㈒ 보험 계약 체결 전 보험 가입자가 고의나 중대한 과실로 '중요한 사항'을 보험사에 알리지 않거나 사실과 다르게 알리면 고지 의무를 위반하게 된다. 이러한 경우에 우리 상법은 보험사에 계약 해지권을 부여한다. 보험사는 보험 사고가 발생하기 이전이나 이후에 상관없이 고지 의무 위반을 이유로 계약을 해지할 수 있고, 해지권 행사는 보험사의 일방적인 의사 표시로 가능하다.

해지를 하면 보험사는 보험금을 지급할 책임이 없게 되며, 이미 보험금을 지급했다면 그에 대한 반환을 청구할 수 있다. 일반적으로 법에서 의무를 위반하게 되면 위반한 자에게 그 의무를 이행하도록 강제하거나 손해 배상을 청구할 수 있는 것과 달리, 보험 가입자가 고지 의무를 위반했을 때에는 보험사가 해지권만 행사할 수 있다. 그런데 보험사의 계약 해지권이 제한되는 경우도 있다. 계약 당시에 보험사가 고지 의무 위반에 대한 사실을 알았거나 중대한 과실로 알지 못한 경우에는 보험 가입자가 고지 의무를 위반했어도 보험사의 해지권은 배제된다. 이는 보험 가입자의 잘못보다 보험사의 잘못에 더 책임을 둔 것이라 할 수 있다. 또 보험사가 해지권을 행사할 수 있는 기간에도 일정한 제한을 두고 있는데, 이는 양자의 법률관계를 신속히 확정함으로써 보험 가입자가 불안정한 법적 상태에 장기간 놓여 있는 것을 방지하려는 것이다. 그러나 고지해야 할 '중요한 사항' 중 고지 의무 위반에 해당되는 사항이 보험 사고와 인과 관계가 없을 때에는 보험사는 보험금을 지급할 책임이 있다. 그렇지만 이때에도 해지권은 행사할 수 있다.

(ᄇ) 보험에서 고지 의무는 보험에 가입하려는 사람의 특성을 검증함으로써 다른 가입자에게 보험료가 부당하게 전가되는 것을 막는 기능을 한다. 이로써 사고의 위험에 따른 경제적 손실에 대비하고자 하는 보험 본연의 목적이 달성될 수 있다.

〈보기〉

　사고 발생 확률이 각각 0.1과 0.2로 고정되어 있는 위험 공동체 A와 B가 있다고 가정한다. A와 B에 모두 공정한 보험이 항상 적용된다고 할 때, 각 구성원이 납부할 보험료와 사고 발생 시 지급받을 보험금을 산정하려고 한다.

※ 단, 동일한 위험 공동체의 구성원끼리는 납부하는 보험료가 같고, 지급받는 보험금이 같다. 보험료는 한꺼번에 모두 납부한다.

---

① 허 주임 : A에서 보험료를 두 배로 높이면 보험금은 두 배가 되지만 보험금에 대한 기댓값은 변하지 않는다.

② 박 사원 : B에서 보험금을 두 배로 높이면 보험료는 변하지 않지만 보험금에 대한 기댓값은 두 배가 된다.

③ 임 대리 : A에 적용되는 보험료율과 B에 적용되는 보험료율을 서로 같다.

④ 손 사원 : A와 B에서 보험금이 서로 같다면 A에서의 보험료는 B에서의 보험료의 두 배이다.

⑤ 하 사원 : A와 B에서의 보험료가 서로 같다면 A와 B에서의 보험금에 대한 기댓값은 서로 같다.

41 다음은 OO농산물품질관리원에서 연구한 정책보고서의 내용이다. 이 글을 근거로 판단할 때, 일반적으로 종자 저장에 가장 적합한 함수율을 가진 원종자의 무게가 10g이면 건조 종자의 무게는 얼마인가?

채종하여 파종할 때까지 종자를 보관하는 것을 '종자의 저장'이라고 하는데, 채종하여 1년 이내 저장하는 것을 단기 저장, 2 ~ 5년은 중기 저장, 그 이상은 장기 저장이라고 한다. 종자의 함수율(moisture content)은 종자의 수명을 결정하는 가장 중요한 인자이다. 함수율은 아래와 같이 백분율로 표시한다.

$$함수율(\%) = \frac{원종자\ 무게 - 건조\ 종자\ 무게}{원종자\ 무게} \times 100$$

일반적으로 종자 저장에 가장 적합한 함수율은 5 ~ 10%이다. 다만 참나무류 등과 같이 수분이 많은 종자들은 함수율을 약 30% 이상으로 유지해주어야 한다. 또한, 유전자 보존을 위해서는 보통 장기 저장을 하는데 이에 가장 적합한 함수율은 4 ~ 6%이다. 일반적으로 온도와 수분은 종자의 저장 기간과 역의 상관관계를 갖는다.

종자는 저장 용이성에 따라 '보통저장성' 종자와 '난저장성' 종자로 구분한다. 보통저장성 종자는 종자 수분 5 ~ 10%, 온도 0℃ 부근에서 비교적 장기간 보관이 가능한데 전나무류, 자작나무류, 벚나무류, 소나무류 등 온대 지역의 수종 대부분이 이에 속한다. 하지만 대사작용이 활발하여 산소가 많이 필요한 난저장성 종자는 0℃ 혹은 약간 더 낮은 온도에서 저장하여야 건조되는 것을 방지할 수 있다. 이에 속하는 수종은 참나무류, 칠엽수류 등의 몇몇 온대수종과 모든 열대수종이다.

한편 종자의 저장 방법에는 '건조저장법'과 '보습저장법'이 있다. 건조저장법은 '상온저장법'과 '저온저장법'으로 구분한다. 상온저장법은 일정한 용기 안에 종자를 넣어 창고 또는 실내에서 보관하는 방법으로 보통 가을부터 이듬해 봄까지 저장하며, 1년 이상 보관 시에는 건조제를 용기에 넣어 보관한다. 반면에 저온저장법의 경우 보통저장성 종자는 함수율이 5 ~ 10% 정도 되도록 건조하여 주변에서 수분을 흡수할 수 없도록 밀봉 용기에 저장하여야 한다. 난저장성 종자는 -3℃ 이하에 저장해서는 안 된다.

보습저장법은 '노천매장법', '보호저방법', '냉습적법' 등이 있다. 노천매장법은 양지바르고 배수가 잘되는 곳에 50 ~ 100cm 깊이의 구덩이를 파고 종자를 넣은 뒤 땅 표면은 흙을 덮어 겨울 동안 눈이나 빗물이 그대로 스며들 수 있도록 하는 방식이다. 보호저장법은 건사저장법이라고 하는데 참나무류, 칠엽수류 등 수분이 많은 종자가 부패하지 않도록 저장하는 방법이다. 냉습적법은 용기 안에 보습제인 이끼, 모래와 종자를 섞어서 놓고 3 ~ 5℃의 냉장고에 저장하는 방법이다.

① 6 ~ 6.5g

② 7 ~ 7.5g

③ 8 ~ 8.5g

④ 9 ~ 9.5g

⑤ 1g ~ 10.5g

Answer. 40.⑤ 41.④

42 다음은 지자체와 기업이 제공하는 농민 복지 프로그램이다. 甲이 신청할 수 있는 복지 프로그램은 모두 몇 개인가? (단 제시된 내용만 참고하며, 각각의 프로그램은 다른 사람이 대신 신청할 수 있다)

복지 프로그램	지원 대상
여성 농업인 바우처	• 당해 연도 1월 1일 기준 주민등록상 나이가 만 19세 이상 ~ 만 75세 미만인 자 • 경영주 또는 경영주 외 농업인으로 농업 경영체를 등록한 사람
농업인 무료 법률 구조사업	기준 중위소득 150% 이하인 농업인 및 별도의 소득이 없는 농업인의 배우자, 미성년 직계비속, 주민등록상 동일 세대를 구성하는 직계존속 및 성년의 직계비속
농촌 여성 결혼 이민자 모국 방문 지원 사업	• 농촌 지역 거주 실제 영농종사 여성농업인 • 농촌 지역에 거주하며, 농업을 주업으로 하고 국내거주 3년 이상자로서 경제적인 사정 등으로 모국 방문을 하지 못한 부부 및 그 자녀 ※ 단, 농촌 외의 지역에 거주하는 여성농업인의 경우 「농업소득의 보전에 관한 법률」 시행령 제5조를 충족하는 경우 지원 가능
청년 농업인 영농 정착 지원 사업	• 사업 시행 연도 기준 만 19세 이상 ~ 만 45세 미만 • 영농 경력 : 독립경영 3년 이하(독립경영 예정자 포함)
농업인 고교생 자녀 학자금 지원 사업	농어촌지역 및 개발제한구역에 거주하는 농어업인으로 농어업외 소득이 연간 4,800만 원 이하이며, 교육부장관이나 도교육감이 인정하는 고등학교에 재학하는 자녀나 직접 부양하는 손·자녀, 동생이 있는 농어업인
농업인 행복 콜센터	70세 이상 고령·취약·홀몸 농업인(조합원)
함께 나누는 프로젝트	저소득층 및 긴급 재난 재해로 현물 지원이 필요한 대상

〈보기〉

甲은 25세 여성이며 다문화 가정 자녀이다. 1년 전 본인 명의의 영농기반을 마련하여 농업에 뛰어들었다. 호기롭게 도전하였으나 바로 얼마 전 태풍이 불어닥치는 바람에 농사를 짓던 작물이 피해를 입었다. 엎친 데 덮친 격으로 어머니가 크게 다치셨다. 어머니는 다치신 이후부터 한국으로 이민을 오고 찾아가지 않았던 고향을 그리워하신다.

① 1개
② 2개
③ 3개
④ 4개
⑤ 5개

43 다음 글을 근거로 판단할 때 '현재 정상적으로 사용 중인 개량하지 않은 일반 비행기'의 식별코드 형식을 옳게 제시한 사람은?

OO국의 항공기 식별코드는 '(현재상태부호)(특수임무부호)(기본임무부호)(항공기종류부호) – (설계번호)(개량형부호)'와 같이 최대 6개 부분(앞부분 4개, 뒷부분 2개)으로 구성된다.

항공기종류부호는 특수 항공기에만 붙이는 부호로, G는 글라이더, H는 헬리콥터, Q는 무인항공기, S는 우주선, V는 수직단거리이착륙기에 붙인다. 항공기종류부호가 생략된 항공기는 일반 비행기이다.

모든 항공기 식별코드는 기본임무부호나 특수임무부호 중 적어도 하나를 꼭 포함하고 있다. 기본임무부호는 항공기가 기본적으로 수행하는 임무를 나타내는 부호이다. A는 지상공격기, B는 폭격기, C는 수송기, E는 전자전기, F는 전투기, K는 공중급유기, L은 레이저탑재항공기, O는 관측기, P는 해상초계기, R은 정찰기, T는 훈련기, U는 다목적기에 붙인다.

특수임무부호는 항공기가 개량을 거쳐 기본임무와 다른 임무를 수행할 때 붙이는 부호이다. 부호에 사용되는 알파벳과 그 의미는 기본임무부호와 동일하다. 항공기가 기본임무와 특수임무를 모두 수행할 수 있을 때에는 두 부호를 모두 표시하며, 개량으로 인하여 더 이상 기본임무를 수행하지 못하게 된 경우에는 특수임무부호만을 표시한다.

현재상태부호는 현재 정상적으로 사용되고 있지 않은 항공기에만 붙이는 부호이다. G는 영구보존처리된 항공기, J와 N은 테스트를 위해 사용되고 있는 항공기에 붙이는 부호이다. J는 테스트 종료 후 정상적으로 사용될 항공기에 붙이는 부호이며, N은 개량을 많이 거쳤기 때문에 이후에도 정상적으로 사용될 계획이 없는 항공기에 붙이는 부호이다.

설계번호는 항공기가 특정 그룹 내에서 몇 번째로 설계되었는지를 나타낸다. 1 ~ 100번은 일반 비행기, 101 ~ 200번은 글라이더 및 헬리콥터, 201 ~ 250번은 무인항공기, 251 ~ 300번은 우주선 및 수직단거리이착륙기에 붙인다. 예를 들어 107번은 글라이더와 헬리콥터 중 7번째로 설계된 항공기라는 뜻이다.

개량형부호는 한 모델의 항공기가 몇 차례 개량되었는지를 보여주는 부호이다. 개량하지 않은 최초의 모델은 항상 A를 부여받으며, 이후에는 개량될 때마다 알파벳 순서대로 부호가 붙게 된다.

---

① 김 연구원 : (기본임무부호) – (설계번호)
② 한 연구원 : (기본임무부호) – (개량형부호)
③ 박 연구원 : (기본임무부호) – (설계번호)(개량형부호)
④ 최 연구원 : (현재상태부호)(특수임무부호) – (설계번호)(개량형부호)
⑤ 우 연구원 : (현재상태부호)(특수임무부호)(항공기종류부호) – (설계번호)(개량형부호)

📖 **Answer.** 42.④ 43.③

44 다음은 농촌 지역 성평등 전문 강사 교육 과정에 대한 공지다. 공지를 참고하여 일정표를 만들 때 옳지 않은 것은?

〈농촌 지역 성평등 전문 강사 교육 과정 공지〉

1. '성평등 교육 이해'는 정해진 요일에만 1회 교육이 있으며 월, 수, 목 중에 할 수 있다.
2. '인간의 성별과 성차에 대한 이해'는 화요일과 금요일을 제외한 다른 요일에 시행할 수 있으며 수업은 해당 요일에 2회 이상 실시하지 않는다.
3. '혐오 프레임 분석 교육'은 10월 11일 이전에만 진행하며, 이틀 연속 수강할 수 있다.
4. 농촌지역 성평등 전문 강사 교육은 하루에 한 과목만 들을 수 있고, 주말에는 교육이 없다.
5. 전문 강사는 계획한 모든 교육을 반드시 10월 25일 이전에 수료해야 한다.

※ 10월 4일(월)부터 3주 동안 성평등 교육 이해 주 3회, 인간의 성별과 성차에 대한 이해 주 3회, 혐오 프레임 교육은 주 2회 실시한다.

---

① 모든 교육은 주말에 시행되지 않는다.
② 10월 21일에는 '성평등 교육 이해' 과목을 수강할 수 있다.
③ '혐오 프레임 분석 교육'은 첫째 주에만 수강할 수 있다.
④ 매주 목요일 '성평등 교육 이해'를 들은 사람은 '인간의 성별과 성차에 대한 이해 과목'을 금요일에만 수강할 수 있다.
⑤ 첫째 주에 '성평등 교육 이해'를 3회 들은 사람은 '혐오 프레임 분석'을 5일과 8일에 들어야 한다.

45 다음의 자료를 근거로 가장 옳은 판단을 내린 사람은?

⊙ 독일의 통계학자 A는 가계지출을 음식비, 피복비, 주거비, 광열비, 문화비(교육비, 공과금, 보건비, 기타 잡비)의 5개 항목으로 구분해 분석했다. 그 결과 소득의 증가에 따라 총 가계지출 중 음식비 지출 비중은 점차 감소하는 경향이 있지만, 피복비 지출은 소득의 증감에 비교적 영향을 받지 않는다는 사실을 발견했다. 또 주거비와 광열비에 대한 지출 비중은 소득 수준에 관계없이 거의 일정하고, 문화비 지출비중은 소득의 증가에 따라 급속하게 증가한다는 것도 알아냈다. 이러한 사실을 모두 아울러 'A의 법칙'이라고 한다. 특히 이 가운데서 가계지출 중 음식비 지출 비중만을 따로 떼어 내어 'A계수'라고 한다. A계수는 총 가계지출에서 차지하는 음식비의 비중을 백분율로 표시한 것으로, 소득 수준이 높을수록 낮아지고 소득 수준이 낮을수록 높아지는 경향을 보인다.

⊙ 가계지출 중 자녀 교육비의 비중을 나타낸 수치를 'B계수'라고 한다. 지난 1분기 가계소득 하위 20% 가구의 월평균 교육비 지출액은 12만 원으로 가계지출의 10%였다. 반면 가계소득 상위 20% 가구의 월평균 교육비 지출은 72만 원으로 가계소득 하위 20% 가구의 6배에 달했고 가계지출에서 차지하는 비중도 20%였다.

① 김 : 가계소득이 증가할 때 A계수와 B계수는 모두 높아질 것이다.

② 이 : 소득이 높은 가계라도 가계구성원 모두가 값비싼 음식을 선호한다면 소득이 낮은 가계보다 A계수가 높을 수 있다.

③ 허 : A의 법칙에 의하면 소득이 증가할수록 음식비 지출액이 줄어든다고 할 수 있다.

④ 문 : 지난 1분기 가계소득 상위 20% 가구의 월평균 소득은 가계 소득 하위 20% 가구의 월평균 소득의 3배이다.

⑤ 최 : 지난 1분기 가계소득 분위별 교육비 지출액 현황을 볼 때 가계소득이 낮을수록 교육열이 높다고 볼 수 있다.

📄 **Answer.** 44.④ 45.②

46 다음 〈통역경비 산정 기준〉과 아래의 〈상황〉을 근거로 판단할 때, A시에서 개최한 설명회에 쓴 총 통역경비는?

〈통역경비 산정 기준〉

통역경비는 통역료와 출장비(교통비, 이동보상비)의 합으로 산정한다.

■ 통역료(통역사 1인당)

구분	기본요금(3시간까지)	추가요금(3시간 초과 시)
영어, 아랍어, 독일어	500,000원	100,000원/시간
베트남어, 인도네시아어	600,000원	150,000원/시간

■ 출장비(통역사 1인당)
− 교통비는 왕복으로 실비 지급
− 이동보상비는 이동 시간당 10,000원 지급

〈상황〉

A시에서 설명회를 개최하였다. 통역은 영어와 인도네시아어로 진행되었고, 영어 통역사 2명과 인도네시아어 통역사 2명이 통역하였다. 설명회에서 통역사 1인당 영어 통역은 4시간, 인도네시아어 통역은 2시간 진행되었다. A시까지는 편도로 2시간이 소요되며, 개인당 교통비는 왕복으로 100,000원이 들었다.

① 244만 원
② 276만 원
③ 288만 원
④ 296만 원
⑤ 326만 원

47 다음 자료를 근거로 판단할 때, 홍보 담당자인 L 사원이 선택할 광고수단은?

- 주어진 예산은 월 3천만 원이며, L 사원은 월별 광고 효과가 가장 큰 광고수단 하나만을 선택한다.
- 광고비용이 예산을 초과하면 해당 광고수단은 선택하지 않는다.
- 광고효과는 아래와 같이 계산한다.

$$광고효과 = \frac{총\ 광고\ 횟수 \times 회당\ 광고노출자\ 수}{광고비용}$$

- 광고수단은 한 달 단위로 선택된다.
- 광고수단 및 비용

광고수단	광고 횟수	회당 광고노출자 수	월 광고비용(천 원)
TV	월 3회	100만 명	30,000
버스	일 1회	10만 명	20,000
KTX	일 70회	1만 명	35,000
지하철	일 60회	2천 명	25,000
SNS	일 50회	5천 명	30,000

① TV

② 버스

③ KTX

④ 지하철

⑤ SNS

48 다음은 우리나라 시도별 2020 ~ 2021년 경지 면적, 논 면적, 밭 면적에 대한 자료이다. 이에 대한 설명으로 〈보기〉에서 옳은 것을 모두 고르면?

〈자료 1〉 2020년

(단위 ha, %)

구분	경지 면적(논 면적 + 밭면적)	논 면적	밭 면적
서울특별시	347	150	197
부산광역시	5,408	2,951	2,457
대구광역시	7,472	3,513	3,958
인천광역시	18,244	11,327	6,918
광주광역시	9,252	5,758	3,494
대전광역시	3,742	1,358	2,384
울산광역시	9,977	5,281	4,696
세종특별자치시	7,588	4,250	3,338
경기도	160,181	84,125	76,056
강원도	100,756	33,685	67,071
충청북도	101,900	38,290	63,610
충청남도	210,428	145,785	64,644
전라북도	195,191	124,408	70,784
전라남도	288,249	169,090	119,159
경상북도	260,237	118,503	141,734
경상남도	142,946	81,288	61,658
제주특별자치도	59,039	17	59,022
전 국	1,580,957	829,778	751,179

〈자료 2〉 2021년

구분	경지 면적(논 면적 + 밭면적)	논 면적	밭 면적
서울특별시	343	145	199
부산광역시	5,306	2,812	2,493
대구광역시	7,458	3,512	3,947
인천광역시	18,083	11,226	6,857
광주광역시	9,083	5,724	3,359
대전광역시	3,577	1,286	2,292
울산광역시	9,870	5,238	4,632
세종특별자치시	7,555	4,241	3,314
경기도	156,699	82,790	73,909
강원도	99,258	32,917	66,341
충청북도	100,880	37,970	62,910
충청남도	208,632	145,103	63,528
전라북도	193,791	123,638	70,153
전라남도	286,396	168,387	118,009
경상북도	257,323	117,936	139,387
경상남도	141,889	80,952	60,937
제주특별자치도	58,654	17	58,637
전 국	1,564,797	823,895	740,902

〈보기〉

㉠ 2021년 경지 면적 중 상위 5개 시·도는 전남, 경북, 충남, 전북, 경기이다.
㉡ 울산의 2021년 논 면적은 울산의 2020년 밭 면적의 두 배이다.
㉢ 2020년 대비 2021년 전국 밭 면적의 증감률은 −1.4이다.
㉣ 2020년 논 면적 중 상위 5개 시·도는 전남, 충남, 경북, 전북, 제주이다.

① ㉠㉡
② ㉠㉢
③ ㉡㉢
④ ㉢㉣
⑤ ㉠㉡㉣

49 다음은 성별·연령대별 전자금융서비스 인증수단 선호도에 관한 자료이다. 이 자료를 검토한 반응으로 옳지 않은 것은?

〈성별, 연령대별 전자금융서비스 인증수단 선호도 조사결과〉

(단위 : %)

구분	인증수단	휴대폰 문자 인증	공인 인증서	아이핀	이메일	전화 인증	신용카드	바이오 인증
성별	남자	72.2	69.3	34.5	23.1	22.3	21.1	9.9
	여자	76.6	71.6	27.0	25.3	23.9	20.4	8.3
연령대	10대	82.2	40.1	38.1	54.6	19.1	12.0	11.9
	20대	73.7	67.4	36.0	24.1	25.6	16.9	9.4
	30대	71.6	76.2	29.8	15.7	28.0	22.3	7.8
	40대	75.0	77.7	26.7	17.8	20.6	23.3	8.6
	50대	71.9	79.4	25.7	21.1	21.2	26.0	9.4
전체		74.3	70.4	30.9	24.2	23.1	20.8	9.2

※ 1) 응답자 1인당 최소 1개에서 최대 3개까지 선호하는 인증수단을 선택함

2) 인증수단 선호도는 전체 응답자 중 해당 인증수단을 선호한다고 선택한 응답자의 비율임

3) 전자금융서비스 인증수단은 제시된 7개로만 한정됨

① 박 주임 : 연령대별 인증수단 선호도를 살펴보면, 30대와 40대 모두 아이핀이 3번째로 높다.

② 이 팀장 : 전체 응답자 중 선호하는 인증수단을 3개 선택한 응답자 수는 40% 이상이다.

③ 홍 사원 : 선호하는 인증수단으로 신용카드를 선택한 남성 수는 바이오 인증을 선택한 남성 수의 3배 이하이다.

④ 김 주임 : 20대와 50대 간의 인증수단별 선호도 차이는 공인인증서가 가장 크다.

⑤ 오 팀장 : 선호하는 인증수단으로 이메일을 선택한 20대 모두가 아이핀과 공인인증서를 동시에 선택했다면, 신용카드를 선택한 20대 모두가 아이핀을 동시에 선택한 것이 가능하다.

50 다음 〈화재위험 점수 산정 방법〉 자료를 보고 〈보기〉와 같은 점수 평가표가 도출되었을 때, 해당 업소의 화재위험 점수는?

〈화재위험 점수 산정 방법〉

• 산정 방법 : 화재위험 점수 = 기본 점수(화재 강도 점수 + 화재확률 점수) × 업소형태별 가중치
• 평가 점수에 대한 위험수준 환산표

화재강도		화재확률	
위험도	점수	위험도	점수
80 이상	20점	80 이상	20점
60 ~ 79	40점	60 ~ 79	40점
40 ~ 59	60점	40 ~ 59	60점
20 ~ 39	80점	20 ~ 39	80점
20 미만	점수 부여 없이 업소 일시 폐쇄	20 미만	점수 부여 없이 업소 일시 폐쇄

• 업소 형태별 가중치

구분	가중치	구분	가중치
일반음식점	1.00	산후조리원	1.00
휴게음식점	1.00	PC방	1.00
게임제공업	1.00	찜질방	0.90
고시원	0.95	찜질방(100인 이상)	0.95

〈보기〉

• 업소명 : 休 Dream
• 업종 : 고시원
• 담당자 : 김○○
• 결과
 － 화재강도 위험도 : 31
 － 화재확률 위험도 : 48

① 120점　　　　　　　　　② 127점
③ 133점　　　　　　　　　④ 140점
⑤ 145점

주로 직장생활에서 필요한 의사표현 능력 등을 묻는 기본적인 문항들로 구성된다. 금융 또는 보험 관련 상품 설명서나 안내문, 공고문 등 난이도가 있는 지문 및 자료를 제시하고 글의 흐름이나 유추하는 독해능력을 묻는 문제가 빈번하게 출제된다. 시험지 한 페이지를 가득 채우거나 두 페이지가 넘어가는 긴 지문이 제시되면서 꼼꼼하게 확인하지 않으면 쉽게 틀릴 수 있는 함정문제 출제가 잦다. 지문을 확인할 때에는 '단, 이것은 어떠하다'와 같이 조건을 제시하는 것을 잘 확인하여 문제풀이에서 실수를 하지 않도록 해야 한다. 또한 모듈형보다는 피셋형으로 자주 출제가 되는 편이다. 하지만 해에 따라서 어법 또는 배열하기 등과 같이 낯선 단어나 문장 등이 출제되기도 한다.

유형별 출제빈도

글의 흐름 파악	지문내용 유추	목적/주제파악	문장배열	어법/어순

다음은 워킹홀리데이 공고 중 일부이다. 잘못 이해한 것은?

- 모집 인원 : 3,000명(선착순)
- 신청 기간 : 20xx.05.27.(금) 한국 시간 오후 6시까지
- 신청 방법 : A국가 이민성 홈페이지를 통한 온라인 접수만 가능
- 자격 요건
  - 만 18세 ~ 30세(비자신청 기준)
  - 워킹홀리데이 비자를 받은 적 없는 자
  - 체류 주요목적이 관광(holiday)인 자(근로 또는 학습은 부차적)
  - 체류기간 동안 최소 생활비와 왕복 항공권 비용을 충당할 재정적 능력이 있는 자
- 구비서류 : 출입국사실증명서, 신분증, 해외 사용이 가능한 신용카드, 기준에 상당하는 은행 잔고 증명서
- 주요 특징
  - 어학연수 : 최대 6개월
  - 취업조건 : 최대 12개월
- 기타 사항
  - 신청 시 구비 서류는 최근 6개월 이내 서류로 함
  - 평생 1회에 한해 발급
  - 입국 유효 기간은 비자 발급 후 1년 이내이며, 체류 기간은 입국일로부터 12개월로 함
  - 신체검사는 필수이며 정해진 병원에서 검사 후 뉴질랜드 이민성으로 송부함(온라인 신청 후 40일 이내로 신체 검사 결과가 도착해야 하므로 비자 신청 직후 신체검사 요망)

① 우편 및 방문 접수는 불가하며 인터넷 접수만 가능하다.
② 신청은 20xx년 5월 27일 한국 시간으로 오후 6시까지 가능하다.
③ 비자신청 기준으로 만 18세에서 30세이고 체류하는 주요 목적은 근로 또는 학습이어야 한다.
④ 워킹홀리데이는 다녀온 경험이 있다면 신청할 수 없다.
⑤ 은행 잔고가 기준에 미달한다면 워킹홀리데이 비자 선정에 제한될 수 있다.

---

③ 워킹홀리데이의 체류 주요 목적은 관광이어야 하며, 근로 또는 학습은 부차적 목적이어야 한다.
① 신청 방법에서 온라인 접수만 가능하다 명시되어있다.
② 신청 기간에서 확인이 가능하다.
④ 평생 1회에 한해서 발급한다.
⑤ 체류기간 동안 생활비나 항공권 등을 구입할 수 있는 재정적 능력이 있는 자가 자격 요건이다.

답 ③

┃1 ~ 2┃ 다음 제시된 단어의 동의어 또는 유의어를 고르시오.

1

수범

① 사견   ② 모범
③ 소범   ④ 부문
⑤ 낙향

2

여우잠

① 괭이잠   ② 등걸잠
③ 새우잠   ④ 나비잠
⑤ 갈치잠

3 다음 제시된 단어의 반의어 또는 상대어를 고르시오.

융성(隆盛)

① 융창(隆昌)   ② 치성(熾盛)
③ 창성(昌盛)   ④ 조사(徂謝)
⑤ 번연(蕃衍)

4 다음 뜻풀이에 알맞은 단어를 고르시오.

몹시 짓궂은 데가 있음

① 자깝스럽다   ② 소담스럽다
③ 시망스럽다   ④ 새실스럽다
⑤ 실쌈스럽다

|5~6| 다음에 제시된 문장의 밑줄 친 부분과 같은 의미로 쓰인 것을 고르시오.

5

> 우울한 생각과 나쁜 버릇을 <u>고치기</u> 위해 매일 밤 일기를 쓰려고 한다.

① 쇄신하다   ② 다스리다
③ 수선하다   ④ 개선하다
⑤ 갈음하다

6

> 그저 작은 힘이라도 되고자 하는 뜻<u>에서</u> 행한 일이다.

① 우리는 오전에 영화관<u>에서</u> 만나기로 하였다.
② 집<u>에서</u> 몇 시에 출발할 예정이냐?
③ 죄송한 마음<u>에서</u> 드리는 사과입니다.
④ 기업<u>에서</u> 실시한 조사 결과가 발표되었다.
④ 그는 단체<u>에서</u> 뇌물수수 혐의로 조사 중이다.

7 다음 속담의 뜻으로 알맞은 것을 고르면?

> 절이 망하려니까 새우젓 장수가 들어온다.

① 일을 그르쳐 놓고 어찌할 바를 모르고 자기 잘못을 얼버무리려 하나, 이미 때가 늦었다.
② 잘될 일은 처음부터 그 기미가 좋다.
③ 이해타산이 어수룩하다.
④ 스스로 화를 자처한다.
⑤ 일이 안되려니까 뜻밖의 괴상한 일이 생긴다.

Answer. 1.② 2.① 3.④ 4.③ 5.④ 6.③ 7.⑤

01. 의사소통능력 **229**

8 다음 지문을 읽고 관련이 있는 속담이 아닌 것을 고르시오.

조선(朝鮮) 초기(初期)에 대신(大臣) 황희(黃喜)가 집이 가난하므로 임금의 명령(命令)으로 하루 동안 남대문으로 들어오는 상품은 모두 황희(黃喜)의 집으로 보내라 했으나, 이 날은 종일 비가 와서 아무 것도 들어오는 물건(物件)이 없다가 저녁 때 달걀 한 꾸러미가 들어왔는데, 달걀을 삶아 놓고 보니 모두 곯아서 먹을 수가 없었다는 데서 나온 말로, 곯았다는 「곯」 음과 골(骨)의 음이 비슷하므로 와전되어 계란유골(鷄卵有骨)이란 말로 바뀌었다.

① 뒤로 넘어져도 코가 깨진다.
② 도둑을 맞으려면 개도 안 짖는다.
③ 양반은 물에 빠져도 개헤엄은 안친다.
④ 밀가루 장사하면 바람이 불고 소금 장사하면 비가 온다.
⑤ 복 없는 봉사가 괘문을 배워 놓으면 감기 않는 놈도 없다.

9 다음 글을 통해 알 수 있는 '사회적 기업'에 대한 내용으로 적절한 것은?

사회적 기업은 취약계층*에게 사회서비스 또는 일자리 등을 제공하여 지역주민의 삶의 질을 높이는 등의 사회적 목적을 추구하면서 재화 및 서비스의 생산·판매 등 영업활동을 수행하는 기업이다. 그래서 흔히 "빵을 팔기 위해 고용하는 것이 아니라, 고용하기 위해 빵을 파는 기업"이라고도 일컫기도 한다.
주요 특징으로는 취약계층에 일자리 및 사회서비스 제공 등의 사회적 목적 추구, 영업활동 수행 및 수익의 사회적 목적 재투자, 민주적인 의사결정구조 구비 등을 들 수 있다. 기업의 주요 활동이라 함은 상품이나 서비스의 생산 및 판매, 일자리 제공, 사회적 서비스 제공 등을 말하며, 사회적 목적의 실현 및 사회적 책임 수행 등을 기업 활동의 동기로 한다. 사회적 기업은 전통적 비영리 기관과 전통적 영리 기업의 중간 형태로서 사회적 책임과 영리활동을 동시에 추구하는 형태이다.
사회적 기업은 다섯가지 형태로 분류할 수 있다. 첫 번째로, 일자리 제공형은 조직의 주된 목적이 취약계층에게 일자리를 제공하고, 사회서비스 제공형은 조직의 주된 목적이 취약계층에게 사회서비스를 제공하는 것이다. 혼합형은 일자리 제공형과 사회서비스 제공형이 결합된 유형이며, 기타형은 사회적 목적의 실현여부를 고용비율과 사회서비스 제공비율 등으로 판단하기 곤란한 사회적 기업을 말한다. 마지막으로 지역사회 공헌형은 지역사회 주민의 삶의 질 향상에 기여하는 기업을 말한다.
사회적 기업의 목적으로는 취약계층에게 일자리 또는 사회서비스 제공하여 지역사회 발전 및 공익을 증진하는 것, 민주적 의사결정구조(서비스 수혜자, 근로자, 지역주민 등 이해관계자 참여)와 수익 및 이윤 발생 시 사회적 목적 실현을 위한 재투자(상법 상 회사, 이윤 2/3 이상)가 있다. 조직형태는 비영리법인·단체, 조합, 상법 상 회사 등 다양하게 인정하고 유급근로자를 고용한다.
※ 취약계층 : 저소득자, 고령자, 장애인, 성매매피해자, 장기실업자, 경력단절여성 등

① 사회적 기업은 사회적 책임과 함께 영리활동을 추구한다.
② 사회적 기업은 정부나 대기업으로부터 재정적 지원을 받아서 활동을 수행한다.
③ 사회적 기업 활동의 가장 큰 목적은 발생된 이윤을 부가가치 창출을 위해 재투자하는 것에 있다.
④ 지역사회 주민의 삶의 질 향상을 위한 사회적 기업은 사회서비스 제공형 기업이다.
⑤ 사회적 기업은 사회적 목적을 추구하기 위해서 비영리법인의 형태로만 유지된다.

10 다음은 K기업의 입사설명회에서 면접 강의를 한 甲씨의 강의록이다. 甲씨의 강의록에 포함되지 않은 것은?

오늘은 K기업의 입사시험을 준비하는 여러분에게 면접에 대한 대비 방법에 대해 알려드리려고 합니다. 면접 준비는 어떻게 해야 할까요? 여기 앞에 계신 지원자분 어떻게 해야 하나요? (지원자 답변) 네. 맞습니다. 우선 저는 면접 준비에서 제일 중요한 세 가지를 말씀드리겠습니다.

첫 번째로, 신문이나 잡지 등에서 사회적 이슈가 되고 있는 것을 찾아 예상 질문을 만들어 보는 것이 중요합니다. 면접에 나올만한 사회적 이슈를 찾는 방법은 입사하길 원하는 기업과 관련된 이슈를 중점적으로 보는 것이 중요합니다. 자신이 취업하고자 하는 기업이 은행이라면 경제와 금융과 관련된 기사를 살펴보는 것을 중점에 두고 익히되, 범위를 넓혀 다양한 분야도 함께 익히는 것이 좋습니다. 두 번째로는, 거울을 보면서 실제 면접관 앞이라고 생각하며 답변을 해 보면 면접에 대한 자신감을 키우는 것입니다. 그 다음에는 핸드폰 영상기능을 활용하여 답변을 하는 자신의 모습을 촬영하고 그 모습을 확인하면서 개선점을 찾는 것입니다. 제일 번거로운 방법이지만 제일 효과적인 연습입니다. 면접은 내가 아는 것을 말하는 과정이기 이전에 누군가에게 자기PR을 하는 과정이기 때문입니다. 마지막으로, 자기 자신에 대해서 잘 알아야 합니다. 면접장에서 전공질문도 간혹 나오지만 무조건 나오는 질문은 인성질문입니다. 기업이 원하는 인재상을 파악하고 그에 맞는 사람이 되도록 상황을 설정하며 답변을 할 수 있도록 준비해야 합니다. 나의 스트레스 해소법, 문제해결방법, 갈등처리방법, 자기계발 등을 기업의 인재상에 맞는지 고민해보는 과정이 필요합니다.

자, 이제는 면접전형에 따른 구체적인 방법을 알려드리겠습니다. 면접은 일반적으로 일대일 면접, 일대다 면접, 다대다 면접 이렇게 세 가지 유형으로 분류할 수 있습니다. 면접 유형이 다르면 전략도 달라져야 합니다. 다대다 면접을 치르는 기업의 경우 질문하는 면접관이 여러 명이므로 면접관 한 사람 한 사람의 질문에 집중해야 하고, 질문한 면접관의 눈을 응시하며 답변을 해야 합니다. 또한 다른 지원자들이 하는 답변도 잘 경청하는 것이 중요합니다. 면접 상황에서 가장 중요한 것은 질문의 의도가 사실의 정보를 요구하는 것인지, 본인의 의견을 묻는 것인지를 분명하게 파악해야 합니다. 사실적 정보를 묻는 질문이라면 객관적 내용을 토대로 명확하게 답변을 해야 하고, 본인의 의견을 묻는 질문이라면 구체적 근거를 제시하여 자신의 견해를 논리적으로 대답해야 합니다. 만약 면접관이 여러분에게 '음식물 쓰레기 종량제'에 대한 찬반 의견을 묻는다면 여러분은 어떻게 답변을 하시겠습니까? 먼저 찬반 입장을 생각한 후 자신의 입장을 분명히 밝히고 그에 따른 구체적 근거를 제시하면 됩니다. 이때 근거는 보통 세 가지 이상 드는 것이 좋습니다. 가능하면 실제 사례나 경험을 바탕으로 설명하는 것이 설득력을 높일 수 있습니다. 면접관이 추가 질문을 할 경우에는 앞서 했던 답변 중 부족한 부분이 무엇이었는지를 점검하고 보완해서 대답을 하면 됩니다.

① 면접 준비에 중요한 것은 사회적 이슈, 면접 답변 연습, 기업의 인재상이 있다.
② 면접질문에 답변을 연습하는 영상을 촬영하는 것은 자신감을 키우는 효과적인 방법이다.
③ 면접은 일반적으로 일대일 면접, 일대다 면접, 다대다 면접으로 분류된다.
④ 농업 관련 기업에 면접을 준비하는 경우 농업 관련 이슈만 집중적으로 공부한다.
⑤ 찬반의견을 묻는 면접질문에 답변은 자신의 입장을 밝히고 근거를 구체적으로 밝힌다.

Answer. 8.③ 9.① 10.④

11 다음 중 글의 주제로 옳은 것은?

당뇨병은 인슐린 분비량이 부족하거나 정상적인 기능이 이루어지지 않는 대사질환의 일종으로, 혈액 중 포도당(혈액)의 농도가 높아 여러 증상 및 징후를 유발한다. 세계적으로 당뇨병 인구가 증가하고 있는데, 우리나라 역시 사회경제적인 발전으로 과식, 운동부족, 스트레스 증가 등으로 인해 당뇨병 인구가 늘어나고 있는 추세다. 발병 원인은 명확하게 규명되어 있지 않지만, 현재까지 밝혀진 바에 의하면 유전적 요인이 가장 가능성이 크다. 당뇨병 환자가 고혈당, 지질이상, 고혈압, 비만 등을 조절하지 못하면 망막증, 신증, 신경병증이나 뇌혈관질환, 관상동맥질환 등 만성 합병증으로 진행된다. 이러한 위험인자를 조절하기 위해서는 식사요법, 운동요법, 약물요법 등으로 환자 스스로 지속적인 자기관리를 할 수 있어야 한다. 이 가운데 당뇨병 교육 프로그램의 일환으로 수행되고 있는 식사요법은 제2형 당뇨병의 주 치료법으로, 이를 잘 수행하는 환자들은 대사이상이 호전되었으며 혈당 조절이 잘 되고 혈액 내 자질도 개선되었다는 보고가 있다. 개인에게 맞는 당뇨병 식사요법 교육을 받고 실천에 옮긴 환자는 공복 혈당 및 식후 2시간 혈당이 유의적으로 감소하였고, 이론 교육뿐만 아니라 실습교육을 함께 받으며 식사요법에 대한 순응도가 높았다. 이는 식후혈당 조절이 더 효과적으로 이루어지게 하였다.

① 당뇨병 환자의 맞춤 식사요법 효과
② 당뇨병과 영양취약계층의 생활습관 관련성
③ 제2형 당뇨병 환자의 운동효과에 대한 고찰
④ 당뇨병 환자의 건강정보 이해능력 요인
⑤ 제2형 당뇨병 예측 가능한 위험 요인 탐색

12 다음은 의무복무사병 적금에 대한 설명이다. 다음 설명을 바탕으로 이 적금에 가입할 수 없는 사람은?

〈의무복무사병 목돈 마련 적금〉

가. 상품특징 : 의무복무사병의 목돈 마련을 위해 높은 우대이율을 제공하는 적금상품

나. 가입 대상 : 현역복무사병, 전환복무사병(교정시설 경비교도, 전투경찰대원, 의무경찰대원, 의무소방원), 공익근무요원(1인 1계좌)

다. 가입기간 : 1년 이상 2년 이내(월 단위)

라. 가입금액 : 초입금은 1천 원 이상으로 하며 월 1천 원 이상 5만 원 이내(총 적립한도 120만 원 이내)

마. 적립방법 : 자유적립

바. 금리안내 : 기본이율 + 우대이율 최대 3.0%p

 • 기본이율 : 적금 기간별 기본이율 적용

 • 우대이율 항목

 − 적금 가입일 현재 당행 「주택청약종합저축」을 보유하거나 또는 이 적금 가입일로부터 3개월 이내 당행 「주택청약종합저축」을 신규가입하고 이 적금 가입기간 동안 계약을 유지하는 경우 : 2.8%

 − 적금 가입일로부터 만기일 전월말까지 당행 요구불통장에 연속 또는 비연속으로 3회 이상 급여이체(금액무관) 실적이 있는 경우 : 0.2%

 − 적금 가입일 현재 당행의 신용·체크카드, 현금카드 중 1개 이상 가입하고 있는 회원 또는 이 적금 가입일로부터 3개월 이내 신규가입회원으로 이 적금의 만기일 전월말까지 회원자격을 유지하는 경우 : 0.2%

 − 당행 첫 거래 고객 : 0.2%

 − 최대 적용 우대이율 : 3.0%

① 공익근무요원인 甲

② 의무소방원으로 근무 중인 乙

③ 올해 갓 해군 소위로 임관한 丙

④ 육군에서 현역으로 근무하는 丁

⑤ 교정시설에서 경비교도로 복무 중인 戊

---

13 다음 자료는 은행에서 판매하고 있는 펀드의 종류와 투자 위험등급별 설명에 대한 표이다. 〈보기〉의 대화를 통해 고객에게 가장 알맞은 펀드로 적절한 것은?

펀드명	위험등급	유형	기대수익
A 펀드	매우 높은 위험	해외주식형	21.7%
B 펀드	높은 위험	국내주식형	19.4%
C 펀드	다소 높은 위험	해외주식형	7.5%
D 펀드	보통 위험	해외채권혼합형	3.3%
E 펀드	매우 낮은 위험	국내채권혼합형	2.5%

매우 높은 위험	높은 위험	다소 높은 위험	보통 위험	매우 낮은 위험
투자 자금 대부분을 주식, 주식형 펀드 또는 파생 상품 등의 위험자산에 투자할 의향이 있는 유형	투자 자금의 상당 부분을 주식, 주식형 펀드 또는 파생상품 등의 위험 자산에 투자할 의향이 있는 유형	예·적금보다 높은 수익을 기대할 수 있다면 일정 수준의 손실위험을 감수할 수 있는 유형	예·적금보다 높은 수익을 위해 자산 중 일부를 변동성 높은 상품에 투자할 의향이 있는 유형	예금 또는 적금 수준의 수익률을 기대하며 투자원금에 손실이 발생하는 것을 원하지 않는 유형

보기

은행원 : 안녕하세요. 무엇을 도와드릴까요?

고 객 : 펀드에 가입하려고 왔는데요.

은행원 : 그러시군요. 혹시 생각해보신 펀드가 있으신가요?

고 객 : 아니요, 아직 딱히 정한 펀드는 없고 목돈을 마련하고 싶습니다. 일반 예·적금보다 높은 수익을 낼 수 있는 펀드면 좋겠어요. 내집마련이 목적이기 때문에 원금손실이 적은 안정적인 상품이기를 원합니다.

은행원 : 네. 현재 당행에 예금 이율이 2%인 것을 감안해서 펀드를 추천해드리겠습니다. 원금의 일부가 손실되더라도 수익률이 높은 상품을 찾으시는 걸까요?

고 객 : 네. 투자원금의 일부만 손실 위험이 있더라도 수익률이 예·적금보다 높다면 어느정도는 감수할 수는 있겠지만, 손실위험이 일정수준 이상이라면 부담될 것 같습니다.

① A 펀드   ② B 펀드
③ C 펀드   ④ D 펀드
⑤ E 펀드

14 다음 글에서 관련 없는 부분은?

㉠스마트 농업은 농업 가치사슬 전반에 걸쳐 ICT 기술이 융합된 자동화·지능화 농업으로, 기존의 관행적이고 경험적인 방법과 달리 과학적이고 분석적인 농업이다. 노지농업은 인공 시설을 활용하여 가온(加溫)이나 보온(保溫) 없이 자연조건 그대로 작물을 재배하는 농업이다. 노지농업은 외부 환경 변화에 큰 영향을 받는다는 단점이 있는데, 이에 농업 선진국들은 재배 작물의 생육 상태와 외부환경 변화를 측정하고 분석하여 맞춤형 정밀농업을 도입해오고 있다. 이 두 개념을 융합한 노지 스마트 농업은 ICT 기술을 활용한 데이터 기반의 정밀 농업으로, 영농 데이터 흐름에 따라 관찰-처방-농작업-결과분석 4단계로 구분할 수 있으며 각 단계에서는 센서 기술, 정보통신기술, 스마트농기계 기술이 적용된다. ㉡먼저 관찰 단계에서는 토양, 생육, 수확량 등의 데이터를 통해서 경작지와 농작물의 상태를 파악하고 기초정보를 구축한다. 그렇기 때문에 양질의 데이터 확보가 중요한데, 최근에는 사물인터넷(IoT)이 도입되면서 실시간 데이터 수집과 처리가 가능해졌다. 처방 단계에서는 수집된 데이터를 기반으로 작업 시기와 농자재 투입량을 결정한다. 빅데이터, 인공지능 등의 기술을 활용하여 보다 정확한 진단과 처방이 가능하다. ㉢작물은 자연으로부터 에너지를 얻고 스스로 광합성을 하면서 토양을 통해 필요한 양분을 흡수하지만, 수확량이 중요한 작물에는 특히 많이 필요한 원소인 다량 원소를 적절하게 공급해주기 위해 비료를 사용한다. 농작업 단계에서는 데이터 기반의 처방에 따라서 적재적소에 필요한 만큼의 농자재를 투입하는데, 과거에는 사전 조사된 정보를 작업용 지도에 입력하고 진행했지만, 현재는 자율주행 농기계의 발달로 사람의 개입을 최소화한 자동화·지능화 작업으로 이루어지고 있다. 마지막으로 결과분석 단계에서는 수행한 농작업을 새로운 데이터로 축적하고 다시 활용한다. 정확한 영농일지는 차년도 영농계획에 필요한 주요 데이터로 활용된다. 우리나라도 2020년부터 노지 농업의 스마트화를 본격적으로 추진해오고 있다. ㉣현재 정부가 운영하는 시범사업은 궁극적으로는 데이터를 수집하고 활용하는 노지 영농의 스마트화 기반 마련을 목표로 한다. 시범사업은 주산지 중심으로 경작지를 50㏊ 이상으로 규모화하고 단지를 집적화한 지역 공동경영체 단위에서 선정된 특화 품종을 중심으로 추진되고 있다. 1980년대 정밀농업 개념이 정립한 미국은 노지 스마트 농업의 주도국이다. 2000년대에 전국으로 보급되면서, 2010년대부터는 데이터 기반의 정밀농업인 노지 스마트농업으로 발전하고 있다. 네덜란드는 2010년부터 노지 분야에서 정밀농업 확산을 위한 정밀농업 프로그램을 추진했고 2018년부터 데이터의 수집과 활용을 강화하고 정밀농업 활용도를 향상시키기 위하여 정밀농업 국가실험프로젝트를 추진하고 있다. 국내 노지 스마트 농업은 이제 시작 단계에 머물러 있으나, ㉤향후 빅데이터와 인공지능의 발전과 함께 소규모 농업인의 소득 향상, 청년농 유입에 긍정적인 영향을 가져올 것으로 전망된다.

① ㉠

② ㉡

③ ㉢

④ ㉣

⑤ ㉤

📖 **Answer.** 13.④ 14.③

┃15 ～ 16┃ 다음 글을 읽고 물음에 답하시오.

루소의 사상은 ㉠인간이 자연 상태에서는 선하고 자유롭고 행복했으나, 사회와 문명이 들어서면서 악해지고 자유를 상실하고 불행해졌다는 전제에서 출발한다. 그는 「에밀」의 첫머리에서 이렇게 말하고 있다. 이 세상 만물은 조물주의 손에서 나올 때는 선하지만, 인간의 손에 와서 타락한다. 인간은 어떤 땅에다 다른 땅에서 나는 산물을 재배하려 드는가 하면, 어떤 나무에 다른 나무의 열매를 열리게 하려고 애를 쓴다. 인간은 기후·환경·계절을 뒤섞어 놓기도 한다. 무엇 하나 자연이 만들어 놓은 상태 그대로 두지 않는다. 루소에 의하면, ㉡자연 상태에서 인간은 필요한 만큼의 욕구가 충족되면 그 이상 아무 것도 취하지 않았으며, 타인에게 해악을 끼치지도 않았다. 심지어 타인에게 도움을 주려는 본능적인 심성까지 지니고 있었다. 그러나 인지(認知)가 깨어나면서 인간의 욕망은 필요로 하는 것 이상으로 확대되었다.

㉢이 이기적인 욕망 때문에 사유 재산 제도가 형성되고, 그 결과 불평등한 사회가 등장하게 되었다. 즉, 이기적 욕망으로 인해 인간은 타락하게 되었고, 사회는 인간 사이의 대립과 갈등으로 가득 차게 되었다. 이러한 인간과 사회의 병폐에 대한 처방을 내리기 위해 써진 것이 「에밀」로서, 그 처방은 한마디로 인간에게 잃어버린 자연을 되찾아 주는 것이다. 즉, 인간에게 자연 상태의 원초의 무구(無垢)함을 되돌려 주어, 선하고 자유롭고 행복하게 살 수 있는 사회를 만들게 하는 것이다. 루소는 이것이 교육을 통해서 가능하다고 보았다. 그 교육의 실체는 가공(架空)의 어린이 '에밀'이 루소가 기획한 교육프로그램에 따라 이상적인 인간으로 성장해 가는 과정을 통해 엿볼 수 있다. 이 교육은 자연 상태의 인간이 본래의 천진무구함을 유지하면서 정신적·육체적으로 스스로를 도약해 가는 과정을 따르는 것을 원리로 삼는다. 그래서 ㉣지식은 실제 생활에 필요한 정도만 배우게 하고, 심신 발달 과정에 따라 어린이가 직접 관찰하거나 자유롭게 능동적인 경험을 하도록 하는 것이다. 그럼으로써 자유롭고 정직과 미덕을 가진 도덕적 인간으로 성장해 나갈 수 있게 된다. 이것은 자연 상태의 인간을 중시하는 그의 인간관이 그대로 반영된 것이다.

루소의 자연으로 돌아가자는 주장은 공허한 외침으로 들리기도 한다. 루소가 말하는 자연으로 돌아가기에는 이미 인류의 역사가 너무 많이 진행되었기 때문이다. 그러나 ㉤인간이 본래 무구한 존재라고 본 그의 인간관과 인간 사이의 유대를 도모하고 평등을 실천할 수 있는 인간상을 추구했던 그의 이상은 인간을 탐욕의 노예로 몰고 가는 오늘날에 더욱 빛을 발한다.

15 제시문의 밑줄 친 부분 중에서 화자의 생각이 가장 잘 드러난 부분은?

① ㉠   ② ㉡
③ ㉢   ④ ㉣
⑤ ㉤

16 이 글의 내용과 일치하지 않는 것은?

① 루소는 성선설(性善說)에 동의한다.
② 인지(認知)는 인간의 욕망이 필요 이상의 것을 추구하지 않도록 제어한다.
③ 루소는 '에밀'을 통해 자신이 이상적으로 생각하는 교육프로그램을 보여준다.
④ '에밀'에는 자연 상태를 중시하는 루소의 인간관이 반영되었다.
⑤ 화자는 현실을 비판적으로 인식하며 루소의 사상을 긍정적으로 평가한다.

17 A와 B는 공동사업을 하기 위해 각각 1억 원씩 투자하여 회사를 설립하였다. A와 B는 회사의 사원으로 회사의 모든 업무집행을 담당하였는데, 회사는 주거래은행인 N은행에 3억 원의 채무를 부담하게 되었다. 현재 회사에는 N은행에 예금되어 있는 1억 원 이외에는 어떠한 재산도 없다고 할 때, 다음을 근거로 옳게 추론한 것은? (단, 회사의 사원은 A와 B로 한정한다.)

제○○조(사원의 책임)
회사의 재산으로 회사의 채무를 완전히 변제할 수 없는 때에는 그 부족액에 대하여 각 사원은 연대하여 변제할 책임이 있다.

제○○조(사원의 항변)
가. 사원이 회사채무에 관하여 변제의 청구를 받은 때에는 회사가 주장할 수 있는 항변으로 그 채권자에게 대항할 수 있다.
나. 회사가 그 채권자에 대하여 상계, 취소 또는 해제할 권리가 있는 경우에는 사원은 전항의 청구에 대하여 변제를 거부할 수 있다.

제○○조(재산을 출연한 채무자의 구상권)
어느 연대채무자가 변제 기타 자기의 재산의 출연으로 공동면책이 된 때에는 다른 연대채무자의 부담부분에 대하여 구상권을 행사할 수 있다.

※ 1) 연대채무 : 연대하여 변제할 책임으로서 동일 내용의 급부에 관하여 여러 명의 채무자가 각자 채무 전부를 변제할 의무를 지고, 채무자 중의 한 사람이 전부 변제하면 다른 채무자의 채무도 모두 소멸되는 채무
　2) 항변 : 상대방의 청구권 행사나 주장을 막는 사유
　3) 상계 : 채권자와 채무자가 동종의 채권·채무를 가지는 경우, 대등액의 채권·채무를 서로 소멸(상쇄)시키는 행위

---

① A와 B가 설립한 회사는 N은행에 대하여 1억 원에 한하여 변제책임이 있다.
② 회사와 A, B는 N은행에 대하여 연대하여 변제할 책임을 부담한다.
③ B가 N은행에 대하여 1억 원을 변제하였다면, A에 대하여 5천만 원 구상권을 청구할 수 있다.
④ N은행이 B에게 2억 원의 변제청구를 한 경우, B는 2억 원에 대한 변제를 거부할 수 있다.
⑤ N은행이 A에게 3억 원을 청구하는 경우, 상계할 수 있는 1억 원에 대하여는 변제를 거부할 수 있다.

사람들은 은퇴 이후 소득이 급격하게 줄어드는 위험에 처할 수 있다. 이러한 위험이 발생할 경우 일정 수준의 생활(소득)을 보장해 주기 위한 제도가 공적연금제도이다. 우리나라의 공적연금제도에는 대표적으로 국민의 노후 생계를 보장해 주는 국민연금이 있다. 공적연금제도는 강제가입을 원칙으로 한다. 연금은 가입자가 비용은 현재 지불하지만 그 편익은 나중에 얻게 된다. 그러나 사람들은 현재의 욕구를 더 긴박하고 절실하게 느끼기 때문에 불확실한 미래의 편익을 위해서 당장은 비용을 지불하지 않으려는 경향이 있다. 또한 국가는 사회보장제도를 통하여 젊은 시절에 노후를 대비하지 않은 사람들에게도 최저생계를 보장해준다. 이 경우 젊었을 때 연금에 가입하여 성실하게 납부한 사람들이 방만하게 생활한 사람들의 노후생계를 위해 세금을 추가로 부담해야 하는 문제가 생긴다. 그러므로 국가가 나서서 강제로 연금에 가입하도록 하는 것이다.

공적연금제도의 재원을 충당하는 방식은 연금 관리자의 입장과 연금 가입자의 입장에서 각기 다르게 나누어 볼 수 있다. 연금 관리자의 입장에서는 '적립방식'과 '부과방식'의 두 가지가 있다. '적립방식'은 가입자가 낸 보험료를 적립해 기금을 만들고 이 기금에서 나오는 수익으로 가입자가 납부한 금액에 비례하여 연금을 지급하지만, 연금액은 확정되지 않는다. '적립방식'은 인구 구조가 변하더라도 국가는 재정을 투입할 필요가 없고, 받을 연금과 내는 보험료의 비율이 누구나 일정하므로 보험료 부담이 공평하다. 하지만 일정한 기금이 형성되기 전까지는 연금을 지급할 재원이 부족하므로, 제도 도입 초기에는 연금 지급이 어렵다. '부과방식'은 현재 일하고 있는 사람들에게서 거둔 보험료로 은퇴자에게 사전에 정해진 금액만큼 연금을 지급하는 것이다. 이는 '적립방식'과 달리 세대 간 소득재분배 효과가 있으며, 제도 도입과 동시에 연금 지급을 개시할 수 있다는 장점이 있다. 다만 인구 변동에 따른 불확실성이 있다. 노인 인구가 늘어나 역삼각형의 인구구조가 만들어질 때는 젊은 세대의 부담이 증가되어 연금 제도를 유지하기가 어려워질 수 있다.

연금 가입자의 입장에서는 납부하는 금액과 지급 받을 연금액의 관계에 따라 확정기여방식과 확정급여방식으로 나눌 수 있다. 확정기여방식은 가입자가 일정한 액수나 비율로 보험료를 낼 것만 정하고 나중에 받을 연금의 액수는 정하지 않는 방식이다. 이는 연금 관리자의 입장에서 보면 '적립방식'으로 연금 재정을 운용하는 것이다. 그래서 이 방식은 이자율이 낮아지거나 연금 관리자가 효율적으로 기금을 관리하지 못하는 경우에 개인이 손실 위험을 떠안게 된다. 또한 물가가 인상되는 경우 확정기여에 따른 적립금의 화폐가치가 감소되는 위험도 가입자가 감수해야 한다. 확정급여방식은 가입자가 얼마의 연금을 받을 지를 미리 정해 놓고, 그에 따라 개인이 납부할 보험료를 정하는 방식이다. 이는 연금 관리자의 입장에서는 '부과방식'으로 연금 재정을 운용하는 것이다. 나중에 받을 연금을 미리 정하면 기금 운용 과정에서 발생하는 투자의 실패는 연금 관리자가 부담하게 된다. 그러나 이 경우에도 물가상승에 따른 손해는 가입자가 부담해야 하는 단점이 있다.

18 위 내용을 바탕으로 다음 상황에 대해 분석할 때 적절한 결론을 모두 고르면?

> 공적연금 방식을 준용하여 퇴직연금 제도를 새로 도입하기로 하였다. 이에 회사는 직원들이 퇴직연금 방식을 확정기여방식과 확정급여방식 중에서 선택할 수 있도록 하였다.

> ㉠ : 확정급여방식은 투자 수익이 부실할 경우 가입자가 보험료를 추가로 납부해야 하는 문제가 있어.
> ㉡ : 확정기여방식은 기금을 운용할 회사의 능력에 따라 나중에 받을 연금액이 달라질 수 있어.
> ㉢ : 확정기여방식은 부담금이 공평하게 나눠지는 측면에서 장점이 있어.
> ㉣ : 확정급여방식은 물가가 많이 상승하면 연금액의 실질적 가치가 하락할 수 있어.
> ㉤ : 확정기여방식은 기금의 이자 수익률이 물가상승률보다 높으면 연금액의 실질적 가치가 상승할 수 있어.

① ㉠㉡㉢
② ㉠㉢㉣
③ ㉡㉢㉤
④ ㉠㉡㉢㉤
⑤ ㉡㉢㉣㉤

19 공적연금의 재원 충당 방식 중 '적립방식'과 '부과방식'을 비교한 내용으로 적절하지 않은 것은?

	항목	적립방식	부과방식
①	연금 지급 재원	가입자가 적립한 기금	현재 근로자의 보험료
②	연금 지급 가능 시기	일정한 기금이 형성된 이후	제도 시작 즉시
③	세대 간 부담의 공평성	세대 간 공평성 미흡	세대 간 공평성 확보
④	소득 재분배 효과	소득 재분배가 어려움	소득 재분배가 가능
⑤	인구 변동 영향	받지 않음	받음

Answer. 18.⑤ 19.③

20 다음 Type카드에 대한 설명으로 옳지 않은 것은?

〈20대의 다양한 꿈과 도전을 Type카드와 함께!〉

가. 가입대상 : 개인

나. 후불교통카드 : 신청 가능(발급 후 추가 불가)

다. 연회비 : 국내에서만 사용(8,000원), 해외에서도 사용(10,000원)

라. 특징
  - 카드발급 신청 시 여행과 놀이 Type 중에서 한 가지를 선택하여 원하는 혜택을 받을 수 있습니다.
  - Type 카드는 발급한 이후에는 Type 변경이 불가합니다.
  - 서비스는 카드 사용 등록하신 달에는 제공되지 않으며 그 다음 달부터 서비스 조건 충족 시 제공됩니다.

마. 공통서비스
  - POINT 제휴가맹점에서 POINT 적립 및 사용 가능
  - 온라인 쇼핑몰(제휴가맹점 5곳) 10% 청구할인(건당 이용금액 2만 원 이상 시)
  - 온라인 마켓(제휴가맹점 2곳) 행사상품 할인 등 제공
  - 온라인 서점(제휴가맹점 1곳) 10% 청구할인(건당 이용금액 2만 원 이상 시)
  - 어학시험은 10% 청구할인 월1회, 연6회 제공
  - 영화 온라인 예매(홈페이지, 모바일앱) 2,000원 청구할인(1만 원 이상 결제 시, 월1회)
  - 배달앱 10% 청구할인(건당 이용금액 1만 원 이상 시)

바. Type카드별 제공서비스
  1. 여행Type(인천공항 라운지 무료 이용 서비스)
    • 통합 월 1회, 연 2회 제공
    • 서비스 조건 : 전월 이용실적 50만 원 이상 시 제공
    • 대상라운지 : 제1여객터미널(M라운지, S라운지), 제2여객터미널(M1라운지, S1라운지, L라운지)
  2. 놀이Type(전국 놀이공원 할인)
    • 통합 월 1회, 연 6회 제공
    • 서비스 조건 : 전월 이용실적 30만 원 이상 시 제공

놀이공원명	제공 서비스
제1유형 놀이공원(8곳)	본인 자유이용권 50% 현장 할인
제2유형 놀이공원(2곳)	본인 입장료 30% 현장 할인
A아쿠아수족관	본인 및 동반 1인 입장료 30% 현장 할인
B동물원	본인 무료입장

① Type카드를 발급받으면 공항 라운지 이용과 B동물원 입장이 무료로 이용 가능하다.

② 온라인 쇼핑몰 제휴가맹점에서 건당 이용금액이 3만 원이라면 놀이Type 카드로 10% 청구할인을 받을 수 있다.

③ 해외에서도 사용할 수 있는 카드와 국내에서만 사용하는 카드는 연회비가 다르다.

④ 온라인 쇼핑몰 제휴가맹점에서 3만 원짜리 쌀을 구매할 경우 3,000원을 할인받을 수 있다.

⑤ 놀이 Type카드를 이용하여 제1유형 놀이공원의 자유이용권이 5만 원과 B동물원 입장권이 3만 원 둘 중에 하나만 결제해야 하는 경우, B동물원에서 할인받는 금액이 더 크다.

21 다음은 A공단 공개채용에 관한 유의사항의 일부이다. 다음 내용을 근거로 A공단이 유의사항의 내용에 부합하는 행동이 아닌 것은?

가. 모든 응시자는 1인 1직렬에만 지원할 수 있습니다.

나. 응시지원자는 지역제한 등 응시자격을 미리 확인하고 입사지원서를 접수하여야 하며, 입사지원서의 기재사항 누락·오입력, 장애인·자격증·취업지원대상자 등 가산점수가산비율 기재착오 및 연락불능 등으로 발생되는 불이익은 일체 응시자 책임으로 합니다.

다. 입사지원서 작성내용은 추후 증빙서류 제출 및 관계기관에 조회할 예정이며, 추후 허위사실(응시자격, 임용결격사유 등)이 발견될 때에는 합격 또는 임용을 취소합니다.

라. 지원자 및 단계별 합격자는 우리공단 홈페이지를 통해 공고되는 내용을 정확히 숙지하여야 하며, 이를 준수하지 않아 발생하는 불이익은 본인 책임입니다.

마. 입사지원서 접수결과, 지원자가 채용예정인원 수와 같거나 미달하더라도 적격자가 없는 경우 선발하지 않을 수 있습니다.

바. 최종합격자 중에서 신규임용후보자 등록을 하지 않거나 신체검사에 불합격한 자 또는 공단 인사규정 제14조에 의한 임용결격자, 비위면직자는 합격이 취소되며 예비합격자를 최종합격자로 선발할 수 있습니다.

사. 각종 자격 및 증빙과 관련된 서류는 필기시험 합격자에 한해 접수할 예정이며, 「채용절차의 공정화에 관한 법률」에 따라 최종합격자 발표일 이후 180일 이내에 반환청구 할 수 있습니다. 다만, 채용홈페이지 또는 전자우편으로 제출된 경우나 응시자가 우리 공단의 요구 없이 자발적으로 제출한 경우에는 반환하지 않습니다.

아. 채용관련 인사 청탁 등 채용비리 또는 기타 부정합격 확인 시 채용이 취소될 수 있습니다.

※ 1) 입사지원서(자기소개서 포함) 작성 시, 출신학교(출신학교를 유추할 수 있는 학교메일), 가족관계 등 개인을 식별할 수 있는 내용은 일체 기재하지 마시기 바랍니다.

　2) 자격사항 기재 시 직무와 관련된 국가기술 및 국가전문자격만 기재하시기 바랍니다.

---

① 동일한 응시자가 두 직렬에 중복으로 응시한 사실이 뒤늦게 발견되어 임의로 한 직렬의 응시 관련 사항을 일체 무효처리 하였다.

② 고위관계자에게 취업청탁을 했던 사실이 밝혀진 甲은 합격발표 이후에 채용 취소 처리를 하였다.

③ 5명 채용이 계획되어 있었던 직렬에 10명이 지원하였으나 A공단에서는 최종 4명만 선발하였다.

④ 최종합격자 중 신규임용후보자 자격을 상실한 자가 있어 불합격자 중 임의의 인원을 추가 선발하였다.

⑤ 자기소개서에 출신학교와 자격사항을 작성한 응시자는 서류에서 불합격 처리하였다.

22 다음은 임금피크제 도입 절차를 나타낸 안내서이다. 자료를 보고 이해한 내용으로 옳은 것은?

〈임금피크제 도입 절차〉

- 도입 준비
  1. 임금관리 원칙 재정립 : 기업의 특성에 맞는 임금피크제 설계 가능
  2. 현행 임금 체계와의 적합성 검토 : 임금 정책선이 우상향되는 임금체계에서 임금피크제 검토 필수
  3. 제도 도입계획 수립 : 추진 조직, 설계 범위, 추진 절차 및 일정 검토, 노사 간 공감대 형성
  ※ 노사 간 공감대 형성 : 임금피크제 도입 필요성, 노사 공동 TF팀 구성
- 진단 및 분석
  1. 조직 및 인력 현황 분석
     1) 연령·직급별 인력 현황 분석
     2) 정년 의무화 시기의 조직 및 인력 구조 변화 예측
  2. 임금제도 현황 분석
     1) 임금 지급 여력 분석
     2) 연령·직급·직종·근속연수별 임금체계 및 임금 수준, 근로시간 분석
  3. 선행 기업 사례 분석
     1) 동종·유사 업종 사례조사 및 분석
     2) 벤치마킹 자료 활용으로 시행착오 절감
  4. 근로자 의견조사
     1) 제도 설계 시 근로자 의견 반영을 위한 의견조사 실시
     2) 임금피크제 세부사항에 대해 근로자 대상의 설문조사, 설명회 실시
- 임금피크제 설계
  1. 대상 범위 및 제도 유형 결정
     1) 직급, 임금 수준, 성과에 따른 차등 적용
     2) 정년보장형, 정년연장형, 고용연장형 등 제도 유형 결정
  2. 임금 굴절점 및 임금 감액률 결정
     1) 임금피크제 도입으로 임금 하락 시점 결정
     2) 임금 굴절점에서 정년까지의 임금 감액률 결정
  3. 보상 수준 조정
     1) 감액률 반영 항목 결정
     2) 퇴직급여 감소 시 이에 대한 보완책 마련
  4. 직무·직책 조정
     1) 임금피크제 적용 대상자의 직무조사 및 평가
     2) 기존 직무·직책의 유지 또는 새로운 직무·직책 발굴을 통한 조정 등 결정
- 실행·지원
  1. 노사합의
  2. 단체 협약, 취업규칙, 근로계약서 등의 변경
  3. 정부지원제도 활용
  4. 사후관리
     1) 인력 현황, 임금 현황 등 지속적인 모니터링
     2) 임금체계 및 인사제도 개편

① 임금피크제 도입 후 지속적인 모니터링으로 제도 유형 개편을 추진해야 한다.

② 임금피크제 적용 대상자는 기존의 직무와는 다른 새로운 직무를 맡게 될 수도 있다.

③ 임금 굴절점 및 감액률을 결정하기 위해서는 '보상 수준 조정' 단계가 선행되어야 한다.

④ 근로자를 대상으로 하는 '임금피크제 도입'에 대한 설명회는 '실행·지원' 단계에서 이루어져야 한다.

⑤ '중장기 인건비 변화 예측' 추가 시 '진단 및 분석-1. 조직 및 인력 현황 분석' 분야가 적절하다.

23 빈칸에 들어갈 말로 가장 적절한 것은?

> 기분관리 이론은 사람들의 기분과 선택 행동의 관계에 대해 설명하기 위한 이론이다. 이 이론의 핵심은 사람들이 현재의 기분을 최적 상태로 유지하려고 한다는 것이다. 따라서 기분관리 이론은 흥분 수준이 최적 상태보다 높을 때는 사람들이 이를 낮출 수 있는 수단을 선택한다고 예측한다. 반면에 흥분 수준이 낮을 때는 이를 회복시킬 수 있는 수단을 선택한다고 예측한다. 예를 들어, 음악 선택의 상황에서 전자의 경우에는 차분한 음악을 선택하고 후자의 경우에는 흥겨운 음악을 선택한다는 것이다. 기분조정 이론은 기분관리 이론이 현재 시점에만 초점을 맞추고 있다는 점을 지적하고 이를 보완하고자 한다. 기분조정 이론을 음악 선택의 상황에 적용하면 (   )을 선택한다는 것을 예측할 수 있다.
>
> 연구자 A는 음악 선택 상황을 통해 기분조정 이론을 검증하기 위한 실험을 했다. 그는 실험 참가자들을 두 집단으로 나누고 집단 1에게는 한 시간 후 재미있는 놀이를 하게 된다고 말했고, 집단 2에게는 한 시간 후 심각한 과제를 하게 된다고 말했다. 집단 1은 최적 상태 수준에서 즐거워했고, 집단 2는 최적 상태 수준을 벗어날 정도로 기분이 가라앉았다.
>
> 이때 연구자 A는 참가자들에게 기다리는 동안 음악을 선택하게 했다. 그랬더니 집단 1은 다소 즐거운 음악을 선택한 반면, 집단 2는 과도하게 흥겨운 음악을 선택했다. 그런데 30분이 지나고 각 집단이 기대하는 일을 하게 될 시간이 다가오자 두 집단 사이에는 뚜렷한 차이가 나타났다. 집단 1의 선택에는 큰 변화가 없었으나, 집단 2는 기분을 가라앉히는 차분한 음악을 선택하는 쪽으로 기분이 변하는 경향을 보인 것이다. 이러한 선택의 변화는 기분조정 이론을 뒷받침하는 것으로 간주되었다.

① 사람들은 현재의 기분을 지속하는 데 도움이 되는 음악

② 사람들은 흥분을 유발할 수 있는 음악

③ 사람들은 다음에 올 상황에 맞추어 현재의 기분을 조정하는 음악

④ 사람들은 현재의 기분과는 상관없이 자신이 평소 선호하는 음악

⑤ 사람들은 현재의 즐거운 기분을 유지하기 위해 그와 반대되는 기분을 자아내는 음악

24 다음 공고문에 대한 이해로 적절하지 않은 것은?

〈친환경농산물 직거래 지원사업〉

A기업에서 친환경농식품 취급업체의 직거래 구매·판매장 개설을 위한 융자 지원을 실시합니다. 이를 통해 친환경농식품의 안정적인 판로확대 및 수급조절·가격안정에 기여하고, 궁극적으로 소비자의 친환경농산물 구매 접근성을 향상시킬 수 있기를 기대합니다.

가. 지원 조건

구분	고정금리		변동금리(1월 기준)
	운영	시설	
농업회사법인, 영농조합법인	2.5%	2.0%	1.27%
일반법인	3.0%		2.27%

나. 사업 의무량
- 운영 : 대출액의 125% 이상 국내산 친환경농식품 직거래 구매
- 시설 : 매장 임차보증금 및 시설 설치비용이 대출액의 125% 이상

다. 사업 대상자
친환경농식품 직거래사업에 참여 희망하는 생산자단체, 소비자단체, 전문유통업체, 유기 및 무농약원료 가공식품업체, 전자상거래사업자, 개인사업자 등

라. 지원자격 및 요건
- 생산자단체, 소비자단체, 전문유통업체의 경우, 설립목적 또는 사업이 친환경농식품 유통에 부합되고 친환경농식품을 산지에서 직구매하여 소비지에 직판하는 등 직거래사업을 추진하는 법인 및 단체
- 유기 및 무농약 원료 가공식품업체의 경우, 친환경농식품을 산지에서 직구매하여 유기 및 무농약원료 가공식품을 생산하는 업체
- 전자상거래 사업자의 경우, 상품의 주문·결제 등 상거래의 주요 부분 중 일부 또는 전부를 인터넷 공간에서 판매하는 업체
- 신청제한
  - B공사에서 '친환경농산물직거래지원자금'을 지원받고자 하는 업체
  - 한국신용정보원에 연체 정보, 대위변제·대지급 정보, 부도 정보, 관련인 정보, 금융질서 문란 정보 및 부실신용관련 공공기록 정보가 등록된 자

① 타 기관에서 동일한 성격의 지원자금을 받고자 하는 업체는 중복해서 지원을 받을 수 없다.

② 친환경농식품을 산지에서 직구매하여 유통하는 사업자만 지원사업에 신청할 수 있다.

③ 지원사업에 참여하는 사업자에게는 대출액 125% 이상에 해당하는 사업 의무량이 주어진다.

④ 변동금리에 대해서는 '운영'과 '시설' 부문 구분에 따른 금리 차이가 없다.

⑤ 상거래의 일부 또는 전부를 온라인 판매하는 전자상거래 사업자는 지원자격이 있다.

25 다음은 환전에 대한 설명이다. 옳은 것은?

가. 일반 해외여행자(해외체재자 및 해외유학생이 아닌 자)의 해외여행경비
   관광, 출장, 방문 등의 목적으로 해외여행 시 아래와 같이 외화를 환전할 수 있다.

환전 한도	제출 서류
금액 제한 없음 ※ 동일자, 동일인 기준 미화 1만 불 초과 환전 시 국세청에 통보되며, 미화 1만 불을 초과하여 휴대 출국 시 출국 전에 관할세관장에게 신고해야 한다.	• 실명확인증표 • 여권(외국인 거주자의 경우에만 해당)

나. 해외체재자(해외유학생 포함)의 해외여행경비
   상용, 문화, 공무, 기술훈련, 6개월 미만의 국외연수 등으로 외국에 체재하는 기간이 30일을 초과하는 자(해외체재자) 및 외국의 교육기관 등에서 6개월 이상 수학, 연구, 연수목적 등으로 외국에 체재하는 자(해외유학생)에 대해 아래와 같이 외화를 환전할 수 있다.

환전 한도	제출 서류
금액 제한 없음 ※ 건당 미화 1만 불 초과 환전 시 지정 거래은행으로부터 "외국환신고(확인)필증"을 발급받아야 하며, 연간 미화 1만 불 초과 환전 및 송금 시 국세청에 통보된다.	• 여권 • 입학허가서 등 유학사실 입증서류(해외유학생의 경우) • 소속 단체장 또는 국외연수기관장의 출장·파견증명서(해외체재자의 경우)

다. 소지 목적의 외화환전
   국민인 거주자는 소지를 목적으로 외국환은행으로부터 금액 제한 없이 외국통화 및 여행자수표를 매입할 수 있다.

환전 한도	제출 서류
금액 제한 없음 ※ 동일자, 동일인 기준 미화 1만 불 초과 환전 시 국세청 및 관세청에 통보된다.	실명확인증표

① 자국민이 관광 목적으로 해외여행경비를 5천 불을 환전하는 경우 실명확인증표만 제출한다.
② 2만 불을 휴대하고 관광을 위해 해외여행자가 해외로 출국하는 경우 관세청에 통보해야 한다.
③ 외국의 교육기관에서 6개월 이상 연구 등의 목적으로 외국에 체재하는 경우 7천 불을 환전해야 한다면 외국환신고(확인)필증을 발급받아야 한다.
④ 국민인 거주자가 소지를 목적으로 외국환은행에서 외국통화를 매입하는 경우 국세청에 통보 없이 최대 1만 5천 불까지 환전할 수 있다.
⑤ 상용, 문화, 공무 등의 목적으로 6개월 미만의 기간 동안 외국에 체재하는 경우 환전을 받기 위해서 실명확인증표가 필요하다.

📄 Answer. 24.② 25.①

┃26 ~ 27┃ 다음 제시문을 읽고 이어지는 물음에 답하시오.

A시는 고령운전자 교통사고를 예방하기 위한 조례를 제정할 것이라고 밝혔다. 이에 따라 '고령운전자 교통사고 예방에 관한 조례안'을 최근 입법 예고하고, 시의회 임시회에서 조례안을 심의해 의결토록 할 계획이다. 조례안에서는 운전면허 소지자 중 A시에 주소를 둔 만 70세 이상을 고령운전자로 규정했으며 A시장은 고령운전자가 운전면허를 자진반납하면 예산 범위에서 교통비를 지원하는 등 교통사고 예방을 위해 적극적으로 노력할 것이라는 내용도 담겨있다. 또한 조례안에서는 주행 중인 다른 차량의 운전자가 고령운전자 차량을 쉽게 식별할 수 있도록 고령자의 차량 앞뒤에 고령운전자 표시 스티커를 만들어 지원할 수 있게 했다. A시는 고령운전자에게 운전면허 자진반납자임을 증명하는 카드도 발급하고, 카드 소지자에게 A시의 일부 가맹점 등을 이용할 때 할인 혜택을 주는 방안도 검토하고 있다. 조례안을 대표 발의한 A시의원은 "최근 고령운전자 교통사고가 잇따르는 만큼 사고예방 지원 근거를 마련해 시민의 생명과 재산을 보호하는 것이 목적이다"라고 설명했다. 시의회의 조례안 통과 후 사업계획을 구체화하면서 예산을 편성해 빠르면 하반기부터 고령운전자 사고예방사업을 시작할 방침이다. 앞서 B시는 이미 고령운전자 면허반납 인센티브 지급제도를 도입했다. B시는 만 65세 이상을 대상으로 10만 원이 충전된 교통카드 등을 지급하고, 시청과 가맹 계약을 맺은 상점들을 이용하면 5 ~ 50%의 할인 혜택을 받을 수 있는 '교통사랑 카드'를 발급했다. C시도 만 65세 이상 고령운전자들이 운전면허증을 반납하면 '운전면허 졸업증서'를 주고, 10만 원이 충전된 선불교통카드를 지급하고 있다. 또 D시도 고령운전자 운전면허 자진반납과 인센티브 부여 등을 담은 조례안 제정을 추진 중이다.

26 윗글에서 강조하고 있는 가장 핵심적인 내용으로 적절한 것은?

① 고령운전자로 인한 교통사고를 예방하여야 한다.
② 고령운전자가 안심하고 운전할 수 있는 교통법규를 마련하여야 한다.
③ 고령운전자에게 교통비 등의 지원이 시급히 이루어져야 한다.
④ 운전면허 사용이 가능한 연령을 법으로 지정해야 한다.
⑤ 운전면허 자진반납 제도는 강제적 반납과 차별을 두어야 한다.

27 윗글을 통하여 추론할 수 있는 설명으로 적절한 것은?

① 대부분의 고령운전자들은 인센티브를 지급받기 위하여 운전면허를 반납하게 될 것이다.
② 고령운전자로 인한 교통사고에 따르는 비용이 면허반납 인센티브 금액의 근거가 되었을 것이다.
③ 70세 이상의 운전자는 모두 교통사고를 일으킬 것이다.
④ 조례안이 통과되면 A시의 예산 지출은 당분간 매우 증가할 것이다.
⑤ A시의 고령운전자들은 B시나 C시에 비해 안전 운전능력이 더 뛰어날 것이다.

28 다음 글을 읽고 이해한 내용으로 적절하지 않은 것은?

매년 9월 21일 '치매 극복의 날'은 1995년 세계보건기구(WHO)가 지정한 날이다. 우리나라에서는 보건복지부가 주관하여 치매 관리의 중요성을 알리고 공감을 형성하기 위해 2008년부터 치매 인식개선과 극복 프로그램 캠페인을 열고 있다. 이에 정부 역시 2008년 9월 제1차 치매관리종합계획을 발표한 후 치매 문제 해결을 위한 국가 차원의 노력에 박차를 가했다. 2012년 7월에 치매관리법에 근거하여 제2차 치매관리종합계획을 발표하였으며 4대 사업 목표로 치매 조기발견 및 예방강화, 맞춤형 치료 및 보호 강화, 효과적 치매관리를 위한인프라 확충, 가족지원 강화 및 사회적 인식 개선으로 확정했다.

2016년에는 OECD가 발표한 10대 치매관리 핵심 정책목표를 기준으로 제3차 치매관리종합계획을 발표했으며, 이어 2017년에는 '치매국가책임제 추진계획'을 발표하여 치매지원센터 확대, 치매안심병원설립, 치매 의료비 90% 건강보험 적용, 요양보호사 처우 개선, 전문 요양보호사 파견제도 도입 등을 내세웠다. 다소 부족했던 인프라를 확충하여 전국 256개 보건소에 치매안심센터를 단계적으로 설치하여 통합 치매관리서비스를 시작하였다.

〈그림〉 치매안심센터 업무 흐름도

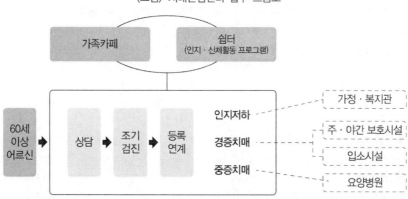

2021년 건강보험심사평가원이 발표한 '치매 경도인지 장애 진료현황 분석'에 따르면 우리나라 65세 이상 어르신 10명 중 1명이 치매 환자이며, WHO 자료에 따르면 2021년 전 세계 치매 인구는 약 5,000만 명, 향후 2050년에는 1억 5,200만 명에 육박할 것으로 추정된다. 우리나라 역시 65세 이상 치매 인구는 2050년에 300만 명을 넘어설 것이라는 예상이다.

① 매년 치매 극복의 날에 보건복지부 주관의 캠페인이 주최된다.
② 2016년에는 OECD가 발표한 10대 치매관리 핵심 정책목표를 기준으로 치매관리종합계획이 발표됐다.
③ 2017년에는 단계적으로 설치된 치매안심센터에서는 치매에 관한 상담, 조기검진, 쉼터 등을 운영하고 있다.
④ 우리나라 전체 치매 인구는 2050년에 1억 5천 만 명을 육박할 것으로 보고 있다.
⑤ WHO는 2050년에 전 세계 치매 인구는 2021년보다 세 배 넘게 증가할 것으로 추정한다.

수명 연장의 꿈을 갖고 제안된 것들 중 하나로 냉동보존이 있다. 이는 낮은 온도에서는 화학적 작용이 완전히 중지된다는 점에 착안해, 지금은 치료할 수 없는 환자를 그가 사망한 직후 액화질소 안에 냉동한 후, 냉동 및 해동에 따른 손상을 회복시키고 원래의 병을 치료할 수 있을 정도로 의학기술이 발전할 때까지 보관한다는 생각이다. 그러나 인체 냉동보존술은 제도권 내에 안착하지 못했으며, 현재는 소수의 열광자들에 의해 계승되어 이와 관련된 사업을 甲재단에서 운영 중이다. 그런데 시신을 냉동하는 과정에서 시신의 세포 내부에 얼음이 형성되어 심각한 세포 손상이 일어난다는 것이 밝혀졌다. 이를 방지하기 위하여 저속 냉동보존술이 제시되었는데, 이는 주로 정자나 난자, 배아, 혈액 등의 온도를 1분에 1도 정도로 천천히 낮추는 방식이었다. 이 기술에서 느린 냉각은 삼투압을 이용해 세포 바깥의 물을 얼음 상태로 만들고 세포 내부의 물은 냉동되지 않도록 하는 방식이다. 그러나 이 또한 치명적이지는 않더라도 세포들을 손상시킨다.

최근에는 액체 상태의 체액을 유리질 상태로 변화시키는 방법을 이용해 세포들을 냉각시키는 방법이 개발되었다. 유리질 상태는 고체이지만 결정 구조가 아니다. 그것의 물 분자는 무질서한 상태로 남아있으며, 얼음 결정에서 보이는 것과 같은 규칙적인 격자 형태로 배열되어 있지 않다.

甲재단은 시신 조직의 미시적 구조가 손상되는 것을 줄이기 위해 최근부터 유리질화를 이용한 냉동방법을 활용 하고 있다. 하지만 뇌과학자 J 씨는 유리질화를 이용한 냉동보존에 대해서 회의적인 입장이다. 그에 따르면 우리의 기억이나 정체성을 이루고 있는 것은 신경계의 뉴런이 상호 연결되어 있는 연결망의 총체로서의 커넥톰이다. 냉동보존된 인간을 다시 살려냈을 때, 그 사람이 냉동 이전의 사람과 동일한 사람이라고 할 수 있기 위해서는 뉴런의 커넥톰이 그대로 보존되어 있어야 한다. 그러나 J 씨는 이러한 가능성에 대해서 회의적이다.

인공호흡기로 연명하던 환자를 죽은 뒤에 부검해보면, 신체의 다른 장기들은 완전히 정상으로 보이지만 두뇌는 이미 변색이 일어나고 말랑하게 되거나 부분적으로 녹은 채로 발견되었다. 이로부터 병리학자들은 두뇌가 신체의 나머지 부분보다 훨씬 이전에 죽는다고 결론을 내렸다. 甲재단이 냉동보존할 시신을 수령할 무렵 시신의 두뇌는 최소한 몇 시간 동안 산소 결핍 상태에 있었으며, 살아있는 뇌세포는 하나도 남아있지 않았고 심하게 손상된 상태였다.

① 냉동보존술은 자본주의 사회에서 인간의 목숨을 물화하는 기술이다.
② 저속 냉동보존술을 통해 세포를 고체상태이면서 결정구조가 아닌 상태로 만든다.
③ 저속 냉동보존술을 이용해 정자나 난자, 배아, 혈액을 냉각할 때는 세포 내부의 물을 냉각시켜 삼투압을 방지한다.
④ 대부분의 과학자들은 머리 이외의 신체보존방식은 저속 냉동보존술이나 유리질화를 이용한 냉동보존술이나 차이가 없다고 생각한다.
⑤ 유리질화 냉동보존에 회의적인 과학자는 甲재단이 시신을 보존하기 시작하는 시점에 뉴런의 커넥톰은 이미 정상 상태에 있지 않다고 본다.

30 다음 글을 읽고 난 반응으로 적절한 것은?

인간은 자신과 얼굴 생김새가 지나치게 비슷하지만 인간이 아닌 존재를 볼 때 불쾌함, 거부감, 섬뜩함 등을 느낀다. 이러한 심리적 현상을 '불쾌한 골짜기' 현상이라고 한다. 일본의 로봇 공학자 모리가 발표한 불쾌한 골짜기 이론에 따르면, 로봇의 외관, 즉 얼굴 형상이 인간과 유사해질수록 점점 호감도가 증가하지만, 유사성이 어느 지점에 도달하면 오히려 호감도가 낭떠러지처럼 급격하게 떨어졌다가 인간과 구별하지 못할 정도로 닮았을 때 호감도는 다시 상승한다. 마치 우리가 등산을 할 때 언덕을 오르고, 내려가는 것처럼, 로봇에 대한 호감도는 로봇 외관의 유사성과 함께 증가하다가 다시 떨어지는 비선형적 관계에 있다는 것이다.

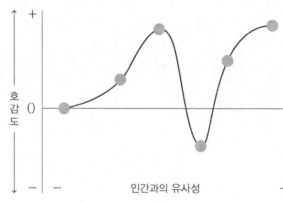

크게 산업용 로봇과 지능형 로봇으로 구분할 수 있는데, 산업용 로봇은 인간과는 전혀 다른 모습으로, 인간은 호감이나 거부감 등을 느끼지 못한다. 하지만 지능형 로봇은 인간, 동물과 유사한 로봇으로 걷고, 뛰는 등의 행위로 할 수 있다. 지능형 로봇을 접한 인간들은 어느 정도 호감을 느끼는데 이는 인간이 아닌 대상으로부터 인간과 유사한 점을 찾으려고 하기 때문이다. 그러나 산업용 로봇부터 인간과 유사한 로봇까지 유사성을 점차 증가시켜 호감도와의 관계를 측정한 결과, 불쾌한 골짜기의 관계가 나타났다. 한 연구 참가자들에게 인형의 얼굴부터 실제 사람의 얼굴까지 합성한 사진에 대해 긍정적/부정적 인상이 형성되는 정도를 평정하도록 하였을 때, 실제 사람의 얼굴과 유사한 지점부터 불쾌한 골짜기가 나타났다. 즉, 인간의 모습과 더 많이 유사할수록 호감도가 오히려 감소될 수 있다는 것을 알 수 있다.

㉠ 甲은 은행에 고객들에게 직원 유니폼을 입고 자동으로 인사하는 마네킹 로봇을 보고 이유 모를 불쾌함과 거부감이 들었다.

---

① 甲은 인간과 유사한 외관의 마네킹 로봇을 보고 불쾌한 골짜기 현상을 경험했다.

② 마네킹 로봇이 강아지 로봇이었다면 甲은 인간과 유사한 점을 찾으려고 했을 것이다.

③ 마네킹 로봇이 유니폼을 입지 않고 있었다면 호감도가 증가했을 것이다.

④ 산업용 로봇이었다면 甲은 불쾌감과 거부감을 나타내지 않았을 것이다.

⑤ 마네킹 로봇은 인간과 외관이 유사하나 인간과 구별하지 못할 정도로 유사하지는 않을 것

수리능력

업무를 수행함에 있어 필요한 기본적인 수리능력과 논리력까지 파악할 수 있는 문항들로 구성된다. 수리능력에서 기초연산, 방정식과 부등식, 응용계산, 수열추리 등과 같은 단순계산영역에서 출제율은 줄고 복합형 형태로 출제되면서 짧은 시간 내에 정확하게 계산하거나 암산하는 능력을 요구하고 있다. 최근에는 온라인 필기시험에서는 도표나 그래프 등을 제시하고 암산으로 계산을 하는 것을 요구하면서 주의집중력이 많이 필요한 문항 출제가 되고 있는 추세이다. 기초연산이나 응용계산은 암산으로 풀 수 있는 수준으로 문제가 출제되고 있으므로 암산능력을 향상시키는 것이 중요하다.

유형별 출제빈도

기초연산	응용계산	통계능력	도표 분석	그래프 분석

다음 자료에 대한 올바른 분석을 다음 〈보기〉에서 모두 고르면?

〈연도별 교통사고 발생건수 현황〉

(단위 : 건)

연도	구분	교통사고 발생건수		
		합계	A지역	B지역
2019년	계	3,937	1,663	2,274
	시내버스	3,390	1,451	1,939
	시외버스	547	212	335
2020년	계	4,139	1,630	2,509
	시내버스	3,578	1,413	2,165
	시외버스	561	217	344
2021년	계	4,173	1,727	2,446
	시내버스	3,670	1,507	2,163
	시외버스	503	220	283
2022년	계	4,234	1,681	2,553
	시내버스	3,723	1,451	2,272
	시외버스	511	230	281
2023년	계	4,401	1,615	2,786
	시내버스	3,859	1,412	2,447
	시외버스	542	203	339

─────── 보기 ───────

㉠ 2019 ~ 2023년 동안 전체 교통사고 발생 건수는 지속적으로 증가하였다.

㉡ B지역의 2019 ~ 2023년의 연간 평균 시외버스 교통사고 발생건수는 300건이 넘는다.

㉢ 2023년의 시외버스 사고건수 1건당 시내버스 사고건수는 A지역이 더 많다.

㉣ 전체 사고건수 중 시외버스가 차지하는 비율은 2019 ~ 2023년 동안 모두 2%p 이내의 차이를 보인다.

① ㉠㉡㉢

② ㉠㉡㉣

③ ㉠㉢㉣

④ ㉡㉢㉣

⑤ ㉠㉡㉢㉣

─────────────────────────────

㉠ 3,937 → 4,139 → 4,173 → 4,234 → 4,401건으로 지속적인 증가를 보인다.

㉡ (335 + 344 + 283 + 281 + 339) ÷ 5 = 316.4건이다.

㉢ A지역은 1,412 ÷ 203 = 약 6.96건이며, B지역은 2,447 ÷ 339 = 약 7.22건이다. B지역이 A지역보다 더 많다.

㉣ 연도별 비율은 각각 547 ÷ 3,937 × 100 = 약 13.9%, 561 ÷ 4,139 × 100 = 약 13.6%, 503 ÷ 4.73 × 100 = 약 12.1%, 511 ÷ 4,234 × 100 = 약 12.1%, 542 ÷ 4,401 × 100 = 약 12.3%로 모두 12.1 ~ 13.9% 이내이므로 비율의 차이는 2%p 이내이다.

답 ②

1 다음은 A 지역의 연도별 60세 기준 인구의 분포를 나타낸 자료이다. 이에 대한 해석으로 옳은 것은?

구분	인구 수(명)		
	60세 미만	60세 이상	계
2015년	51,919	14,638	66,557
2016년	53,281	14,989	68,270
2017년	135,130	15,307	150,437
2018년	227,639	15,384	243,023
2019년	310,175	15,069	325,244
2020년	450,298	15,061	465,354
2021년	557,906	15,270	573,176
2022년	644,247	15,372	659,619

① 전체 인구 수는 매년 지속적으로 증가하였다.

② 60세 미만 인구 수는 매년 증가와 감소를 반복하며 순환하고 있다.

③ 60세 이상 인구 수는 매년 지속적으로 증가하였다.

④ 60세 이상 인구 수는 매년 전체의 5% 이상이다.

⑤ 전년 대비 60세 이상 인구 수가 가장 많이 증가한 연도는 2019년에 해당한다.

2 A구와 B구로 이루어진 신도시 甲시에 도서관과 구민 실내수영장을 세우려고 한다. 甲시가 60억 원의 건축 예산을 사용하여 아래 〈건축비와 만족도〉, 〈조건〉하에서 시민 만족도가 가장 높도록 신축하려고 할 때, 계획을 바르게 세운 것은?

〈건축비와 만족도〉

지역	시설 종류	건축비(억 원)	만족도
A구	도서관	20	35
	구민 실내수영장	15	30
B구	도서관	15	40
	구민 실내수영장	20	50

조건

가. 예산 범위 내에서 시설을 신축한다.
나. 시민 만족도는 각 시설에 대한 만족도의 합으로 계산한다.
다. 각 구에는 최소 1개의 시설을 신축해야 한다.
라. 하나의 구에 동일 종류의 시설을 3개 이상 신축할 수 없다.
마. 하나의 구에 동일 종류의 시설을 2개 신축할 경우, 그 시설 중 한 시설에 대한 만족도는 20% 하락한다.

① B구에는 구민 실내수영장 1개를 신축할 것이다.
② 지역별 만족도가 하락하는 것을 피해야 최선의 계획을 세울 수 있다.
③ 甲시에 신축되는 시설의 수는 3개일 것이다.
④ 지역별 시민 만족도가 가장 높도록 기관을 신축할 경우 예산은 전액 사용된다.
⑤ 최종적으로 하나의 구에 더 많은 시설을 세우게 될 것이다.

3 다음은 국가공인전문자격시험 응시자 A ~ J의 성적 관련 자료이다. 〈보기〉 중 옳은 것을 모두 고르면?

구분 응시생	정답 문항수	오답 문항수	풀지 않은 문항수	점수(점)
A	19	1	0	93
B	18	2	0	86
C	17	1	2	83
D	( )	2	1	( )
E	( )	3	0	( )
F	16	1	3	78
G	16	( )	( )	76
H	( )	( )	( )	75
I	15	( )	( )	71
J	( )	( )	( )	64

※ 1) 총 20문항으로 100점 만점이다.

2) 정답인 문항에 대해서는 각 5점의 득점, 오답인 문항에 대해서는 각 2점의 감점, 풀지 않은 문항에 대해서는 득점과 감점이 없다.

───── 보기 ─────

㉠ 80점 이상인 응시생은 3명이다.
㉡ '풀지 않은 문항수'의 합은 18이다.
㉢ 응시생 I의 '풀지 않은 문항수'는 3개이다.
㉣ 응시생 J의 '오답 문항수'와 '풀지 않은 문항수'는 동일하다.

① ㉠㉡
② ㉢㉣
③ ㉠㉡㉢
④ ㉡㉢㉣
⑤ ㉠㉡㉢㉣

4 공장에서 A제품을 만드는 데 $3\frac{1}{6}$시간이 걸린다. 그렇다면 $10\frac{2}{18}$시간 동안 만들 수 있는 제품은 최대 몇 개인가?

① 3개
② 4개
③ 5개
④ 6개
⑤ 7개

5 다음은 국가별 이산화탄소 배출량에 대한 자료이다. 조사하는 3년 동안 총 배출량이 가장 많은 나라를 제외한 나머지 국가를 2022년의 인구 수가 큰 나라부터 바르게 나열한 것은?

(단위 : 천만 톤, 톤/인)

국가, 구분 \ 연도		2022년	2021년	2020년
A국	총 배출량	37.61	36.15	37.63
	1인당 배출량	7.20	7.01	7.39
B국	총 배출량	45.88	42.98	41.49
	1인당 배출량	16.22	15.48	15.22
C국	총 배출량	53.37	53.67	53.14
	1인당 배출량	15.30	15.56	15.57
D국	총 배출량	44.02	40.80	38.85
	1인당 배출량	2.22	2.07	1.99

※ 1인당배출량(톤/인) = $\dfrac{총배출량}{전체인구}$

① A→B→C
② A→B→D
③ D→B→C
④ D→A→B
⑤ B→A→C

Answer. 3.② 4.① 5.④

6 N은행의 대출심사부에서는 가계대출상품의 상품설명서 내용 중 연체이자에 대한 다음과 같은 사항을 고객에게 안내하려고 한다. 다음을 참고할 때, 주택담보대출(원금 1억2천만 원, 약정이자율 연 5%)의 월납이자(50만 원)를 미납하여 연체가 발생하고, 연체 발생 후 3개월 시점에 납부할 경우의 연체이자는 얼마인가?

가. 연체이자율은 [대출이자율 + 연체기간별 연체가산이자율]로 적용합니다.
   ※ 연체가산이자율은 연 3%로 적용합니다.
나. 연체이자율은 최고 15%로 합니다.
다. 상품에 따라 연체이자율이 일부 달라지는 경우가 있으므로 세부적인 사항은 대출거래 약정서 등을 참고하시기 바랍니다.
라. 연체이자(지연배상금)를 내셔야 하는 경우
   ※ 「이자를 납입하기로 약정한 날」에 납입하지 아니한 때에는 이자를 납입하여야 할 날의 다음날부터 1개월(주택담보대출의 경우 2개월)까지는 내셔야 할 약정이자에 대해 연체이자가 적용되고, 그 후 1개월(주택담보대출의 경우 2개월)이 경과하면 기한이익상실로 인하여 대출원금에 연체이율을 곱한 연체이자를 내셔야 합니다.

① 798,904원
② 775,304원
③ 750,992원
④ 731,528원
⑤ 710,044원

7 다음 자료에서 ㉠의 수치로 옳은 것은?

건강차(茶) 업체별 납품 실적

(단위 : 억 원, %)

구분	2024년 상반기	2023년 상반기	증감률
A 업체	218,722	211,667	3.3
B 업체	134,566	145,136	−7.2
C 업체	32,104	36,648	
D 업체	245,411	216,179	㉠
E 업체	2,695	1,946	
F 업체	16,800	20,214	−17

① −13.5%
② 13.5%
③ 38.4%
④ −38.4%
⑤ −12.4%

8 A국가는 소득세법에 따라 복권당첨금은 기타소득으로 분류된다. 연간 5만 원 초과 ~ 3억 원 미만 시 기타소득세 20%, 지방소득세 2%를 납부하고 3억 원을 초과하면 기타소득세 30%, 지방소득세 3%를 납부해야 한다. 직장인 甲이 연금복권에 당첨되어 20년간 매월 700만 원의 당첨금을 받게 된다면, 세금을 제외한 당첨금은 얼마인가?

① 4,690,000원

② 4,900,000원

③ 5,460,000원

④ 5,600,000원

⑤ 6,790,000원

9 다음은 주식시장에서 외국인의 최근 한 달간의 주요 매매 정보 자료이다. 최근 한 달간 가 그룹 주식의 1주당 평균 금액은 얼마인가? (단, 소수 첫째 자리에서 반올림한다.)

순매수			순매도		
종목명	수량(백 주)	금액(백만 원)	종목명	수량(백 주)	금액(백만 원)
A 그룹	5,620	695,790	가 그룹	84,930	598,360
B 그룹	138,340	1,325,000	나 그룹	2,150	754,180
C 그룹	13,570	284,350	다 그룹	96,750	162,580
D 그룹	24,850	965,780	라 그룹	96,690	753,540
E 그룹	70,320	11,210	마 그룹	12,360	296,320

① 70,453원

② 68,570원

③ 12,380원

④ 7,045원

⑤ 5,984원

10 다음 자료는 국내기업의 무역수지에 대한 자료이다. 자료에 대한 설명으로 옳지 않은 것은?

(단위 : 억 불)

구분		2020년	2019년	2018년	2017년	2016년
수출	전체	5,644	4,861	5,192	5,647	5,525
	제조업	4,819	4,186	4,473	4,839	4,751
	서비스업	825	675	719	808	774
	도소매	692	550	586	677	661
	중소기업	1,002	915	904	1,042	1,021
	제조업	618	556	547	642	633
	서비스업	384	359	357	400	388
	도소매	344	325	322	364	357
수입	전체	4,413	3,762	3,998	4,728	4,612
	제조업	3,082	2,572	2,798	3,562	3,535
	서비스업	1,331	1,190	1,200	1,166	1,077
	도소매	1,126	1,005	998	966	933
	중소기업	1,177	1,039	1,007	1,151	1,084
	제조업	416	367	364	460	455
	서비스업	761	672	643	691	629
	도소매	669	597	568	623	571

※ 무역수지는 수출액에서 수입액을 뺀 수치가 + 이면 흑자, − 이면 적자를 의미한다.

① 중소기업의 제조업 무역수지는 매년 100억 불 이상의 흑자를 나타내고 있다.
② 전체 제조업 수출에서 중소기업의 수출이 차지하는 비중이 가장 낮은 시기는 2018년이 가장 낮다.
③ 전체 수출액 중 도소매업의 구성비는 2018년과 2019년이 모두 11.3%이다.
④ 중소기업의 도소매 수출입액은 2018년 이후 모두 매년 증가하였다.
⑤ 중소기업의 전년 대비 서비스업 수입액 증감률은 2017년이 가장 크다.

11 다음 표는 사내 어린이집 및 유치원의 11개 특별활동프로그램 실시 현황에 관한 자료이다. 이에 대한 설명으로 옳지 않은 것은?

구분	어린이집			유치원		
	실시율	실시기관 수	파견강사 수	실시율	실시기관 수	파견강사 수
미술	15.7	6.677	834	38.5	3,250	671
음악	47.0	19.988	2,498	62.7	5,294	1,059
체육	53.6	22.764	2,849	78.2	6,600	1,320
과학	6.0	–	319	27.9	–	471
수학	2.9	1,233	206	16.2	1,366	273
한글	5.8	2,467	411	15.5	1,306	291
컴퓨터	0.7	298	37	0.0	0	0
교구	15.2	6,464	808	15.5	1,306	291
한자	0.5	213	26	3.7	316	63
영어	62.9	26,749	6,687	70.7	5,968	1,492
서예	1.0	425	53	0.6	51	10

※ 1) 해당 특별활동프로그램 실시율(%) = $\dfrac{\text{해당특별활동프로그램실시어린이집(유치원)수}}{\text{특별활동프로그램실시전체어린이집(유치원)수}} \times 100$

2) 어린이집과 유치원은 각각 1개 이상의 특별활동 프로그램을 실시하며, 조사 기간 동안 특별활동 프로그램 실시 전체 어린이집 수는 42,527개이고, 특별활동 실시 전체 유치원 수는 8,443개이다.

① 특별활동프로그램 실시율이 40% 이상인 특별활동프로그램은 어린이집과 유치원 모두 같다.
② 유치원의 특별활동프로그램 중 실시기관 수 대비 파견강사 수의 비율은 '영어'가 '음악'보다 높다.
③ 특별활동프로그램 중 '과학' 실시기관 수는 어린이집이 유치원보다 적다.
④ 파견강사 수가 가장 많은 프로그램은 유치원과 어린이집이 같다.
⑤ 어린이집 특별활동프로그램 중 실시기관 수가 1,000개도 안 되는 프로그램은 3가지이다.

12 다음은 甲지역 가정의 음식배달앱 사용자의 월 평균 배달서비스를 사용한 횟수에 대한 그래프이다. 그래프에 대한 설명으로 옳은 것은?

〈자료 1〉 2024년 상반기 시가총액 기준 상위 5개 주식현황

순위	주식	시가총액(억)	발행주식(개)	가격(원)	증가율
1	A전자	38,000	19,000,000	200,000	−4.2
2	B에너지	33,000	11,000,000	300,000	−4.7
3	C에너지	14,700	49,000,000	30,000	−4.5
4	D화학	2,640	22,000,000	12,000	−3.6
5	E자동차	2,100	30,000,000	7,000	−5.2

※ 1) 시가총액은 통화량과 주식 가격을 곱한 값으로, 시장에 존재하는 주식을 현재 가격으로 환산한 총액이다.
2) 통화량은 시장에 존재하는 주식의 개수이다.
3) 가격은 주식의 개당 가격이다.
4) 증가율은 전일 가격 대비 증가율이다.

〈자료 1〉 시가총액 기준 주식시장 점유율

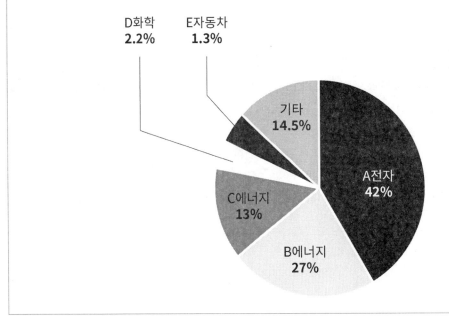

① 전체 주식시장의 시가총액은 15조 원이 넘는다.

② 전체 주식시장에서 통화량이 가장 많은 주식은 C에너지다.

③ 상위 5개 주식 중 전날 대비 가격이 가장 크게 하락한 주식은 B에너지다.

④ 다음 날 모든 주식의 통화량이 그대로이고 다른 주식의 가격은 변동 없이 B에너지의 가격만 35,000원으로 상승한다면 시가총액 상위 1위는 B에너지가 된다.

⑤ 다음 날 모든 주식의 통화량이 그대로이고 다른 주식의 가격은 변동 없이 D화학의 가격만 50,000로 상승한다면 C에너지보다 순위가 높아진다.

▎13 ～ 14▎ 다음은 N기업의 6월 사원 대상 워크숍 관련 보고서이다. 다음 자료를 확인하고 물음에 답하시오.

[교통편]

회사 앞에서 모여 대여한 버스를 타고 이동한다. 총 세 대의 버스로 운행한다. 선발대는 1호차, 후발대는 2호차와 3호차로 나누어 출발한다. 회사에서 워크숍 장소까지는 약 75분이 소요된다.

※ 1호차는 오전 9시 10분에 출발하며 15분 간격으로 2호차, 3호차가 순서대로 출발한다.

[숙소]

워크숍에 참석하는 사원은 80명으로, 남자직원은 전체에서 40%이다. 남자직원과 여자직원은 같은 방을 사용할 수 없다.

[간식]

사내 카페에서 커피 70잔, 주스 30잔을 주문한다. 꿀떡은 2인당 1팩씩 제공하며 쿠키는 1인당 2개씩 제공한다.

---

13 김 대리는 회사 앞에 오전 9시 30분에 도착했다. 다음에 출발하는 버스로 이동한다고 할 때 워크숍 장소에 도착하는 시간은? (단, 교통체증이나 그밖에 이동시간이 변경되는 변수는 없다.)

① 10시 30분 　　　　　　　　　　② 10시 55분

③ 11시 10분 　　　　　　　　　　④ 11시 20분

⑤ 11시 45분

14 워크숍 진행 중 강 이사(여성), 최 실장(여성), 우 전무(남성) 임원 세 명이 찾아왔다. 워크숍에서 사용하는 방은 모두 몇 개인가? (단, 임원은 최대 2명, 사원은 최대 3명까지 한 방을 쓸 수 있다.)

① 21개 　　　　　　　　　　　　② 23개

③ 27개 　　　　　　　　　　　　④ 28개

⑤ 29개

Answer. 12.④　13.②　14.⑤

15 다음은 A사와 B사의 주가를 월별로 정리한 자료이다. 1월에서부터 6월 중 주가지수 최솟값은?

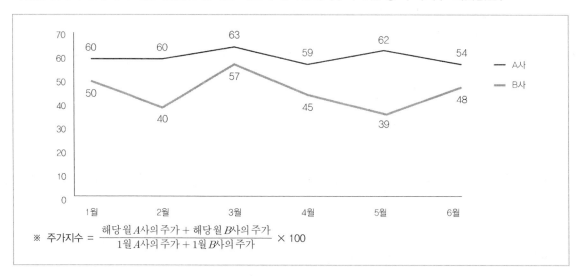

$$※ \ 주가지수 = \frac{해당\ 월\ A사의\ 주가 + 해당\ 월\ B사의\ 주가}{1월\ A사의\ 주가 + 1월\ B사의\ 주가} \times 100$$

① 90.9   ② 91.8

③ 92.7   ④ 94.5

⑤ 95.1

16 다음은 갑, 을, 병, 정의 열흘간의 아르바이트 현황이다. 맡은 업무의 난이도에 따른 기본 책정 보수와 추가 근무, 지각 등의 근무 현황이 다음과 같을 경우, 열흘 뒤 지급받는 총 보수액이 가장 많은 사람과 가장 적은 사람의 차이는 얼마인가?

〈근무 현황〉

구분	추가 근무(시간)	기본 책정 보수	지각횟수(회)
갑	평일(3), 주말(3)	50만 원	3
을	평일(1), 주말(3)	60만 원	3
병	평일(2), 주말(2)	60만 원	3
정	평일(5), 주말(1)	65만 원	4

※ 1) 평일 기본시급은 10,000원이다.

2) 추가 근무는 기본시급의 1.5배이며, 주말에 하는 추가근무는 기본시급의 2배이다.

3) 지각은 1회에 15,000원씩 삭감한다.

① 55,000원   ② 60,000원

③ 75,000원   ④ 110,000원

⑤ 125,000원

17 다음은 교육복지지원 정책사업 내 단위사업 세출 결산 현황을 나타낸 표이다. 2022년 대비 2023년의 급식비 지원 증감률로 옳은 것은? (단, 소수점 둘째 자리에서 반올림한다.)

(단위 : 백만 원)

단위사업명	결산액		
	2023년	2022년	2021년
학비 지원	455,516	877,020	1,070,530
방과 후 교육 지원	636,291	–	–
급식비 지원	647,314	665,984	592,300
정보화 지원	61,814	64,504	62,318
농어촌학교 교육여건 개선	110,753	71,211	77,334
교육복지우선 지원	157,598	188,214	199,019
교복 지원	2,639,752	989,116	–
교과서 지원	307,519	288,405	260,218
학력격차 해소	–	83,622	59,544
총계	5,016,557	3,228,077	2,321,263

① −2.8%

② −1.4%

③ 2.8%

④ 10.5%

⑤ 1.4%

Answer. 15.① 16.⑤ 17.①

18 2023년 행정구역별 인구 이동 수의 자료를 보고 인구변화가 가장 큰 지역을 고르시오.

행정구역	전입	전출
서울특별시	1,555,281	1,658,928
부산광역시	461,042	481,652
대구광역시	348,642	359,206
인천광역시	468,666	440,872
광주광역시	228,612	230,437
대전광역시	239,635	239,136
울산광역시	161,433	157,427
세종특별자치시	32,784	15,291

※ 순이동 = 전입 − 전출

① 서울특별시   ② 부산광역시
③ 대구광역시   ④ 대전광역시
⑤ 세종특별자치시

19 다음은 A국가와 B국가의 식품수출현황을 나타낸 표이다. 2022년 대비 2023년의 농산물 물량의 증감률은 약 몇 %인가?

(단위 : 천 톤, 천 달러, %)

구분	2023년		2022년	
	물량	금액	물량	금액
수산물	226.9	598.9	235.5	721.3
농산물	223.5	579.5	232.6	692.3
축산물	3.4	19.4	2.9	29

① 약 −3.1%   ② 약 −3.3%
③ 약 −3.5%   ④ 약 −3.7%
⑤ 약 −3.9%

20 다음은 2023년과 2020년 창업지원금 신청자를 대상으로 직업과 창업단계를 조사한 자료이다. 이에 대한 설명으로 옳지 않은 것은?

〈표1〉 창업지원금 신청자의 직업구성

(단위 : 명, %)

직업	2023년		2022년		합계	
	인원	비율	인원	비율	인원	비율
교수	183	12.5	34	4.2	217	9.6
연구원	118	8.1	73	9.1	191	8.4
대학생	74	5.1	17	2.1	91	4.0
대학원생	93	6.4	31	3.9	124	5.5
회사원	567	38.8	297	37.0	864	38.2
기타	425	㉠	350	43.6	775	34.3
계	1,460	100.0	802	100.0	2,262	100.0

〈표2〉 창업지원금 신청자의 창업단계

(단위 : 명, %)

창업단계	2023년		2022년		합계	
	인원	비중	인원	비중	인원	비중
예비창업단계	158	10.8	79	9.9	237	10.5
기술개발단계	668	45.8	291	36.3	959	42.4
시제품 제작단계	209	14.3	140	17.5	349	15.4
시장진입단계	425	㉡	292	36.4	717	31.7
계	1,460	100.0	802	100.0	2,262	100

① '기타'를 제외하고 2022년 창업지원금 신청이 가장 높은 비율을 차지하는 신청자 직업은 회사원이다.

② 〈표2〉에서 2022년에 비해 2023년에 인원은 늘어났으나 비율이 감소한 단계는 시제품 제작단계 뿐이다.

③ 2023년에는 기술개발단계에 있는 신청자의 인원수가 가장 많았다.

④ 2022년에 창업지원금 신청자의 인원수는 교수가 대학생의 두 배이다.

⑤ ㉠과 ㉡에 들어갈 수는 동일하다.

📝 Answer. 18.① 19.⑤ 20.②

21 다음은 N은행에서 투자를 검토하고 있는 사업평가자료로 직원의 실수로 일부가 훼손되었다. 다음 중 괄호 안에 들어갈 수 있는 수치는? (단, 인건비와 재료비 이외의 투입요소는 없다.)

구분	목표량	인건비	재료비	산출량	효과성 순위	효율성 순위
A	(㉠)	200	50	500	3	2
B	1,000	(㉡)	200	1,500	2	1
C	1,500	1,200	(㉢)	3,000	1	3
D	1,000	300	500	(㉣)	4	4

※ 효율성 = 산출량÷투입량, 효과성 = 산출량÷목표량

	㉠	㉡	㉢	㉣
①	300	500	800	800
②	500	800	300	800
③	800	500	300	300
④	500	300	800	800
⑤	800	800	300	500

22 다음은 국가별 공공도서관을 비교한 표이다. 다음 표를 바르게 설명한 것을 모두 고른 것은?

국가명	인구 수	도서관 수	1관당 인구 수	장서 수	1인당 장서 수
A국가	49,268,928	607	81,168	54,450,217	1.11
B국가	299,394,900	9,198	31,253	896,786,000	3.1
C국가	59,855,742	4,549	13,158	107,654,000	1.8
D국가	127,998,984	3,111	41,144	356,710,000	2.8
E국가	60,798,563	4,319	14,077	152,159,000	2.51
F국가	82,505,220	10,339	7,980	125,080,000	1.5

㉠ 1인당 장서 수가 많은 국가가 도서관 수 가장 많다.
㉡ 인구수가 가장 많은 국가가 1관당 인구 수가 가장 많다.
㉢ 1인당 장서 수 가장 낮은 국가가 도서관 수도 가장 적다.
㉣ 장서와 인구가 가장 많은 국가는 B국가이다.
㉤ 도서관 수는 인구 수와 비례한다.

① ㉠㉡
② ㉢㉣
③ ㉠㉢㉤
④ ㉡㉢㉣
⑤ ㉢㉣㉤

23 다음은 부서별 성과급 지급방법과 에너지사업부의 성과평가 결과이다. 지급되는 성과급의 1년 총액은?

〈성과급 지급방법〉

가. 성과급 지급은 성과평가 결과와 연계함

나. 성과평가는 유용성, 안전성, 서비스 만족도의 총합으로 평가함

　※ 단, 유용성, 안전성, 서비스 만족도의 가중치를 각각 0.4, 0.4, 0.2로 부여함

다. 성과평가 결과를 활용한 성과급 지급 기준

성과평가 점수	성과평가 등급	분기별 성과급 지급액	비고
9.0 이상	A	100만 원	성과평가 등급이 A이면 직전 분기 차감액의 50%를 가산하여 지급
8.0 이상~9.0 미만	B	90만 원(10만 원 차감)	
7.0 이상~8.0 미만	C	80만 원(20만 원 차감)	
7.0 미만	D	40만 원(60만 원 차감)	

〈에너지사업부 성과평가 결과〉

구분	1/4 분기	2/4 분기	3/4 분기	4/4 분기
유용성	8	8	10	8
안전성	8	6	8	8
서비스 만족도	6	8	10	8

① 350만 원

② 360만 원

③ 370만 원

④ 380만 원

⑤ 390만 원

24 다음은 식재료 관련 수입 현황이다. 김장재료 수입현황에서 중국산 구성비가 두 번째로 높은 것은?

〈김장재료 수입현황〉

(단위 : 톤)

수입국	곡물류	채소류	과일류	생선류	육류
전체	64,456	62,484	97,456	21,464	26,440
중국	62,454	60,564	83,213	15,446	25,950

① 곡물류 ② 채소류
③ 과일류 ④ 생선류
⑤ 육류

25 급식 봉사활동을 위해 A 온라인 식자재몰에서 식자재를 구매하고자 한다. A 온라인 식자재몰은 식자재를 총 40kg 이상 구매할 시 총 결제금액에서 10%를 할인하는 이벤트를 진행하고 있다. 급식 봉사활동에 필요한 두부 20kg, 상추 4kg, 연근 8kg, 브로콜리 3kg, 부추 2kg, 표고버섯 3kg를 구매할 때 총 결제금액은 얼마인가? (단, 특가 상품은 이벤트 할인이 적용되지 않는다.)

식자재(kg)	단가(원)
두부(1kg)	2,500
상추(100g)	2,000
연근(1kg)	4,000
브로콜리(1kg)	~~8,000~~ ★특가상품 20% 할인★
부추(100g)	2,500
표고버섯(1kg)	10,000

① 215,880(원) ② 237,000(원)
③ 235,080(원) ④ 299,000(원)
⑤ 311,230(원)

26 다음은 4대궁 투어 관람객에 관한 자료이다. 이에 대한 설명으로 옳은 것을 모두 고른 것은? (단, 소수점 둘째 자리에서 반올림한다.)

(단위 : 천 명)

구분	1분기			2분기		
	1월	2월	3월	4월	5월	6월
유료 관람객	305	263	200	430	246	211
무료 관람객	418	236	329	441	302	278
외국인 관람객	113	96	106	234	227	93

※ 유·무료 관람객에는 외국인 관람객이 포함된다.

㉠ 1분기 관람객 중 무료 관람객이 차지하는 비중은 가장 큰 달은 3월이다.
㉡ 4월 관람객은 전월대비 60% 이상 증가율을 보인다.
㉢ 6월 유료 관람객은 전월대비 −21% 감소율을 보인다.
㉣ 2분기 관람객 수에서 외국인 관람객 비중이 가장 큰 달은 4월이다.

① ㉠㉡
② ㉠㉢
③ ㉡㉢
④ ㉢㉣
⑤ ㉠㉡㉣

27 다음은 5개 도시를 대상으로 화물을 운송하는 회사에서 조사한 도시 간 이동 시간에 관한 자료이다. 보기에서 계산한 이동 시간이 바르게 짝지어진 것은?

(단위 : 시간)

구분		도착 도시				
		A	B	C	D	E
출발 도시	A	–	1.5	0.5	–	–
	B	–	–	–	1.0	2.5
	C	0.5	1.0	–	–	–
	D	1.0	–	–	–	0.5
	E	–	–	0.5	0.5	–

※ 1) 화물을 싣고 내리기 위해 각 도시에서 정차하는 시간은 고려하지 않음
　 2) '–' 표시가 있는 구간은 이동 불가능함

───────────────── 보기 ─────────────────

㉠ E시의 화물을 A시로 운송한 후 B시로 가서 화물을 실어 D시로 운송하는 데 걸리는 가장 짧은 이동 시간

㉡ B시에서 출발하여 모든 도시를 한 번씩 거쳐 다시 B시로 돌아오는 데 걸리는 가장 짧은시간

	㉠	㉡
①	3.5	4
②	1.5	3
③	2	3
④	3	4
⑤	4	3

28 각 부서에 표준 업무시간이 100시간인 업무를 할당하였다. 다음 중 업무효율이 가장 낮은 부서와 가장 높은 부서를 차례대로 연결한 것은?

〈부서별 업무시간 분석결과〉

부서명	투입인원(명)	개인별 업무시간(시간)	회의	
			횟수(회)	소요시간(시간/회)
A	2	41	3	1
B	3	30	2	2
C	4	22	1	4
D	3	27	2	1

가. 업무효율 $= \dfrac{\text{표준업무시간}}{\text{총투입시간}}$

나. 총 투입시간은 개인별 투입시간의 합

　　※ 개인별 투입시간 = 개인별 업무시간 + 회의 소요시간

다. 부서원은 업무를 분담하여 동시에 수행할 수 있음

라. 투입된 인원의 개인별 업무능력과 인원당 소요시간이 동일하다고 가정함

① A부서 − C부서

② A부서 − D부서

③ B부서 − D부서

④ C부서 − B부서

⑤ C부서 − D부서

29 다음은 N공사에서 제시한 2024년 하반기 '한국'의 식품 수입액 및 수입건수 상위 10개 수입상대국 현황을 나타낸 자료이다. 이를 평가한 의견으로 옳은 것은?

〈2024년 하반기 한국의 식품 수입액 및 수입건수 상위 10개 수입 상대국 현황〉

(단위 : 조 원, 건, %)

수입액				수입건수			
순위	국가	금액	점유율	순위	국가	건수	점유율
1	중국	3.39	21.06	1	중국	104,784	32.06
2	미국	3.14	19.51	2	미국	55,980	17.17
3	호주	1.10	6.83	3	일본	15,884	4.87
4	브라질	0.73	4.54	4	프랑스	15,883	4.87
5	태국	0.55	3.42	5	이탈리아	15,143	4.65
6	베트남	0.50	3.11	6	태국	12,075	3.70
7	필리핀	0.42	2.61	7	독일	11,699	3.59
8	말레이시아	0.36	2.24	8	베트남	10,588	3.24
9	영국	0.34	2.11	9	영국	7,595	2.33
10	일본	0.17	1.06	10	필리핀	7,126	2.19
－	기타 국가	5.40	33.53	－	기타 국가	69,517	21.33

① 정 주임 : 식품의 총 수입액은 17조 원 이상이다.

② 현 대리 : 수입액 상위 10개 수입상대국의 식품 수입액 합이 전체 식품 수입액에서 차지하는 비중은 70% 이상이다.

③ 이 주임 : 식품 수입액 상위 10개 수입상대국과 식품 수입건수 상위 10개 수입상대국에 모두 속하는 국가 수는 6개이다.

④ 한 차장 : 식품 수입건수당 식품 수입액은 중국이 미국보다 크다.

⑤ 김 대리 : 중국으로부터의 식품 수입건수는 수입건수 상위 10개 수입 상대국으로부터의 식품 수입건수 합의 45% 이하이다.

30 다음은 N은행 기업고객인 7개 기업의 2010년도와 2020년도의 주요 재무지표를 나타낸 자료이다. 자료에 대한 설명 중 옳은 것을 모두 고르면?

〈7개 기업의 2010년도와 2020년도의 주요 재무지표〉

(단위 : %)

재무지표 연도 기업	부채 비율		자기자본비율		영업이익률		순이익률	
	2010년	2020년	2010년	2020년	2010년	2020년	2010년	2020년
A	295.6	26.4	25.3	79.1	15.5	11.5	0.7	12.3
B	141.3	25.9	41.4	79.4	18.5	23.4	7.5	18.5
C	217.5	102.9	31.5	49.3	5.7	11.7	1.0	5.2
D	490.0	64.6	17.0	60.8	7.0	6.9	4.0	5.4
E	256.7	148.4	28.0	40.3	2.9	9.2	0.6	6.2
F	496.6	207.4	16.8	32.5	19.4	4.3	0.2	2.3
G	654.8	186.2	13.2	34.9	8.3	8.7	0.3	6.7
7개 기업의 산술평균	364.6	108.8	24.7	53.8	11.0	10.8	2.0	8.1

가. 총자산 = 부채 + 자기자본

나. 부채구성비율(%) = $\dfrac{부채}{총자산} \times 100$

다. 부채 비율(%) = $\dfrac{부채}{자기자본} \times 100$

라. 자기자본비율(%) = $\dfrac{자기자본}{총자산} \times 100$

마. 영업이익률(%) = $\dfrac{영업이익}{매출액} \times 100$

바. 순이익률(%) = $\dfrac{순이익}{매출액} \times 100$

ⓧ 2010년도 부채 비율이 당해년도 7개 기업의 산술평균보다 높은 기업은 3개이다.

ⓛ 2010년도 대비 2020년도 부채 비율의 감소율이 가장 높은 기업은 A이다.

ⓒ 기업의 매출액이 클수록 자기자본비율이 동일한 비율로 커지는 관계에 있다고 가정하면, 2020년도 순이익이 가장 많은 기업은 A이다.

ⓔ 2020년도 순이익률이 가장 높은 기업은 2010년도 영업이익률도 가장 높았다.

① ㉠㉡

② ㉡㉢

③ ㉢㉣

④ ㉠㉡㉢

⑤ ㉠㉡㉣

Chapter 03 문제해결능력

출제경향 예측

업무 수행 시 발생하는 상황들을 창의적이고 논리적으로 해결하는 능력이다. 논리력, 사고력, 문제처리능력을 파악할 수 있는 문항들로 구성된다. 명제 및 진위관계 및 논리형 문제는 매년 한 문제 이상은 꼭 출제되는 유형이기 때문에 다양한 문항으로 연습을 하는 것이 중요하다. SWOT 분석을 통한 문제 도출, 주어진 상황을 고려하여 비용 및 시간, 순서 등의 상황 문제, 고객 응대 등의 문제의 자료해석 유형의 경우 다른 영역과 복합적으로 합쳐져서 출제되기 때문에 난이도가 높은 문항이 많이 포진된다. 최근에는 지문이 길거나 복잡한 문제, 정답을 모두 고르는 등 답을 유추하기 어려운 문항이 출제되면서 난도를 높이는 영역 중에 하나이다. 복잡한 자료가 자주 출제되기 때문에 빠르게 핵심만 파악하여 문제를 해석하고 해결하는 능력을 높일 수 있는 많은 연습이 필요하다.

유형별 출제빈도

명제 및 진위관계	논리	고객응대	자료해석	SWOT분석

다음 중 외부 기회를 이용하여 내부 약점을 강점으로 전환할 수 있는 방안으로 옳은 것을 모두 고르면?

[SWOT 분석]

		내부환경요인	
		강점(Strengths)	약점(Weaknesses)
외부 환경 요인	기회 (Opportunities)	SO 전략 내부 강점 및 외부 기회요인 극대화	WO 전략 외부 기회를 이용하여 내부 약점을 강점으로 전환
	위협 (Threats)	ST 전략 외부 위협을 최소화하기 위한 내부 강점 극대화	WT 전략 내부 약점과 외부 위협 최소화

[甲사 SWOT 분석]

S	W
• 국내시장 점유율 1위 • 우수한 자산건전성 지표 • 가장 많은 지점 보유	• 비은행부문 계열사 해외사업 부진 • 금융부문에 집중된 서비스 • MZ세대의 진입장벽

O	T
• 금융권의 생활 밀착 플랫폼 시장 진출 • 계열사 간 협업을 통한 금융 서비스 • 빅테크, AI 등 기술 발달 및 디지털 전환 가속화	• 인터넷은행 활성화 • 비금융부문 경쟁 심화 • 비용 합리화에 따른 고객 신뢰 저하

ㄱ 국내시장 점유율을 내세워 인터넷은행에 대항할 수 있는 마케팅을 선보인다.
ㄴ MZ세대 특성을 고려해서 디지털 기술을 바탕으로 한 특화 점포를 확대 운영한다.
ㄷ 비은행플폼 영입으로 비금융권과 다양한 협력을 추진한다.
ㄹ ATM기기 수량을 늘려 고객 편의 및 신뢰를 구축한다.

① ㄱ   ② ㄴ

③ ㄱㄹ   ④ ㄴㄷ

⑤ ㄱㄷㄹ

ㄴ 빅테크, AI 등 기술 발달과 디지털 전환 가속화를 기회로 미래형 점포를 추구하는 이른바 피지털(Phygital) 전략을 통해 특화 점포 확대 운영 등 MZ 세대들의 접근을 늘리는 방안은 WO 전략으로 적절하다.
ㄷ 금융권의 생활 밀착 플랫폼 시장 진출이라는 기회를 이용하여 甲 기업이 가지고 있는 금융부문에만 집중된 서비스를 비금융 부문으로 분산시킬 수 있다.

답 ④

1 다음 글과 〈조건〉을 근거로 판단할 때, 중국으로 출장 가는 사람으로 짝지어진 것은?

C회사에서는 업무상 외국 출장이 잦은 편이다. 인사부 A 씨는 매달 출장 갈 직원들을 정하는 업무를 맡고 있다. 이번 달에는 총 4개국으로 출장을 가야 하며 인원은 다음과 같다.

미국	영국	중국	일본
1명	4명	3명	4명

출장을 갈 직원은 이 과장, 김 과장, 신 과장, 류 과장, 임 과장, 장 과장, 최 과장이 있으며, 개인별 출장 가능한 국가는 다음과 같다.

국가＼직원	이 과장	김 과장	신 과장	류 과장	임 과장	장 과장	최 과장
미국	○	×	○	×	×	×	×
영국	○	×	○	○	○	×	×
중국	×	○	○	○	○	×	○
일본	×	×	○	×	○	○	○

※ 1) ○ : 출장 가능, × : 출장 불가능
  2) 어떤 출장도 일정이 겹치진 않는다.

─────── 조건 ───────
가. 한 사람이 두 국가까지만 출장 갈 수 있다.
나. 모든 사람은 한 국가 이상 출장을 가야 한다.

① 신 과장, 류 과장, 임 과장
② 김 과장, 신 과장, 류 과장
③ 김 과장, 류 과장, 최 과장
④ 김 과장, 임 과장, 최 과장
⑤ 이 과장, 류 과장, 최 과장

2 다음은 우리나라의 연도별 유형별 정치 참여도를 나타낸 자료이다. 〈보기〉에 주어진 조건을 참고할 때, ㉠~㉣에 들어갈 알맞은 정치 참여방법을 순서대로 올바르게 나열한 것은 어느 것인가?

연도	㉠	온라인상 의견 피력하기	정부나 언론에 의견제시	㉡	탄원서·진정서·청원서 제출하기	㉢	공무원·정치인에 민원전달	㉣
2020년	53.9	15.0	9.5	21.2	8.8	9.2	10.3	12.8
2021년	58.8	14.7	8.8	17.5	7.9	7.6	9.1	9.2
2022년	69.3	13.3	6.7	14.9	5.6	6.9	6.1	10.3
2023년	74.1	12.2	6.4	14.5	5.8	14.4	5.6	8.5

보기

1. 주변인과 대화를 하거나 시위 등에 참여하는 방법은 2020년보다 2023년에 그 비중이 더 증가하였다.
2. 2023년에 서명운동에 참여하거나 주변인과 대화를 하는 방법으로 정치에 참여하는 사람의 비중은 모두 온라인상 의견을 피력하는 방법으로 정치에 참여하는 사람의 비중보다 더 많다.
3. 2020~2022년 기간 동안은 시위에 참여하거나 불매운동을 하는 방법으로 정치에 참여한 사람의 비중이 온라인상 의견을 피력하는 방법으로 정치에 참여한 사람의 비중보다 항상 적었다.

① 서명운동 참여하기 - 주변인과 대화하기 - 시위·집회 참여하기 - 불매운동 참여하기
② 주변인과 대화하기 - 서명운동 참여하기 - 시위·집회 참여하기 - 불매운동 참여하기
③ 주변인과 대화하기 - 서명운동 참여하기 - 불매운동 참여하기 - 시위·집회 참여하기
④ 주변인과 대화하기 - 시위·집회 참여하기 - 서명운동 참여하기 - 불매운동 참여하기
⑤ 서명운동 참여하기 - 시위·집회 참여하기 - 불매운동 참여하기 - 주변인과 대화하기

3 甲, 乙, 丙, 丁은 영업, 사무, 전산, 관리분야의 일을 각각 담당하기로 하였다. 甲은 영업과 사무분야 업무를 기피하고, 乙은 관리업무를 기피하며, 丙과 丁은 각각 영업분야와 전산분야를 선호한다. 인사부에서 각자의 선호에 따라 업무를 분배할 때 옳게 연결된 것은?

① 甲 - 관리
② 乙 - 영업
③ 丙 - 전산
④ 丁 - 사무
⑤ 丁 - 영업

Answer. 1.③ 2.② 3.①

┃4~5┃ 2층짜리 주택에 부모와 미혼인 자식으로 이루어진 두 가구, ㉠~㉦ 총 7명이 살고 있다. 아래의 조건을 보고 물음에 답하시오.

- 1층에는 4명이 산다.
- 혈액형이 O형인 사람은 3명, A형인 사람은 1명, B형인 사람은 1명이다.
- ㉠은 기혼남이며, 혈액형은 A형이다.
- ㉡과 ㉦은 부부이며, 둘 다 O형이다.
- ㉢은 미혼 남성이다.
- ㉣은 1층에 산다.
- ㉤의 혈액형은 B형이다.
- ㉥의 혈액형은 O형이 아니다.

---

4 ㉢의 혈액형으로 옳은 것은?

① A형   ② B형
③ AB형   ④ O형
⑤ 알 수 없다.

5 다음의 조건을 보고 1층에 사는 사람으로 옳은 것은?

① ㉠㉢㉣㉥   ② ㉠㉣㉤㉥
③ ㉡㉣㉤㉥   ④ ㉡㉤㉥㉦
④ 알 수 없다.

6 다음은 甲이 작성한 A, B, C, D 네가지 핸드폰의 제품별 사양과 사양별 점수표이다. 다음 표를 본 乙이 〈보기〉와 같은 상황에서 선택하기에 가장 적절한 제품과 가장 적절하지 않은 제품은 각각 어느 것인가?

〈제품별 사양〉

구분	A	B	C	D
크기	153.2 × 76.1 × 7.6	154.4 × 76 × 7.8	154.4 × 75.8 × 6.9	139.2 × 68.5 × 8.9
무게	171g	181g	165g	150g
RAM	4GB	3GB	4GB	3GB
저장 공간	64GB	64GB	32GB	32GB
카메라	16Mp	16Mp	8Mp	16Mp
배터리	3,000mAh	3,000mAh	3,000mAh	3,000mAh
가격	653,000원	616,000원	599,000원	549,000원

〈사양별 점수표〉

무게	160g 이하	20점	RAM	3GB	15점
	161 ~ 180g	18점		4GB	20점
	181 ~ 200g	16점	저장 공간	32GB	18점
	200g 초과	14점		64GB	20점
가격	550,000원 미만	20점	카메라	8Mp	8점
	550,000 ~ 600,000원 미만	18점		16Mp	20점
	600,000 ~ 650,000원 미만	16점			
	650,000원 이상	14점			

─────── 보기 ───────

"이번에 핸드폰을 바꾸려 하는데, 내가 가장 중요하게 생각하는 조건은 저장 공간이야. 그 다음으로는 무게가 가벼웠으면 좋겠고, 카메라 기능이 좋은 걸 원하지. 다른 기능은 전혀 고려하지 않지만, 저장 공간, 무게, 카메라 기능에 각각 가중치를 30%, 20%, 10% 추가 부여하는 정도라고 볼 수 있어."

① A제품과 D제품
② B제품과 C제품
③ A제품과 C제품
④ B제품과 D제품
⑤ A제품과 B제품

7 다음은 甲, 乙, 丙, 丁의 OX 시험 답안지이다. 총점 25점 만점 중 점수가 다음과 같을 때 乙의 총점은? (단, 각 문항당 5점이며, 乙은 甲보다 낮거나 같은 점수다.)

구분	1번	2번	3번	4번	5번	총점(25점)
甲	O	X	X	X	O	10점
乙	X	O	X	O	O	?
丙	O	X	O	O	O	20점
丁	X	X	O	O	O	15점

① 0점

② 5점

③ 10점

④ 15점

⑤ 알 수 없음

8 甲사가 인사 채용 건으로 업체 간 협력 가능성 등을 고려하여 외주 업체를 선정하려고 한다. 다음과 같은 조건일 때에 선정이 확실한 업체는 모두 몇 개인가?

조건

1. 업체는 모두 8곳이다.
2. A업체를 선정하면 C업체는 선정하지 않는다.
3. A업체는 선정하며 B업체는 선정하지 않는다.
4. B업체가 선정되지 않으면 E업체가 선정된다.
5. E업체가 선정되면 G업체는 선정되지 않는다.
6. D업체가 선정되지 않으면 H업체도 선정되지 않는다.
7. G업체가 선정되지 않으면 A업체가 선정된다.

① 1개

② 2개

③ 3개

④ 4개

⑤ 5개

9 다음은 N기업의 채용 시험에 응시한 최종 6명의 평가 결과를 나타낸 자료이다. 다음 중 응시자 A와 D의 면접 점수가 동일한 경우, 최종 채용자 2명 중 어느 한 명이라도 변경될 수 있는 조건은?

〈평가 결과표〉

분야 응시자	어학	컴퓨터	실무	NCS	면접	평균
A	( )	14	13	15	( )	( )
B	12	14	( )	10	14	12.0
C	10	12	9	( )	18	11.8
D	14	14	( )	17	( )	( )
E	( )	20	19	17	19	18.6
F	10	( )	16	( )	16	( )
계	80	( )	( )	84	( )	( )
평균	( )	14.5	14.5	( )	( )	( )

※ 1) 평균 점수가 높은 두 명을 최종 채용자로 결정함
   2) 한 분야당 20점이 최고 점수임

① E의 '컴퓨터' 점수가 5점 낮아질 경우
② A의 '실무' 점수가 최고점, D의 '실무' 점수가 13점일 경우
③ F의 '어학' 점수가 최고점일 경우
④ B의 '실무'와 'NCS' 점수가 모두 최고점일 경우
⑤ C의 '실무' 점수가 최고점일 경우

┃ 10 ～ 11 ┃ 甲 사원은 승진을 앞두고 어학 자격증을 취득하기 위해 중국어 학원을 다니려고 한다. 다음 강의 시간표를 읽고 이어지는 물음에 답하시오.

〈상황〉

甲은 3 ～ 4월 시간표를 참고해서 오는 5 ～ 6월 수업 시간표를 작성하려 한다. 중국어 학원은 입문 − 초급 − 중급 − 고급의 4단계로 이루어져 있으며 5 ～ 6월 시간표는 3 ～ 4월 강좌보다 한 단계 높은 수준을 개설할 계획이다. 예를 들어 3 ～ 4월에 입문반이 있었으면 초급반으로, 초급반이 있었으면 이번에는 중급반으로 개설하는 것이다. 단, 고급반의 경우 다시 입문반으로 개설한다. 그리고 종합반은 2개 차시로 묶어서 개설해야 한다. 시간대는 종합반은 3 ～ 4월 시간표 그대로 하고, 직장인 대상 비즈니스반은 밤 8시 이후여야 하며, 모든 강좌는 꼭 주 2회 이상 있어야 한다.

〈5 ～ 6월 강좌 예상 일정〉

강좌명	개설 가능 요일	비고
종합반	매일	학생 대상
성조반	수, 금	
회화반A	매일	
회화반B	화, 목, 금	
독해반	매일	
문법반	월, 화, 목	
청취반	화, 목	
비즈니스반	월, 목	직장인 대상
한자반	월, 수, 금	학생 대상

〈3 ～ 4월 시간표〉

	월	화	수	목	금
16 : 00 ～ 16 : 50	종합반 (초급)	회화반A	종합반 (초급)	회화반A	종합반 (초급)
		고급		고급	
17 : 00 ～ 17 : 50		한자반		한자반	
		초급		초급	
19 : 00 ～ 19 : 50	회화반B	성조반	회화반B	성조반	회화반B
	초급	중급	초급	중급	초급
20 : 00 ～ 20 : 50	문법반	독해반	문법반	독해반	문법반
	중급	고급	중급	고급	중급
21 : 00 ～ 21 : 50	청취반	비즈니스반	청취반	비즈니스반	청취반
	입문	입문	입문	입문	입문

10 다음은 甲이 5 ~ 6월 시간표를 작성하기 전에 강좌 예상 일정을 참고하여 각 강좌별 개설이 가능한 요일을 표로 정리한 것이다. 다음 중 요일의 분배가 적절하지 않은 것은?

	월	화	수	목	금
성조반	×	×	○	×	○
회화반B	×	○	×	○	○
문법반	×	○	×	○	×
한자반	○	×	○	×	○
회화반A	○	○	○	○	○

① 성조반
② 회화반B
③ 문법반
④ 한자반
⑤ 회화반A

11 다음은 甲이 작성한 5 ~ 6월 시간표이다. 시간표를 보고 수정사항을 바르게 지적한 것은?

	월	화	수	목	금
16 : 00 ~ 16 : 50	종합반(중급)	회화반B	종합반(중급)	회화반B	종합반(중급)
		중급		중급	
17 : 00 ~ 17 : 50		독해반		독해반	
		입문		입문	
19 : 00 ~ 19 : 50	한자반	청취반	한자반	청취반	한자반
	중급	초급	중급	초급	중급
20 : 00 ~ 20 : 50	비즈니스반	회화반A	회화반A	비즈니스반	회화반A
	초급	입문	입문	초급	입문
21 : 00 ~ 21 : 50	문법반	문법반	성조반	문법반	성조반
	초급	초급	고급	초급	고급

① 회화반B의 요일이 변경되어야 한다.
② 독해반은 중급반으로 수정되어야 한다.
③ 한자반의 요일과 단계가 모두 수정되어야 한다.
④ 비즈니스반과 회화반A의 요일이 서로 뒤바뀌었다.
⑤ 밤 9시에 열리는 문법반은 고급반으로 수정되어야 한다.

Answer. 10.③ 11.⑤

다음 점수표를 통해 확인할 수 있는 결과로 옳은 것은?

甲, 乙, 丙이 농구 자유투 대결을 총 5회까지 진행하여 우승자를 선정한다. 자유투로 골에 넣는 것을 성공하면 1점이 부여된다. 다음은 세 사람의 점수를 회차별로 기록하였는데 종이에 물이 엎어지면서 4회와 5회의 결과가 지워졌다. 4회와 5회 중 한 회차에서 세 사람의 점수가 모두 같았고, 다른 한 라운드에서 1점을 받은 사람이 한명 있었다.

〈점수표〉

구분	1회	2회	3회	4회	5회	합계
甲	2	4	3			16
乙	5	4	2			17
丙	5	2	6			18

① 3회까지 점수를 보면 甲이 1위이다.
② 丙은 매회 다른 점수를 기록하고 있다.
③ 4회와 5회 중에서 자유투로 1점을 받은 사람이 누군지 알 수 없다.
④ 4회와 5회의 점수만 본다면 乙이 최하위이다.
⑤ 회차별 합산점수가 가장 낮은 회차는 2회차이다.

13 평가대상기관 중 최종 순위 1위와 2위를 선별하여 다음 사업계획에 반영하려고 한다. 최종 순위가 1위인 기관과 2위인 기관을 순서대로 나열한 것은?

〈공공시설물 내진보강대책 추진실적 평가기준〉

가. 평가요소 및 점수부여

• 내진성능 평가지수 $= \dfrac{\text{내진성능 평가실적건수}}{\text{내진보강 대상건수}} \times 100$

• 내진보강 공사지수 $= \dfrac{\text{내진보강 공사실적건수}}{\text{내진보강 대상건수}} \times 100$

• 산출된 지수 값에 따른 점수는 아래 표와 같이 부여한다.

구분	지수 값 최상위 1개 기관	지수 값 중위 2개 기관	지수 값 최하위 1개 기관
내진성능 평가점수	5점	3점	1점
내진보강 공사점수	5점	3점	1점

나. 최종 순위 결정
• 내진성능 평가점수와 내진보강 공사점수의 합이 큰 기관에 높은 순위를 부여한다.
• 합산점수가 동점인 경우에는 내진보강 대상건수가 많은 기관을 높은 순위로 한다.

〈평가대상기관의 실적〉

(단위 : 건)

구분	A	B	C	D
내진성능 평가실적	82	72	72	83
내진보강 공사실적	91	76	81	96
내진보강 대상	100	80	90	100

① A, C
② B, A
③ B, D
④ D, B
⑤ D, C

---

14 다음은 甲 기업의 휴가 규정이다. 다음 중 휴가 규정에 대한 올바른 설명이 아닌 것은?

<휴가 규정>

휴가종류	휴가사유	휴가일수
연가	정신적, 육체적 휴식 및 사생활 편의	재직기간에 따라 12 ~ 21일
병가	질병 또는 부상으로 직무를 수행할 수 없거나 전염병으로 다른 직원의 건강에 영향을 미칠 우려가 있을 경우	• 일반병가 : 60일 이내 • 공적병가 : 180일 이내
공가	징병검사, 동원훈련, 투표, 건강검진, 헌혈, 천재지변, 단체교섭 등	공가 목적에 직접 필요한 시간
경조사 휴가	결혼, 배우자 출산, 입양, 사망 등 경조사	대상에 따라 1 ~ 20일
출산휴가	임신 또는 출산 직원	출산 전후 총 90일 (한 번에 두 자녀 출산 시 120일)
모성보호시간	임신 중인 직원의 휴식과 병원 진료를 위한 시간	1일 1 ~ 2시간
육아시간	5세 이하 자녀가 있는 직원	24개월 범위에서 1일 최대 2시간
유산 · 사산 휴가	유산 또는 사산한 경우	임신기간에 따라 5 ~ 90일
	배우자가 유산 또는 사산한 경우	3일
불임치료 휴가	불임치료 시술을 받는 직원	여성 : 2일 / 남성 : 1일
재해 구호 휴가	풍수해, 화재 등 재해피해 직원 및 재해지역 자원봉사 직원	5일 이내
성과우수자 휴가	직무수행에 탁월한 성과를 거둔 직원	5일 이내
장기재직 특별휴가	10 ~ 19년, 20 ~ 29년, 30년 이상 재직자	10 ~ 20일
자녀 군 입영 휴가	군 입영 자녀를 둔 직원	입영 당일 1일
가족돌봄휴가	질병, 사고, 노령 등의 사유로 조부모, 외조부모, 부모(배우자 부모 포함), 배우자, 자녀, 손자녀를 돌봐야 하는 경우	10일 이내

※ 휴가일수의 계산
 • 연가, 병가, 공가 및 특별휴가 등의 휴가일수는 휴가 종류별로 따로 계산
 • 반일연가 등의 계산
 ﹣ 반일연가는 14시를 기준으로 오전, 오후로 사용, 1회 사용을 4시간으로 계산
 ﹣ 반일연가 2회는 연가 1일로 계산
 ﹣ 지각, 조퇴, 외출 및 반일연가는 별도 구분 없이 계산. 누계 8시간을 연가 1일로 계산하고, 8시간 미만의 잔여시간은 연가일수 미산입

① 5세 이하 아동을 돌보기 위해 남성은 1일 최대 2시간 육아시간을 사용할 수 있다.

② 질병이 있는 외조모를 돌보기 위해 10일 이내의 휴가를 사용할 수 있다.

③ 헌혈을 하는 경우 공가를 통해 2일 이내의 휴가를 받을 수 있다.

④ 자녀가 군에 입대를 하는 경우 입영날 하루 휴가를 받을 수 있다.

⑤ 사생활 편의를 위해 사용하는 휴가는 재직기간에 따라 휴가일수가 다르다.

15 다음 표는 다음 표는 A, B, C, D 4명의 성별, 연차, 취미, 좋아하는 업무를 조사하여 나타낸 표이다. 이를 근거로 아래 〈조건〉에 맞도록 TF팀을 구성하려고 한다. 다음 중 함께 TF팀이 구성될 수 있는 경우는 어느 것인가?

이름	성별	연차	취미	좋아하는 업무
A	남자	10년차	수영	회계
B	남자	2년차	기타(Guitar)	수출
C	여자	7년차	농구	외환
D	여자	3년차	피아노	물류

───── 조건 ─────
ㄱ 취미가 운동인 직원은 반드시 수출을 좋아하는 직원과 TF팀을 구성한다.
ㄴ 짝수 연차 직원은 홀수 인원으로 TF팀을 구성할 수 없다.
ㄷ 남직원만으로는 TF팀을 구성할 수 없다.

① A, B
② A, D
③ B, C
④ A, B, C
⑤ A, C, D

16 ○○ 은행은 면접자 A, B, C, D, E 중 한 명을 채용하려고 한다. 다음 채용 기준에 근거했을 때 채용되는 사람은?

〈채용 기준〉
- 면접심사에서 가장 높은 점수를 받은 한 명을 최종적으로 채용한다.
- 면접자별 평가항목의 점수와 가중치를 곱한 값을 합한 총점이 80점 이하인 경우 불합격 처리를 한다.

※ 1) 면접자별 점수는 100점 만 점이다.
   2) 총점이 동점일 경우 윤리·책임 항목의 점수가 더 높은 면접자를 우선으로 채용한다.

면접심사 점수

평가 항목	가중치	면접자별 점수				
		A	B	C	D	E
소통·공감	30%	40	80	70	90	80
헌신·열정	20%	60	70	60	70	80
창의·혁신	20%	90	50	70	80	70
윤리·책임	30%	80	90	90	100	90

① A
② B
③ C
④ D
⑤ E

▌17~18▌ 甲은 국내 다섯 개 댐에 대해 조류 예보를 관리하는 업무를 담당하고 있다. 다음 내용을 바탕으로 물음에 답하시오.

〈조류 예보 단계 및 발령기준〉

조류 예보 단계		발령기준(CHI−a)
파란색	평상	15mg/ 미만
노란색	주의	15mg/ 이상
주황색	경보	25mg/ 이상
빨간색	대발생	100mg/ 이상

17 다음은 甲이 지난 7개월 동안 시간 흐름에 따른 조류량 변화 추이를 댐 별로 정리한 자료이다. 이에 대한 분석으로 틀린 것은?

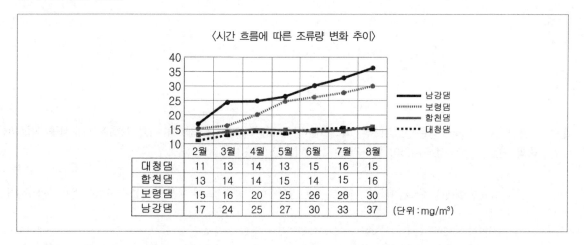

	2월	3월	4월	5월	6월	7월	8월
대청댐	11	13	14	13	15	16	15
합천댐	13	14	14	15	14	15	16
보령댐	15	16	20	25	26	28	30
남강댐	17	24	25	27	30	33	37

(단위 : mg/m³)

① 대청댐의 조류량이 2월부터 5월까지는 "평상" 단계였지만, 6월부터 "주의" 단계로 격상했구나.

② 합천댐은 대청댐과 마찬가지로 총 세 번의 "주의" 단계가 발령되었구나.

③ 보령댐은 2월부터 시간이 지날수록 조류량이 많아져서 줄곧 "주의" 단계였네.

④ 남강댐은 제시된 댐들 중에 매월 조류량이 가장 많고, 4월부터 "경보" 단계였구나.

⑤ 3월에 보령댐과 남강댐은 같은 단계가 발령되었구나.

18 甲이 다음과 같은 소식을 댐 관리자로부터 전달 받았을 때, 각 댐에 내려야 하는 예보가 적절하게 묶인 것은?

> 발신인 : 乙
> 수신인 : 甲
> 제 목 : 장마에 따른 조류량 변화
> 장마로 인하여 상류로부터의 오염물질 다량유입, 수온 상승과 일조량 증가로 조류가 성장하기에 적합한 환경이 조성됨에 따라, 우점 조류인 아나베나(Anabaena)가 급증하고 있는 것으로 보입니다. 현재 조류량이 급격히 늘어나고 있는데, 현재 시각인 14시를 기준으로 대청댐은 27mg/, 보령댐은 26mg/, 합천댐은 22mg/, 남강댐과 주암댐은 각각 12mg/로 파악되고 있습니다. 긴급히 예보에 반영 부탁드립니다.

① 대청댐 – 대발생   ② 보령댐 – 경보
③ 합천댐 – 경보   ④ 남강댐 – 주의
⑤ 주암댐 – 경보

19 A은행에서 영업부, 금융부, 홍보부, 리스크관리부, 경영기획부, 신탁부에 대한 직무조사 순서를 정할 때 다음과 같은 조건을 충족시켜야 한다면 순서로 가능한 것은?

> 가. 금융부에 대한 조사는 리스크 관리부 또는 경영기획부 중 어느 한 부서에 대한 조사보다 먼저 시작되어야 한다.
> 나. 신탁부에 대한 조사는 홍보부나 리스크 관리부에 대한 조사보다 늦게 시작될 수는 있으나, 경영기획부에 대한 조사보다 나중에 시작될 수 없다.
> 다. 영업부에 대한 조사는 아무리 늦어도 홍보부 또는 리스크 관리부 중 적어도 어느 한 부서에 대한 조사보다는 먼저 시작되어야 한다.

① 홍보부 – 금융부 – 신탁부 – 경영기획부 – 리스크 관리부 – 영업부
② 경영기획부 – 홍보부 – 금융부 – 영업부 – 신탁부 – 리스크 관리부
③ 리스크 관리부 – 영업부 – 금융부 – 경영기획부 – 신탁부 – 홍보부
④ 금융부 – 홍보부 – 영업부 – 신탁부 – 경영기획부 – 리스크관리부
⑤ 금융부 – 경영기획부 – 신탁부 – 영업부 – 리스크 관리부 – 홍보부

20 다음은 무농약 농산물과 저농약 농산물 인증기준에 대한 자료이다. 자신이 신청한 인증을 받을 수 있는 사람을 모두 고르면?

〈재배방법〉
가. 무농약 농산물의 경우 농약을 사용하지 않고, 화학비료는 권장량의 2분의 1 이하로 사용하여 재배한다.
나. 저농약 농산물의 경우 화학비료는 권장량의 2분의 1 이하로 사용하고, 농약은 살포시기를 지켜 살포 최대횟수의 2분의 1 이하로 사용하여 재배한다.

〈농산물별 관련 기준〉

종류	재배기간 내 화학비료 권장량(kg/ha)	재배기간 내 농약 살포 최대횟수	농약 살포시기
사과	100	4	수확 30일 전까지
감	120	4	수확 14일 전까지
복숭아	50	5	수확 14일 전까지

甲 : 5㎢의 면적에서 재배기간 동안 농약을 전혀 사용하지 않고 20t의 화학비료를 사용하여 사과를 재배하였으며, 이 사과를 수확하여 무농약 농산물 인증신청을 하였다.
乙 : 3ha의 면적에서 재배기간 동안 농약을 1회 살포하고 50kg의 화학비료를 사용하여 복숭아를 재배하였다. 하지만 수확시기가 다가오면서 병충해 피해가 나타나자 농약을 추가로 1회 살포하였고, 열흘 뒤 수확하여 저농약 농산물 인증신청을 하였다.
丙 : 가로와 세로가 각각 100m, 500m인 과수원에서 감을 재배하였다. 재배기간 동안 총 2회(올해 4월 말과 8월 초) 화학비료 100kg씩을 뿌리면서 병충해 방지를 위해 농약도 함께 살포하였다. 추석을 맞아 9월 말에 감을 수확하여 저농약 농산물 인증신청을 하였다.
※ 1ha = 10,000㎡, 1t = 1,000kg

① 甲
② 甲, 丙
③ 甲, 乙
④ 乙, 丙
⑤ 甲, 乙, 丙

21 N기업에서는 신입사원 두 명을 채용하기 위하여 서류와 필기 전형을 통과한 갑, 을, 병, 정 네 명의 최종 면접을 실시하려고 한다. 아래 표와 같이 네 개 부서의 팀장이 각각 네 명을 모두 면접에 참석하여 최종 선정 우선순위를 결정하였다. 면접 결과에 대한 〈보기〉와 같은 설명 중 적절한 것을 모두 고르면?

구분	김 팀장	이 팀장	박 팀장	정 팀장
최종 선정자 (1/2/3/4순위)	을/정/갑/병	갑/을/정/병	을/병/정/갑	병/정/갑/을

※ 1) 우선순위가 높은 사람 순으로 2명을 채용하며, 동점자는 김 팀장, 이 팀장, 박 팀장, 정 팀장 순으로 부여한 고순위자로 결정함
2) 팀장별 순위에 대한 가중치는 모두 동일하다.

───────────────── 보기 ─────────────────
ⓐ '을' 또는 '정' 중 한 명이 입사를 포기하면 '갑'이 채용된다.
ⓑ 김 팀장이 '을'과 '정'의 순위를 바꿨다면 '갑'이 채용된다.
ⓒ 이 팀장이 '갑'과 '병'의 순위를 바꿨다면 '정'은 채용되지 못한다.

① ㉠
② ㉠㉡
③ ㉠㉢
④ ㉡㉢
⑤ ㉠㉡㉢

22 甲은 인공지능 컴퓨터 A와 대결을 위해 전략을 짜려고 한다. 다음과 같은 조건일 때 甲이 세울 수 있는 전략에 대한 설명으로 옳은 것은?

조건

가. A와 매번 대결할 때마다, 甲은 A, B, C 전략 중 하나를 선택할 수 있다.

나. A는 대결을 거듭할수록 학습을 통해 각각의 전략에 대응하므로, 동일한 전략을 사용할수록 甲이 승리할 확률은 하락한다.

다. 각각의 전략을 사용한 횟수에 따라 각 대결에서 甲이 승리할 확률은 아래와 같고, 甲도 그 사실을 알고 있다.

⟨전략별 사용횟수에 따른 甲의 승률⟩

(단위 : %)

전략종류 \ 전략별 사용횟수	1회	2회	3회	4회
A 전략	60	50	40	0
B 전략	70	30	20	0
C 전략	90	40	10	0

① 총 3번의 대결을 하면서 승리할 확률이 가장 높은 전략부터 사용할 시에 세 가지 전략 중 한 가지 전략은 사용되지 않는다.

② 甲이 오직 하나의 전략만을 사용하여 3번의 대결에서 승리할 확률을 높인다면 C전략을 사용해야 한다.

③ 4번의 대결을 하면서 승리할 확률이 높은 전략부터 사용하면 4번째 대결에서 B전략을 사용해야 한다.

④ 甲이 하나의 전략만으로 2번의 대결에서 모두 패배할 확률을 낮추려면 C전략을 사용해야 한다.

⑤ 甲이 6번의 대결을 하면서 승률이 가장 높은 전략을 세울 때 모든 전략이 2회씩 사용된다.

23 본사에서 파견된 8명의 기술자들이 출장지에서 하룻밤을 묵게 되었다. 1개 층에 4개의 객실(101~104호, 201~204호, 301~304호, 401~404호)이 있는 3층으로 된 숙소에, 1인당 객실 1개씩을 잡고 투숙하였고 다음과 같은 조건을 만족할 경우, 12개의 객실 중 8명이 묵고 있지 않은 객실 4개를 모두 알기 위하여 필요한 사실이 될 수 있는 것은 어느 것인가? (단, 출장자 일행 외의 다른 투숙객은 없는 것으로 가정한다.)

> • 출장자들은 1, 2, 3층에 각각 객실 2개, 3개, 3개에 투숙하였다.
> • 출장자들은 1, 2, 3, 4호 라인에 각각 2개, 2개, 1개, 3개 객실에 투숙하였다.

① 302호에 출장자가 투숙하고 있다.
② 203호에 출장자가 투숙하고 있지 않다.
③ 102호에 출장자가 투숙하고 있다.
④ 202호에 출장자가 투숙하고 있지 않다.
⑤ 103호에 출장자가 투숙하고 있다.

24 휴대폰 제조사 A기업은 B국가에 고객서비스를 제공하기 위해 서비스센터를 한개 설립을 추진하려고 한다. 다음 자료를 근거로 A기업이 서비스센터를 설립하는 방식과 위치로 옳은 것은?

〈A기업의 서비스센터 설립방식〉

1. 설립방식에는 ㈎ 방식과 ㈏ 방식이 있다.
2. A기업은 {(고객만족도 효과의 현재가치) − (비용의 현재가치)}의 값이 큰 방식을 선택한다.
3. 비용에는 규제비용과 로열티비용이 있다.

구분		㈎ 방식	㈏ 방식
고객만족도 효과의 현재가치		5억 원	4.5억 원
비용의 현재가치	규제비용	3억 원 (설립 당해 년도만 발생)	없음
	로열티 비용	없음	• 3년간 로열티비용을 지불함 • 로열티비용의 현재가치 환산액 : 설립 당해 년도는 2억 원, 그 다음 해부터는 직전년도 로열티비용의 1/2씩 감액한 금액

※ 고객만족도 효과의 현재가치는 설립 당해년도를 기준으로 산정된 결과이다.

〈A기업의 서비스센터 위치 선정기준〉

1. 설립위치로 B국가의 도시 甲, 乙, 丙 3곳을 검토 중이며, 각 위치의 특성은 다음과 같다.

도시	유동인구(만 명)	20 ~ 30대 비율(%)	교통혼잡성
甲	80	75	3
乙	100	50	1
丙	75	60	2

2. A기업은 {(유동인구) × (20 ~ 30대 비율) / (교통혼잡성)} 값이 큰 곳을 선정한다.
3. A기업은 제품의 특성을 고려하여 20 ~ 30대 비율이 50% 이하인 지역은 선정대상에서 제외한다.

설립방식 설립위치

① ㈎ 甲   ② ㈎ 丙
③ ㈏ 甲   ④ ㈏ 乙
⑤ ㈏ 丙

25 甲 씨는 애오개역에서 9시 30분에 출발하여 먼저 f 본사에 들러 서류를 받은 후 e 연구소에 전달하고 나서 오늘 방문할 업체의 일정을 마무리해야 한다. 모든 일정을 마무리하는 데 걸리는 소요시간을 고려할 때 가장 효율적으로 이동할 수 있는 순서는?

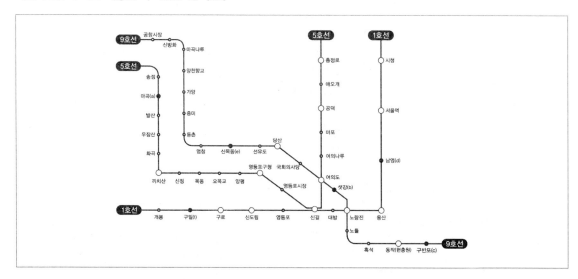

사내교육을 마치고 배치를 받은 신입사원인 甲 씨가 외근을 하며 들러야 할 지점은 다음과 같다. 금일 내로 아래 목록의 업체에 모두 방문해야 하는데 교통수단으로는 지하철을 타고 이동하고, 지하철로 한 정거장을 이동할 때는 3분이 소요된다. 환승할 경우 환승하는 시간은 10분이다. 또한 한 정거장을 이동할 때마다 요금은 1,000원이 소요되고 환승할 경우 추가 요금은 없다.

〈방문할 업체〉
a. 인쇄소 주소 : 서울 강서구 마곡동 327-48, 연락처 : 1588-xxxx
b. 마트 주소 : 서울 영등포구 여의도동, 연락처 : 02-800-xxxx
c. 출판사 주소 : 서울 서초구 반포동 1048, 연락처 : 02-456-xxxx
d. 증권사 주소 : 서울 용산구 남영동 3-4, 연락처 : 02-999-xxxx
e. 연구소 주소 : 서울 양천구 목동중앙로 204, 연락처 : 02-2634-xxxx
f. 본사 주소 : 서울 구로구 구일로 68, 연락처 : 02-8696-xxxx

① f-e-b-a-d-c
② f-e-d-b-c-a
③ f-e-b-c-d-a
④ f-e-a-c-d-b
⑤ f-e-c-b-d-a

26 다음 글과 평가 내역을 근거로 한 〈보기〉의 내용 중 적절한 것을 모두 고른 것은?

甲시에는 A, B, C, D 네 개의 사회인 야구팀이 있으며 시에서는 야구 활성화를 위해 네 개 야구팀에게 각종 지원을 하고 있다. 매년 네 개 야구팀에 대한 평가를 실시하여 종합 순위를 산정한 후, 1 ~ 2위 팀에게는 시에서 건설한 2개의 시립 야구장을 매주 일요일 이용할 수 있도록 허가해 주고 있으며, 3위 팀까지는 다음 해의 전국 대회 출전 자격이 부여된다. 4위를 한 팀은 장비 구입 지원 금액이 30% 삭감되며, 순위가 오르면 다음 해의 지원 금액이 다시 원상 복귀된다. 평가 방법은 다음 표와 같이 네 개 항목을 기준으로 점수를 부여하고 항목별 가중치를 곱한 값을 부여된 점수에 합산하여 총점을 산출한다.

〈올해의 팀별 평가 내역〉

평가 항목(가중치)	A팀	B팀	C팀	D팀
팀 성적(0.3)	65	80	75	85
연간 경기 횟수(0.2)	90	95	85	90
사회공헌활동(0.3)	95	75	85	80
지역 인지도(0.2)	95	85	95	85

─── 보기 ───
㉠ 내년에는 C팀과 D팀이 매주 일요일 시립 야구장을 사용하게 된다.
㉡ 팀 성적과 연간 경기 횟수에 대한 가중치가 바뀐다면 지원금이 삭감되는 팀도 바뀌게 된다.
㉢ 내년 甲시에서 전국 대회에 출전할 팀은 A, C, D팀이다.
㉣ 지역 인지도 점수가 네 팀 모두 동일하다면 네 개 팀의 순위가 모두 달라진다.

① ㉠㉡   ② ㉡㉢
③ ㉢㉣   ④ ㉡㉢㉣
⑤ ㉠㉡㉢㉣

27 甲, 乙, 丙 세 사람은 사업장 가입자, 지역가입자, 임의가입자 중 각기 다른 하나의 자격을 가지고 있다. 이들 세 명 중 한 명만이 진실을 말하고 있을 경우, 다음과 같은 진술을 통하여 항상 참인 명제가 아닌 것은?

> • 甲 : 나는 지역가입자이다.
> • 乙 : 나는 지역가입자가 아니다.
> • 丙 : 나는 임의가입자가 아니다.

① 甲은 임의가입자이다.
② 丙은 지역가입자이다.
③ 甲은 사업장 가입자가 아니다.
④ 乙은 지역가입자이다.
⑤ 丙은 임의가입자가 아니다.

28 甲, 乙, 丙, 丁, 戊는 모두 자차로 출퇴근한다. 다음에 제시된 조건이 모두 참일 때 항상 참인 것을 고르시오.

> a. 모두 일렬로 주차되어 있으며 지정주차다.
> b. 차량의 색은 빨간색, 주황색, 노란색, 초록색, 파란색이다.
> c. 7년차, 5년차, 3년차, 2년차, 1년차로 연차가 높을수록 지정번호는 낮다.
> d. 지정번호가 가장 낮은 자리에 주차한 차량의 색은 주황색이다.
> e. 노란색 차량과 빨간색 차량의 사이에는 초록색 차량이 주차되어 있다.
> f. 乙의 차량 색상은 초록색이다.
> g. 1이 아닌 맨 뒷자리에 주차한 사람은 丙이다.
> h. 2년차 차량 색상은 빨간색이다.
> i. 戊의 차량은 甲의 옆자리에 주차되어 있다.

① 甲은 7년차이다.
② 戊의 차량은 주황색 차량이다.
③ 2년차 차량의 색은 빨간색이다.
④ 乙보다 연차가 높은 사람은 한 명이다.
⑤ 丙의 주차장 번호에서 丁의 주차장 번호를 빼면 3보다 크다.

【29~30】 甲은 국내 다섯 개 댐에 대해 조류 예보를 관리하는 업무를 담당하고 있다. 다음 내용을 바탕으로 물음에 답하시오.

제23조(레일의 취급) 레일의 취급은 다음 각 호에 의한다.
1. 레일을 궤간 내 또는 레일에 접근하여 두고 레일교환 작업을 할 때에는 유동되지 않도록 조치하여야 한다.
2. 레일을 내릴 때에는 손상되거나 변형되지 않도록 주의하여야 한다.
3. 레일은 레일톱 또는 절단기를 사용하여 반드시 직각되게 수직으로 절단하고 특별한 경우 외에는 레일에 열을 가하여서는 아니 된다.
4. 레일에 이음매볼트 구멍을 뚫을 때에는 레일제원에 맞는 정확한 위치에 천공하여야 하며, 볼트구멍 주위는 볼트구멍보다 3mm 큰 직경으로 면정리를 시행하여야 한다.
5. 레일을 쌓을 때에는 건조한 장소에 견고한 받침대를 설치하고 나란히 정리하여야 하며 첨부한 표에 따라 단면에 도색하여 레일종별, 길이 및 수량 등을 표시한 표찰을 세워야 한다.

제25조(레일의 이음방법) 레일의 이음방법은 다음 각 호에 의한다.
1. 레일의 이음은 상대식으로 부설하여야 한다. 다만, 특별한 경우에는 상호식으로 부설할 수 있다.
2. 상대식 이음으로 레일을 부설할 때에는 직선궤도에 있어서는 양측레일의 이음을 직각선중에, 곡선궤도에서는 반경의 대소에 따라서 짧은 레일을 혼용하여 양측레일의 이음을 원심선상에 있도록 하여야 한다.
3. 상호식 이음으로 레일을 부설할 때에는 좌. 우 레일의 이음 간 최단거리는 5m이상으로 하여야 한다.
4. 레일 이음부의 침목 배치는 현접법과 지접법을 사용하여야 한다. 다만, 측선의 경우 필요하다고 인정할 때는 그러하지 아니한다.
5. 레일의 이음부는 부득이한 경우를 제외하고는 교대, 교각부근, 거더 중앙 및 건널목 위치를 피하여야 한다.

제26조(레일 이음의 간격)
① 레일을 부설하거나 간격정정을 할 때에는 밀려남을 감안하여야 한다.
② 레일의 간격정정작업은 봄 또는 가을에 시행함을 원칙으로 한다. 다만, 터널 내 및 특별한 경우는 그러하지 아니하다.

제27조(레일의 마모방지)
① 본선의 곡선반경 300m 이하의 곡선 외측 레일에 레일도유기를 설치하여야 한다. 다만, 차륜도유기를 설치한 차량이 운행하는 구간에 레일도유기를 설치하지 아니할 경우와 레일도유기를 설치(이설) 또는 철거하고자 할 때에는 본부장의 승인을 받아야 한다.
② 레일도유기 설치 곡선의 레일을 교환하였을 때에는 두부 내측에 적당히 기름을 칠하여 급격히 마모되지 않도록 조치하여야 한다.
③ 곡선에 부설된 레일로서 마모가 심하게 발생되는 개소는 열처리레일을 설치하여 마모방지에 노력하여야 한다.

29 다음 중 위의 규정을 올바르게 이해한 것은 어느 것인가?

① 레일의 마모방지를 위하여 레일도유기를 설치하는 경우에는 반드시 본부장의 승인을 받아야 한다.

② 레일의 이음방법에는 현접법과 지접법이 있다.

③ 터널 내 레일의 간격정정작업은 여름과 겨울에 시행하는 것이 원칙이다.

④ 레일이 직선에 부설되었을 경우에는 어떠한 경우에도 열을 가할 수 없다.

⑤ 곡선궤도 연결에 사용되는 레일의 단면은 반경에 맞는 곡선으로 절단해야 한다.

30 위 규정의 밑줄 친 '첨부한 표'가 다음과 같을 때, 레일의 단면 표시로 올바르지 않은 것은 어느 것인가?

구 분	레일종별	단 면 도 색		선 별 기 준
		보통레일	열처리 레일	
신품	50kg, 60kg	흰 색	–	신품레일로 본선사용이 가능한 것
	60kg 초과	파란색	분홍색	
중고품	50kg, 60kg	검정색	–	일단 사용하였다가 발생한 레일로 마모 상태, 길이 등이 재사용이 가능한 것
	60kg 초과	노란색	녹 색	
불용품	50kg, 60kg	빨강색	빨강색	훼손(균열, 파상마모, 탐상지적레일), 마모한도 초과, 단면적 감소, 단척, 누적통과톤수 등으로 교환되어 재사용 불가로 판정된 것
	60kg 초과			

① 사용 불가한 60kg 레일

② 신품인 50kg 레일

③ 재사용 가능한 60kg 직선용 레일

④ 재사용 가능한 65kg 직선용 레일

⑤ 신품 70kg 열처리 레일

Chapter 04 정보능력

출제경향 예측

실제 업무에서 활용되는 컴퓨터 활용 유형의 문제가 출제된다. 최근 시험에서는 엑셀함수문제가 다수 출제되었다. 엑셀 관련한 문항은 출제될 확률이 높기 때문에 기본적인 함수, 오류, 작동방법 등을 자세하게 알아두는 것이 좋다. C언어나 Java 등의 기초 코딩 문제도 간간이 출제되지만 출제빈도가 높은 편에 해당하지는 않는다. 일반적으로 컴퓨터활용능력과 관련하여 출제율이 높은 편이다. 컴퓨터 용량과 관련한 기본 단위, 바이러스 관련 질문 등도 출제된다. 디지털 트렌드와 관련이 높은 이슈와 관련한 문제가 출제되는 편이므로 디지털상식에 대한 높은 관심도 필요하다.

유형별 출제빈도

엑셀	코딩	컴퓨터활용능력	정보처리능력	알고리즘

다음 중 [D2] 셀에서 사용하고 있는 함수식으로 옳은 것은? (금액 = 수량 × 단가)

	A	B	C	D	E
1	지역	상품코드	수량	금액	
2	甲	AA-10	15	45,000	
3	乙	BB-20	25	125,000	
4	丙	AA-10	30	90,000	
5	丁	CC-30	35	245,000	
6					
7		상품코드	단가		
8		AA-10	3,000		
9		BB-20	7,000		
10		CC-30	5,000		
11					

① =C2*VLOOKUP(B2,$B$8:$C$10, 1, 1)

② =B2*HLOOKUP(C2,$B$8:$C$10, 2, 0)

③ =C2*VLOOKUP(B2,$B$8:$C$10, 2, 0)

④ =C2*HLOOKUP($B$8:$C$10, 2, B2)

⑤ =C2*HLOOKUP($B$8:$C$10, 2, 1)

C2*VLOOKUP(B2,$B$8:$C$10, 2, 0) 상품코드별 단가가 수직(열)형태로 되어 있으므로, 그 단가를 가져오기 위해서는 VLOOKUP함수를 이용해야 되며, 상품코드별 단가에 수량(C2)를 곱한다. $B$8:$C$10에서 단가는 2열이고 반드시 같은 상품코드 (B2)를 가져와야 되므로, 0(False)를 사용하여 VLOOKUP(B2,$B$8:$C$10, 2, 0)처럼 수식을 작성해야 한다.

답 ③

1   다음 개념들에 관한 설명으로 옳지 않은 것은?

① 비트(Bit) : Binary Digit의 약자로 데이터(정보) 표현의 최소단위
② 바이트(Byte) : 하나의 문자, 숫자, 기호의 단위로 8Bit의 모임
③ 레코드(Record) : 하나 이상의 필드가 모여 구성되는 프로그램 처리의 기본 단위
④ 파일(File) : 항목(Item)이라고도 하며, 하나의 수치 또는 일련의 문자열로 구성되는 자료처리의 최소단위
⑤ 니블(Nibble) : 4개의 비트가 모여 구성되는 단위

2   다음에서 설명하는 검색 옵션은 무엇인가?

> 와일드 카드 문자를 키워드로 입력한 단어에 붙여 사용하는 검색으로 어미나 어두를 확장시켜 검색한다.

① 필드 검색   ② 절단 검색
③ 구문 검색   ④ 자연어 검색
⑤ 메타 검색

3   Java에서 제공하는 연산식에 대한 설명으로 옳은 것은?

① 연산되는 데이터를 연산식이라고 한다.
② 연산자가 달라도 산출되는 값의 타입은 동일하다.
③ 연산식은 하나의 값만 산출한다.
④ 연산식의 값은 보통 결과 값에 저장한다.
⑤ 다른 연산식의 피연산자 위치에 올 수 없다.

4   다음 중 김 대리가 HTML Tag를 잘못 입력한 것은 무엇인가?

① 줄을 바꾸기 위해 〈br〉을 사용하였다.
② 글자의 크기, 모양, 색상을 설정하기 위해 〈font〉를 사용하였다.
③ 표를 만들기 위해 〈table〉을 사용하였다.
④ 이미지를 삽입하기 위해 〈form〉을 사용하였다.
⑤ 연락처 정보를 넣기 위해 〈address〉를 사용하였다.

5 다음 중 컴퓨터에서 고급 언어로 프로그래밍하는 과정으로 옳은 것은?

㉠ 목적프로그램	㉡ 원시프로그램
㉢ 번역(Compile)	㉣ 링킹(Linking)
㉤ 로딩(Loading)	㉥ 프로그램 실행

① ㉠ → ㉡ → ㉣ → ㉤ → ㉢ → ㉥
② ㉠ → ㉥ → ㉣ → ㉡ → ㉢ → ㉤
③ ㉡ → ㉢ → ㉠ → ㉣ → ㉤ → ㉥
④ ㉡ → ㉤ → ㉣ → ㉠ → ㉥ → ㉢
⑤ ㉥ → ㉢ → ㉠ → ㉤ → ㉣ → ㉡

6 다음 중 기억 용량 단위가 가장 큰 것은?

① GB → MB → TB → PB → EB → KB
② GB → TB → PB → EB → KB → MB
③ EB → KB → MB → GB → TB → PB
④ EB → PB → KB → MB → GB → TB
⑤ KB → MB → GB → TB → PB → EB

7 다음 중 Windows의 [명령 프롬프트]에서 네트워크의 현재 상태나 다른 컴퓨터의 네트워크 접속 여부를 확인하는 명령어로 옳은 것은?

① ping
② ipconfig
③ tracert
④ nbtstat
⑤ net view

📋 **Answer.** 1.④ 2.② 3.③ 4.④ 5.③ 6.⑤ 7.①

04. 정보능력 **305**

8 함수식을 이용해서 평균 80점 이상이면 '우수', 60 ~ 79점이면 '보통', 60점 미만이면 '미달'로 승진 대상자들을 평가하려고 한다. [F2] 셀에 입력할 수 있는 함수식으로 옳은 것은?

	A	B	C	D	E	F	G
1	번호	이름	직위	부서	점수	평가	
2	1	김XX	사원	영업	82		
3	2	이XX	사원	영업	90		
4	3	박XX	대리	마케팅	79		
5	4	정XX	사원	회계	52		
6	5	오XX	대리	마케팅	63		
7	6	함XX	대리	마케팅	87		
8	7	지XX	사원	영업	65		
9	8	홍XX	사원	회계	74		
10	9	강XX	대리	영업	92		
11	10	주XX	사원	회계	86		
12							

① =IF(E2〉=80,"우수",IF(E2〉=60,"보통","미달"))

② =IF(F2〉=80,"우수",IF(F2〉=60,"보통","미달"))

③ =IF(OR(E2〈80,F2〈80)"우수","보통","미달")

④ =IF(OR(F2〈80,E2〈80)"우수","보통","미달")

⑤ =IFERROR(AVERAGE(E2:E11),F2〉=80,"우수",IF(F2〉=60,"보통","미달"))

9 다음 표에 제시된 통계함수와 함수의 기능이 서로 잘못 짝지어진 것은?

함수명	기능
㉠ AVERAGEA	텍스트로 나타낸 숫자, 논리값 등을 포함, 인수의 평균을 구함
㉡ COUNT	인수 목록에서 공백이 아닌 셀과 값의 개수를 구함
㉢ COUNTIFS	범위에서 여러 조건을 만족하는 셀의 개수를 구함
㉣ LARGE(범위, k번째)	범위에서 k번째로 큰 값을 구함
㉤ RANK	지정 범위에서 인수의 순위를 구함

① ㉠

② ㉡

③ ㉢

④ ㉣

⑤ ㉤

10 다음 중 아래 시트에서 [C6] 셀에 제시된 바와 같은 수식을 넣을 경우 나타나게 될 오류 메시지는?

	A	B	C
1	직급	이름	수당(원)
2	과장	홍길동	750,000
3	대리	조길동	600,000
4	차장	이길동	830,000
5	사원	박길동	470,000
6	합계		=SUM(C2:C6)

① #DIV/0!   ② #VALUE!
③ #NAME?   ④ #NUM!
⑤ ####

11 다음 시트의 [D10] 셀에서 =DCOUNT(A2:F7,4,A9:B10)을 입력했을 때 결과 값으로 옳은 것은?

	A	B	C	D	E	F
1		4차 산업혁명 주요 테마별 사업체당 종사자 수				
2		2016	2017	2018	2019	2020
3	자율주행	24.2	21.2	21.9	20.6	20
4	인공지능	22.6	17	19.2	18.7	18.7
5	빅데이터	21.8	17.5	18.9	17.8	18
6	드론	43.8	37.2	40.5	39.6	39.7
7	3D 프린팅	25	18.6	21.8	22.7	22.6
8						
9	2016	2020				
10	<25	>19				

① 0   ② 1
③ 2   ④ 3
⑤ 4

12 엑셀로 정리한 승진 후보 대상자들 중 "생산부 사원"의 승진시험 점수 평균을 알기 위해 사용해야 하는 함수로 옳은 것은?

① AVERAGE   ② AVERAGEA
③ AVERAGEIF   ④ AVERAGEIFS
⑤ COUNTIF

13 다음 워크시트에서 매출액[B3:B9]을 이용하여 매출 구간별 빈도수를 [F3:F6] 영역에 계산하고자 한다. 다음 중 이를 위한 배열수식으로 옳은 것은?

	A	B	C	D	E	F
1						
2		매출액		매출구간		빈도수
3		75		0	50	1
4		93		51	100	2
5		130		101	200	3
6		32		201	300	1
7		123				
8		257				
9		169				
10						

① {=PERCENTILE(B3:B9, E3:E6)}

② {=PERCENTILE(E3:E6, B3:B9)}

③ {=FREQUENCY(B3:B9, E3:E6)}

④ {=FREQUENCY(E3:E6, B3:B9)}

⑤ {=PERCENTILE(E3:E9, B3:B9)}

14 엑셀에서 바로가기 단축키에 대한 설명이 다음과 같을 때, 괄호 안에 들어갈 내용으로 알맞은 것은?

> 통합 문서 내에서 (㉠) 키는 다음 워크시트로 이동하고 (㉡) 키는 이전 워크시트로 이동한다.

	㉠	㉡
①	〈Ctrl〉+〈Page Down〉	〈Ctrl〉+〈Page Up〉
②	〈Shift〉+〈Page Down〉	〈Shift〉+〈Page Up〉
③	〈Tab〉+←	〈Tab〉+→
④	〈Alt〉+〈Shift〉+↑	〈Alt〉+〈Shift〉+↓
⑤	〈Ctrl〉+〈Shift〉+〈Page Down〉	〈Ctrl〉+〈Shift〉+〈Page Up〉

15 다음 중 아래 워크시트에서 참고표를 참고하여 55,000원에 해당하는 할인율을 [C6] 셀에 구하고자 할 때의 적절한 함수식은?

	A	B	C	D	E	F
1		<참고표>				
2		금액	30,000	50,000	80,000	150,000
3		할인율	3%	7%	10%	15%
4						
5		금액	55,000			
6		할인율	7%			
7						

① =LOOKUP(C5,C2:F2,C3:F3)

② =HLOOKUP(C5,B2:F3,1)

③ =VLOOKUP(C5,C2:F3,1)

④ =VLOOKUP(C5,B2:F3,2)

⑤ =HLOOKUP(C5,B2:F3,2)

16 다음 자료는 '발전량' 필드를 기준으로 발전량과 발전량이 많은 순위를 엑셀로 나타낸 표이다. 태양광의 발전량 순위를 구하기 위한 함수식으로 [C3] 셀에 들어가야 할 알맞은 것은 어느 것인가?

	A	B	C
1	<에너지원별 발전량(단위: Mwh)>		
2	에너지원	발전량	순위
3	태양광	88	2
4	풍력	100	1
5	수력	70	4
6	바이오	75	3
7	양수	65	5

① =ROUND(B3,$B$3:$B$7,0)

② =ROUND(B3,$B$3:$B$7,1)

③ =RANK(B3,$B$3:$B$7,1)

④ =RANK(B3,$B$2:$B$7,0)

⑤ =RANK(B3,$B$3:$B$7,0)

▌17 ~ 18▐ 다음은 선택정렬에 관한 설명과 예시이다. 이를 보고 물음에 답하시오.

선택정렬(Selection Sort)은 주어진 데이터 중 최솟값을 찾고 최솟값을 정렬되지 않은 데이터 중 맨 앞에 위치한 값과 교환한다. 교환은 두 개의 숫자가 서로 자리를 맞바꾸는 것을 말한다. 정렬된 데이터를 제외한 나머지 데이터를 같은 방법으로 교환하여 반복하면 정렬이 완료된다.

〈예시〉

68, 11, 3, 82, 7을 정렬하려고 한다.

• 1회전(최솟값 3을 찾아 맨 앞에 위치한 68과 교환)

68	11	3	82	7

3	11	68	82	7

• 2회전(정렬이 된 3을 제외한 데이터 중 최솟값 7을 찾아 11과 교환)

3	11	68	82	7

3	7	68	82	11

• 3회전(정렬이 된 3, 7을 제외한 데이터 중 최솟값 11을 찾아 68과 교환)

3	7	68	82	11

3	7	11	82	68

• 4회전(정렬이 된 3, 7, 11을 제외한 데이터 중 최솟값 68을 찾아 82와 교환)

3	7	11	82	68

3	7	11	68	82

17 다음 수를 선택정렬을 이용하여 오름차순으로 정렬하려고 한다. 2회전의 결과는?

> 5, 3, 8, 1, 2

① 1, 2, 8, 5, 3
② 1, 2, 5, 3, 8
③ 1, 2, 3, 5, 8
④ 1, 2, 3, 8, 5
⑤ 1, 2, 8, 3, 5

18 다음 수를 선택정렬을 이용하여 오름차순으로 정렬하려고 한다. 3회전의 결과는?

> 55, 11, 66, 77, 22

① 11, 22, 66, 55, 77
② 11, 55, 66, 77, 22
③ 11, 22, 66, 77, 55
④ 11, 22, 55, 77, 66
⑤ 11, 22, 55, 66, 77

▌19 ~ 21 ▌ 글로벌 기업 N사는 한국, 일본, 중국, 베트남에 지점을 두고 있다. 다음 코드 부여 규정을 보고 이어지는 물음에 답하시오.

〈코드번호〉

2021년 12월 13일에 한국 제1공장에서 제조된 AS1 1TB 326번째 품목 → 211213 − 1A − 01002 − 00326

〈코드 부여방법〉

가. 제조연월
- 2021년 11월 11일 제조 → 201111
- 2022년 2월 17일 제조 → 220217

나. 공장라인 코드

제조 국가		공장	
한국	1	제1공장	A
		제2공장	B
		제3공장	C
		제4공장	D
일본	2	제1공장	A
		제2공장	B
		제3공장	C
		제4공장	D
중국	3	제1공장	A
		제2공장	B
		제3공장	C
		제4공장	D
베트남	4	제1공장	A
		제2공장	B
		제3공장	C
		제4공장	D

다. 제품코드

분류코드		용량번호	
AS1	01	500GB	001
		1TB	002
		2TB	003
AS2	02	500GB	001
		1TB	002
		2TB	003
OZ	03	500GB	001
		1TB	002
		2TB	003
XS	04	500GB	001
		1TB	002
		2TB	003
QI	05	500GB	001
		1TB	002
		2TB	003

라. 완성 순서
- 0001부터 시작하여 완성된 순서대로 번호가 매겨짐
- 1021번째 품목일 시 → 01021

19 2023년 3월 23일에 중국 제2공장에서 제조된 QI 모델로, 용량이 2TB인 1102번째 품목코드로 알맞은 것은?

① 2303233B0400311102
② 2303233C0400301102
③ 2303223B0500301102
④ 2303232C0500301102
⑤ 2303233B0500301102

20 상품코드 2110101A0200200321에 대한 설명으로 옳지 않은 것은?

① 2021년 10월 10일에 제조되었다.
② 완성된 품목 중 321번째로 제조되었다.
③ 한국 제1공장에서 제조되었다.
④ 용량은 2TB이다.
⑤ AS2에 해당한다.

21 담당자의 실수로 코드번호가 다음과 같이 부여되었을 경우 올바르게 수정한 것은?

2023년 4월 23일 한국 제4공장에서 제조된 oz 1TB 13424번째 품목
→ 2304234A0300213424

---

① 제조연월일 : 230423 → 20230423
② 생산라인 : 4A → 1D
③ 제품 종류 : 03002 → 02003
④ 완성된 순서 : 13424 → 013424
⑤ 수정할 부분 없음

22 다음 시트에서 한 달간의 야근 일수를 구하기 위해 [B9] 셀에 입력할 수 있는 함수로 옳은 것은?

	A	B	C	D	E
1	한 달 야근 기록				
2	날짜	김지희	이가현	강소정	윤미희
3	2월 15일				○
4	2월 16일	○		○	
5	2월 17일	○	○	○	
6	2월 18일		○	○	○
7	2월 19일	○		○	
8	2월 20일	○			
9	2월 21일				
10	2월 22일				
29	3월 13일			○	
30	3월 14일	○	○		○
31	3월 15일	○		○	
32	야근일수				
33					

① =COUNTBLANK(B3:B32) ② =COUNT(B3:B32)
③ =COUNTA(B3:B32) ④ =SUM(B3:B32)
⑤ =SUMIF(B3:B32)

23 Java에서 괄호에 주어진 형식대로 출력하는 코드로 옳은 것은?

① System.out.printf()
② System.out.println()
③ System.out.print()
④ System.in.read()
⑤ Scanner

24 주기억장치 관리기법 중 "Best Fit" 기법 사용 시 8K의 프로그램은 주기억장치 영역 중 어느 곳에 할당되는가?

영역1	9K
영역2	15K
영역3	10K
영역4	30K
영역5	35K

① 영역1
② 영역2
③ 영역3
④ 영역4
⑤ 영역5

25 검색엔진을 사용하여 인터넷에서 윤동주 시인의 시집을 알아보려고 한다. 정보검색 연산자를 사용할 때 가장 적절한 검색식은 무엇인가? (단, 사용하려는 검색엔진은 AND 연산자로 '&', OR 연산자로 '+', NOT 연산자로 '!', 인접검색 연산자로 '~'을 사용한다.)

① 윤동주 + 시집
② 시인 & 윤동주
③ 시집 ! 윤동주
④ 윤동주 & 시집
⑤ 시인 ~ 윤동주

26 컴퓨터 내부의 명령처리 단위로, 한 번에 처리할 수 있는 데이터의 양을 가리키는 단위는?

① 니블
② 워드
③ 필드
④ 레코드
⑤ 데이터베이스

Answer. 21.② 22.③ 23.① 24.① 25.④ 26.②

27 다음 시트의 주문 수량 중 문자를 제외한 숫자만 추출하려고 할 때 [C2] 셀에 입력할 수 있는 함수로 옳은 것은?

	A	B	C
1	no.	상품 코드	주문수량
2	1	a216-1000	수량:300
3	2	a116-4000	수량:110
4	3	c003-1693	수량:98
5	4	a139-9700	수량:216
6	5	b210-0001	수량:376
7	6	b113-3102	수량:71
8			

① =SMALL(B2:C2,3)

② =SUMPRODUCT(B:2,C:2,B:7,C7)

③ =SUM(INDIRECT(C2))

④ =RIGHT(C2,LEN(C2)−3)

⑤ =SUBSTITUTE(C2,"수량:")

28 다음 데이터베이스의 구성요소에 대한 설명을 참고하여 〈표〉의 튜플 수를 구하시오.

〈헬스 등록 회원 정보〉

등록 번호	성명	성별	나이	기간
16796	김지영	여성	30세	3개월
17460	권혜현	여성	32세	6개월
20013	한영길	남성	32세	3개월
18234	김규호	남성	33세	12개월

● 튜플 : 릴레이션의 각 행
● 애트리뷰트(속성) : 릴레이션에서 이름을 가진 열
● 도메인 : 애트리뷰트가 가질 수 있는 값의 집합
● 차수 : 애트리뷰트의 수

① 5   ② 4

③ 3   ④ 2

⑤ 1

29 처음으로 맡은 대형 프로젝트의 일정을 나타낸 표이다. 종료일을 나타내기 위해 셀 [C2]에 입력할 수 있는 수식은?

	A	B	C
1	프로젝트 시작일	예상 소요 개월	프로젝트 마감일
2	2024-11-04	5	
3			

① =DSUM(A2,B2)   ② =YEAR(A2,B2)

③ =INDEX(B2,A2)   ④ =EDATE(A2,B2)

⑤ =EOMONTH(B2,A2)

30 다음 워크시트에서 A열에 숫자를 입력할 때 B열의 기호로 변경되도록 수식을 넣으려고 한다. [B2] 셀에 입력할 수 있는 수식으로 옳은 것은? (단, 숫자는 1~5까지이다)

	A	B
1	숫자	기호
2	1	★
3	2	♡
4	3	♣
5	4	♪
6	5	☎
7		
8		

① =AVERANGE($A2:$B2,A2="★")

② =CONCAT(1="★",2="♡",3="♣",4,="♪",5="☎")

③ =DCOUNT($A1=★,$A2=♡,$A3=♣,$A4=♪,$A5=☎)

④ =IF(A1=★,IF(A2=♡,IF(A3=♣,IF(A4=♪,IF(A5=☎)))))

⑤ =IF(A2=1,"★",IF(A2=2,"♡",IF(A2=3,"♣",IF(A2=4,"♪",IF(A2=5,"☎")))))

Chapter 05

자원관리능력

출제경향 예측

업무 수행에 있어서 필요한 자원을 확인·확보하여 적절히 할당할 수 있는가를 평가한다. 가장 자추 출제되는 유형은 시간관리와 예산관리가 복합형으로 난도가 높은 편에 속한다. 그 외에 자주 출제되는 유형의 문제는 회의시간 정하기, 출장 날짜 정하기, 가격 비교하기, 업체 비교하여 선정하는 것, 필기·면접 평가 관련, 인적자원 관리방법, 리더십 방법 등이 자주 출제된다. 점차 난도가 상승하면서 제시문의 길이가 길어지고 자료를 해석하는 능력을 요하는 문제가 많이 출제되고 있다. 모듈형보다 난도가 높아지고, 지문을 꼼꼼히 읽지 않으면 틀리기 쉬운 형태의 문제가 다수 출제되어 지문을 읽을 때 신속하지만 정확하게 읽으려는 연습을 많이 해두는 것이 좋다.

유형별 출제빈도

시간관리	예산관리	물적자원관리	인적자원관리	리더십

직원 채용시험 최종 결과가 다음과 같을 때 5명의 응시자 중 가장 많은 점수를 얻은 최종합격자는 누구인가?

〈최종결과표〉

(단위 : 점)

구분	응시자 A	응시자 B	응시자 C	응시자 D	응시자 E
서류전형	89	86	94	92	93
1차 필기	94	92	89	83	91
2차 필기	88	87	90	97	89
면접	90	94	93	92	93

※ 1) 각 단계별 다음과 같은 가중치를 부여하여 해당 점수에 추가 반영한다.
　• 서류전형 점수 : 10%
　• 1차 필기 점수 : 15%
　• 2차 필기 점수 : 20%
　• 면접 점수 : 5%
　2) 4개 항목 중 어느 항목이라도 최하위 득점이 있는 응시자는(최하위 점수가 90점 이상일 경우 제외), 최종 합격자가 될 수 없음
　3) 동점자는 가중치가 많은 항목 고득점자 우선 채용

① 응시자 A
② 응시자 B
③ 응시자 C
④ 응시자 D
⑤ 응시자 E

응응시자들의 점수를 구하기 전에 채용 조건에 따라 서류전형과 2차 필기에서 최하위 득점을 한 응시자 B와 1차 필기에서 최하위 득점을 한 응시자 D는 채용이 될 수 없다. 면접에서 최하위 득점을 한 응시자 A는 90점 이상이므로 점수를 계산해 보아야 한다. 따라서 응시자 A, C, E의 점수는 다음과 같다.

구분	응시자 A	응시자 C	응시자E
서류전형	8.9	9.4	9.3
1차 필기	14.1	13.35	13.65
2차 필기	17.6	18	17.8
면접	4.5	4.65	4.65
총 합계	45.1	45.4	45.4

응시자 C와 E가 동점이나, 가중치가 많은 2차 필기의 점수가 높은 응시자 C가 최종 합격자가 된다.

답 ③

1 다음 자료는 A기업의 채용의 2차 전형인 필기시험 과목별 우수자 현황을 응시자가 졸업한 학과별로 정리한 것이다. 다음 자료에 대한 설명으로 옳은 것은?

(단위 : 명)

필기시험 과목	국제계열	상경계열	이공계열	외국어계열	기타계열	소계
직업기초능력	14	25	35	11	15	100
직무상식	12	34	25	12	17	100
경영학/경제학	24	37	24	9	6	100
논술	21	31	25	15	8	100

① 필기시험 우수자 중 상경계열을 졸업한 응시자가 제일 많다.
② 경영학/경제학 과목에서 우수자가 제일 낮은 학과는 외국어계열 응시자이다.
③ 직무상식에서 과목별 우수자 평균을 넘은 학과는 상경계열 뿐이다.
④ 응시자 중에서 100명만이 선발된다면 기타계열 응시자는 전원 합격이다.
⑤ 필기시험 우수자가 가장 낮은 것은 외국어계열이다.

2 다음은 자원을 관리 과정을 설명한 것이다. ㈎ ~ ㈍를 효율적인 자원관리를 위한 순서에 맞게 바르게 나열한 것은?

> ㈎ 확보된 자원을 활용하여 계획에 맞는 업무를 수행해야 한다. 계획에 지나치게 얽매일 필요는 없지만 최대한 계획대로 수행하는 것이 바람직하다. 불가피하게 수정해야 하는 경우는 전체 계획에 미칠 수 있는 영향을 고려하여야 할 것이다.
>
> ㈏ 자원을 실제 필요한 업무에 할당하여 계획을 세워야 한다. 여기에서 중요한 것은 업무나 활동의 우선순위를 고려하는 것이다. 최종적인 목적을 이루는 데 가장 핵심이 되는 것에 우선순위를 두고 계획을 세울 필요가 있다. 만약, 확보한 자원이 실제 활동 추진에 비해 부족할 경우 우선순위가 높은 것에 중심을 두고 계획하는 것이 바람직하다.
>
> ㈐ 실제 상황에서 그 자원을 확보하여야 한다. 수집 시 가능하다면 필요한 양보다 좀 더 여유 있게 확보할 필요가 있다. 실제 준비나 활동을 하는 데 있어서 계획과 차이를 보이는 경우가 자주 발생하기 때문에 여유 있게 자원을 확보하는 것이 안전할 것이다.
>
> ㈑ 업무를 추진하는 데 있어서 어떤 자원이 필요하며, 또 얼마만큼 필요한지를 파악하는 단계이다. 자원의 종류에는 크게 시간, 예산, 물적자원, 인적자원으로 나누어지지만 실제 업무 수행에서는 이보다 더 구체적으로 나눌 필요가 있다. 구체적으로 어떤 활동을 할 것이며, 이 활동에 어느 정도의 시간, 돈, 물적·인적자원이 필요한지를 파악한다.

① ㈎ - ㈐ - ㈏ - ㈑
② ㈐ - ㈑ - ㈏ - ㈎
③ ㈑ - ㈐ - ㈎ - ㈏
④ ㈑ - ㈏ - ㈐ - ㈎
⑤ ㈑ - ㈐ - ㈏ - ㈎

📖 **Answer.** 1.① 2.⑤

3 효과적인 물품관리를 위하여 '물품출납 및 운용카드'를 수기로 작성하였다. 수기로 작성한 '물품출납 및 운용카드'를 활용할 때의 장점이 아닌 것은 무엇인가?

물품출납 및 운용카드			물품출납원			물품관리관	
분류번호	000 − 0000 − 0001		품명	자전거			
회계	재고 특별회계		규격	생략			
품종	생략		내용 연수	3년	정수	1	단위	대
정리일자	취득일자	정리구분 증비서 번호	수량	단가	금액	재고 수량, 금액 운영 수량, 구매	
23.01.01	23.01.14	−	1	10만	10만	1 0	10만 −
22.12.01	22.12.14	−	2	10만	10만	0 0	− −
22.10.25	22.11.07	−	2	20만	20만	1 1	10만 20만
21.06.01	20.06.16	−	3	30만	30만	2 0	30만 −
20.04.01	20.04.12	−	2	10만	10만	0 2	− 20만

① 보유하고 있는 물품의 종류 및 양을 확인할 수 있다.
② 제품파악이 쉬우므로 일의 인계 작업이 쉽다.
③ 물품의 상태를 지속해서 점검할 수 있다.
④ 자료를 쉽고 빠르게 입력할 수 있다.
⑤ 분실의 위험을 줄일 수 있다.

4 인사팀 Y 대리에게 K 사원이 다음과 같은 고민을 이야기 하였다. Y 대리가 K 사원에게 조언한 내용 중 적절하지 않은 것은 무엇인가?

> 입사한 지 2년이 넘었지만 요즘 부적 고민이 늘었습니다. 매일 바쁘게 일상을 살고 있지만, 업무를 마칠 때까지 걸리는 시간이 상대적으로 오래 걸려서 상사에게 재촉을 받는 일이 많습니다. 또한, 월급 관리도 어려워서 직장 생활의 전반적인 부분에 회의감 들고 힘이 듭니다.

① 지금 하는 업무들이 단독으로 할 수 있는 일들인지 확인해보세요. 여러 사람이 같이 해야 하는 일을 혼자 하고 있다면 인원을 보충하여 업무를 분담해보는 것도 고려해봐야 합니다.

② 본인이 신용카드를 자주 사용하다 보면 예산을 초과하여 사용하는 경우가 있습니다. 자신 소득에 예산을 설정해서 체크카드를 위주로 하여 계획적으로 소득을 관리해보세요.

③ 자신이 하고 있는 업무에 걸리는 소요시간을 알고 있는 것이 중요합니다. 자신의 업무소요시간을 파악하고 관리하여 상사에게 언제까지 마감하겠다는 것을 정확히 알려주세요.

④ 그럴수록 SWOT를 활용하여 더욱 업무에 매진하는 것이 본인의 업무능력을 향상시키는 데에 도움이 됩니다.

⑤ 사용하는 컴퓨터나 비품 등 물품의 노후화로 업무소요시간이 연장된 것은 아닌가를 고려해보세요. 노후화로 인한 것이라면 장비교체를 요청해야 합니다.

5 다음은 A기업의 연차휴가에 관한 규정이다. 다음 중 올바른 설명은 어느 것인가?

제12조(연차휴가)

1. 1년간 8할 이상 출근한 직원에게 15일의 연차휴가를 준다.
2. 계속근로연수가 1년 미만인 직원에게 1월간 개근 시 1일의 연차휴가를 준다.
3. 직원의 최초 1년간의 근로에 대하여 연차휴가를 주는 경우에는 제2항의 규정에 의한 휴가를 이미 사용한 경우에는 그 사용한 휴가일수를 15일에서 공제한다.
4. 3년 이상 계속근무한 직원에 대하여는 제1항의 규정에 의한 휴가에 최초 1년을 초과하는 계속근로연수 매 2년에 대하여 1일을 가산한 휴가를 주어야 한다. 이 경우 가산휴가를 포함한 총 휴가일수는 25일을 한도로 한다.
5. 직원이 업무상의 부상 또는 질병으로 인하여 병가 또는 휴직한 기간과 산전·산후의 직원이 휴직한 기간은 연차휴가기간을 정함에 있어서 출근한 것으로 본다.
6. 연차휴가는 14시를 전후하여 4시간씩 반일 단위로 허가할 수 있으며, 반일 연차휴가 2회는 연차휴가 1일로 계산한다.
7. 직원의 연차 유급휴가를 연 2회(3/1, 9/1)기준으로 부여한다.

제12조의2(연차휴가의 사용촉진)

회사가 제12조 제1항·제3항 및 제4항의 규정에 의한 연차휴가의 사용을 촉진하기 위하여 다음과 같이 조치를 하였음에도 불구하고 직원이 1년간 휴가를 사용하지 아니하여 소멸된 경우에는 회사는 그 미사용 휴가에 대하여 연차수당을 지급하지 않는다.

1. 휴가 소멸기간이 끝나기 6개월 전을 기준으로 10일 이내에 직원의 직근 상위자가 직원별로 그 미사용 휴가일수를 알려주고, 직원이 그 사용 시기를 정하여 직근 상위자에게 통보하도록 서면으로 촉구할 것
2. 제1호의 규정에 의한 촉구에도 불구하고 직원이 촉구를 받은 때부터 10일 이내에 미사용 휴가의 전부 또는 일부의 사용 시기를 정하여 직근 상위자에게 통보하지 아니한 경우에는 휴가 소멸기간이 끝나기 2개월 전까지 직근 상위자가 미사용 휴가의 사용 시기를 정하여 직원에게 서면으로 통보할 것

---

① 甲은 입사 첫 달에 연차휴가를 3일 사용하고 첫 해 8할 이상 출근하여 2년차에 15일의 연차 휴가를 받는다.
② 乙은 계속근로연수가 8년이 되어 19일의 연차휴가를 받았다.
③ 丙은 직근 상위자로부터 잔여 휴가일수에 대한 서면 통보를 받지 못하여 연차수당을 지급받을 수 없다.
④ 계속근로연수 3년인 丁이 3년차에 반일 연차를 6회 사용하였다면 남은 연차휴가일수는 13일이 된다.
⑤ 계속근로연수가 5년인 戊가 5년차에 직근 상위자에 의한 서면 통보를 받았음에도 불구하고 질병으로 인한 병가만 3일 사용하였다면, 소멸되는 연차휴가일수는 14일이다.

6 다음은 기업에서 운영하는 '직장인 아파트'에 대한 임대료와 신입사원인 甲 씨의 월 소득 및 비용현황 자료이다. 신입사원인 甲 씨는 기업에서 운영하는 '직장인 아파트'에 입주하려고 한다. 근무 지역은 별 상관이 없는 甲 씨는 월 급여에서 비용을 지출하고 남은 금액의 90%를 넘지 않는 금액으로 가장 넓고 좋은 방을 구하려 한다. 甲 씨가 구할 수 있는 방으로 가장 적절한 것은?

〈지역별 보증금 및 월 임대료〉

(단위 : 원)

구분	아파트	K지역	P지역	D지역	I지역	B지역	C지역
보증금	큰방	990,000	660,000	540,000	840,000	960,000	460,000
	작은방	720,000	440,000	360,000	540,000	640,000	240,000
월 임대료	큰방	141,000	89,000	71,000	113,000	134,000	160,000
	작은방	91,000	59,000	47,000	75,000	89,000	33,000

〈甲 씨의 월 소득 및 비용현황〉

(단위 : 만 원)

월 급여	외식비	저축	각종세금	물품구입	여가	보험	기타소비
300	50	50	20	30	25	25	30

※ 월 소득과 비용 내역은 매월 동일하다고 가정함

① P지역 작은 방
② B지역 작은 방
③ I지역 작은 방
④ D지역 큰 방
⑤ C지역 큰 방

7 다음은 총무팀 박 과장이 윤 팀장으로부터 지시받은 이번 주 업무 내역이다. 윤 팀장은 박 과장에게 가급적 급한 일보다 중요한 일을 먼저 처리해 줄 것을 당부하며 아래의 일들에 대한 시간 분배를 적절하게 하도록 지시하였는데, 윤 팀장의 지시사항을 참고로 박과장이 처리해야 할 업무를 순서대로 바르게 나열한 것은?

Ⅰ 긴급하면서 중요한 일	Ⅱ 긴급하지 않지만 중요한 일
– 부서 손익실적 정리(A)	– 월별 총무용품 사용현황 정리(D)
– 개인정보 유출 방지책 마련(B)	– 부산 출장계획서 작성(E)
– 다음 주 부서 야유회 계획 수립(C)	– 내방 고객 명단 작성(F)
Ⅲ 긴급하지만 중요하지 않은 일	Ⅳ 긴급하지 않고 중요하지 않은 일
– 민원 자료 취합 정리(G)	– 신입사원 신규 출입증 배부(J)
– 영업부 파티션 교체 작업 지원(H)	– 프린터기 수리 업체 수배(K)
– 출입증 교체 인원 파악(I)	– 정수기 업체 배상 청구 자료 정리(L)

① (D) – (A) – (G) – (K)

② (B) – (E) – (J) – (H)

③ (A) – (G) – (E) – (K)

④ (B) – (F) – (G) – (L)

⑤ (I) – (E) – (C) – (J)

8 200만 원을 가진 갑은 다음 A, B프로젝트 중 B프로젝트에 투자하기로 결정하였다. 갑의 선택이 합리적이기 위한 B프로젝트 연간 예상 수익률의 최저 수준으로 가장 적절한 것은 어느 것인가? (단, 각 프로젝트의 기간은 1년으로 가정한다.)

- A프로젝트는 200만 원의 투자 자금이 소요되고, 연 9.0%의 수익률이 예상된다.
- B프로젝트는 400만 원의 투자 자금이 소요되고, 부족한 돈은 연 5.0%의 금리로 대출받을 수 있다.

① 8.1%

② 7.1%

③ 6.1%

④ 5.1%

⑤ 4.1%

9 다음 글에서 암시하고 있는 '자원과 자원관리의 특성'을 가장 적절하게 설명한 것은?

더 많은 토지를 사용하고 모든 농장의 수확량을 최고의 농민들이 얻은 수확량으로 올리는 방법으로 식량 공급을 늘릴 수 있다. 그러나 우리의 주요 식량 작물은 높은 수확량을 달성하기 위해 좋은 토양과 물 공급이 필요하며 생산 단계에 있지 않은 토지는 거의 없다. 실제로 도시의 스프롤 현상, 사막화, 염화 및 관개용으로 사용된 대수층의 고갈은 미래에 더 적은 토지가 농업에 제공될 수 있음을 암시한다.

농작물은 오늘날 사용되는 것보다 더 척박한 땅에서 자랄 수 있고, 수확량이 낮고 환경 및 생물 다양성이 저하될 환경일지도 모른다. 농작물의 수확량은 농장과 국가에 따라 크게 다르다. 예를 들어, 2013년 미국의 옥수수 평균 수확량은 10.0t/ha, 짐바브웨가 0.9t/ha였는데, 두 국가 모두 작물 재배를 위한 기후 조건은 비슷했다(2015년 유엔 식량 농업기구). 미국의 수확률이 다른 모든 나라의 목표겠지만 각국의 정책, 전문가의 조언, 종자 및 비료에 접근하는 데 크게 의존할 수밖에 없다. 그리고 그중 어느 것도 새로운 농지에서 확실한 수확률을 보장하지는 않는다. 따라서 좋은 시기에는 수확 잠재력이 개선된 종자가 필요하지 않을 수도 있지만, 아무것도 준비하지 않는 건 위험하다. 실험실에서 혁신적인 방법을 개발하는 것과 그걸 바탕으로 농민에게 종자를 제공하는 것 사이에 20년에서 30년의 격차가 있다는 걸 감안할 때, 분자 공학과 실제 작물 육종 간의 격차를 줄이고 더 높은 수율을 달성하는 일은 시급하다.

① 누구나 동일한 자원을 가지고 있으며 그 가치와 밀도도 모두 동일하다.
② 특정 자원이 없음으로 해서 다른 자원을 확보하는 데 문제가 발생할 수 있다.
③ 자원은 유한하며 따라서 어떻게 활용하느냐 하는 일이 무엇보다 중요하다.
④ 사람들이 의식하지 못하는 사이에 자원은 습관적으로 낭비되고 있다.
⑤ 무엇이 자원이며 자원을 관리하는 방법이 무엇인지를 모르는 것이 자원관리의 문제점이다.

---

10 다음은 A은행의 면접평정표이다. 인사팀 사람들의 회의에서 적절하지 않은 대답을 한 사람은 누구인가?

평정요소	평가등급		
	우수	보통	미흡
㉠ 소통 · 공감			
㉡ 헌신 · 열정			
㉢ 창의 · 혁신			
㉣ 윤리 · 책임			
㉤ 금융인으로서의 자세			

〈면접평정표〉

① ㉠을 평정하기 위해서는 고객의 입장을 정확히 이해하기 위해 어떤 노력을 할 수 있는지 질문하면 좋겠어.
② ㉡을 평정하기 위해서는 연관된 금융상식과 최근 경제 이슈를 질문하면 좋겠어.
③ ㉢을 평정하기 위해서는 자신의 의견을 명확하게 전달하고 유관부서와의 협력적인 태도를 파악할 수 있는 질문이 좋겠어.
④ ㉣을 평정을 위해서는 기대보다 더 많은 책임이 주어졌을 때 어떻게 대처할 것인지 질문하면 좋겠어.
⑤ ㉤을 평정하기 위해서는 응시자가 금융인으로서 가져야 하는 가치관과 덕목을 묻는 것이 좋겠어.

11 다음 생산부의 근무 현황을 보고 판단한 戊의 의견 중 적절하지 않은 것은 어느 것인가?

〈생산부 근무 현황표〉

순번	성명	근무내역	기간	승인상태
1	甲	연차	2 ~ 3	승인
2	乙	결혼 휴가	8 ~ 14	승인
3	丙	연차	17 ~ 18	승인
4	丁	출장	21 ~ 23	승인
5	戊	연차	10 ~ 11	승인대기

〈달력〉

일	월	화	수	목	금	토
		1	2	3	4	5
6	7	8	9	10	11	12
13	14	15	16	17	18	19
20	21	22	23	24	25	26
27	28	29	30	31		

① 10 ~ 11일에는 결혼 휴가자가 있으니 나까지 연차를 쓰면 업무에 누수가 생길 수 있겠네.

② 내가 31일에 휴가를 쓰게 되면 이번 달은 전원이 근무하는 목요일은 한 번도 없겠네.

③ 마지막 주로 휴가를 옮겨야 매주 휴가가 적절히 분배되겠다.

④ 이번 달에는 수요일과 목요일에 휴가자가 가장 많군.

⑤ 내가 이번 달에 휴가를 쓰지 않으면 마지막 주에는 전원이 참여할 회식 날짜를 잡기 좋겠다.

A사와 B사는 동일한 甲제품을 생산하는 경쟁관계에 있는 두 기업이며, 다음과 같은 각기 다른 특징을 가지고 마케팅을 진행하였다.

〈A사〉

후발 주자로 업계에 뛰어든 A사는 우수한 품질과 생산 설비의 고급화를 이루어 甲제품 공급을 고가 정책에 맞추어 진행하기로 하였다. 이미 甲제품의 개발이 완료되기 이전부터 A사의 잠재력을 인정한 해외의 K사로부터 장기 공급계약을 체결하는 등의 실적을 거두며 대내외 언론으로부터 조명을 받았다. A사는 甲제품의 개발 단계에서, 인건비 등 기타 비용을 포함한 자체 마진을 설비 1대당 1천만 원, 연구개발비를 9천만 원으로 책정하고 총 1억 원에 K사와 계약을 체결하였으나 개발 완료 시점에서 알게 된 실제 개발에 투입된 연구개발비가 약 8천 5백만 원으로 집계되어 추가의 이익을 보게 되었다.

〈B사〉

A사보다 먼저 시장에 진입한 B사는 상대적으로 낮은 인건비의 기술 인력을 확보할 수 있어서 동일한 甲제품을 생산하는 데 A사보다 저렴한 가격 구조를 형성할 수 있었다. B사는 당초 설비 1대당 5백만 원의 자체 마진을 향유하며 연구개발비로 약 8천만 원이 소요될 것으로 예상, 총 8천 5백만 원으로 공급가를 책정하고, 저가 정책에 힘입어 개발 완료 이전부터 경쟁자들을 제치고 많은 거래선들과 거래 계약을 체결하게 되었다. 그러나 甲제품 개발이 완료된 후 비용을 집계해 본 결과, 당초 예상과는 달리 A사와 같은 8천 5백만 원의 연구개발비가 투입되었음을 알게 되어 개발 단계에서 5백만 원의 추가 손실을 보게 되었다

12 다음 중 위와 같은 상황 속에서 판단할 수 있는 설명으로 적절하지 않은 것은?

① A사는 결국 높은 가격으로 인하여 시장점유율이 하락할 것이다.
② B사는 물건을 만들면 만들수록 계속 손실이 커지게 될 것이다.
③ A사가 시장경쟁력을 확보하려면 가격을 인하하여야 한다.
④ 비용을 가급적 적게 책정한다고 모두 좋은 것은 아니다.
⑤ 개발비 책정 시 실제 들어가는 비용과 상이해야 한다.

13 예산자원관리의 측면에서 볼 때, 윗글이 암시하고 있는 예산관리의 특징으로 적절하지 않은 것은?

① 예산만 정확하게 수립되면 실제 활동이나 사업 진행하는 과정상 관리가 크게 개입될 필요가 없다.
② 개발 비용 > 실제 비용의 경우 결국 해당 기업은 경쟁력을 상실하게 된다.
③ 실제 비용 > 개발 비용의 경우 결국 해당 기업은 지속 적자가 발생한다.
④ 실제 비용 = 개발 비용으로 유지하는 것이 가장 바람직하다.
⑤ 예산관리는 최소의 비용으로 최대의 이익을 얻기 위해 요구되는 능력이다.

┃14~15┃ 공장 주변 지역의 농경수 오염에 책임이 있는 기업이 총 70억 원의 예산을 가지고 피해 현황 심사와 보상을 진행한다고 한다. 다음 글을 읽고 물음에 답하시오.

> 총 500건의 피해가 발생했고, 기업 측에서는 실제 피해 현황을 심사하여 보상하기로 하였다. 심사에 소요되는 비용은 보상 예산에서 사용한다. 심사를 통해 좀 더 정확한 피해 규모를 파악할 수 있지만, 그에 따라 소요되는 비용 또한 증가하게 된다.
>
> | 구분 | 1일째 | 2일째 | 3일째 | 4일째 |
> |---|---|---|---|---|
> | 일별 심사 비용(억 원) | 0.5 | 0.7 | 0.9 | 1.1 |
> | 일별 보상대상 제외건수 | 50 | 45 | 40 | 35 |
>
> • 보상금 총액 = 예산 − 심사 비용
> • 표는 누적수치가 아닌, 하루에 소요되는 비용을 말함
> • 일별 심사 비용은 매일 0.2억씩 증가하고 제외건수는 매일 5건씩 감소함
> • 제외건수가 0이 되는 날, 심사를 중지하고 보상금을 지급함

14 기업측이 심사를 중지하는 날까지 소요되는 일별 심사 비용은 총 얼마인가?

① 15억 원
② 15.5억 원
③ 16억 원
④ 16.5억 원
⑤ 17억 원

15 심사를 중지하고 총 500건에 대해서 보상을 한다고 할 때, 보상대상자가 받는 건당 평균 보상금은 대략 얼마인가?

① 약 1천만 원
② 약 2천만 원
③ 약 3천만 원
④ 약 4천만 원
⑤ 약 5천만 원

| 16 ~ 17 | 甲기업 홍보팀에서는 사내 행사를 위해 다음과 같이 3개 공급업체로부터 경품 1과 경품 2에 대한 견적서를 받아보았다. 행사 참석자가 모두 400명이고 1인당 경품 1과 경품 2를 각각 1개씩 나누어 주어야 한다. 다음 자료를 보고 이어지는 질문에 답하시오.

〈경품 견적서〉

공급처	물품	세트당 포함 수량(개)	세트 가격
A업체	경품 1	100	85만 원
	경품 2	60	27만 원
B업체	경품 1	110	90만 원
	경품 2	80	35만 원
C업체	경품 1	90	80만 원
	경품 2	130	60만 원

• A업체 : 경품 2 170만 원 이상 구입 시, 두 물품 함께 구매하면 총 구매가의 5% 할인
• B업체 : 경품 1 350만 원 이상 구입 시, 두 물품 함께 구매하면 총 구매가의 5% 할인
• C업체 : 경품 1 350만 원 이상 구입 시, 두 물품 함께 구매하면 총 구매가의 20% 할인
※ 모든 공급처는 세트 수량으로만 판매한다.

16 가장 저렴한 가격으로 인원수에 모자라지 않는 수량의 경품1, 2를 함께 구매할 수 있는 공급처와 공급가격은?

① A업체 / 5,000,500원
② A업체 / 5,025,500원
③ B업체 / 5,082,500원
④ B업체 / 5,095,000원
⑤ B업체 / 5,120,000원

17 다음 중 C업체가 甲기업의 공급처가 되기 위한 조건으로 적절한 것은?

① 경품 1의 세트당 포함 수량을 100개로 늘린다.
② 경품 2의 세트당 가격을 2만 원 인하한다.
③ 경품 1의 세트당 수량을 85개로 줄인다.
④ 경품 2의 세트당 포함 수량을 120개로 줄인다.
⑤ 경품 1의 세트당 가격을 5만 원 인하한다.

18 제시문을 읽고 상사의 출장준비를 위한 부하 직원의 관련 업무에 대한 설명으로 적절하지 않은 것은?

> 글로벌 화장품회사의 한국지사장인 상사는 다음달 1일부터 15일까지 싱가포르에서 아태지역 마케팅 전략 회의 및 세미나가 예정되어 있어 출장을 갈 계획이다. 한국 도착은 16일 오전으로 예정되어 있다. 또한 상사는 세미나에서 새로운 신제품의 실험장이라 할 만큼 중요한 한국시장에 대한 좀 더 심층 있는 논의를 위해 '한국소비자의 화장품 구매 패턴'에 대한 프레젠테이션을 계획하고 있다.

① 여권만료일을 확인하고 비자를 신청하였다.
② 숙박은 이동의 편의성을 고려하여 회의가 열리는 호텔로 예약하였다.
③ 프레젠테이션 자료를 노트북에 저장하고 만약을 위해 USB에 다시 저장하여 별도로 준비하였다.
④ 고액권과 소액권을 섞어 필요한 금액으로 환전하였다.
⑤ 프레젠테이션을 할 회의실의 컴퓨터, 프로젝터, 스크린 등의 유무를 체크하여 정리하였다.

19 다음은 A기업의 채용 공고문으로 자료에 대한 설명으로 옳은 것은?

> 당사와 함께 할 인재를 모십니다.
> 가. 회사 소개 : 공장 자동화 생산 설비품을 생산하고 있는 회사입니다. 종업원 현황은 110명(상시)에 해당하고 있습니다.
>
> 나. 근무 형태
> • 근무 시간 : 09 : 00 ~ 18 : 00, 주 5일 근무
> • 주2회 시간외근무(희망자) : 19 : 00 ~ 23 : 00
>
> 다. 급여 및 복지
> • 기본급 : 300만 원(수습 기간 3개월은 80 %)
> • 시간외근무 수당 : 8만 원(1회 당)
> • 상여금 : 명절(추석 및 설) 휴가비 기본급의 100 %
> • 기타 : 4대 보험, 중식 및 기숙사 제공
>
> 라. 채용 인원
> • 특성화고/마이스터고 관련 학과 재학생 및 졸업생 00명
> • 직종 관련 자격증 소지자 우대

① 기업의 형태는 대기업이다.　② 법정복리후생을 제공하고 있다.
③ 시간외임금은 제시되어 있지 않다.　④ 수습기간에는 주2회 시간외근무가 필수이다.
⑤ 채용 시 우대사항이 없다.

20 다음 자료를 참고하여 기업의 건전성을 파악하는 지표인 금융비용부담률이 가장 낮은 기업과 이자보상비율이 가장 높은 기업을 순서대로 알맞게 짝지은 것은? (단, 소수 셋째 자리에서 반올림한다)

(단위 : 천만 원)

	매출액	매출원가	판관비	이자비용
A기업	98	90	2	1.5
B기업	105	93	3	1
C기업	95	82	3	2
D기업	112	100	5	2

※ 1) 영업이익 = 매출액 - 매출원가 - 판관비
　 2) 금융비용부담률 = 이자비용 ÷ 매출액 × 100
　 3) 이자보상비율 = 영업이익 ÷ 이자비용 × 100

① A기업, B기업 　　　　　　　　　　② B기업, A기업
③ A기업, C기업 　　　　　　　　　　④ C기업, B기업
⑤ B기업, B기업

21 다음 기업의 재무자료에 대한 설명으로 옳은 것은? (단, 순자산 = 자산 - 부채)

자산		부채	
㉠ 아파트	4억 원	㉤ 은행 대출금	1억 원
자동차	2,000만 원	㉥ 자동차 할부금	500만 원
현금	500만 원		
㉡ 요구불예금	200만 원		
㉢ 채권	300만 원		
㉣ 주식	500만 원		

① ㉠은 ㉡보다 유동성이 높다.
② ㉣은 ㉡보다 안전성이 높다.
③ 배당금은 ㉢에 대한 투자 수익이다.
④ 기업이 보유 현금으로 ㉥을 상환하여도 순자산은 변동이 없다.
⑤ 기업이 보유 현금으로 ㉤을 상환할 경우 순자산은 변동이 생긴다.

22 다음 사례에 나오는 甲의 시간관리 유형은 무엇인가?

> 甲은 하루 24시간 중 8시간의 회사 업무 이외에도 8시간을 효율적으로 활용하고 8시간 동안 충분히 숙면도 취한다. 甲은 어느 누구보다도 하루하루를 정신없이 바쁘게 살아가는 사람 중 한 명이다.

① 시간 창조형　　　　　　　　② 시간 소비형
③ 시간 절약형　　　　　　　　④ 시간 파괴형
⑤ 시간 틈새형

23 다음은 A, B 두 제품을 1개씩 만드는 데 필요한 전력과 연료 및 하루 사용 제한량이다. A는 1개당 5만 원, B는 1개당 2만 원의 이익이 생기고, 두 제품 A, B를 총 50개 생산한다고 할 때, 이익을 최대로 하려면 제품 A는 몇 개를 생산해야 하는가?

구분	A제품	B제품	제한량
전력(kWh)	50	20	1,600
연료(L)	3	5	240

① 16개
② 18개
③ 20개
④ 24개
⑤ 26개

24 다음 네 명의 임원들은 회의 참석차 한국으로 출장을 오고자 한다. 이들의 현지 이동 일정과 이동 시간을 참고할 때, 한국에 도착하는 시간이 빠른 순서대로 올바르게 나열한 것은 어느 것인가?

구분	출발국가	출발시각(현지시간)	소요시간
H 상무	네덜란드	12월 12일 17:20	13시간
P 전무	미국 동부	12월 12일 08:30	14시간
E 전무	미국 서부	12월 12일 09:15	11시간
M 이사	터키	12월 12일 22:30	9시간

※ 현지시간 기준 한국은 네덜란드보다 8시간, 미국 동부보다 14시간, 미국 서부보다 16시간, 터키보다 6시간이 빠르다. 예를 들어, 한국이 11월 11일 20시일 경우 네덜란드는 11월 11일 12시가 된다.

① P 전무 – E 전무 – M 이사 – H 상무
② E 전무 – P 전무 – H 상무 – M 이사
③ E 전무 – P 전무 – M 이사 – H 상무
④ E 전무 – M 이사 – P 전무 – H 상무
⑤ P 전무 – E 전무 – H상무 – M 이사

25 다음 〈표〉는 5명의 사원의 진급 점수표의 일부이다. 이에 대한 〈보기〉의 설명 중 옳은 것만을 모두 고르면?

〈표〉 진급 점수표

(단위 : 점)

과목 사원	상사와 관계	융통성	업무 이해력	작업속도	동료와 관계	합계
A 사원	7	8	5	5	9	34
B 사원	6	9	8	5	8	36
C 사원	5	( )	9	6	7	( )
D 사원	8	6	6	( )	8	( )
E 사원	( )	7	6	9	7	( )
계	( )	( )	34	( )	39	( )

※ 각 과목에 점수 범위는 0 ~ 10점이다. 진급의 결과는 총점을 기준으로 결정한다. 단, 대상자 중 총점이 40점 이상이 없다면 최고점인 사람을 진급시킨다.

가. 총점이 40점 이상 : 진급+(상여금)

나. 총점이 30점 이상 ~ 40점 미만 : 진급 보류+(상여금)

다. 총점이 30점 미만 : 진급 보류

─────── 보기 ───────

㉠ C 사원이 B 사원보다 점수가 높기 위해서는 융통성에서 10점을 맞아야 한다.

㉡ D 사원은 작업속도 부분에서 10점을 받았다면 진급도 하고 상여금도 받는다.

㉢ A 사원과 B 사원의 융통성 부분의 점수가 바뀐다면 총점에서 A 사원이 더 높은 점수를 받았을 것이다.

㉣ 진급 한 사람은 40점은 넘지 못했지만 1등이라 진급할 수 있었다.

① ㉠㉡   ② ㉠㉢

③ ㉠㉣   ④ ㉡㉣

⑤ ㉡㉢㉣

26 甲은 L대학교 대강당에서 열리는 세미나에 참석하려고 한다. 출근 후 회사에서 오전 9시 30분에 출발한다고 할 때, 다음 제시된 세미나 정보를 참고하여 가장 빠르게 도착할 수 있는 교통편과 소요시간을 고르시오.

● 일시 및 장소

2025년 2월 3일(월) 오전 10시 30분~12시 30분, L대학교 대강당

※ 오전 10시 30분 이후에는 입장 불가

● 회사에서 L대학교 대강당까지 가는 길
    1) 지하철 : 회사 → A역 → B역 → L대학교 대강당
    2) 버스 : 회사 → C정류장 → D정류장 → L대학교 대강당

● 경로별 소요시간

출발지	도착지	소요시간
회사	A역	15분
	C정류장	21분
A역	B역	18분
B역	L대학교 대강당	22분
C정류장	D정류장	28분
D정류장	L 대학교 대강당	15분

---

① 버스, 48분

② 버스, 55분

③ 지하철, 45분

④ 지하철, 55분

⑤ 지하철, 60분

27 다음 제시된 자료를 참고하여 2월 출장에 필요한 항공료를 고르시오. (단, 항공료는 모든 일정을 포함한 금액이다.)

〈항공료〉

국가	도시	편도	왕복
미국	샌프란시스코	1,015,000	2,265,440
일본	오사카	247,000	505,000
독일	베를린	1,785,560	2,926,500
이탈리아	피렌체	1,652,300	2,855,260
프랑스	파리	1,789,200	2,397,800
스위스	제네바	1,292,400	2,841,500

※ 1) 개인은 항공료 20% 할인, 단체는 항공료 35% 할인
   2) 단, 단체할인 적용은 5인 이상

〈2025년 출장 일정〉

부서	인원	출장지	일정	비고
영업부	2명	오사카	1월 20일 ~ 1월 24일	왕복
해외사업부	5명	베를린	1월 21일 ~ 1월 30일	왕복
영업부	3명	제네바	2월 3일 ~ 2월 15일	왕복
해외개발부	4명	파리	2월 13일 ~ 2월 20일	편도
수출부	2명	샌프란시스코	3월 4일 ~ 3월 15일	왕복

① 8,737,800원

② 10,002,690원

③ 10,070,760원

④ 12,545,040원

⑤ 14,492,560원

28 甲의 타 지점 외근 내역이 다음과 같을 때 지원받을 수 있는 외근 비용은 모두 얼마인가? (단, 외근 비용엔 톨게이트 비용이 포함되며 왕복으로 계산한다.)

〈甲 외근 내역〉

일자	지점	이동 거리(편도)	톨게이트 비용(편도)
11/8	포천점	59km	10,000원
11/12	양주점	36km	1,800원
11/20	하남점	33km	1,600원
11/29	금남점	53km	8,000원
12/6	미추홀구점	40km	1,900원

※ 1km당 유류비 1,300원 지원

① 487,300원 ② 534,000원
③ 583,500원 ④ 613,900원
⑤ 621,200원

29 상호금융팀 팀원들(A~F)의 업무 일정과 조건을 고려하여 상반기 사내교육을 실시할 수 있는 가장 적절한 첫 날짜를 고르시오.

일	월	화	수	목	금	토
					1 E 신입사원 교육 진행	2
3	4 B 출장 (~13일까지)	5	6 F 오전 반차	7	8	9
10	11 C 외근	12	13	14	15 C 연차	16
17	18 A 외부 미팅	19	20	21	22 E 오후 반차	23
24	25 B 외근	26 C 외부 미팅	27	28 D 연차	29 B 연차	30

──── 보기 ────
• 상호금융부 직원 모두 필참하여야 한다.
• 사내교육은 사내연수원에서 평일 2박 3일간 진행된다.
• 사내교육은 오전 9시에 시작하여 오후 4시까지 진행되며 마지막 날에는 오전 10시에 종료된다.

① 7일   ② 12일

③ 19일   ④ 23일

⑤ 30일

30 ○○기업은 승진 시험에 필요한 구매 희망 교재를 팀마다 지원하려고 한다. 단, 조건에 해당되는 교재는 반드시 회사 승인 후 지원 받을 수 있다. 甲팀의 구매 희망 목록이 다음과 같을 때 구매할 수 있는 교재 중 승인이 필요한 교재 종류는 몇 개인가?

〈甲팀의 구매 희망 목록〉

교재명	수량	가격(권당)	구매 가능 여부
시사용어사전 1200	6	18,000	가능
경제용어사전 1030	5	18,000	가능
빈출 일반상식	7	23,000	가능
금융상식 2주 만에 완성하기	4	21,000	일시품절 (5일 후 입고예정)
영어면접 전면돌파	5	13,000	품절
한국사능력검정시험 30일 벼락치기	3	18,000	가능
상공회의소 한자 중급 기초+모의고사 Set [전 2권]	1	32,000	일시품절 (3일 후 입고 예정)
한자능력검정시험 7·8급	2	29,000	가능
파워특강 영어	2	27,000	품절
도시락 한국사 심화과정	3	25,000	가능
필통 한국사 실전모의고사	4	19,000	품절

〈조건〉

• 권당 가격이 3만 원이 넘는 경우
• 희망 교재 총 수량이 5권 이상인 경우
• Set 교재 구매인 경우
※ 1) 위 조건 중 하나라도 해당될 경우 반드시 승인이 필요합니다.
   2) 품절 교재는 구매가 불가능하며 일시품절인 상품은 입고 후 구매가 가능합니다.

① 1개   ② 2개

③ 3개   ④ 4개

⑤ 5개

Answer. 28.④   29.③   30.④

Chapter 06 조직이해능력

[조직이해능력] NCS 출제유형

① 경영이해능력 : SWOT 등 경영 활동, 경영 전략에 관한 문제이다.
② 체제이해능력 : 조직의 목표, 문화, 구조 등을 자료와 함께 제시되는 문제다.
③ 업무이해능력 : 업무의 특성, 업무수행 계획, 업무 종류 등이 체크리스트 등과 함께 제시되는 문제다.
④ 국제감각 : 이문화 커뮤니케이션, 국제매너 등에 관한 문제이다.

[조직이해능력] 출제경향

조직이해의 필요성을 인식하고 업무 성과를 높이기 위한 계획 수립이 가능한지를 평가한다. 조직의 환경변화 및 구성, 조직의 특징 및 의사결정과정, 경영자의 역할과 경영전략, 조직의 목표 구조, 다른 나라의 문화 이해 등이 출제된다. 조직도와 SWOT, 결재 방식 등의 자료가 출제되는데, 연습 시 업무 수행 시 조직의 특성을 이해하고 이를 적용하는 데 중점을 주는 것이 좋다.

[조직이해능력] 빈출유형

경영이해능력									
체제이해능력									
업무이해능력									
국제감각									

다음 〈보기〉와 같은 조직문화의 형태와 그 특징에 대한 설명 중 적절한 것만을 모두 고른 것은?

보기

ㄱ 위계를 지향하는 조직문화는 조직원 개개인의 능력과 개성을 존중한다.
ㄴ 과업을 지향하는 조직문화는 업무 수행의 효율성을 강조한다.
ㄷ 혁신을 지향하는 조직문화는 조직의 유연성과 외부 환경에의 적응에 초점을 둔다.
ㄹ 관계를 지향하는 조직문화는 구성원들의 상호 신뢰와 인화 단결을 중요시한다.

① ㄴㄷㄹ
② ㄱㄷㄹ
③ ㄱㄴㄹ
④ ㄱㄴㄷ
⑤ ㄱㄴㄷㄹ

위계를 강조하는 조직문화하에서는 조직 내부의 안정적이고 지속적인 통합, 조정을 바탕으로 일사불란한 조직 운영의 효율성을 추구하게 되는 특징이 있다. 조직원 개개인의 능력과 개성을 존중하는 모습은 혁신과 관계를 지향하는 조직문화에서 찾아볼 수 있는 특징이다.

답 ①

1 다음과 관련된 개념은 무엇인가?

> 조직이 지속되게 되면서 조직구성원들 간에 공유되는 생활양식이나 가치로 조직구성원들의 사고와 행동에 영향을 미치며 일체감과 정체성을 부여하고 조직이 안정적으로 유지되게 한다. 최근 조직문화에 대한 중요성이 부각되면서 긍정적인 방향으로 조성하기 위한 경영층의 노력이 이루어지고 있다.

① 조직문화
② 조직위계
③ 조직목표
④ 조직구조
⑤ 조직의 규칙

2 다음 글에 나타난 집단에 관한 설명으로 옳지 않은 것은?

> • ○○ 집단은 정서적인 뜻에서의 친밀한 인간관계를 겨누어 사람들의 역할관계가 개인의 특성에 따라 자연적이고 비형식적으로 분화되어 있는 집단을 말한다.
> • ○○ 집단은 호손 실험에 의하여 '제1차 집단의 재발견'으로 평가되었으며, 그 특질은 자연발생적이며 심리집단적이고 결합 자체를 목적으로 하여 감정의 논리에 따라 유동적 · 비제도적으로 행동하는 데 있다.
> • 관료적인 거대조직에 있어서 인간회복의 수단으로 ○○ 집단을 유효하게 이용하여 관료제의 폐단을 완화하려는 발상이 생겨났는데, 이를 인간관계적 어프로치라고 한다.

① 조직에서 오는 소외감을 감소시켜 준다.
② 조직에서 의식적으로 만든 집단으로 집단의 목표, 임무가 명확하게 규정되어 있다.
③ 조직구성원들의 요구에 따라 자발적으로 형성된 집단이다.
④ 조직구성원들의 사기(morale)와 생산력을 높여 준다.
⑤ 조직구성원들의 상호의사소통이 활발하다.

3 다음 중 ㉠에 들어갈 경영전략 추진과정은?

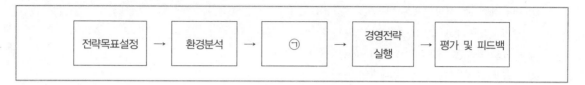

전략목표설정 → 환경분석 → ㉠ → 경영전략 실행 → 평가 및 피드백

① 경영전략 구성
② 경영전략 분석
③ 경영전략 도출
④ 경영전략 제고
⑤ 경영전략 수정

4 다음 중 조직목표의 기능이 아닌 것은?

① 조직이 존재하는 정당성과 합법성 제공
② 조직이 나아갈 방향 제시
③ 조직구성원 의사결정의 기준
④ 조직구성원 행동 억제
⑤ 조직구성원 행동수행의 동기유발

5 다음 중 경영참가제도의 특징으로 옳지 않은 것은?

① 사측 단독으로 문제를 해결할 수 있다.
② 경영의 민주성을 제고할 수 있다.
③ 경영의 효율성을 통제할 수 있다.
④ 노사 간 상호 신뢰를 증진시킬 수 있다.
⑤ 경영참가, 이윤참가, 자본참가 유형이 있다.

Answer. 1.① 2.② 3.③ 4.④ 5.①

6 다음 중 조직의 유형으로 옳지 않은 것은?

① 비영리조직은 대표적으로 병원이나 대학이 있다.

② 영리조직은 대표적으로 친목회가 있다.

③ 소규모 조직은 대표적으로 가족 소유의 상점이 있다.

④ 대규모 조직은 대표적으로 대기업이 있다.

⑤ 비공식조직으로 동아리가 있다.

7 다음 중 진성이 소속된 부서는?

> 진성이 소속된 부서는 매주 월요일마다 직원들이 모여 경영계획에 대한 회의를 한다. 이번 안건은 최근 문제가 된 중장기 사업계획으로, 이를 종합하여 조정을 하거나 적절하게 예산수립을 하기 위해 의견을 공유하는 자리가 되었다. 더불어 오후에는 기존의 사업의 손익을 추정하여 관리 및 분석을 통한 결과를 부장님께 보고하기로 하였다.

① 총무부

② 인사부

③ 기획부

④ 회계부

⑤ 영업부

8 다음 중 준호가 소속된 부서는?

> 준호는 매일 아침 회사에 출근하여 그날의 판매 계획 · 예산 · 시장 · 재고 등을 조사하여 정리한다. 또한 외상매출금이나 견적 및 계약 등의 문제를 해결하기 위해 자료를 조사 · 검토한다.

① 총무부

② 인사부

③ 기획부

④ 영업부

⑤ 회계부

9 다음의 빈칸에 들어갈 말을 순서대로 나열한 것은?

> 조직의 (㉠)은/는 조직 내의 부문 사이에 형성된 관계로 조직목표를 달성하기 위한 조직구성원들의 상호작용을 보여준다. 이는 결정권의 집중정도, 명령계통, 최고 경영자의 통제, 규칙과 규제의 정도에 따라 달라지며 구성원들의 업무나 권한이 분명하게 정의된 기계적 조직과 의사결정권이 하부구성원들에게 많이 위임되고 업무가 고정적이지 않은 유기적 조직으로 구분될 수 있다. (㉡)은/는 이를 쉽게 파악할 수 있다. 구성원들의 임무, 수행하는 과업, 일하는 장소 등을 파악하는데 용이하다. 한편 조직이 지속되게 되면 조직구성원들 간 생활양식이나 가치를 공유하게 되는데 이를 조직의 (㉢)라고 한다. 이는 조직구성원들의 사고와 행동에 영향을 미치며 일체감과 정체성을 부여하고 조직이 (㉣)으로 유지되게 한다. 최근 이에 대한 중요성이 부각되면서 긍정적인 방향으로 조성하기 위한 경영층의 노력이 이루어지고 있다.

	㉠	㉡	㉢	㉣
①	구조	조직도	문화	안정적
②	목표	비전	규정	체계적
③	미션	핵심가치	구조	혁신적
④	직급	규정	비전	단계적
⑤	규정	비전	직급	순차적

10 다음에서 설명하고 있는 조직은 무엇인가?

> • 구성원들의 업무가 분명하게 규정된다.
> • 엄격한 상하 간 위계질서가 있다.
> • 다수의 규칙과 규정이 존재한다.

① 정부 조직
② 기계적 조직
③ 유기적 조직
④ 환경적 조직
⑤ 전략적 조직

Answer. 6.② 7.③ 8.④ 9.① 10.②

11 甲 전자기업의 각 부서별 직원과 업무 간의 연결이 옳지 않은 것은?

① 영업부 김 대리 : 제품의 재고조절, 거래처로부터의 불만처리, 판매계획
② 회계부 이 과장 : 재무상태 및 경영실적 보고, 결산 관련 업무
③ 인사부 박 부장 : 인사발령 및 임금제도, 복리후생제도 및 지원업무, 퇴직관리
④ 총무부 정 사원 : 외상매출금의 청구 및 회수, 판매예산의 편성, 견적 및 계약
⑤ 기획부 오 대리 : 경영계획 및 전략수립, 경영진단업무, 단기사업계획 조정

12 A 대기업 경영전략팀은 기업의 새로운 도약을 위하여 2017 1차 경영토론회를 주최 하였다. 다음 중 토론자들의 경영시장 종류에 대한 발언으로 옳지 않은 것은?

① 블루오션은 아직 우리가 모르고 있는 가능성의 시장 공간이라 할 수 있습니다.
② 블루오션은 기존 산업의 경계선 바깥에서 새롭게 창출되는 시장을 말합니다.
③ 레드오션은 산업 간 경계선이 명확하게 그어져 있습니다.
④ 레드오션은 어떻게 경쟁자를 앞지를 것인가에 대한 '시장경쟁전략'을 말합니다.
⑤ 블루오션은 경쟁을 목표로 하고 존재하는 소비자와 현존하는 시장에 초점을 맞췄습니다.

13 경영전략의 추진 과정으로 옳은 것은?

① 전략목표 설정 → 경영전략 도출 → 환경 분석 → 경영전략 실행 → 평가 및 피드백
② 전략목표 설정 → 환경 분석 → 경영전략 도출 → 경영전략 실행 → 평가 및 피드백
③ 전략목표 설정 → 환경 분석 → 경영전략 실행 → 경영전략 도출 → 평가 및 피드백
④ 전략목표 설정 → 경영전략 실행 → 환경 분석 → 경영전략 도출 → 평가 및 피드백
⑤ 전략목표 설정 → 경영전략 실행 → 경영전략 도출 → 환경 분석 → 평가 및 피드백

14 국제동향 파악 방법으로 옳지 않은 것은?

① 관련 분야 해외 사이트를 방문하여 최신 이슈를 확인한다.
② 해외 서점 사이트를 방문해 최신 서적 목록과 주요 내용을 파악한다.
③ 업무와 관련된 국제잡지를 정기 구독한다.
④ 일주일에 한 번씩 신문의 국제면을 읽는다.
⑤ 국제학술대회에 참여한다.

15 조직변화 과정의 순서로 옳은 것은?

① 조직변화 방향 수립 → 환경변화 인지 → 조직변화 실행 → 변화결과 평가
② 환경변화 인지 → 조직변화 실행 → 조직변화 방향 수립 → 변화결과 평가
③ 조직변화 실행 → 조직변화 방향 수립 → 환경변화 인지 → 변화결과 평가
④ 환경변화 인지 → 조직변화 방향 수립 → 조직변화 실행 → 변화결과 평가
⑤ 조직변화 실행 → 환경변화 인지 → 조직변화 방향 수립 → 변화결과 평가

16 다음 중 국제 매너로 옳지 않은 것은?

① 프랑스에서 사업차 거래처 사람들과 식사를 할 때 사업에 관한 이야기는 정식 코스가 끝날 때 한다.
② 이란에서 꽃을 선물로 줄 때 노란색 꽃을 준비한다.
③ 멕시코에서 상대방에게 초대를 받았다면 나 또한 상대방을 초대하는 것이 매너이다.
④ 이탈리아에서 상대방과 대화할 때는 중간에 말을 끊지 않는다.
⑤ 생선 요리는 뒤집어먹지 않는다.

---

17 한국금융그룹사(계열사 : 한국은행, 한국카드, 한국증권사)의 본사 총무 부서에 근무 중인 A는 2025년에 10년째를 맞이하는 '우수 직원 해외연수단'을 편성하기 위해 각 계열사에 공문을 보내고자 한다. 한국은행의 경우 3년차 직원, 한국카드는 5년차 직원, 한국증권사는 7년차 직원 중 희망자를 대상으로 인사부의 Y 부장은 P 과장에게 결재권한을 위임하였다. 기안문을 작성할 때, (가)~(마)에 들어갈 내용으로 적절한 것을 고르시오.

(가)

수신자 : 한국은행, 한국카드, 한국증권사
(경유)
제목 : (나)

---

1. 서무 1056-2431(2017. 02. 03.)과 관련입니다.
2. 2025년도 우수 직원을 대상으로 해외연수단을 편성하고자 하오니, 회사에 재직 중인 직원 중 기본적 영어회화가 가능하며 글로벌 감각이 뛰어난 사원을 다음 사항을 참고로 선별하여 2025. 03. 03.까지 통보해 주시기 바랍니다.

– 다음 –

가. 참가범위
    1) 한국은행 : 3년차 직원 중 희망자
    2) 한국카드 : (다)
    3) 한국증권사 : (라)
나. 아울러 지난해에 참가했던 책임자와 직원은 제외시켜 주시기 바라며, 지난해 참가 직원 명단을 첨부하니 참고하시기 바랍니다.
첨부 : 2024년도 참가 직원 명단 1부. 끝.

한 국 금 융 그 룹 사 장

사원 A   계장 B   과장 (마) P
협조자
시행 총무부-27(1.19)
접수 우13456 주소 서울 강남구 오공로75 5F / www.hkland.co.kr
전화 (02-256-3456) 팩스(02-257-3456) / webmaster@hkland.com / 완전공개

---

① (가) 한국은행그룹사   ② (나) 2024년도 우수 직원 해외연수단 편성
③ (다) 4년차 직원 중 희망자   ④ (라) 7년차 직원 중 희망자
⑤ (마) 대결

18 김 대리는 여성의류 인터넷쇼핑몰 서비스팀에 근무 중으로 최근 불만 및 반품 접수가 증가하고 있어 이와 관련하여 회의를 진행하였다. 아래의 회의록을 보고 알 수 있는 내용인 것을 고르시오.

회의록

● 회의일시 : 2017년 2월 13일
● 회의장소 : 웰니스빌딩 3층 303호 소회의장
● 부　　　서 : 물류팀, 개발팀, 서비스팀
● 참 석 자 : 물류팀 팀장, 과장, 개발팀 팀장, 과장, 서비스팀 팀장, 과장
● 회의 안건
제품 의류에 염료 얼룩으로 인한 고객 불만반품에 따른 원인조사 및 대책방안
● 회의 내용
주문폭주로 인한 물량증가로 염료가 덜 마른 부직포 포장지를 사용하여 제품인 의류에 염색 얼룩이 묻은 것으로 추측
● 의결 사항
　[물류팀]
　컬러 부직포로 제품포장 하였던 기존방식에서 내부비닐포장 및 염료를 사용하지 않는 부직포로 2중 포장, 외부 종이상자 포장으로 교체
　[서비스팀]
　• 주문물량이 급격히 증가했던 일주일 동안 포장된 제품 전격 회수
　• 제품을 구매한 고객에 사과문 발송 및 100% 환불 보상 공지
　[개발팀]
　포장 재질 및 부직포 염료 유해성분 조사

---

① 마케팅팀은 해당 브랜드의 전 제품을 회수 및 100% 환불 보상할 것을 공지한다.
② 주문량이 증가한 날짜는 2017년 02월 13일부터 일주일간이다.
③ 주문량이 많아 염료가 덜 마른 부직포 포장지를 사용한 것이 문제 발생의 원인으로 추측된다.
④ 개발팀에서 제품을 전격 회수해 포장재 및 인쇄된 잉크의 유해성분을 조사하기로 했다.
⑤ 개발팀에서 염료를 사용하지 않는 포장재를 개발할 것으로 추측된다.

｜19~20｜ 다음 결재규정을 보고 주어진 상황에 알맞게 작성된 양식을 고르시오.

〈결재규정〉

• 결재를 받으려면 업무에 대해서는 최고결재권자(대표이사)를 포함한 이하 직책자의 결재를 받아야 한다.
• '전결'이라 함은 회사의 경영활동이나 관리활동을 수행함에 있어 의사결정이나 판단을 요하는 일에 대하여 최고결재권자의 결재를 생략하고, 자신의 책임 하에 최종적으로 의사결정이나 판단을 하는 행위를 말한다.
• 전결사항에 대해서도 위임 받은 자를 포함한 이하 직책자의 결재를 받아야 한다.
• 표시내용 : 결재를 올리는 자는 최고결재권자로부터 전결사항을 위임 받은 자가 있는 경우 결재란에 전결이라고 표시하고 최종 결재권자에 위임 받은 자를 표시한다. 다만, 결재가 불필요한 직책자의 결재란은 상황대각선으로 표시한다.
• 최고결재권자의 결재사항 및 최고결재권자로부터 위임된 전결사항은 다음의 표에 따른다.

구분	내용	금액기준	결재서류	팀장	본부장	대표이사
접대비	거래처 식대, 경조사비 등	20만 원 이하	접대비지출품의서 지출결의서	● ■		
		30만 원 이하			● ■	
		30만 원 초과				● ■
교통비	국내 출장비	30만 원 이하	출장계획서 출장비신청서	● ■		
		50만 원 이하		●	■	
		50만 원 초과		●		■
	해외 출장비			●		■
소모품비	사무용품		지출결의서	■		
	문서, 전산소모품					■
	기타 소모품	20만 원 이하		■		
		30만 원 이하			■	
		30만 원 초과				■
교육 훈련비	사내외 교육		기안서 지출결의서	●		■
법인카드	법인카드 사용	50만 원 이하	법인카드신청서	■		
		100만 원 이하			■	
		100만 원 초과				■

● : 기안서, 출장계획서, 접대비지출품의서
■ : 지출결의서, 세금계산서, 발행요청서, 각종 신청서

19 영업부 사원 L 씨는 편집부 K 씨의 부친상에 부조금 50만 원을 회사 명의로 지급하기로 하였다. L 씨가 작성한 결재 방식은?

①

접대비지출품의서			
결재	담당	팀장	본부장	최종 결재
	L			팀장

②

접대비지출품의서			
결재	담당	팀장	본부장	최종 결재
	L		전결	본부장

③

지출결의서			
결재	담당	팀장	본부장	최종 결재
	L	전결		대표이사

④

지출결의서			
결재	담당	팀장	본부장	최종 결재
	L			대표이사

⑤

지출결의서			
결재	담당	팀장	본부장	최종 결재
		L		대표이사

20 영업부 사원 I 씨는 거래업체 직원들과 저녁 식사를 위해 270,000원을 지불하였다. I 씨가 작성해야 하는 결재 방식으로 옳은 것은?

①
접대비지출품의서			
결재	담당	팀장	본부장	최종 결재
	I			전결

②
접대비지출품의서			
결재	담당	팀장	본부장	최종 결재
	I	전결		본부장

③
지출결의서			
결재	담당	팀장	본부장	최종 결재
	I	전결		본부장

④
접대비지출품의서			
결재	담당	팀장	본부장	최종 결재
	I		전결	본부장

⑤
지출결의서			
결재	담당	팀장	본부장	최종 결재
	I			팀장

21 D그룹 홍보실에서 근무하는 사원 민경 씨는 2025년부터 적용되는 새로운 조직 개편 기준에 따라 홈페이지에 올릴 조직도를 만들려고 한다. 다음 조직도의 빈칸에 들어갈 것으로 옳지 않은 것은?

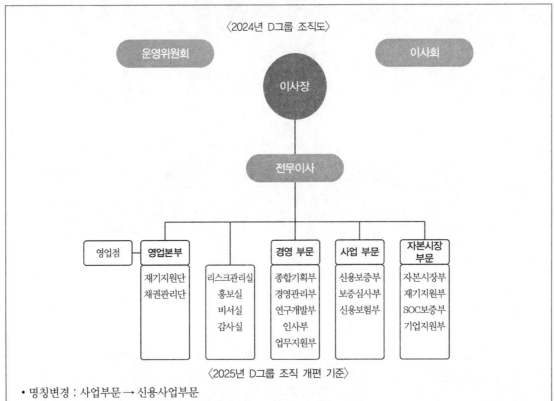

〈2024년 D그룹 조직도〉

- 명칭변경 : 사업부문 → 신용사업부문
- 감사위원회를 신설하고 감사실을 감사위원회 소속으로 이동한다.
- 경영부문을 경영기획부문과 경영지원부문으로 분리한다.
- 경영부문의 종합기획부, 경영관리부, 연구개발부는 경영기획부문으로 인사부, 업무지원부는 경영지원부문으로 각각 소속된다.
- 업무지원부의 IT 관련 팀을 분리하여 IT전략부를 신설한다.

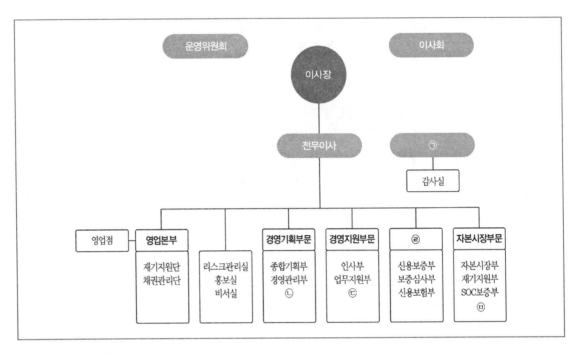

① ㉠ : 감사위원회

② ㉡ : 연구개발부

③ ㉢ : IT전략부

④ ㉣ : 사업부문

⑤ ㉤ : 기업지원부

22 21세기의 많은 기업 조직들은 불투명한 경영환경을 이겨내기 위해 많은 방법들을 활용하곤 한다. 이 중 브레인스토밍은 일정한 테마에 관하여 회의형식을 채택하고, 구성원의 자유발언을 통한 아이디어의 제시를 요구해 발상의 전환을 이루고 해법을 찾아내려는 방법인데 아래의 글을 참고하여 브레인스토밍에 관련한 것으로 보기 가장 어려운 것을 고르면?

> 전라남도는 지역 중소·벤처기업, 소상공인들이 튼튼한 지역경제의 버팀목으로 성장하도록 지원하는 정책 아이디어를 발굴하기 위해 27일 전문가 브레인스토밍 회의를 개최했다. 이날 회의는 정부의 경제성장 패러다임이 대기업 중심에서 중소·벤처기업 중심으로 전환됨에 따라 지역 차원에서 기업 지원 관련 기관, 교수, 상공인연합회, 중소기업 대표 등 관련 전문가들을 초청해 이뤄졌다. 회의에서는 중소·벤처기업, 소상공인 육성·지원과 청년창업 활성화를 위한 70여 건의 다양한 제안이 쏟아졌으며, 제안된 내용에 대해 구체적 실행 방안도 토론했다. 회의에 참석한 전문가들은 "중소·벤처기업이 변화를 주도하고, 혁신적 아이디어로 창업해 튼튼한 기업으로 성장하도록 정부와 지자체가 충분한 환경을 구축해주는 시스템의 변화가 필요하다."라고 입을 모았다.

① 쉽게 실행할 수 있고, 다양한 주제를 가지고 실행할 수 있다.
② 이러한 기법의 경우 아이디어의 양보다 질에 초점을 맞춘 것으로 볼 수 있다.
③ 집단의 작은 의사결정부터 큰 의사결정까지 복잡하지 않은 절차를 통해 팀의 구성원들과 아이디어를 공유가 가능하다.
④ 비판 및 비난을 자제하는 것을 원칙으로 한다.
⑤ 집단의 구성원들이 비교적 부담 없이 의견을 표출할 수 있다는 이점이 있다.

23 다음은 A기업의 조직도이다. 다음 중 총무부의 역할로 가장 적절한 것은?

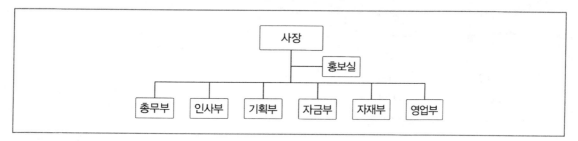

① 경영계획 및 전략 수집·조정 업무
② 의전 및 비서업무
③ 보험금융업무
④ 인력 확보를 위한 산학협동업무
⑤ 시장조사

24 다음은 기업용 소프트웨어를 개발·판매하는 A기업의 조직도와 사내 업무협조전이다. 주어진 업무협조전의 발신부서와 수신부서로 가장 적절한 것은?

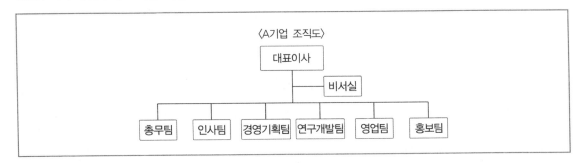

〈A기업 조직도〉

대표이사 — 비서실

총무팀　인사팀　경영기획팀　연구개발팀　영업팀　홍보팀

〈업무협조전〉

제목 : 콘텐츠 개발에 따른 적극적 영업 마케팅 협조

내용 : 2023년 경영기획팀의 요청으로 저희 팀에서 제작하기 시작한 업무매니저 "한방에" 소프트웨어가 모두 제작 완료되었습니다. 하여 해당 소프트웨어 5종에 관한 적극적인 마케팅을 부탁드립니다.

　　"한방에"는 거래처관리 소프트웨어, 직원/급여관리 소프트웨어, 매입/매출관리 소프트웨어, 증명서 발급관리 소프트웨어, 거래/견적/세금관리 소프트웨어로 각 분야별 영업을 진행하시면 될 것 같습니다. 특히나 직원/급여관리 소프트웨어는 회사 직원과 급여를 통합적으로 관리할 수 있는 프로그램으로 중소기업에서도 보편적으로 이용할 수 있도록 설계되어 있기 때문에 적극적인 영업 마케팅이 더해졌을 때 큰 이익을 낼 수 있을 거라 예상됩니다.

　　해당 5개의 프로그램의 이용 매뉴얼과 설명서를 첨부해드리오니 담당자분들께서는 이를 숙지하시고 영업에 효율성을 가지시기 바랍니다.

첨부 : 업무매니저 "한방에" 매뉴얼 및 설명서

	발신	수신
①	경영기획팀	홍보팀
②	연구개발팀	영업팀
③	총무팀	인사팀
④	영업팀	연구개발팀
⑤	인사팀	경영기획팀

25 다음 중 아래의 조직도를 올바르게 이해한 것은?

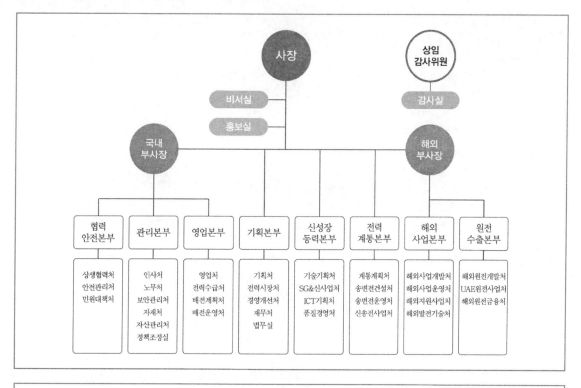

ⓖ 사장직속으로는 3개 본부, 13개 처, 2개 실로 구성되어 있다.

ⓛ 국내·해외부사장은 각 3개의 본부를 이끌고 있다.

ⓒ 감사실은 다른 부서들과는 별도로 상임 감사위원 산하에 따로 소속되어 있다.

ⓡ 노무처와 재무처는 서로 업무협동이 있어야 하므로 같은 본부에 소속되어 있다.

① ⓖ

② ⓒ

③ ⓛⓒ

④ ⓛⓡ

⑤ ⓒⓡ

26 다음은 각 지역에 사무소를 운영하고 있는 A사의 임직원 행동강령의 일부이다. 다음 내용에 부합되지 않는 설명은?

제5조【이해관계직무의 회피】
① 임직원은 자신이 수행하는 직무가 다음 각 호의 어느 하나에 해당하는 경우에는 그 직무의 회피 여부 등에 관하여 지역관할 행동강령책임관과 상담한 후 처리하여야 한다. 다만, 사무소장이 공정한 직무수행에 영향을 받지 아니한다고 판단하여 정하는 단순 민원업무의 경우에는 그러하지 아니한다.
　　1. 자신, 자신의 직계 존속·비속, 배우자 및 배우자의 직계 존속·비속의 금전적 이해와 직접적인 관련이 있는 경우
　　2. 4촌 이내의 친족이 직무관련자인 경우
　　3. 자신이 2년 이내에 재직하였던 단체 또는 그 단체의 대리인이 직무관련자이거나 혈연, 학연, 지연, 종교 등으로 지속적인 친분관계에 있어 공정한 직무수행이 어렵다고 판단되는 자가 직무관련자인 경우
　　4. 그 밖에 지역관할 행동강령책임관이 공정한 직무수행이 어려운 관계에 있다고 정한 자가 직무관련자인 경우
② 제1항에 따라 상담요청을 받은 지역관할 행동강령책임관은 해당 임직원이 그 직무를 계속 수행하는 것이 적절하지 아니하다고 판단되면 본사 행동강령책임관에게 보고하여야 한다. 다만, 지역관할 행동강령책임관이 그 권한의 범위에서 그 임직원의 직무를 일시적으로 재배정할 수 있는 경우에는 그 직무를 재배정하고 본사 행동강령책임관에게 보고하지 아니할 수 있다.
③ 제2항에 따라 보고를 받은 본사 행동강령책임관은 직무가 공정하게 처리될 수 있도록 인력을 재배치하는 등 필요한 조치를 하여야 한다.
제6조【특혜의 배제】 임직원은 직무를 수행함에 있어 지연·혈연·학연·종교 등을 이유로 특정인에게 특혜를 주거나 특정인을 차별하여서는 아니 된다.
제6조의2【직무관련자와의 사적인 접촉 제한】
① 임직원은 소관업무와 관련하여 우월적 지위에 있는 경우 그 상대방인 직무관련자(직무관련자인 퇴직자를 포함한다)와 당해 직무 개시시점부터 종결시점까지 사적인 접촉을 하여서는 아니 된다. 다만, 부득이한 사유로 접촉할 경우에는 사전에 소속 사무소장에게 보고(부재 시 등 사후보고) 하여야 하고, 이 경우에도 내부정보 누설 등의 행위를 하여서는 아니 된다.
② 제1항의 "사적인 접촉"이란 다음 각 호의 어느 하나에 해당하는 것을 말한다.
　　1. 직무관련자와 사적으로 여행을 함께하는 경우
　　2. 직무관련자와 함께 사행성 오락(마작, 화투, 카드 등)을 하는 경우
③ 제1항의 "부득이한 사유"는 다음 각 호의 어느 하나에 해당하는 경우를 말한다.(제2항 제2호 제외)
　　1. 직무관련자인 친족과 가족 모임을 함께하는 경우
　　2. 동창회 등 친목단체에 직무관련자가 있어 부득이하게 함께하는 경우
　　3. 사업추진을 위한 협의 등을 사유로 계열사 임직원과 함께하는 경우
　　4. 사전에 직무관련자가 참석한 사실을 알지 못한 상태에서 그가 참석한 행사 등에서 접촉한 경우

① 이전 직장의 퇴직이 2년이 경과하지 않은 시점에서 이전 직장의 이해관계와 연관 있는 업무는 회피하여야 한다.

② 이해관계 직무를 회피하기 위해 임직원의 업무가 재배정된 경우 이것이 반드시 본사 행동강령책임관에게 보고되는 것은 아니다.

③ 임직원이 직무 관련 우월적 지위에 있는 경우, 소속 사무소장에게 보고하지 않는(사후보고 제외) 직무 상대방과의 '사적인 접촉'은 어떠한 경우에도 허용되지 않는다.

④ 지역관할 행동강령책임관은 공정한 직무수행이 가능한 직무관련자인지의 여부를 본인의 판단으로 결정할 수 없다.

⑤ 직무관련성이 있는 대학 동창이 포함된 동창회에서 여행을 가게 될 경우 사무소장에게 보고 후 참여할 수 있다.

27 어느 날 진수는 직장선배로부터 '직장 내에서 서열과 직위를 고려한 소개의 순서'를 정리하라는 요청을 받았다. 진수는 다음의 내용처럼 정리하고 직장선배에게 보여 주었다. 하지만 직장선배는 세 가지 항목이 틀렸다고 지적하였다. 지적을 받은 세 가지 항목은 무엇인가?

> ㉠ 연소자를 연장자보다 먼저 소개한다.
> ㉡ 같은 회사 관계자를 타 회사 관계자에게 먼저 소개한다.
> ㉢ 상급자를 하급자에게 먼저 소개한다.
> ㉣ 동료임원을 고객, 방문객에게 먼저 소개한다.
> ㉤ 임원을 비임원에게 먼저 소개한다.
> ㉥ 되도록 성과 이름을 동시에 말한다.
> ㉦ 상대방이 항상 사용하는 경우라면 Dr, 등의 칭호를 함께 언급한다.
> ㉧ 과거 정부 고관일지라도, 전직인 경우 호칭사용은 결례이다.

① ㉠㉡㉥
② ㉢㉤㉧
③ ㉣㉤㉥
④ ㉣㉤㉧
⑤ ㉣㉦㉧

28 대표적인 경영전략의 유형으로 차별화, 원가 우위, 집중화 전략을 꼽을 수 있다. 다음에 제시된 내용 중 차별화 전략의 특징으로 볼 수 없는 설명을 모두 고른 것은?

> ㉠ 브랜드 강화를 위한 광고비용이 증가할 수 있다.
> ㉡ 견고한 유통망은 제품 차별화와 관계가 없다.
> ㉢ 차별화로 인한 규모의 경제 활용에 제약이 있을 수 있다.
> ㉣ 신규기업 진입에 대한 효과적인 억제가 어렵다.
> ㉤ 제품에 대한 소비자의 선호체계가 확연히 구분될 경우 효과적인 차별화가 가능하다.

① ㉠㉡
② ㉡㉣
③ ㉡㉢
④ ㉣㉤
⑤ ㉢㉣

29 '경영참가제도'는 노사협의제, 이윤분배제, 종업원지주제 등의 형태로 나타난다. 다음에 제시된 항목 중, 이러한 경영참가제도가 발전하게 된 배경으로 보기 어려운 두 가지가 알맞게 짝지어진 것은?

> ㉠ 근로자들의 경영참가 욕구 증대
> ㉡ 노동조합을 적대적 존재로서가 아니라 파트너로서 역할을 인정하게 된 사용자 측의 변화
> ㉢ 노동조합의 다양한 기능의 점진적 축소
> ㉣ 기술혁신과 생산성 향상
> ㉤ 근로자의 자발적, 능동적 참여가 사기와 만족도를 높이고 생산성 향상에 기여하게 된다는 의식이 확산됨
> ㉥ 노사 양측의 조직규모가 축소됨에 따라 기업의 사회적 책임의식이 약해짐

① ㉠㉢
② ㉡㉥
③ ㉡㉣
④ ㉣㉥
⑤ ㉢㉥

30 다음과 같은 팀장의 지시를 받은 오 대리가 업무를 처리하기 위해 들러야 하는 조직의 명칭이 순서대로 올바르게 나열된 것은?

> "오 대리, 갑자기 본부장님의 급한 지시 사항을 처리해야 하는데, 나 좀 도와줄 수 있겠나? 어제 사장님께 보고 드릴 자료를 완성했는데, 자네가 혹시 오류나 수정 사항이 있는지를 좀 확인해 주고 남 비서에게 전달을 좀 해 주게. 그리고 모레 있을 바이어 미팅은 대형 계약 성사를 위해 매우 중요한 일이 될 테니 계약서 초안 검토 작업이 어느 정도 되고 있는지도 한 번 알아봐 주게. 오는 길에 바이어 픽업 관련 배차 현황도 다시 한 번 확인해 주고, 다음 주 선적해야 할 물량 통관 작업에는 문제없는 지 확인해서 박 과장에게 알려줘야 하네. 실수 없도록 잘 좀 부탁하네."

① 총무팀, 회계팀, 인사팀, 법무팀
② 자금팀, 기획팀, 인사팀, 회계팀
③ 기획팀, 총무팀, 홍보팀, 물류팀
④ 기획팀, 비서실, 회계팀, 물류팀
⑤ 비서실, 법무팀, 총무팀, 물류팀

직무
상식평가

(1) 정의

① 협동조합기본법(제2조 제1호) : 재화 또는 용역의 구매·생산·판매·제공 등을 협동으로 영위함으로써 조합원의 권익을 향상하고 지역사회에 공헌하는 사업조직

② 국제협동조합연맹(ICA) : 공동으로 소유되고 민주적으로 운영되는 사업체를 통하여 공통의 경제적, 사회적, 문화적 필요와 욕구를 충족시키고자 하는 사람들이 자발적으로 결성한 자율적인 조직

③ 미국 농무성(USDA) : 이용자가 소유하고 이용자가 통제하며 이용규모를 기준으로 이익을 배분하는 사업체

(2) 특징

① **사업범위** : 공동의 목적을 가진 5인 이상이 모여 조직한 사업체로서 그 사업의 종류에 제한이 없음(금융 및 보험 제외)

② **의결권** : 출자규모와 무관하게 1인 1표제

③ **책임범위** : 조합원은 출자자산에 한정한 유한책임

④ **가입·탈퇴** : 자유로운 가입·탈퇴

⑤ **배당** : 전체 배당액의 100분의 50 이상을 협동조합 사업이용 실적에 따라 배당

(3) 협동조합기본법 목적 및 의의

① **목적** : 협동조합의 설립운영에 관한 기본적인 사항을 규정하여 자주적, 자립적, 자치적인 협동조합 활동을 촉진하고 사회통합과 국민경제의 균형 있는 발전에 기여함을 목적으로 한다.

② **의의** : 법인격 부재로 인한 애로사항을 해소하고 새로운 경제사회 발전의 대안모델로 주목받고 있는 협동조합의 설립과 운영을 규정함으로써 경제 사회적 수요를 반영하기 위한 것이다.

(4) 7대 원칙

① **자발적이고 개방적인 조합원 제도** : 협동조합은 자발적이며, 모든 사람들에게 성(性)적·사회적·인종적·정치적·종교적 차별 없이 열려있는 조직

② **조합원에 의한 민주적 관리**
• 조합원들은 정책수립과 의사결정에 활발하게 참여하고 선출된 임원들은 조합원에게 책임을 갖고 봉사
• 조합원마다 동등한 투표권(1인 1표)을 가지며, 협동조합연합회도 민주적인 방식으로 조직·운영

③ **조합원의 경제적 참여**
• 협동조합의 자본은 공정하게 조성되고 민주적으로 통제
• 자본금의 일부는 조합의 공동재산이며, 출자배당이 있는 경우에 조합원은 출자액에 따라 제한된 배당금을 받음

- 잉여금은 협동조합의 발전을 위해 일부는 유보금으로 적립, 사업이용 실적에 비례한 편익 제공, 여타 협동조합 활동 지원 등에 배분
④ 자율과 독립 : 협동조합이 다른 조직과 약정을 맺거나 외부에서 자본을 조달할 때 조합원에 의한 민주적 관리가 보장되고, 협동조합의 자율성이 유지되어야 함
⑤ 교육, 훈련 및 정보 제공
  - 조합원, 선출된 임원, 경영자, 직원들에게 교육과 훈련을 제공
  - 젊은 세대와 여론 지도층에게 협동의 본질과 장점에 대한 정보를 제공
⑥ 협동조합 간의 협동 : 국내외에서 공동으로 협력 사업을 전개함으로써 협동조합 운동의 힘을 강화시키고, 조합원에게 효과적으로 봉사
⑦ 지역사회에 대한 기여 : 조합원의 동의를 토대로 조합이 속한 지역사회의 지속가능한 발전을 위해 노력

(5) 협동조합 기본법

내용		의의
요약	상세	
1인 1표	출자액수에 관계없이 1인 1개의 의결권과 선거권 부여	주식회사(1주 1표)와 다른 민주적 운영방식
2개의 법인격	일반협동조합 · 사회적협동조합	영리 · 비영리 부분의 정책수요 모두 반영
최소설립조합 수 3개	3개 이상의 협동조합이 모여 연합회 설립 가능	협동조합 활성화 촉진
자본주의 4.0 (대안적 기업모델)	기존 주식회사, 비영리법인과 달리 소액 · 소규모 창업, 취약계층 자활을 통한 '공생발전' 모델	양극화 해소 · 서민경제 활성화의 대안모델
최소설립인원 5인	5인 이상 자유롭게 설립가능(기존 개별법 : 300 ~ 1,000명)	자발적 소규모 활동 지원
기본법 제6조 (협동조합 기본원칙)	• 조합원을 위한 최대 봉사 • 자발적 결성 · 공동소유 · 민주적 운영 • 투기 · 일부조합원 이익 추구 금지	협동조합 정신 반영
7월 첫 토요일 ("협동조합의 날")	협동조합의 날(7월 첫 토요일), 협동조합주간(그 전 1주간)	협동조합 활성화 촉진
8개 협동조합법의 일반법	기존 8개 법과 독립적인 일반법 (농협, 수협, 신협, 중기협, 생협, 새마을, 엽연초, 산림조합법)	협동조합 설립 범위 확대, 개별법과 관계 정립

시험에 이렇게 나온다! 우리나라 농업협동조합에서 ICA에 준회원 자격으로 가입한 연도는?

① 1950년　　　　　　　　② 1951년
③ 1960년　　　　　　　　④ 1963년
⑤ 1967년

A. ④

(6) 협동조합과 주식회사 비교

구분	협동조합	주식회사
목적	• 자주, 자립, 자치적 협동조합 활동 촉진 • 상생발전, 국민 삶의 질 향상	상행위에 관한 규정
근거 법령	협동조합 기본법	상법
경영기구	조합원에 의해 선출된 이사회, 이사회에서 선출된 경영자 또는 선출직 상임조합장	주주에 의해 선출된 이사회, 이사회에서 선출한 경영자 또는 대주주의 자체 경영
사업	• 조합원에 대한 상담, 교육훈련 등 • 협동조합 간 협동 • 협동조합의 홍보 및 지역에 기여	• 동산, 부동산, 유가증권 기타 재상의 임대차 • 제조, 가공 또는 수선에 관한 행위 등
배당	• 이용실적에 대한 배당은 전체 배당액의 100분의 50 이상 • 납입출자액에 대한 배당은 출자금의 100분의 10을 초과하여서는 안 됨	주주총회 결정
출자 방식	조합원의 출자 이외의 수단 없음	채권, 유상증자 등
의결권 및 선거권	1인 1표	1주 1표

(7) 협동조합과 사회적 협동조합 비교

구분	협동조합	사회적 협동조합
법인격	(영리)법인	비영리법인
설립	시도지사 신고	기획재정부(관계부처) 인가
사업	업종 및 분야 제한 없음(금융 및 보험업 제외)	• 지역사회 재생, 주민 권익 증진 등 • 취약계층 사회서비스, 일자리 제공 • 국가 지자체 위탁사업 • 그 밖의 공익증진 사업 ※ 공익사업 40% 이상 수행
법정적립금	잉여금의 10/100 이상	잉여금의 30/100 이상
배당	배당 가능	배당 금지
청산	정관에 따라 잔여재산 처리	비영리법인 국고 등 귀속

(8) 설립 가능한 협동조합

구분		내용
복지 · 육아 등 사회 서비스	복지	자활단체, 돌봄노동, 대안기업, 보훈단체, 사회복지 단체 등 사회서비스 분야
	육아	공동육아, 소규모 어린이집, 공동구매 등
직원협동조합 (조합원 = 직원)	근로자	대리운전, 청소, 세차, 경비, 집수리, 퀵서비스 등
	교육훈련	시간강사(대학), 대학병원 전공의 등
	취약계층	각종 비정규직, 실업자, 노숙자, 화물연대, 레미콘 기사 등
	특수계층	캐디, 학습지교사 등
	소상공인	전통시장, 마을기업, 식당주인, 소매업 등
경제 · 사회 등	창업	대학생창업, 소액창업, 공동연구, 벤처 등
	문화	문화, 예술, 체육, 시골봉사, 문화교실, 종교 등
	기타	소비자단체, 시골버스, 실버타운, 공동주택, 환경, 축구단(FC 경남) 등

※ 단, 상조 · 공제 등 금융업을 주목적으로 하는 협동조합은 설립불가

시험에 이렇게 나온다!　**ICA의 협동조합 7대 원칙으로 옳지 않은 것은?**

① 조합원에 의한 민주적 관리
② 자격 성립 시 자동 가입
③ 교육, 훈련 및 정보 제공
④ 조합원의 경제적 참여
⑤ 지역사회에 대한 기여

A. ②

시험에 이렇게 나온다!　**신세대 협동조합의 특징이 아닌 것은?**

① 조합원에 의한 감시가 어려움
② 사업 이용 규모에 비례한 의결권 부여
③ 출하권 양도 시 손실 없이 협동조합에서 탈퇴 가능
④ 농산물 가공을 통해 부가가치 창출
⑤ 조합원 무임승차를 최대한 배제하자는 취지

A. ①

Chapter 02 농업·농촌 상식

❋ 협동조합의 해

유엔은 "협동조합이 더 나은 세상을 만든다"는 것을 주제로 지난 2012년을 세계 협동조합의 해로 지정한 데 이어 13년 만에 같은 주제로 2025년을 협동조합의 해로 지정했다. 유엔은 협동조합의 해를 지정하면서 각국의 정부가 협동조합의 활성화를 뒷받침할 수 있는 제도적 지원책을 보다 적극적으로 마련할 것을 요청했다.

❋ 식품사막

소비자들이 신선하고 건강한 식품을 구하기 어려운 지역이다. 주로 저소득층이 거주하는 도심이나 농촌 지역에서 발생하며 이러한 곳에서는 과일, 채소, 통곡물, 신선한 육류를 판매하는 마트가 부족하거나 아예 없는 경우가 많다. 대신 패스트푸드점이나 편의점들이 많아 지역 주민들이 영양 불균형이나 건강문제에 노출될 위험이 많아진다.

❋ 공공비축미 제도

정부가 일정 분량의 쌀을 시가로 매입해 시가로 방출하는 제도로, 양곡 부족으로 인한 수급 불안과 자연재해 또는 전쟁 등 식량 위기에 대비하기 위함이다. 2005년부터 추곡수매제도를 폐지하고 공공비축미 제도를 도입하였다.

❋ 고향사랑기부제

개인이 고향(지자체)에 기부하고 지자체는 이를 주민 복리에 사용하는 제도로 지방재정을 확충하고 지역 특산품 등을 답례품으로 제공하여 지역경제 활성화를 돕는다. 기부자는 세액 공제와 답례품 혜택을 받는다.

❋ 공공형 계절근로

각 지자체가 모집한 외국인 계절근로자를 지역농협이 고용하여 일손이 필요한 농가에 하루 단위로 파견하는 제도로, 단기 인력이 필요한 농가는 외국인 근로자를 직접 고용하지 않아도 된다. 농가에서 숙소를 제공할 의무가 없고, 사업이 시행되는 지역의 인건비 상승 억제 효과가 있어 큰 호응을 얻고 있다.

❋ 지방소멸대응기금

지역의 인구감소와 지방소멸 위기에 대응하기 위해 2022년부터 도입된 재원이다. 인구감소지역 등 122개 기초·광역 자치단체에 매년 1조 원씩 10년간 한시적으로 지원한다.

✳ 농촌체류형쉼터

도시민 등이 소유한 농지에 농지전용 절차 없이 설치할 수 있는 임시숙소다. 농촌체류형 쉼터 기본 사용 기간을 12년으로 하되, 안전점검 등을 통해 연장할 수 있는 방안을 검토 중이다.

✳ 1사1촌

기업과 마을 간 상생 사업으로 농촌과 도시의 교류 활성화를 위한 사업이다. 한 개의 기업 혹은 단체 등이 한 개의 농촌마을과 자매결연을 맺어 다양한 프로그램 개발 · 운영을 통해 기업과 마을 간 상생을 도모한다.

✳ 정밀농업

ICT 기술을 활용하여 투입되는 자원을 줄이면서 생산량을 높이는 생산방식이다. 인공위성이나 드론 등의 기술을 활용하여 토양, 작물, 생산량 등의 자료를 수집하고 분석을 통해서 최적의 조건을 만들어서 작물을 키워낸다. 기술을 통해 농사 계획을 세우고 농작물을 정밀하게 정찰 및 관리할 수 있으며 비료나 농약 등의 사용량을 줄여서 환경 보호를 하면서 농업의 효율을 높일 수 있다.

✳ 사회적 농업

농업활동을 통해 돌봄 · 교육 · 고용 등 다양한 서비스를 공급하는 사회적 농업 실천 조직을 육성하여 사회적 농업의 확산을 도모한다. 취약계층의 자활과 고용을 유도하여 사회 통합을 실현하고 관련된 일자리 창출, 공동체 활성화를 위해 진행되는 정책이다. 농업 생산활동을 포함하여 농촌자원을 활용하는 활동을 기반으로 취약계층에 서비스를 제공한다. 지역사회와 지속적으로 협력하는 사회적 경제 조직, 농업법인, 비영리민간단체 등을 대상으로 진행되는 농림축산식품부의 정책으로 사회적 농업 프로그램 운영비, 지역사회와 네트워크 구축비를 지원한다.

✳ 에어로팜

작물을 재배하는 재배대(Layer)를 층층이 쌓아올려 좁은 공간에서도 많은 양의 농작물을 생산할 수 있도록 하는 것이다. 햇빛 대신에 특수 발광다이오드(LED)를 사용하고 식물의 뿌리를 물에 담그거나 흙에 심지 않고 플라스틱을 재활용한 특수 제작된 천(Cloth Medium)에 작물을 키운다. 천 사이로 내려온 뿌리에 물과 양분을 분무기로 뿌려주는 방식 때문에 일명 '분무식 재배 시스템'이라고도 불린다.

✳ 지속 농업

다음 세대에서도 농업을 지속할 수 있도록 환경 보호와 생산성 유지를 달성하는 농업으로, 즉 현재 세대를 넘어서서 다음 세대에도 농업이 유지될 수 있도록 비료, 농약 등의 사용을 줄이면서 농산물의 생산성을 높이는 것을 의미한다.

❋ 겸업농가

농업에 종사하면서 농업 외의 다른 직업을 겸하는 것을 말한다. 농업을 주업으로 하는 경우에는 제1종 겸업농가라고 하며 농업 외의 다른 직업이 주업이 되면 제2종 겸업농가로 구별한다.

❋ 농지형 역모기지론

소유 농지를 담보로 맡기고 매월 생활자금을 연금처럼 받는 제도를 말한다. 경쟁력이 낮은 고령 농업인에 대한 복지 정책으로 2011년도에 도입되었다.

❋ 농민 공익수당

농업경영체 등록 농가 중 실제 영농에 종사하는 농가 및 전북 내 양봉농가로 등록되어 있는 사람을 대상으로 자치단체가 농민들에게 지급하는 지원금이다.

❋ 신고 포상금 제도

농업 활동을 통하여 환경 보전, 농촌 유지, 식품 안전 등을 도모하기 위해 공익직접지불금을 부정수급한 자를 주무관청에 신고하는 제도이다.

❋ 계약재배

생산물을 일정한 조건으로 인수하는 계약을 맺고 재배하는 것을 말한다. 주로 담배 재배, 식품 회사나 소비자 단체 등과 제휴하여 행해진다.

❋ 농산물 가격 지지제도

정부의 잉여농산물 매입이나 가격 하락분 지불 등으로 인한 농산물이 공급과잉 혹은 소비 부진으로 대폭 하락하였을 경우에 생산자 손해를 방지하는 제도이다

❋ 농지은행

효율적인 농지이용과 농업 구조 개선으로 농업 경쟁력 제고와 안정적인 농지시장을 위하여 한국농어촌공사가 운영하는 제도이다.

❋ 농약허용물질목록 관리제도

농산물을 재배하는 과정에서 사용하는 다양한 농약 중 농산물에 잔류하는 농약의 양에 대한 허용기준을 설정하고 농약이 농산물에 남아있지 않도록 하는 것이다. 잔류 기준 내에서의 사용이 허가된 농약 외에 목록에 포함되지 않는 농약은 잔류 허용기준을 0.01mg/kg로 설정하여 사실상 사용을 금지한다.

■■■
✳ 청년 농업인
영농정착 지원사업
영세한 영농규모, 자금 부족 등 현재 농업소득으로는 생활이 어려운 청년 농업인을 선발하여 영농정착지원금을 지급하고 조기 영농정착을 지원하는 제도이다.

■■■
✳ 경영회생지원
농지매입 사업
한국농어촌공사와 농림축산식품부가 기후변화 등으로 인해 경영이 어려워진 농가의 농지를 매입하여 부채를 상환할 수 있도록 지원하는 사업이다.

■■■
✳ 치유농업
농업 · 농촌자원 또는 이와 관련한 활동을 활용하여 심리적 · 사회적 · 인지적 · 신체적 건강을 도모하는 산업 및 활동이다. 농업 · 농촌 체험을 통해 심리적 안정을 주를 이루는 것으로 이용자를 치료할 뿐만 아니라 농가소득 증대에도 도움이 돼 미래 유망산업으로 주목받고 있다.

■■■
✳ 귀농인의 집
귀농 · 귀촌 희망자가 안정적으로 농촌에 정착할 수 있도록 이루어지는 사업으로, 거주지나 영농기반을 마련할 때까지 임시로 거주할 수 있는 거처를 저렴하게 제공한다.

■■■
✳ 팜 파티플래너
도시의 소비자에게는 품질 좋은 농산물을 저렴한 가격에 만나볼 수 있도록 주선하고, 농촌의 농업인에게는 안정적인 판매 경로를 만들어 주는 직업이다.

■■■
✳ 스마트팜
비닐하우스나 유리온실, 축사 등에 ICT를 접목하여 원격 · 자동으로 작물과 가축의 생육환경을 적정하게 유지 · 관리할 수 있는 농장을 말한다.

시험에 이렇게 나온다! ICT를 활용하여 비료, 물, 노동력 등 투입 자원을 최소화하면서 생산량을 최대화하는 생산방식은?

① 계약재배   ② 겸업농가
③ 녹색혁명   ④ 정밀농업
⑤ 지속 농업

A. ④

▪▪▪▪
✻ 식량자급률 식량 총소비량 중 국내에서 생산 · 조달되는 정도를 나타내는 비율이다. 사료용 곡물을 제외한 주식용을 대상으로 한다.

▪▪▪▪
✻ 친환경 농산물 인증제도 소비자에게 보다 안전한 친환경 농산물을 제공하기 위하여 전문인증기관과 정부가 엄격한 기준으로 선별하고 안정성을 인증하는 제도가 친환경 농산물 인증제도이다.

▪▪▪▪
✻ 애그테크 첨단기술을 농업에 적용하는 것을 말한다. 농산물의 파종부터 수확까지의 전 단계에 적용한다.

▪▪▪▪
✻ 양곡증권 양곡가격의 안정과 원활한 수급 및 매입자금의 효율적인 조달을 위하여 재정경제부 장관이 발행하는 증권을 말한다.

▪▪▪▪
✻ ICAO ICA(국제협동조합연맹)의 8개 분과기구 중 하나이다. 농협 관련 현안을 논의하고, 각국 농협에 대한 조사와 연구 사업을 진행한다. 개발도상국 농협운동 지원활동을 펼치고 있다. 2020년 7월에는 이성희 농협중앙회 회장이 ICAO 회장으로 취임하였다.

▪▪▪▪
✻ 팜스테이 농가에 머무르면서 농촌 체험을 하는 프로그램을 말한다. 단순히 시골 농가를 찾는 것과 달리 농촌 · 영농 체험을 할 수 있어서 인기가 높아지고 있으며 이를 지원하는 사업도 확대되고 있다.

▪▪▪▪
✻ 푸드테크 식품산업과 정보통신기술, 인공지능, 사물인터넷 등을 접목시킨 4차 산업기술을 말한다.

▪▪▪▪
✻ 푸드체인 농산물이 생산되고 유통 · 판매 · 소비되는 과정의 이력 정보를 표준화해서 통합 관리하는 시스템이다. 누구나 원산지 추적이나 위치 및 상태, 유통기한 등의 정보를 수초 이내로 확인할 수 있다.

**✽ 농업인
법률구조**

농협과 대한법률구조공단이 공동으로 농업인의 법률적 피해에 대한 구조와 예방 활동을 전개함으로써 농업인의 경제·사회적 지위향상을 도모하는 무료법률복지사업이다.

✽ 플랜테이션

열대 또는 아열대 지방에서 선진국 혹은 다국적 기업의 자본과 기술, 원주민의 값싼 노동력이 결합되어 상품 작물을 대규모로 경작하는 농업 방식을 말한다.

✽ GMO 표시제

유전자변형 농산물에 대해 표시하는 제도를 GMO 표시제라고 한다. 소비자의 알 권리 보호와 선택권 보장을 위하여 2001년부터 시행하고 있으나, 완전 표시제를 둘러싼 갈등은 여전히 해소되고 있지 않다.

✽ 엘리트 귀농

고학력자나 전문직 종사자, 대기업 출신 귀농자들이 귀농 준비 단계부터 정보를 공유하고, 지자체의 지원을 받아 시골살이에 성공적으로 적응하는 것을 말한다.

✽ MMA

최소시장접근을 의미하는 것으로 수입을 금지했던 상품 시장을 개방할 때 일정 기간 동안 최소한의 개방 폭을 규정하는 것을 말한다.

**✽ 농협 농촌인력
중개센터**

농촌에 유·무상 인력을 종합하여 중개하는 사업이다. 일자리 참여자에게 맞춤형 일자리를 제공하고 농업인에게는 일손을 제공한다.

✽ 농지집단화

각 농가의 분산되어 있는 소유농지를 서로의 권리로 조정함으로써 집단화하는 것이다. 교환, 분합, 환지 처분 등은 이를 위한 수단이 된다.

**✽ 축산물위해 요소
중점관리제도
(HACCP)**

위해 요소 중점관리기준으로 작업공정에 대한 체계적이고 과학적인 사전 예방 위생관리 기법이다.

■■■
✳ 농산물 이력
추적제

농산물을 생산단계부터 판매단계까지의 정보를 기록하고 관리하여 농산물의 안전성 등에 문제가 발생할 경우 해당 농산물을 추적하여 원인규명 및 조치를 취할 수 있도록 관리하는 제도를 말한다.

■■■
✳ 농산물우수관리
인증제도(GAP)

생산부터 수확 후 포장단계까지 농약·중금속·병원성미생물 등 농식품 위해 요소를 종합적으로 관리하는 제도이다.

■■■
✳ NH OCTO

농협형 스마트팜으로 서비스철학 Open, Collaboration, Total, Operation의 앞글자를 따온 것이다. 농사준비를 위한 교육 및 컨설팅, 농사시작 전에 시설 구축과 금융지원, 생산자 조직화와 판로지원, 영농정보제공과 신기술 도입에 도움을 주는 농협의 플랫폼이다.

■■■
✳ 6차 산업

농촌의 인구 감소와 고령화, 수입 농산물 개방으로 인한 국내 농산물 경쟁력 약화 등의 문제로 새롭게 등장하였으며 국내 공식 명칭은 농촌 융·복합 산업이다.

시험에 이렇게 나온다! **농민운동과 관련한 설명으로 옳지 않은 것은?**

① 신토불이운동, 농도불이운동, 농촌사랑운동 순서로 가치확산운동이 전개되었다.
② '식사랑 농사랑 운동'은 우루과이라운드(UR) 협상으로 농축산물 수입 개방을 저지하기 위해서 전개되었다.
③ '신풍운동'의 목표는 농협의 이미지를 쇄신하고 농협운영을 활성화하는 것이다.
④ '새마을운동'은 근면·자조·협동을 기반으로 농민의 자조와 협동으로 새마을지도자를 양성하고자 했다.
⑤ 도농협동을 위해서 도시민과 농업인이 함께 발전하는 것을 목표로 '또 하나의 마을만들기 운동'이 전개되었다.

A. ②

경제·디지털·IT 상식

■■■
✳ 상대강도지수 (RSI : Relative Strength Index)

금융시장에서 사용되는 기술적 분석 지표로 특정 자산의 가격 움직임의 강도를 평가하는 데 사용된다. 즉, 주어진 기간 동안 상승폭과 하락폭의 비율을 분석하여 시장 내 매수와 매도의 강도(자산의 과매수 또는 과매도 상태)를 판단한다. 단기 매수·매도 신호로 사용되며 직접적인 심리측정도구는 아니지만 투자자들의 심리가 가격 움직임에 어떻게 영향을 미쳤는지 간접적으로 해석할 수 있다.

> **상식PLUS⁺ 주요 해석**
>
> ㉠ RSI 70 이상(과매수 상태)
> • 자산 가격이 급등하면서 탐욕과 낙관론이 강해진 상태를 반영한다.
> • 투자자들이 과도하게 매수하여 가격이 실제 가치보다 높아질 가능성이 크다.
> • 이때 가격하락이 예상된다.
> ㉡ RSI 30 이하(과매도 상태)
> • 자산 가격이 급락하면서 공포나 비관론이 강해진 상태를 반영한다.
> • 투자자들이 지나치게 매도하여 가격이 실제 가치보다 낮아질 가능성이 크다.
> • 이때 가격상승이 예상된다.

■■■
✳ 공포탐욕지수 (Fear&Greed Index)

미국 CNN에서 개발한 시장에 대한 투자자들의 심리상태 지표로, 시장 전반의 투자 심리를 평가하여 매수·매도 타이밍을 잡는 데 도움을 준다. RSI와 함께 보조 수단으로 사용된다. 변동성, 시장모멘텀, 옵션시장, 주가 강도, 주가 폭, 채권 수익률 스프레드 총 7가지 요인으로 시장 심리를 측정하며 0~100까지 5단계로 구분한다. 0~24는 극도의 공포, 25~49는 공포, 50은 중립, 51~74는 탐욕, 75~100은 극도의 탐욕이다. 지표가 극도의 공포에 가까울수록 시장 저평가 가능성이 높고, 극도의 탐욕에 가까울수록 시장 고평가 가능성이 높다.

■■■
✳ 캐즘

금융시장의 안정을 유지하고자 도입된 제도다. 금융기관이 경영부실로 영업정지 혹은 파산하고 예금자에게 예금을 지급하지 못하면 뱅크런(Bank Run)이 일어나는데 이런 경우를 막고자 예금보험공사가 해당 금융기관을 대신하여 예금자에게 원리금의 전부 또는 일부를 지급한다.

■■■□
＊ 런케이션

배움의 'Learning'과 휴식의 'Vacation'의 합성어로, 배움과 휴식이 공존하는 여행을 의미한다. 단순한 관광에 그치는 것이 아닌, 해당 지역이나 국가의 특색있는 문화 등을 학습하는 것이다. 최근 우리나라 제주도에서는 대학교육의 혁신과 지역발전을 접목한 런케이션 프로젝트가 본격적으로 추진되고 있다. 제주의 대학교에서 계절학기 등으로 수업으로 학점을 취득하면서 여가시간에 자유롭게 여행할 수 있는 런케이션 프로그램이 증가하고 있다. 참여 학생들은 해당 지역에서 마련해준 숙소 등에 머물며 학습과 여행을 병행한다.

■■■□
＊ 근원 개인소비지출

근원 개인소비지출은 개인소비지출(PCE)에서 가격 변동성이 커 전체적인 경제 트렌드를 왜곡할 수 있는 식료품과 에너지를 제외한 지수다. 근원 개인소비지출은 중앙은행 등의 정책 결정권자들에게 인플레이션 추세를 보이기 위해 사용된다.

■■■□
＊ 소프트랜딩

경기 성장세가 꺾이지만 급격한 둔화로까지는 이어지지 않는 것을 말한다. 원래 비행기나 우주선이 기체에 무리가 가지 않도록 착륙하거나 궤도에 진입하는 기법을 가리키는 우주항공 용어였으나, 경제 분야에서는 급격한 경기침체나 실업률 증가를 야기하지 않으면서 경기가 서서히 가라앉는 것을 일컫는다.

■■■□
＊ 애프터마켓

제품을 판매한 이후 추가로 발생하는 수요에 의해 형성된 시장을 일컫는다.

■■■□
＊ 신3저 · 신3고

저유가, 저금리, 저달러 현상과 고유가, 고금리, 고달러 현상을 각각 일컫는 말이다.

■■■□
＊ 예금자보호제도

금융시장의 안정을 유지하고자 도입된 제도다. 금융기관이 경영부실로 영업정지 혹은 파산하고 예금자에게 예금을 지급하지 못하면 뱅크런이 일어나는데 이런 경우를 막고자 예금보험공사가 해당 금융기관을 대신하여 예금자에게 원리금의 전부 또는 일부를 지급한다. 예금자보호한도는 5천만 원이었으나, 2024년 예금자보호법 개정안이 국회 본회의를 통과하면서 2025년부터는 1억 원으로 상향 조정된다.

■■■□
＊ 리플레이션

심각한 인플레이션을 야기하지 않을 정도로 재정 및 금융을 확대하면서 경기의 회복과 확대를 도모한다.

■■■
✻ 도덕적 해이

이해당사자들이 상대를 배려하지 않는 태도를 일컫는다. 보험시장에서 처음 사용되었던 용어이며, 모럴 해저드라고도 불린다. 정보를 가진 측과 정보를 가지지 못하여 정보의 불균형 상황이 되었을 때, 정보를 가진 쪽이 불투명하여 행동을 예측할 수 없을 때 도덕적 해이가 발생한다.

■■■
✻ 어슈어뱅킹

보험사가 은행을 자회사로 두거나 은행상품을 판매하는 것으로, 은행이 보험회사를 자회사로 두거나, 창구에서 보험 상품을 판매하는 것을 의미하는 방카슈랑스에 상대되는 개념이다. 즉, 보험회사가 은행업을 겸하는 것이다. 보험회사가 은행의 업무 영역인 지급 결제기능을 포함하고 있거나, 은행을 자회사로 두어 간접적으로 은행업을 겸하는 경우를 말한다.

■■■
✻ 레드라이닝

금융기관 및 보험회사가 특정 지역에 붉은 선을 긋고 그 지역에 금융서비스를 거부하는 행위다. 지역 주민들의 신용도를 바탕으로 A(초록색), B(파란색), C(노란색), D(빨간색)로 나누어 지도에 표시했으며, 낙후된 도심이나 유색인종이 살고 있는 지역이 빨간색으로 표시했다. 해당 지역의 거주민들은 대출을 받지 못하거나 대출을 받더라도 높은 이자율을 부담해야 했다.

■■■
✻ 더블 딥

불황에서 벗어난 경제가 다시 침체에 빠지는 이중하강 현상을 말한다. W자형 경제구조라고도 하며 경기침체의 골을 두 번 지나야 비로소 완연한 회복을 보일 것이라는 전망 때문에 W자 모양의 더블 딥으로 불리게 됐다.

■■■
✻ 파킹 통장

불안한 투자환경과 시장 변동성 속에서 잠시 자금의 휴식처가 필요하거나 당장 목돈을 사용할 계획이 없는 투자자들에게 유용하다.

시험에 이렇게 나온다! **예금자보호법 개정에 따라 상향된 예금보호금액은?**

① 2천만 원 　　　　　　　② 5천만 원
③ 1억 원 　　　　　　　　④ 2억 원
⑤ 3억 원

A. ③

✽ 베이시스 ■■■

주식시장에서 선물가격과 현물가격의 차이를 나타내는 말이다. 베이시스가 양(+)이면 콘탱고라고 하며 음(-)일 경우 백워데이션이라고 한다.

✽ 신파일러 ■■■■

개인 신용을 평가할 금융정보가 부족하여 금융거래에서 소외되는 계층을 의미한다. 금융이력이 부족하다는 이유로 대출과 신용카드 발급에 제재를 받은 계층이다. 소득과 상환능력이 있더라도 신용점수에 불리하게 작용하는 것이다.

✽ 레인지 포워드 ■■■

불리한 방향의 리스크를 헤지하기 위해 옵션을 매입하고 그에 따른 지급 프리미엄을 얻기 위해 유리한 방향의 옵션을 매도하여 환율변동에 따른 기회이익을 포기하는 전략이다.

✽ 회색 코뿔소 ■■■

지속적으로 경고하지만 쉽게 간과하게 되는 위험 요인을 말한다. 코뿔소는 멀리서도 눈에 띄며 움직임을 알 수 있지만 두려움 때문에 아무런 대처를 하지 못하거나, 대처방법을 알지 못해 일부러 무시하는 것을 빗대어 표현한 용어이다. 2013년 다보스포럼에서 처음 사용되었다.

✽ 아웃소싱 ■■■■

기업 내부의 업무 일부를 경영 효율의 극대화를 위해 외부의 전문 업체에 위탁해서 처리하는 경영전략이다. 급속한 시장변화와 치열한 경쟁에서 살아남기 위해 기업은 핵심 사업에 집중하고, 나머지 부수적인 업무는 외주에 의존함으로서 인원 절감과 생산성 향상의 효과를 노리고 있다.

✽ 골드뱅킹 ■■■■

고객들이 은행을 통하여 금에 투자하는 방식 중 하나로, 2003년에 도입된 제도이다. 금을 직접 사고파는 방식과 금을 직접 주고받지 않아도 거래한 후 투자의 이익과 원금을 현금으로 지급하는 방식이 있다.

✽ FIDO ■■■

지문, 홍채 등 신체적 특성의 생체 정보를 이용하거나 동작 등 행동적 특성의 생체정보 인증도 이용하여 비밀번호 없이 편리하고 안전한 개인 인증 기술이다.

✽ 6시그마 ■■■

1987년 모토로라의 마이클 해리가 통계기법을 활용하여 기존의 품질관리 기법을 확장하는 6시그마 경영기법을 고안하였다. 100만 번의 프로세스 중 3 ~ 4번의 실수나 결함이 있는 상태를 말하며, 경영활동에 존재하는 모든 프로세스를 분석하고 규명해서 현재 시그마 수준을 알아낸 다음 혁신을 통해 6시그마 수준에 도달하는 것을 목표로 한다.

✻ 퍼블릭
클라우드

전문 업체가 제공하는 IT인프라 자원을 별도의 구축비용 없이 사용한 만큼만 이용료를
지불하고 활용하는 방식을 말한다.

✻ 교차판매

금융기관들이 대형화, 겸업화하면서 다른 금융회사가 개발한 상품까지 판매하는 적극적
인 판매방식으로 손해보험사 소속 설계사가 생명보험사 상품을, 생명보험사 소속 설계사
가 손해보험상품을 팔 수 있는 것으로 2008년 8월부터 시행되었다.

✻ 에스크로

구매자와 판매자의 신용관계가 불확실 할 때 상거래가 원활하게 이루어질 수 있도록 제
3자가 중개하는 매매 보호 서비스이다.

✻ 버그바운티

기업의 서비스나 제품 등을 해킹해 취약점을 발견한 화이트 해커에게 포상금을 지급하는
제도이다. 블랙 해커의 악의적인 의도로 해킹 당할 시 입는 손해를 방지하기 위하여 공개
적으로 포상금을 걸고 버그바운티를 진행한다.

✻ 디지털 발자국

온라인 사용자들이 온라인 활동을 하면서 남긴 구매 패턴, 검색어 기록, 홈페이지 방문 기
록 등을 디지털 발자국이라고 하며 디지털 흔적이라고도 한다. 기업들은 이를 분석하여
광고나 프로모션을 할 수 있는 소프트웨어를 활용하여 소비자 맞춤형 광고를 노출한다.

✻ 에지 컴퓨팅

중앙 집중 서버가 모든 데이터를 처리하는 클라우드 컴퓨팅과 다르게 분산된 소형 서버
를 통하여 실시간으로 처리하는 기술을 일컫는다. 사물인터넷 기기의 확산으로 데이터의
양이 폭증하면서 이를 처리하기 위해 개발되었다.

✻ 차이니스 월

금융회사의 부서 간 또는 계열사 간 정보 교류를 차단하는 장치나 제도를 말한다. 불필요한
정보 교류를 차단하지 않으면 고객의 이익보다 회사의 이익을 위하는 방향으로 자산을 운용
할 가능성이 있기 때문이다.

✻ HTML

직접 프로그램을 제작하는 데에 사용되는 C나 PASCAL과 달리 웹에서 사용되는 각각
의 하이퍼텍스트 문서를 작성하는데 사용되며, 우리가 인터넷에서 볼 수 있는 수많은
홈페이지들은 기본적으로 HTML이라는 언어를 사용하여 구현된 것이다.

■■■■
✽ **등대공장**

사물인터넷(IoT)과 인공지능(AI), 빅데이터 등 4차 산업혁명의 핵심기술을 적극적으로 도입하여 제조업의 미래를 혁신적으로 이끌고 있는 공장을 의미한다.

■■■□
✽ **해시함수**

다양한 크기의 데이터를 고정된 길이의 해시 값으로 출력하는 함수다. 암호화 기술 중 하나로 현재 표준 해시함수는 160~256비트의 해시 값을 출력한다. 암호알고리즘에는 키를 사용한다. 하지만 해시함수는 키를 사용하지 않아 항상 동일한 출력값이 나오는 특성에 따라 무결성을 검증할 수 있다. 동작 알고리즘이 간단하여 상대적으로 시스템 자원 소모량이 적은 편이다. MD5, SHA 등의 해시함수가 있다.

■■■■
✽ **오픈사이언스**

과학연구와 보급을 아마추어 또는 전문가, 즉 사회의 모든 수준에서 협업 네트워크를 통해 공유 및 개발되며 투명하고 접근 가능한 지식이다. 많은 과학연구물을 다루는 출판물이나 데이터, 물리적 샘플 등에 접근하기 위해서는 돈을 지불해야 하며 이는 곧 소수의 부유층만 볼 수 있을뿐, 전 세계 과학자 대다수는 접근할 수 없다는 점을 꼬집으며 이를 해결하고자 하는 일련의 운동이다. 오픈 사이언스는 개방된 방법론, 오픈 소스, 오픈 데이터, 오픈 액세스, 공개 피어 리뷰, 오픈 교육 리서스를 원칙으로 삼는다.

■■■□
✽ **클라우드 서비스**

각종 자료를 내부 저장공간이 아닌 외부 클라우드 서버에 저장한 뒤 다운로드 받는 서비스다. 인터넷으로 연결된 초대형 고성능 컴퓨터에 소프트웨어와 콘텐츠를 저장해 두고 필요할 때마다 꺼내어 쓸 수 있다.

■■■□
✽ **게이트웨이**

디지털·ICT에서의 게이트웨이는 현재 사용자가 위치한 네트워크에서 다른 네트워크로 이동하기 위해 반드시 거쳐야 하는 거점을 의미한다. 즉, 서로 다른 프로토콜을 통신이 가능하도록 연결해주는 것으로 LAN 통신은 게이트웨이를 통해 이루어진다.

■■■□
✽ **프레임워크**

개발을 수월하게 하기 위한 협업 형태로 제공되는 소프트웨어 플랫폼이다. 소프트웨어 애플리케이션을 개발할 때 기능의 설계와 구현이 수월하게 가능하도록 하여 개발·실행·테스트·운영 환경을 지원하여 개발기간을 단축할 수 있다. 소프트웨어의 프레임워크는 프로그램, 코드 라이브러리, 컴파일러, API 등이 있다.

■■■
✳ GPT-4o

오픈AI가 설계한 다중 언어, 다중 모달 생성 사전 훈련 변환기로 즉, 복합적 AI라고 할 수 있다. '지피티포 옴니' 또는 '지피티포오'라고 부르는데, 'o'는 '옴니'의 줄임말로 '모든 것', '어디에나 있다'는 뜻이다. GPT-4o에서 사용할 수 있는 5가지 옴니 기능은 ▲ 텍스트, 이미지, 오디오 등 다양한 형식의 데이터를 처리할 수 있는 멀티모달(multi modal) 기능 ▲ 이미지를 분석하고 설명하며 생성하는 강화된 비전(vision) 기능 ▲ 실시간 웹 정보 검색을 통해 얻은 최신 정보를 기반으로 한 깊이 있는 답변 기능 ▲ 외부 API(응용프로그램 인터스페이스)를 호출해 새로운 기능을 확장할 수 있는 펑션콜(function call) 기능 ▲ 데이터 해석 능력을 바탕으로 한 비즈니스 인사이트 제공 기능 등이다.

■■■
✳ 알고리즘

문제해결을 위한 단계적으로 처리하는 절차 · 방법 · 명령어다. 알고리즘 수행을 위해 자료를 입력(Input)하면 업무가 수행되어 출력(Output)이 된다. 알고리즘을 처리할 때 명령어를 명확하게 입력해야 하는 명확성과 수행 후 종료되어야 하는 유한성, 실행이 가능해야 하는 효과성의 조건을 가진다. 데이터를 상태에 맞게 정렬하는 정렬 알고리즘과 데이터 집합에서 원하는 것을 찾는 검색 알고리즘, 그래프 정점에 들어가 처리하는 그래프 탐색 알고리즘이 있다.

■■■
✳ 디버깅

작성된 프로그램들이 정확한가, 즉 잘못 작성된 부분이 없는가를 조사하는 과정이다. 이 작업은 기계에 넣기 전에 책상 위에서 주어진 문제대로 프로그램이 작성되었는가를 순서도와 메모리의 작업 영역표에 실제 데이터를 넣어서 수동 작업으로 정확한 결과가 나오는가를 검사하는 데스크상의 검사와 컴퓨터를 이용한 표준적 데이터로 메인 루틴을 조사하는(이때, 예외 사항이 포함된 데이터와 오류가 있는 데이터 포함) 컴퓨터를 사용한 검사이다.

시험에 이렇게 나온다! **정보통신망의 형태에 해당하지 않는 것은?**

① 패킷형   ② 성형
③ 망형   ④ 버스형
⑤ 링형

A. ①

Chapter 04 유통·경영관리 상식

❊ 로지스틱스

원료준비, 생산, 보관, 판매에 이르기까지 과정에서 물적 유통을 가장 효율적으로 수행하는 종합적 시스템을 일컫는다.

❊ 풀필먼트

판매자 대신 물류 전문업체가 배송, 보관, 재고관리, 교환 등 모든 과정을 담당하는 서비스를 일컫는다. 즉, 물류 일괄 대행 서비스로 이커머스 시장이 확대되면서 주목받고 있다. 풀필먼트는 '이행'이라는 뜻으로 물류사이트 등의 유통기업이 자사 사이트에서 물건을 사는 고객에게 제공하는 자체 고객 주문 처리 과정으로, 상품 입고뿐만 아니라 보관, 포장, 출하, 배송 등 모든 과정을 통합해서 운영한다.

❊ 린 스타트업

아이디어를 빠르게 최소요건제품(시제품)으로 제조한 뒤 시장의 반응을 통해 다음 제품 개선에 반영하는 전략이다. 단기간에 제품을 만들고 성과를 측정한 후, 다음 제품 개선에 반영하는 것을 반복하여 성공 확률을 높이는 경영 방법의 일종이다. 시제품을 제조하여 시장에 내놓고 반응을 살피며 수정하는 것이 핵심이다. 일본 도요타자동차의 린 제조방식을 본 뜬 것으로, 미국 실리콘밸리의 벤처기업가 에릭 리스가 개발했다. 린 스타트업은 만들기 → 측정 → 학습의 과정을 반복하면서 꾸준히 혁신해가는 것을 목표로 한다.

❊ 차입경영

돈을 빌려 사업을 하는 것을 일컫는다. 일반적으로 레버리지효과(지렛대 효과)를 기대하여 과도한 부채를 기반으로 기업을 경영하는 것을 의미한다.

❊ JIT

재고를 0으로 하여 재고 비용을 줄이기 위한 방법이다. 재고를 쌓아두지 않고 필요한 시기에 제품을 공급하여 생산하는 방법으로, 재고 비용을 최대한으로 줄이기 위해 사용한다.

❊ 라스트 마일

유통과 운송업계에서는 제품이나 서비스가 소비자와 만나는 최종 단계를 의미한다. 빠르고 안전한 배송, 품질 유지, 고객만족 등이 라스트 마일에 포함된다.

■■■
✳ 창고 관리 시스템 (WMS)

창고 또는 배송 센터 관리를 지원하고 최적화되도록 설계된 응용 소프트웨어이다. 발주 시스템을 통해 공급처의 통합 주문을 관리하고 PDA 및 바코드 스캐너 등을 활용하여 입출고 데이터를 정확하게 관리한다. 체계적인 재고 관리로 창고관리 업무의 효율성을 높인다.

■■■
✳ 차량관제 시스템 (CVO)

배송관리시스템에서 수립된 배차 계획 데이터를 수신한다. 차량별 배송 현황을 모니터링하고 배송 현황을 파악할 수 있다. 차량 운행 기록을 관리하여 효율적인 루트 제공 및 사고를 차단·방지할 수 있다.

■■■
✳ 물적 유통

수송 또는 보관업무만을 전문적으로 취급하는 업종이 물류업이다. 경제구조의 현대화, 광역화로 상품이 소비자에게 사용되어지기 직전의 유통단계만을 담당해주는 유통업이 발생되었는데 이것이 물적 유통이다.

유통 (광의의 유통)	협의의 유통	물적 유통	서비스 유통	정보, 에너지
			상품 유통	보관, 운송
		상적 유통 (상거래유통)	도매업, 소매업	
	보조적 유통	규격화, 표준화, 위험부담, 금융활동		

■■■
✳ 유통경로

상품이 생산자로부터 생산되어 소비자 또는 최종수요자에 이르기까지 거치게 되는 과정, 통로, 코스를 말하는 것이다. 이는 생산자의 제품이 최종소비자나 사용자에게 전달될 때까지의 마케팅활동(생산, 운송, 보관, 시장금융, 위험부담, 소유권 이전, 표준화, 시장정보 등)을 수행하는 중간상들의 상호연결과정이다.

■■■
✳ 유통경로 필요성 3원칙

• **총거래 수 최소화의 원칙** : 생산자와 소비자가 직거래를 하는 것보다 중간이 개입하면 효율적이어서 총 거래수가 줄어든다.
• **집중준비의 원칙** : 도매상이 유통경로에 개입하여 소매상의 대량보관 기능을 분담함으로써 사회 전체적으로 상품의 보관총량을 감소시킬 수 있으며, 소매상은 최소량만을 보관하게 된다.
• **분업의 원칙** : 다수의 중간상이 분업의 원리로써 유통경로에 참여하게 되면 유통경로상에서 다양하게 수행되는 기능들, 즉 수급조절기능, 보관기능, 위험부담기능, 정보수집 기능 등이 경제적·능률적으로 수행될 수 있다.

■■■

✻ 집약적 유통　　많은 지역의 사람들에게 널리 쓰이게 하여 인지시키는 것을 목표로 한다. 때문에 언제 어디서든지 쉽게 구입이 가능한 제품(주로 편의품)이 해당한다.

■■■

✻ 준거력　　경로파워의 원천의 하나로서, 재판매업자가 공급업자에 대해 일체감을 갖거나 일체감을 갖게 되기를 바라는 정도를 말한다.

■■■

✻ 소매 아코디언 이론　　홀랜더(S. C. Hollander) 교수가 주장한 것으로, 상품의 가격이나 마진이 아니라 상품 믹스의 변화에 초점을 맞추고 있다. 소매상의 변천은 제품구색의 변화에 초점을 맞추어 제품구색이 넓은 소매상(종합점)에서 제품구색이 좁은 소매상(전문점)으로, 다시 종합점으로 되풀이 하는 것으로 아코디언처럼 제품구색이 늘었다 줄었다 하는 과정을 되풀이 하는 이론이다.

■■■

✻ 소매수명주기 이론　　한 소매기관이 출현하여 사라지기까지 일반적으로 도입단계(초기 성장단계), 성장단계(발전단계), 성숙단계, 그리고 쇠퇴단계를 거친다는 이론이다.

■■■

✻ 변증법 이론　　소매상의 변증법적 발전과정을 주장하는 학자들이 정·반·합의 변증법 이론을 소매변천 이론에 적용하고 있다. 소매업태가 발전해 가는 모습을 마치 변증법 정(Thesis)의 이미 형성된 기존의 유통기관, 반(Antithesis)의 새로운 혁신적 유통기관, 합(Synthesis)은 정과 반의 서로 다른 또는 공통적인 특징이 구체화되는 과정을 설명한 이론이다.

■■■

✻ 회수기간법　　투자 금액을 되찾는 데 걸리는 기간으로 투자안의 가치를 평가한 투자안의 경제적 평가기법이다. 회수기간법은 간단하게 계산해 볼 수 있고 리스크가 고려된 방법이라는 장점이 있지만 화폐의 시간적가치가 고려되지 않고 있다는 단점이 있다.

■■■

✻ 수직적 마케팅시스템　　상품이 제조업자에게서 소비자에게로 이전되는 과정의 수직적 유통단계를 전문적으로 관리하고 집중적으로 계획한 유통경로로서, 프랜차이즈 시스템이 대표적이다.

■■■

✻ 공급자주도형 재고관리(VMI)　　제조업체인 공급자가 서비스 수준을 유지시키면서 소매업자 및 유통센터의 재고를 주도적으로 관리하는 시스템으로 상품보충에 대한 책임이 공급업체에 있는 방식이다.

**✳ 화폐의
시간적 가치**

시간적, 시기적 시점에 따라 물가, 환율, 이자 등이 달라져 이로 인해 화폐의 시간적 가치는 달라진다. 특정시점의 화폐가치를 현 시점에서의 화폐가치로 환산하기 위해 이자율을 적용하여 계산하며, 이때 현 시점의 화폐가치가 현재가치가 된다.

※ 현재 가치 $= \dfrac{\text{미래가치}}{(1+r)^n}$

미래 가치 $= \text{현재가치} \times (1+r)^n$ (r : 이자율, n : 시간)

✳ 공급체인관리

공급자 – 생산자 – 판매자 – 고객에 이르는 물류의 전체 흐름을 하나의 체인 관점에서 파악하고 필요한 정보가 원활하게 흐르도록 지원하는 통합관리 시스템이다.

✳ 구매관리

제품생산에 필요한 원재료 및 상품을 되도록 유리한 가격으로, 필요한 시기에, 적당한 공급자로부터 구입하기 위한 체계적인 관리를 말한다.

✳ MBO

맥 그리거의 Y이론적 인간관을 기초로 목표설정 시 구성원을 참여시키는 방식이다. 의사소통이 원활하고 조직은 구성원과 능동적으로 상호작용을 할 수 있다. 목표권한이 하급자에게 있으며 목표의 질보다 양을 중시하고 목표설정 및 관리과정을 동시에 강조하고 있다. 다만 모든 구성원의 참여가 현실적으로 어려울 뿐만 아니라, 단기적 목표를 강조하면서 도입 시간 및 비용이 많이 든다는 단점이 있다. MBO의 목표 조건은 다음과 같다.
• 현실적이면서, 달성 가능한 목표
• 측정 가능함과 동시에 계량적인 목표
• 정해진 시간 안에 달성 가능한 목표
• 구체적인 목표 제시
• 설정된 목표에 대해 기대되는 결과를 확인할 수 있는 목표

**✳ 포트폴리오
이론**

증권투자에서 위험을 최소화하면서 투자 수익률을 극대화하는 문제를 평균, 분산 기준에 의해 확립하는 것을 말한다. 포트폴리오 이론은, 투자자들은 위험을 회피하는 경향이 있음→자산수익률의 확률분포에 대하여 모든 투자자가 동의함→단일 기간을 고려→자산수익률의 확률분포는 정규분포로 가정할 수 있다.

✳ 글로벌화 전략

기업의 세계화 성장과 타국의 기업 현지화 설립으로 효율성(인건비, 운송비, 기타 투입비용 절감)을 높이고 국가별 차별성이 아닌 동질성으로 범세계적 통합 전략을 말한다.

■■■
✱ 인사정보시스템   조직에서 경영자가 인사관리와 관련된 업무처리, 평가 또는 의사결정 시에 유요한 정보를 제공할 수 있도록 설계된 시스템이다. 경영정보 시스템의 하위 시스템으로, 인적자원과 관련된 정보를 수집하고 분류하며 이를 정리한다.

■■■
✱ 경쟁우위   기업의 제품이 시장에서 우선적으로 선택될 수 있도록 하는 것이다. 원가우위 전략과 차별화 전략으로 나뉘는데, 원가우위 전략은 경쟁사보다 저렴하게 만들어 경쟁하는 것을 말하고 차별화는 경쟁사의 제품과 가격이 비슷하나 품질, 서비스 등이 우수한 차별화를 말한다.

■■■
✱ 경쟁전략   기업의 이익을 높이기 위해 또는 기업이 경쟁기업과의 경쟁에서 공격 또는 방어적인 행동을 취하는 것을 말한다.

■■■
✱ 부채사용 투자안   타인의 자본을 통해 기업의 투자가 이루어지는 경우이다. 타인자본에 대한 사용료가 대가로 지불된다. 타인자본의 투자로 얻어지는 이익과, 타인자본의 자본비율을 비교하여 결정하게 된다.

■■■
✱ 품질관리   수요자의 요구에 적합한 제품을 합리적으로 생산할 수 있도록 제품의 설계, 원 재료 구입, 제조, 검사, 판매, 유지, 개선하는 관리적 활동의 체계이다. 소비자가 원하는 제품을 갖아 경제적이고 합리적으로 만들어 제공하는 것이 목표이며 품질관리 기법으로는 종합적 품질관리, 통계적 품질관리, 6시그마가 있다.

시험에 이렇게 나온다! **SCOR의 다섯 가지 관리 프로세스로 옳지 않은 것은?**

① 계획(Plan)   ② 조달(Source)
③ 제조(Make)   ④ 충족(Satisfy)
⑤ 반품(Return)

A. ④

■■■
✳ **변혁적 리더십**   리더가 조직 구성원의 사기를 고양시키기 위하여 미래의 비전과 공동체적 사명감을 강조하고, 이를 통해 조직의 장기적 목표를 달성하는 것을 핵심으로 한다.

■■■
✳ **자본 조달시장**   자기업의 생존을 위하여 필요한 자금을 마련하는 과정이다. 자금시장(화폐시장)은 만기가 1년 이하인 금융자산이 거래되는 시장으로 콜시장, 양도성 예금증서 시장, 기업어음 시장, 환매조건부 매매시장 등이 있다.

■■■
✳ **자본예산**   투자수익 효과가 장기적으로 실현되는 투자결정에 대한 총괄적인 계획과 평가과정이다. 기업의 가치를 극대화하기 위하여 특정 자산에 투자의사를 결정하는 과정으로 토지, 건물, 생산시설, 신제품개발, 연구개발비에 대한 투자도 포함된다.

■■■
✳ **자본비용**   기업이 투자에 필요한 자금을 조달하고 그 자금에 대하여 투자자가 요구하게 되는 최소한의 수익률을 말한다. 자기자본 비용과 타인자본 비용으로 나뉘어지는데, 자기자본 비용은 주주에 대한 배당이며 타인자본 비용은 차임금에 대한 이자, 사채이자, 채권에 대하여 발행하는 수익률을 말한다.

■■■
✳ **자본구조**   이론기업이 필요로 하는 자금은 자기자본과 타인자본으로 조달되는데 기업에서 자기자본과 타인 자본이 어떠한 비율로 기업 전체 자본을 구성해야 하는가를 논의하는 분야이다. 적당히 부채를 사용하면 가중평균자본비용이 낮아지고 이에 따라 기업의 가치가 증가한다고 주장하는 반면 MM은 완전자본시장에서는 부채의 사용과 관계없이 가중평균자본비용은 일정하며 이에 따라 기업의 가치도 일정하다고 주장한다.

시험에 이렇게 나온다!   **포터의 5 Force Model로 옳지 않은 것은?**

① 대체재의 교섭력
② 구매자의 교섭력
③ 기존 경쟁자 간의 경쟁 정도
④ 잠재적 경쟁업자의 진입 가능성
⑤ 공급자의 교섭력

A. ①

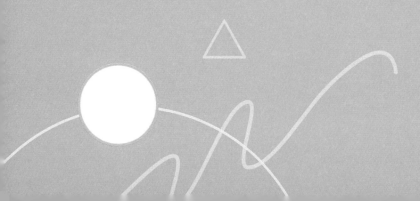

PART

05

실전
모의고사

제1회 실전모의고사

풀이시간 | _____분 / 50분	정답문항수 | _____문항 / 50문항

1 최근 수입차의 가격 할인 프로모션 등으로 인하여 국내 자동차 시장이 5년 만에 마이너스 성장한 것으로 나타남에 따라 乙자동차회사에 근무하는 A 대리는 신차 개발에 앞서 자동차 시장에 대한 환경 분석과 관련된 보고서를 제출하라는 업무를 받았다. 다음은 A가 작성한 자동차 시장에 대한 SWOT분석이다. 기회 요인에 작성한 내용 중 잘못된 것은?

강점	약점
• 자동차그룹으로서의 시너지 효과 • 그룹 내 위상·역할 강화 • G 시리즈의 성공적인 개발 경험 • 하이브리드 자동차 기술 개발 성공	• 노조의 잦은 파업 • 공격적인 생산라인 증설 • 신형차의 짧은 수명 • 경쟁사의 마케팅 대응 부족 • 핵심 부품의 절대적 수입 비중
기회	위협
① 노후화된 경유차 조기폐차 보조금 지원 ② 하이브리드 자동차에 대한 관심 증대 ③ 국제유가 하락세의 장기화 ④ 난공불락의 甲자동차회사 ⑤ 동남아에서 한국산 자동차의 인기	• 대대적인 수입차 가격 할인 프로모션 • 취업난으로 인한 젊은 층의 소득 감소 • CEO의 부정적인 이미지 이슈화 • 미국에서 한국이 제조한 자동차에 관세 부과 시사

2 양 대리는 살고 있던 전셋집 계약이 만료되어 이사를 계획하고 있다. 이사 하는 김에 새로운 집에서 열심히 살아보자는 의지로 출근 전에는 수영을, 퇴근 후에는 영어학원을 등록하였다. 회사와 수영장, 영어학원의 위치가 다음과 같을 때, 양 대리가 이사할 곳으로 가장 적당한 곳은? (단, 이동거리 외에 다른 조건은 고려하지 않는다.)

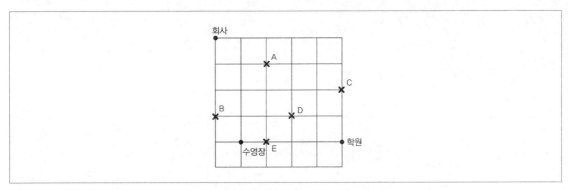

① A   ② B
③ C   ④ D
⑤ E

3 다음 워크시트에서 [A2] 셀 값을 소수점 첫째 자리에서 반올림하여 [B2] 셀에 나타내려고 할 때, [B2] 셀에 알맞은 함수식은?

	A	B
1	숫자	반올림한 값
2	987.9	
3	247.6	
4	864.4	
5	69.3	
6	149.5	
7	75.9	
8		

① ROUND(A2, −1)   ② ROUND(A2,0)
③ ROUNDDOWN(A2,0)   ④ ROUNDUP(A2, −1)
⑤ ROUND(A3,0)

📑 Answer. 1.④   2.⑤   3.②

┃4～5┃ 다음은 시스템 모니터링 중에 나타난 화면이다. 다음 화면에 나타나는 정보를 이해하고 시스템 상태를 파악하여 적절한 input code를 고르시오.

〈시스템 화면〉

System is checking........

Run.....

Error Found!
Index GTEMSHFCBA of file WODRTSUEAI

input code : _____

항목	세부사항
index '__' of file '__'	• 오류 문자 : Index 뒤에 나타나는 10개의 문자 • 오류 발생 위치 : file 뒤에 나타나는 10개의 문자
Error Value	오류 문자와 오류 발생 위치를 의미하는 문자에 사용된 알파벳을 비교하여 일치하는 알파벳의 개수를 확인(단, 알파벳의 위치와 순서는 고려하지 않으며 동일한 알파벳이 속해 있는지만 확인한다.)
input code	Error Value를 통하여 시스템 상태를 판단

판단 기준	시스템 상태	input code
일치하는 알파벳의 개수가 0개인 경우	안전	safe
일치하는 알파벳의 개수가 1 ~ 3개인 경우	경계	alert
일치하는 알파벳의 개수가 4 ~ 6개인 경우		vigilant
일치하는 알파벳의 개수가 7 ~ 9개인 경우	위험	danger
일치하는 알파벳의 개수가 10개인 경우	복구 불능	unrecoverable

4

<시스템 화면>

System is checking.......
Run.....

Error Found!
Index DRHIZGJUMY of file OPAULMBCEX

input code : _____

① safe
② alert
③ vigilant
④ danger
⑤ unrecoverable

5

<시스템 화면>

System is checking........
Run.....

Error Found!
Index QWERTYUIOP of file POQWIUERTY

input code : _____

① safe
② alert
③ vigilant
④ danger
⑤ unrecoverable

6 다음은 지자체에서 귀농인 지원을 위한 신청 공고이다. 다음 신청 공고에 따라 〈보기〉에 정리된 지원자 중에서 지원대상에 해당하는 귀농가구는?

〈귀농인 지원 신청 공고〉

가. 신청자격 : 지자체에 소재하는 귀농가구 중 거주기간이 6개월 이상이고, 가구주의 연령이 20세 이상 60세 이하인 가구

나. 심사기준 및 점수 산정방식
- 다음 심사기준별 점수를 합산한다.
- 심사기준별 점수
  - 거주기간 : 10점(3년 이상), 8점(2년 이상 3년 미만), 6점(1년 이상 2년 미만), 4점(6개월 이상 1년 미만)
  - 가족 수 : 10점(4명 이상), 8점(3명), 6점(2명), 4점(1명)
    ※ 가족 수에는 가구주가 포함된 것으로 본다.
  - 영농규모 : 10점(1.0ha 이상), 8점(0.5ha 이상 1.0 미만), 6점(0.3ha 이상 0.5ha 미만), 4점(0.3ha 미만)
  - 주택노후도 10점(20년 이상), 8점(15년 이상 20년 미만), 6점(10년 이상 15년 미만), 4점(5년 이상 10년 미만)
  - 사업시급성 : 10점(매우 시급), 7점(시급), 4점(보통)

다. 지원내용
- 지원목적 : 귀농인의 안정적인 정착을 도모하기 위해 일정 기준을 충족하는 귀농가구의 주택 개·보수 비용을 지원
- 예산액 : 6,000,000원
- 지원액 : 가구당 3,000,000원
- 지원대상 : 심사기준별 점수의 총점이 높은 순으로 2가구를 지원(총점이 동점일 경우 가구주의 연령이 높은 가구를 지원)

보기

귀농가구	가구주 연령(세)	거주기간	가족수(명)	영농규모(ha)	주택 노후도(년)	사업 시급성
A	48	4년 4개월	1	0.2	20	매우 시급
B	47	11개월	3	1.1	14	매우 시급
C	55	1년 9개월	2	0.7	22	매우 시급
D	60	7개월	4	0.3	14	보통
E	35	2년 7개월	1	1.4	17	시급

① A, B
② A, C
③ B, C
④ C, E
⑤ D, E

7 어떤 사람이 가격이 1,000만 원인 자동차를 구매하기 위해 은행에서 상품 A, B, C에 대해 상담을 받았다. 다음 상담 내용을 참고하여 보기에서 옳은 것을 고르시오. (단, 총비용으로 은행에 내야하는 금액과 수리비만을 고려하고, 등록비용 등 기타 비용은 고려하지 않는다)

> 가. A상품
>   고객님이 자동차를 구입하여 소유권을 취득하실 때, 은행이 자동차 판매자에게 즉시 구입금액 1,000만 원을 지불해드립니다. 그리고 그날부터 매월 1,000만 원의 1%를 이자로 내시고, 1년이 되는 시점에 1,000만 원을 상환하시면 됩니다.
>
> 나. B상품
>   고객님이 원하시는 자동차를 구매하여 고객님께 전달해 드리고, 고객님께서는 1년 후에 자동차 가격에 이자를 추가하여 총 1,200만 원을 상환하시면 됩니다. 자동차의 소유권은 고객님께서 1,200만 원을 상환하시는 시점에 고객님께 이전되며, 그 때까지 발생하는 모든 수리비는 저희가 부담합니다.
>
> 다. C상품
>   고객님이 원하시는 자동차를 구매하여 고객님께 임대해 드립니다. 1년 동안 매월 90만 원의 임대료를 내시면 1년 후에 그 자동차는 고객님의 소유가 되며, 임대기간 중 발생하는 모든 수리비는 저희가 부담합니다.

보기

> ㉠ 사고 여부와 관계없이 자동차 소유권 취득 시까지의 총비용 측면에서 B상품보다 C상품을 선택하는 것이 유리하다.
> ㉡ 최대한 빨리 자동차 소유권을 얻고 싶다면 A상품을 선택하는 것이 다른 두 선택지보다 유리하다.
> ㉢ 자동차 소유권을 얻기까지 은행에 내야 하는 총금액은 A상품이 가장 적다.
> ㉣ 1년 내에 사고가 발생해 50만 원의 수리비가 소요될 것으로 예상한다면 총비용 측면에서 A상품보다 B상품을 선택하는 것이 유리하다.

① ㉠㉡   ② ㉡㉢
③ ㉠㉡㉢   ④ ㉡㉢㉣
⑤ ㉠㉡㉢㉣

| 8 ~ 9 | 甲과 乙은 산양우유를 생산하여 판매하는 산양목장에서 일한다. 다음을 바탕으로 물음에 답하시오.

가. 산양목장은 A ~ D의 4개 구역으로 이루어져 있으며 산양들은 자유롭게 다른 구역을 넘나들 수 있지만 목장을 벗어나지 않는다.

나. 甲과 乙은 산양을 잘 관리하기 위해 구역별 산양의 수를 파악하고 있어야 하는데, 산양들이 계속 구역을 넘나들기 때문에 산양의 수를 정확히 헤아리는 데 어려움을 겪고 있다.

다. 고민 끝에 甲과 乙은 시간별로 산양의 수를 기록하되, 甲은 특정 시간 특정 구역의 산양의 수만을 기록하고, 乙은 산양이 구역을 넘나들 때마다 그 시간과 그때 이동한 산양의 수를 기록하기로 하였다.

라. 甲과 乙이 같은 날 오전 9시부터 오전 10시 15분까지 작성한 기록표는 다음과 같으며, ㉠ ~ ㉣을 제외한 모든 기록은 정확하다.

甲의 기록표			乙의 기록표		
시간	구역	산양 수	시간	구역 이동	산양 수
09:10	A	17마리	09:08	B→A	3마리
09:22	D	21마리	09:15	B→D	2마리
09:30	B	8마리	09:18	C→A	5마리
09:45	C	11마리	09:32	D→C	1마리
09:58	D	㉠21마리	09:50	A→C	4마리
10:04	A	㉡18마리	10:00	D→B	1마리
10:10	B	㉢12마리	10:05	C→D	3마리
10:15	C	㉣10마리	10:11	C→B	2마리

※ 구역 이동 외 산양의 수 변화는 고려하지 않는다.

8 ㉠ ~ ㉣ 중 바르게 기록된 것만을 고른 것은?

① ㉠㉡
② ㉠㉢
③ ㉡㉢
④ ㉡㉣
⑤ ㉢㉣

9 산양목장에서 키우는 산양의 총 마리 수는?

① 58마리
② 59마리
③ 60마리
④ 61마리
⑤ 62마리

10 다음 표는 어떤 렌터카 회사에서 제시한 차종별 자동차 대여료이다. A 부장이 팀원 9명과 함께 차량을 대여하여 3박 4일로 야유회를 계획하고 있다. 다음 중 가장 경제적인 차량 임대 방법은?

구분	대여 기간별 1일 요금(원)			대여 시간별 요금(원)	
	1 ~ 2일	3 ~ 6일	7일 이상	6시간	12시간
소형(4인승)	75,000	68,000	60,000	34,000	49,000
중형(5인승)	105,000	95,000	84,000	48,000	69,000
대형(8인승)	182,000	164,000	146,000	82,000	119,000
SUV(7인승)	152,000	137,000	122,000	69,000	99,000

※ 1) 대여 시간을 초과하면 다음 단계의 요금을 적용
2) 소형차, 중형차, 대형차 대여 시 차 대수 × 대여일수 > 7일 이라면, 전체 금액의 5% 할인
3) SUV 대여 시 차 대수 × 대여일수 > 5일이라면, 전체 금액의 10% 할인(예를 들어 소형차 2대와 SUV 1대를 4간간 대여한다면, 소형차 2대 × 4일 > 7일이 되므로 소형차 2대의 4일 대여 가격만 5% 할인한다.)

① SUV 2대 대여
② 소형차 3대 대여
③ 중형차 2대 대여
④ SUV 1대와 소형차 1대 대여
⑤ 소형차 1대와 중형차 1대 대여

11 다음은 경영전략의 추진과정을 도식화하여 나타낸 표이다. 표의 빈칸 (가) ~ (다)에 대한 설명으로 적절하지 않은 것은?

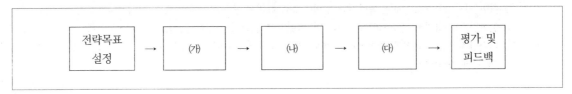

① (가)에서는 SWOT 분석을 통해 기업이 처한 환경을 분석해 본다.
② (나)에서는 조직과 사업부문의 전략을 수립한다.
③ (다)에서는 경영전략을 실행한다.
④ (나)에서는 경영전략을 도출하여 실행에 대한 모든 준비를 갖춘다.
⑤ (다)에서는 경영 목표와 전략을 재조정할 수 있는 기회를 갖는다.

12

대부분의 사람들은 '이슬람', '중동', 그리고 '아랍'이라는 지역 개념을 혼용한다. 그러나 엄밀히 말하면 세 지역 개념은 서로 다르다. 우선 이슬람지역은 이슬람교를 믿는 무슬림이 많이 분포된 지역을 지칭하는 것으로 종교적인 관점에서 구분한 지역 개념이다. 오늘날 무슬림은 전 세계 약 57개국에 많게는 약 16억, 적게는 약 13억이 분포된 것으로 추정되며, 그 수는 점점 더 증가하는 추세이다. 무슬림 인구는 이슬람교가 태동한 중동지역에 집중되어 있다. 또한 무슬림은 중국과 중앙아시아, 동남아시아, 북아프리카 지역에 걸쳐 넓게 분포해 있다.

중동이란 단어는 오늘날 학계와 언론계에서 자주 사용되고 있다. 그러나 이 단어의 역사는 그리 길지 않다. 유럽, 특히 영국은 19세기 이래 아시아지역에서 식민정책을 펼치기 위해 전략적으로 이 지역을 근동, 중동, 극동의 세 지역으로 구분했으며, 이후 이러한 구분은 런던타임즈에 기고된 글을 통해 정착되었다. 따라서 이 단어 뒤에는 중동을 타자화한 유럽 중심적인 사고관이 내재되어 있다. 중동지역의 지리적 정의는 학자에 따라, 그리고 국가의 정책에 따라 다르다. 북아프리카에 위치한 국가들과 소련 해체 이후 독립한 중앙아시아의 신생 독립국들을 이 지역에 포함시켜야 하는가에 대해서는 확고하게 정립된 입장은 아직 없지만, 일반적으로 합의된 중동지역에는 아랍연맹 22개국과 비아랍국가인 이란, 튀르키예 등이 포함된다. 이 중 튀르키예는 유럽연합 가입을 위해 계속적으로 노력하고 있으나 거부되고 있다. 이슬람지역이 가장 광의의 지역 개념이라면 아랍은 가장 협소한 지역 개념이다.

아랍인들은 셈족이라는 종족적 공통성과 더불어 아랍어와 이슬람 문화를 공유하고 있다. 아랍지역에 속하는 국가는 아랍연맹 회원국 22개국이다. 아랍연맹 회원국에는 아라비아 반도에 위치한 사우디아라비아, 바레인, 쿠웨이트, 이라크, 오만, 아랍에미리트 등과 북아프리카 지역의 알제리, 모로코, 리비아, 튀니지, 이집트, 수단 등이 포함된다.

―――――――――――― 보기 ――――――――――――

ⓐ 셈족의 혈통을 지닌 이라크의 많은 국민들은 아랍어를 사용한다.
ⓑ 중동은 서구유럽의 식민정책이 반영된 단어로 그 지리적인 경계가 유동적이다.
ⓒ 리비아는 이슬람지역에는 속하지만 일반적으로 합의된 중동지역에는 속하지 않는다.
ⓓ 일반적으로 합의된 중동지역에 속하지만 아랍지역에 속하지 않는 국가로는 이란이 있다.
ⓔ 이슬람지역이 종교적인 관점에서 구별된 지역 개념이라면 아랍지역은 언어·종족·문화적 관점에서 구별된 지역 개념이다.

① 1개   ② 2개
③ 3개   ④ 4개
⑤ 5개

13

　　고생물의 골격, 이빨, 패각 등의 단단한 조직은 부패와 속성작용에 대한 내성을 가지고 있기 때문에 화석으로 남기 쉽다. 여기서 속성작용이란 퇴적물이 퇴적분지에 운반·퇴적된 후 단단한 암석으로 굳어지기까지의 물리·화학적 변화를 포함하는 일련의 과정을 일컫는다. 그러나 이들 딱딱한 조직도 지표와 해저 등에서 지하수와 박테리아의 분해작용을 받으면 화석이 되지 않는다. 따라서 딱딱한 조직을 가진 생물은 전혀 그렇지 않은 생물보다 화석이 될 가능성이 크지만, 그것은 어디까지나 이차적인 조건이다. 화석이 되기 위해서는 우선 지질시대를 통해 고생물이 진화·발전하여 개체수가 충분히 많아야 한다. 다시 말하면, 화석이 되어 남는 고생물은 그 당시 매우 번성했던 생물인 것이다. 진화론에서 생물이 한 종에서 다른 종으로 진화할 때 중간 단계의 전이형태가 나타나지 않음은 오랫동안 문제시되어 왔다.

　　이러한 '잃어버린 고리'에 대한 합리적 해석으로 엘드리지와 굴드가 주장한 단속 평형설이 있다. 이에 따르면 새로운 종은 모집단에서 변이가 누적되어 서서히 나타나는 것이 아니라 모집단에서 이탈, 새로운 환경에 도전하는 소수의 개체 중에서 비교적 이른 시간에 급속하게 출현한다. 따라서 자연히 화석으로 남을 기회가 상대적으로 적다는 것이다. 고생물의 사체가 화석으로 남기 위해서는 분해 작용을 받지 않아야 하고 이를 위해 가능한 한 급속히 퇴적물 속에 매몰될 필요가 있다. 대개의 경우 이러한 급속 매몰은 바람, 파도, 해류의 작용에 의한 마멸, 파괴 등의 기계적인 힘으로부터 고생물의 사체를 보호한다거나, 공기와 수중의 산소와 탄소에 의한 화학적인 분해 및 박테리아에 의한 분해, 포식동물에 의한 생물학적인 파괴를 막아 줄 가능성이 높기 때문이다. 퇴적물 속에 급속히 매몰되면 딱딱한 조직을 가지지 않은 해파리와 같은 생물도 화석으로 보존될 수 있으므로 급속 매몰이 중요한 의의를 가진다.

보기

ⓘ 화석의 고생물이 생존했던 당시에는 대부분의 생물이 딱딱한 조직을 가지고 있었음을 알 수 있다.

ⓛ 딱딱한 조직이 없는 고생물은 퇴적물 속에 급속히 매몰되어도 분해작용을 받으면 화석으로 남기 어렵다.

ⓒ 단속 평형설은 연관된 화석의 발굴과 분석을 통하여 생물의 진화상 중간단계의 생물종을 설명하고 있다.

ⓔ 고생물의 사체가 땅 속에 급속히 매몰되면 지하수에 의해 분해될 가능성이 높아져서 화석의 수가 급격하게 감소된다.

ⓜ 진화의 중간단계에 해당하는 고생물의 화석이 존재하지 않는 것은 이것들이 대부분 딱딱한 조직이 없는 생물이었기 때문이다.

① 1개　　　　　　　　　　　　② 2개

③ 3개　　　　　　　　　　　　④ 4개

⑤ 5개

14 다음에 열거된 국제 비즈니스 상의 테이블 매너 중 적절하지 않은 설명을 모두 고른 것은?

> ㉠ 상석(上席)을 정함에 있어 나이는 많은데 직위가 낮으면 나이가 직위를 우선한다.
> ㉡ 최상석에 앉은 사람과 가까운 자리일수록 순차적으로 상석이 되며, 멀리 떨어진 자리가 말석이 된다.
> ㉢ 주빈(主賓)이 있는 남자만의 모임 시 주빈은 초청자의 맞은편에 앉는다.
> ㉣ 장갑, 부채와 같은 소형 휴대품은 테이블 위에 두어도 된다.
> ㉤ 식사 중에 냅킨을 테이블 위에 올려놓는 것은 금기다. 냅킨을 올려놓는 때는 커피를 마시고 난 다음이다.
> ㉥ 여성은 냅킨에 립스틱이 묻지 않도록 식전에 립스틱을 살짝 닦아낸 후 사용한다.
> ㉦ 메뉴 판을 이해하기 어려울 때 웨이터에게 물어보는 것은 금기이며, 그날의 스페셜 요리를 주문하는 것이 좋다.
> ㉧ 옆 사람이 먹는 것을 손가락으로 가리키며 주문하지 않는다.

① ㉡㉢㉤
② ㉢㉥㉧
③ ㉠㉣㉦
④ ㉣㉤㉦
⑤ ㉤㉥㉧

15 다음은 A국의 맥주 소비량에 관한 자료이다. 〈보기〉에서 이에 대한 설명으로 옳은 것을 모두 고른 것은?

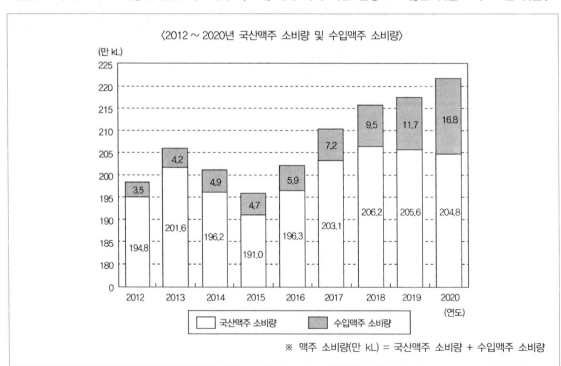

〈2012 ~ 2020년 국산맥주 소비량 및 수입맥주 소비량〉

※ 맥주 소비량(만 kL) = 국산맥주 소비량 + 수입맥주 소비량

㉠ 2013 ~ 2020년 동안 국산맥주 소비량의 전년대비 감소폭이 가장 큰 해는 2015년이다.

㉡ 2012 ~ 2020년 동안 수입맥주 소비량은 감소세 없이 꾸준히 증가하고 있다.

㉢ 2020년 A국의 맥주 소비량은 221.6(만 kL) 이다.

㉣ 2012년 A국의 맥주 소비량에서 수입맥주 소비량이 차지하는 비중은 2%를 넘지 않는다.

① ㉠㉡   ② ㉠㉢

③ ㉡㉢   ④ ㉡㉣

⑤ ㉢㉣

16 다음은 학생별 월평균 독서량에 관한 자료이다. 실수로 종이에 물을 엎지르면서 甲의 그래프 수치가 지워졌다. 다음 중 甲의 독서량과 甲의 독서량이 전체에서 차지하는 비율로 바르게 묶여진 것은? (단, 여섯 학생의 월평균 총 독서량은 乙의 월평균 독서량보다 3배 많다)

이름	월 평균 독서량(단위 : 권)											
甲												
乙												
丙												
丁												
戊												
己												

	甲의 독서량	甲의 독서량이 전체에서 차지하는 비율
①	4권	14.5%
②	5권	15.9%
③	6권	16.7%
④	7권	17.2%
⑤	8권	18.3%

Answer. 14.③ 15.⑤ 16.③

｜17 ～ 18｜ 다음은 성별 경제활동인구를 나타낸 자료이다. 다음을 보고 물음에 답하시오.

(단위 : 천 명, %)

구분	2023년		2022년	
	남	여	남	여
15세 이상인구	21,886	22,618	21,699	22,483
취업자	15,463	11,660	15,372	11,450
실업자	627	437	630	443
비경제활동인구	5,796	10,521	5,697	10,590
경제활동참가율	73.5	53.5	73.7	52.9
실업률	3.9	3.6	3.9	3.7
고용률	(가)	(나)	(다)	(라)

※ 1) 경제활동인구 : 15세 이상 인구 중 취업자와 실업자를 의미한다.
　2) 비경제활동인구 : 15세 이상 인구 중 경제활동인구를 제외한 나머지를 의미한다.
　3) 경제활동참가율 : 15세 이상 인구 중 취업자와 실업자를 합한 경제활동인구의 비율
　4) 실업률 : 경제활동인구 중 실업자가 차지하는 비율
　5) 고용률 : 15세 이상 인구 중 취업자의 비율

17 (가) ～ (라)에 들어갈 숫자들의 합은? (단, 고용률은 소수점 둘째 자리에서 반올림한다.)

① 243.9
② 244.0
③ 244.1
④ 244.2
⑤ 244.3

18 2023년의 전체 실업률과 2022년의 전체 실업률을 비교한 것으로 옳은 것은? (단, 실업률은 소수점 둘째 자리에서 반올림한다.)

> ㉠ 2023년의 실업률과 2022년의 실업률은 동일하다.
> ㉡ 2023년의 실업률이 2022년의 실업률보다 크다.
> ㉢ 2022년의 실업률은 3.7%이다.
> ㉣ 2023년의 실업률은 3.8%이다.

① ㉠㉢
② ㉠㉣
③ ㉡㉢
④ ㉡㉣
⑤ ㉠㉢㉣

19 홍보팀에서는 신입직원 6명(A, B, C, D, E, F)을 선배직원 3명(甲, 乙, 丙)이 각각 2명씩 맡아 문서작성 및 결재 요령에 대하여 1주일간 교육을 실시하고 있다. 다음 조건을 만족할 때, 신입직원과 교육을 담당한 선배직원에 대한 설명으로 옳은 것은?

> • B와 F는 같은 조이다.
> • 甲은 A에게 문서작성 요령을 가르쳐 주었다.
> • 乙은 C와 F에게 문서작성 및 결재 요령에 대하여 가르쳐 주지 않았다.

① 丙은 A를 교육한다.
② D는 乙에게 교육을 받지 않는다.
③ C는 甲에게 교육을 받는다.
④ 乙은 C를 교육한다.
⑤ 甲과 丙 중에 E를 교육하는 사람이 있다.

20 다음은 甲은행에 다니는 K 주임의 업무일정이다. 다음 일정을 통해 알 수 있는 내용이 아닌 것은?

업무 내용	비고
09 : 00 ~ 10 : 00 최신 트렌드 조사자료 및 보고서 정리	※ 외부작업 진행
10 : 00 ~ 12 : 30 홍보부 회의	1. 홍보모델 미팅(다음주 화요일 3시)
12 : 30 ~ 13 : 30 점심식사	2. SNS 콘텐츠 디자인업체와 미팅(미정)
13 : 30 ~ 17 : 00 회의록 작성 및 팀 회의	3. SNS 콘텐츠 작가 미팅(다음주 금요일 1시)
17 : 00 ~ 18 : 00 SNS 업데이트 콘텐츠 자료조사	
※ 연장근무 요청(18:00~20:00) 甲은행앱 메타버스 서비스 SNS 업데이트를 위한 홍보문구 관련 자료 수집	※ Y 팀장님 작업요청건 1. 메타버스 서비스 홍보문구 작성 2. SNS 업데이트 사진촬영 스튜디오 예약

① K 주임은 메타버스 서비스 관련한 은행상품을 판매하는 것이 주업무이다.
② K 주임은 SNS에 업데이트 사진촬영 스튜디오를 예약해야 한다.
③ K 주임은 SNS 콘텐츠 업데이트를 위해 작가와 미팅을 할 예정이다.
④ K 주임은 Y 팀장이 요청한 작업을 하기 위해 연장근무를 요청했다.
⑤ SNS 콘텐츠를 디자인하는 업체와 구체적인 미팅날짜를 아직 정하지 않았다.

Answer. 17.② 18.② 19.③ 20.①

21 수당에 관련한 다음 글을 읽고 설명을 잘못 이해한 내용을 고르시오.

〈수당 지급〉

◆ 자녀학비보조수당
   ○ 지급 대상 : 초등학교·중학교 또는 고등학교에 취학하는 자녀가 있는 직원(부부가 함께 근무하는 경우 한 쪽에만 지급)
   ○ 지급범위 및 지급액
   (범위) 수업료와 학교운영지원비(입학금은 제외)
   (지급액) 상한액 범위 내에서 공납금 납입영수증 또는 공납금 납입고지서에 기재된 학비 전액 지급하며 상한액은 자녀 1명당 월 60만 원.

◆ 육아휴직수당
   ○ 지급 대상 : 만 8세 이하의 자녀를 양육하기 위하여 필요하거나 여직원이 임신 또는 출산하게 된 때로 30일 이상 휴직한 남녀 직원
   ○ 지급액 : 휴직 개시일 현재 호봉 기준 월 봉급액의 40퍼센트
   (휴직 중) 총 지급액에서 15퍼센트에 해당하는 금액을 뺀 나머지 금액
   ※ 월 봉급액의 40퍼센트에 해당하는 금액이 100만 원을 초과하는 경우에는 100만 원을, 50만 원미만일 경우에는 50만 원을 지급
   (복직 후) 총 지급액의 15퍼센트에 해당하는 금액
   ※ 복직하여 6개월 이상 계속하여 근무한 경우 7개월 째 보수지급일에 지급함. 다만, 복직 후 6개월 경과 이전에 퇴직하는 경우에는 지급하지 않음
   ○ 지급기간 : 휴직일로부터 최초 1년 이내

◆ 위험근무수당
   ○ 지급 대상 : 위험한 직무에 상시 종사하는 직원
   ○ 지급 기준
   1) 직무의 위험성은 각 부문과 등급별에서 정한 내용에 따름.
   2) 상시 종사란 공무원이 위험한 직무를 일정기간 또는 계속 수행하는 것을 의미. 따라서 일시적·간헐적으로 위험한 직무에 종사하는 경우는 지급대상에 포함될 수 없음.
   3) 직접 종사란 해당 부서 내에서도 업무 분장 상에 있는 위험한 작업 환경과 장소에 직접 노출되어 위험한 업무를 직접 수행하는 것을 의미.
   ○ 지급방법 : 실제 위험한 직무에 종사한 기간에 대하여 일할 계산하여 지급함.

---

① 위험한 직무에 3일간 근무한 것은 위험근무수당 지급 대상이 되지 않는다.
② 자녀학비보조수당은 수업료와 입학금 등 정상적인 학업에 관한 일체의 비용이 포함된다.
③ 육아휴직수당은 휴직일로부터 최초 1년이 경과하면 지급받을 수 없다.
④ 부부가 함께 근무해도 자녀학비보조수당은 부부 중 한 쪽에게만 지급된다.
⑤ 초등학교 고학년에 재학 중인 자녀가 있는 부모에게는 육아휴직수당이 지급되지 않는다.

22 다음 제시된 조건을 보고, 만일 C와 乙을 같은 날 보낼 수 없다면, 목요일에 보내야 하는 남녀사원은 누구인가?

> 영업부의 P 부장은 월요일부터 목요일까지 매일 남녀 각 한 명씩 두 사람을 행사담당자로 보내야 한다. 영업부에는 현재 남자 사원 4명(A, B, C, D)과 여자 사원 4명(甲, 乙, 丙, 丁)이 근무하고 있으며, 다음과 같은 제약 사항이 있다.
>
> 가. 매일 다른 사람을 보내야 한다.
> 나. D는 B 이전에 보내야 한다.
> 다. 乙은 수요일에 보낼 수 없다.
> 라. B와 甲은 같이 보낼 수 없다.
> 마. 甲은 丙과 丁 이후에 보내야 한다.
> 바. D는 C보다 앞서 보내야 한다.
> 사. 乙은 丙 이후에 보내야 한다.
> 아. A는 B를 보낸 바로 다음날 보내야 한다.

① A와 甲   ② C와 甲
③ D와 乙   ④ A와 乙
⑤ C와 丁

23 다음 설명을 참고할 때, 'ISBN 89 349 0490'코드를 EAN코드로 올바르게 바꾼 것은 어느 것인가?

> 한국도서번호란 국제적으로 표준화된 방법에 의해, 전 세계에서 생산되는 각종 도서에 부여하는 국제표준도서번호(International Standard Book Number : ISBN) 제도에 따라 우리나라에서 발행되는 도서에 부여하는 고유번호를 말한다. 또한 EAN(European Artical Number)은 바코드 중 표준화된 바코드를 말한다. 즉, EAN코드는 국내뿐만 아니라 전 세계적으로 코드체계(자리수와 규격 등)가 표준화되어 있어 소매점이 POS시스템 도입이나 제조업 혹은 물류업자의 물류관리 등에 널리 사용이 가능한 체계이다. ISBN코드를 EAN코드로 변환하는 방법은 다음과 같다.
>
> 먼저 9자리로 구성된 ISBN코드의 맨 앞에 3자리 EAN 도서번호인 978을 추가한다. 이렇게 연결된 12자리 숫자의 좌측 첫 자리 수부터 순서대로 번갈아 1과 3을 곱한다. 그렇게 곱해서 산출된 모든 수들을 더하고, 다시 10으로 나누게 된다. 이때 몫을 제외한 '나머지'의 값이 다음과 같은 체크기호와 대응된다.
>
> | 나머지 | 0 | 1 | 2 | 3 | 4 | 5 | 6 | 7 | 8 | 9 |
> |---|---|---|---|---|---|---|---|---|---|---|
> | 체크기호 | 0 | 9 | 8 | 7 | 6 | 5 | 4 | 3 | 2 | 1 |
>
> 나머지에 해당하는 체크기호가 확인되면 처음의 12자리 숫자에 체크기호를 마지막에 더하여 13자리의 EAN코드를 만들 수 있게 된다.

① EAN 9788934904909
② EAN 9788934904908
③ EAN 9788934904907
④ EAN 9788934904906
⑤ EAN 9788934904905

24 다음 ㉠ ~ ㉤ 중 조직 경영에 필요한 요소에 대한 설명을 모두 고른 것은?

> ㉠ 조직의 목적 달성을 위해 경영자가 수립하는 것으로 보다 구체적인 방법과 과정이 담겨있다.
> ㉡ 조직에서 일하는 구성원으로, 경영은 이들의 직무수행에 기초하여 이루어지기 때문에 이들의 배치 및 활용이 중요하다.
> ㉢ 생산자가 상품 또는 서비스를 소비자에게 유통시키는 데 관련된 모든 체계적 경영활동이다.
> ㉣ 특정의 경제적 실체에 관해 이해관계에 있는 사람들에게 합리적이고 경제적인 의사결정을 하는 데 있어 유용한 재무적 정보를 제공하기 위한 것으로, 이러한 일련의 과정 또는 체계를 뜻한다.
> ㉤ 경영을 하는 데 사용할 수 있는 돈으로 이것이 충분히 확보되는 정도에 따라 경영의 방향과 범위가 정해진다.
> ㉥ 조직이 변화하는 환경에 적응하기 위하여 경영활동을 체계화하는 것으로 목표달성을 위한 수단이다.

① ㉠㉢㉤
② ㉡㉢㉣
③ ㉠㉡㉣㉥
④ ㉠㉡㉢㉣
⑤ ㉠㉡㉤㉥

25 다음 글을 순서대로 바르게 배열한 것을 고르시오.

> 저소득 계층을 위한 지원 방안으로는 대상자에게 현금을 직접 지급하는 소득보조, 생활필수품의 가격을 할인해 주는 가격보조 등이 있다.
>
> (가) 특별한 조건이 없다면 최적의 소비선택은 무차별 곡선과 예산선의 접점에서 이루어진다.
> (나) 또한 X재, Y재를 함께 구매했을 때, 만족도가 동일하게 나타나는 X재와 Y재 수량을 조합한 선을 무차별 곡선이라고 한다.
> (다) 그런데 소득보조나 가격보조가 실시되면, 실질 소득의 증가로 예산선이 변하고 이에 따라 소비자마다 만족하는 상품 조합도 변하게 된다.
> (라) 이 제도들을 이해하기 위해서는 먼저 대체효과와 소득효과의 개념을 아는 것이 필요하다.
> (마) 어떤 소비자가 X재와 Y재만을 구입한다고 할 때, 한정된 소득 범위 내에서 최대로 구입 가능한 X재와 Y재의 수량을 나타낸 선을 예산선이라고 한다.
>
> 즉, 예산선과 무차별 곡선의 변화에 따라 각 소비자의 최적 선택지점도 변하는 것이다.

① (가) → (나) → (라) → (마) → (다)
② (다) → (마) → (가) → (나) → (라)
③ (마) → (가) → (나) → (다) → (라)
④ (라) → (마) → (나) → (가) → (다)
⑤ (나) → (가) → (마) → (다) → (라)

26 다음 워크시트에서 [A1:B2] 영역을 선택한 후 채우기 핸들을 사용하여 드래그 했을 때 [A5:B5] 영역 값으로 바르게 짝지은 것은?

	A	B
1	A	13.9
2	B	14.9
3		
4		
5		

① A, 15.9
② B, 17.9
③ A, 17.9
④ C, 14.9
⑤ E, 16.9

📘 Answer. 23.② 24.⑤ 25.④ 26.③

27 다음 제시된 트리를 전위 순회했을 때의 출력 결과는?

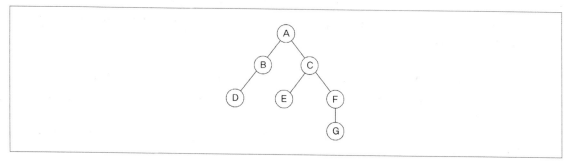

① ABCDEFG

③ DBAECFG

⑤ GFCEABD

② ABDCEFG

④ DBACEFG

28 다음 트리의 터미널 노드의 수는?

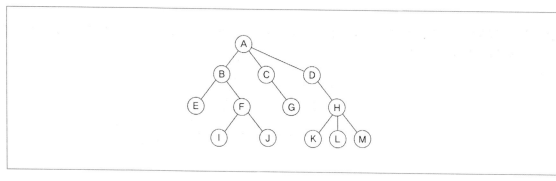

① 2개

③ 5개

⑤ 8개

② 4개

④ 7개

29 박 씨는 수집했던 고가의 피규어를 인터넷 경매를 통해 판매하려고 한다. 경매 방식과 규칙, 예상 응찰 현황이 다음과 같을 때, 경매 결과를 바르게 예측한 것은?

> 가. 경매 방식 : 각 상품은 따로 경매하거나 묶어서 경매
> 나. 경매 규칙
> - 낙찰자 : 최고가로 입찰한 자
> - 낙찰가 : 두 번째로 높은 입찰가
> - 두 상품을 묶어서 경매할 경우 낙찰가의 5%를 할인해 준다.
> - 입찰자는 낙찰가의 총액이 100,000원을 초과할 경우 구매를 포기한다.
> 다. 예상 응찰 현황
>
> | 입찰자 | A 입찰가 | B 입찰가 | 합계 |
> |--------|---------|---------|---------|
> | 甲 | 20,000 | 50,000 | 70,000 |
> | 乙 | 30,000 | 40,000 | 70,000 |
> | 丙 | 40,000 | 70,000 | 110,000 |
> | 丁 | 50,000 | 30,000 | 80,000 |
> | 戊 | 90,000 | 10,000 | 100,000 |
> | 己 | 40,000 | 80,000 | 120,000 |
> | 庚 | 10,000 | 20,000 | 30,000 |
> | 辛 | 30,000 | 10,000 | 40,000 |

① 두 상품을 묶어서 경매한다면 낙찰자는 己이다.
② 경매 방식에 상관없이 박 씨의 예상 수입은 동일하다.
③ 두 상품을 따로 경매한다면 얻는 수입은 120,000원이다.
④ 두 상품을 따로 경매한다면 A의 낙찰자는 丁이다.
⑤ 낙찰가의 총액이 100,000원이 넘을 경우 낙찰받기 유리하다.

30 다음 중 박 주임이 해야 할 일을 시간관리 매트릭스 4단계로 구분했을 때 옳지 않은 것은?

〈박 주임이 해야 할 일〉

㉠ 어제 못 본 드라마 보기 　　　　　　㉡ 마감이 정해진 프로젝트 마무리 하기
㉢ 새로운 인간관계 구축하기 　　　　　㉣ 회의록 작성하기
㉤ 회의하기 　　　　　　　　　　　　　㉥ 자기개발하기

〈시간관리 매트릭스〉

	긴급함	긴급하지 않음
중요함	제1사분면	제2사분면
중요하지 않음	제3사분면	제4사분면

① 제1사분면 : ㉢　　　　　　　　　　② 제2사분면 : ㉥
③ 제3사분면 : ㉣　　　　　　　　　　④ 제3사분면 : ㉤
⑤ 제4사분면 : ㉠

31 예산집행을 담당하는 홍 대리는 이번 달 사용한 비용 내역을 다음과 같이 정리하였다. 이를 본 팀장은 홍 대리에게 이번 달 간접비의 비중이 직접비의 15%를 넘지 말았어야 했다고 말한다. 다음 보기와 같이 홍 대리가 생각하는 내용 중 팀장이 이번 달 계획했던 비용 지출 계획과 어긋나는 것은?

〈이번 달 비용 내역〉

항목	금액	항목	금액
직원 급여	1,200만 원	출장비	200만 원
설비비	2,200만 원	자재대금	400만 원
사무실 임대료	300만 원	수도/전기세	35만 원
광고료	550만 원	비품	30만 원
직원 통신비	60만 원		

① '비품을 다음 달에 살 걸 그랬네…'
② '출장비가 80만 원만 더 나왔어도 팀장님이 원하는 비중대로 되었을 텐데…'
③ '어쩐지 수도/전기세를 다음 달에 몰아서 내고 싶더라…'
④ '직원들 통신비를 절반으로 줄이기만 했어도…'
⑤ '가만, 내가 설비비 부가세를 포함했는지 확인해야겠다. 그것만 포함되면 될 텐데…'

32 다음은 甲기업의 재고 관리 사례이다. 금요일까지 부품 재고 수량이 남지 않게 완성품을 만들 수 있도록 월요일에 주문할 A ~ C 부품 개수로 옳은 것은? (단, 주어진 조건 이외에는 고려하지 않는다)

〈부품 재고 수량과 완성품 1개당 소요량〉

부품명	부품 재고 수량	완성품 1개당 소요량
A	500	10
B	120	3
C	250	5

〈완성품 납품 수량〉

항목 \ 요일	월	화	수	목	금
완성품 납품 개수	없음	30	20	30	20

〈조건〉

• 부품 주문은 월요일에 한 번 신청하며 화요일 작업 시작 전 입고된다.
• 완성품은 부품 A, B, C를 모두 조립해야 한다.

	A	B	C
①	100	100	100
②	100	180	200
③	500	100	100
④	500	180	250
⑤	500	150	250

Answer. 30.① 31.② 32.④

제1회 실전모의고사 **413**

‖ 33 ~ 34 ‖ 다음 설명을 읽고 분석 결과에 대응하는 가장 적절한 전략을 고르시오.

SWOT분석이란 기업의 환경 분석을 통해 마케팅 전략을 수립하는 기법이다. 조직 내부 환경으로는 조직이 우위를 점할 수 있는 강점(Strength), 조직의 효과적인 성과를 방해하는 자원·기술·능력면에서의 약점(Weakness), 조직 외부 환경으로는 조직 활동에 이점을 주는 기회(Opportunity), 조직 활동에 불이익을 미치는 위협(Threat)으로 구분된다.

※ SWOT분석에 의한 마케팅 전략
- SO전략(강점 – 기회전략) : 시장의 기회를 활용하기 위해 강점을 사용하는 전략
- ST전략(강점 – 위협전략) : 시장의 위협을 회피하기 위해 강점을 사용하는 전략
- WO전략(약점 – 기회전략) : 약점을 극복함으로 시장의 기회를 활용하려는 전략
- WT전략(약점 – 위협전략) : 시장의 위협을 회피하고 약점을 최소화하는 전략

33 다음은 A화장품 기업의 SWOT분석이다. 다음 중 SO전략에 해당하는 것은?

강점(Strength)	• 기초화장품과 관련된 높은 기술력 보유 • 기초화장품 전문 브랜드라는 소비자인식과 높은 신뢰도
약점(Weakness)	• 알레르기 피부전용 화장품 라인의 후발주자 • 용량 대비 높은 가격
기회(Opportunity)	• 알레르기 피부전용 화장품에 대한 인식변화와 화장품 시장의 지속적인 성장 • 화장품 분야에 대한 정부의 지원
위협(Threat)	• 경쟁업체들의 알레르기 피부전용 화장품 시장 공략 • 내수경기 침체로 인한 소비심리 위축

① 유통비 조정을 통한 제품의 가격 조정
② 정부의 지원을 통한 제품의 가격 조정
③ 알레르기 피부전용 화장품 이외의 라인에 주력하여 경쟁력 강화
④ 기초화장품 기술력을 알레르기 피부전용 화장품 이외의 라인에 적용
⑤ 기초화장품 기술력을 통해 경쟁적으로 알레르기 피부전용 기초화장품 개발

34 다음은 의류를 판매하는 인터넷 쇼핑몰의 SWOT분석이다. 가장 적절한 전략은?

강점(Strength)	• 쉽고 빠른 제품선택, 시·공간의 제약 없음 • 오프라인 매장이 없어 비용 절감 • 고객데이터 활용의 편리성
약점(Weakness)	• 높은 마케팅비용 • 보안 및 결제시스템의 취약점 • 낮은 진입 장벽으로 경쟁업체 난립
기회(Opportunity)	• 업체 간 업무 제휴로 상생 경영 • IT기술과 전자상거래 기술 발달
위협(Threat)	• 경기 침체의 가변성 • 잦은 개인정보유출사건으로 인한 소비자의 신뢰도 하락 • 일부 업체로의 집중화에 의한 독과점 발생

① SO전략 : 대형 쇼핑플랫폼과의 제휴로 마케팅비용을 줄인다.

② ST전략 : 보안성이 강화된 결제시스템 IT기술을 이용하여 보안부문을 강화한다.

③ WT전략 : 고객데이터를 이용하여 이벤트를 주기적으로 열어 경쟁력을 높인다.

④ WO전략 : 대형 쇼핑플랫폼과 제휴를 맺어 할인쿠폰을 제공하며 경쟁력을 높인다.

⑤ ST전략 : 다른 의류업체와 협업으로 팝업스토어를 열어 판매하는 제품의 정보를 제공한다.

|35~ 36 | 다음 〈표〉와 〈선정절차〉는 정부가 추진하는 신규 사업에 지원한 A ~ E 기업의 현황과 사업 선정절차에 대한 자료이다. 물음에 답하시오.

〈표〉A ~ E 기업 현황

기업	직원수(명)	임원수(명)		임원평균 근속기간(년)	시설현황				통근차량 대수(대)
		이사	감사		사무실		휴게실 면적(m²)	기업 총면적(m²)	
					수(개)	총면적(m²)			
A	132	10	3	2.1	5	450	2,400	3,800	3
B	160	5	1	4.5	7	420	200	1,300	2
C	120	4	3	3.1	5	420	440	1,000	1
D	170	2	12	4.0	7	550	300	1,500	2
E	135	4	6	2.9	6	550	1,000	2,500	2

※ 여유면적 = 기업 총면적 − 사무실 총면적 − 휴게실 면적

〈선정절차〉

가. 1단계 : 아래 4개 조건을 모두 충족하는 기업을 예비 선정한다.
- 사무실조건 : 사무실 1개당 직원수가 25명 이하여야 한다.
- 임원조건 : 임원 1인당 직원수가 15명 이하여야 한다.
- 차량조건 : 통근 차량 1대당 직원수가 100명 이하여야 한다.
- 여유면적조건 : 여유면적이 650m² 이상이어야 한다.

나. 2단계 : 예비 선정된 기업 중 임원 평균 근속기간이 가장 긴 기업을 최종 선정한다.

35 1단계 조건을 충족하여 예비 선정되는 기업을 모두 고르면?

① A, B ② B, C
③ C, D ④ D, E
⑤ E, A

36 정부가 추진하는 신규 사업에 최종 선정되는 기업은?

① A ② B
③ C ④ D
⑤ E

37 다음 알고리즘에서 결과가 23으로 인쇄되었을 때 a의 값은?

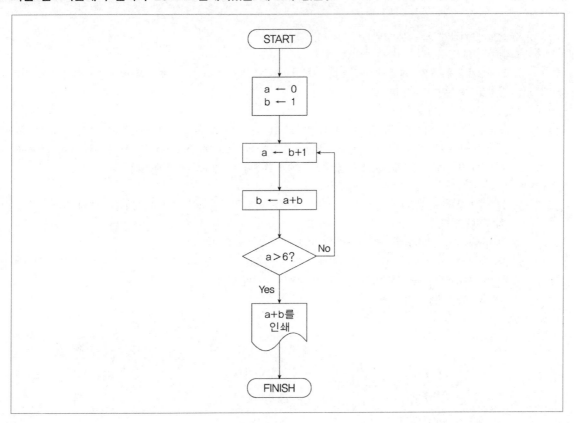

① 2
③ 4
⑤ 8

② 3
④ 7

38 다음은 주차장법상 노외주차장 구조 · 설비 기준에 관한 내용의 일부이다. 이에 대한 설명 중 옳은 것은?

제6조(노외주차장의 구조 · 설비기준)
노외주차장의 구조 · 설비기준은 다음과 같다.
1. 노외주차장의 출구와 입구에서 자동차의 회전을 쉽게 하기 위하여 필요한 경우에는 차로와 도로가 접하는 부분을 곡선형으로 하여야 한다.

2. 노외주차장의 출구 부근의 구조는 해당 출구로부터 2미터(이륜자동차전용 출구의 경우에는 1.3미터)를 후퇴한 노외주차장의 차로의 중심선상 1.4미터의 높이에서 도로의 중심선에 직각으로 향한 왼쪽 · 오른쪽 각각 60도의 범위에서 해당 도로를 통행하는 자를 확인할 수 있도록 하여야 한다.

3. 노외주차장에는 자동차의 안전하고 원활한 통행을 확보하기 위하여 다음에서 정하는 바에 따라 차로를 설치하여야 한다.
 • 주차구획선의 긴 변과 짧은 변 중 한 변 이상이 차로에 접하여야 한다.
 • 차로의 너비는 주차형식 및 출입구(지하식 또는 건축물식 주차장의 출입구를 포함하며 4에서 또한 같다.)의 개수에 따라 다음 구분에 따른 기준 이상으로 하여야 한다.
   – 이륜자동차전용 노외주차장

주차형식	차로의 너비	
	출입구가 2개 이상인 경우	출입구가 1개인 경우
평행주차	2.25미터	3.5미터
직각주차	4.0미터	4.0미터
45도 대향(對向)주차	2.3미터	3.5미터

   – 이륜자동차전용 노외주차장 외의 노외주차장

주차형식	차로의 너비	
	출입구가 2개 이상인 경우	출입구가 1개인 경우
평행주차	3.3미터	5.0미터
직각주차	6.0미터	6.0미터
60도 대향주차	4.5미터	5.5미터
45도 대향주차	3.5미터	5.0미터
교차주차	3.5미터	5.0미터

4. 노외주차장의 출입구 너비는 3.5미터 이상으로 하여야 하며, 주차대수 규모가 50대 이상인 경우에는 출구와 입구를 분리하거나 너비 5.5미터 이상의 출입구를 설치하여 소통이 원활하도록 하여야 한다.

5. 지하식 또는 건축물식 노외주차장의 차로는 3의 기준에 따르는 외에 다음에서 정하는 바에 따른다.
- 높이는 주차바닥면으로부터 2.3미터 이상으로 하여야 한다.
- 곡선 부분은 자동차가 6미터(같은 경사로를 이용하는 주차장의 총주차대수가 50대 이하인 경우에는 5미터, 이륜자동차전용 노외주차장의 경우에는 3미터) 이상의 내변반경으로 회전할 수 있도록 하여야 한다.
- 경사로의 차로 너비는 직선형인 경우에는 3.3미터 이상(2차로의 경우에는 6미터 이상)으로 하고, 곡선형인 경우에는 3.6미터 이상(2차로의 경우에는 6.5미터 이상)으로 하며, 경사로의 양쪽 벽면으로부터 30센티미터 이상의 지점에 높이 10센티미터 이상 15센티미터 미만의 연석(沿石)을 설치하여야 한다. 이 경우 연석 부분은 차로의 너비에 포함되는 것으로 본다.
- 경사로의 종단경사도는 직선 부분에서는 17퍼센트를 초과하여서는 아니 되며, 곡선 부분에서는 14퍼센트를 초과하여서는 아니 된다.
- 경사로의 노면은 거친 면으로 하여야 한다.
- 주차대수 규모가 50대 이상인 경우의 경사로는 너비 6미터 이상인 2차로를 확보하거나 진입차로와 진출차로를 분리하여야 한다.

① 노외주차장을 설비할 때는 반드시 차로와 도로가 접하는 부분을 직선형으로 하여야 한다.
② 출입구가 2개이며 직각주차 형식의 이륜자동차전용 노외주차장에는 너비가 4.0미터 이상인 차로를 설치해야 한다.
③ 출입구가 1개이며 45도 대향주차 형식의 이륜자동차전용 주차장이 아닌 노외주차장에는 너비가 3.5미터 이상인 차로를 설치해야 한다.
④ 지하식 노외주차장의 차로의 높이는 주차바닥면으로부터 3미터 이상이어야 한다.
⑤ 60대의 차량이 주차할 수 있는 노외주차장의 경우 출입구의 너비는 3.5미터 이상이어야 한다.

서양음악의 기보는 오선지 위에 음표를 기재하는 방식으로 이루어진다. 오선지 상에서 각 음의 이름은 아래의 〈그림〉과 같으며, 동일한 음 간의 간격을 1도, 바로 인접한 음과의 간격을 2도라 하고 8도 떨어진 음을 '옥타브 위의 음'이라고 한다.

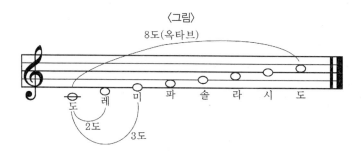

중세시대 성가들은 8개의 교회선법을 기초로 만들어졌다. 그 8개의 선법은 4개의 '정격선법'과 이와 짝을 이루는 4개의 '변격선법'으로 이루어져 있다. 4개의 정격선법에는 도리아, 프리지아, 리디아, 믹소리디아가 있고, 이들 선법은 서로 다른 하나의 '종지음'을 갖고 있다. '종지음'이라는 명칭의 유래는 어느 한 선법을 기초로 만들어진 성가는 반드시 그 선법의 종지음으로 끝난다는 특징에서 기인한다. 도리아 – 프리지아 – 리디아 – 믹소리디아 선법은 도리아 선법의 종지음인 '레'음에서 2도씩 순차적으로 높아지는 음을 종지음으로 갖는다. 각 정격선법은 그 종지음으로부터 옥타브 위까지의 8개 음으로 이루어지며, 이 8개의 음을 '음역'이라 한다. 정격선법과 짝을 이루는 변격선법의 이름은 정격선법 이름에 '히포'라는 접두어를 붙여 부른다. 예를 들면 도리아 선법의 변격선법은 히포도리아 선법이 된다. 각 변격선법은 상응하는 정격선법과 같은 종지음을 갖지만 그 음역은 종지음으로부터 아래로는 4도, 위로는 5도까지 펼쳐져 있다. 교회선법에는 종지음 외에 특별히 강조되는 음이 하나 더 있는데 이 음을 '중심음'이라고 한다. 원칙적으로는 정격선법의 중심음은 종지음으로부터 5도 위의 음이다. 다만 프리지아 선법에서처럼 종지음으로부터 5도 위의 음이 '시'음이 될 때에는 그 위의 '도'음이 중심음이 된다. 변격선법에서는 짝을 이루는 정격선법의 중심음으로부터 3도 아래의 음이 그 변격선법의 중심음이 되는데, 역시 이때도 3도 아래의 음이 '시'음일 경우는 바로 위의 '도'음이 중심음이 된다.

39 도리아 선법을 악보로 나타낸 것으로 옳은 것은?

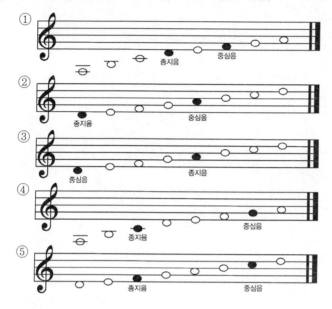

40 히포프리지아 선법을 악보로 나타낸 것으로 옳은 것은?

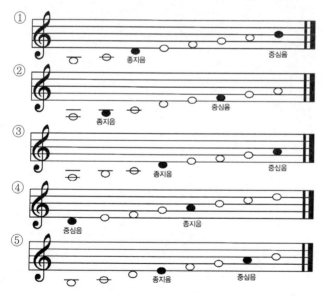

▎41 ~ 42 ▎ 다음 조건을 순차적으로 처리할 때 다음 시스템에서 취해야 할 행동은?

41

가. 레버 3개의 위치에 따라 다음과 같이 오류값을 선택한다. 오류값을 선택할 때에는 음영처리가 된 오류값만 선택한다.
- 레버 3개 중 1개만 위로 올라가 있다. → 오류값 중 가장 큰 수와 가장 작은 수의 차이
- 레버 3개 중 2개만 위로 올라가 있다. → 오류값 중 가장 큰 수와 가장 작의 수의 합
- 레버 3개가 모두 위로 올라가 있다 → 오류값들의 평균값(소수 첫째 자리에서 반올림)

나. 오류값에 따라 다음과 같이 상황을 판단한다.

오류값 허용 범위	상황	상황별 행동
오류값<5	안전	아무 버튼도 누르지 않는다.
5≤오류값<10	경고	파란 버튼을 누른다. 단, 올라간 레버가 2개 이상이면 빨간 버튼도 함께 누른다.
10≤오류값<15	위험	빨간 버튼을 모두 누른다.
15≤오류값	차단	전원을 차단한다.

다. 계기판 수치가 5 이하면 무조건 안전, 15 이상이면 무조건 경고

라. 음영 처리된 오류값이 2개 이하이면 한 단계 격하, 음영 처리된 오류값이 5개 이상이면 한 단계 격상

마. 안전단계에서 격하되어도 안전 상태를 유지, 위험단계에서 격상되어도 위험단계를 유지

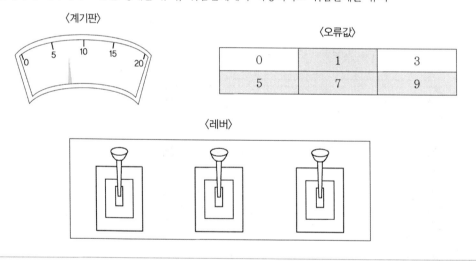

〈계기판〉

〈오류값〉

0	1	3
5	7	9

〈레버〉

① 아무 버튼도 누르지 않는다.
② 파란 버튼과 빨간 버튼을 모두 누른다.
③ 파란 버튼을 누른다.
④ 빨간 버튼을 누른다.
⑤ 전원을 차단한다.

42

가. 오류값 중 제일 아래 행에 있는 값들이 음영 처리된 경우, 다음과 같이 행동한다. 단, 다음 3개 중 &와 함께 음영 처리가 되면 &에 관련된 행동을 먼저 취한다.

오류값	행동
&	음영 처리 반전
0	오류값 3, 6은 무조건 음영 처리된 것으로 판단
#	오류값 2, 5는 무조건 음영 처리되지 않은 것으로 판단

나. 레버 3개의 위치에 따라 다음과 같이 오류값을 선택한다. 오류값을 선택할 때에는 음영처리가 된 오류값만 선택한다.
 • 레버 3개 중 1개만 아래로 내려가 있다. → 오류값의 총합
 • 레버 3개 중 2개만 아래로 내려가 있다. → 오류값 중 가장 큰 수
 • 레버 3개가 모두 아래로 내려가 있다. → 오류값 중 가장 작은 수

다. 오류값에 따라 다음과 같이 상황을 판단한다.

오류값 허용 범위	상황	상황별 행동
오류값<5	안전	아무 버튼도 누르지 않는다.
5≤오류값<10	경고	노란 버튼을 누른다. 단, 내려간 레버가 2개 이상이면 초록 버튼을 누른다.
10≤오류값<15	위험	노란 버튼과 초록 버튼을 모두 누른다.
15≤오류값	차단	전원을 차단한다.

라. 음영 처리된 오류값이 2개 이하이면 무조건 안전, 5개 이상이면 무조건 경고
마. 계기판의 바늘 2개가 겹치면 한 단계 격상, 겹치지 않으면 아무 변화 없음
바. 계기판이 두 바늘이 가리키는 수치가 하나라도 15 이상이면 한 단계 격상
사. 위험단계에서 격상되어도 위험상태를 유지

〈계기판〉

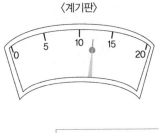

〈오류값〉

1	2	3
4	5	6
&	0	#

〈레버〉

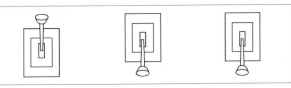

① 초록 버튼을 누른다.   ② 노란 버튼과 초록 버튼을 누른다.
③ 노란 버튼을 누른다.   ④ 아무 버튼도 누르지 않는다.
⑤ 전원을 차단한다.

| 43 ~ 44 | 다음은 어느 디지털 캠코더의 사용설명서이다. 이를 읽고 물음에 답하시오.

가. 고장신고 전 확인사항

캠코더에 문제가 있다고 판단될 시 다음 사항들을 먼저 확인해 보시고 그래도 문제해결이 되지 않을 경우 가까운 A/S센터를 방문해 주세요.

나. 배터리 관련

화면표시	원인	조치 및 확인사항
배터리 용량이 부족합니다.	배터리가 거의 소모되었습니다.	충전된 배터리로 교체하거나 전원공급기를 연결하세요.
정품 배터리가 아닙니다.	배터리의 정품여부를 확인할 수 없습니다.	배터리가 정품인지 확인 후 새 배터리로 교체하세요.

다. 동영상 편집

화면표시	원인	조치 및 확인사항
다른 해상도는 선택할 수 없습니다.	서로 다른 해상도의 동영상은 합쳐지지 않습니다.	서로 다른 해상도의 동영상은 합치기 기능을 사용할 수 없습니다.
메모리 카드 공간이 충분하지 않습니다.	편집 시 사용할 메모리 카드의 공간이 부족합니다.	불필요한 파일을 삭제한 후 편집기능을 실행하세요.
합치기를 위해 2개의 파일만 선택해 주세요.	합치기 기능은 2개의 파일만 가능합니다.	먼저 2개의 파일을 합친 후 나머지 파일을 합쳐주세요. 단, 총 용량이 1.8GB 이상일 경우 합치기는 불가능합니다.
파일의 크기가 1.8GB가 넘습니다.	총 용량이 1.8GB 이상인 파일은 합치기가 불가능합니다.	파일 나누기 기능을 실행하여 불필요한 부분을 제거한 후 합치기를 실행하세요.

라. 촬영관련

화면표시	원인	조치 및 확인사항
쓰기를 실패하였습니다.	저장매체에 문제가 있습니다.	• 데이터 복구를 위해 기기를 껐다가 다시 켜세요. • 중요한 파일은 컴퓨터에 복사한 후 저장매체를 포맷하세요.
스마트오토 기능을 해제해 주세요.	스마트오토 기능이 실행 중일 때는 일부 기능을 수동으로 설정할 수 없습니다.	스마트오토 모드를 해제하세요.

43 캠코더를 사용하다가 갑자기 화면에 '메모리 카드 공간이 충분하지 않습니다.'라는 문구가 떴다. 이를 해결하는 방법으로 가장 적절한 것은?

① 스마트오토 모드가 설정된 것을 해제한다.

② 저장된 파일 중에서 필요 없는 것을 삭제하고 다시 편집기능을 실행한다.

③ 배터리로 전원공급기에 연결하여 충전하거나 충전이 된 배터리로 교체한다.

④ 파일의 불필요한 부분을 제거하고 파일을 하나로 합친다.

⑤ 기기를 껐다가 다시 켜서 데이터를 복구한다.

44 캠코더 화면에 '쓰기를 실패하였습니다.'라는 문구가 뜨면 어떻게 대처해야 하는가?

① 파일 나누기 기능을 실행하여 불필요한 부분을 제거한 후 합치기를 실행한다.

② 서로 다른 해상도의 동영상은 합치기 기능을 사용할 수 없다.

③ 배터리가 정품인지 확인 후 새 배터리로 교체한다.

④ 데이터 복구를 위해 기기를 껐다가 다시 켠다.

⑤ 스마트오토 모드를 해제한다.

45

다음은 2023년과 2024년에 甲 ~ 丁 국가 전체 인구를 대상으로 통신 가입자 현황을 조사한 자료이다. 〈보기〉에서 이에 대한 설명으로 옳은 것을 모두 고르면?

〈국가별 2023년과 2024년 통신 가입자 현황〉

(단위 : 만 명)

연도 국가 구분	2015년				2024년			
	유선 통신 가입자	무선 통신 가입자	유·무선 통신 동시 가입자	미 가입자	유선 통신 가입자	무선 통신 가입자	유·무선 통신 동시 가입자	미 가입자
甲	( )	4,100	700	200	1,600	5,700	400	100
乙	1,900	3,000	300	400	1,400	( )	100	200
丙	3,200	7,700	( )	700	3,000	5,500	1,100	400
丁	1,100	1,300	500	100	1,100	2,500	800	( )

※ 유·무선 통신 동시 가입자는 유선 통신 가입자와 무선 통신 가입자에도 포함됨

보기

㉠ 甲국의 2023년 인구 100명당 유선 통신 가입자가 40명이라면, 유선 통신 가입자는 2,200만 명이다.
㉡ 乙국의 2023년 대비 2024년 무선 통신 가입자 수의 비율이 1.5라면, 2024년 무선 통신 가입자는 5,000만 명이다.
㉢ 丁국의 2023년 대비 2024년 인구 비율이 1.5라면, 2024년 미가입자는 200만 명이다.
㉣ 2023년 유선 통신만 가입한 인구는 乙국이 丁국의 3배가 안 된다.

① ㉠㉡
② ㉠㉢
③ ㉡㉢
④ ㉡㉣
⑤ ㉢㉣

원가가 500원인 지우개가 있다. 처음에 x%의 이윤을 남겨 정가로 정하여 10개를 판매했다. 하지만 잘 팔리지 않아 정가의 x%를 할인하여 50개를 판매하였다. 이때 이윤이 0원이었다면, x의 값은?

① 5%
② 10%
③ 15%
④ 20%
⑤ 25%

47 두 과학자 A진영과 B진영의 진술 내용과 부합하지 않는 것은?

> 우리 은하와 비교적 멀리 떨어져 있는 은하들이 모두 우리 은하로부터 점점 더 멀어지고 있다는 사실이 확인되었다. 이 사실을 두고 우주의 기원과 구조에 대해 서로 다른 견해를 가진 두 진영이 다음과 같이 논쟁하였다.
>
> A진영 : 우주는 시간적으로 무한히 오래되었다. 우주가 팽창하는 것은 사실이다. 그렇다고 우리 견해가 틀렸다고 볼 필요는 없다. 우주는 팽창하지만 전체적으로 항상성을 유지한다. 은하와 은하가 멀어질 때 그 사이에서 물질이 연속적으로 생성되어 새로운 은하들이 계속 형성되기 때문이다. 비록 우주는 약간씩 변화가 있겠지만, 우주 전체의 평균 밀도는 일정하게 유지된다. 만일 은하 사이에서 새로 생성되는 은하를 관측한다면, 우리의 가설을 입증할 수 있다. 반면 우주가 자그마한 씨앗으로부터 대폭발에 의해 생겨났다는 주장은 터무니없다. 이처럼 방대한 우주의 물질과 구조가 어떻게 그토록 작은 점에 모여 있을 수 있겠는가?
>
> B진영 : A의 주장은 터무니없다. 은하 사이에서 새로운 은하가 생겨난다면 도대체 그 물질은 어디서 온 것이라는 말인가? 은하들이 우리 은하로부터 점점 더 멀어지고 있다는 사실은 오히려 우리 견해가 옳다는 것을 입증할 뿐이다. 팽창하는 우주를 거꾸로 돌린다면 우주가 시공간적으로 한 점에서 시작되었다는 결론을 얻을 수 있다. 만일 우주 안의 모든 물질과 구조가 한 점에 있었다면 초기 우주는 현재와 크게 달랐을 것이다. 대폭발 이후 우주의 물질들은 계속 멀어지고 있으며 우주의 밀도는 계속 낮아지고 있다. 대폭발 이후 방대한 전자기파가 방출되었는데, 만일 우리가 이를 관측한다면, 우리의 견해가 입증될 것이다.

① A에 따르면 우주는 팽창하며 항상성을 유지한다.
② A에 따르면 우주는 시작이 없고, B에 따르면 우주는 시작이 있다.
③ A에 따르면 우주는 국소적인 변화는 있으나 전체적으로는 변화가 없다.
④ A와 B는 인접한 은하들 사이의 평균 거리가 커진다는 것을 받아들인다.
⑤ A와 B는 은하가 서로 멀어질 때 새로운 은하들이 형성된다고 보았다.

48 다음은 I기업의 조직도와 팀장님의 지시사항이다. H 씨가 팀장님의 심부름을 수행하기 위해 연락해야 할 부서로 옳은 것은?

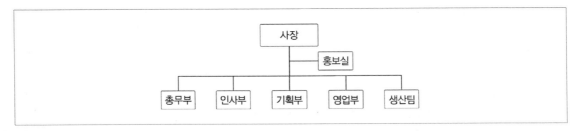

H 씨! 다음 주 중에 사장님 모시고 클라이언트와 만나야 할 일이 있으니까 사장님 일정을 확인해주시구요. 이번 달에 신입사원 교육·훈련계획이 있었던 것 같은데 정확한 시간이랑 날짜를 확인해주세요.

① 총무부, 인사부
② 총무부, 홍보실
③ 기획부, 총무부
④ 영업부, 기획부
⑤ 기획부, 인사부

49 다음 대화의 내용이 참일 때, 거짓인 진술은?

팀장 : 위기관리체계 점검 회의를 위해 외부 전문가를 위촉해야 하는데, 위촉 후보자는 A, B, C, D, E, F 여섯 사람입니다.
대리 : 그건 저도 알고 있습니다. 그런데 A와 B 중 적어도 한 명은 위촉해야 합니다. 지진 재해와 관련된 전문가들은 이들뿐이거든요.
팀장 : 동의합니다. 그런데 A는 C와 같이 참여하기를 바라고 있습니다. 그러니까 C를 위촉할 경우에만 A를 위촉해야 합니다.
주임 : 별문제 없어 보입니다. C는 반드시 위촉해야 하거든요. 회의 진행을 맡을 사람이 필요한데, C가 적격입니다. 그런데 C를 위촉하기 위해서는 D, E, F 세 사람 중 적어도 한 명은 위촉해야 합니다. C가 회의를 진행할 때 도움이 될 사람이 필요하거든요.
대리 : E를 위촉할 경우에는 F도 반드시 위촉해야 합니다. E는 F가 참여하지 않으면 참여하지 않겠다고 했거든요.
주임 : 주의할 점이 있습니다. B와 D를 함께 위촉할 수는 없습니다. B와 D는 같은 학술 단체 소속이거든요.

① 갑 : 총 3명만 위촉하는 방법은 모두 3가지이다.
② 을 : A는 위촉되지 않을 수 있다.
③ 병 : B를 위촉하기 위해서는 F도 위촉해야 한다.
④ 정 : D와 E 중 적어도 한 사람은 위촉해야 한다.
⑤ 무 : D를 포함하여 최소 인원을 위촉하려면 총 3명을 위촉해야 한다.

50 다음은 '甲 ~ 戊' 공무원의 국외 출장 현황과 출장 국가별 여비 지급 기준액을 나타낸 자료이다. 〈표〉와 〈조건〉을 근거로 출장 여비를 지급받을 때, 출장 여비를 가장 많이 지급받는 출장자는 누구인가?

〈표1〉 甲 ~ 戊 공무원 국외 출장 현황

출장자	출장국가	출장기간	숙박비 지급 유형	1박 실지출 비용($/박)	출장 시 개인 마일리지 사용 여부
甲	A	3박4일	실비지급	145	미사용
乙	A	3박4일	정액지급	130	사용
丙	B	3박5일	실비지급	110	사용
丁	C	4박6일	정액지급	75	미사용
戊	D	5박6일	실비지급	75	사용

※ 각 출장자의 출장 기간 중 매 박 실지출 비용은 변동 없음

〈표2〉 출장 국가별 1인당 여비 지급 기준액

출장국가＼구분	1일 숙박비 상한액($/박)	1일 식비($/일)
A	170	72
B	140	60
C	100	45
D	85	35

조건

가. 출장 여비($) = 숙박비 + 식비

나. 숙박비는 숙박 실지출 비용을 지급하는 실비지급 유형과 출장국가 숙박비 상한액의 80%를 지급하는 정액지급 유형으로 구분
  • 실비지급 숙박비($) = (1박 실지출 비용) × ('박' 수)
  • 정액지급 숙박비($) = (출장국가 1일 숙박비 상한액) × ('박' 수) × 0.8

다. 식비는 출장 시 개인 마일리지 사용여부에 따라 출장 중 식비의 20% 추가지급
  • 개인 마일리지 미사용 시 지급 식비($) = (출장국가 1일 식비) × ('일' 수)
  • 개인 마일리지 사용 시 지급 식비($) = (출장국가 1일 식비) × ('일' 수) × 1.2

① 甲
② 乙
③ 丙
④ 丁
⑤ 戊

제2회 실전모의고사

풀이시간 |_____분 / 50분	정답문항수 |_____문항 / 50문항

1 다음은 A기업의 설명회를 개최할 수 있는 대관 장소로 가장 적절한 곳은?

A기업에서는 대학생들을 대상으로 A기업을 소개하는 설명회를 개최한다. 김 대리는 장소를 대관하고 대학생들에게 돌릴 홍보책자를 주문하려고 한다.
- 대관 장소는 대학생들과 담당자 甲을 포함한 세 명을 더하여 총 10%의 여유인원을 수용할 수 있어야 한다.
- 홍보책자는 설명회에 참관하는 대학생 모두에게 나눠줄 공통 책자와 계열에 따른 책자 3종(인문. 사회, 공학계열)이다.
- 공통책자는 설명회에 참여하는 대학생 인원 수 5%의 여유분을 포함하며 계열에 따른 책자는 15권씩 더 제작한다.

구분	인원
인문계열	193명
사회계열	174명
공학계열	230명

① 평화홀 − 580명
② 무지개홀 − 600명
③ 바람홀 − 620명
④ 민들레홀 − 640명
⑤ 은하수홀 − 660명

┃2 ~ 3┃ 다음 상황을 보고 이어지는 물음에 답하시오.

K기업은 직원들의 업무역량 강화를 위해 NCS 기반 교육을 실시하기로 하였다. 교육 분야를 결정하기 위한 내부 회의를 통해 다음과 같은 4개의 영역이 상정되었고, 이에 대하여 3명의 경영진이 각각 자신의 선호도를 결정하였다.

경영진 선호도	영업본부장	관리본부장	기술본부장
1순위	의사소통영역	조직이해영역	의사소통영역
2순위	자원관리영역	의사소통영역	자원관리영역
3순위	문제해결영역	문제해결영역	조직이해영역
4순위	조직이해영역	자원관리영역	문제해결영역

※ 4개의 영역 중 사내 전 직원의 투표에 의해 2개의 영역이 선정되며, 선정된 안건에 대한 경영진의 선호도 다수결에 따라 한 개의 최종 교육 영역이 채택된다.

2 다음 중 직원들의 투표 결과에 의한 2개 영역 중 하나로 조직이해영역이 선정되었을 경우에 일어날 수 있는 일로 옳은 것은?

① 나머지 하나로 어떤 안건이 선정되어도 조직이해영역은 최종 채택되지 않는다.

② 나머지 하나로 자원관리영역이 선정되면 조직이해영역이 선정된다.

③ 나머지 하나로 의사소통영역이 선정되면 선정된 안건의 심사위원 선호 결과가 같아지게 된다.

④ 나머지 안건과 관계없이 조직이해영역은 반드시 최종 채택된다.

⑤ 조직이해영역이 최종 채택이 되는 경우는 한 가지 밖에 없다.

3 만일 1 ~ 4순위별로 각각 4점, 3점, 2점, 1점의 가중치를 부여한다면, 자원관리영역이 투표 결과에 의한 2개 영역 중 하나로 선정되었을 경우에 대한 설명으로 옳은 것은 어느 것인가? (단, 동일 점수가 나오면 해당 영역만으로 재투표를 실시하여 순위를 가린다.)

① 의사소통영역이 나머지 하나의 영역일 경우, 재투표를 실시할 수 있다.

② 어떤 다른 영역과 함께 선정되어도 자원관리영역은 채택될 수 없다.

③ 조직이해영역이 나머지 하나의 영역일 경우, 재투표를 실시할 수 있다.

④ 문제해결영역이 나머지 하나의 영역일 경우, 문제해결영역이 채택된다.

⑤ 자원관리영역이 채택될 수 있는 경우는 한 가지 밖에 없다.

Answer. 1.⑤ 2.⑤ 3.③

4 다음 위크시티는 '사원별 보험 판매 실적'을 분석한 것이다. ㈎, ㈏에 들어갈 함수식이 참조하는 셀 영역은?

	9월	10월	11월	합계	판매순위
사원별 보험 판매 실적					
K 사원	50	40	45	(가)	(나)
L 사원	30	35	40	105	3
P 사원	40	50	50	140	2
S 사원	60	55	70	185	1
계	180	180	205	565	

	㈎	㈏		㈎	㈏
①	C4:E4	C$4:E$4	②	C4:E4	C$4:F$7
③	C4:E4	F$4:F$7	④	C4:C7	F$4:F$7
⑤	C4:C7	C$4:E$4			

5 다음은 임원 면접에서 나누어준 참고 자료이다. 면접관의 예상 질문으로 적절하지 않은 것은?

무선으로 전력을 주고받으면, 전원을 직접 연결하는 유선보다 효율은 떨어지지만 전자 제품을 자유롭게 이동하며 사용할 수 있는 장점이 있다. 이처럼 무선으로 전력을 주고받을 수 있도록 전자기를 활용하여 전기를 공급하거나 이용하는 기술이 무선 전력 전송 방식인데 대표적으로 '자기 유도 방식'과 '자기 공명 방식' 두 가지를 들 수 있다. 자기 유도 방식은 변압기의 원리와 유사하다. 변압기는 네모 모양의 철심 좌우에 코일을 감아, 1차 코일에 '+, −'극성이 바뀌는 교류 전류를 보내면 마치 자석을 운동시켜서 자기장을 형성하는 것처럼 1차 코일에서도 자기장을 형성한다. 이 자기장에 의해 2차 코일에 전류가 만들어지는데 이 전류를 유도전류라 한다. 변압기는 자기장의 에너지를 잘 전달할 수 있는 철심이 있으나, 자기 유도 방식은 철심이 없이 무선 전력 전송을 하는 것이다. 이러한 자기 유도 방식은 전력 전송 효율이 90% 이상으로 매우 높다는 장점이 있다. 하지만 1차 코일에 해당하는 송신부와 2차 코일에 해당하는 수신부가 수 센티미터 이상 떨어지거나 송신부와 수신부의 중심이 일치하지 않게 되면 전력 전송 효율이 급격히 저하된다는 문제점이 있다. 휴대전화 같은 경우, 충전 패드에 휴대전화를 올려놓는 방식으로 거리 문제를 해결하고 충전 패드 전체에 코일을 배치하여 송수신부 간 전송 효율을 높임으로써 무선 충전이 가능하도록 하였다. 다만 휴대전화는 직류 전류를 사용하기 때문에 1차 코일로부터 2차 코일에 유도된 교류 전류를 직류 전류로 변환해 주는 정류기가 충전 단계 전에 필요하다. 두 번째 전송 방식은 자기 공명 방식이다. 다양한 소리굽쇠 중에 하나를 두드리면 동일한 고유 진동수를 가지는 소리굽쇠가 같이 진동하는 물리적 현상이 공명이다. 자기장에 공명이 일어나도록 1차 코일과 공진기를 설계하여 공진 주파수를 만든다. 이후 2차 코일과 공진기를 설계하여 공진 주파수가 전달되도록 하는 것이 자기 공명 방식의 원리이다. 이러한 특성으로 인해 자기 공명 방식은 자기 유도 방식과 달리 수 미터 가량 근거리 전력 전송이 가능하다는 장점이 있다. 이 방식이 상용화된다면, 송신부와 공명되는 여러 전자 제품을 전원을 연결하지 않아도 사용할 수 있거나 충전할 수 있다. 그러나 실험 단계의 코일 크기로는 일반 가전제품에 적용할 수 없으므로 코일을 소형화해야 할 필요가 있다. 따라서 이를 해결하기 위한 연구가 필요하다.

① 자기 공명 방식의 장점은 무엇인가?
② 자기 유도 방식의 문제점은 무엇인가?
③ 변압기에서 철심은 어떤 역할을 하는가?
④ 자기 공명 방식의 효율을 높이는 방법은 무엇인가?
⑤ 변압기 원리와 자기 유도 방식의 차이는 무엇인가?

📝 **Answer.** 4.③ 5.④

┃6~8┃ 다음은 어느 회사 로봇청소기의 〈고장신고 전 확인사항〉이다. 이를 보고 물음에 답하시오.

확인사항	조치방법
주행이 이상합니다.	• 센서를 부드러운 천으로 깨끗이 닦아주세요. • 초극세사 걸레를 장착한 경우라면 장착 상태를 확인해 주세요. • 주전원 스위치를 끈 후, 다시 켜주세요.
흡입력이 약해졌습니다.	• 흡입구에 이물질이 있는지 확인하세요. • 먼지통을 비워주세요. • 먼지통 필터를 청소해 주세요.
소음이 심해졌습니다.	• 먼지통이 제대로 장착되었는지 확인하세요. • 먼지통 필터가 제대로 장착되었는지 확인하세요. • 회전솔에 이물질이 끼어있는지 확인하세요. • Wheel에 테이프, 껌 등 이물이 묻었는지 확인하세요.
리모컨으로 작동시킬 수 없습니다.	• 배터리를 교환해 주세요. • 본체와의 거리가 3m 이하인지 확인하세요. • 본체 밑면의 주전원 스위치가 켜져 있는지 확인하세요.
회전솔이 회전하지 않습니다.	• 회전솔을 청소해 주세요. • 회전솔이 제대로 장착이 되었는지 확인하세요.
충전이 되지 않습니다.	• 충전대 주변의 장애물을 치워주세요. • 충전대에 전원이 연결되어 있는지 확인하세요. • 충전 단자를 마른 걸레로 닦아 주세요. • 본체를 충전대에 붙인 상태에서 충전대 뒷면에 있는 리셋버튼을 3초간 눌러주세요.
자동으로 충전대 탐색을 시작합니다. 자동으로 전원이 꺼집니다.	로봇청소기가 충전 중이지 않은 상태로 아무 동작 없이 10분이 경과되면 자동으로 충전대 탐색을 시작합니다. 충전대 탐색에 성공하면 충전을 시작하고 충전대를 찾지 못하면 처음 위치로 복귀하여 10분 후에 자동으로 전원이 꺼집니다.

6 로봇청소기 서비스센터에서 근무하고 있는 L 씨는 고객으로부터 소음이 심해졌다는 문의전화를 받았다. 이에 대한 조치방법으로 L 씨가 잘못 답변한 것은?

① 먼지통 필터가 제대로 장착되었는지 확인하세요.
② 회전솔에 이물질이 끼어있는지 확인하세요.
③ Wheel에 테이프, 껌 등 이물이 묻었는지 확인하세요.
④ 흡입구에 이물질이 있는지 확인하세요.
⑤ 먼지통이 제대로 장착되었는지 확인하세요.

7 로봇청소기가 충전 중이지 않은 상태로 아무 동작 없이 10분이 경과되면 자동으로 충전대 탐색을 시작하는데 충전대를 찾지 못하면 어떻게 되는가?

① 아무 동작 없이 그 자리에 멈춰 선다.
② 처음 위치로 복귀하여 10분 후에 자동으로 전원이 꺼진다.
③ 계속 청소를 한다.
④ 계속 충전대를 찾아 돌아다닌다.
⑤ 그 자리에서 바로 전원이 꺼진다.

8 로봇청소기가 갑자기 주행이 이상해졌다. 고객이 시도해보아야 하는 조치방법으로 옳은 것은?

① 충전 단자를 마른 걸레로 닦는다.
② 회전솔을 청소한다.
③ 센서를 부드러운 천으로 깨끗이 닦는다.
④ 먼지통을 비운다.
⑤ 본체 밑면의 주전원 스위치를 켠다.

Answer. 6.④ 7.② 8.③

9 다음의 알고리즘에서 인쇄되는 A는?

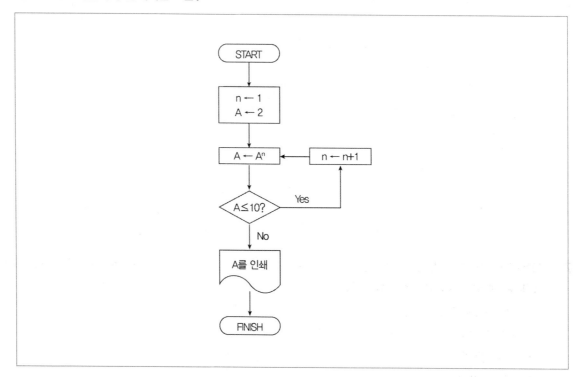

① 2^1

② 2^2

③ 2^3

④ 2^4

⑤ 2^5

| 10 ~ 11 | 다음은 ISBN 코드와 13자리 번호체계를 설명하는 자료이다. 다음을 보고 물음에 답하시오.

ISBN 978 − 3 − 16 − 148410 − 0

접두부   발행자번호   체크기호

국가번호   서명식별번호

〈체크기호 계산법〉

- 1단계 : ISBN 처음 12자리 숫자에 가중치 1과 3을 번갈아 가며 곱한다.
- 2단계 : 각 가중치를 곱한 값들의 합을 계산한다.
- 3단계 : 가중치의 합을 10으로 나눈다.
- 4단계 : 3단계의 나머지 값을 10에서 뺀 값이 체크기호가 된다. 단 나머지가 0인 경우의 체크기호는 0이다.

10 빈칸 'B'에 들어갈 수 없는 숫자는?

ISBN 257 − 31 − 20028 − B − 3

① 10   ② 23

③ 52   ④ 68

⑤ 94

11 빈칸 'A'에 들어갈 마지막 '체크기호'의 숫자는?

ISBN 938 − 15 − 93347 − 12 − A

① 5   ② 6

③ 7   ④ 8

⑤ 9

12 A 씨는 30 % 할인 행사 중인 백화점에 갔다. 매장에 도착하니 당일 구매물품의 정가 총액에 따라 아래의 〈혜택〉 중 하나를 택할 수 있다고 한다. 정가 10만 원짜리 상의와 15만 원짜리 하의를 구입하고자 한다. 옷을 하나 이상 구입하여 일정 혜택을 받고 교통비를 포함해 총비용을 계산할 때, 〈보기〉의 설명 중 옳은 것을 모두 고르면? (단, 1회 왕복교통비는 5천 원이고, 소요시간 등 기타사항은 금액으로 환산하지 않는다.)

혜택

- 추가할인 : 정가 총액이 20만 원 이상이면, 할인된 가격의 5%를 추가로 할인
- 할인쿠폰 : 정가 총액이 10만 원 이상이면, 세일기간이 아닌 기간에 사용할 수 있는 40% 할인권 제공

보기

㉠ 오늘 상·하의를 모두 구입하는 것이 가장 싸게 구입하는 방법이다.
㉡ 상·하의를 가장 싸게 구입하면 16만 원 미만의 비용이 소요된다.
㉢ 상·하의를 가장 싸게 구입하는 경우와 가장 비싸게 구입하는 경우의 비용 차이는 1회 왕복 교통비 이상이다.
㉣ 오늘 하의를 구입하고, 세일기간이 아닌 기간에 상의를 구입하면 17만 5천 원이 든다.

① ㉠㉡   ② ㉠㉢
③ ㉡㉢   ④ ㉢㉣
⑤ ㉡㉢㉣

13 다음을 읽고 알 수 있는 것은?

　　인간의 몸은 70%의 물로 이루어져 있으며 모든 신체 기관의 기능을 유지하는 데 매우 중요한 부분을 차지한다. 체내 수분은 생태에 일어나는 생화학적 반응의 용매로서 작용할 뿐만 아니라 영양소의 운반·배출·분비, 삼투압 조절 및 체온 조절 등에 관여한다. 적절한 양의 수분 섭취는 혈량을 유지하는 데 필수적이며 체내 영양 공급 및 노폐물 배설에도 주요한 역할을 한다. 신체의 향상성 유지, 면역력 증진 등에도 도움이 된다. 체외로 배출되는 수분은 성인 기준으로 하루 1,400ml, 대변으로 100ml, 땀과 호흡 등으로 1,000ml를 배출한다. 수분 섭취량은 염분 섭취나 체중, 활동량, 신체 칼로리 소모량, 기온 등에 따라 달라지며 매체에서 권장하는 양도 다르지만, 일반적으로 하루에 1.5 ~ 2L까지 섭취할 것을 권장한다.

① 수분 부족으로 나타나는 증상
② 수분 섭취 시 주의사항
③ 하루 권장 체외 수분 배출량
④ 체내 수분의 역할
⑤ 수분이 피부미용에 미치는 영향

14 홍보팀 K 대리는 지역 개발원 관광 행사의 업무담당자이다. 다음 글을 근거로 판단할 때, 지불해야 할 관광비용은?

〈지역 개발원 관광 행사〉

가. K는 해외 방문객을 인솔하여 경복궁에서 시작하여 서울시립미술관, 서울타워 전망대, 국립중앙박물관까지 관광을 진행하려 한다. '경복궁 → 서울시립미술관'은 도보로, '서울시립미술관 → 서울타워 전망대' 및 '서울타워 전망대 → 국립중앙박물관'은 각각 지하철로 이동해야 한다.

나. 입장료 및 지하철 요금

경복궁	서울시립미술관	서울타워전망대	국립중앙박물관	지하철
1,000원	5,000원	10,000원	1,000원	1,000원

※ 지하철 요금은 거리에 관계없이 탑승할 때마다 일정하게 지불하며, 도보 이동 시에는 별도 비용 없음

다. 관광비용은 입장료, 지하철 요금, 상품가격의 합산액이다.

라. K는 관광비용을 최소화하고자 하며, 甲이 선택할 수 있는 상품은 다음 세 가지 중 하나이다.

상품	가격	혜택				
		경복궁	서울시립미술관	서울타워전망대	국립중앙박물관	지하철
스마트 교통카드	1,000원	–	–	50% 할인	–	당일무료
시티투어A	3,000원	30% 할인	30% 할인	30% 할인	30% 할인	당일무료
시티투어B	5,000원	무료	–	무료	무료	–

① 11,000원 ② 12,000원
③ 13,000원 ④ 14,900원
⑤ 19,000원

■ 15 ~ 16 ■ 다음 글을 읽고 물음에 답하시오.

사진이 등장하면서 회화는 대상을 사실적으로 재현(再現)하는 역할을 사진에 넘겨주게 되었고, 그에 따라 화가들은 회화의 의미에 대해 고민하게 되었다. 19세기 말 등장한 인상주의와 후기 인상주의는 전통적인 회화에서 중시되었던 사실주의적 회화 기법을 거부하고 회화의 새로운 경향을 추구하였다. 인상주의 화가들은 색이 빛에 의해 시시각각 변화하기 때문에 대상의 고유한 색은 존재하지 않는다고 생각하였다. 인상주의 화가 모네는 대상을 사실적으로 재현하는 회화적 전통에서 벗어나기 위해 빛에 따라 달라지는 사물의 색채와 그에 따른 순간적 인상을 표현하고자 하였다. 모네는 대상의 세부적인 모습보다는 전체적인 느낌과 분위기, 빛의 효과에 주목했다. 그 결과 빛에 의한 대상의 순간적 인상을 포착하여 대상을 빠른 속도로 그려 내었다. 그에 따라 그림에 거친 붓 자국과 물감을 덩어리로 찍어 바른 듯한 흔적이 남아 있는 경우가 많았다. 이로 인해 대상의 윤곽이 뚜렷하지 않아 색채 효과가 형태 묘사를 압도하는 듯한 느낌을 준다. 이와 같은 기법은 그가 사실적 묘사에 더 이상 치중하지 않았음을 보여 주는 것이었다. 그러나 모네 역시 대상을 '눈에 보이는 대로' 표현하려 했다는 점에서 이전 회화에서 추구했던 사실적 표현에서 완전히 벗어나지는 못했다는 평가를 받았다.

후기 인상주의 화가들은 재현 위주의 사실적 회화에서 근본적으로 벗어나는 새로운 방식을 추구하였다. 후기 인상주의 화가 세잔은 "회화에는 눈과 두뇌가 필요하다. 이 둘은 서로 도와야 하는데, 모네가 가진 것은 눈뿐이다."라고 말하면서 사물의 눈에 보이지 않는 형태까지 찾아 표현하고자 하였다. 이러한 시도는 회화란 지각되는 세계를 재현하는 것이 아니라 대상의 본질을 구현해야 한다는 생각에서 비롯되었다. 세잔은 하나의 눈이 아니라 두 개의 눈으로 보는 세계가 진실이라고 믿었고, 두 눈으로 보는 세계를 평면에 그리려고 했다. 그는 대상을 전통적 원근법에 억지로 맞추지 않고 이중 시점을 적용하여 대상을 다른 각도에서 바라보려 하였고, 이를 한 폭의 그림 안에 표현하였다. 또한 질서 있는 화면 구성을 위해 대상의 선택과 배치가 자유로운 정물화를 선호하였다. 세잔은 사물의 본질을 표현하기 위해서는 '보이는 것'을 그리는 것이 아니라 '아는 것'을 그려야 한다고 주장하였다. 그 결과 자연을 관찰하고 분석하여 사물은 본질적으로 구, 원통, 원뿔의 단순한 형태로 이루어졌다는 결론에 도달하였다. 이를 회화에서 구현하기 위해 그는 이중 시점에서 더 나아가 형태를 단순화하여 대상의 본질을 표현하려 하였고, 윤곽선을 강조하여 대상의 존재감을 부각하려 하였다. 회화의 정체성에 대한 고민에서 비롯된 ㉠그의 이러한 화풍은 입체파 화가들에게 직접적인 영향을 미치게 되었다.

15 내용과 일치하는 진술이 아닌 것은?

① 모네의 작품은 색체 효과가 형태 묘사를 압도하는 듯한 느낌을 주었다.
② 전통 회화는 대상을 사실적으로 묘사하는 것을 중시했다.
③ 모네는 대상의 교유한 색 표현을 위해 전통적인 원근법을 거부하였다.
④ 사진은 화가들이 회화의 의미를 거려하는 계기가 되었다.
⑤ 세잔은 모네의 화풍에 대상의 본질을 더하여 그림을 표현하였다.

16 〈보기〉를 바탕으로, 세잔의 화풍을 ㉠과 같이 평가한 이유로 가장 적절한 것은?

보기

입체파 화가들은 사물의 본질을 표현하고자 대상을 입체적 공간으로 나누어 단순화한 후, 여러 각도에서 바라보는 관점으로 사물을 해체하였다가 화폭 위에 재구성하는 방식을 취하였다. 이러한 기법을 통해 관찰자의 위치와 각도에 따라 각기 다르게 보이는 대상의 다양한 모습을 한 화폭에 담아내려 하였다.

① 대상의 본질을 드러내기 위해 다양한 각도에서 바라보아야 한다는 관점을 제공하였기 때문에
② 시시각각 달라지는 자연을 관찰하고 분석하여 대상의 인상을 그려 내는 화풍을 정립하였기 때문에
③ 사물을 최대한 정확하게 묘사하기 위해 전통적 원근법을 독창적인 방법으로 변용시켰기 때문에
④ 대상을 복잡한 형태로 추상화하여 대상의 전체적인 느낌을 부각하는 방법을 시도하였기 때문에
⑤ 대상을 시각에 의존하여 대상의 모습 보이는 대로 표현하는 단순화 방법을 시도하였기 때문에

17 다음은 甲이 N은행 금융상품에 대해 상담 받은 내용이다. 이에 대한 옳은 설명을 모두 고른 것은?

甲 : 안녕하세요. 1,000만 원 예금하려고 하는데요. 정기 예금 상품 추천해 주세요.
직원 : 원금에만 연 5%의 금리가 적용되는 A상품과 원금뿐만 아니라 이자에 대해서도 연 4.5%의 금리가 적용되는 B상품이 있습니다. 예금 계약기간은 고객님께서 연 단위로 정하실 수 있습니다.

㉠ 甲은 요구불예금에 가입하고자 한다.
㉡ 甲은 간접금융시장에 참여하고자 한다.
㉢ A상품은 복리, B상품은 단리가 적용된다.
㉣ 예금 계약기간에 따라서 甲의 정기예금 상품에 대한 합리적인 선택은 달라질 수 있다.

① ㉠㉡
② ㉠㉢
③ ㉡㉢
④ ㉡㉣
⑤ ㉢㉣

18 H마트에서는 좋은 품질의 상품을 합리적인 가격에 제공하기 위해 PB브랜드 제품을 만들었다. 시제품 세 개를 만들어 전 직원을 대상으로 블라인드 테스트를 진행한 후 기획팀에서 회의를 하기로 했다. 독창성, 대중성, 개인선호도 세 가지 영역에서 총 15점 만점으로 진행한 결과가 다음과 같을 때, 기획팀 직원들의 발언으로 옳지 않은 것은?

	독창성	대중성	개인선호도	총점
시제품 A	5	2	3	10
시제품 B	4	4	4	12
시제품 C	2	5	5	12

① 甲 : 우리 회사의 핵심가치 중 하나가 창의성이지 않습니까? 저는 독창성 점수가 높은 A를 출시해야 한다고 생각합니다.

② 乙 : 독창성이 높아질수록 총점이 낮아지고 있습니다. 저는 甲의 의견에 반대합니다.

③ 丙 : 무엇보다 현 시점에서 회사의 재정상황을 타개하기 위해서는 대중성을 고려해야 합니다. 높은 이윤이 날 것같은 C를 출시해야 하지 않겠습니까?

④ 丁 : 저도 대중성과 개인선호도가 높은 C를 출시해야 한다고 생각합니다.

⑤ 戊 : 그럼 독창성과 대중성, 개인선호도 점수가 비슷한 B를 출시하는 것이 어떨까요?

19 A기업에 다니는 박 주임은 회의에서 발표할 '해외 시장 진출 지원 및 육성 방안'에 대해 다음과 같이 개요를 작성하였다. 박 주임의 상사 김차장이 다음의 개요에 대한 피드백으로 틀린 것은?

Ⅰ. 서론

    1. 해외 시장에 진출한 우리 회사 제품 수의 증가 …… ㉠

    2. 해외 시장 진출을 위한 장기적인 전략의 필요성

Ⅱ. 본론

    1. 해외 시장 진출의 의의

      • 다른 나라와의 경제적 연대 증진 …… ㉡

      • 해외 시장 속 우리 회사의 위상 제고

    2. 해외 시장 진출의 장애 요소

      • 해외 시장 진출 관련 재정 지원 부족

      • 우리 회사에 대한 현지인의 인지도 부족 …… ㉢

      • 해외 시장 진출 전문 인력 부족

    3. 해외 시장 진출 지원 및 육성 방안

      • 재정의 투명한 관리 …… ㉣

      • 인지도를 높이기 위한 현지 홍보 활동

      • 해외 시장 진출 전문 인력 충원 …… ㉤

Ⅲ. 결론

    해외 시장 진출의 전망

---

① ㉠에서 해외 시장에 진출한 우리 회사 제품 수를 통계 수치로 제시하면 더 좋겠군.

② ㉡에서 다른 나라에 진출한 타 기업 수 현황을 근거 자료로 제시하면 더 좋겠군.

③ ㉢에서 우리 회사에 대한 현지인의 인지도를 타 기업과 비교해 상대적으로 낮음을 보여주면 효과적이겠군.

④ ㉣에서 Ⅱ-2를 고려해서 '해외 시장 진출 관련 재정 확보 및 지원'으로 수정하는 것이 좋겠군.

⑤ ㉤에는 이번에 공개채용을 통해 충원하는 전문 인력에 대한 자료를 넣으면 되겠군.

20 화재손해 발생 시 지급 보험금 산정방법과 피보험물건의 보험금액 및 보험가액에 대한 자료이다. 다음 조건에 따를 때, 지급 보험금이 가장 많은 피보험 물건은?

〈표1〉 지급 보험금 산정방법

피보험물건의 유형	조건	지급 보험금
일반물건, 창고물건, 주택	보험금액 ≥ 보험가액의 80%	손해액 전액
	보험금액 < 보험 가액의 80%	손해액 $\times \dfrac{\text{보험금액}}{\text{보험가액의 }80\%}$
공장물건, 동산	보험금액 ≥ 보험가액	손해액 전액
	보험금액 < 보험가액	손해액 $\times \dfrac{\text{보험금액}}{\text{보험가액}}$

※ 1) 보험금액은 보험사고가 발생한 때에 보험회사가 피보험자에게 지급해야 하는 금액의 최고한도를 말한다.
　　2) 보험가액은 보험사고가 발생한 때에 피보험자에게 발생 가능한 손해액의 최고한도를 말한다.

〈표2〉 피보험물건의 보험금액 및 보험가액

피보험물건	피보험물건 유형	보험금액	보험가액	손해액
甲	동산	7천만 원	1억 원	6천만 원
乙	일반물건	8천만 원	1억 원	8천만 원
丙	창고물건	6천만 원	7천만 원	9천만 원
丁	공장물건	9천만 원	1억 원	6천만 원
戊	주택	6천만 원	8천만 원	8천만 원

① 甲　　　　　　　　　② 乙
③ 丙　　　　　　　　　④ 丁
⑤ 戊

21 다음 제시된 글의 내용과 일치하는 것을 모두 고른 것은?

유물(遺物)을 등록하기 위해서는 명칭을 붙인다. 이때 유물의 전반적인 내용을 알 수 있도록 하는 것이 바람직하다. 따라서 명칭에는 그 유물의 재료나 물질, 제작기법, 문양, 형태가 나타난다. 예를 들어 도자기에 청자상감운학문매병(靑瓷象嵌雲鶴文梅瓶)이라는 명칭이 붙여졌다면, '청자'는 재료를, '상감'은 제작기법은, '운학문'은 문양을, '매병'은 그 형태를 각각 나타낸 것이다. 이러한 방식으로 다른 유물에 대해서도 명칭을 붙이게 된다.

유물의 수량은 점(點)으로 계산한다. 작은 화살촉도 한 점이고 커다란 철불(鐵佛)도 한 점으로 처리한다. 유물의 파편이 여럿인 경우에는 일괄(一括)이라 이름 붙여 한 점으로 계산하면 된다. 귀걸이와 같이 쌍(雙)으로 된 것은 한 쌍으로 하고, 하나인 경우에는 한 짝으로 하여 한 점으로 계산한다. 귀걸이 한 쌍은, 먼저 그 유물번호를 적고 그 뒤에 각각 (2−1), (2−2)로 적는다. 뚜껑이 있는 도자기나 토기도 한 점으로 계산하되, 번호를 매길 때는 귀걸이의 예와 같이 하면 된다.

유물을 등록할 때는 그 상태를 잘 기록해 둔다. 보존상태가 완전한 경우도 많지만, 일부가 손상된 유물도 많다. 예를 들어 유물의 어느 부분이 부서지거나 깨졌지만 그 파편이 남아 있는 상태를 파손(破損)이라고 하고, 파편이 없는 경우를 결손(缺損)이라고 표기한다. 그리고 파손된 것을 붙이거나 해서 손질했을 때 이를 수리(修理)라 하고, 결손된 부분을 모조해 원상태로 재현했을 때는 복원(復原)이라는 용어를 사용한다.

ㄱ 도자기 뚜껑의 일부가 손상되어 파편이 떨어진 유물의 경우, 뚜껑은 파편과 일괄하여 한 점이지만 도자기 몸체와는 별개이므로 전체가 두 점으로 계산된다.

ㄴ 조선시대 방패의 한 귀퉁이가 부서져나가 그 파편을 찾을 수 없다면, 수리가 아닌 복원의 대상이 된다.

ㄷ 위 자료에 근거해 볼 때, 청자화훼당초문접시(靑瓷花卉唐草文皿)는 그 명칭에 비추어 청자상감운학문매병과 동일한 재료 및 문양을 사용하였으나, 그 제작기법과 형태에 있어서 서로 다른 것으로 추정된다.

ㄹ 박물관이 소장하고 있는 한 쌍의 귀걸이 중 한 짝이 소실되는 경우에도 그 박물관 전체 유물의 수량이 줄어들지는 않을 것이다.

ㅁ 일부가 결손된 철불의 파편이 어느 지방에서 발견되어 그 철불을 소장하던 박물관에서 함께 소장하게 된 경우, 그 박물관이 소장하는 전체 유물의 수량은 늘어난다.

① ㄱ
② ㄴㄷ
③ ㄴㄹ
④ ㄱㄷㅁ
⑤ ㄴㄹㅁ

22 다음 글의 내용과 날씨를 근거로 판단할 경우 甲이 여행을 다녀온 시기로 가능한 것은?

내용

- 甲은 선박으로 '포항 → 울릉도 → 독도 → 울릉도 → 포항' 순으로 3박4일의 여행을 다녀왔다.
- '포항 → 울릉도' 선박은 매일 오전 10시, '울릉도 → 포항' 선박은 매일 오후 3시에 출발하며, 편도 운항에 3시간이 소요된다.
- 울릉도에서 출발해 독도를 돌아보는 선박은 매주 화요일과 목요일 오전 8시에 출발하여 당일 오전 11시에 돌아온다.
- 최대 파고가 3m 이상인 날은 모든 노선의 선박이 운항되지 않는다.
- 甲은 매주 금요일에 술을 마시는데, 술을 마신 다음날은 멀미가 심해 선박을 탈 수 없다.
- 이번 여행 중 甲은 울릉도에서 호박엿 만들기 체험을 했는데, 호박엿 만들기 체험은 매주 월·금요일 오후 6시에만 할 수 있다.

날씨

(㉠ : 최대 파고)

日	月	火	水	木	金	土
16 ㉠ 1.0m	17 ㉠ 1.4m	18 ㉠ 3.2m	19 ㉠ 2.7m	20 ㉠ 2.8m	21 ㉠ 3.7m	22 ㉠ 2.0m
23 ㉠ 0.7m	24 ㉠ 3.3m	25 ㉠ 2.8m	26 ㉠ 2.7m	27 ㉠ 0.5m	28 ㉠ 3.7m	29 ㉠ 3.3m

① 19일(水) ~ 22일(土)
② 20일(木) ~ 23일(日)
③ 23일(日) ~ 26일(水)
④ 25일(火) ~ 28일(金)
⑤ 26일(水) ~ 29일(土)

23 다음은 이륜차 배달종사자가 숙지해야 할 계절적, 환경적 요인에 의한 배달제한 권고사항이다. 이를 근거로 〈보기〉의 A, B 상황에 맞는 배달제한 권고사항을 순서대로 적절히 나열한 것은?

구분	상황	배달지역 제한 (최대 2km)
비 오는 날	비가 내려 노면이 젖은 경우	–
	폭우 등으로 인해 가시거리 100m 이내의 경우	1.5km 이내
	시간당 15mm 이상, 1일 강수량 110mm 이상, 호우주의보 발령 시	1km 이내
	시간당 20mm 이상, 1일 강수량 180mm 이상, 호우경보 발령 시	배달 금지
눈 오는 날	눈이 2cm 미만 쌓인 경우	–
	눈이 2cm 이상 쌓인 경우	1.5km 이내
	눈이 내려 노면이 미끄러워 체인(사슬형, 직물형) 장착한 경우	1.5km 이내
	대설주의보 발령 시	1km 이내
	대설경보 발령 시	배달 금지
기타	안개, 연무, 박무 등으로 인해 가시거리 100m 이내의 경우	1.5km 이내
	야간운전 시	–

※ 호우주의보 – 6시간 70mm, 12시간 110mm 이상 강수
호우경보 – 6시간 110mm, 12시간 180mm 이상 강수
대설주의보 – 24시간 적설량이 5cm 이상
대설경보 – 24시간 적설량이 20cm 이상

보기

A : 출근길에 내린 비로 가시거리가 100m도 채 안 되었고, 새벽 4시경부터 내리기 시작한 비의 아침 9시쯤 강수량이 75mm였다.
B : 가게 주변 도로는 상인들이 수시로 눈을 치워 거의 쌓이지 않은 상태이며, 이륜차 바퀴에 체인을 장착해 두었다. 어제 이맘때부터 내린 눈은 23cm의 적설량을 보이고 있다.

① 1.5km 거리로 배달 제한, 1km 거리로 배달 제한
② 1.5km 거리로 배달 제한, 배달 금지
③ 1km 거리로 배달 제한, 1.5km 거리로 배달 제한
④ 1km 거리로 배달 제한, 배달 금지
⑤ 배달 금지, 1km 거리로 배달 제한

| 24 ~ 25 | 다음은 택배 이용에 대한 안내문이다. 물음에 답하시오.

가. 택배(방문접수)

고객이 원하는 장소로 직원이 방문하여 접수하는 서비스

구분/중량 (크기)	2kg까지 (60cm까지)	5kg까지 (80cm까지)	10kg까지 (120cm까지)	20kg까지 (140cm까지)	30kg까지 (160cm까지)
익일배달	5,000원	6,000원	7,500원	9,500원	12,000원
제주(익일배달)	6,500원	8,500원	10,000원	12,000원	14,500원
제주(D+2일)	5,000원	6,000원	7,500원	9,500원	12,000원

나. 소포 우편(창구접수)

고객이 창구에 직접 방문하여 접수하는 서비스

구분/중량 (크기)		1kg까지 (50cm까지)	3kg까지 (80cm까지)	5kg까지 (100cm까지)	7kg까지 (100cm까지)
등기 소포(익일배달)	익일배달	3,500원	4,000원	4,500원	5,000원
	제주(익일배달)	5,000원	6,500원	7,000원	7,500원
	제주(D+2일)	3,500원	4,000원	4,500원	5,000원
일반소포(D+3일)	D+3일배달	2,200원	2,700원	3,200원	3,700원

구분/중량 (크기)		10kg까지 (100cm까지)	15kg까지 (120cm까지)	20kg까지 (120cm까지)	30kg까지 (160cm까지)
등기 소포(익일배달)	익일배달	6,000원	7,000원	8,000원	11,000원
	제주(익일배달)	8,500원	8,500원	10,500원	13,500원
	제주(D+2일)	6,000원	7,000원	8,000원	11,000원
일반소포(D+3일)	D+3일배달	4,700원	5,700원	6,700원	9,700원

다. 이용 시 유의사항

- 중량은 최대 30kg 이하이며, 크기(가로, 세로, 높이의 합)는 최대 160㎝ 이하입니다. 다만, 한 변의 최대 길이는 100㎝ 이내에 한하여 취급합니다.
- 당일특급 우편물의 경우 중량은 20kg 이하이며, 크기는 140cm 이내에 한하여 취급합니다.
- 일반소포는 등기 소포와 달리 기록취급이 되지 않으므로 분실 시 손해배상이 되지 않습니다.
- 중량/크기 중 큰 값을 기준으로 다음 단계의 요금을 적용합니다.
- 도서지역 등 특정지역의 배달 소요기간은 위 내용과 다를 수 있습니다.
- 제주지역(익일배달)은 항공기 운송 여건에 따라 지역마다 마감시간이 상이합니다.

24 다음 중 당일특급 우편물 이용이 가능한 가장 큰 물건은? (단, 중량은 10kg으로 모두 동일하다)

①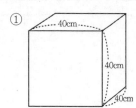

②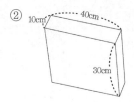

③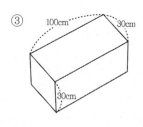

④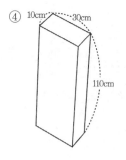

⑤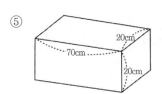

25 다음은 접수된 택배서비스 내역의 일부이다. 다음 중 이용 요금을 가장 많이 지불한 사람은?

① 택배를 이용하여 크기 80cm, 무게 5kg인 물건을 제주(익일배달)로 보낸 甲

② 등기 소포를 이용하여 크기 110cm, 무게 7kg인 물건을 부산으로 보낸 乙

③ 택배를 이용하여 크기 60cm, 무게 10kg인 물건을 대구로 보낸 丙

④ 일반소포를 이용하여 크기 50cm, 무게 7kg인 물건을 대전으로 보낸 丁

⑤ 등기 소포를 이용하여 크기 120cm, 무게 20kg인 물건을 제주(D+2일)로 보낸 戊

26 다음 중 아래 워크시트의 [A1] 셀에 사용자 지정 표시 형식 '#,###,'을 적용했을 때 표시되는 값은?

	A	B
1	2451648.81	
2		

① 2,451
② 2,452
③ 2
④ 2.4
⑤ 2.5

27 다음 프로그램 구조 중 모듈 G에서 팬인과 팬아웃 수의 합은?

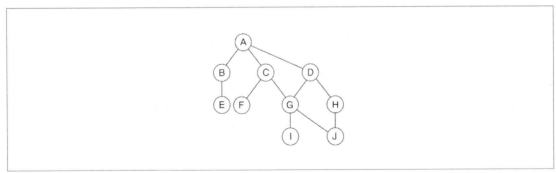

① 2
② 3
③ 4
④ 5
⑤ 6

28 A기업의 워크숍에 1년차와 2년차 직원 총 50명이 참가하였다. 이 대회에 참가한 직원은 A와 B 중 하나의 프로그램을 반드시 골라야 하고, 각 직원들이 고른 주제별 인원수는 다음 표와 같다. 이 워크숍에서 참가한 직원 50명 중에서 임의로 선택한 1명이 1년차 직원일 때, 이 직원이 주제 B를 고른 직원일 확률을 p_1이라 하고, 이 대회에 참가한 직원 50명 중에서 임의로 선택한 1명이 주제 B를 고른 직원 일 때, 이 직원이 1년차 직원일 확률을 p_2라 한다면 $\dfrac{p_2}{p_1}$의 값은?

(단위 : 명)

프로그램	1년차	2년차	합계
A프로그램	8	12	20
B프로그램	16	14	30
합계	24	26	50

① $\dfrac{1}{2}$

② $\dfrac{3}{5}$

③ $\dfrac{4}{5}$

④ $\dfrac{3}{2}$

⑤ 2

29 다음 워크시트에서 [C1] 셀의 채우기 핸들을 [D1] 셀로 드래그 했을 때 ㈎, ㈏에 출력되는 값이 바르게 연결된 것은?

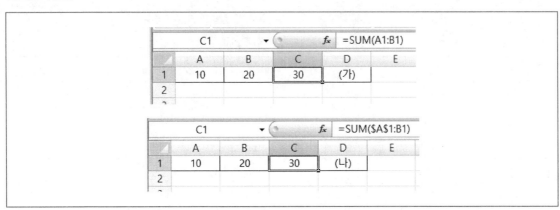

　 ㈎　㈏ 　　　　　　　 ㈎　㈏

① 30　50　　　　② 50　50

③ 50　60　　　　④ 60　30

⑤ 60　60

▌30 ～ 31 ▌ 다음은 A기업의 사내 복지제도와 지원내역에 관한 자료이다. 물음에 답하시오.

〈사내 복지제도〉

가. 주택 지원
- 주택구입자금 대출
- 전보자 및 독신자를 위한 합숙소 운영

나. 자녀학자금 지원
   중고생 전액지원, 대학생 무이자융자

다. 경조사 지원
   사내근로복지기금을 운영하여 각종 경조금 지원

라. 기타
- 사내 동호회 활동비 지원
- 상병 휴가, 휴직, 4대보험 지원
- 생일 축하금(상품권 지급)

〈2/4분기 지원 내역〉

이름	부서	직위	내역	금액(만 원)
엄영식	총무팀	차장	주택구입자금 대출	–
이수연	기획팀	사원	본인 결혼	10
임효진	인사팀	대리	독신자 합숙소 지원	–
김영태	영업팀	과장	휴직(병가)	–
김원식	IT팀	부장	대학생 학자금 무이자융자	–
심민지	홍보팀	대리	부친상	10
이영호	경영팀	대리	사내 동호회 활동비 지원	10
류민호	금융팀	사원	생일(상품권 지급)	5
백성미	디자인팀	과장	중학생 학자금 전액지원	100
채준민	재무팀	인턴	사내 동호회 활동비 지원	10

30 인사팀에 근무하고 있는 한 주임은 2분기에 지원을 받은 사원들을 정리했다. 다음 중 잘못 분류된 사원은?

구분	이름
주택 지원	엄영식, 임효진
자녀학자금 지원	김원식, 백성미
경조사 지원	이수연, 심민지, 김영태
기타	이영호, 류민호, 채준민

① 엄영식　　　　　　　　　　② 김원식

③ 심민지　　　　　　　　　　④ 김영태

⑤ 류민호

31 기업은 위의 복지제도와 지원 내역을 바탕으로 내년에도 사원들을 지원하려고 한다. 지원한 내용으로 옳지 않은 것은?

① 엄영식 차장이 장모상을 당하여 경조금 10만 원을 지원하였다.

② 심민지 대리가 동호회에 참여하게 되어서 활동비 10만 원을 지원하였다.

③ 이수연 사원의 생일이라서 현금 5만 원을 지원하였다.

④ 류민호 사원이 결혼을 해서 10만 원을 지원하였다.

⑤ 김영태 과장의 자녀가 중학교에 입학하여 학자금 전액을 지원하였다.

32 다음은 甲사 물류센터에서 출고되는 수량을 나타낸 것이다. 날짜별 200건 이상의 출고 수량만 구하려고 할 때 [G2] 셀에 입력할 수 있는 함수식으로 옳은 것은?

	A	B	C	D	E	F	G
1	번호	출고 날짜	출고 센터	출고 수량		날짜	출고 수량(200건 이상)
2	1	20xx-03-26	A물류센터	200		20xx-03-26	
3	2	20xx-03-26	B물류센터	130		20xx-06-31	
4	3	20xx-03-26	C물류센터	450		20xx-04-10	
5	4	20xx-03-31	D물류센터	210		20xx-04-22	
6	5	20xx-03-31	E물류센터	150			
7	6	20xx-03-31	F물류센터	120			
8	7	20xx-04-10	G물류센터	240			
9	8	20xx-04-10	H물류센터	330			
10	9	20xx-04-10	I물류센터	400			
11	10	20xx-04-10	J물류센터	300			
12	11	20xx-04-10	K물류센터	400			
13	12	20xx-04-22	L물류센터	3140			
14	13	20xx-04-22	M물류센터	190			
15	14	20xx-04-22	N물류센터	500			
16	15	20xx-04-22	O물류센터	550			
17	16	20xx-04-22	P물류센터	450			
18	17	20xx-04-22	Q물류센터	400			
19	18	20xx-04-22	R물류센터	310			
20							
21							

① =COUNTIF(B2:B19,F2,D2:D19,">=200")

② =COUNTIF(B2:B19,F2,D2:D19,"=<200")

③ =AVERAGE(B2:B19,F2,D2:D19,">=200")

④ =COUNTIFS(B2:B19,F2,D2:D19,"=<200")

⑤ =COUNTIFS(B2:B19,F2,D2:D19,">=200")

33 다음 중 C언어에서 문자형을 나타내는 데이터 형식으로 옳은 것은?

① char   ② byte

③ long   ④ float

⑤ double

34 다음은 전시회의 입장료와 할인 사항에 관한 내용이다. 〈보기〉의 사항 중 5인 입장권을 사용하는 것이 유리한 경우를 모두 고르면?

〈전시회 입장료〉

구분	평일 (월 ~ 금)	주말(토 · 일 및 법정공휴일)
성인	25,800원	28,800원
청소년(만 13세 이상 및 19세 미만)	17,800원	18,800원
어린이(만 13세 미만)	13,800원	13,800원

가. 평일에 성인 3명 이상 방문 시 전체 요금의 10% 할인(평일은 법정공휴일을 제외한 월요일에서 금요일까지를 의미한다.)

나. 성인, 청소년, 어린이를 구분하지 않는 5인 입장권을 125,000원에 구매 가능(요일 구분 없이 사용 가능하며, 5인 입장권 사용 시 다른 할인 혜택은 적용되지 않음)

다. 주말에 한하여 통신사 할인 카드 사용 시 전체 요금의 15% 할인(단, 통신사 할인 카드는 乙과 丙만 가지고 있음)

───────── 보기 ─────────

㉠ 甲이 3월 1일(법정공휴일)에 자신을 포함한 성인 4명 및 청소년 3명과 전시회 관람

㉡ 乙이 법정공휴일이 아닌 화요일에 자신을 포함한 성인 6인과 청소년 2인과 전시회 관람

㉢ 丙이 토요일에 자신을 포함한 성인 5명과 청소년 2명과 전시회 관람

㉣ 丁이 법정공휴일이 아닌 목요일에 자신을 포함한 성인 5명 및 어린이 1명과 전시회 관람

① ㉠

② ㉡

③ ㉢

④ ㉡㉢

⑤ ㉢㉣

35 다음은 체육관 대관에 관한 자료이다. 다음의 자료를 참고한 설명 중 옳은 것은?

〈체육관 대관 안내〉

• 대관 예약은 2개월 전부터 가능합니다.
• 대관료는 대관일 최소 5일 전에 결제해야 대관 이용이 가능합니다.
• 초과 시간당 대관료 계산은 일일 4시간 기준 대관료의 시간당 20% 가산 징수합니다.

 ※ 시 주최의 행사가 있을 시에는 시행사 우선으로 대관 예약이 취소될 수 있음을 알려드립니다.

〈체육관 대관료〉

(단위 : 원)

대관료		관내		관외	
		평일	휴일	평일	휴일
체육 경기	4시간 기준	60,000	90,000	120,000	180,000
	초과 1시간당	12,000	18,000	24,000	36,000
체육 경기 외	4시간 기준	250,000	350,000	500,000	700,000
	초과 1시간당	50,000	70,000	100,000	140,000

〈부대시설 사용료〉

음향	냉 · 난방
10,000/시간	30,000/시간

〈일일 입장료〉

구분	평일	휴일	비고
어른	1,500원	2,000원	2시간 초과 시 재구매
노인, 장애인, 유공자 등	700원	1,000원	관내 어린이 · 청소년 무료

〈프로그램 안내〉

프로그램	요일	시간	수강료
여성배구	월, 수, 금	09 : 30 ~ 13 : 00	30,000원
줌바댄스	화, 목	20 : 00 ~ 21 : 00	30,000원

① 甲 : 휴일에 시 탁구 동호회에서 탁구 대회를 위해 체육관을 5시간 대관했다면 총 대관료는 84,000원이군.

② 乙 : 2개월 전에 미리 예약만 하면 체육관을 반드시 대관할 수 있겠네.

③ 丙 : 체육관을 대관하고 음향시설까지 2시간 사용했다면 대관료와 함께 부대시설 사용료 6만 원을 지불해야 하는군.

④ 丁 : 관내 거주자인 어른 1명과 고등학생 1명의 휴일 일일 입장료는 2,000원이군.

⑤ 戊 : 프로그램 2개를 모두 수강하는 사람은 수강료로 5만 원을 지불하면 되겠네.

36 甲은 휴가를 맞아 그동안 카드사용실적에 따라 적립해 온 마일리지를 이용해 국내여행(편도)을 가려고 한다. 甲의 카드사용실적과 마일리지 관련 내역이 다음과 같을 때의 상황에 대한 올바른 설명은?

〈카드 적립 혜택〉
- 연간 결제금액이 300만 원 이하 : 10,000원당 30마일리지
- 연간 결제금액이 600만 원 이하 : 10,000원당 40마일리지
- 연간 결제금액이 800만 원 이하 : 10,000원당 50마일리지
- 연간 결제금액이 1,000만 원 이하 : 10,000원당 70마일리지
  ※ 마일리지 사용 시점으로부터 3년 전까지의 카드 실적을 기준으로 함

〈甲의 카드사용내역〉
- 재작년 결제금액 : 월 평균 45만 원
- 작년 결제금액 : 월 평균 65만 원

〈마일리지 이용 가능 구간〉

목적지	일반석	프레스티지석	일등석
울산	70,000	90,000	95,000
광주	80,000	100,000	120,000
부산	85,000	110,000	125,000
제주	90,000	115,000	130,000

① 올해 카드 결제금액이 월 평균 80만 원이라면, 일등석을 이용하여 제주로 갈 수 있다.
② 올해 카드 결제금액이 월 평균 60만 원이라면, 일등석을 이용하여 광주로 갈 수 없다.
③ 올해에 카드 결제금액이 전무해도 일반석을 이용하여 울산으로 갈 수 있다.
④ 올해 카드 결제금액이 월 평균 70만 원이라면 프레스티지석을 이용하여 제주로 갈 수 없다.
⑤ 올해 카드 결제금액이 월 평균 30만 원이라면, 프레스티지석을 이용하여 울산으로 갈 수 있다.

┃ 37∼ 38 ┃ 다음 문서 세단기 사용설명서를 보고 이어지는 물음에 답하시오.

〈사용 방법〉

1. 전원 코드를 콘센트에 연결해 주세요.
2. 기기의 프런트 도어를 연 후 전원 스위치를 켜 주세요.
3. 프런트 도어를 닫은 후 'OLED 표시부'에 '세단대기'가 표시되면 세단할 문서를 문서투입구에 넣어주세요.
   (CD 및 카드는 CD 투입구에 넣어주세요)
4. 절전모드 실행 중에는 전원버튼을 눌러 켠 후 문서를 넣어주세요.
5. 'OLED 표시부'에 부하량이 표시되면서 완료되면 '세단완료'가 표시됩니다.

〈사용 시 주의사항〉

1. 투입부에 종이 이외는 투입하지 마세요.
2. 부품에 물기가 묻지 않도록 주의하세요.
3. 넥타이 및 옷소매 등이 투입부에 말려들어가지 않도록 주의하세요.
4. 가스나 기타 인화물질 근처에서는 사용하지 마세요.
5. '파지비움' 표시의 경우 파지함을 비워주세요.
6. 세단량이 많을 경우 고장의 원인이 되므로 적정량을 투입하세요.
7. 세단량이 많을 때의 '모터과열' 표시의 경우 모터 보호를 위해 정상적으로 멈추는 것이니 30분정도 중지 후 다시 사용하세요.

〈고장신고 전 OLED 표시부 확인사항〉

증상	조치
1. 전원버튼을 눌러도 제품이 동작하지 않을 때 2. 전원스위치를 ON시켜도 동작하지 않을 때	• 전원코드가 꽂혀있는지 확인합니다. • 프런트 도어를 열고 전원스위치가 ON되어 있는지 확인합니다.
3. 자동 역회전 후 '세단포기'가 표시되면서 제품이 정지했을 때	투입구에서 문서를 꺼낸 후 적정량만 투입합니다.
4. '모터과열'이 표시되면서 제품이 정지했을 때	과도한 투입 및 장시간 연속동작 시 모터가 과열되어 제품이 멈춘 상태이니 전원을 끄고 30분 후 사용합니다.
5. '파지비움'이 표시되면서 제품이 정지했을 때	• '프런트 도어'가 표시되면 프런트 도어를 열고 파지함을 비워줍니다. • 파지함을 비워도 '파지비움' 표시가 없어지지 않으면(파지 감지스위치에 이물질이 쌓여있을 수 있습니다.) 파지 감지판을 흔들어 이물질을 제거합니다.
6. 문서를 투입하지 않았는데 자동으로 제품이 동작될 경우	투입구 안쪽으로 문서가 걸려있는 경우이므로 종이 2∼3장을 여러 번 접어 안쪽에 걸려있는 문서를 밀어 넣습니다.
7. 전원을 켰을 때 '세단대기'가 표시되지 않고 세팅화면이 표시될 때	전원버튼을 길게 눌러 세팅모드에서 빠져 나옵니다.

37 다음 OLED 표시부 표시 내용 중 성격이 나머지와 다른 것은?

① 세단포기
② 파지비움
③ 모터과열
④ 프런트 도어
⑤ 세단대기

38 다음 중 문서 세단기가 정상 작동하지 않는 원인이 아닌 것은?

① 파지를 비우지 않아 파지함이 꽉 찼을 경우
② 투입구 안쪽에 문서가 걸려있을 경우
③ 절전모드에서 전원버튼을 눌렀을 경우
④ 문서투입구에 CD가 투입될 경우
⑤ 파지 감지스위치에 이물질이 쌓여있을 경우

39 다음의 글과 〈상황〉을 근거로 판단하여 주택보수비용을 지원하는 경우 사업신청자인 A가 지원받을 수 있는 주택보수비용의 최대 액수는?

가. 주택을 소유하고 해당 주택에 거주하는 가구를 대상으로 주택 노후도 평가를 실시하여 그 결과(경·중·대보수)에 따라 이래와 같이 주택보수비용을 지원

구분	경보수	중보수	대보수
보수항목	도배 혹은 장판	수도시설 혹은 난방시설	지붕 혹은 기둥
주택당 보수비용 지원한도액	350만 원	650만 원	950만 원

나. 소득인정액에 따라 보수비용 지원한도액의 80% ~ 100%를 차등지원

구분	중위소득 25% 미만	중위소득 25% 이상 35% 미만	중위소득 35% 이상 43% 미만
보수항목	100%	90%	80%

보기

A는 현재 거주하고 있는 甲주택의 소유자이며, 소득인정액이 중위소득 40%에 해당한다. 甲주택의 노후도 평가결과, 지붕의 수선이 필요한 주택보수비용 지원대상이 선정되었다.

① 520만 원
② 650만 원
③ 760만 원
④ 855만 원
⑤ 950만 원

📝 **Answer.** 37.⑤ 38.③ 39.③

40 다음은 2023 ~ 2024년 甲국의 건강보험 주요지표와 관련된 표이다. 이에 대한 설명으로 옳은 것을 모두 고르면? (단, 소수 둘째 자리에서 반올림한다.)

甲국의 건강보험 주요 지표

(단위 : 천만 원)

구분	2023년	2024년
총수입	81,708	97,008
총지출	78,951	86,176
수지율	(개)	94.7
급여비	76,713	83,466
보험료	79,045	87,256
보험료대급여비비율	(내)	(대)

※ 1) 수지율 = (총지출/총수입)×100
　 2) 보험료대급여비비율＝(급여비/보험료)×100

㉠ 2024년 총지출은 전년 대비 18% 이상 증가했다.
㉡ 2024년 급여비의 전년 대비 증감률은 7% 미만이다.
㉢ 2023년 수지율 (개는 96.6%다.
㉣ 2023년 보험료대급여비비율 (내는 90%를 넘는다.
㉤ (내와 (대의 합은 180 미만이다.

① ㉠㉡
② ㉡㉢
③ ㉣㉤
④ ㉠㉢㉣
⑤ ㉡㉣㉤

41 그림과 같이 P도시에서 Q도시로 가는 길은 3가지이고, Q도시에서 R도시로 가는 길은 2가지이다. P도시를 출발하여 Q도시를 거쳐 R도시로 가는 방법은 모두 몇 가지인가?

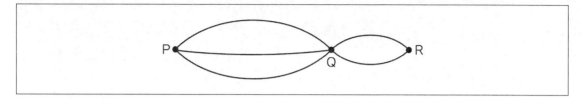

① 3가지
② 4가지
③ 5가지
④ 6가지
⑤ 7가지

42 甲은 헤어에센스를 구매할 때 향과 윤기를 가장 중시한다. 甲이 E회사의 에센스를 구매했다면, 어떤 헤어에센스를 선택했을 때보다 나쁜 결정을 내린 것인가?

제품명	가격	브랜드가치	향	윤기	마무리감
A	★★☆☆☆	★★★★★	★★☆☆☆	★★★☆☆	★★★☆☆
B	★★☆☆☆	★★☆☆☆	★★☆☆☆	★★☆☆☆	★★★☆☆
C	★★★★☆	★☆☆☆☆	★★★☆☆	★★★☆☆	★★★★☆
D	★★★★★	★★★★☆	★★★★☆	★★★★☆	★★☆☆☆
E	★☆☆☆☆	★★★★★	★★★★☆	★★★☆☆	★★★★☆

★★★★★ : 매우 좋음, ★★★★☆ : 좋음, ★★★☆☆ : 보통, ★★☆☆☆ : 나쁨, ★☆☆☆☆ : 매우 나쁨

① A
② B
③ C
④ D
⑤ C, D

43 다음의 과태료 부과기준을 참고하여 〈보기〉에서 부과되는 과태료의 총합(㉠ + ㉡ + ㉢ + ㉣)은 얼마인가?

〈과태료 부과기준〉

위반행위 및 행위자	과태료 금액
가. 신호 또는 지시를 따르지 않은 차 또는 노면전차의 고용주 등	• 승합자동차 등 : 8만 원 • 승용자동차 등 : 7만 원 • 이륜자동차 등 : 5만 원
나. 다음의 어느 하나에 해당하는 차의 고용주 등 • 중앙선을 침범한 차 • 고속도로에서 갓길로 통행한 차 • 고속도로에서 전용차로로 통행한 차	• 승합자동차 등 : 10만 원 • 승용자동차 등 : 9만 원
다. 다음의 어느 하나에 해당하는 차의 고용주 등 • 차로를 따라 통행하지 않은 차 • 지방경찰청장이 지정한 통행방법에 따라 통행하지 않은 차	• 승합자동차 등 : 4만 원 • 승용자동차 등 : 4만 원 • 이륜자동차 등 : 3만 원
라. 일반도로에서 전용차로로 통행한 차의 고용주 등	• 승합자동차 등 : 6만 원 • 승용자동차 등 : 5만 원 • 이륜자동차 등 : 4만 원
마. 제한속도를 준수하지 않은 차 또는 노면전차의 고용주 등 • 60km/h 초과	• 승합자동차 등 : 14만 원 • 승용자동차 등 : 13만 원 • 이륜자동차 등 : 9만 원
• 40km/h 초과 60km/h 이하	• 승합자동차 등 : 11만 원 • 승용자동차 등 : 10만 원 • 이륜자동차 등 : 7만 원
• 20km/h 초과 40km/h 이하	• 승합자동차 등 : 8만 원 • 승용자동차 등 : 7만 원 • 이륜자동차 등 : 5만 원
• 20km/h 이하	• 승합자동차 등 : 4만 원 • 승용자동차 등 : 4만 원 • 이륜자동차 등 : 3만 원

바. 규정을 위반하여 정차 또는 주차를 한 차의 고용주 등	• 승합자동차 등 : 5만 원(6만 원) • 승용자동차 등 : 4만 원(5만 원)
사. 운전 중 실은 화물이 떨어지지 않도록 덮개를 씌우거나 묶는 등 확실하 게 고정될 수 있도록 필요한 조치를 하지 않은 차의 고용주 등	• 승합자동차 등 : 6만 원 • 승용자동차 등 : 5만 원 • 이륜자동차 등 : 4만 원

아. 동승자에게 좌석안전띠를 매도록 하지 않은 운전자
  • 동승자가 13세 미만인 경우
  • 동승자가 13세 이상인 경우
	
	6만 원
	3만 원

자. 어린이통학버스를 신고하지 않고 운행한 운영자	30만 원

※ 비고
• 위 표에서 "승합자동차 등"이란 승합자동차, 4톤 초과 화물자동차, 특수자동차, 건설기계 및 노면전차를 말한다.
• 위 표에서 "승용자동차 등"이란 승용자동차 및 4톤 이하 화물자동차를 말한다.
• 위 표에서 "이륜자동차 등"이란 이륜자동차 및 원동기장치자전거를 말한다.
• 위 표 '바'의 과태료 금액에서 괄호 안의 것은 같은 장소에서 2시간 이상 정차 또는 주차 위반을 하는 경우에 적용한다.

보기

㉠ 고속도로에서 갓길로 통행한 승합자동차 차주에게 부과되는 과태료
㉡ 12세인 동승자에게 좌석안전띠를 매도록 하지 않은 운전자에게 부과되는 과태료
㉢ 제한속도를 30㎞/h 초과한 3톤 화물자동차 차주에게 부과되는 과태료
㉣ 규정을 위반하여 3시간 주차한 5톤 화물자동차 차주에게 부과되는 과태료

① 20만 원   ② 23만 원
③ 25만 원   ④ 27만 원
⑤ 29만 원

| 44 ~ 45 | 다음은 영업팀, 경영팀, 개발팀의 6월 일정표 및 메모이다. 6월 1일이 화요일일 때, 다음을 보고 물음에 답하시오.

〈6월 일정표〉					
	영업팀		경영팀		개발팀
16일 → 회사 전체 회의					
7	개발팀과 A제품 판매 회의	10	영업팀과 A제품 판매를 위한 회의	1	A제품 개발 마감
10	경영팀과 A제품 판매를 위한 회의	25	다음 달 채용전형 준비 시작	4	A제품 시연
14	국내에서 A제품 판매시작			7	영업팀과 A제품 판매를 위한 회의

〈필독사항〉		
영업팀	경영팀	개발팀
• 경영팀과 판매회의를 끝낸 후에 국내에서 판매를 시작하겠습니다. • 국내에서 제품 판매 이후에 해외에서 제품판매를 계획 중입니다.	• 출장을 다녀오신 분들은 출장 직후 경영팀에게 보고해주세요. • 채용전형 준비를 시작하고 일주일 동안은 바쁘니 보고사항은 그 전에 해주세요.	영업팀은 국내외의 제품 사용자들의 후기를 듣고 정리하여 개발팀에 보고해주세요.

44 영업팀 甲 대리는 A제품 판매를 위해 해외로 3박4일 동안 출장을 다녀왔다. 출장 시작일 또는 도착일 중 어느 날도 주말이 아니었으며, 출장보고를 작성하는 데 하루가 소요되었다면, 甲 대리는 언제 출발하였는가?

① 17일
② 18일
③ 20일
④ 21일
⑤ 22일

45 甲은 출장 이후 개발팀에게 전할 보고서를 2일간 작성했다고 한다. 보고서 작성을 끝낸 다음 날 개발팀에게 보고서를 넘겨주었을 때, 개발팀이 보고서를 받은 요일은?

① 월요일
② 화요일
③ 수요일
④ 목요일
⑤ 금요일

46 빵, 케이크, 마카롱, 쿠키를 판매하고 있는 베이커리에서 A ~ F 6명이 제품을 섭취하고 알레르기가 발생했다는 민원이 제기되었다. 아래의 사례를 참고할 때, 다음 중 반드시 거짓인 경우는?

- 알레르기 유발 원인이 된 제품은 빵, 케이크, 마카롱, 쿠키 중 하나이다.
- 6명이 섭취한 제품과 알레르기 유무는 아래와 같다.

구분	섭취 제품	알레르기 발생 유무
A	빵과 케이크를 먹고 마카롱과 쿠키를 먹지 않음	유
B	빵과 마카롱을 먹고 케이크와 쿠키를 먹지 않음	무
C	빵과 쿠키를 먹고 케이크와 마카롱을 먹지 않음	유
D	케이크와 마카롱을 먹고 빵과 쿠키를 먹지 않음	유
E	케이크와 쿠키를 먹고 빵과 마카롱을 먹지 않음	무
F	마카롱과 쿠키를 먹고 빵과 케이크를 먹지 않음	무

① A, B, D의 사례만을 고려하면, 케이크가 알레르기의 원인이다.
② A, C, E의 사례만을 고려하면, 빵이 알레르기의 원인이다.
③ B, D, F의 사례만을 고려하면, 케이크가 알레르기의 원인이다.
④ C, E, F의 사례만을 고려하면, 빵이 알레르기의 원인이다.
⑤ C, D, F의 사례만을 고려하면, 마카롱이 알레르기의 원인이다.

| 47 ~ 48 | 다음은 A기업의 11월 근무 일정표 초안이다. A기업은 1 ~ 4조로 구성되어 있으며 3교대로 돌아간다. 주어진 정보를 보고 물음에 답하시오.

시간대	일	월	화	수	목	금	토
	1	2	3	4	5	6	7
오전	1조	1조	1조	1조	1조	2조	2조
오후	2조	2조	2조	3조	3조	3조	3조
야간	3조	4조	4조	4조	4조	4조	1조
	8	9	10	11	12	13	14
오전	2조	2조	2조	3조	3조	3조	3조
오후	3조	4조	4조	4조	4조	4조	1조
야간	1조	1조	1조	1조	2조	2조	2조
	15	16	17	18	19	20	21
오전	3조	4조	4조	4조	4조	4조	1조
오후	1조	1조	1조	1조	2조	2조	2조
야간	2조	2조	3조	3조	3조	3조	3조
	22	23	24	25	26	27	28
오전	1조	1조	1조	1조	2조	2조	2조
오후	2조	2조	3조	3조	3조	3조	3조
야간	4조	4조	4조	4조	4조	1조	1조
	29	30					
오전	2조	2조					
오후	4조	4조					
야간	1조	1조					

- 1조 : 나경원(조장), 임채민, 조은혜, 이가희, 김가은
- 2조 : 김태희(조장), 이샘물, 이가야, 정민지, 김민경
- 3조 : 우채원(조장), 황보경, 최희경, 김희원, 노혜은
- 4조 : 전혜민(조장), 고명원, 박수진, 김경민, 탁정은

※ 1) 한 조의 일원이 개인 사유로 근무가 어려울 경우 당일 오프인 조의 일원(조장 제외) 중 1인이 대체 근무를 한다.
　2) 대체근무의 경우 오전근무 직후 오후근무 또는 오후근무 직후 야간근무는 가능하나 야간근무 직후 오전근무는 불가능하다.
　3) 대체근무가 어려운 경우 휴무자가 포함된 조의 조장이 휴무자의 업무를 대행한다.

47 다음은 직원들의 휴무 일정이다. 배정된 대체근무자로 적절하지 못한 사람은?

휴무일자	휴무 예정자	대체 근무 예정자
11월 3일	임채민	① 노혜은
11월 12일	황보경	② 이가희
11월 17일	우채원	③ 이샘물
11월 24일	탁정은	④ 정민지
11월 30일	고명원	⑤ 최희경

48 다음은 직원들의 휴무 일정이다. 배정된 대체근무자로 적절하지 못한 사람은?

휴무일자	휴무 예정자	대체 근무 예정자
11월 7일	노혜은	① 탁정은
11월 10일	이샘물	② 최희경
11월 15일	최희경	③ 고명원
11월 20일	김희원	④ 임채민
11월 29일	탁정은	⑤ 김희원

｜49 ~ 50｜ D회사에서는 1년에 1명을 선발하여 해외연수를 보내주는 제도가 있다. 김 부장, 최 과장, 오 과장, 홍 대리, 박 사원 5명이 지원한 가운데 〈선발 기준〉과 〈지원자 현황〉은 다음과 같다. 다음을 보고 물음에 답하시오.

〈선발 기준〉

구분	점수	비고
외국어 성적	50점	
근무 경력	20점	15년 이상이 만점 대비 100%, 10년 이상 15년 미만이 70%, 10년 미만이 50%이다. 단, 근무 경력이 최소 5년 이상인 자만 선발 자격이 있다.
근무 성적	10점	
포상	20점	3회 이상이 만점 대비 100%, 1 ~ 2회가 50%, 0회가 0%이다.
계	100점	

〈지원자 현황〉

구분	김 부장	최 과장	오 과장	홍 대리	박 사원
근무 경력	30년	20년	10년	3년	2년
포상	2회	4회	0회	5회	1회

※ 1) 외국어 성적은 김 부장과 최 과장이 만점 대비 50%이고, 오 과장이 80%, 홍 대리와 박 사원이 100%이다.
 2) 근무 성적은 최 과장과 박 사원이 만점이고, 김 부장, 오 과장, 홍 대리는 만점 대비 90%이다.

49 위의 선발 기준과 지원자 현황에 따를 때 가장 높은 점수를 받은 사람이 선발된다면 선발되는 사람은?

① 김 부장 ② 최 과장
③ 오 과장 ④ 홍 대리
⑤ 박 사원

50 회사 규정이 변경되어 선발 기준이 다음과 같이 변경되었다면, 새로운 선발 기준을 적용하면 선발되는 사람은? (단, 가장 높은 점수를 받은 사람이 선발된다.)

구분	점수	비고
외국어 성적	40점	
근무 경력	40점	30년 이상이 만점 대비 100%, 20년 이상 30년 미만이 70%, 20년 미만이 50%이다. 단, 근무 경력이 최소 5년 이상인 자만 선발 자격이 있다.
근무 성적	10점	
포상	10점	3회 이상이 만점 대비 100%, 1 ~ 2회가 50%, 0회가 0%이다.
계	100점	

① 김 부장   ② 최 과장
③ 오 과장   ④ 홍 대리
⑤ 박 사원

PART

06

인 · 적성평가 및 면접

목적 및 유의점

인성검사를 통하여 지원자의 발달된 특성과 부족한 특성, 그리고 그것이 직무의 성격 및 조직 문화와 얼마나 적합한가를 알아보고 합치하는 인재를 선발할 수 있다. 또한 적절한 직무 배분과 교육을 통해 보완하도록 할 수 있다. 지원자의 무성의한 응답과 좋은 결과를 꾸며내기 위한 응답을 가려낼 수 있음을 염두에 두고 검사에 임해야 한다. 솔직하지 못한 응답은 측정에서 제외될 수 있다. 기업에서 요구하는 인재상을 파악하여 그에 따른 대비책을 준비하는 것이 바람직하다.

┃1~25┃ 다음 질문에 대해서 평소 자신이 생각하고 있는 것이나 행동하고 있는 것에 대해 박스에 주어진 응답요령에 따라 답하시오.

※ 인성검사는 응시자의 인성을 파악하기 위한 시험이므로 정답이 존재하지 않습니다.

응답요령

• 응답 I : 제시된 문항들을 읽은 다음 각각의 문항에 대해 자신이 동의하는 정도를 '①(전혀 그렇지 않다) ~ ⑤(매우 그렇다)'로 표시하면 된다.
• 응답 II : 제시된 문항들을 비교하여 상대적으로 자신의 성격과 가장 가까운 문항 하나와 가장 거리가 먼 문항 하나를 선택하여야 한다(응답 II의 응답은 가깝다 1개, 멀다 1개, 무응답 2개이어야 한다).

1

문항 예시	응답 I					응답 II	
	①	②	③	④	⑤	Most	Least
A. 모임에서 리더에 어울리지 않는다고 생각한다.							
B. 착실한 노력으로 성공한 이야기를 좋아한다.							
C. 어떠한 일에도 의욕적으로 임하는 편이다.							
D. 학급에서는 존재가 두드러졌다.							

2

문항 예시	응답 I					응답 II	
	①	②	③	④	⑤	Most	Least
A. 아무것도 생각하지 않을 때가 많다.							
B. 스포츠는 하는 것보다는 보는 것이 좋다.							
C. 게으른 편이라고 생각한다.							
D. 비가 오지 않으면 우산을 가지고 가지 않는다.							

3

문항 예시	응답 I					응답 II	
	①	②	③	④	⑤	Most	Least
A. 1인자보다는 조력자의 역할을 좋아한다.							
B. 의리를 지키는 타입이다.							
C. 리드를 하는 편이다.							
D. 신중함이 부족해서 후회한 적이 많다.							

4

문항 예시	응답 I					응답 II	
	①	②	③	④	⑤	Most	Least
A. 모든 일을 여유 있게 대비하는 타입이다.							
B. 업무가 진행 중이라도 야근은 하지 않는다.							
C. 타인을 방문하는 경우 상대방이 부재중인 때가 많다.							
D. 노력하는 과정이 중요하고 결과는 중요하지 않다.							

5

문항 예시	응답 I					응답 II	
	①	②	③	④	⑤	Most	Least
A. 무리해서 행동하지 않는다.							
B. 유행에 민감한 편이다.							
C. 정해진 대로 움직이는 것이 안심이 된다.							
D. 현실을 직시하는 편이다.							

6

문항 예시	응답 I					응답 II	
	①	②	③	④	⑤	Most	Least
A. 자유보다는 질서를 중요시 한다.							
B. 잡담하는 것을 좋아한다.							
C. 경험에 비추어 판단하는 편이다.							
D. 영화나 드라마는 각본의 완성도나 연출에 주목한다.							

7

문항 예시	응답 I					응답 II	
	①	②	③	④	⑤	Most	Least
A. 타인의 일에는 별로 관심이 없다.							
B. 다른 사람의 소문에 관심이 많다.							
C. 실용적인 일을 할 때가 많다.							
D. 정이 많은 편이다.							

8

문항 예시	응답 I					응답 II	
	①	②	③	④	⑤	Most	Least
A. 협동은 중요하다고 생각한다.							
B. 친구의 휴대폰 번호는 모두 외운다.							
C. 정해진 틀은 깨라고 있는 것이다.							
D. 이성적인 사람이고 싶다.							

9

문항 예시	응답 I					응답 II	
	①	②	③	④	⑤	Most	Least
A. 환경은 변하지 않는 것이 좋다고 생각한다.							
B. 성격이 밝다.							
C. 반성하는 편이 아니다.							
D. 활동 범위가 좁은 편이다.							

10

문항 예시	응답 I					응답 II	
	①	②	③	④	⑤	Most	Least
A. 시원시원한 성격을 가진 사람이다.							
B. 좋다고 생각하면 바로 행동한다.							
C. 좋은 사람으로 기억되고 싶다.							
D. 한 번에 많은 일을 떠맡는 것은 골칫거리이다.							

11

문항 예시	응답 I					응답 II	
	①	②	③	④	⑤	Most	Least
A. 사람과 만나는 약속은 늘 즐겁다.							
B. 질문을 받으면 그때의 느낌으로 대답한다.							
C. 땀을 흘리는 것보다 머리를 쓰는 일이 좋다.							
D. 이미 결정된 것이라면 다시 생각하지 않는다.							

12

문항 예시	응답 I					응답 II	
	①	②	③	④	⑤	Most	Least
A. 외출 시 문을 잠갔는지 몇 번씩 확인한다.							
B. 지위가 사람을 만든다고 생각한다.							
C. 안전책을 고르는 타입이다.							
D. 사교적인 사람이다.							

13

문항 예시	응답 I					응답 II	
	①	②	③	④	⑤	Most	Least
A. 사람은 도리를 지키는 것이 당연하다고 생각한다.							
B. 착하다는 소릴 자주 듣는다.							
C. 단념을 하는 것도 중요하다고 생각한다.							
D. 누구도 예상치 못한 일을 하고 싶다.							

14

문항 예시	응답 I					응답 II	
	①	②	③	④	⑤	Most	Least
A. 평범하고 평온하게 행복한 인생을 살고 싶다.							
B. 움직이는 일을 좋아하지 않는다.							
C. 소극적인 사람이라고 생각한다.							
D. 이것저것 평가하는 것이 싫다.							

15

문항 예시	응답 I					응답 II	
	①	②	③	④	⑤	Most	Least
A. 성격이 급하다.							
B. 꾸준히 노력하는 것을 잘 못한다.							
C. 내일의 계획은 미리 세운다.							
D. 혼자 일을 하는 것이 편하다.							

16

문항 예시	응답 I					응답 II	
	①	②	③	④	⑤	Most	Least
A. 열정적인 사람이라고 생각하지 않는다.							
B. 다른 사람 앞에서 이야기를 잘한다.							
C. 행동력이 강한 사람이다.							
D. 엉덩이가 무거운 편이다.							

17

문항 예시	응답 I					응답 II	
	①	②	③	④	⑤	Most	Least
A. 특별히 구애받는 것이 없다.							
B. 돌다리는 두들겨 보고 건너는 편이다.							
C. 나에게는 권력욕이 없는 것 같다.							
D. 업무를 할당받으면 부담스럽다.							

18

문항 예시	응답 Ⅰ					응답 Ⅱ	
	①	②	③	④	⑤	Most	Least
A. 보수적인 편이다.							
B. 계산적인 사람이다.							
C. 규칙을 잘 지키는 타입이다.							
D. 무기력함을 많이 느낀다.							

19

문항 예시	응답 Ⅰ					응답 Ⅱ	
	①	②	③	④	⑤	Most	Least
A. 사람을 사귀는 범위가 넓다.							
B. 상식적인 판단을 할 수 있는 편이라고 생각한다.							
C. 너무 객관적이어서 실패한 적이 많다.							
D. 보수보다는 진보라고 생각한다.							

20

문항 예시	응답 Ⅰ					응답 Ⅱ	
	①	②	③	④	⑤	Most	Least
A. 내가 좋아하는 사람은 주변 사람들이 모두 안다.							
B. 가능성보다 현실을 중요시한다.							
C. 상대에게 꼭 필요한 선물을 잘 알고 있다.							
D. 여행은 계획을 세워서 추진하는 편이다.							

21

문항 예시	응답 Ⅰ					응답 Ⅱ	
	①	②	③	④	⑤	Most	Least
A. 무슨 일이든 구체적으로 파고드는 편이다.							
B. 일을 할 때는 착실한 편이다.							
C. 괴로워하는 사람을 보면 우선 이유부터 묻는다.							
D. 가치 기준이 확고하다.							

22

문항 예시	응답 I					응답 II	
	①	②	③	④	⑤	Most	Least
A. 밝고 개방적인 편이다.							
B. 현실 직시를 잘 하는 편이다.							
C. 공평하고 공정한 상사를 만나고 싶다.							
D. 시시해도 계획적인 인생이 좋다.							

23

문항 예시	응답 I					응답 II	
	①	②	③	④	⑤	Most	Least
A. 분석력이 뛰어나다.							
B. 논리적인 편이다.							
C. 사물에 대해 가볍게 생각하는 경향이 강하다.							
D. 계획을 세워도 지키지 못한 경우가 많다.							

24

문항 예시	응답 I					응답 II	
	①	②	③	④	⑤	Most	Least
A. 생각했다고 해서 반드시 행동으로 옮기지 않는다.							
B. 목표 달성에 별로 구애받지 않는다.							
C. 경쟁하는 것을 즐기는 편이다.							
D. 정해진 친구만 만나는 편이다.							

25

문항 예시	응답 I					응답 II	
	①	②	③	④	⑤	Most	Least
A. 활발한 성격이라는 소릴 자주 듣는다.							
B. 기회를 놓치는 경우가 많다.							
C. 학창시절 체육수업을 싫어했다.							
D. 과정보다 결과를 중요시한다.							

Chapter 02 면접의 개요

❶ 면접 이미지 메이킹

(1) 성공적인 이미지 메이킹 포인트

① 인사 : 인사를 할 때에는 밝고 자신 있는 목소리로 하며, 자신의 이름과 수험번호 등을 간략하게 소개한다. 면접관에게 호감을 살 수 있는 가장 쉬운 방법이면서 지원자의 인성 전반에 대한 평가로 이어진다.

② 표정 : 지원자의 인상을 결정하는 중요한 요소이다. 면접 중에는 밝은 표정으로 미소를 지어 호감을 형성할 수 있도록 한다. 시선은 면접관과 고르게 맞추되 생기 있는 눈빛을 띄도록 한다.

③ 목소리 : 답변을 할 때에는 부드러우면서도 활기차고 생동감 있는 목소리로 하는 것이 면접관에게 호감을 줄 수 있다. 적절한 답변을 하였음에도 불구하고 빠른 속도, 자신감 없는 작은 목소리는 답변의 신뢰성을 떨어뜨릴 수 있으므로 주의하도록 한다.

③ 자세 : 발소리가 나지 않도록 주의한다. 앉을 때는 의자 깊숙이 앉고 등받이와 등 사이에 주먹 1개 정도의 간격을 두며 기대듯 앉지 않도록 주의한다. 앉고 일어날 때도 자세가 흐트러지지 않도록 한다.

(2) 면접 예절

① 행동 관련 예절

　㉠ 지각은 절대 금물 : 면접장소가 결정되면 사전에 미리 방문해 보는 것도 좋다. 면접 당일에는 면접 시간 20 ~ 30분 전에 도착하여 면접장을 둘러보고 환경에 익숙해지는 것도 성공적인 면접을 위한 요령이 될 수 있다.

　㉡ 입실 후 태도 : 호명되면 또렷하게 대답하고 들어간다. 문을 여닫을 때에는 소리가 나지 않게 조용히 하며 공손한 자세로 인사한 후 면접관의 지시에 따라 자리에 앉는다. 이 경우 착석하라는 말이 없는데 먼저 의자에 앉으면 무례한 사람으로 보일 수 있으므로 주의한다.

　㉢ 불필요한 행동은 탈락의 지름길 : 자신도 모르게 다리를 떨거나 손가락을 만지는 등의 행동을 하는 지원자가 있는데, 이는 면접관의 주의를 끌 뿐만 아니라 불안하고 산만한 사람이라는 느낌을 주게 된다.

② 답변 관련 예절

　㉠ 면접관이나 다른 지원자와 가치 논쟁을 하지 않는다 : 면접관 또는 다른 지원자와 의견이 다를 수 있다. 정답이 정해져 있지 않은 경우에는 가치관이나 성장배경에 따라 문제를 받아들이는 태도에서 답변까지 차이가 있을 수 있으므로 굳이 면접관이나 다른 지원자의 가치관을 지적하고 고치려 드는 것은 좋지 않다.

　㉡ 경력직인 경우 전 직장에 대해 험담하지 않는다 : 지원자가 전 직장에서 무슨 업무를 담당했고 어떤 성과를 올렸는지는 면접관이 관심을 둘 사항일 수 있지만, 전 직장에 대해 험담을 늘어놓는다든가, 동료와 상사에 대한 악담을 하게 된다면 오히려 지원자에 대한 부정적인 이미지만 심어줄 수 있다.

❷ 면접 질문 및 답변 포인트

(1) 성격 및 가치관에 관한 질문

Q 당신의 PR포인트를 말해 주십시오.

> **TIP** PR포인트를 말할 때에는 지나치게 겸손한 태도는 좋지 않으며 적극적으로 자기를 주장하는 것이 좋다. 앞으로 입사 후 하게 될 업무와 관련된 자기의 특성을 구체적인 일화를 더하여 이야기하도록 한다.

> MEMO

Q 당신의 장·단점을 말해 보십시오.

> **TIP** 지원자의 구체적인 장·단점을 알고자 하기 보다는 지원자가 자기 자신에 대해 얼마나 알고 있으며 어느 정도의 객관적인 분석을 하고 있나, 그리고 개선의 노력 등을 시도하는지를 파악하고자 하는 것이다. 따라서 장점을 말할 때는 업무와 관련된 장점을 뒷받침할 수 있는 근거와 함께 제시하며, 단점을 이야기할 때에는 극복을 위한 노력을 반드시 포함해야 한다.

> MEMO

Q 가장 존경하는 사람은 누구입니까?

> **TIP** 존경하는 사람을 말하기 위해서는 우선 그 인물에 대해 알아야 한다. 잘 모르는 인물에 대해 존경한다고 말하는 것은 면접관에게 바로 지적당할 수 있으므로, 추상적이라도 좋으니 평소에 존경스럽다고 생각했던 사람에 대해 그 사람의 어떤 점이 좋고 존경스러운지 대답하도록 한다. 또한 자신에게 어떤 영향을 미쳤는지도 언급하면 좋다.

> MEMO

(2) 지원동기 및 직업의식에 관한 질문

Q 왜 우리 회사를 지원했습니까?

TIP 이 질문은 어느 회사나 가장 먼저 물어보고 싶은 것으로 지원자들은 기업의 이념, 대표의 경영능력, 재무구조, 복리후생 등 외적인 부분을 설명하는 경우가 많다. 이러한 답변도 적절하지만 지원 회사의 주력 상품에 관한 소비자의 인지도, 경쟁사 제품과의 시장점유율을 비교하면서 입사동기를 설명한다면 상당히 주목 받을 수 있을 것이다.

MEMO

Q 만약 이번 채용에 불합격하면 어떻게 하겠습니까?

TIP 불합격할 것을 가정하고 회사에 응시하는 지원자는 거의 없을 것이다. 이는 지원자를 궁지로 몰아넣고 어떻게 대응하는지를 살펴보며 입사 의지를 알아보려고 하는 것이다. 이 질문은 너무 깊이 들어가지 말고 침착하게 답변하는 것이 좋다.

MEMO

Q 당신이 생각하는 바람직한 사원상은 무엇입니까?

TIP 직장인으로서 또는 조직의 일원으로서의 자세를 묻는 질문으로 지원하는 회사에서 어떤 인재상을 요구하는 가를 알아두는 것이 좋으며, 평소에 자신의 생각을 미리 정리해 두어 당황하지 않도록 한다.

MEMO

Q 직무상의 적성과 보수의 많음 중 어느 것을 택하겠습니까?

> **TIP** 이런 질문에서 회사 측에서 원하는 답변은 당연히 직무상의 적성에 비중을 둔다는 것이다. 그러나 적성만을 너무 강조하다 보면 오히려 솔직하지 못하다는 인상을 줄 수 있으므로 어느 한 쪽을 너무 강조하거나 경시하는 태도는 바람직하지 못하다.

MEMO

Q 상사와 의견이 다를 때 어떻게 하겠습니까?

> **TIP** 과거와 다르게 최근에는 상사의 명령에 무조건 따르겠다는 수동적인 자세는 바람직하지 않다. 회사에서는 때에 따라 자신이 판단하고 행동할 수 있는 직원을 원하기 때문이다. 그러나 지나치게 자신의 의견만을 고집한다면 이는 팀원 간의 불화를 야기할 수 있으며 팀 체제에 악영향을 미칠 수 있으므로 선호하지 않는다는 것에 유념하여 답해야 한다.

MEMO

⑶ 여가 활용에 관한 질문

Q 취미가 무엇입니까?

TIP 기초적인 질문이지만 특별한 취미가 없는 지원자의 경우 대답이 애매할 수밖에 없다. 그래서 가장 많이 대답하게 되는 것이 독서, 영화감상, 혹은 음악감상 등과 같은 흔한 취미를 말하게 되는데 이런 취미는 면접관의 주의를 끌기 어려우며 설사 정말 위와 같은 취미를 가지고 있다하더라도 제대로 답변하기는 힘든 것이 사실이다. 가능하면 독특한 취미를 말하는 것이 좋으며 이제 막 시작한 것이라도 열의를 가지고 있음을 설명할 수 있으면 그것을 취미로 답변하는 것도 좋다.

MEMO

Q 본인만의 스트레스 관리 방법이 있습니까?

TIP 대인관계에서 받는 스트레스를 통제하고 해소할 수 있는지 의지와 발전 가능성을 알아보기 위한 질문이다. 평상시 스트레스 관리법으로 현실가능한 수준의 대답을 하는 것이 좋다.

MEMO

⑷ 지원자를 당황하게 하는 질문

Q 성적이 좋지 않은데 이 정도의 성적으로 우리 회사에 입사할 수 있다고 생각합니까?

> **TIP** 비록 자신의 성적이 좋지 않더라도 이미 서류심사에 통과하여 면접에 참여하였다면 기업에서는 지원자의 성적보다 성적 이외의 요소, 즉 성격·열정 등을 높이 평가했다는 것이라고 할 수 있다. 그러나 이런 질문을 받게 되면 지원자는 당황할 수 있으나 주눅 들지 말고 침착하게 대처하는 면모를 보인다면 더 좋은 인상을 남길 수 있다.

MEMO

Q 우리 회사 회장님 함자를 알고 있습니까?

> **TIP** 회장이나 사장의 이름을 조사하는 것은 면접일을 통고받았을 때 이미 사전 조사되었어야 하는 사항이다. 단답형으로 이름만 말하기보다는 그 기업에 입사를 희망하는 지원자의 입장에서 답변하는 것이 좋다.

MEMO

Q 당신은 이 회사에 적합하지 않은 것 같군요.

> **TIP** 이 질문은 지원자의 입장에서 상당히 곤혹스러울 수밖에 없다. 질문을 듣는 순간 그렇다면 면접은 왜 참가시킨 것인가 하는 생각이 들 수도 있다. 하지만 당황하거나 흥분하지 말고 침착하게 자신의 어떤 면이 회사에 적당하지 않은지 겸손하게 물어보고 지적 당한 부분에 대해서 고치겠다는 의지를 보인다면 오히려 자신의 능력을 어필할 수 있는 기회로 사용할 수도 있다.

MEMO

Q 다시 공부할 계획이 있습니까?

TIP 이 질문은 지원자가 합격하여 직장을 다니다가 공부를 더 하기 위해 회사를 그만 두거나 학습에 더 관심을 두어 일에 대한 능률이 저하될 것을 우려하여 묻는 것이다. 이때에는 당연히 학습보다는 일을 강조해야 하며, 업무 수행에 필요한 학습이라면 업무에 지장이 없는 범위에서 야간학교를 다니거나 회사에서 제공하는 연수 프로그램 등을 활용하겠다고 답변하는 것이 적당하다.

MEMO

Q 지원한 분야가 전공한 분야와 다른데 여기 일을 할 수 있겠습니까?

TIP 수험생의 입장에서 본다면 지원한 분야와 전공이 다르지만 서류전형과 필기전형에 합격하여 면접을 보게 된 경우라고 할 수 있다. 이는 결국 해당 회사의 채용 방침상 전공에 크게 영향을 받지 않는다는 것이므로 무엇보다 자신이 전공하지는 않았지만 어떤 업무도 적극적으로 임할 수 있다는 자신감과 능동적인 자세를 보여주도록 노력하는 것이 좋다.

MEMO

Chapter 03 농협 면접 기출문제

① 다빈도 면접 기출문제

2024, 2023, 2022, 2020, 2018, 2016, 2013, 2012, 2011
Q 30초(1분) 동안 자기소개를 해보시오.

2021, 2019, 2018, 2017, 2015, 2014
Q 본인의 장점과 단점에 대하여 이야기해 보시오.

2022, 2021, 2014, 2013
Q 본인의 취미활동이 무엇인지 말해보시오.

2023, 2017, 2015, 2011
Q 자신의 10년 후 모습에 대해 이야기해 보시오.

2024, 2020, 2019, 2015
Q. 가장 힘들었던 경험이나 좌절했던 경험에 대해 말해보시오.

2024, 2023, 2022, 2019, 2018, 2013, 2012
Q 어려운 일을 극복한 경험에 대해 말해보시오.

2024, 2022, 2017, 2016
Q 다른 의견을 가진 사람을 설득하는 자신만의 방법이 있다면 말해보시오.

2022, 2018, 2017, 2016
Q 동료와 갈등 발생 시 해결하는 자신만의 방법에 대해 말해보시오.

2024, 2020, 2019, 2018, 2015, 2011
Q 농협은행에 지원한 이유에 대해 이야기해 보시오.

2024, 2023, 2014, 2013, 2010
Q 농협에서 맡고 싶은 업무는 무엇인가? 입사 후 일하기를 원하는 부서와 왜 그 부서에서 일하고 싶은지 말해보시오.

Q 농협에 취업을 하기위해서 했던 활동은 무엇이 있으며, 농협에 취업하기 위해 어디까지 해보았는가?

Q 농협과 다른 은행의 차이점은 무엇인가?

Q. 앞에 고객이 있다고 생각하고 농협은행 상품이나 제도에 대해 안내해보시오.

❷ 역대 농협 면접 기출문제(2024~2010년)

(1) 2024년 농협은행

Q. 지원자는 입행한 지 6개월 된 신입사원이다. 다른 팀과 협력 프로젝트를 진행 중인데 현재 본인이 맡은 부분은 타 팀이랑 같이 하지 않고 우리 팀 혼자서 진행하는 부분이라 본인 팀 선임에게만 보고했다. 협력하는 타 팀 선임이 자기한테도 똑같이 보고하라고 할 때 어떻게 할 것인가?

Q. 지원자는 입행한 지 6개월 된 신입사원이다. 기존 선임은 모든 업무 프로세스를 알려주는 선임이었으나 새로 온 선임은 업무는 직접 경험해야 알 수 있는 것이라며 업무 절차를 비롯하여 전혀 알려주는 것이 없다. 이런 상황에서 지원자가 어려움을 마주했을 때 어떻게 대처할 것인가?

Q. 지원자가 협업하기 힘든 유형의 사람과 이를 극복하기 위한 대안은 무엇인가?

Q. 최근에 농협은행과 관련된 것을 제외한 경제 뉴스는 무엇인가?

Q. 경제 공부는 어떻게 하고 있는가?

Q. 직무와 관련해서 교내·교외 활동은 무엇인가?

(2) 2023년 농협은행

Q. 고객이 대출금리를 알아보려고 왔는데, 이미 주택담보대출은 타은행에 보유하고 있어서 신용대출 금리를 안내했다. 이후 고객이 다시 찾아와 왜 주택담보대출이 아닌 금리가 높은 신용대출 금리를 알려줬냐고 항의하는 상황에서 어떻게 할 것인가?

Q. 금융권 경험이 있는가?

Q. 추천하고 싶은 ETF 상품은 무엇인가?

Q. 최근에 본 금융·경제관련 뉴스는 무엇인가?

Q. 농협 인재상 중 하나를 골라 자기의 경험과 연결하여 말해보시오.

Q. 조직에서 원만한 대인관계를 유지하는 나만의 팁이 있다면?

(3) 2022년 농협은행

Q 1인가구의 높은 부채비율의 원인은 무엇인가? 이러한 사회적 현실에 따라 대출 및 펀드상품을 기획에 중요하게 생각해야할 것을 말해보시오.

Q 그린스완이 무엇인지 설명해보시오.

Q 농협에서 판매중인 상품 또는 서비스 중에서 기억에 남는 것과 그 이유를 말해보시오.

Q IRP에 대해서 설명하고, 상품을 구매하지 않으려는 고객에게 어떻게 이 상품을 판매할 것인가?

Q 리셀 문화의 문제점과 해결방안에 대해서 말해보시오.

Q 전체적인 프로세스나 기존에 유지되던 틀을 바꿔본 경험이 있는가? 있다면 무엇인지 자세히 설명해보시오.

Q 고객을 응대해본 경험이 있는가? 있다면 어떻게 했었는가?

Q 재택근무로 인해서 팀원들 사이에 신뢰도가 저하되는 것에 대한 해결방안을 말해보시오.

Q ESG경영을 위한 상품을 기획해보시오.

Q 자산관리란 무엇인가? 또한, 본인이 자산관리를 위해 하고 있는 것은 무엇인가?

Q 본인이 기업여신을 담당하고 있다면 어떠한 기업에게 여신을 승인해줄 것인가?

(4) 2021년 농협은행

Q 농협은행과 온라인뱅킹과의 차이점을 말해보시오.

Q 기준금리가 하락할 때 은행에서 할 수 있는 일은 무엇인가?

Q 리더십을 발휘한 경험이 있는가?

Q 평소 닮고 싶다고 생각한 사람이 있는가?

Q 개인 금융에 비해 기업 금융에 필요한 역량은 무엇이라고 생각하는가?

Q 농협은행에서 진행하고 있는 사업 중 눈여겨보고 있는 사업은 무엇인가?

Q 동료가 실수했을 때 기분 나쁘지 않게 지적하는 노하우를 말해보시오.

Q 자신의 가장 큰 도전은 무엇인지, 그리고 어떤 과정을 거쳤는지 말해보시오.

Q 팬데믹이 농협은행에 미친 영향은 무엇인지 말해보시오.

Q 메타버스가 화제인데, 가상공간에 농협은행 지점을 만들면 주 고객층은 누구겠는가? 또한 판매하게 될 금융상품은 무엇이겠는가?

Q 숏케팅을 활용한 2030 고객유치방안을 말해보시오.

(5) 2020년 농협사료

Q 가장 좋아하는 과목과 싫어하는 과목은 무엇인가?

Q 농협사료에 지원한 이유와 가고 싶은 지역은 어디인가?

(6) 2020년 농협은행

Q 기준금리와 가계부채의 상관관계에 대해서 말해보시오.

Q 행원으로써 중요한 세 가지 역량은 무엇이라고 생각하는가?

Q 본인이 생각하는 농협은행의 이미지는 무엇인가?

Q 원칙과 융통성 중 중요하다고 생각하는 것은 무엇인가?

Q 실적에 대해 어떻게 생각하는가? 실적으로 인해서 받게 될 스트레스는 어떻게 해소할 것인가?

Q 돌발상황이 발생했을 때 어떻게 대처할 것인가?

(7) 2020년 지역농협

Q 협동조합의 의의와 농협의 발전에 대해 말해보시오.

Q 최근 사회적 이슈를 농협 입장이 되어서 말해보시오.

Q 무점포 비대면 거래에 대해 지역농협의 대처를 말해보시오.

Q 사회적 이슈를 수용할 시, 객관성을 지키는 방법에 대해 말해보시오.

Q 인생의 가치관과 가치관대로 행동한 경험을 말해보시오.

Q 편견을 가지고 대했는데 아니었던 경험을 말해보시오.

Q 고령화 인구 대상 기능식품의 활성화가 갖는 의미를 말해보시오.

(8) 2019년 농협경제지주

Q 회사를 선택하는 본인만의 기준을 말해보시오.

Q 농협경제지주에서 펼치고 싶은 정책이 있다면 말해보시오.

Q 원하는 정책을 펼치기 위해서 자금이 필요할 시 그 자금은 어떻게 충당할 생각인지 말해보시오.

(9) 2019년 농협은행

Q 농협은행 발전 방법에 대하여 디지털 방면으로 접근하여 말해보시오.

Q 농협은행 상품 중 개선하고 싶은 상품이 있다면 개선 방안을 말해보시오.

Q 4차 산업기술에 대하여 설명하시오.

Q 지점 활성 방안에 대해 말해보시오.

Q 프로슈머의 개념을 이용하여 농협은행의 상품을 제안해 보시오.

Q 고령화 사회에서 노인 일자리 확충을 위해 국가, 개인, 기업이 해야 할 일을 2가지씩 정하시오.

(10) 2019년 지역농협

Q 스타트업과 기업이 함께 성장할 수 있는 방법에 대해 말해보시오.

Q 처음 만난 사람들과 어떻게 어색한 분위기를 해소할 것인지 말해보시오.

Q 자신이 생각하는 농협의 경쟁사가 있다면 그 이유와 이겨낼 방안을 말해보시오.

Q 지역농협에 입사해서 가장 하고 싶은 일은 무엇인가?

Q 지역농협에서 자신이 어떻게 성장하고 싶은지 말해보시오.

Q 휴경지 활용 기획안에 대해 말해보시오.

Q 특약용 작물 활용 방안에 대해 말해보시오.

(11) 2018년 농협경제지주

Q 농가소득을 효과적으로 증대시킬 수 있는 방안을 제시해 보시오.

Q 회사 업무에 바로 적용 가능한 본인의 역량을 어필해 보시오.

Q 인생에 있어서 중요한 가치로 삼고 있는 것이 있다면 말해보시오.

Q 크라우드 펀딩을 활용한 농업경쟁력 제고 방안을 제시하시오.

Q 4차 산업혁명이 가져올 변화와 농협의 대응 방안을 제시하시오.

(12) 2018년 농협케미컬

Q 농협케미컬이 어떤 회사인지 알고 있는 대로 설명해 보시오.

Q 상사가 비합리적인 업무를 부여하면 어떻게 할 것인가?

Q 고객이 우리 회사의 제품에 대해 나쁘게 평가하면 어떻게 대처할 것인가?

(13) 2018년 농협네트웍스

Q 낙뢰방지 대처방법에 대해 설명해 보시오.

Q 교류와 직류의 저압, 고압, 초고압의 기준을 말해보시오.

Q 교류전력과 직류전력의 차이를 설명해 보시오.

Q 신재생에너지사업에 대해 전망해 보시오.

Q 본인을 뽑아야 하는 이유에 대해 말해보시오.

(14) 2017년 농협은행

Q 회사에서 자신의 실력을 알아주지 않는다면 어떻게 할 것인가?

Q 농협 본사의 지리적 이점에 대해 설명해 보시오.

Q 농업 가치의 「헌법」 반영에 대해 알고 있는가? 어떻게 생각하는가?

Q 거리에서 나눠주는 전단지를 그냥 버리는 행동이 잘못되었다고 생각하는가?

(15) 2017년 축산농협

Q 아르바이트 등 직무 경험을 통해 깨달은 자신의 강점이 있다면 말해보시오.

Q 절대농지가 무엇인지 말해보시오.

Q 블록체인과 비트코인에 대해 설명해 보시오.

Q 소고기이력추적제에 대해 설명해 보시오.

Q 농협과 주식회사의 차이점에 대해 말해보시오.

(16) 2017년 지역농협

Q 맡은 일을 책임지고 마무리하기 위해 했던 노력에 대해 말해보시오.

Q 다른 사람을 위해 희생한 경험에 대해 말해보시오.

Q 학창시절 경험한 대외활동이 실무에 어떤 영향을 미칠 수 있을지 말해보시오.

Q 자신이 생각하는 농협의 정의를 설명해 보시오.

Q 당좌계좌에 대해 설명해 보시오.

Q 공공비축제에 대해 설명해 보시오.

Q 인터넷뱅킹 출범에 따라 농협이 나아가야 할 방향에 대해 말해보시오.

Q 농촌의 국제결혼이민자에 대해 농협이 지원할 수 있는 방법을 말해보시오.

Q 농업의 공익적 가치를 「헌법」에 반영하고자 1천만 명 국민서명운동에 대해 말해보시오.

Q 농협을 5글자로 표현해보시오.

(17) 2016년 농협경제지주

Q 6차 산업과 농협에 대해 이야기해 보시오.

Q ODA와 농협의 역할에 대해 이야기해 보시오.

Q 농협의 옴니채널 구축사례 및 구축방안에 대해 이야기해 보시오.

Q 1인당 쌀 소비량에 대해 말해보시오.

(18) 2016년 지역농협

Q 업무 중 술 취한 고객이 난동을 부린다면 어떻게 할 것인가?

Q 핀테크로 인해 변화된 환경과 그에 대한 농협의 대응에 대해 말해보시오.

Q 6차 산업에 대해 아는 대로 말해보시오.

(19) 2015년 농협은행

Q 최근에 접한 가장 인상 깊은 뉴스 기사에 대해 이야기해 보시오.

Q 자신이 권유한 투자 상품에 가입하여 손실을 보고 은행에 찾아와 항의하는 고객에게 어떻게 대응할 것인지 이야기해 보시오.

Q 20대 후반 기혼인 직장인 여성에게 적합한 금융상품을 제안하고 그 이유를 설명해 보시오.

Q 은행에 입사하여 평일 근무 외에 주말에 봉사활동을 하는 경우 참여 여부에 대해 이야기해 보시오.

(20) 2014년 농협유통

Q 쌀 시장 개방에 대해 어떻게 생각하는가?

Q 우리쌀의 소비량을 늘리기 위해 어떻게 해야 되는가?

(21) 2014년 농협은행

Q 일을 혼자 하는 게 편한가?

Q 향후 기준금리 전망을 말해보시오.

Q 대기업과 중소기업의 상생방법을 이야기해 보시오.

Q 한국경제의 세계적 위치에 대하여 이야기해 보시오.

Q 재산세에 대해 아는 대로 이야기해 보시오.

Q 변액보험이란 무엇인가?

Q 임대형 주택가격에 대해 아는 대로 말해보시오.

Q 농협은행의 발전방향에 대해서 이야기해 보시오.

Q 단체생활을 한 경험이 있는지 거기서 본인은 리더였는가?

Q 까다로운 클라이언트를 만났을 때 어떻게 계약을 성사시킬 것인지 말해보시오.

Q 적립식 펀드에 대하여 아는 대로 말해보시오.

(22) 2014년 농협중앙회

Q 친구가 많은 편인가, 아니면 한 친구를 깊게 사귀는 편인가?

Q 최근 감명 깊게 읽은 책이나 영화를 소개해보시오.

Q 존경하는 인물이 있다면 누구이고 이유는 무엇인가?

Q 농업은 어떤 산업이라고 생각하는지 본인의 생각을 이야기해 보시오.

Q 지방으로 발령을 받게 되면 어떻게 할 것인가?

Q 새 농촌 새 농협 운동에 대해서 말해보시오.

Q 해외에 나가 본 경험이 있는가? 한국과 비교했을 때 안 좋은 점을 말해보시오.

Q 농협이 나아가야 할 방향에 대해서 이야기해 보시오.

(23) 2013년 농협은행

Q 경제신문에 나오는 '금리, 환율, 종합주가지수'의 용어에 대한 설명을 해보시오.

Q 학력과 학벌주의에 대해서 어떻게 생각하는가?

Q 은행의 주 수입원은 무엇인가?

Q 레버리지 효과란 무엇인가?

Q 타 은행 인턴경험이 있는지 말해보고 있다면 왜 농협을 지원했는지 이유를 말해보시오.

Q 직장생활 중 적성에 맞지 않는다고 느끼면 다른 일을 찾을 것인가?

Q 저신용자에게 대출을 늘리는 것이 좋은가, 줄이는 것이 좋은가?

Q 주량이 어느 정도 되고, 술자리에서 제일 꼴불견인 사람의 유형에 대해 말해보시오.

Q 상사가 집에 안가고 게임과 개인적인 용무를 보고 있다. 어떻게 할 것인가?

Q 상사가 부정한 일로 자신의 이득을 취하고 있다. 이 사실을 알게 되면 어떻게 할 것인가?

(24) 2012년 농협은행

Q 입행 후 로또 1등에 당첨된다면 어떤 곳에 사용할 것인가?

Q 전환사채가 무슨 뜻인지 말해보시오.

Q 지원자가 가진 역량으로 이룬 지원자의 생애에서 가장 기억에 남는 추억이 있다면 말해보시오.

Q DTI란 무엇인지 설명해 보시오.

(25) 2011년 농협은행

Q 역모기지론에 대해 이야기해 보시오.

Q 사업 분리 후 농협의 발전 방향에 대해 말해보시오.

Q 한국 경제가 세계에서 어떤 위치에 있다고 생각하는지 말해보시오.

Q 재산세, 변액보험, 임대형 주택가격 등에 대해 말해보시오.

(26) 2010년 농협은행

Q 노동조합과 협동조합의 차이점은 무엇인가?

Q 이마트와 하나로 마트의 차이점은 무엇인가?

Q 재무제표를 분석할 때 성장성을 보기 위해서는 어떤 지표를 사용해야 하는가?

Q 기술적 분석과 기본적 분석에 대해 설명하시오.

Q 예대율과 예대마진에 대해 설명하시오.

Q 농협 CI의 의미는 무엇인가?

Q 공제를 어떻게 소비자들에게 팔 것인가?

Q 쿠퍼현상이 무엇인가?

Q 면접을 보러 가는데 신호등이 빨간불이다. 시간이 매우 촉박한 상황인데, 무단횡단을 할 것인가?

Q 농협에 근무하기 위해 어떤 마음가짐이 필요하다고 생각하는가?

Q 농협의 신용 업무에 대한 이미지를 말해보시오.

PART

07

논술

Chapter 01

금융권 경제논술 해제

1 경제논술과 일반논술의 차이점

　과제 리포트와 일반적인 취업논술까지 논술은 생각보다 우리 주변 가까운 곳에 항상 자리하고 있다. 일반적으로 논술은 다양한 사회적 주제들에 대해 자신의 의견을 표현하고 그 주장을 뒷받침하는 증거, 자료 들을 제시함으로써 자신의 주장에 설득력을 실어주는 것이 그 핵심이다. 논술의 특성상 정답이 있는 문제들을 정해진 풀이 과정에 맞게 풀어내는 지를 보는 것이 아니라는 점에서 맞고, 틀림의 극단성이 주는 부담감은 덜 수 있으나 주장을 펴는 데 익숙지 않거나 주장의 근거가 빈약한 경우 공허한 외침이나 궤변으로 전락하기 쉬운 어려움을 지니고 있다. '경제논술'이라는 이름에서 보이듯 주제가 경제·경영 쪽에 초점이 맞추어져있다. 자신의 주장을 펼쳐야 할 주제 자체가 경제·경영·시사 적인 문제라는 것이다. 경제·경영이라는 것이 우리가 접하는 사회의 일부라는 점에서 그것들이 던지는 문제들은 신문에서 접하듯 익숙하게 다가올 수 있으나 다양한 경제적 사건에 대해 경영·경제학적 배경 이론들을 사용하여 주장을 뒷받침하고 글의 흐름을 끌어내야하기 때문에 이러한 주제로 논술·구술을 해야 하는 대비생 입장에서는 여간 부담스럽지 않을 수 없다. 경제·경영 쪽 공부를 하고 다수의 문제들을 접한 수험생, 취업준비생 들도 각론적 지식들을 연결하여 자신의 논지에 맞게 배치하는 작업에서 상당한 어려움을 느낀다. '경제논술' 역시 논술이므로 일반적인 논술과 크게 다를 바 없으나 몇 가지 점에서 꼭 짚고 넘어가야할 차이점이 있다.

　일반논술과 달리 경제논술이 가지는 첫 번째 차이점은 경제논술은 도덕적, 가치관적 찬반 논란과 다소 거리가 있으므로, 최대한 감정적인 논리전개를 배제해야 한다는 것이다. 존재여부조차 논란의 여지가 있는 막연한 책임감이나 도덕적 의제의무 등을 주장하거나 주장의 근거로 삼아서도 안 된다. 10장~20장 분량의 에세이를 작성하거나 일기장을 쓰는 것이 아닌 만큼 주어진 주제의 핵심을 파악하고 자신의 방향성을 정하여 적절한 인용을 통해 논술답안을 작성하여야 한다.

　두 번째 차이점은 경제논술은 그 문제에 대한 자신의 주장을 뒷받침할 때 반드시 이론과 법칙들을 논리적으로 연결하여 사용하여야 한다는 점이다. 어떠한 사건이 주는 느낌으로만 그 효과를 분석하는 것은 무모하다. 논술에서 정해진 답은 없으므로 자신의 주장이 옳은가에 신경을 쏟는 것은 바람직하지 않다. 오히려 작은 연결고리들로 큰 논리적 흐름을 구성하기 위해 노력하는 과정같이, 자신의 주장을 옳게 만들기 위해 증명하는 데 신경을 쏟아야 한다.

　논술에 정해진 구도나 표현 기법이 있는 것은 아니므로 경제적 법칙의 인용 시 본인의 문체와 논지와의 연결성을 고려하여 원하는 곳에 배치할 수 있다. 몇 개의 개념들을 인용해야 하는지도 글 쓰는 이의 선택이다. 그러나 일반적으로 논술에서 정해진 분량(예를 들어 2000자 내외)이 있는 경우 선호되는 구도와 그 구도에서 효과적인 전개방법이 존재한다. 경제논술에 초점을 맞추어 좋은 경제논술 쓰는 법을 살펴보자.

2 경제논술 잘 쓰는 법

경제논술을 잘 쓰는 첫걸음은 주어진 주제를 정확히 파악하는 것이다. 경제논술의 주제 자체는 생각보다 친숙하다. 그러나 그 주제의 친숙함과는 다르게 그 막후에 숨겨진 논리전개를 찾는 것은 어렵다. 이러한 논리전개 방향을 잘 잡기 위해서는 주제를 접하고 그 주제를 큰 범주별로 구별해야 한다. 주어진 제시문이 있다면 제시문을 읽고 그 제시문과 주제의 핵심이 포괄적이고 시사적인 접근인지 아니면 경제학적인 접근인지 경영학적인 접근인지 아니면 그것들을 모두 물어보고 있는지를 먼저 파악하는 것이 중요하다.

문제 파악과 분류를 마쳤으면 그 다음단계로 유기적인 논리전개를 해야 하는데, 이때에는 그동안 학습해온 내용을 바탕으로 서너 단계의 인과관계를 구상한다. 논리 연결이 과도하게 많아질수록 그 연결사이의 견련성이 약화될 수 있고 현실 설명력이 떨어질 수 있다. 또한 단순하게 이단 논법을 사용하여 ~이므로 ~이다. 라는 논지로만 논술을 구성하는 것은 논증이 빈약하고 무성의해 보일 수 있으므로 피해야 한다. 파급효과들의 구성을 마쳤다면 각 논리연결 단계마다 그 연결을 뒷받침할 법칙이나 사례들을 찾아야 한다. 이 경우 주어진 사회적 현상에 대한 기존의 이론적 해석이나 이론적으로 해석된 전례들을 인용하는 방법이 사용되는데 경제논술에 주로 사용되는 인용의 예를 보면 다음과 같다.

외부효과(네트워크 효과), 코즈의 정리, 무임승차문제, 가치재, 공유지의 비극, 정부실패, 공리주의, 경제적지대, 신호이론, 정보비대칭, 내생적 성장모형, 성장회계분석, 총요소생산성, 구축효과, 통화승수, 효율적시장가설, 대부자금설, 필립스곡선, 화폐수량설, 피셔효과, 메츨러의 역설, 교역조건, 수입할당제, 구상무역, 사중손실, 신보호무역주의, 구매력평가설, 이자율평가설, 트리핀의 딜레마, 캐리트레이드, 한계소비성향, 래퍼곡선, 토빈의 q, 톱니효과, 전시효과, 총수요곡선의 자산효과, 이자율효과, 제품 간 대체효과, 소득효과, 메뉴비용, 스태그플레이션, 경기지수, 립스틱효과, 재할인율 정책, 지급준비율 정책, 공개시장조작, 공급충격, 재정정책의 시차 등의 경제학적 관점들을 도입하여 자신의 주장을 뒷받침 할 수 있다.

마지막으로 중요한 것은 법칙들을 인용할 때 단순히 정의의 나열이나 끼워 맞추기 식의 배열은 전혀 도움이 되지 않으므로 주의하여야 한다. 적은 수의 인용을 하더라도 논지에 알맞은 분석의 틀로서 적용하는 것이 제일 중요하다. 인용 법칙의 현실적 한계와 기타 변수들의 영향도 언급해 주는 것이 좋다. 수치 인용 시에도 논술에서 소수점 둘째자리까지의 정확도를 요구한다던지 하는 일은 없으므로 펼치고자 하는 주장에 일부로서 수치를 사용하는 것이 좋다. 물론 터무니없는 숫자를 사용하는 것은 안 되겠지만 합리적인 수준에서 숫자는 보조적으로만 사용하면 된다. 결국 평소에 경제 경영에 관한 이론지식과 시사상식들을 많이 알고 이에 대한 단순암기를 넘어서서 이해도를 높여놓는 것이 경제논술 잘 쓰는 법의 핵심이라 볼 수 있다.

Chapter 02 논술 개요 예시

※ 교재를 참고하여 개요를 작성해보세요.

기출논제 ❶

농협의 상생마케팅에 관하여 서술하고, 상생마케팅 지속 방안을 제시하시오.

※ 접근 방법 : 농협의 상생 마케팅 성공 예시와 이러한 노력을 지속 및 확대하기 위한 전략 탐색

I. 서론

A. 농협(농협중앙회)의 배경

→ 한국 농업 부문에서 농협의 역할

B. 상생 마케팅의 정의

→ 상생 마케팅의 의미와 현대 비즈니스 전략에서의 중요성

II. 농협의 상생마케팅 접근방식

A. 농민 지원

→ 농민에게 재정 지원, 교육, 유통망을 제공하는 농협의 역할

→ 지역 제품을 강조하고 농촌 경제를 향상시키는 마케팅 캠페인

B. 소비자를 위한 가치 창출

→ 소비자에게 경쟁력 있는 가격으로 신선한 고품질 농산물을 제공하는 데 중점을 둔 계획

→ 투명한 관행, 품질 관리, 공정한 가격 책정을 통해 소비자 신뢰를 구축한 사례

C. 다양한 이해관계자와의 협력

→ 농협과 지방자치단체, 소매업체, 기타 농업단체와의 파트너십

→ 이러한 협력이 농부부터 소비자까지 모든 관련 당사자에게 제공되는 혜택

III. 농협 상생마케팅의 효과

A. 농민을 위한 긍정적인 결과

→ 지역 농민을 위한 재정적 안정과 성장 기회

→ 시장 접근성이 향상, 안정적인 농산물 가격

B. 소비자 혜택

→ 안전하고 고품질의 제품 이용

→ 지역 농업 지원을 통해 지속 가능한 소비 순환 구축

C. 사회적, 경제적 기여

→ 지역 경제 강화

→ 농업의 지속 가능성과 식량 안보 촉진

IV. 농협의 상생마케팅이 직면한 과제

A. 글로벌 경쟁

→ 글로벌 농업 기업과의 치열한 경쟁

→ 지역 농민 지원과 글로벌 경쟁력 요구 사이의 균형

B. 소비자 선호도 변화

→ 유기농 식품, 식물성 식단, 지속 가능한 관행과 같은 새로운 트렌드

C. 기술

→ 마케팅, 유통, 고객 참여 분야의 디지털 혁신 필요

V. 상생마케팅 지속 및 강화 전략

A. 디지털 혁신 수용

→ 더 나은 마케팅 및 고객 서비스를 위해 전자상거래, 디지털 플랫폼, 데이터 분석 활용

→ SNS, 온라인 플랫폼을 통해 소비자와의 직접적인 연결

B. 지속 가능하고 친환경적인 마케팅

→ 유기농, 친환경, 윤리적으로 생산된 제품 홍보

→ 지속 가능성 이니셔티브를 주요 마케팅 포인트로 활용하여 환경에 관심이 있는 소비자 유치

C. 농민 중심 프로그램 강화

→ 현대 농업 기술과 지속 가능한 관행에 초점을 맞춘 농민 훈련 프로그램 강화

→ 소규모 농민에 대한 재정 및 기술 지원 확대

D. 파트너십 및 협력 확대

→ 기술 회사 및 국제 무역 기관을 포함한 지역 및 글로벌 이해관계자와 새로운 파트너십 개발

→ 공유된 가치와 목표를 강조하는 공동 마케팅 캠페인 구축

VI. 결론

→ 농협의 성공적인 상생마케팅 전략 실행 요약

→ 상생이라는 핵심 철학을 유지하면서 미래의 도전에 적응하는 것이 중요

→ 혁신적이고 지속 가능한 상생 마케팅 전략을 통해 지속적인 성장과 성공 가능성

논제 ❷

영유아, 청소년, 대학생, 사회 초년생에 따른 농협의 전략은 무엇인지 서술하시오.

※ 접근 방법 : 영유아, 청소년, 대학생, 청년 사회 진출을 위한 농협의 연령별 전략과 이러한 접근 방식이 충성심과 신뢰를 키우는 방법 탐색

I. 서론

A. 한국의 농업 및 금융 부문에서 농협의 역할

B. 연령별 마케팅 및 지원에 중점

→ 소비자와의 평생 관계 구축을 위해 다양한 생애 단계에 맞는 전략 맞춤화

II. 영유아와 가족을 위한 농협의 전략

A. 유아 저축 프로그램

→ 신생아를 위한 전문 저축 계좌로 조기 재정 책임과 가족 재정 계획 장려

→ 더 높은 이자율이나 정부 지원 등의 인센티브

B. 부모 지원 서비스

→ 농협이 제공하는 농산물을 중심으로 영양과 건강에 관한 교육자료 제공

→ 의료 서비스 제공자와 협력하여 유아를 위한 웰니스 패키지 또는 판촉 제품 제공

C. 유기농 및 안전한 식품 마케팅

→ 건강을 생각하는 부모들을 대상으로 한 농협의 유기농, 친환경 제품을 강조

→ 젊은 가족의 관심을 끌기 위한 이유식 및 영양 관련 농산물 프로모션

III. 농협의 청소년 전략

A. 금융 교육 프로그램

→ 청소년에게 기본적인 재무 관리 기술을 가르치기 위해 학교에서 금융 교육 워크숍 개최

→ 저축계좌, 청소년 맞춤형 모바일뱅킹 앱 등 농협의 청소년 중심 은행 상품 홍보

B. 장학금 및 인턴십 프로그램

→ 농업, 금융 또는 농촌 개발에 관심이 있는 고등학생에게 장학금 및 인턴십 기회 제공

→ 후원 프로젝트 및 견학을 통해 교육을 농업 및 농촌 지역 사회 개발 분야의 직업 전망과 연결

C. 농업 인식 증진

→ 지역 농업과 지속 가능한 농업 관행을 장려하는 캠페인에 청소년 참여

→ 청소년과 농업 부문을 연결하는 것을 목표로 학교 농장 견학, 워크숍, 농업 축제 등의 행사 기획

IV. 대학생을 위한 농협의 전략

A. 학생뱅킹 상품

→ 학자금 대출, 등록금 적금, 저금리 신용카드 등 맞춤형 금융상품 제공

→ 농협에 계좌를 개설하는 학생들에게 할인을 포함한 혜택 제공

B. 경력 개발 프로그램

→ 재무, 마케팅, 농업 부문을 포함한 농협의 다양한 부서에서 인턴십 및 취업 기회 제공

→ 취업준비생을 위한 취업 박람회, 멘토링 프로그램 등 기획

C. 학생창업 지원

→ 농업 또는 관련 분야의 학생 기업가를 위한 중소기업 대출 및 자문 서비스 제공

→ 농업 분야에서 스타트업을 개발하고 혁신과 기업가 정신을 장려하는 학생들을 위한 금융 상품

V. 농협의 사회초년생 전략

A. 초기 경력 전문가를 위한 재정 지원

→ 사회생활을 시작하는 개인을 대상으로 주택대출, 적금, 퇴직계좌 등 맞춤형 금융상품을 제공

B. 경력 개발 및 취업 기회

→ 농협의 금융, 농업, 행정 부문에서 졸업예정자를 대상으로 한 채용 프로그램

→ 학교에서 직업 생활로의 전환을 돕기 위해 직업 훈련 프로그램과 직업 지원 서비스 제공

C. 지속가능하고 윤리적인 소비 촉진

→ 지역 구매, 소규모 농민 지원 등 책임 있는 소비를 강조하는 마케팅 캠페인

→ 환경을 생각하는 브랜드와 파트너십을 맺고 지속 가능성과 윤리적 구매에 대한 제품 홍보

VI. 결론

A. 농협의 연령별 전략 요약

B. 장기 충성도 및 소비자 관계 구축

→ 이러한 맞춤형 전략이 어떻게 다양한 생애 단계에 걸쳐 충성도를 촉진하는지 강조

C. 미래 적응에 대한 최종 생각

→ 농협이 지속적으로 고객 기반을 확대함에 따라 변화하는 사회적 추세와 소비자 선호도에 대한 지속적인 적응의 필요성에 대해 논의

기출논제 ❸

금리인상이 농가에 미칠 영향과 농협의 역할에 대해 서술하시오.

※ 접근 방법 : 금리 인상이 농가에 미치는 영향과 농협이 이러한 영향을 완화하기 위해 취할 수 있는 조치

I. 서론

A. 금리 인상 개요

→ 금리 인상이 무엇인지, 그리고 그것이 경제에 미치는 일반적인 영향

B. 농업 부문에 대한 중요성

→ 운영을 위해 주로 대출에 의존하는 농장이 금리 상승에 특히 취약한 이유

II. 금리 인상이 농장에 미치는 영향

A. 대출 비용 증가

→ 높은 이자율로 인해 농민을 위한 기존 대출 비용의 증가와 농장 운영에 미치는 영향

B. 현금 흐름 및 수익성 압박

→ 이자 지불 증가로 인해 현금 흐름이 더욱 부족해지고 농장에 재투자할 수 있는 능력이 감소

→ 운영 비용이 증가함에 따라 수익성이 감소 및 낮은 마진

C. 농장 성장에 대한 투자 지연

→ 기술 업그레이드 또는 지속 가능한 농업 관행에 대한 새로운 투자를 방해

→ 장기적인 농장 생산성 및 경쟁력에 미치는 영향

D. 농장 폐쇄 위험

→ 소규모 및 부채가 많은 농장의 경우 대출금 상환액이 높아지면 재정적으로 불안정

→ 농촌 농업 공동체의 파산 위험 증가

III. 농협의 역할과 농민 지원 현황

A. 농민을 위한 금융서비스

→ 농민에게 대출, 보험, 보조금 등 금융 서비스를 제공하는 농협의 전통적인 역할

→ 저금리 대출 및 정부 지원 신용을 포함하여 농부들이 저렴한 자금 조달을 확보할 수 있도록 지원하는 프로그램

B. 비재정적 지원

→ 농민에게 교육, 기술 지원, 시장 접근 등의 자원을 제공하는 농협의 역할

→ 경제적 어려움에도 불구하고 농장 생산성을 강화하기 위해 정부 및 기타 이해관계자와 협력

IV. 금리인상에 대한 농협의 대응

A. 보조금 또는 저금리 대출 제공

→ 농협은 농가의 재정적 부담을 완화하기 위해 정부 보조금이나 금리 인하와 함께 새로운 대출 프로그램 도입

→ 정부와 협력하여 경제 상황에 영향을 받는 농장을 대상으로 농작물 보험 및 재해 구호와 같은 지원 프로그램 확대

B. 대출 구조 조정 및 연기 프로그램

→ 이자율 상승으로 인해 현금 흐름 문제에 직면한 농민을 위해 대출 구조 조정 또는 지불 유예 프로그램 제공

→ 농장이 계속 운영될 수 있도록 유연한 상환 옵션 제공

C. 금융 지식 및 계획 자원에 대한 접근성 확대

→ 경제적 압박을 받는 시기에 부채를 보다 효과적으로 관리할 수 있도록 돕는 금융 교육 프로그램 개발

→ 맞춤형 금융 상담 및 계획 서비스 제공

D. 농협의 육성

→ 농부들이 협동조합에 참여하여 자원을 공유하고 비용을 절감하며 집단 금융 옵션에 접근하도록 장려

→ 재정적 보호를 제공하고 교섭력을 향상시키기 위해 협동조합 육성

V. 농협의 관심이 높은 환경에서 농민을 지원하기 위한 장기 전략

A. 지속가능한 농업에 중점

→ 유기농업이나 영속 재배와 같이 자본 집약적인 투입물에 대한 의존도를 줄이는 농업 기술 장려

→ 농부들이 보다 비용 효율적이고 지속 가능한 농업 방식으로 전환할 수 있도록 기술 지원 및 교육 제공

B. 농민의 소득원 다각화

→ 농부들이 부가가치 제품, 농업 관광 또는 재생 에너지로 다양화하여 농장 소득을 보충할 수 있도록 지원

→ 농업의 세대 연속성을 보장하기 위해 젊은 농업인과 신규 농업인을 위한 지원 프로그램 확대

C. 위험 완화 도구 개발

→ 작물 보험, 재해 위험 관리, 금리 변동 헤지 등 농협이 제공하는 금융 도구의 범위 확대

→ 금융 기관과의 협력을 통해 차입 비용 상승 방지에 도움이 되는 상품 개발

D. 디지털 혁신 및 자동화

→ 생산성을 높이고 육체 노동에 대한 의존도를 줄이기 위해 정밀 농업 등의 디지털 농업 기술채택 장려

→ 기술 회사와 협력하여 더욱 저렴하고 쉽게 이용할 수 있도록 장려

VI. 결론

A. 이자율 인상의 영향 요약

→ 금리 인상이 특히 차입 비용 증가와 현금 흐름 압박 측면에서 농장에 미치는 영향

B. 농협의 역할과 책임

→ 농장이 경제적 어려움을 헤쳐 나갈 수 있도록 재정적, 비재정적 지원을 제공하는 농협의 역할

C. 미래 전망

→ 관심이 높은 환경에서 농장의 탄력성을 보장하기 위해 지속 가능한 농업, 다양한 소득원 등 장기 전략의 중요성을 강조

03 농협 논술 기출논제

※ 개요를 작성하며 논술을 준비해보세요.

1 2024년도 논술 기출문제

〈농협중앙회/농협계열사 약술형〉

청년농이 농촌에 정착할 수 있는 방안을 5줄 이내로 작성하시오.

〈농협중앙회/농협계열사 논술 택 1〉

1. 금리변경요인, 금리가 정해지는 방법, 금리 변동이 경제에 미치는 영향을 서술하시오.
2. 생성형 AI의 이점과 우려점을 서술하시오.

2 2023년도 논술 기출문제

〈농협은행 약술형〉

지방소멸대응기금이 농업과 농촌에 미치는 영향에 대해서 설명하시오.

〈농협은행 논술 택1〉

• 기준금리의 정의를 설명하고 한국과 미국이 기준금리를 올린 이유와 향후 전망에 대하여 서술하시오.
• 이커머스 산업이 활발해짐에 따라 발생할 수 있는 보안 문제를 아는대로 쓰고 대응방안을 서술하시오.

〈농협계열사 논술〉

K-Food가 세계 시장에서 선풍적인 인기를 끌고 있는 가운데, 수출을 위한 전략과 홍보방안을 서술하시오.

3 2022년도 논술 기출문제

〈농협계열사 약술형〉

지방소멸대응기금이 농업과 농촌에 미치는 영향에 대해서 설명하시오.

〈농협계열사 논술 택1〉

• 3고 현상(고금리, 고환율, 고물가)에 직면한 현재 화폐금융정책으로 환율경로와 실물경제에 미치는 영향과 빅스텝을 지속함에도 원/달러 환율이 고환율인 이유를 서술하시오.
• 합성데이터의 정의와 장·단점에 대해서 설명하시오.

4 2021년도 논술 기출문제

〈농협계열사 약술형〉

경자유전의 원칙에 대해서 설명하시오.

5 2020년도 논술 기출문제

〈농협계열사 공통 논제〉

6차 산업에 대비하여 농협이 나아갈 방향에 대해 논하시오.

〈농협계열사 논술 택1〉

• 블록체인에 대한 향후 전망에 대해 논하시오.
• 로컬푸드 직매장 활성화 방안에 대해 논하시오.

6 2019년도 논술 기출문제

〈농협계열사 공통 논제 중 택1〉

• 농협의 공익적 역할 방안에 대하여 논하시오.
• R의 공포와 대응 방안에 대하여 논하시오.
• 블록체인의 영향과 활용방안에 대하여 논하시오.

7 2019년도 논술 기출문제

〈농협중앙회 논술 택1〉

• 농협이 빅데이터를 활용해야 하는 이유를 밝히고, 어떻게 수집하고 활용할 것이며 궁극적으로 농가소득 5천만 원 달성에 어떻게 도움을 줄 수 있을지 서술하시오.
• 양적완화와 같은 통화정책의 예를 들고 어떤 파급효과를 불러오는지에 대해 서술하시오.

8 2018년도 논술 기출문제

〈농협경제지주 논술〉

하나로유통은 1인 가구의 증가로 인해 편의점사업을 직영점 형식으로 추진 중이다. 또한 국산농산물을 재료로 하는 가정 간편식도 선보일 예정이다. 농협경제지주는 편의점사업을 하지 않고 기존의 편의점과 협업하여 농산물유통사업, 농산물 배송사업 등을 추진 중이다. 이들 각각의 계열사가 하고 있는 사업의 장단점과 발전방향에 대해 서술하시오.

〈농협중앙회 논술 택1〉

• 농가소득과 농민의 소득보전에 대해 서술하시오.
• 금융지주로서 농협의 역할에 대해 서술하시오.
• Digital twin에 대해 설명하고 농협의 활용방향에 대해 서술하시오.

〈농협하나로유통 논술 택1〉

• 반농반X라고 하는 본업을 가지고 귀농하는 새로운 풍토에 대해 설명하고 이와 관련된 문제점에 대해 서술하시오.
• 농협 하나로미니(편의점형 매장)의 발전방향에 대해 서술하시오.

〈농협은행 논술 택1〉

•「금융지주회사법」도입에 따른 장점과 한계에 대해 서술하시오.
• 디지털 금융화에 따른 농협의 대응방안에 대해 서술하시오.

9 2017년도 논술 기출문제

〈농협은행 공통 논술〉

공유경제의 의미와 이것이 기존 산업에 미치는 영향 및 농협의 활용방안에 대해 서술하시오.

〈농협은행 논술 택1〉

• 고령화 시대 은행이 나아갈 방향에 대해 서술하시오.
• 미국금리인상이 우리나라에 미칠 영향과 농협의 대처방안에 대해 서술하시오.

〈농협경제지주 논술 택1〉

• 김영란법에 대해 설명하고 농축산물에 미치는 영향, 법 개정에 대한 의견을 서술하시오.
• 소, 돼지, 닭을 포함한 5개의 품목에 대한 생산액 변화를 논하시오.

10 2016년 논술 기출문제

〈농협은행 공통 논술〉

농촌 및 농업인이 처한 위기와 현실에 대해 설명하고, '국민의 농협'이 되기 위한 행동방안에 대해 서술하시오.

〈농협은행 논술 택1 일반〉

• 1인 가구가 증가하고 있는 현실에서 1인 가구 고객을 유치하기 위한 농협은행의 대처 방안에 대해 서술하시오.
• 인터넷 전문은행의 의의와 이에 대응하는 농협은행의 행동방안에 대해 서술하시오.

〈농협은행 논술 택1 IT〉

• 블록체인의 개념과 보안적 · 경제적 측면에 대해 서술하시오.
• 핀테크의 개념과 기존 전자금융과의 차이를 설명하고, 농협은행의 핀테크에 대해 서술하시오.
• 지능형 지속공격과 디도스에 대해 서술하시오.
• 빅데이터와 클라우드에 서술하시오.

〈농협계열사 논술 택1〉

• 소셜커머스에 대해 서술하시오.
• 농협의 유통분야에서의 Push factor와 Pull factor에 대해 서술하시오.

11 2015년 논술 기출문제

〈농협은행 / 농협계열사 공통 논술〉

아담스미스의 「국부론」에 따르면 개인은 이기적이며 사리를 추구하는데 이것이 사회 전체에 이익을 가져온다. 하지만 현실에서는 개인의 합리성과 사회적 합리성이 불일치하는 현상이 발생하고 있다. 농업과 농협에서 이러한 사례를 제시하고 정부와 은행의 역할에 대해서 서술하시오.

〈농협은행 논술 택1〉

• 기술금융의 의의와 특징, 문제점을 논하고 이에 대한 은행의 해결방안을 서술하시오.
• 중소기업 금융의 의의와 문제점, 이에 대한 은행의 역할을 서술하시오.

12 2015년 논술 기출문제

〈농협은행 약술형〉

랜섬웨어, 트로이목마, 스파이웨어에 대한 정의를 서술하고 앞으로 이러한 악성코드를 방지하기 위한 방안을 작성하시오.

13 2014년 논술 기출문제

〈농협은행 / 농협계열사 공통 논술〉

생산자, 소비자, 농협의 상생 마케팅 전략에 대해 설명하고, 상생 마케팅이 발전해 나가기 위해서 필요한 것이 무엇인지에 대하여 서술하시오.

〈농협은행 논술 택1〉

• 은행의 부외거래 강화를 위한 비이자수익활동에 대하여 서술하시오.
• 슈퍼달러 – 엔저현상의 의미와 원인에 대하여 설명하고 이 현상이 우리나라에 미치는 영향에 대하여 서술하시오.

〈농협은행 논술 택1〉

• 데이터 보안 기술과 개인 정보 보호 정책에 대하여 설명하고 개인 정보 보호 방안에 대하여 서술하시오.
• 최근 시중 은행에서 스마트폰을 이용한 모바일통장이 출시되었다. 이 모바일통장을 농협에 도입하였을 경우 나타날 수 있는 영향 및 장점에 대하여 서술하시오.

〈농협계열사 논술 택1〉

• 데이터 보안 기술과 개인 정보 보호 정책에 대하여 설명하고 개인 정보 보호 방안에 대하여 서술하시오.
• 보험의 본질에 대하여 설명하고 NH농협손해보험이 나아가야 할 방향에 대해서 본인의 의견을 서술하시오.

[논제]
금융기관에서 SNS 서비스를 도입함으로써 얻을 수 있는 효과와 이를 활용한 마케팅이 수익으로 연결되기 위한 방안을 서술하시오.

[논제]
금융거래에 대한 세금이 더욱 확대될 경우 금융시장과 금융기관에 미칠 영향을 서술하시오.

[논제]
글로벌 기업들의 재무관리에 있어 중요시되는 자금조달의 다각화 및 재무적 유연성에 대해 서술하시오.

[논제]
민간 소비부진의 원인과 이러한 현상이 중소기업 및 은행에 미치는 영향을 서술하시오.

[논제]
쌀의 수급 안정을 위해 농협에서 쌀산업을 발전시키는 방안을 서술하시오.

[논제]
기업의 이익과 기업의 사회적 책임의 균형을 잡기 위해 농협이 어떤 노력을 해야 하는지 서술하시오.

[논제]
지역경제를 활성화하고 청년농업인 유입을 활성화하기 위해 농협이 할 수 있는 방안에 대해서 서술하시오.

[논제]
온라인 예금상품 중개서비스에 대해서 설명하고, 소비자가 농협의 금융상품을 선택할 수 있도록 할 수 있는 방안에 대해서 설명하시오.

[논제]

초거대 AI시대를 맞이하여 데이터 기반의 지속적인 혁신과 경쟁을 위해서 금융데이터를 활용하여 상생의 빅데이터 생태계를 구축하게 위한 방안에 대해서 서술하시오.

[논제]

핀테크 기업의 금융업에 진입이 촉진되면서 미치게 되는 영향과 농협이 이에 맞서 실질적인 경쟁과 혁신을 촉진할 수 있는 방안에 대해서 서술하시오.

[논제]

금리 조정, 양적완화 등의 중앙은행 정책이 인플레이션, 실업, 글로벌 금융안정에 미치는 영향을 서술하시오.

PART

08

정답 및 해설

2024년 11월 10일 기출복원문제

1	2	3	4	5	6	7	8	9	10
①	④	③	①	②	①	②	⑤	②	①
11	12	13	14	15	16	17	18	19	20
①	⑤	⑤	③	⑤	①	⑤	③	③	②
21	22	23	24	25	26	27	28	29	30
③	③	④	①	⑤	②	②	④	③	①
31	32	33	34	35	36	37	38	39	40
④	②	②	⑤	④	⑤	④	①	④	①

1　①

해설　① 첫 번째 문단에서 미생물은 장, 피부, 구강, 비뇨생식기 등 다양한 부위에 존재한다는 것을 알 수 있다.

오답　② 두 번째 문단에서 마이크로바이옴은 단순한 미생물의 집합체가 아니라, 숙주와 상호작용하며 중요한 생리적 기능을 수행하는 생태계임을 알 수 있다.
③ 두 번째 문단에서 마이크로 바이옴은 병원성 미생물의 성장을 억제한다는 것을 알 수 있다.
④ 두 번째 문단에서 마이크로바이옴은 비타민 K와 비타민 b군과 같은 필수 영양소를 합성하는 데 도움을 준다는 것을 알 수 있으나 비타민 생성에 대한 정보는 없다.
⑤ 세 번째 문단에서 대변 미생물 이식(Fecal Microbiota Transplantation, FMT)은 특정 질환 치료를 위한 효과적인 방법으로 주목받고 있다는 것을 통해 효과가 있음을 알 수 있다.

2　④

해설　세 번째 문단에서는 초저가 상품의 인기가 높아지는 만큼 초고가 상품인 명품 시장도 성장하면서 규모가 확대되고 있다고 말하고 있다.

3　③

해설　③ 만달라 프로젝트는 설계에 의한 규제준수(compliance-by-design)가 가능한 시스템을 개발하였다.

오답　① 프로젝트는 BIS 혁신허브 싱가포르센터, 한국은행, 호주 중앙은행, 말레이시아 중앙은행, 싱가포르 통화청이 공동으로 진행하였다.
② 만달라 프로젝트는 규제준수 확인 절차를 자동화하고 국가별 정책에 대한 투명성을 높이며 규제 및 감독기관에게 실시간 보고 및 모니터링을 제공함으로써, 국가 간 거래의 속도와 효율성을 높이는 것을 목표로 한다.
④ 만달라는 규제준수 절차를 간소화하고, 중앙은행의 실시간 규제준수 모니터링을 가능하게 하였다.
⑤ 디지털자산시스템의 경우 규제준수 확인 절차를 스마트계약에 내재화할 수 있는 방식을 활용했다.

4 ①

해설 ㉠ 갑의 전적은 2승 0패 → 갑은 4강전과 결승에서 모두 이겼으므로 1위이다.
   ㉡ 병은 갑과 정에게 모두 졌다 → 병은 4강전에서 정에게 패했고, 3~4위전에서 을에게 패했다. 따라서 병은 4위이다.
   ㉢ 을은 병을 이겼다 → 을은 3~4위전에서 병을 이겨 3위를 차지했다.
   ㉣ 마케팅부는 3위를 기록했다 → 을이 마케팅부 소속이다.
   ㉤ 기획부와 개발부는 대결하지 않았다 → 갑은 기획부, 정은 개발부로 설정할 수 있다. 따라서 4강전에서 기획부와 개발부는 다른 부서와 대결했다.
   ∴ 갑(기획부)이 1위, 정(개발부)이 2위, 을(마케팅부)이 3위, 병(생산부)이 4위에 해당한다.

5 ②

해설 ① 개인의 환경, 문화적 배경 및 심리적 요인에 따라 발생할 수 있는 정신질환이다.

오답 ③ 개인의 행동 및 사회적 관계에 부정적인 결과를 초래하고 주변 사람들에게 부정적인 영향을 미치며, 사회적 고립과 기능 저하를 초래할 수 있다.
   ④⑤ 지문에서 알 수 없는 내용이다.

6 ①

오답 ② (가)문단에서 확인할 수 있다.
   ③ (나)문단에서 확인할 수 있다.
   ④ (다)문단에서 확인할 수 있다.
   ⑤ (라)문단에서 확인할 수 있다.

7 ②

해설 ② 선물형의 가입나이는 만 19세 이상 64세 이하가 되어야 한다.

오답 ① 일반형은 보험계약자와 피보험자가 동일한 경우에만 계약이 가능하다.
   ③ 60세 여자는 7,800원 일반형에 해당한다. 7,800원의 33.3%이므로 약 2,597원으로 예상할 수 있다.
   ④ 독감 진단을 받고 독감 항바이러스제를 처방받아야 지급받는다.
   ⑤ 제도성 특약에 따라 선물형의 경우는 보험을 선물받은 날부터 3일 이내에 피보험자 등록을 해야 한다.

8 ⑤

해설 ⑤ 기본보험료와 추가납입보험료의 연간 합계액(연금계좌를 취급하는 금융회사에 가입한 연금계좌의 합계액)은 1,800만원 이내로 납입할 수 있다.

오답 ① 전기납은 10년 이상인 경우에만 적용이 가능하다.
   ② 연금개시나이는 만 55세 ~ 80세이다.
   ③ 계약자가 종신연금형을 선택할 경우 연금개시나이와 보증지급기간의 합은 110을 초과할 수 없다.
   ④ 7년납 0년 동안 거치하는 경우 보험료는 6 ~ 150만 원 한도로 납입해야 한다.

9 ②

구분 \ 보유량	500권 이하	501 ~ 1,000권	1,001 ~ 2,000권	2,001 ~ 3,000권	3,001 ~ 5,000권	5,001권 이상	합
甲지역	60	158	395	354	257	104	1,328
乙지역	67	49	52	39	34	21	262
丙지역	0	2	22	18	33	36	111
丁지역	1	5	17	19	13	9	64
전체	128	214	486	430	337	170	1,765

1,001 ~ 2,000권을 보유한 도서관이 가장 많다.

오답 ① 5,001권 이상 장서를 보유한 도서관이 많은 지역별을 순서대로 정리하면 甲지역, 丙지역, 乙지역, 丁지역이다.
③ 표에 따라 20만 권 이상을 보유하고 있다.
④ 표에 따라 64곳으로 丁지역이 교내 도서관 수가 가장 적음을 알 수 있다.
⑤ 표에 따라 乙지역이 500권 이하 장서를 보유한 교내 도서관이 가장 많다.

10 ①

① 제00조(보험계약의 성립) 제3항에 따라 보험자가 보험계약자로부터 보험계약의 청약과 함께 보험료 상당액의 전부 또는 일부를 받은 경우에 그 청약을 승낙하기 전에 보험계약에서 정한 보험사고가 생긴 때에는 그 청약을 거절할 사유가 없는 한 보험자는 보험계약상의 책임을 진다.

오답 ② 제00조(보험약관의 교부·설명 의무)에 따라 3개월 이내에 취소할 수 있다.
③ 제00조(타인을 위한 보험)에 따라 불특정 타인을 위하여 보험계약을 체결할 수 있다.
④ 제00조(보험사고의 객관적 확정의 효과)에 따라 알지 못한 경우에는 무효로 하지 않는다.
⑤ 제00조(사고발생전의 임의해지)에 따라 타인의 동의를 얻지 아니하거나 보험증권을 소지하지 아니하면 그 계약을 해지하지 못한다.

11 ①

단위 무게당 가치를 '가격÷무게'로 비율을 계산하면 A=0.6, B=0.333, C=0.2, D=0.5에 해당한다. 금고 안에는 최대 800g까지의 용량을 담을 수 있다. 단위 무게당 가치가 높은 보석부터 차례대로 넣어야 최대 금액이 된다. 무게당 가치는 A, D, B, C가 된다.
㉠ 보석 A는 800g÷25g=30개가 된다. 최대 넣을 수 있는 것은 20개로 총 무게는 20(개)×25g=500g 이다. A보석을 넣고 나면 300g 자리가 남는다.
㉡ 보석 D는 300g÷10g=30개로 최대 25개를 넣을 수 있다. 총 무게는 10g×25개=250g이 된다. D보석을 넣고 나면 50g 자리가 남는다.
㉢ 보석 B는 50g÷30g=약 1.67로 최대 1개 넣을 수 있다. B보석을 넣고 나면 20g 자리가 남는다.
㉣ C보석은 40g으로 채워 넣을 수 없다.
∴ B보석을 금고에 넣을 수 있는 최대 개수는 1개에 해당한다.

12 ⑤

해설 A 씨는 하루에 두 번 고양이를 돌볼 수 있지만, 연속되는 시간대는 불가능하다. 가능한 돌봄 패턴은 아침-저녁(점심은 쉬기), 점심-저녁(아침은 쉬기), 아침-점심(저녁은 쉬기)이다. 하루에 최대 2번 돌보는 것이 가능하다. A 씨가 일주일 동안 고양이를 돌볼 수 있는 최대 횟수는 14회이다.

13 ⑤

해설 외향형 지원자 전체수 $3x$, 내향형 지원자 전체수 x이다.

외향형 합격자 a, 내향형 합격자 $b(a = 2b)$이다.

외항형 불합격자 $3x - a$, 내향형 불합격자 $x - b$(조건2에 따라서 $x - b = 2(3x - a)$)

$a = 2b$이고 $x - b = 2(3x - a)$이므로 $b = \dfrac{5x}{3}$이고 $a = 2b = \dfrac{10x}{3}$에 해당한다.

외향형과 내향형 전체 인원은 총합 100명이므로 $3x + x = 100$이므로 $x = 25$이다.

내향형 합격자 $b = 25$이고, 외향형 합격자 $a = 50$이다.

∴ 외향형 합격자는 50명에 해당한다.

14 ③

해설 평가기준점수에 따른 점수 계산은 다음 표와 같다.

후보자	근무경력	A프로젝트 성과	프로젝트 참여횟수	직무수행실적	동료평가	총 점수
김민수	15점	30점	5점	8점	5점	63점
최영주	20점	40점	10점	5점	8점	83점
정나연	15점	50점	8점	10점	10점	93점
조현우	15점	10점	3점	5점	8점	41점
이길성	10점	20점	3점	8점	8점	49점

총 점수가 가장 높은 사람은 정나연에 해당한다.

15 ⑤

해설 A 총점 : $(60 \times 0.2) + (70 \times 0.3) + (70 \times 0.5) = 68$

B 총점 : $(90 \times 0.2) + (60 \times 0.3) + (80 \times 0.5) = 76$

C 총점 : $(85 \times 0.2) + (60 \times 0.3) + (70 \times 0.5) = 70$

D 총점 : $(80 \times 0.2) + (90 \times 0.3) + (90 \times 0.5) = 88$

E 총점 : $(70 \times 0.2) + (90 \times 0.3) + (80 \times 0.5) = 81$

총점이 가장 높은 기업은 D지만 정부지원사업에 참여했기 때문에 지원대상에서 제외가 되어 E기업이 지원을 받을 수 있다.

16 ①

해설 비행시간은 11시간이므로, 영국 기준 도착 시간은 00:00+11:00=11:00(영국 기준 오전 11시)이다. 서울은 영국보다 9시간 빠르다. 11:00+9:00=20:00이다. 서울 시간으로 오후 8시다.

17 ⑤

해설 ⓒ에 C의 금액의 모든 자리 숫자가 8이라는 조건으로 인해, C의 금액은 888,888,888원이다.
ⓛ에 C=B×4이므로, B=888,888,888÷4=222,222,222이다.
ⓗ에 B=A×2이므로, A=222,222,222÷2=111,111,111이다.
A의 모든 자리 숫자의 합 = 9
B의 모든 자리 숫자 합 = 18
C의 모든 자리 숫자 합 = 72
9+18+72=99에 해당한다.

18 ③

해설 • 甲 : 1번째 또는 5번째 순서이다.
• 乙 : 2번째, 3번째, 4번째는 불가능하다. 1번째 또는 5번째이다.
• 丙 : 乙, 丁 뒤에 있으므로 3번째 또는 4번째가 가능하다.
• 丁 : 甲보다 앞에 있어야 하므로 2번째가 가능하다.
• 戊 : 순위에 중복이 없음을 알 수 있다.
甲과 乙 모두 1번째나 5번째 가능하지만, 丁 2번째, 丙 3번째, 戊 4번째여야 논리가 맞다. 乙 1번째, 甲은 5번째에 해당한다. 丁은 甲보다 앞에 있어야 하므로 丁 2번째, 丙 3번째이다. 戊는 4번째에 해당한다.
乙, 丁, 丙, 戊, 甲 순서에 해당한다.

19 ③

해설 최고 점수를 구하는 문제에 맞는 함수는 '= MAX(A1:A10)'이다.

20 ②

해설 조건 범위와 합계 범위를 동일하게 지정했으며, 점수가 80 이상인 경우를 올바르게 계산하는 함수이다.

21 ③

해설 「농업협동조합법」 제21조(출자) 제4항에 따라 조합원의 출자액은 질권(質權)의 목적이 될 수 없다.

22 ③

오답 ① 선물은 권리가 아니라 의무를 부여한다. 선물 계약을 체결한 양측은 기초 자산을 약정한 가격에 거래할 의무가 있다. 권리는 옵션에서 주어진다.
② 선물 거래에서는 프리미엄이 발생하지 않는다. 프리미엄은 옵션에서 매수자가 매도자에게 지불하는 금액이다.
④ 옵션은 매수자에게 권리를 부여하며 의무는 없다.
⑤ 증거금과 마진 조정은 선물 거래에 해당한다.

23 ④

해설　CMS는 자금 관리 서비스에 해당한다. 자금의 수납과 지급, 이체 등을 관리하는 데 사용된다. 개인의 저축 상품과는 성격이 다르며, 자금 운용의 효율성을 위한 서비스이며, 저축 상품이 아니라 자금을 관리하는 운용 서비스이다.

오답　①②③⑤ 적금, 주택청약적금, 예금, ISA는 모두 저축성 금융 상품에 해당한다. 적금과 예금은 은행에 일정 금액을 예치하여 이자를 받고 주택청약적금은 주택청약 자격을 위한 상품이다. ISA는 예금과 적금, 펀드 등을 혼합해 절세 효과가 있는 종합 자산관리 상품이다.

24 ①

해설　교섭, 계약 체결, 법적 절차 등의 비용이 과도하게 큰 경우에는 교섭 자체가 성립하지 않거나 자원이 비효율적으로 할당된다.

오답　②③④⑤ 재산권이 명확히 정의되어 있는 경우, 거래 비용이 없거나 매우 낮은 경우, 교섭이 자유롭게 이루어진 경우에 코즈의 정리가 성립된다.

25 ⑤

해설　공리주의는 결과를 계산하는 데 초점을 둔다. 사람을 숫자로 취급하면서 감정과 존엄성을 무시할 수 있다.

오답　① 다수의 행복을 최우선으로 고려하면서 소수의 고통과 권리 침해가 정당화한다.
　　　② 결과에 치중하면서 과정이나 행동 자체의 도덕성을 무시하면서 비인간적으로 나타날 수 있다.
　　　③ 단기적인 행복을 극대화하기 위한 선택을 하면서 부정적인 결과를 초래한다.
　　　④ 다수의 행복을 극대화하기 위해서 개인의 사생활과 자율성이 침해되기도 한다.

26 ②

해설　「보험업감독업무시행세칙 별표15」에 따라 보험기간 중의 특정시점에 살아 있을 경우에는 중도보험금을 지급한다. 보험기간이 끝날 때까지 살아 있을 경우에 만기보험금을 지급한다.

27 ②

해설　「연금저축계좌설정약관」 제3조 제4항에 따라 가입자가 새로운 계좌 설정 시 다른 연금계좌의 전액을 이체 받은 경우에는 다른 연금계좌의 가입기간을 적용할 수 있다.

28 ④

오답　① 금융통화위원회의 역할이다.
　　　②⑤ 한국은행의 역할이다.
　　　③ 금융기관의 역할이다.

29 ③

해설　필수재는 소득이 증가해도 수요가 크게 증가하지 않는 재화로 생존이나 생활 유지를 위해 필수적인 재화에 해당한다. 쌀, 물, 전기, 의류 등이 이에 해당한다.

30 ①

해설 　직접파생상품은 기초자산(주식, 채권, 환율, 원자재 등)의 가치 변동에 따라 직접적으로 가격과 가치가 결정되는 금융 상품이다.

오답 　②③④⑤ 기본 자산(기초자산)의 가치 변동에 따라 간접적으로 가격이 결정되는 금융 상품으로 간접파생 상품에 해당한다.

31 ①

해설 　2024년 자영업자 고용보험에 따라 피보험자가 선택한 기준보수의 2.25%(실업급여 2%, 고용안정·직업 능력개발 0.25%)에 해당한다.

오답 　② 부동산 임대업자는 가입 제한 업종에 해당한다.
　　③ 고용보험 가입 신청일 전 2년 이내 자영업자로서 실업급여를 받은 사실이 없어야 한다.
　　⑤ 신청일로부터 최대 5년까지 지원한다.

32 ②

해설 　「자본시장과 금융투자업에 관한 법률」 제185조에 따라 집합투자업자는 투자자에 대한 손해배상책임을 부담하는 경우 귀책사유가 있는 경우에는 연대하여 손해배상책임을 진다.
　　※ 「금융소비자 보호에 관한 법률」 제3조에 의해서 신용카드·시설대여·연불판매·할부금융 및 이와 유사한 대부, 연계대출, 소액후불결제는 대출성 금융상품에 해당한다.

33 ②

오답 　① 1B → 8bit
　　③ 1MB → 1,024KB
　　④ 1TB → 1,024GB
　　⑤ 1PB → 1,048,576GB

34 ⑤

해설 　국제통화기금, 국제부흥개발은행, 국제개발협회, 국제금융공사, 아시아개발은행, 아프리카개발기금, 아프리카개발은행, 상품공동기금, 국제투자보증기구, 유럽부흥개발은행, 국제결제은행, 미주개발은행, 미주투자공사, 다자투자기금, 아시아 인프라 투자은행, 아세안 및 한·중·일 거시경제조사기구, 중미경제통합은행이 있다.

35 ④

해설 　계약 전에 정보 비대칭으로 인해 품질이 낮은 쪽(문제가 많은 쪽)만 거래에 참여하려는 현상이 역선택에 해당한다.

오답 　①②③⑤ 계약 체결 이후 한쪽 당사자가 자신에게 유리하도록 행동을 변경하거나 책임감 없이 행동하는 현상이 도덕적 해이에 해당한다. 보호받는 상황에서 위험한 행동을 하는 것이다.

36 ⑤

해설 한국산업은행, 중소기업은행, 농협은행, 수협은행, 상호저축은행 등은 예금보험의 적용을 받는다.

37 ④

해설 기술을 활용한 금융 서비스와 관련이 없는 서비스를 의미한다.

38 ①

해설 그래프는 완전보완재에 해당하는 그래프이다. 완전보완재에 해당하는 상품은 항상 일정한 비율로 함께 사용해야 효용이 발생하는 것이다. 왼쪽 신발, 오른쪽 신발과 같이 하나가 없으면 다른 하나만으로는 의미가 없거나 효용이 매우 제한적인 상품들이다.

39 ④

오답 ① CD는 만기 이전에는 인출이 불가능하지만 MMDA는 자유롭게 입출금이 가능하다.
② CD는 명확한 만기일(1개월, 3개월, 6개월, 1년 등)이 있지만, MMDA는 만기가 명확하게 없다.
③ 대부분의 경우 일정한도까지 예금자보호제도에 의해서 보호된다.
⑤ CD는 고정금리가 일반적이지만, MMDA는 변동금리이다.

40 ①

오답 ② 컴퓨터 비전 및 이미지/비디오 처리에 최적화된 라이브러리에 해당한다.
③ Python을 위한 오픈소스 머신 러닝 라이브러리에 해당한다.
④ C++로 개발된 오픈소스 머신러닝 및 컴퓨터 비전 라이브러리이다.
⑤ Python 기반의 오픈소스 이미지 처리 라이브러리로, 다양한 이미지 처리 및 분석 작업을 간단하게 수행할 수 있도록 설계되었다.

1	2	3	4	5	6	7	8	9	10
②	③	①	④	⑤	②	④	⑤	①	②
11	12	13	14	15	16	17	18	19	20
⑤	②	⑤	③	②	④	③	⑤	③	②
21	22	23	24	25	26	27	28	29	30
⑤	①	④	⑤	①	①	③	②	①	①
31	32	33	34	35	36	37	38	39	40
③	②	①	②	③	③	①	①	①	②
41	42	43	44	45	46	47	48	49	50
③	②	②	②	④	⑤	⑤	②	④	⑤
51	52	53	54	55	56	57	58	59	60
⑤	④	①	④	②	④	③	④	③	④
61	62	63	64	65					
②	②	①	①	②					

1 ②

해설 (나) 문단에서는 바젤Ⅲ 도입목적에 대해서 설명하고 있다. 바젤Ⅲ가 은행의 자본 건전성을 강화하고 금융 시스템의 안정성을 높이기 위한 규제라고 설명하고 있으며, 폐단에 대한 언급은 없다.

2 ③

오답 ① 첫 번째 문단에 따라 디지털 유로란 유로지역에서 소매 지급서비스 이용이 가능한 디지털 법정화폐이다.
② 두 번째 문단에 따라 온라인 거래를 하는 경우에는 지급서비스 제공업자(PSP)는 제한된 정보에만 접근이 가능하다.
④ 네 번째 문단에 따라 소비자, 상점, 디지털 유로의 유통을 담당하는 PSP 등 모든 경제주체가 디지털 유로의 혜택을 받을 수 있도록 한다.
⑤ 다섯 번째 문단에 따라 준비단계를 진행하고 있는 중이다.

3 ①

오답 ② 일정 기간 동안 구 화폐와 신 화폐를 병행하여 유통한다.
③ 경제 상황에 따라서 발권업무가 이루어진다.
④ 시중 은행에 화폐를 유통한다.
⑤ 화폐의 보안 요소는 경제 상황과 기술 발전에 맞추어 지속적으로 개선된다.

4 ④

해설 본문에서 외상에 대한 고착이 무의식 속에 억압된 외상이 간접적으로 표현되며, 신경증과 같은 정신병리적 문제의 원인이 될 수 있다고 설명한다.

오답 ① 외상적 경험은 항상 자아에 의해 즉각적으로 의식에서 처리되지 않는다.
② 무의식은 다양한 방식으로 개인의 일상 행동과 감정에 영향을 미친다.
③ 정신분석 치료는 외상적 경험을 더 깊이 억압하는 것이 아니라, 무의식 속에 억압된 외상을 의식으로 끌어올려 분석하고 치료하는 것을 목표로 한다.
⑤ 외상에 대한 고착은 개인의 심리적 발달을 방해하고 신경증 등 여러 정신적 문제를 야기할 수 있다고 본문에서 언급된다.

5 ⑤

오답 ① 로마 제국은 내부 정치적 부패가 중요한 원인이었지만, 외부 침략(게르만족의 침입)도 몰락의 중요한 요소였다. 따라서 내부 요인만으로 몰락했다고 볼 수 없다.
② 마야 문명은 본문에서 경제적 요인이 주요 원인으로 설명되었으며, 기후 변화와 같은 환경적 요인에 대한 직접적인 언급은 없다. 경제적 붕괴가 주요 이유로 제시되었다.
③ 메소포타미아 문명은 토양 염분화 문제를 극복하지 못했고, 이것이 몰락의 주요 원인 중 하나였다.
④ 지배계층과 피지배계층의 갈등은 사회적 불평등과 내부 갈등이 심화되면 문명 몰락이 불가피하게 한다.

6 ②

오답 ① 수상음악은 관악기와 현악기의 화려한 조합으로 이루어진 다채로운 곡들로 구성된다.
③ 호른파이프는 느리고 우아한 리듬이 아니라, 빠르고 활기찬 리듬을 통해 장엄하고 축제적인 분위기를 조성하는 악장이다.
④ G장조는 부드럽고 안정적인 느낌을 주며, 밝고 희망찬 분위기를 나타내는 것은 F장조에 더 가깝다.
⑤ 메뉴에트는 3박자 계통의 춤곡으로, 그 우아함과 정형화된 리듬 패턴이 청중들에게 평온함을 제공한다.

7 ④

해설 네 번째 문단에서 에탄올은 상대적으로 안정한 분자로 설명되고 있다.

8 ⑤

해설 네 번째 문단을 통해 XAI는 LLM이 생성하는 답변의 정확성을 향상시키기 위한 기술적 방법으로 언급된 것이 아니라, AI의 의사결정 과정을 투명하게 설명하는 데 초점을 맞추고 있다는 것을 알 수 있다.

9 ①

② 제00조(국민건강보험종합계획의 수립 등) 제3항과 제4항에 따라 연도별 시행계획을 건강보험정책심의위원회 심의를 거쳐 수립해야 하며, 보건복지부장관이 매년 시행계획에 따른 추진실적을 평가해야 한다.

③ 제00조(국민건강보험종합계획의 수립 등) 제5항에 따라 관련 사항에 대한 보고서를 작성하여 지체 없이 국회 소관 상임위원회에 보고하여야 한다.

④ 제00조(건강보험정책심의위원회) 제1항에 따라서 보건복지부장관 소속으로 건강보험정책심의위원회를 둔다.

⑤ 제00조(건강보험정책심의위원회) 제5의2호 나목에 따라 건강보험정책심의위원회에서 가입자의 소득 파악 및 소득에 대한 보험료 부과 강화를 위한 개선 방안에 관한 사항의 심의는 가능하지만 의결은 제외한다.

10 ②

해설 첫 번째 문단의 '급격한 기술 발전, 개인화된 소비 패턴, 그리고 다양한 사회적 변화가 복합적으로 작용하면서, 평균보다는 개별화된 경험과 특화된 요구가 평균의 종말을 유발한다'를 통해 주로 기술발전과 데이터 분석의 세분화로부터 평균의 종말이 기인한다는 것을 유추할 수 있다.

오답 ① 광고산업의 발달은 결과적으로 맞춤형 광고가 등장하게 되었지만, 이는 원인이 아니라 결과이다.
③④⑤ 지문과는 관련이 없다.

11 ⑤

해설 제8조(산촌의 진흥)에 따라 산촌주문의 복지증진을 위해 노력하여야 한다.

오답 ①② 제00조(국가 및 지방자치단체 등의 책무) 제1항과 제2항에 따라 알 수 있다.
③ 제00조(산림기능의 증진)
④ 제00조(국제협력 및 통일대비 정책) 제1항에 해당한다.

12 ②

해설 ㉠ 주어진 총 걸음 수인 299,997에서 각자의 기록된 숫자들을 모두 더한 후, 그 차이를 통해 빈칸에 들어갈 숫자들을 계산한다.

A의 걸음 수 : 1 □ 7 3 5 → 1 + □ + 7 + 3 + 5 = 16 + □
B의 걸음 수 : 8 2 □ 9 6 → 8 + 2 + □ + 9 + 6 = 25 + □
C의 걸음 수 : 9 □ 1 □ 8 → 9 + □ + 1 + □ + 8 = 18 + 2□
D의 걸음 수 : 7 8 □ 6 4 → 7 + 8 + □ + 6 + 4 = 25 + □

㉡ 주어진 걸음 수의 총합은 299,997이므로, 현재 보이는 숫자들의 합을 먼저 구한다.

A의 보이는 합 : 1 + 7 + 3 + 5 = 16
B의 보이는 합 : 8 + 2 + 9 + 6 = 25
C의 보이는 합 : 9 + 1 + 8 = 18
D의 보이는 합 : 7 + 8 + 6 + 4 = 25
따라서 보이는 숫자들의 합은 16 + 25 + 18 + 25 = 84이다.

㉢ 총합 299,997에서 84를 뺀 값은 299,997 − 84 = 299,913이다. 이 값은 빈칸들에 들어갈 숫자들의 합이다. 빈칸은 총 6개이므로, 빈칸 하나당 평균 값은 299,913 ÷ 6 = 16이다.

∴ 빈칸에 들어갈 숫자들의 합은 16이 된다.

13 ⑤

해설 ㉠ 빨간색 공은 모두 다른 상자에 담겨야 한다는 조건을 고려하면, 공의 개수는 5개로, 각각 다른 상자에 나누어 담을 수 있다.

㉡ 빨간색 공 3개, 초록색 공 1개는 60kg + 50kg = 110kg이므로 무게 제한을 초과한다.

㉢ 빨간색 공이 담긴 상자에 파란색 공이 담기지 않는다는 조건은 없으므로 가능하다.

㉣ 초록색 공은 무게가 50kg으로 가장 무거운 공이므로, 초록색 공이 담긴 상자가 무게 합이 가장 클 가능성이 높다.

14 ③

해설 B의 연간처리량은 700,000㎥이고, C의 연간처리량은 200,000㎥이므로, B는 C의 3배를 넘어선다.

오답 ① B는 연간 처리양과 관리인원이 가장 많다.

② 각 시설수 대비 연간 처리량 비율은 A는 약 714.29, B는 약 777.78, C는 500.00, D는 200.00으로 시설수 대비 연간처리량 비율이 가장 높은 시설은 B이다.

④ D의 시설수는 전체 2,500개 중 500개로 20%에 해당 한다.

⑤ 연간 처리량은 700,000㎥이므로, 일일 처리량은 약 1,917㎥으로 2,000㎥ 이하이다.

15 ②

해설 ㉠ 대칭키 암호화인 AES는 키 관리가 어려운 것이 단점이다.

㉢ 본문에 따라 암호화의 보안 수준은 주로 사용되는 키 길이(key length)에 의해 결정된다. 키 길이가 길어질수록 브루트 포스 공격에 대한 저항력이 커지며, 더 안전한 암호화를 제공한다.

㉡ 개인키는 비대칭키 암호화의 일종으로 서로 다른 두 개의 키를 사용하는 방식이다.

㉣ 본문에 따라 비대칭키 암호화는 대칭키 암호화에 비해 훨씬 긴 키 길이를 요구한다.

16 ④

해설 A 문서 : 3페이지이며, 중요도가 '상'으로 단면 인쇄한다. 따라서 A 문서에는 3장의 A4 용지가 필요하다.

B 문서 : 8페이지이며, 중요도가 '중'으로 양면 인쇄한다. 2페이지씩 양면에 인쇄할 수 있으므로, 4장의 A4 용지가 필요하다.

C 문서 : 5페이지이며, 중요도가 '하'로 양면 인쇄한다. 양면 인쇄는 2페이지씩 인쇄 가능하므로, 5 ÷ 2 = 2.5장으로 3장의 A4 용지가 필요하다.

D 문서 : 7페이지이며, 중요도가 '상'으로 단면 인쇄한다. 단면 인쇄이므로 7장의 A4 용지가 필요하다.

∴ 필요한 A4 용지의 총 장수는 3(A) + 4(B) + 3(C) + 7(D) = 17장이다.

17 ③

해설 ㉠ A 부서에서 사내 순위가 가장 높은 직원은 1위로 명시되어 있으므로 옳다.

㉡ C 부서 직원 중 사내 순위가 가장 높은 직원은 5위로 주어져 있으므로 옳다.

㉣ 사내 순위 8위 직원이 D 부서 소속이라는 조건은 주어진 내용과 일치하므로 옳다.

㉢ B 부서에서 가장 높은 직원은 2위로 주어져 있으므로 3위는 옳지 않다.

18 ⑤

해설 ㉠ P의 생산 조건

M(3) : N(2) 비율이다. 즉, P 1kg을 만들기 위해서는 M 0.6kg과 N 0.4kg이 필요하다.

㉡ M의 생산 방법

X 1kg과 Y 2kg을 혼합하면 M 1kg이 생성된다. 따라서 M 0.6kg을 만들기 위해서는
X는 0.6 × 1 = 0.6kg, X는 0.6kg × 2 = 1.2kg이 된다.

㉢ N의 생산 방법

W 1kg과 Z 1kg을 혼합하면 N 1kg이 생성된다. 따라서 N 0.4kg을 만들기 위해서는
W는 0.4 × 1 = 0.4kg, Z는 0.4 × 1 = 0.4kg이 된다.

㉣ P 1kg 기준으로 M과 N의 비용을 계산하면,

• M의 비용

X(0.6kg) : 0.6 × 2,000 = 1,200원, Y(1.2kg) : 1.2 × 1,500 = 1,800원 ∴ 3,000원

• N의 비용

W(0.4kg) : 0.4 × 3,000 = 1,200원, Z(0.4kg) : 0.4 × 2,500 = 1,000원 ∴ 2,200원

∴ P 1kg 비용 = 5,200원

㉤ P 1kg당 5,200원이므로 5kg의 비용은 26,000원이다.

∴ 26,000원

19 ③

해설 2022년의 평균 가격이 6,000원이고, 2023년의 가격 지수가 144.4에 해당한다. 2018년을 기준으로 가격 지수는 144.4%로 증가했다.

$$2023년 평균가격 = 2018년 평균가격 × \frac{144.4}{100} = 4,500 × 1.444 = 6,498(원)으로 약 6,500원에 해당한다.$$

오답 ① 2023년의 평균 가격은 6,500원이고, 2018년의 평균 가격은 4,500원이다.
$\frac{6,500-4,500}{4,500} × 100 = 44.4(\%)$로 40% 이상 상승했다.

② 2023년 쌀 2kg의 가격은 4,300원 × 2 = 8,600원, 고구마 1kg의 가격은 5,600원, 양파 2kg의 가격은 2,500원 × 2 = 5,000원이다. 총 비용은 19,200원에 해당한다.

④ 쌀, 고구마, 양파, 돼지고기 모두 2배 미만으로 상승했다.

⑤ 2018년의 가격지수가 100이고 평균 가격이 4,500원일 때 2023년 가격 지수가 80이라고 가정하면
이는 2018년 대비 20% 감소한 것이다. 가격 = $2018년 평균가격 × \frac{80}{100} = 4,500 × 0.8 = 3,600(원)$으로 4,000원 이하이다.

20 ②

해설 교육 미수료율은 경영부가 가장 높다.

오답 ① 영업부의 프로젝트 완료율 = (360 ÷ 600) × 100 = 60%이다. 기획부의 프로젝트 완료율 = (250 ÷ 500) × 100 = 50%이다. 영업부의 완료율이 높다.

③ 교육 수료자가 10% 증가하면 전체 교육 수료자 수는 205 × 1.1 = 225.5명이다. 전체 교육 수료율은 (225.5 ÷ 1,500) × 100 = 15.03%으로 15% 이상이다.

④ 교육 수료자가 5% 감소하면 전체 교육 수료자 수는 205 × 0.95 = 194.75명이다. 전체 교육 수료율은 (194.75 ÷ 1,500) × 100 ≈ 12.98%이므로 13% 이하이다.

⑤ 영업부 15.0%, 기획부 15.0%, 경영부 10.0%로 경영부가 제일 낮다.

21 ⑤

해설 ㉠ 1시간과 2시간 사이 속력 변화 : (130 − 60) ÷ 1 = 70km/h

㉡ 2시간과 3시간 사이 속력 변화 : (200 − 130) ÷ 1 = 70km/h

∴ 속력 변화는 70km/h이다.

오답 ① 처음 2시간 동안의 총 이동 거리는 130km이다. 평균속력은 $\frac{130}{2} = 65km/h$이다.

② 1시간에서 2시간 이동거리는 70km, 속력은 70km/h이다. 2시간에서 3시간까지 이동한 거리는 70km, 속력은 70km/h이다. 3시간에서 4시간까지 이동한 거리는 70km, 속력은 70km/h이므로 자동차는 매 시간 일정한 속도로 이동했다.

③ 표에 4시간에 270km 이동한다.

④ 5시간 동안의 총 이동 거리는 340km이다. 평균속력은 $\frac{340}{5} = 68km/h$이다.

22 ①

해설 A팀의 프로젝트 완성률은 (60 ÷ 100) × 100 = 60%, C팀의 프로젝트 완성률은 (45 ÷ 75) × 100 = 60%이다. A팀과 C팀의 프로젝트 완성률은 동일하다.

오답 ② B팀의 평균 프로젝트 완료 수는 0.3, D팀의 평균 프로젝트 완료 수는 0.346으로 D팀이 B팀보다 높다.

③ B 부서의 프로젝트 완성률은 (30 ÷ 50) × 100 = 60%이다.

④ 전체 완료된 프로젝트 수는 180개, 전체 진행 중 프로젝트 수는 300개이다. 완료비율은 (180 ÷ 300) × 100 = 60%이다.

⑤ C팀과 D팀의 완료된 프로젝트 수는 45개로 동일하다.

23 ④

해설 ㉣ D, E 은행의 연간 수익 합계는 1,307,500천 원이다.

㉤ $\frac{12000}{9500} = 1.26$으로 약 1.3배다.

오답 ㉠ X국의 전체 자산 규모는 A(12,000억) + B(14,500억) + C(13,000억) + D(10,200억) + E(9,500억) = 59,200억 원이다. 전체 자산 규모는 70,000억 원 미만이다.

㉡㉢ A, B, C 은행의 자산 대비 수익률은 70천 원/억 원이며, D는 67천 원/억 원, E는 66천 원/억 원이다.

24 ⑤

해설 공공 소각 비율은 (350 / 570) × 100 = 약 61.4%에 해당한다.

오답 ① 매립 비율은 (430 / 1,950) × 100 = 약 22.1%로, 20% 이상이다.
② 공공의 재활용은 500, 위탁의 재활용은 150이다. 500 / 150 = 약 3.33로 3배 이상에 해당한다.
③ 공공 소각 비율은 350 / 1,200 = 약 29.2%, 자가 소각 비율은 100 / 370 = 약 27.0%, 위탁 소각 비율은 120 / 380 = 약 31.6%이다. 위탁이 가장 높은 비율에 해당한다.
④ 위탁 기타 비율은 30 / 380 = 약 7.9%이므로 10% 이하이다.

25 ①

해설 문학 비율은 (600 ÷ 1,450) × 100 = 약 41.4%로 40% 이상이다.

오답 ② 2학년 도서 대출 중 과학 비율은 약 26.6%이다.
③ 1학년 기타 비율 50 ÷ 500 = 10%, 2학년 기타 비율 60 ÷ 450 = 약 13.3%, 3학년 기타 비율 70 ÷ 500 = 14%이다. 3학년이 가장 높다.
④ 3학년 역사 비율은 (80 ÷ 270) × 100 = 약 29.6%이므로 30% 미만이다.
⑤ 1학년 문학 비율은 200 ÷ 500 = 40%이다.

26 ①

해설 • 최고속도 : D(5점), E(4점), A(3점), C(2점), B(1점)
• 연비 : B(5점), A(4점), C(3점), D(2점), E(1점)
• 안전성 : B/D(5점), A/E(4점), C(3점)
• 가격 : C(5점), A(4점), B(3점), E(2점), D(1점)
• 공공도로 주행 가능 여부 : A/B/C(1점), D/E(0점)
• 오프로드 주행 가능 여부 : B/D/E (1점), A/C(0점)
A : (3+4+4+4+1+0) = 16점
B : (1+5+5+3+1+1) = 16점
C : (2+3+3+5+1+0) = 14점
D : (5+2+5+1+0+1) = 14점
E : (4+1+4+2+0+1) = 12점
∴ A 자동차와 B 자동차가 총 16점으로 동점이나, 공공도로 주행이 가능하고 가격이 낮은 A 자동차를 구매한다.

27 ③

해설 각 학생의 장학금은 다음과 같다.
A : $150 \times (200 \times 4) + (5 \times 30 \times 5) = 120,750$
B : $130 \times (150 \times 4) + (4 \times 25 \times 5) = 78,500$
C : $170 \times (300 \times 4) + (3 \times 20 \times 5) = 204,300$
D : $120 \times (250 \times 4) + (6 \times 40 \times 5) = 121,200$
∴ 가장 많은 장학금은 C(204,300)이고, 가장 적은 장학금은 B(78,500)이다.

28 ②

> 해설 직원 이름은 A 시트의 2번째 열에 위치하므로, 3번째 인수는 2가 되어야 하고, 정확한 값을 찾기 위해 마지막 인수는 FALSE가 되어야 한다.

29 ①

> 해설 월급 정보는 A 시트의 4번째 열에 위치하므로, 3번째 인수는 4가 되어야 하고, 정확한 값을 찾기 위해 마지막 인수는 FALSE가 되어야 한다.

30 ①

> 해설 총점 열에서는 SUM(B2:D2)로 각 과목 점수를 더한다.
> 결과 열에서는 총점이 200점 이상인 경우 '합격', 그렇지 않으면 '불합격'이 출력되도록 해야 한다.

31 ③

> 해설 수식 10 / B2에서 B2 셀이 비어 있으면 10 / 0으로 나누기 때문에 #DIV/0! 오류가 발생한다. IFERROR 함수는 오류가 발생할 경우 지정된 값(여기서는 Error)을 반환한다. 결과값은 Error에 해당한다.

32 ②

> 오답 ① 128비트는 IPv6의 주소 체계에 해당한다.
> ③ IPv4의 주소는 32비트 한정된 주소 체계에 해당한다. 약 43억 개만 생성이 가능하며 주소의 수량은 유한하다.
> ④ IPv4는 데이터를 전송하는 역할만 한다. 데이터 무결성 및 재전송 같은 신뢰성 있는 데이터 전송 기능은 상위 계층 프로토콜인 TCP가 담당한다.
> ⑤ IPv4는 기본적으로 브로드캐스트를 사용하여 네트워크 내의 모든 장치로 데이터를 전송한다.

33 ①

> 해설 주어진 코드에서 a = 5와 b = 10이므로, result = a * 2 + b / 2의 결과는 다음과 같다.
> a * 2는 5 * 2 = 10
> b / 2는 10 / 2 = 5
> 따라서, result = 10 + 5 = 15

34 ②

> 해설 코드에서 변수 num은 8로 초기화된다.
> if 조건문에서 num % 2 == 0은 참(true)이므로, printf("Even\n");이 실행된다.
> 출력 결과는 Even이다.

35 ③

> 해설 calculateSum 메서드는 두 개의 정수 a와 b를 받아 더한 값을 반환한다.
> main 메서드에서 calculateSum 메서드를 호출하며 x와 y를 전달한다.
> x가 5이고, y가 10이므로, calculateSum(5, 10)의 결과는 5 + 10 = 15이다.

36 ③

해설 조합 논리 회로는 현재 입력에 의해서만 출력이 결정되며, 과거 상태나 피드백에 영향을 받지 않는다.

오답 ① 조합 논리 회로에는 피드백 경로가 없습니다. 피드백 경로가 있는 경우는 순차 논리 회로이다.
② 조합 논리 회로에서는 입력 값이 변경되면 출력이 즉시 변경된다.
④ 조합 논리 회로는 메모리 요소가 없기 때문에 상태를 저장할 수 없다. 회로 상태를 저장하려면 플립
플롭 등과 같은 메모리 소자가 필요한 순차 논리 회로를 사용해야 한다.
⑤ 조합 논리 회로는 클럭 신호 없이 동작한다. 클럭 신호는 순차 논리 회로에서 시간에 따라 상태가 변
하도록 제어하는 데 사용된다.

37 ①

해설 mkdir는 make directory의 줄임말로 새로운 디렉토리를 생성하는 명령어이다.

오답 ② del : Windows 운영체제에서 파일을 삭제할 때 사용한다.
③ copy : 파일을 다른 위치로 복사하는 데 사용한다.
④ cd : change directory의 줄임말로, 디렉토리를 이동하는 데 사용한다.
⑤ move : 파일을 이동하거나 이름을 변경할 때 사용된다.

38 ①

해설 LA 지사와 서울 본사의 시차는 17시간이다. 화상 회의는 근무시간 내에만 가능하며 최소 1시간 이상 진
행되어야 한다. 또한 근무 시작 1시간 후, 종료 1시간 전에 할 수 있다. 서울 본사 근무 시작 1시간 후
인 오전 9시부터 회의를 진행하면, LA 지사 시간으로 오후 4시에 회의를 시작할 수 있다. LA 지사 시
간으로 오후 4시 회의를 할 경우 근무시간 내/최소 1시간 이상/근무 종료 1시간 전 조건을 만족한다.
서울 본사 시간으로 오전 10시에 회의를 할 경우, 마찬가지로 조건을 만족하지만 선지에는 오전 10시가
없으므로, 다음 중 선택할 수 있는 적절한 회의 시작 시간은 오전 9시다.

39 ①

해설 프로젝트 B를 오전 8시에 시작하면 점심시간을 포함하여 마감시간까지 완료할 수 있다.

40 ②

해설 임신 중인 여성은 1일 2시간의 범위에서 휴식이나 병원 진료 등을 위한 모성보호시간을 사용할 수 있다.

오답 ① 임신 중인 공무원은 출산 전과 출산 후를 통하여 90일(한 번에 둘 이상의 자녀를 임신한 경우에는
120일)의 출산휴가를 사용할 수 있다.
③ 8세 이하 또는 초등학교 2학년 이하의 자녀가 있는 공무원은 자녀를 돌보기 위하여 36개월의 범위에
서 1일 최대 2시간의 육아시간을 사용할 수 있다.
④ 한국방송통신대학교에 재학 중인 공무원은 출석수업에 참석하기 위하여 연가 일수를 초과하는 출석수
업 기간에 대한 수업휴가를 받을 수 있다.
⑤ 남성공무원은 배우자가 유산하거나 사산한 경우 3일의 유산휴가 또는 사산휴가를 사용할 수 있다.

41 ③

> 해설 순수 급여액을 구하면 700만 원 − 200만 원 = 500만 원이다. 기본 시급은 500만 원 ÷ 2,080시간 = 약 24,038원 (소수점 이하 절사)이다.
>
> 시간 외 수당을 구하는 공식은 '기본 시급 × 1.5 × 시간 외 근무 시간'이다.
>
> 시간 외 수당은 24,038원 × 1.5 × 10시간 = 360,570원에 해당한다.

42 ②

> 해설 ㉠ 8명 × 7,000원 = 56,000원으로, 예산 내에서 주문할 수 있다.
>
> ㉡ 8명 × 8,500원 = 68,000원으로 예산 내에서 가능하다.
>
> ㉢ 8명 × 10,000원 = 80,000원으로, 70,000원 예산을 초과한다.
>
> ㉣ 자장면 6개(42,000원) + 샐러드 2개(20,000원) = 총 62,000원으로 예산 내에서 혼합하여 주문이 가능하다.

43 ②

> 해설 축의금 미지급이라면 경조금을 지급받을 수 있다.

> 오답 ①③④⑤ 언급되지 않은 사항은 알림조치만 진행된다.

44 ②

> 해설 甲 대리, 乙 부장이 현금과 화환을 모두 받을 수 있다.

45 ④

> 해설 • A업체 : 노트 1,400원 + 볼펜 600원 = 2,000원이다. 2,000원 × 100명 = 200,000원이다.
>
> • B업체 : 노트 1,200원 + 볼펜 700원 = 1,900원이다. 1,900원 × 100명 = 190,000원이다.
>
> • C업체 : 노트 1,500원 + 볼펜 500원 = 2,000원이다. 2,000원 × 100명 = 200,000원이다.
>
> • D업체 : 노트 1,300원 + 볼펜 550원 = 1,850원이다. 1,850원 × 100명 = 185,000원이다.
>
> • E업체 : 노트 1,250원 + 볼펜 650원 = 1,900원이다. 1,900원 × 100명 = 190,000원이다.
>
> ∴ 가장 저렴한 업체는 D업체에 해당한다.

46 ⑤

> 해설 농협의 인재상은 행복의 파트너, 정직과 도덕성을 갖춘 인재, 진취적 도전가, 최고의 전문가, 시너지 창출가가 있다.

47 ⑤

> 해설 「미래 경영」과 「조직문화 혁신」을 통해 새로운 농협으로 도약

48 ②

> 해설 2009년 2월 1일 산지유통혁신 112운동을 전개하였다.

49 ④

해설 「협동조합 기본법」 제22조(출자 및 책임) 제4항

오답 ① 조합원은 정관으로 정하는 바에 따라 1좌 이상을 출자하여야 한다〈협동조합 기본법 제22조(출자 및 책임) 제1항〉.
② 조합원 1인의 출자좌수는 총 출자좌수의 100분의 30을 넘어서는 아니 된다〈협동조합 기본법 제22조(출자 및 책임) 제2항〉.
③ 조합원이 납입한 출자금은 질권의 목적이 될 수 없다〈협동조합 기본법 제22조(출자 및 책임) 제3항〉.
④ 조합원의 책임은 납입한 출자액을 한도로 한다〈협동조합 기본법 제22조(출자 및 책임) 제5항〉.

50 ⑤

해설 기본원칙〈협동조합 기본법 제6조〉
① 협동조합등 및 협동조합연합회등은 그 업무 수행 시 조합원등을 위하여 최대한 봉사하여야 한다.
② 협동조합등 및 협동조합연합회등은 자발적으로 결성하여 공동으로 소유하고 민주적으로 운영되어야 한다.
③ 협동조합등 및 협동조합연합회등은 투기를 목적으로 하는 행위와 일부 조합원등의 이익만을 목적으로 하는 업무와 사업을 하여서는 아니 된다.

51 ⑤

해설 우루과이 라운드는 주로 농산물, 서비스, 지적 재산권 등의 무역 자유화를 중심으로 협상을 했다. 환경 보호 규제 강화는 우루과이 라운드의 주요 목표가 아니다.

52 ④

해설 도덕적 해이를 예방하기 위해서는 책임감과 윤리 의식을 강화하고, 성과에 따라 차등 보상을 제공하는 것이 효과적이다. 모든 직원에게 동일한 보상을 제공하면 개별 성과와 책임감이 줄어들어 도덕적 해이가 발생할 가능성이 높다.

53 ①

해설 경제활동인구는 취업자와 구직 활동을 하고 있는 실업자를 포함한다. 정년퇴직 후 연금을 받으며 생활하는 사람은 경제활동에 참여하지 않는 것으로 경제활동인구에 해당하지 않는다.

54 ④

해설 정치적 불안정이나 경제 전반의 변화는 체계적 위험의 예이다. 비체계적 위험은 특정 기업이나 산업에만 영향을 미친다.

55 ②

해설 보통주는 우선주와 달리 배당금 지급이 우선권이 없다. 우선주는 배당금 지급 시 보통주보다 우선적으로 배당을 받을 권리가 있다. 보통주는 의결권이 있고, 배당금이 회사의 이익에 따라 변동되며, 청산 시 잔여 자산 배분에서 후순위를 갖는다.

56 ④

해설 이표채(Coupon Bond)는 정해진 기간마다 이자를 지급하는 채권이다. 만기까지 여러 번 이자를 지급한다. 이자를 한 번만 지급하고 만기 시 원금과 함께 상환하는 채권은 할인채에 해당한다.

57 ③

> 해설 J커브는 환율 상승(자국 통화 가치 하락) 후 무역수지가 초기에는 악화되다가 시간이 지나면서 개선된다. 무역수지는 환율 변동에 즉각 반응하여 개선되는 것이 아니라, 시간이 걸리면서 수출 증가와 수입 감소의 영향을 받아 점차 개선된다.

58 ④

> 해설 립진스키 정리는 두 상품을 생산하는 개방 경제에서 한 요소가 증가할 때, 해당 요소를 많이 사용하는 상품의 생산량은 증가하고, 다른 상품의 생산량은 감소하는 현상이다. 노동이 증가할 경우, 노동을 많이 사용하는 상품의 생산량은 증가하는 반면, 다른 상품의 생산량은 줄어든다.

59 ③

> 해설 CDS는 채무 불이행에 대비하기 위한 파생상품이지만 신용 위험을 회피하는 유일한 방법은 아니다.

60 ④

> 해설 맨델–플레밍 모델은 개방 경제에서의 거시 경제 정책을 분석하는 모델로 자본 이동이 자유로운 상황을 가정한다. 고정 환율제도하에서는 통화정책이 비효과적이지만, 재정정책은 자본 이동을 유도해 실질 경제에 영향을 준다. 유동환율제도에서는 통화정책이 효과적이며, 재정정책은 자본 이동에 의해 상쇄되는 경향이 있다.

61 ②

> 해설 콜옵션은 자산을 매수할 수 있는 권리를 제공하는 옵션이다. 자산을 매도할 수 있는 권리는 풋옵션의 특징에 해당한다. 콜옵션 보유자는 기초 자산을 사는 선택권을 갖지만 매도할 권리는 없다.

62 ②

> 해설 독점 기업은 상품이나 서비스의 가격을 자유롭게 결정할 수 있다. 소비자는 독점자가 제공하는 가격을 수용하거나, 소비를 포기하는 선택만 할 수 있다.

63 ①

> 해설 공공재는 비배제성과 비경합성의 특성을 지닌다. 많은 사람들이 동시에 사용해도 추가 비용 없이 누구나 이용할 수 있는 재화이다. 공원은 일반적으로 무료로 개방되며, 이용자 수가 늘어나더라도 다른 사람이 이용할 수 있는 가능성이 줄어들지 않으므로 공공재에 해당한다. 반면, 영화관, 공영 주차장, 유료 도로, 콘서트 티켓은 사용자가 비용을 지불해야 하거나, 인원이 증가함에 따라 이용에 제한이 생길 수 있다.

64 ①

> 해설 HTML은 웹 페이지의 구조와 콘텐츠를 정의하는 언어이다. 스타일링과 레이아웃 제어 기능은 없다. 웹 페이지의 스타일링과 레이아웃은 CSS에 의해 정의된다.

65 ②

> 해설 PNG는 손실 압축이 아닌 무손실 압축 방식을 사용한다. 이미지 품질을 손상시키지 않고 압축하여 저장할 수 있다. PNG는 투명한 배경을 지원하는 대표적인 파일 형식이다.

1	2	3	4	5	6	7	8	9	10
③	④	③	②	⑤	②	④	⑤	⑤	③
11	12	13	14	15	16	17	18	19	20
④	④	②	④	①	①	⑤	①	①	④
21	22	23	24	25	26	27	28	29	30
⑤	④	②	④	③	③	①	②	①	④

1 ③

해설 자립 능력 향상에 기여하였는지에 대한 물음에서 '매우 그렇다'와 '그렇다'의 응답이 '그렇지 않다', '매우 그렇지 않다'의 비율 절반을 넘었으므로 A구 프로그램은 자립 능력 향상에 기여했다고 평가할 수 있다.

2 ④

해설 취약계층은 이동수단이 마땅치 않거나 온라인몰 사용에 익숙하지 않을 가능성이 높다고 언급하고 있으므로 적절한 반응이 아니다.

오답 ① 국내산 채소 등 바우처로 국내산 농산물 구매하도록 촉진하고 있으므로 국내산 농산물에도 관심도가 증가할 수 있을 것을 짐작할 수 있다.

② 제한된 품목으로 인해 취약계층의 선호에 따라 바우처 이용률이 저하될 수 있다고 언급하고 있으므로 품목 확대를 통해 만족도를 증대시키고 사용률을 제고할 수 있다고 짐작할 수 있다.

③ 신선식품 섭취 및 규칙적인 식품 섭취로 영양균형과 건강 효과를 기대한다고 언급하고 있으므로 취약계층이 건강한 식생활을 할 수 있도록 유도한다고 짐작할 수 있다.

⑤ 미국 SNAP 연구에 따르면 Benefit Cycle 현상으로 건강상에 문제가 발생하는 것으로 확인되었으며, 시행되는 농산품바우처가 SNAP 정책과 유사하므로 지속적인 모니터링이 요구된다고 언급하고 있다.

3 ③

해설 대학원생은 대학생 선발 이후 공실이 발생할 때 선발하므로 동점이 될 수 없으며, 선발 기준은 대학생과 동일하게 적용된다.

오답 ① 선발 심사 기준에서 제일 중요하게 보는 것은 경제적 여건이므로 경제적으로 어려운 농업인(또는 농업인의 자녀)을 지원하기 위한 사업 계획이라고 할 수 있다.

② 기존 입주 생활생도 새로 입주신청을 해야 하며, 이때 입주생활평가가 이루어진다.

④ 기초생활수급자 및 차상위계층 해당자는 다른 결격사유가 없을 경우, 경제적 여건 외 미심사로 우선 선발한다.

⑤ 잔여 학기가 1학기만 남은 경우 기존 입주생활생이라도 선발대상에서 제외된다.

4 ②

제시된 글은 소비패턴변화에 부응한 쌀 가공 수요 창출이 중요하며, 과거 생산 중심이었던 정책에서 소비 중심의 정책으로 전환하는 것이 필요하다고 언급하고 있다.

5 ⑤

인프라가 부족하여 생활여건이 불편한 농촌을 주거 및 사회서비스가 균형적으로 갖춰진 농촌으로 재탄생되기 위해서는 일터, 삶터, 쉼터로서의 기능 회복이 시급하다고 언급하고 있으므로 이는 농촌공간 재구조화가 가장 적절하다.

6 ②

전문가는 모두 8명이고 프로젝트 甲, 乙에 투입되어야 하는 인원은 3명, 5명이므로 프로젝트 甲, 乙은 동시에 진행될 수 있다. 프로젝트 丙에 투입되어야 하는 인원은 4명으로 프로젝트 乙이 끝나야 필요한 인원을 동시에 투입할 수 있으므로 총 소요기간은 4일+2일 = 6일이다.

7 ④

직접비용은 4,100만 원으로 출장비 200만 원이 지급되지 않는다면 3,900만 원이 된다. 간접비용은 905만 원으로 직접비용은 간접비용의 4배 이상이 된다.

①②⑤ 직접비용 항목은 급여, 상여금, 출장비, 원료비로 4가지 항목이며, 간접비용 항목은 광고비, 사무비품비, 화재보험료, 사무실 임대료, 사무실 관리비, 인터넷 사용료로 6가지 항목이다.

③ 간접비용은 905만 원, 직접비용은 4,100만 원이므로 간접비용은 직접비용의 약 22%에 해당한다.

※ Tip 직접비용 및 간접비용
　㉠ 직접비용 : 제품 생산 또는 서비스 창출을 위해 직접 소비된 것으로 여겨지는 비용(인건비, 재료비, 출장비 등)
　㉡ 간접비용 : 제품을 생산하거나 서비스 창출을 위해 소비된 비용 중 직접비용을 제외한 비용으로, 제품 생산에 직접적으로 관련되지 않은 비용(보험료, 건물관리비, 광고비, 통신비, 사무비품비, 공과금 등)

8 ⑤

보험 상품 B 보험 상품 A	자체 어플	옥외 광고	SNS
자체 어플	11	8	10
옥외 광고	7	6	9
SNS	6	-2	12

따라서 보험 상품 A는 SNS, 보험 상품 B는 SNS로 홍보할 때 매출액 합계가 12억 원으로 가장 크다.

9 ⑤

2/4분기의 선호 홍보 매체는 옥외광고로, 매출액과 매출액의 차는 다음과 같다.

보험 상품 B / 보험 상품 A	자체 어플	옥외 광고	SNS
자체 어플	(5, 6)	(5, 4.5)	(3, 7)
옥외 광고	(6, 4.5)	(−2, 10.5)	(9, 3)
SNS	(2, 4)	(−5, 4.5)	(7, 5)

보험 상품 B / 보험 상품 A	자체 어플	옥외 광고	SNS
자체 어플	−1	0.5	−4
옥외 광고	2.5	−12.5	6
SNS	2	−9.5	2

10 ③

해설 예산관리 절차는 '필요한 과업 및 활동 규명 → 우선순위 결정 → 예산 배정' 순으로 진행된다. 제시문에서 A는 예산 범위 내에서 수행해야 하는 활동과 예상되는 예산을 정리하는 단계 후에, 한정된 예산으로 모든 업무를 수행할 수 없기 때문에 상대적인 우선순위를 결정하였다. 이후 최종적으로 우선순위가 높은 활동부터 적절하게 예산을 배정하였다.

11 ④

해설 기념품 여유분은 주문량의 20%로 제작해야 한다고 명시되어 있으므로 50개를 제작해야 한다.

12 ④

해설 COUNT 함수는 선택된 범위에서 숫자를 포함하고 있는 셀의 개수를 산출하는 함수이다.

13 ②

해설 지정한 범위의 셀값 중 조건에 만족하는 셀의 합을 구할 때는 SUMIF 함수가 적절하다. 따라서 =SUMIF(지정한 범위, "조건식", 합을 구할 범위)를 적용해야 한다.

14 ④

해설 오름차순은 낮은 단계에서 높은 단계로 올라가는 순서로 데이터를 정렬하는 것으로, 과거에서 현재, A, B, C 또는 가, 나, 다 순으로 정렬한다. 그러므로 C열을 기준으로 오름차순 정렬했을 때 다음과 같다.

	A	B	C	D	E	F
1						
2		no.	성명	입사 연도	부서	연봉
3		5	강미나	2023	인사팀	32,000,000
4		14	강희진	2020	인사팀	33,000,000
5		1	김성찬	2022	인사팀	36,000,000
6		8	김정균	2014	재무심사팀	44,000,000
7		12	김지현	2011	인사팀	48,000,000
8		7	박미진	2018	재무심사팀	37,000,000
9		10	오현영	2021	총무팀	34,000,000
10		6	유석훈	2022	홍보팀	31,000,000
11		4	윤정훈	2023	재무심사팀	33,000,000
12		2	이아영	2019	총무팀	38,000,000
13		13	이정률	2011	홍보팀	44,000,000
14		9	정하랑	2021	홍보팀	33,000,000
15		3	정희연	2013	총무팀	44,000,000
16		11	주진영	2014	인사팀	44,000,000
17						

15 ①

해설 조건에 맞는 주문 금액의 평균값을 구하기 위해서는 =AVERAGEIF(조건 범위, 조건, 합을 구할 범위) 또는 =SUMIF(조건 범위, 조건, 합을 구할 범위)/COUNTIF(조건 범위, 조건)을 적용해야 한다. 따라서 도출되는 값은 40,300원이 된다.

오답 ⓒ은 #VALUE 값이 도출되며 ⓔ은 중복값을 찾는 조건부 서식으로, 3이라는 값이 도출된다.

16 ①

해설 주문 날짜는 월을 제외하고 일만 표기한다. 주문한 날짜가 12일이라는 것 말고는 몇 월에 주문했는지는 주문번호로 알 수 없다.

17 ⑤

해설 H→E로 연락할 수 없으므로 B→A→E→B→D→G는 불가능하다.

18 ①

해설 E에서 A까지 연락이 전달되는 경로는 E→C→B→A, 또는 E→B→A이다. 따라서 E와 A를 제외하고 가장 'B'만 거치면 가장 빠르게 연락을 전달할 수 있다.

19 ①

해설 첫 번째 조건에 따르면 丙대리는 가장 오른쪽에 앉아있으며, 세네 번째 조건에 따르면 甲대리는 丁주임 바로 오른쪽에, 丁주임은 丙대리와 가장 멀리 떨어져 있으므로 각각 끝자리에 있다는 것을 알 수 있다.

丁주임	甲대리	?	?	?	丙대리

두 번째 조건을 통해 부장은 차장과 같이 앉아 있어야 하며 마지막 조건에 따라 乙대리는 차장의 오른쪽에 있어야 하므로 '丁주임 → 甲대리 → 부장 → 차장 → 乙대리 → 丙대리' 순으로 앉아있다. 그러므로, 부장의 바로 왼쪽에는 甲대리가 와야 한다.

20 ④

해설 지원자들의 종합 평점은 다음과 같다.

지원자	전문성	업무 경력	현지 적응력	외국어능력	활동계획서	종합 평점
유**	20점	20점	15점	7점	27점	89점
한**	16점	16점	15점	15점	28점	90점
장**	20점	18점	8점	15점	25점	86점
서**	14점	18점	20점	3점	26점	81점
박**	16점	14점	15점	18점	26점	89점
계**	18점	18점	15점	18점	27점	96점

21 ⑤

해설 첫 번째 조건에 따라 A 마을은 선정되지 않으며, 세 번째 조건에 따라 B 마을이 선정된다. 네 번째 조건에 따라 G 마을은 선정되지 않으며, 여섯 번째 조건에 따라 C 마을이 선정된다. 두 번째 조건에 따라 E 마을은 선정되지 않는다. F 마을과 D 마을의 선정 여부는 알 수 없으므로 선정여부가 확실한 마을은 A, B, C, E, G 다섯 개 마을이다.

22 ④

해설 어머니와 결혼이민자 대상 다문화가정 사회적응 프로그램과 이민·다문화가정 아동·청소년 대상 다문화가정 사회적응 프로그램을 신청할 수 있으며 아버지는 장애인 스포츠 강좌를 신청할 수 있다.

오답 ① A가 신청할 수 있는 프로그램은 취업준비 프로그램과 심리상담 및 쿠킹클래스 프로그램이다.
② B는 경력 단절 여성 취업 캠프를 신청할 수 있으며, 72세 노모를 위한 프로그램을 신청할 경우 스마트폰·키오스크 학습 프로그램, 금융사기예방센터, 치매예방 운동교실을 신청할 수 있다.
③ C는 주말 초등돌봄 프로그램, 금연 클리닉 프로그램을 신청할 수 있다.
⑤ E가 신청할 수 있는 프로그램이 없다.

23 ②

해설 ㉠ 甲은 丙이 승진하지 못했다고 발언하며, 丙은 甲이 승진하지 못했다고 발언하였으므로 서로 모순된다. 甲이 참일 경우 丙은 거짓을 말하고 있다. 그러므로, 甲은 승진을 했고 丙은 승진을 하지 못했다. 이 경우, 甲이 승진하지 못했다는 丁의 발언도 거짓이며 丁의 발언에 따라 戊의 발언도 거짓이다. 이상 거짓을 말하는 사람이 세 명 이상으로 모순이 된다.
㉡ 甲이 거짓일 경우 丙은 참을 말하고 있으며 丙은 승진을 했고 甲은 승진을 하지 못했다. 이 경우, 甲이 승진하지 못했다고 발언한 丁의 발언은 참이며 丁이 승진하지 못했다고 발언한 戊의 발언도 참이다. 그러므로, 乙의 발언은 거짓이다. 따라서 甲과 乙의 발언은 거짓이며 乙과 丙은 승진을 했다.

24 ④

해설 2019년은 92.5%, 2020년은 87.4% 2021년은 91.8% 2022년은 94.4%, 2023년은 94.5%로 손해율이 가장 컸던 해는 2023년이다.

오답 ① 2022년 손해보험 경과보험료는 전년 대비 감소하였다.
② 2020년의 생명보험 손해율은 87.4%로 90%를 넘지 않는다.
③ 약 1.5배다.
⑤ 손해율이 가장 컸던 해는 2019년(115.2%), 적었던 해는 2021년(93.5%)으로 20을 넘는다.

25 ③

해설 합격하기 위한 최소 문항을 x라고 했을 때,
$4x - 2(30 - x) \geq 70 \; = x \geq 21.7$
따라서 합격하기 위한 최소문항은 22문항이다.

26 ③

해설 지원자들의 종합 평점은 다음과 같다.

초과 근무 시간	편차	편차2	도수(명)
12	-6	36	2
14	-4	16	1
16	-2	4	4
18	0	0	3
20	2	4	4

분산 $= \dfrac{(편차)^2 \times (도수)의 \, 총합}{(도수)의 \, 총합}$ 이므로

$= \dfrac{36 \times 2 + 16 \times 1 + 4 \times 4 + 0 \times 3 + 4 \times 4}{15}$

$= 8$

27 ①

해설 팀원들의 최종 점수는 다음과 같다.

구분	업무성과	업무역량	조직역량	구성원 평가	최종 점수
한**	28	21	16	9	74
정**	24	21	18	9	72
유**	32	27	14	7	80
강**	36	24	12	8	80
엄**	28	24	14	8	74

이때 한**, 엄**의 최종 점수 및 업무역량 점수가 동일하므로 당해 해외 출장 경험을 기준으로 하여 한**가 팀 내 최고점자가 된다.

28 ②

해설 ㉠ 평균값

(전체 관찰값의 합) ÷ (전체 관찰값의 수)

= (74+72+80+80+74) ÷ 5

= 76

㉡ 표준편차

$$분산 = \frac{(편차)^2 \times (도수)의 \, 총합}{(도수)의 \, 총합}, \quad 표준편차 = \sqrt{분산}$$

$$= \frac{4 \times 1 + 16 \times 1 + 16 \times 1 + 16 \times 1 + 4 \times 1}{5}$$

= 11.2

$$= \sqrt{11.2}$$

29 ①

해설 A국 15세 이상 인구는 26,340명으로 A국 실업자 수(421명)의 약 1.6%다.

30 ④

해설 경제활동 참가자 = 26,502(명)으로, 경제활동참가율은 51.7(%)이 된다. 따라서 전체 인구 실업률은 3.4(%)이므로, 전체 인구의 경제활동참가율은 전체 인구 실업률의 약 15배이다.

1	2	3	4	5	6	7	8	9	10
③	⑤	①	⑤	③	④	②	④	②	①
11	12	13	14	15	16	17	18	19	20
⑤	①	⑤	②	④	②	①	①	③	②
21	22	23	24	25	26	27	28	29	30
②	③	④	③	④	①	②	①	④	①

1 ③

해설 IF(조건, 인수1, 인수2) 함수는 해당 조건이 참이면 인수1을, 거짓이면 인수2를 실행하게 하는 함수이다. 따라서 A1 셀이 0 이상(크거나 같음)이면 "양"을, 그렇지 않으면 "음"을 표시한다.

2 ⑤

해설 OFFSET(기준위치, 행의 이동 값, 열의 이동 값)을 의미한다. 행의 이동 값이 양수이면 하단으로 이동하고, 열의 이동 값이 양수인 경우에는 오른쪽으로 이동한다. 행의 이동 값이 2이므로 하단으로 2칸 이동하고, 열의 이동 값이 1이므로 왼쪽으로 한 칸 이동하여 '부장'에 해당한다.

3 ①

오답 ② 갑, 을, 병, 정.. 등의 순서로 B1과 다른 데이터가 나온다.
③ 월, 화, 수, 목.. 등의 순서로 C1과 다른 데이터가 나온다.
④ 자, 축, 인, 묘.. 등의 순서로 D1과 다른 데이터가 나온다.
⑤ 1, 2, 3, 4, 5... 등의 순서로 E1과 다른 데이터가 나온다.

4 ⑤

해설 C2의 1번째 문자가 M이라면 '남'이고 M이 아니라면 '여'라는 의미의 수식이다.

5 ③

해설 식이나 식 자체의 값이 오류인 경우에 value_if_error를 반환한다.

6 ④

해설 $는 위치를 고정하는 것으로 =C$3*$B4으로 작성해야 모든 셀에 자동 채우기로 입력이 된다.

7 ②

[B2] 셀의 값이 [B2:B8]의 평균값보다 이상이 되는지를 구하는 필터 값에 해당한다.

8 ④

해설 수식이 자체 계산을 시도하거나 자체에 대한 참조를 포함할 때 순환 참조에 대한 오류 메시지가 표시된다.

오답 ① 수식이 유효하지 않은 셀을 참조하는 경우 나타나는 오류이다.
② 수식이나 함수에 잘못된 숫자 값이 포함된 경우 나타나는 오류이다.
③ 유출된 배열 수식의 유출 범위가 비어 있지 않은 경우 나타나는 오류이다.
⑤ A1+B1의 합계를 나타낸 것으로 옳지 않다.

9 ②

해설 VLOOKUP(조회하려는 항목, 찾고자 하는 위치, 반환할 값이 포함된 범위의 열 번호, 대략적 또는 정확히 일치 반환 – 1/TRUE 또는 0/FALSE로 표시)이다.

오답 ③ 표의 첫 행에 있는 값 또는 값의 배열을 검색한 다음 표나 배열에서 지정한 행으로부터 같은 열에 있는 값을 반환한다. 비교값이 데이터 표의 위쪽에 있을 때 지정한 행 수를 위에서 아래로 조사하려면 HLOOKUP을 사용한다. 비교값이 찾으려는 데이터의 왼쪽 열에 있으면 VLOOKUP을 사용한다.

10 ①

해설 조건부 서식의 규칙으로 넣어야 하는 것은 열의 번호를 나타내는 COLUMN(A$1)를 사용하고, 짝수 열에 색이 들어가야 하는 것으로 MOD(COLUMN(A$1),2)=0이 되어야 한다.

11 ⑤

오답 ① 결과값이 3이다.
② 결과값이 4이다.
③ 결과값이 1000이다.
④ 결과값이 200이다.

12 ①

해설 EOMONTH 함수는 지정된 달의 수 이전이나 이후 달의 일련번호를 반환한다. 새우과자 공장 출고일 [C2] 셀을 첫 번째에 넣고, 이후에는 시작날짜의 전이나 후의 개월 수를 나타낸다.

13 ⑤

해설 =IF(E3>75,"합격","불합격")으로 75점이 넘으면 합격, 아닌 경우 불합격으로 나오게 한 수식이다.

오답 ① 평균값을 구하는 수식이다.
② 데이터가 원하는 조건에 부합하는 지 조건의 개수를 세어주는 수식이다.
③ 소수점을 삭제하기 위한 수식이다.
④ 주어진 조건에 의해 지정된 셀의 합을 구하는 수식이다.

14 ②

해설 REPLACE 함수를 사용하여 변경하고자 하는 셀을 선택하고, 바꿀 데이터가 몇 번째에 위치하고 있는지 시작 위치로 '2'를 작성한다. 세 번째에서부터 두 개의 문자를 바꿀 것이므로 '2'를 등록하고 대신할 문자 **를 작성한다.

15 ④

해설 셀에 한글과 특수기호가 작성되어 있기 때문에 결과로 0이 나온다.

오답 ① 수식의 오타가 있기 때문에 나타난다.
② 일반적으로 수식이 검색하도록 요청받은 항목을 찾을 수 없음을 나타낸다.
③ 숫자 0으로 숫자를 나누면 표시된다.
⑤ 필요한 리소스에 액세스할 수 없는 경우 나타난다.

16 ②

해설 우박을 의미한다. 인삼(작물)은 우박 피해를 보장한다.

오답 ① 조수해 피해 보장은 명시되어 있지 않다.
③ 제3항에서 보험의 목적 중에 인삼은 잔존물 제거비용은 지급되지 않는다고 적혀있다.
④ 제4항에 제3호에서 시비관리(수확량 또는 품질을 높이기 위해 비료성분을 토양 중에 공급하는 것)를 하지 않아 발생한 손해를 보상하지 않는다고 적혀있다.
⑤ 보험금 청구서, 신분증, 기타 회사에서 요구하는 증거자료를 제출해야 한다.

17 ①

해설 선택계약(특약)에 가입한 경우 보장된다.

오답 ② 기본계약 자동차사고부상치료비에 해당한다.
③ 보장기간 동안 납입하는 전기납이 가능하다.
④ 제4항 제2호에서 확인할 수 있다.
⑤ 제5항에서 확인할 수 있다.

18 ①

오답 ② 가금(닭, 오리, 꿩 등)은 가입대상에 포함되지 않는다.
③ 냉해는 포함되지 않는다.
④ 풍·수재, 설해·지진이 최저 50만 원의 자기부담금에 해당한다. 화재는 손해액에 따라 다르다.
⑤ 신규 가입일에서부터 1개월 이내에 발생한 TGE, PED, Rota virus에 의한 손해는 보상하지 않는다.

19 ③

오답 ① FSB는 NBFI 복원력 강화를 위한 포괄적인 작업을 진행하고 있다.
② 유동성불균형의 축적요인 및 확산경로는 3가지로 식별할 수 있다.
④ 레버리지를 감축하는 것이다.
⑤ 직접거래를 확대한다.

20 ②

해설 신흥시장국의 대외채무와 함께 대외자금조달의 특징을 설명하고 있다.

21 ②

해설 $xyz = 2450 = 2 \times 5^2 \times 7^2$에서(소인수분해), 세 사람의 나이로 가능한 숫자는 2, 5, 7, 10, 14, 25, 35이다. 이 중 세 수의 합이 46인 조합은 (7, 14, 25)만 가능하고, 이때 최고령자의 나이는 25세이다.

22 ③

해설 순서를 고려하지 않고 3명을 뽑으므로

$$_5C_3 = \frac{5!}{3! \times (5-3)!} = \frac{5 \times 4 \times 3 \times 2 \times 1}{3 \times 2 \times 1 \times 2 \times 1} = 10(\text{가지})$$

23 ④

해설 신입직원 4명이 회의실 A와 회의실 B에 들어가게 되는 2명의 인원을 선택하는 것은 $_4C_2 = 6$이다.

24 ③

해설 5개의 숫자에서 숫자 '1' 2개, 숫자 '2' 2개, 숫자 '3' 1개가 있다.

$$\frac{5!}{2!2!1!} = \frac{5 \times 4 \times 3 \times 2 \times 1}{2 \times 2 \times 1} = 30$$

5개의 숫자를 일렬로 나열하는 순열의 수는 30가지이다.

25 ④

해설 주어진 표는 100g(5봉)에 대한 정보이므로 10봉을 섭취해야 1일 영양소 기준치 이상의 포화지방을 섭취하게 된다.

오답 ① 1회 제공량(1봉)은 20g이므로 탄수화물의 함량은 30/5 = 6g이다.
② K사 아몬드초콜릿 100g에서 지방이 제공하는 열량은 45g × 9kcal/g = 405kcal이다. 총 605kcal 중 지방이 제공하는 열량의 비율은 $\frac{405}{605} \times 100 ≒ 66.9\%$이다.
③ 1봉당 지방의 '% 영양소 기준치'는 18%이므로 100% 이상 섭취하려면 6봉 이상 섭취해야 한다.
⑤ 100g당 열량은 '605kcal'로 제시되어 있다.

26 ①

해설 $\dfrac{\text{회사원 수}}{\text{전체 창업지원금 신청자}}\times 100$

- 2019년 : $\dfrac{357}{790}\times 100 = 45.19\%$
- 2020년 : $\dfrac{297}{802}\times 100 = 37.03\%$
- 2021년 : $\dfrac{481}{1,166}\times 100 = 41.25\%$
- 2022년 : $\dfrac{567}{1,460}\times 100 = 38.84\%$

27 ②

오답 ① 사업자 수가 제일 많은 것은 총 합계가 68,141인 치과이다.
③ 연도별로 사업자 수가 줄고 있는 것은 산부인과이다.
④ 치과 다음으로 사업자 수가 증가한 것은 내과 · 소아과이다.
⑤ 성형외과가 2021년에 사업자 수가 가장 적다.

28 ①

해설 2학년 오후 돌봄교실 학생비율은 37.2%이다.

구분	학년	1	2	3	4	5	6	합계
오후 돌봄교실	학생 수(명)	124,000	91,166	16,421	7,708	3,399	2,609	245,303
	비율(%)	50.5	37.2	6.7	3.1	1.4	1.1	100.0
저녁 돌봄교실	학생 수(명)	5,215	3,355	772	471	223	202	10,238
	비율(%)	50.9	32.8	7.5	4.6	2.2	2.0	100.0

오답 ② 학년이 올라갈수록 학생 수는 전체적으로 감소하고 있다.
③ 오후 돌봄교실을 이용하는 전체 학생 수 245,303명 저녁 돌봄교실 전체 학생 수가 10,238명이다.
④ 3학년 오후 돌봄교실 학생 수 비율은 6.7%이고 저녁 돌봄교실은 7.5%로 저녁 돌봄교실 비율이 더 높다.
⑤ 1학년 저녁 돌봄교실 학생비율은 50.9%이다.

29 ④

해설 총매출액 35,801,000원으로 백금례 사원의 매출액이 가장 크다.

30 ①

해설 세 사람은 모두 각기 다른 동에 사무실이 있으며, 어제 갔던 식당도 서로 겹치지 않는다.
- 세 번째 조건 후단에서 갑동이와 을순이는 어제 11동 식당에 가지 않았다고 하였으므로, 어제 11동 식당에 간 것은 병호이다. 따라서 병호는 12동에 근무하며 11동 식당에 갔었다.
- 네 번째 조건에 따라 을순이는 11동에 근무하므로, 남은 갑동이는 10동에 근무한다.
- 두 번째 조건 전단에 따라 을순이가 10동 식당에, 갑동이가 12동 식당을 간 것이 된다.
따라서 을순이는 11동에 사무실이 있으며, 어제 갔던 식당은 10동에 위치해 있다.

2022년 01월 16일 기출복원문제

1	2	3	4	5	6	7	8	9	10
④	①	②	②	⑤	②	③	④	①	②
11	12	13	14	15	16	17	18	19	20
④	③	②	④	①	①	①	⑤	③	③
21	22	23	24	25	26	27	28	29	30
③	⑤	⑤	④	⑤	③	①	④	①	④
31	32	33	34	35	36	37	38	39	40
⑤	④	⑤	③	③	③	③	④	⑤	④
41	42	43	44	45	46	47	48	49	50
④	⑤	⑤	⑤	③	③	①	⑤	④	①

1 ④

해설 '5. 보험금을 지급하지 않는 사유'에 의하면 구조 목적으로 이용하는 중에 발생한 손해에 대한 배상책임으로는 지급하지 않는다고 명시되어있다.

오답 ① '7. 보험금 등의 지급한도'에 의해 실손해액이 2,000만 원 미만인 경우에는 2,000만 원을 수령받는다.
② '4. 보상한도액'에 라호에 의하면 대동물 피해 1사고당 자기부담금은 대인과 대동물 1사고당 각각 10만원이다. 대인과 대동물이 각각 1건 총 2건이 발생한 것이므로 자기부담금은 20만 원이 된다.
③ '5. 보험금을 지급하지 않는 사유' 나호에 의하면 고의가 아니라면 동물보호법을 위반하더라도 보상을 한다고 적혀있다.
⑤ 〈부표〉 보험금을 지급할 때의 적립이율에 의하면 31일 이후부터 가산이율이 적립된다.

2 ①

해설 제시문은 저출산, 고령사회로의 급속한 진행과 지역인구 유출 등으로 인해 소멸위험지역의 증가를 언급하면서 고향사랑기부제 도입 배경에 대해 이야기하고 있다.

3 ②

해설 생산자물가 상승률은 3월이 제일 높지만 소비자물가 상승률이 제일 큰 지점은 4월이다.

오답 ① 소비자물가 상승률 평균은 2.14%이고 생산자물가 상승률 평균은 5.75%로 생산자물가 상승률 평균이 더 높다.
③ 소비자물가는 7월과 8월은 2.6%으로 동일하고 생산자물가도 7.4%로 동일하다.
④ 2월 2.1%에서 3월 4.1%로 2.0% 상승률로 제일 크게 상승했다.
⑤ 1월부터 4월까지 생산자물가의 상승폭이 1.2%, 2%, 1.9%이고, 소비자물가 상승폭은 0.5%, 0.4%, 0.8%로 생산자물가 상승폭이 더 높다.

4 ②

해설 2021년 생산액 상위 3개국은 중국, 인도, 미국이다. 상위 3개국 GDP 합은 34,637로 전세계 GDP는 80,737으로 50% 이상은 되지 않는다.

오답 ① 농림어업 생산액 상위 5개국 중에서 브라질만이 2017년 대비해서 2021년에 농림어업 생산액이 감소했다.
② 2021년에 'GDP대비비율'이 증가한 국가는 브라질, 러시아, 이란, 멕시코, 호주, 스페인이다. GDP는 2017년 대비 감소하였다.
④ 2017년 대비해서 2021년 농림어업 생산이 생산한 국가는 중국, 인도, 미국, 인도네시아, 파키스탄, 멕시코, 호주, 수단, 아르헨티나, 베트남, 스페인이다. 이 국가 중에서 GDP대비비율이 제일 높은 국가는 수단이다.
⑤ 2017년 대비 2021년에 GDP가 상승한 국가는 중국, 인도, 미국, 인도네시아, 파키스탄, 태국, 수단, 아르헨티나, 베트남이 있다. 이중에서 GDP대비비율이 제일 낮은 국가는 미국이다.

5 ⑤

해설 작물별 수급계획을 확정하고 시행하는 것은 농림축산식품부이다.

오답 ① 일본에서 외래품종인 고시히카리는 지속적으로 축소할 계획이다.
② 기사에서 확인하면 선풍콩과 대찬콩은 기계화 작업이 적합하고 수확에 용이해서 공급을 확대할 예정이다.
③ 팥의 수급은 2022년과 2023년이 동일하게 50톤이다.
④ 종자공급 계획에 따라 다수확품종 공급량은 2023년에 15.9% 수준으로 축소할 계획이다.

6 ②

해설 제13조에 따라서 기반시설 지원 대상은 바닥면적 합계가 1천 제곱미터 이상이거나 부지면적 합계가 5천 제곱미터 이상인 시설이다.

오답 ① 제12조에 따라서 국가와 지방자치단체가 1항에서부터 5항까지의 보전계획을 수립하고 시행한다.
③ 제12조2에 포함되지 않는 정보이다.
④ 제12조2에 따라서 3항, 10항, 11항 등에 따르면 축산물과 관련된 정보도 포함된다.
⑤ 제16조에 따라서 중앙행정기관의 장 및 지방자치단체의 장이 한다.

7 ③

해설 교육내용에 대한 정보는 제공하지 않는다.

오답 ① 농어촌주민의 소득 증대를 위한 사업인 것을 알 수 있다.
② 소화기, 피난구유도등, 난방기 등의 시설 기준이 있다.
④ 농어촌지역 및 준농어촌지역 주민이거나 본인이 직접 거주하는 주택에 한하여 농어촌민박 사업이 가능하다.
⑤ 본인이 거주하는 연면적 230제곱미터 미만의 단독주택이다.

8 ④

해설 제4항 대상농지 ②호에 따라, 상속받은 농지는 피상속인의 보유기간도 포함되므로 보유기간이 10년이 된다. 하지만 ②호의 요건은 2020년 1월 1일 이후 신규 취득한 농지에서부터 적용된다고 명시되어 있다.

오답 ① 설정기간동안 연금을 받는 기간정액형은 최소 만68세 이상이 되어야 15년형부터 가입이 가능하다.
② 연속적이지 않더라도 합산 5년 이상 되어야 한다.
③ 압류 · 가압류 · 가처분 등의 목적물인 농지는 가입대상농지에서 벗어나기 때문에 가입이 어렵다.
④ 고정금리로 가입한 경우 금리 재산정은 불가하다.

9 ①

해설 배경지식이 전혀 없던 상태에서는 X선 사진을 관찰하여도 알 수 있는 것이 없었지만, 이론과 실습 등을 통하여 배경지식을 갖추고 난 후에는 X선 사진을 관찰하여 생리적 변화, 만성 질환의 병리적 변화, 급성 질환의 증세 등의 현상을 알게 되었다는 것을 보면 관찰은 배경지식에 의존한다고 할 수 있다.

10 ②

해설 학생의 1년 초과 응답자수는 611명 중에 27.5%로 약 168명이고 전업주부는 506명 중에 36.4%로 약 184명이므로 전업주부가 더 높다.

오답 ① 남성은 1년 이하 응답비율은 42.5%이고 여성은 35.5%이므로 1년 이하로 비밀번호를 변경주기인 성별은 남성이 더 많다.
③ 20대는 18.2% 40대는 16.5%로 20대의 6개월 이하 비밀번호 변경주기 비율이 더 높다.
④ '변경하였음'과 '변경하지 않았음' 비율로 확인하면 전문직 0.5%, 사무직 0.6%, 판매직 0.3%, 기타 0.4%에서 무응답자가 있는 것을 확인할 수 있다. 전체 대상자수에서 응답률로 계산하면 전문직 3명, 사무직 7명, 판매직과 기타에서 각각 1명씩 나온 것을 예측할 수 있다.
⑤ '변경하였음'과 '변경하지 않았음' 비율로 확인하면 20대 이하 연령은 무응답자가 없다.

11 ④

해설 완제품에서 검출되었고 원료에서 잠정관리기준 이하로 검출되었다. N-니트로소디메틸아민는 제조공정에서 생기는 비의도적 생성물질로 원료에서 N-니트로소디메틸아민 위험이 있다는 추론은 옳지 않다.

12 ③

해설 일정량의 제품 생산을 투입되는 자본과 노동의 함수로 설명하는 것은 경제를 기계로 인식하는 고전학파 경제학자들의 주장이며, 이것은 주어진 글에서 제시한 포철의 종합제철소 건설의 예처럼 기업가의 위험 부담 의지나 위기를 기회로 만드는 창의적 역할 등 기업 활동 결과의 변수로 작용하는 기업가 정신을 고려하지 않은 것이었다.

오답 ① 애덤 스미스는 '자기 이득'을 그 원리로 찾아내었다고 설명하고 있다.
② 고전학파 경제학자들은 애덤 스미스의 이론을 따랐으며, '경제를 기계로 파악한 애덤 스미스의 후학'이라는 언급을 통해 알 수 있는 내용이다.
④ 자본 및 노동 투입량 외에 '인적 요인'이 있어야 한다.
⑤ 포철의 종합제철소 건설은 경제를 기계로 보았던 고전학파 경제학자들의 관점을 뛰어넘은 결과였다.

13 ②

해설　최 대리와 윤 사원은 바이어 일행 체류 일정을 수립하는 업무를 담당하게 되었으며, 이것은 적절한 계획 수립을 통하여 일정이나 상황에 맞는 인원을 배치하는 일이 될 것이므로, 모든 일정에 담당자가 동반하여야 한다고 판단할 수는 없다.

오답　① 3/4분기 매출 부진 원인 분석 보고서 작성은 오 과장이 담당한다. 따라서 오 과장은 매출과 비용 집행 관련 자료를 회계팀으로부터 입수하여 분석할 것으로 판단할 수 있다.
　　　③ 최 대리와 윤 사원은 바이어 일행의 체류 일정에 대한 업무를 담당하여야 하므로 총무팀에 차량 배차를 의뢰하게 된다.
　　　④ 민 과장과 서 사원은 등반대회 진행을 담당하게 되었으므로 배정된 예산을 수령하기 위하여 회계팀, 회사에서 지원하는 물품을 수령하기 위하여 총무팀의 업무 협조를 의뢰하게 될 것으로 판단할 수 있다.
　　　⑤ 본부장과 팀장의 변경된 항공 일정 예약은 최 대리 담당이므로 항공편 예약을 주관하는 총무팀과 업무 협조가 이루어질 것으로 판단할 수 있다. (참조) 일반적으로 출장 관련 항공편 예약 업무는 대부분 기업체의 총무팀, 총무부 등의 조직 소관 업무이다.

14 ④

해설　결원이 생겼을 때에는 그대로 추가 선발 없이 채용을 마감할 수 있으며, 추가합격자를 선발할 경우 반드시 차순위자를 선발하여야 한다.

오답　① 모든 응시자는 1인 1개 분야만 지원할 수 있다.
　　　② 입사지원서 작성 내용과 다르게 된 결과이므로 취소 처분이 가능하다.
　　　③ 지원자가 채용예정인원 수와 같거나 미달하더라도 적격자가 없는 경우 선발하지 않을 수 있다.
　　　⑤ 장애인 또는 경력자의 경우 성적순위에도 불구하고 우선 임용될 수 있다.

15 ①

해설　ⓒ 카드의 월간 사용한도액이 회원 본인의 책임한도액이 되는 것은 아니므로 부정사용액 중 월간 사용한도액의 범위 내에서만 회원의 책임이 있는 것은 아니다.
　　　ⓔ 신용카드 가맹점이 신용카드의 부정사용 여부를 확인하지 않은 경우에는 그 과실의 정도에 따라 회원의 책임을 감면해 주는 것이지, 회원의 모든 책임이 면제되는 것은 아니다.

16 ①

해설　주어진 조건을 잘 풀어보면 민수는 A기업에 다닌다, 영어를 잘하면 업무 능력이 뛰어나다, 업무 능력이 뛰어나지 못하면 영어를 못한다, 영어를 못하는 사람은 A기업에 다니지 않는다, A기업 사람은 영어를 잘한다. 전체적으로 연결시켜 보면 '민수 → A기업에 다닌다. → 영어를 잘한다. → 업무 능력이 뛰어나다.' 이므로 '민수는 업무 능력이 뛰어나다.'는 결론을 도출할 수 있다.

17 ①

> 해설   ㉠과 ㉢에 의해 A − D − C 순서이다.
> ㉣에 의해 나머지는 모두 C 뒤에 들어왔다는 것을 알 수 있다.
> ㉡과 ㉤에 의해 B − E − F 순서이다.
> 따라서 'A − D − C − B − E − F' 순서가 된다.

18 ⑤

> 해설   오름차순으로 정리되어 있으므로 마지막 숫자가 8이다. 따라서 앞의 세 개의 숫자는 1 ∼ 7까지의 숫자들이며, 이를 더해 12가 나와야 한다. 8을 제외한 세 개의 숫자가 4이하의 숫자만으로 구성되어 있다면 12가 나올 수 없으므로 5, 6, 7 중 하나 이상의 숫자는 반드시 사용되어야 한다. 또한 짝수와 홀수가 각각 2개씩이어야 한다.
> ㉠ 세 번째 숫자가 7일 경우
>   앞 두 개의 숫자의 합은 5가 되어야 하므로 1, 4 또는 2, 3이 가능하여 1478, 2378의 비밀번호가 가능하다.
> ㉡ 세 번째 숫자가 6일 경우
>   앞 두 개의 숫자는 모두 홀수이면서 합이 6이 되어야 하므로 1, 5가 가능하나, 이 경우 1568의 네 자리는 짝수가 연이은 자릿수에 쓰였으므로 비밀번호 생성이 불가능하다.
> ㉢ 세 번째 숫자가 5일 경우
>   앞 두 개의 숫자의 합은 7이어야 하며 홀수와 짝수가 한 개씩 이어야 한다. 따라서 3458이 가능하다.
> ∴ 결국 가능한 비밀번호는 1478, 2378, 3458의 세 가지가 되어 이 비밀번호에 쓰일 수 없는 숫자는 6이 되는 것을 알 수 있다.

19 ③

> 해설   A와 C 단체 중 적어도 한 단체가 최종 후보가 되지 못한다면, 대신 B와 E 중 적어도 한 단체는 최종 후보가 된다. 이미 지원받은 B단체와 부가가치 창출이 저조한 E단체는 후보가 될 수 없다. 후보는 A와 C가 된다. 올림픽 관련단체가 우선이므로 C단체이다.

> 오답   ① A 단체는 자유무역협정을 체결한 필리핀에 드라마 콘텐츠를 수출하고 있지만 올림픽과 관련된 사업은 하지 않는다. 최종 선정 시 올림픽 관련 단체를 엔터테인먼트 사업 단체보다 우선하므로 B, C와 같이 최종 후보가 된다면 A는 선정될 수 없다.
> ② 올림픽의 개막식 행사를 주관하는 모든 단체는 이미 보건복지부로부터 지원을 받고 있다. B 단체는 올림픽의 개막식 행사를 주관하는 단체이다. → B 단체는 선정될 수 없다.
> ④ D가 최종 후보가 된다면, 한국과 자유무역협정을 체결한 국가와 교역을 하는 단체는 모두 최종 후보가 될 수 없다. D가 최종 후보가 되면 A가 될 수 없고 A가 된다면 D는 될 수 없다.
> ⑤ 후보 단체들 중 가장 적은 부가가치를 창출한 단체는 최종 후보가 될 수 없고, 한국 음식문화 보급과 관련된 단체의 부가가치 창출이 가장 저조하였다. E 단체는 오랫동안 한국 음식문화를 세계에 보급해 온 단체이다. → E 단체는 선정될 수 없다.

20 ③

인천에서 모스크바까지 8시간이 걸리고, 6시간이 인천이 더 빠르므로

09 : 00시 출발 비행기를 타면 $9+(8-6)=11$시 도착

19 : 00시 출발 비행기를 타면 $19+(8-6)=21$시 도착

02 : 00시 출발 비행기를 타면 $2+(8-6)=4$시 도착

21 ③

먼저 표를 완성하여 보면,

면접관＼응시자	갑	을	병	정	범위
A	7	8	8	6	2
B	4	6	8	10	(6)
C	5	9	8	8	(4)
D	6	10	9	7	4
E	9	7	6	5	4
중앙값	(6)	(8)	8	(7)	—
교정점수	(6)	8	(8)	7	—

㉠ 면접관 중 범위가 가장 큰 면접관은 범위가 6인 'B'가 맞다.

㉡ 응시자 중 중앙값이 가장 작은 응시자는 6인 '갑'이다.

㉢ 교정점수는 '병'이 8, '갑'이 6이므로 '병'이 크다.

22 ⑤

미곡과 맥류의 재배면적의 합은 2,081이고, 곡물 재배면적 전체는 2,714이므로 $\frac{2,081}{2,714} \times 100 = 76.6\%$이다.

① 두류의 증감 방향 : 증가 → 증가 → 증가

미곡의 증감 방향 : 감소 → 증가 → 증가

② 1962년, 1963년, 1964년은 서류의 생산량이 더 많다.

③ 1964년의 경우 $\frac{208}{138} = 1.5$배이다.

④ 재배면적당 생산량을 계산해보면 두류 4, 맥류 7.5, 미곡 15.9, 서류 18.9, 잡곡 3.7로 가장 큰 곡물은 서류이다.

23 ⑤

2011년 농가교역조건지수 : $\frac{92.5}{81.8} \times 100 = 113.08068 \cdots \%$

2020년 농가교역조건지수 : $\frac{111.3}{108.4} \times 100 = 102.67527 \cdots \%$

$113.1 - 102.7 ≒ 10.4\%p$

∴ 지난 10년간 농가교역조건지수는 약 10.4%p 하락하였다.

24 ⑤

해설 올해 총 연봉은 A팀이 10억 원, E팀이 16억 원으로 E팀이 더 많다.

오답 ① 팀 선수 평균 연봉 $= \dfrac{\text{총 연봉}}{\text{선수 인원수}}$

A : $\dfrac{15}{5}=3$, B : $\dfrac{25}{10}=2.5$, C : $\dfrac{24}{8}=3$, D : $\dfrac{30}{6}=5$, E : $\dfrac{24}{6}=4$

② C팀 작년 선수 인원수 $\dfrac{8}{1.333}=6$명, 올해 선수 인원수 8명

D팀 작년 선수 인원수 $\dfrac{6}{1.5}=4$명, 올해 선수 인원수 6명

C, D팀은 모두 전년 대비 2명씩 증가하였다.

③ A팀의 올해 총 연봉은 $\dfrac{15}{1.5}=10$억 원, 작년 선수 인원수는 $\dfrac{5}{1.25}=4$명

작년 팀 선수 평균 연봉은 $\dfrac{10}{4}=2.5$억 원, 올해 팀 선수 평균 연봉은 3억 원

④ 작년 선수 인원수를 구해보면 A−4명, B−5명, C−6명, D−4명, E−5명
전년 대비 증가한 선수 인원수는 A−1명, B−5명, C−2명, D−2명, E−1명
올해 총 연봉을 구해보면 A−10억, B−10억, C−20억, D−25억, E−16억
전년 대비 증가한 총 연봉은 A−5억, B−15억, C−4억, D−5억, E−8억

25 ⑤

해설 2021년 자산 대비 대출 비중은 신용협동조합이 상업은행보다 9.2%p 높다.

26 ③

해설 조건부서식 창 안에 '다음 값의 사이에 있음', 30, 40이라고 되어있는 것은 30 이상 40 이하의 셀 값에 대해서만 지정된 서식인 '굵게, 취소선'을 지정한다는 의미이다.

27 ①

해설 ㉠ '=MID(B4, 8, 1)'은 주민등록번호에서 8번째에 있는 1개의 문자를 추출하는 수식이다.
㉡ OR함수는 두 가지 중 한 가지 조건이라도 '참'이면 결과 값이 '참'이며, AND함수는 모든 조건이 '참'이어야 출력 값이 '참'이므로 ㉡의 결과 값은 '합격'으로 출력된다.

28 ④

해설 스프레드시트에서 셀에 데이터를 입력하고 '셀 복사'를 선택한 후에 채우기 핸들을 드래그하면 동일하게 복사되므로 [B6], [C6], [D6]은 모두 동일하게 '2'가 된다.

29 ①

해설 인터넷 옵션의 일반 설정 중 목록 지우기를 선택하면 최근 열어본 페이지의 목록이 지워지며 글꼴에서는 브라우저에서 사용되는 글꼴에 대한 설정을 할 수 있다.

30 ④

해당 병증을 앓고 있는 환자들의 수면 장애와 관련한 통계를 분석하여 그 원인에 대한 일반화된 정보를 추출하였고, 그에 의해 초기 진단 시점부터 감각신경, 운동신경 검사를 받아야 한다는 결론까지 도출하게 되었다.

31 ⑤

차트는 '가로 막대형'이며, 부서명은 '오름차순', 순위 [E4]셀 함수식은 '=RANK(D4,$D$4:$D$8,0)'이므로 ㉠㉡㉢ 모두 맞다.

32 ④

A, B, C 부서에 10명(남자 6명, 여자 4명)의 신임외교관을 배치하고자 하는데, 각 부서에 적어도 한 명의 신임 외교관을 배치한다. 또한 각 부서에 배치되는 신임 외교관의 수는 각기 다르다. 또한, 신임 외교관의 수는 A가 가장 적고, C가 가장 많다. 이를 바탕으로 경우의 수는 총 4가지가 나올 수 있다.

A	B	C
1	2	7
1	3	6
1	4	5
2	3	5

이어서, 여자 신임 외교관만 배치되는 부서가 없다는 조건이 있으므로 여자 외교관이 배치되면 남자 외교관이 최소 1명이라도 함께 배치되어야 한다. 따라서 A는 배제된다. 마지막 조건에서는 B에는 새로 배치되는 여자 신임 외교관의 수가 새로 배치되는 남자 신임 외교관의 수보다 많아야 한다. 이 조건을 충족시키는 경우의 수는 2가지가 나온다.

B	남	여	비고
2	1	1	조건위배
3	1	2	조건충족
4	1	3	조건충족
3(동일)	1	2	조건충족

따라서 B에는 1명의 신임 외교관이 배치된다.

① A에는 신임 외교관이 1~2명 배치된다
② B에는 신임 외교관이 2~4명이 배치된다.
③ C에는 신임 외교관이 5~7명이 배치된다.
⑤ C에는 5~7명의 신임 외교관이 배치되나 여자 신임 외교관에 대한 조건이 제시되지 않았으므로 2명인지 확인할 수 없다.

33 ⑤

㉠ 모든 지목의 보상 배율을 감정가 기준에서 실거래가 기준으로 변경하는 경우 아래와 같이 총보상비는 변경 전의 2배 이상이다.

보상 배율		차이
감정가 기준	실거래가 기준	
1.8	3.2	1.8배
1.8	3.0	1.7배
1.6	4.8	3배
2.5	6.1	2.4배
1.6	4.8	3배
1.6	4.8	3배
총 10.9	총 26.7	총 2.4배

㉡ 보상 배율을 감정가 기준에서 실거래가 기준으로 변경하는 경우, 보상비가 가장 많이 증가하는 지목은 대지이다. 보상비는 용지구입비(면적 × 면적당 지가 × 보상 배율) + 지장물 보상비(20%)이다. 대지는 면적 및 면적당 지가가 가장 클 뿐만 아니라 보상배율에 있어서도 가장 크므로 보상비가 가장 많이 증가한다.

㉣ 공장의 감정가 기준 보상비와 전의 실거래가 기준 보상비는 같다.

지목	면적	면적당 지가	보생배율 (감정가 기준)	용지구입비	지장물 보상비	보상비
공장	100	150	1.6	2,4000(83%)	4,800(17%)	28,800
전	50	150	3.2	24,000(83%)	4,800(17%)	28,800

㉢ 보상 배율이 실거래가 기준인 경우, 지목별 보상비에서 용지 구입비가 차지하는 비율은 임야와 창고가 같다.

지목	면적	면적당 지가	보생배율 (실거래가 기준)	용지구입비	지장물 보상비	보상비
임야	100	50	6.1	30,500(83%)	6,100(17%)	36,600
창고	50	100	4.8	24,000(83%)	4,800(17%)	28,800

34 ③

해설 ① 문단에 따르면 템포의 완급은 대단히 중요하며, 동일곡이라도 템포의 기준을 어떻게 잡아서 재현하느냐에 따라서 그 음악의 악상은 달라진다고 설명한다. 또한, 문화권에 따라 템포의 개념이 다를 수 있으나 완급을 바꾸어도 악상이 변하지 않음을 말하고 있지는 않다.

오답 ① ④문단에서는 "호흡의 문제는 모든 생리 현상에서부터 문화 현상에 이르기까지 우리의 의식 저변에 두루 퍼져있는 민족의 공통적 문화요소가 아닐 수 없다."고 함으로써 호흡의 사례를 들어 우리의 의식 저변에 두루 퍼져있는 민족의 문화요소임을 말하고 있다.

② ②문단과 ④문단에 따르면 서양의 템포 개념은 맥박, 곧 심장의 고동에 기준을 두고 있다. 즉, 서양 음악은 심장 박동수를 박자의 준거로 삼고 있는 것이다.

④ ⑤문단에서는 한국의 전통 음악이 서양 고전 음악에 비해서 비교적 속도가 느린 것이 분명함을 말하고 있다.

⑤ ③문단에서는 우리 음악의 박자는 숨을 한 번 내쉬고 들이마시는 동안을 하나의 시간 단위로 설정함을 말하고 있다.

35 ③

해설 "김 과장은 이번 주에 내부 미팅, 외부 미팅이 모두 예정되어 있다"는 일정은 회의내용 중 1. 개인 스케줄 및 업무 점검 항목에 김 과장은 내부(기획 관련 홍보팀 미팅)와 외부 디자이너 미팅 예정을 통해 알 수 있다.

오답 ① ○○기관은 외부 디자이너에게 브로슈어 표지 이미지 샘플을 요청하지 않고 최 사원과 이 사원이 브로슈어 표지 이미지 샘플을 조사한다.

② 디자인팀은 이번 주 금요일이 아니라 한 주 뒤 월요일인 3월 23일에 전시회 관람을 한다.

④ 이 사원은 2분기 사보 편집 작업과 함께 브로슈어 표지 이미지 샘플 조사를 해야 한다.

⑤ 브로슈어 표지 이미지 샘플 조사는 하단의 결정사항에 진행 일정이 명시되어 있으나 사보 편집 작업은 일정이 기재되어 있지 않다.

36 ③

해설 ③ 문단에서는 온혈동물의 배설물을 통해서 다수의 세균이 방출되고, 총대장균군에 포함된 세균 수는 병원에의 수에 비례한다고 설명하고 있으므로 바르게 이해하였다.

오답 ① ② 문단에서는 비병원성 세균을 지표생물로 이용하고 그 대표적 예로 대장균을 들고 있다. 그러나 '온혈동물의 분변에서 기원된 모든 균이 지표생물이 될 수 있는지'는 확인할 수 없다.

② ② 문단에서는 수질 정화과정에서 총대장균군이 병원체와 유사한 저항성을 보인다는 사실이 나타나 있다. 그러나 '총대장균군이 병원체보다 높은 생존율을 보이는지'는 확인할 수 없다.

④ ① 문단에서는 병원체를 직접 검출하는 것이 비싸고 시간이 많이 걸리며 숙달된 기술을 요구한다고 본다. 이어서 이를 해결하기 위해 지표생물을 검출하는 것임을 설명하고 있다. 따라서 '지표생물을 검출하는 것이 병원체 검출보다 숙달된 기술을 필요로 하는지'는 확인할 수 없다.

⑤ ③ 문단에서는 분변성 연쇄상구균은 장 밖에서는 증식하지 않아 시료에서 그 수를 일정하게 유지한다는 것을 확인할 수 있다.

37 ③

기업별 방문객의 수만 제시되어 있는 자료이므로 매출액과 관련된 자료를 알 수 있는 방법은 없다.

오답 ① 하단에 전체 합계와 주어진 기업별 방문객 수의 합이 일치하므로 전체 방문객 방문 현황을 알 수 있다.
② 전체 방문객을 기업의 수로 나누어 평균 방문객 수를 알 수 있다.
④ 전체 방문객이 가장 많은 기업을 확인하여 매년 동일한지 또는 어느 해에 어떻게 달라졌는지 등을 확인할 수 있다.
⑤ 평균 방문객 수와 해당 기업별 방문객 수를 통해 알 수 있다.

38 ④

해설 1인당 300만 원 이내로 지원되며 접수 기간은 수시접수로 자금 소진 시 마감되므로 D의 평가는 적절하지 않다.

오답 ① A는 연금보험료 지원사업의 공고문의 내용을 바르게 이해하였다.
② 지원대상은 저소득자(기준 중위소득 80% 이하인 자)로 2인 가구의 기준 중위소득 80%는 2,325,000원이다.
③ 제출 서류는 지원신청서, 개인정보 조회동의서, 약정서 등으로 안내되어 있다.
⑤ 상환조건은 연금수급 개시 월부터 5년 이내로 3년도 포함된다.

39 ⑤

해설 〈보기〉는 이차 프레임을 만드는 물체를 언급하고 있다. ① 문단의 "문, 창, 기둥, 거울 등 주로 사각형이나 원형의 형태를 갖는 물체를 이용"한다는 내용과 관련된다. 이는 원형의 형태를 갖는 물체가 이차 프레임을 형성한다는 의미를 나타낸다. 따라서 채 사원이 말한 "행인이 들고 있는 원형의 빈 액자 틀로 바뀌더라도 이차 프레임이 만들어진다"는 평가가 가장 적절하다.

오답 ① ② 문단에서는 이차 프레임이 대상에 깊이감과 입체감을 부여한다고 했으므로 김 사원의 평가는 적절하지 않다.
② ⑤ 문단에서는 이차 프레임을 만드는 문이나 창을 없애는 것이 아니라 막아버림(봉쇄함)으로써 인물이나 공간의 폐쇄성을 드러낸다고 하였다.
③ ② 문단에서는 화면 안의 인물이나 물체에 대한 시선 유도 기능이 있다고 설명하고 있으므로 박 사원의 평가는 적절하지 않다.
④ ④ 문단에서는 이차 프레임은 대상이 작더라도 존재감을 부각한다고 설명하고 있으므로 한 사원의 평가는 적절하지 않다.

40 ④

㉠의 이차 프레임의 범례에서 벗어나는 시도는 세 가지가 제시되어 있다. 첫째, 내부 이미지의 형체를 식별하게 어렵게 하는 것, 둘째, 이차 프레임인 창이나 문을 봉쇄해 버리는 것, 셋째, 이차 프레임 내의 대상이 이차 프레임의 경계를 넘거나 파괴하는 것이다. 이는 이차 프레임이 가진 기존의 기능에서 벗어난 사례가 아니라 ③ 문단에서 설명한 '이차 프레임이 주제나 내용을 드러내는 기능을 지닌다'는 사례에 해당한다.

① '팔과 다리는 틀을 빠져나와 있다'고 했다. 팔과 다리가 이차 프레임에 해당하는 직사각형 틀 밖으로 나온 것이므로, 이는 이차 프레임의 경계를 넘는 것에 해당한다.

② '문이나 창이 항상 닫혀 있는데, 이는 주인공의 폐쇄적인 내면을 상징한다'고 했다. 여기서 문이나 창이 항상 닫혀 있는 것은 이차 프레임인 문이나 창을 봉쇄해버리는 것에 해당한다.

③ "그 안은 실체가 불분명한 물체의 이미지"라고 했는데, ⑤ 문단은 이차 프레임 내부 이미지의 형체를 식별하기 어렵게 만들어 관객의 지각 행위를 방해한다고 설명하고 있다. 관객에게 혼란을 준다는 것은 관객의 지각을 방해하는 행위로 볼 수 있다.

⑤ "이차 프레임인 차창을 안개로 줄곧 뿌옇게 보이게 하여 외부 풍경을 보여 준다"고 했다. 이는 이차 프레임 내부 이미지의 형체를 식별하기 어렵게 만드는 것에 해당한다.

41 ④

'국민이 참여하는 혁신 제안 공모전'에는 공단 사업 혁신 또는 사업관련 동반성장 아이디어를 주제로 참여를 받는다. 이때, 두 명 이상이 제안할 경우 두 명 이름을 모두 명시한다.

① 공단 사업에 관심 있는 국민 누구나 참여할 수 있으므로 관련 경력 보유 여부 및 유관기관 근무 여부를 묻지 않는다.

② 최우수상은 100만 원이 포상이 주어지며 6월 초에 결정되고 발표 평가가 아닌 서면심사로 평가한다.

③ 타 공모전 입상이 판명될 경우 입상이 취소될 수 있으나 수상자는 홈페이지 게시판이 아닌 개별 연락한다.

⑤ 아이디어를 추진한 이전과 이후의 모습을 대비되게 작성한다.

42 ⑤

'국민이 참여하는 혁신 제안 공모전'의 작성요령 '5.' 에는 "국내외 논문 발표작은 제출 불가하다"고 명시되어 있다. 따라서 박사논문을 받은 주제로 제안할 경우에는 제안 분야를 검토하기보다는 제출가능 여부를 검토하여 제출이 불가능함을 답변해야 한다.

① 제안서는 A4 3페이지 이내로 작성하되 참고자료는 별첨으로 명시했으므로 적절히 답변하였다.

② 용량의 크기는 명시하지 않았고 용량을 작게 할 것으로 명시하였으므로 적절히 답변하였다.

③ 2명 이상이 제안서를 작성할 경우 이름은 모두 기재하되, 핸드폰 번호는 대표 제안자 한 명을 명시하면 되므로 적절히 답변하였다.

④ 제안서에는 아이디어 추진 이전과 이후의 모습이 대비되게 작성해야 한다고 명시하였으므로 적절히 답변하였다.

43 ⑤

⑤ 문단의 "이 시각은 경제 주체의 행동이 항상 합리적으로 이루어지는 것은 아니라는 관찰에 기초하고 있다. 예컨대 많은 사람이 자산 가격이 일정 기간 상승하면 앞으로도 계속 상승할 것이라 예상하고"를 통해 볼 때, ㄹ은 자산 가격이 상승하면 계속 상승할 것이라고 예상하는 사람들의 행동을 비합리적르로 본다. 따라서 ㄹ의 시각에서 본다면 〈보기〉의 각 경제 주체들이 낙관적인 투자 상황이 지속될 것이라고 예상한 것, 즉 가격이 계속 상승할 것이라고 예상하는 비합리적 행동을 했다는 점을 근거로 들어 그 경제 주체 모두를 비판하게 될 것이다. 이 과장이 가장 적절히 평가하였다.

① 최 팀장은 ㄱ이 위험을 감수하고 고위험채권에 투자한 정도와 고위 경영자들에게 성과급 형태로 보상을 지급한 정도가 비례했다는 점을 들어 은행의 고위 경영자들을 비판할 것이라고 본다. 이는 ㄷ의 내용에 해당하므로 적절하지 않은 평가다.

② 박 과장은 ㄴ이 부동산 가격 상승에 대한 기대 때문에 예금주들이 책임질 수 없을 정도로 빚을 늘려 은행이 위기에 빠진 점을 들어 예금주의 과도한 위험 추구 행태를 비판할 것이라고 본다. 이는 ㄹ의 시각이므로 적절하지 않은 평가다.

③ 김 대리는 ㄷ이 저축대부조합들이 주식회사로 전환한 점을 들어 고위험채권 투자를 감행한 결정이 궁극적으로 예금주의 이익을 더욱 증가시켰다고 은행을 옹호할 것이라고 본다. 이는 ㄴ의 시각에 가까우므로 적절하지 않은 평가다.

④ 홍 부장은 ㄷ이 저축대부조합이 정부의 규제 완화를 틈타 고위험채권에 투자하는 공격적인 경영을 한 점을 들어 저축대부조합들의 행태를 용인한 예금주들을 비판할 것이고 본다. 이는 ㄴ의 시각에 가까우므로 적절하지 않은 평가다.

44 ⑤

ⓐ는 주식회사에 주주들의 이익과 책임의 크기에 차이가 있음을 보여준다. 회사의 이익이 커질수록 주주들의 이익은 커질 수 있는데, 반대로 손실을 볼 경우에는 자신의 주식만큼만 유한책임을 지게 된다. 이 과장은 주주들이 고위험 고수익 사업을 선호하는 것은 이런 사업이 회사의 자산 가치와 부채액 사이의 차이가 줄어들 가능성을 높이기 때문이라고 말하고 있다. 이는 ⓐ에 대한 설명과 모순되므로 평가 의견으로 적절하지 않다.

① ③ 문단의 "회사가 파산할 경우에는 주주의 손실은 그 회사의 주식에 투자한 금액으로 제한된다"에서 주주의 손실이 주식에 투자한 금액으로 제한된다는 것은 유한책임을 진다는 것을 의미하므로 김 주임의 의견은 적절하다.

② ③ 문단의 "주주들은 회사의 모든 부채를 상환하고 남은 자산의 가치에 대한 청구권을 갖는 존재"에서 '회사의 모든 부채를 상환하고 남은 자산'은 곧 회사의 자산 가치−부채액이다. 만약 이 값이 0보다 클 경우에는 이 몫이 주주의 몫이므로 박 대리의 의견은 적절하다.

③ ③ 문단에서 "주주의 손실은 그 회사의 주식에 투자한 금액으로 제한"됨이 나타나 있다. 이는 주주들은 투자 금액을 잃을 뿐 회사가 부채를 얼마나 많이 못 갚는지는 주주들의 이해와 무관하다는 것이므로 전 팀장의 의견은 적절하다.

④ ③ 문단에서는 "회사의 자산 가치가 부채액보다 더 커질수록 주주에게 돌아올 이익도 커지지만, 회사가 파산할 경우에는 주주의 손실은 그 회사의 주식에 투자한 금액으로 제한된다"고 설명하고 있다. 이는 주주의 입장에서 설명한 것이지만 회사의 입장에서 생각한다면 오 대리의 의견과 일치한다.

45 ③

해설 ② 문단과 ③ 문단을 종합적으로 고려해보면 식용 귀뚜라미 0.45kg을 생산하기 위해 물 3.8L가 필요하다. 그런데 쇠고기의 경우 1,900L의 4배 이상, 즉 7,600L 이상의 물이 필요하다. 즉 쇠고기는 귀뚜라미 생산보다 2,000배 이상의 물이 필요하다.

오답 ① ① 문단에 따르면 냉혈동물인 귀뚜라미는 먹이를 많이 소비하지 않는다고 설명한다. 이는 생산에 자원이 덜 들어간다는 것을 의미하므로 김 연구원은 적절히 평가하였다.

② ① 문단에 따르면 곤충의 종류 중 일부가 현재 식재료로 사용되고 있다. 또한, ③ 문단에서는 곤충 사육은 많은 지역에서 이루어지고 있음이 나타난다. 즉 사육은 많은 지역에서 이루어지고 있지만 식용으로 사용되는 곤충의 종류에 일부에 불과하다는 것으로 이 연구원은 적절히 평가하였다.

④ ② 문단에 따르면 동일한 자원으로 식용 귀뚜라미를 더 많이 생산할 수 있으므로 귀뚜라미 생산에 자원이 더 적게 든다는 것을 확인할 수 있다. 또한, ④ 문단에 따르면 식용 귀뚜라미의 판매 가격은 쇠고기의 가격과 큰 차이가 없으므로 정 연구원은 적절히 평가하였다.

⑤ ② 문단에 따르면 귀뚜라미를 사육할 때 발생하는 온실가스의 양은 가축을 사육할 때의 20%이다. 귀뚜라미를 기준으로 한다면 가축을 사육할 때 발생하는 온실가스의 양은 귀뚜라미를 사육할 때의 5배이므로 임 연구원은 적절히 평가하였다.

46 ③

해설 (가) 처리 순서는 50 → 53 → 37 순으로 가고 있다. 50에서 53으로 이동한 것은 트랙 번호가 높아졌는데, 그 다음에는 더 낮은 번호인 37번으로 이동했다. 이는 (가)의 헤드가 '일정하게 한쪽 방향'으로만 움직이는 것이 아니라는 것을 나타낸다. 따라서 특정한 방향으로 움직이면서 데이터를 처리하는 방식인 SCAN 스케줄링이나 LOOK 스케줄링은 아니라는 것이다. (가)의 처리 순서는 결국 계속 가까운 트랙부터 처리하는 SSTF 스케줄링이다.

(나) 50 → 53 → 98 순으로 이동한다. (가)와 달리 53번 트랙 다음에 가까운 37이 아니라 먼 쪽인 98로 이동한 것이다. 이후 98 → 122 → 183까지 트랙 번호가 점차 높아진다. 즉 그래프에서 헤드가 오른쪽으로 이동한다. 그리고 나서 183 다음에는 37 → 14로 트랙 번호가 점차 낮아진다. 따라서 (나)는 특정한 방향으로 움직이면서 데이터를 처리하는 방식인 SCAN 스케줄링이나 LOOK 스케줄링 둘 중 하나라는 것을 알 수 있다. (나)의 그래프는 199가 아니라 183까지 이동했다가 낮은 트랙 번호 쪽으로 방향을 바꾸어 37번 트랙으로 이동했기 때문에 LOOK 스케줄링이다.

47 ①

해설 SSTF 스케줄링은 헤드에서 가까운 트랙부터 데이터를 순서대로 처리하므로, 현재 헤드는 0에 있고 요청 순서가 3, 2, 1이라고 해도 0 → 1 → 2 → 3의 순으로 헤드가 움직인다. 그럼 총 이동 거리는 3이 된다. LOOK 스케줄링은 대기 큐에 요청되는 트랙 번호의 최솟값과 최댓값 사이를 오가면서 모든 데이터를 처리하는 방식이다. 현재 0에서 출발하여 3까지 간 것이다. 즉 0 → 1 → 2 → 3 순으로 헤드가 움직일 것이고, 총 이동 거리는 3이다. 총 이동 거리는 탐색 시간에 비례하므로, 여기서 SSTF 스케줄링과 LOOK 스케줄링의 탐색 시간의 합은 같다.

② FCFS 스케줄링은 요청 순서대로 처리하므로 0→3→2→1의 순서로 헤드가 움직이게 되어 총 이동 거리는 5가 된다. 이에 비해 SSTF 스케줄링은 헤드에서 가까운 것부터 처리하므로 0→1→2→3의 순으로 헤드가 움직이고 총 이동 거리는 3이다. 따라서 FCFS 스케줄링이 SSTF 스케줄링보다 탐색 시간의 합이 크다.

③ 탐색 시간의 합은 이동 거리에 비례하는데 두 방식 모두 총 이동 거리가 3으로 같다. 따라서 둘의 탐색 시간의 합은 같다.

④ FCFS 스케줄링은 현재의 위치 0에서 디스크 반대쪽 끝까지 움직이면서 처리한다. 반면 SCAN 스케줄링은 디스크의 양 끝을 오가면서 이동 경로 위에 포함된 모든 대기 큐에 있는 트랙에 대한 요청을 처리하는 방식이다. 따라서 FCFS 스케줄링이 SCAN 스케줄링보다 탐색 시간의 합이 작다.

⑤ LOOK 스케줄링과 SCAN 스케줄링의 총 이동 거리는 같으므로 둘의 탐색 시간의 합은 같다.

48 ⑤

• 전년 화학제품 매출액이 올해 화학제품 매출액의 80% 미만이라는 것은, 올해 화학제품 매출액의 전년 대비 증가율이 25%를 초과하는 것이라고 할 수 있다. → ㉠, ㉡, ㉢ 해당 … ③

• 올해 화학제품 매출액이 총매출액에서 화학제품을 제외한 매출액의 2배 미만이라는 것은, 화학제품 매출액이 총매출액에서 67% 미만을 차지한다는 의미이다. → ㉡, ㉣ 해당 … ①

• 올해 총매출액은 'C기업'가 'G기업'보다 작다. → ㉠, ㉡ 해당 … ②

• 'B기업'의 전년 화학제품 매출액은 $\frac{37.6-x}{x}\times100=5.3$, ∴ $x=$ 약 35.7이다. ㉠, ㉡, ㉢, ㉣ 각각의 전년 화학제품 매출액을 구하면 약 48.1, 약 42.1, 약 27.3, 27이다. → ㉢, ㉣ 해당 … ④

조건분석 ① : ㉡, ㉣은 'H기업' 또는 'I기업' 중 하나이다.

조건분석 ② : ①에서 ㉡은 'H기업' 또는 'I기업' 중 하나라고 하였으므로 'G기업'은 ㉠이 된다.

조건분석 ③ : ①, ②에 따라 ㉠은 'G기업', ㉡은 'H기업' 또는 'I기업' 중 하나이므로, 'F기업'은 ㉢이 된다.

조건분석 ④ : ③에서 ㉢은 'F기업'이므로 'I기업'은 ㉣이 되고, 나머지 ㉡이 'H기업'이다.

주어진 화학제품 매출액 비율 공식과 전년 대비 증가율을 바탕으로 ㉠, ㉡, ㉢, ㉣의 올해 총매출액과 전년도 화학제품 매출액을 구하면 다음과 같다.

구분	올해 총매출액	전년도 화학제품 매출액
㉠	$\frac{62.4}{x}\times100=100$ ∴ $x=62.4$	$\frac{62.4-x}{x}\times100=29.7$ ∴ $x=$ 약 48.1
㉡	$\frac{54.2}{x}\times100=63.2$ ∴ $x=$ 약 85.8	$\frac{54.2-x}{x}\times100=28.7$ ∴ $x=$ 약 42.1
㉢	$\frac{34.6}{x}\times100=67.0$ ∴ $x=$ 약 51.6	$\frac{34.6-x}{x}\times100=26.7$ ∴ $x=$ 약 27.3
㉣	$\frac{29.7}{x}\times100=54.9$ ∴ $x=$ 약 54.1	$\frac{29.7-x}{x}\times100=10$ ∴ $x=$ 약 27

49 **④**

해설 지난해 파견사업자 수가 2,388개이며 올해 4.5% 증가하였으므로 올해 파견사업자의 수는 2,495개가 된다. 따라서 50 ∼ 100인 미만의 근로자 파견사업체의 개수는 2,495 × 0.068 = 169개가 된다.

50 **①**

해설 ⓐ에 따라 A사는 20억 원, B사는 60억 원을 지급받는다. 그리고 ⓑ에 따라 추가로 분배받는다.

ⓐ ⓐ에 따른 금액이 결정되어 있으므로, 각자 ⓑ에 의해 분배받는 금액을 최대화하고자 한다. A사가 B사에 비해 지출한 비용의 비중이 가장 큰 것은 광고홍보비이며, B사가 A사에 비해 지출한 비용의 비중이 가장 큰 것은 연구개발비이다.

ⓛ ⓐ에 따라 분배받는 비용은 B사가 A사의 3배이다. 또한 연구개발비로 지출한 비용의 비중도 B사가 A사의 3배이다. 따라서 ⓑ에 의해 B사가 A사의 3배를 분배받으며, 분배받는 총액 역시 3배가 된다.

오답 ⓒ A사와 B사의 판매관리비 지출액이 동일하므로 ⓑ에 따라서는 동일하게 분배받는다. 그러나 B사는 ⓐ에 따라 더 많이 분배받으므로 총액은 B사가 더 많다.

ⓔ 광고홍보비를 기준으로 ⓑ에 따라 지급받는 액수는 A사 : 120 × 2 ÷ 3 = 80(억 원), B사 : 120 × 1 ÷ 3 = 40(억 원)이다. 따라서 ⓐ와 ⓑ를 모두 고려한 총액은 A사, B사 모두 100억 원이다.

PART.02 기출복원문제

2021년 11월 28일 기출복원문제

1	2	3	4	5	6	7	8	9	10
③	④	⑤	⑤	②	⑤	②	④	①	④
11	12	13	14	15	16	17	18	19	20
④	④	④	③	②	④	①	④	②	④
21	22	23	24	25	26	27	28	29	30
①	③	③	①	②	③	④	③	⑤	⑤
31	32	33	34	35	36	37	38	39	40
①	②	⑤	③	②	①	③	④	③	⑤
41	42	43	44	45	46	47	48	49	50
④	④	③	④	②	④	⑤	②	⑤	③

1 **③**

해설 제33조(의결 취소의 청구 등)에 대한 설명이다. 위반 사유로 의결의 취소를 청구할 경우 의결일로부터 1개월 이내 조합원 300인 또는 100분의 5 이상의 동의를 받아서 청구해야 한다.

오답 ① 제31조(지분환급청구권과 환급정지)
② 제28조(가입)
④ 제26조(의결권 및 선거권)
⑤ 제27조(의결권의 대리)

2 **④**

해설 대리인이 의결권을 행사하기 위해서는 가족일 경우 동거해야 하며 대리권을 증명하는 서면을 지역농협에 제출해야 한다.

오답 ② 대리인이 대리할 수 있는 조합원의 수는 1인이다.
③ 대리인은 조합원 또는 동거 중인 가족이어야 한다.
⑤ 대리권을 신청할 경우 서면을 제출해야 한다.

3 **⑤**

해설 債(빚 채)務(일 무)이다.

4 ⑤

해설　반대되는 논거를 제시하여 절충된 가치를 통해 글의 주제에 접근하는 방식의 서술은 다분히 철학적이고 인문학적인 주제의 글보다는 사회 현상에 대한 분석이나 과학적 사고를 요하는 글에 보다 적합한 서술 방식이라고 할 수 있다.

오답　① 탄생과 죽음의 의미에 대한 여러 측면의 질문을 던지며 그를 통한 답을 구하는 과정에서 점차 논점에 접근하고 있다고 볼 수 있다.
② 삶과 죽음의 의미, 심리학자들의 주장 등에서 누구나 알 수 있는 상식을 제시하면서 삶과 죽음에 대한 새로운 이해를 하려는 시도가 나타나 있다.
③ 인간의 삶은 과학 기술적 접근 뿐 아니라 인문학적인 차원에서의 접근도 이루어져야 한다는 점, 삶의 목적은 철학적, 윤리적, 가치론적 입장에서 생각해 볼 수 있다는 점 등의 의견을 제시함으로써 특정 현상을 다양한 각도에서 조명해 보려는 의도가 보인다.
④ 상식에 속하는 일반적인 통념을 근원적으로 심도 있게 이해하기 위한 고찰 방법 즉, 과학 기술적 접근과 인문주의적 접근을 제안하고 있다.

5 ②

해설　2. 가입내용에 따라서 피보험자는 보험계약자가 고용한 단기 피고용인이다.

오답　① 3. 보장내용에 따라 특정감염병으로 진단이 확정된 경우에 1회당 30만 원을 지급받는다.
③ 3. 보장내용에 따라 유족급여금은 유해생물방제제(농약)의 독성효과에는 제외된다.
④ 4. 유의사항에 따라 보험계약자 및 피보험자는 청약서에 자필서명 대신에 전자서명을 해도 가능하다.
⑤ 만 15~87세만 가입이 가능하다.

6 ⑤

해설　장해지급률이 85%인 장해상태일 경우에는 최초 1회에 한해 고도장해 급여금을 지급받는다. 따라서, 지급액은 1,000만 원이다.

7 ②

해설　㉠ 뒷말에 대해 앞말이 토지 문제에 대한 근거를 말하고 있으므로 '따라서'가 들어가야 한다.
㉡ 상품 투자에 대한 설명과 상반되는 내용이므로 '그러나'가 와야 한다.

8 ④

해설　앞에서 토지는 상품 투자의 일종이라고 하였으므로 귀금속 · 주식 · 은행 등의 상품을 예로 들 수 있다.

9 ①

해설　① 보유 · 관리하는 정보만이 대상이므로 공공기관은 정보를 새로 작성(생성)하거나 취득하여 공개할 의무는 없다.

② 공공기관이 자발적, 의무적으로 공개하는 것을 '정보제공'이라고 하며 요청에 의한 공개를 '청구공개'라 한다.

③ 법에 의해 보호받는 비공개 정보가 언급되어 있다.

④ 결재 또는 공람절차 완료 등 공식적 형식요건 결여한 정보는 공개 대상 정보가 아니다.

⑤ 학술/연구의 목적도 아니며, 국내에 일정한 거주지가 없는 외국인은 정보 공개 요청 대상이 되지 않는다.

10 ④

외환위기 이후 생존을 위해 경영실적을 올려야 했던 것이 결과적으로 은행으로 하여금 마진율이 높고 리스크가 적은 가계대출 위주의 영업을 지향하게 했던 것이므로 이러한 단기성과주의가 가장 핵심적인 은행의 보수적 금융행태라고 할 수 있다.

11 ④

이름	관심 갖는 아이디어	참석자	범인
민경	1개이거나 그 이상	모든	성아 ×
성아	1개 이상	모든	지수 또는 혜민
지수	1개이거나 그 이상	몇몇	혜민 ×
혜민	×	모든	민경

㉠ 민경과 지수가 모두 참말일 경우 : 참석자의 몇몇은 모든에 포함된다. 범인은 성아도 혜민도 아닐 경우, 지수 또는 혜민 중 하나이다.

㉡ 성아와 지수의 말이 모두 참일 경우 : 참석자의 몇몇은 모든에 포함되며 아이디어 또한 1개 이상이다. 지수는 혜민이 범인이 아니라고 하였으며 성아는 지수 또는 혜민이라 하였으므로 모두 참일 경우 지수가 범인이 될 수 있다. 따라서 모두 참이 가능하다.

㉢ 거짓말한 사람이 단 한명일 경우 : 참석자들 혜민을 뺀 나머지가 모두 적어도 1개의 아이디어에 관심을 갖는다고 말했으며 만약 용의자 중 거짓말한 사람이 혜민일 경우, 민경은 범인이 될 수 없다. 또한 성아와 혜민도 범인이 아니므로 지수가 범인이 된다.

12 ④

㉡ ㈑의 전제가 제시되기 위해서는 전통적 인식론 폐기의 이유인 ㈐가 와야 한다.

㉲ 보고서의 내용에서 철학자 A는 심리학을 자연과학의 하나라고 생각한다.

㉠ ㈐는 전통적 인식론이 폐기되기 위한 앞선 전제들의 결론이며, ㈒의 도출을 위한 전제이기도 하다.

㉢ ㈎의 두 가지 목표 모두 이뤄줘야 ㈒가 도출되지 않는다.

13 ④

해설 먼저 한 박스당 25% 할인 금액은 $20,000 \times 0.75 = 15,000$원이며 날짜별 판매량은 다음과 같다.

단위(box)	1일	2일	3일	4일	5일	6일
당일판매량	70	80	80	80	90	
이월판매량		30	20	20	20	10
총판매량	70	110	100	100	110	10

- 1일 : $70 \times 20,000 = 140$만 원
- 2일 : $80 \times 20,000 + 30 \times 15,000 = 205$만 원
- 3일 : $80 \times 20,000 + 20 \times 15,000 = 190$만 원
- 4일 : $80 \times 20,000 + 20 \times 15,000 = 190$만 원
- 5일 : $90 \times 20,000 + 20 \times 15,000 = 210$만 원
- 6일 : $10 \times 15,000 = 15$만 원

∴ 총 금액은 $140 + 205 + 190 + 190 + 210 + 15 = 950$만 원 이다.

14 ③

해설 보기에 따르면 날짜는 다음과 같다.

5월							6월						
1	2	3	4	5	6	7	1	2	3	4	5	6	7
8	9	10	11	12	13	14	8	9	10	11	12	13	14
15	16	17	18	19	20	21	15	16	17	18	19	20	21
22	23	24	25	26	27	28	22	23	24	25	26	27	28
29	30	31					29	30					

순서	소요 기간	해당 날짜
계약 의뢰	1일	5월 28일
서류 검토	2일	5월 29일
입찰공고	긴급계약의 경우로 10일	5월 31일
공고 종료 후 결과통지	1일	6월 10일
입찰서류 평가	7일	6월 11일
우선순위 대상자와 협상	5일	6월 18일
계약 체결일	우선순위 대상자 협상 후 다음날	6월 23일

15 ②

해설 재확진된 경우에 대한 설명이 제시되어 있지 않다.

오답 ③ 지역별 자가격리자 수

지역명	A	B	C	D
자가격리자 수	17,574	1,795	1,288	16,889

④ B지역 전일 기준 자가격리자의 수는 508 − 52 + 33 = 489명이다.
  ∴ 내국인의 해제인원은 195명이므로 294명 더 많다.
⑤ 내외국인의 신규인원이 가장 적은 곳은 모두 C지역이다.

16 ④

해설 내외국인을 합친 인원

인원(명)	A	B	C	D
자가격리자	17,574	1,795	1,288	16,889
신규인원	1,546	122	35	1,543
해제인원	1,160	228	12	1,370
모니터링 요원	10,142	710	196	8,898

㉠ 전일 기준 자가격리자(해당일 기준 자가격리자 + 해제인원 − 신규인원)
  • A : 17,574 + 1,160 − 1,546 = 17,188명
  • B : 1,795 + 228 − 122 = 1,901명
  • C : 1,288 + 12 − 35 = 1,265명
  • D : 16,889 + 1,370 − 1,543 = 16,716명
∴ 전일 기준 대비 자가격리자가 줄어든 곳은 과천시 뿐이므로 B가 甲이다.
㉡ 외국인 격리자가 가장 많은 곳은 乙이다. A가 乙이다.
㉢ 모니터링 요원 대비 자가격리자의 비율
  • A : 10,142 ÷ 17,574 × 100 = 57.7%
  • B : 710 ÷ 1,795 × 100 = 39.5%
  • C : 196 ÷ 1,288 × 100 = 15.2%
  • D : 8,898 ÷ 16,889 × 100 = 52.6%
∴ 乙, 甲, 丁은 모두 18% 이상이므로 C는 丙이다. D는 丁이다.

17 ①

해설 ㉠ 6개월 이내에 보증부대출 채무 인수는 마쳤으나 소유권이전등기를 하지 않았으므로 대출금 조기 만료에 해당된다. (O)
㉡ 병원 입원 기간은 해당 사유에서 제외되므로 대출금이 조기 만료되지 않는다. (X)
㉢ 본인이 담보주택의 소유권을 상실한 경우로 대출금 조기 만료에 해당된다. (O)
㉣ D 씨의 대출금과 근저당권 상황은 대출금 조기 만료에 해당될 수 있으나, 채권자인 은행의 설정 최고액 변경 요구에 응하고 있으므로 조기 만료에 해당되지 않는다. (X)

18 ④

해설 甲과 乙의 전기요금을 다음과 같이 계산할 수 있다.
㉠ 甲의 전기요금
  기본요금 : 1,800원
  전력량 요금 : (200 × 90) + (100 × 180) = 18,000 + 18,000 = 36,000원
  200kWh를 초과하였으므로 필수사용량 보장공제 해당 없음
  전기요금 : 1,800 + 36,000 = 37,800원

ⓛ 乙의 전기요금

　　기본요금 : 1,260원

　　전력량 요금 : $(200 \times 72) + (100 \times 153) = 14,400 + 15,300 = 29,700$원

　　200kWh를 초과하였으므로 필수사용량 보장공제 해당 없음

　　전기요금 : $1,260 + 29,700 = 30,960$원

따라서 甲과 乙의 전기요금 합산 금액은 $37,800 + 30,960 = 68,760$원이 된다.

19 ②

해설　동계와 하계에 1,000kWh가 넘는 전력을 사용하면 슈퍼유저에 해당되어 적용되는 1,000kWh 초과 전력량 요금 단가가 2배 이상으로 증가하게 되나, 기본요금에는 해당되지 않는다.

오답　① 기본요금과 전력량 요금 모두 고압 요금이 저압 요금보다 저렴한 기준이 적용된다.
　　③ 기본요금 900원과 전력량 요금 270원을 합하여 1,170원이 되며, 필수사용량 보장공제 적용 후에도 최저요금인 1,000원이 발생하게 된다.
　　④ 200kWh 단위로 요금 체계가 바뀌게 되므로 200kWh씩 나누어 관리하는 것이 전기요금을 절감할 수 있는 방법이다.
　　⑤ 7~8월, 12~2월로 하계와 동계 5개월에 해당된다.

20 ④

해설　A지역 거주자는 2,000만 명이며 1가구는 4명으로 구성되어 있다.

가구의 $\dfrac{1}{3}$이 정수기를 사용하며 2개월에 한 번(1년에 6번) 정수기 점검을 받는다.

따라서, $2,000만 \times \dfrac{1}{4} \times \dfrac{1}{3} \times 6 = 1,000$, 1년에 1,000만 번의 점검이 필요하다.

직원 1명은 4시간에 3가구의 정수기 점검이 가능하다. 따라서 하루에 6가구를 점검할 수 있으며, 일주일에는 5번, 1년은 52주 구성이므로 1명은 1년 동안 1,560가구를 점검한다. 1,000만 번을 점검하기 위해서는 6,410명(소수점 첫째 자리에서 반올림)의 직원이 필요하다.

21 ①

해설

구분	2016년	2017년	2018년	2019년	2020년	2021년
시간급 최저시급	6,030	6,470	7,530	8,350	8,590	8,720
전년 대비 인상률(%)	8.1	7.3	16.4	10.9	2.9	1.5
영향률(%)	23.9	23.3	24	25.9	24.3	25.9
적용 대상 근로자 수	18,510	18,734	19,240	20,757	21,678	21,453
수혜 근로자 수	4,420	4,366	4,625	5,376	5,264	5,546

㉠ 전년 대비 인상률$(\%) = \dfrac{해당연도시급 - 전년도시급}{전년도시급} \times 100$이므로,

2018년 전년 대비 인상률은 $\dfrac{7,530 - 6,470}{6,470} \times 100 = 16.4$이다.

ⓛ 영향률(%) = $\frac{수혜 근로자 수}{적용대상 근로자 수} \times 100$ 이므로, 2017년 영향률은 $\frac{4,366}{13,734} \times 100 = 23.3$이다.

ⓒ 적용 대상 근로자수 = $\frac{수혜근로자 수}{영향률} \times 100$ 이므로, 2019년 적용 대상 근로자 수는 $\frac{5,376}{25.9} \times 100 = $ 20,757이다.

ⓔ 전년 대비 인상률(%) = $\frac{해당연도 시급 - 전년도 시급}{전년도 시급} \times 100$이므로,

2020년 전년 대비 인상률은 $\frac{8,590 - 8,350}{8,350} \times 100 = 2.9$이다.

22 ③

해설 ⓛ 2015년의 시급은 5,580원으로,

인상률은 $\frac{6,030 - 5,580}{5,580} \times 100 = 8.064\cdots \fallingdotseq 8.1$으로 옳다.

ⓔ 연도별 적용 대상 근로자 수(단위 : 천 명)
- 2017년 : $18,734 - 18,510 = 224$
- 2018년 : $19,240 - 18,734 = 506$
- 2019년 : $20,757 - 19,240 = 1,517$
- 2020년 : $21,678 - 20,757 = 921$
- 2021년 : $21,453 - 21,678 = -225$

∴ 가장 많이 증가한 연도는 2019년이며 1,517,000명이다.

오답 ⓣ 수혜 근로자 수는 2018년 이후 2019년에 증가하다가 2020년에 감소한다.

ⓒ 2018년의 인상률이 16.4%가장 높다. 따라서 2022년의 인상률이 가장 높아지기 위해서는

전년 대비 인상률(%) = $\frac{해당연도 시급 - 전년도 시급}{전년도 시급} \times 100$ 에 대입하였을 때, x는 2022년도 시급이다.

$16.5 = \frac{x - 8,720}{8,720} \times 100$

$x = \frac{8,720 \times 16.5}{100} + 8,720 = 10,158.8 \fallingdotseq 10,160$원 정도이다.

23 ③

해설 ⓛ 유통업체 E가 B보다 16.3% 더 높다.
- 계약직 간접 고용 유통업체 B의 계약직 직접 고용 인원

다 : $269 \times (\frac{100}{36.6} - 1) = 약$ 466명

라 : $256 \times (\frac{100}{19.8} - 1) = 약$ 1,037명

- 계약직 간접 고용 유통업체 E의 계약직 직접 고용 인원

자 : $619 \times (\frac{100}{73.7} - 1) = 약$ 221명

차 : $557 \times (\frac{100}{57.2} - 1) = 약$ 417명

- 유통업체 B와 E의 간접 고용 비율

  B : $\dfrac{269 + 256}{269 + 466 + 256 + 1{,}037} \times 100 =$ 약 26(%)

  E : $\dfrac{619 + 557}{619 + 221 + 557 + 417} \times 100 =$ 약 64.8(%)

㉣ 계약직 간접 고용 비율이 가장 높은 사업장 '카'와 가장 낮은 사업장 '라'의 직접 고용 인원의 합을 구하면,

- 카 : $944 \times \left(\dfrac{100}{90.5} - 1\right) = 99$명(명)

- 라 : $256 \times \left(\dfrac{100}{19.8} - 1\right) = 1{,}037$(명)

∴ 99 + 1,037 = 1,136(명)

오답

㉠ '사'의 직접 고용 인원 $= 718 \times \left(\dfrac{100}{48.3} - 1\right) =$ 약 769(명)

'타'의 직접 고용 인원 $= 612 \times \left(\dfrac{100}{32.6} - 1\right) =$ 약 1,265(명)

'타'가 '사'의 5배 이상이 되려면 3,845(명)이 되어야 하므로 5배 미만이다.

㉢ 마트의 계약직 간접 고용 총 인원은 2,888명이고 은행의 계약직 간접 고용 총 인원은 3,220명이므로 1.5배 미만이다.

24 ①

해설 선물세트별 비용은 다음과 같다.

- 한과 : $100{,}000 \times 5 \times 0.96 = 480{,}000$(원)
- 보리굴비 : $150{,}000 \times 11 \times 0.92 = 1{,}518{,}000$(원)

  700,000원 이상이므로 3% 추가 할인되어 $1{,}518{,}000 \times 0.97 = 1{,}472{,}460$(원)
- 한돈 : $110{,}000 \times 8 \times 0.96 = 844{,}800$(원)

  700,000원 이상이므로 3% 추가 할인되어 $844{,}800 \times 0.97 = 819{,}456$(원)
- 한우 : $150{,}000 \times 14 \times 0.92 = 1{,}932{,}000$(원)

  700,000원 이상이므로 3% 추가 할인되어 $1{,}932{,}000 \times 0.97 = 1{,}874{,}040$(원)
- 곶감 : $140{,}000 \times 4 = 520{,}000$(원)
- 꿀 : $120{,}000 \times 3 = 360{,}000$(원)

∴ 480,000 + 1,472,460 + 819,456 + 1,874,040 + 520,000 + 360,000 = 5,525,956(원)

25 ②

해설 2월 19일 통장으로 달러화를 송금 받을 경우 환율은 1달러에 1,174.40원이다. 따라서 5천 달러를 송금 받는다면 $5{,}000 \times 1{,}174.40 = 5{,}872{,}000$(원)이 입금된다. 이어 2월 20일에 엔화를 송금할 경우 100엔 기준으로 1,054.80원이다. 따라서 엔화를 송금한다면 $900 \times 1{,}054.80 = 949{,}320$(원)을 보내야 한다.

∴ 5,872,000 − 949,320 = 4,922,680(원)

26 ③

해설 수수료는 고려하지 않으므로 3,000유로를 출금할 수 있다. 2월 20일 팔 때의 환율은 1유로에 1,326.74원이므로 $3{,}000 \times 1{,}326.74 = 3{,}980{,}220$(원)을 출금할 수 있다.

27 ④

해설 2차 필기시험 합격자가 총 180명이며 필기시험을 통과한 남녀의 비율이 4 : 6이라고 했으므로,

2차 필기시험 합격 여자 지원자 수 $= 180 \times \dfrac{6}{4+6} = 108$(명)

∴ 108명

28 ③

해설 관람 시간 한 시간 전에 직원들을 픽업할 수 있다고 했으므로 14시 30분에 픽업하는 버스는 15시 30분 공연을 관람하는 직원들이다. 15시 30분 공연 관람 직원 수를 구하면,

$560 \times \dfrac{35}{100} = 196$(명)이다. 버스 한 대당 50명씩 태울 수 있다고 했으므로 최소 4대가 필요하다.

29 ⑤

해설 • 甲 총결제 금액 : $(31,600 - 2,000) + 19,000 + (22,000 \times 0.95) + 3,000 = 72,500$(원)
• 乙 총결제 금액 : $23,800 + 21,900 + 59,800 = 105,500$(원)에서 N카드로 결제 시 5% 추가 할인된다.
  $105,500 \times 0.95 = 100,225$(원)

30 ⑤

해설 • 마스코트 인형 : $5,000$(원) $\times 300$(개) $= 1,500,000$(원)
• 다이어리 : $3,000$(원) $\times 330$(개) $= 990,000$(원)
• 우산 : $5,000$(원) $\times 330$(개) $= 1,650,000$(원)
• 수건 : $1,000$(원) $\times 660$(개) $= 660,000$(원)
• 3색 볼펜 : 500(원) $\times 360$(개) $= 180,000$(원)
∴ $1,500,000 + 990,000 + 660,000 + 1,650,000 + 180,000 = 4,980,000$(원)

31 ①

해설 김 대리 점수를 ⓐ, 이 대리 점수를 ⓑ, 정 대리 점수를 ⓒ, 한 대리 점수를 ⓓ라고 할 때
㉠에 의해 ⓐ = 22
㉡에 의해 ⓒ + ⓓ = 22, ⓒ = 22 − ⓓ
㉢에 의해 22 − 5 = ⓑ, ⓑ = 17
㉣에 의해 ⓒ − ⓓ = 6
$(22 - ⓓ) - ⓓ = 6$
$22 - 2ⓓ = 6$
$2ⓓ = 16$
ⓓ = 8
ⓒ = 14
∴ 22(김 대리 점수) + 8(한 대리 점수) = 30(점)

32 ②

해설
- 乙 : 샤인머스캣과 바나나를 한 번에 싸게 사려면 목요일 15시 30분에 가야 구입할 수 있다.
- 丁 : 모든 과일을 할인된 가격으로 사고 싶으면 월요일 또는 금요일 하루만 마트에 들려도 된다.

33 ⑤

해설
'한국형 스마트팜'과 '전북 진안'을 반드시 포함해야 하며 '충북 청주'는 제외해야 하므로 '한국형 스마트팜'과 '전북 진안'은 검색기호 *(&)를 사용하고 '충북 청주'는 '−(!)'를 사용해야 한다.

34 ③

해설
112808나05 → 11월 28일에 S대학의 디자인과 학생들이 5번째로 신청

35 ②

해설
D대학은 11월 29일에 참가 신청을 했으며 같은 달에 참가 신청을 한 대학 팀은 K대학과 S대학 2팀이다.

36 ①

해설
=REPLACE(기존 데이터, 시작점, 개수, 새로운 데이터)는 기존 데이터의 시작부터 지정한 개수만큼 새로운 데이터로 변경하는 함수로 주민등록번호 뒷자리를 변경할 때 가장 적절하다.
∴ REPLACE(C3 ,8, 7, "*******")

37 ③

해설
A 씨의 경우 작년 기준으로 집행유예 6개월을 선고 받았으나 만료된 날짜로부터 1년이 경과하지 않았으므로 ⓒ에 해당한다.

38 ④

해설
개선 방향의 공유마당 UI/UX를 보면 "시민이 가입할 때 관심분야를 설정할 수 있으면 자신이 원하는 정보를 얻을 수 있어 테마에 대한 접근성이 높아질 것 같다"고 발언하였고, 수행사는 내년 접근성을 향상할 방안을 모색할 예정이라고 하였으며 정은 회의록을 잘못 이해하였다.

오답
① 회의록 초반인 목적 및 방향성에서 만드는 지도와 보는 지도의 구분이 모호하며 보는 지도는 이미 사기업에서 하고 있다고 언급되어 있다.
② 개선 방향에서 사용 가이드 강화 부분에는 가이드가 제공되고 있으나 사용자가 쉽게 찾을 수 없다는 지적이 있고 수행사는 도시생활지도 가이드를 시작으로 체계적인 가이드를 제작하여 배포하겠다고 밝혔다.
③ 공유 마당 개선 사항에서 길 정보에서 선에 방향성에 대한 표출이 있었으면 좋겠다는 의견이 있었고 내년 적용한다고 하였으므로 병은 바르게 이해하였다.
⑤ 시민참여단 전용 블로그나 SNS를 운영하면 좋겠다는 의견에 대하여 블로그는 현실적으로 운영이 어렵고 SNS는 운영 예정이라고 답변하였으므로 무는 바르게 이해하였다.

39 ③

공유마당 개선사항에서 배경지도를 다양한 지도앱에서을 선택할 수 있으면 좋겠다는 의견이 있었다. 수행사는 좌표 체계가 다르기 때문에 배경지도로 적용하기에 어렵다고 하였으므로, 지도앱의 선택기능 개발은 회의록과 맞지 않는다.

오답 ① 핵심내용 진행 예정 사항으로 도시생활지도 가이드 제작 및 배포가 예정되어 있으므로 다음 회의 때 시안을 준비해야 한다.
② 이미지 지도 타일화 기능 제공이 예정되어 있으므로 다음 회의에는 해당 기능 시연을 해야 한다.
④ 등록 버튼 메인 표출을 하기 위해서는 먼저 등록 프로세스 변경이 이루어져야 하므로 이에 대한 절차를 진행해야 한다.
⑤ 시민 테마 서브 카테고리를 적용해야 하므로 사전에 준비해야 한다.

40 ⑤

해설 편람 ㈐를 바탕으로 〈보기〉에 따라 보험료 A를 $P(A)$, 보험료 B를 $P(B)$라 하고, 보험금을 각각 $Q(A)$, $Q(B)$라고 한다면 보험료율, 사고 발생 확률, 보험금에 대한 기댓값을 정리할 수 있다.

구분	A	B
보험료율	$\dfrac{P(A)}{Q(A)}$	$\dfrac{P(B)}{Q(B)}$
사고 발생 확률	0.1	0.2
보험금에 대한 기댓값	$0.1 \times Q(A)$	$0.2 \times Q(B)$

〈보기〉에서는 또한 "모두 공정한 보험이 항상 적용된다"고 명시하고 있으므로 편람 ㈐의 '보험료 = 보험금에 대한 기댓값, 보험료율 = 사고 발생 확률'이라는 내용을 적용할 수 있다. 여기서 보험금에 대한 기댓값은 '사고 발생 확률×보험금'이고, 보험료율은 $\dfrac{보험료}{보험금}$가 된다.

구분	A	B
보험료 = 보험금에 대한 기댓값	$P(A) = 0.1 \times Q(A)$	$P(B) = 0.2 \times Q(B)$
보험료율 = 사고 발생 확률	$\dfrac{P(A)}{Q(A)} = 0.1$	$\dfrac{P(B)}{Q(B)} = 0.2$

하 사원은 A와 B에서의 보험료가 서로 같다면 A와 B에서의 보험금에 대한 기댓값은 서로 같다고 적절히 이해하였다. 즉 보험금에 대한 기댓값=보험료이므로 표에서 보듯이 $P(A) = 0.1 \times Q(A)$와 $P(B) = 0.2 \times Q(B)$의 관계가 성립된다. 하 사원은 $P(A)$와 $P(B)$가 같다는 가정을 하였으므로 $0.1 \times Q(A)$와 $0.2 \times Q(B)$은 같아진다.

오답 ① 보험료율 = 사고 발생 확률이므로 A의 보험료율은 0.1로 정해져 있다. 여기서 $P(A) = 0.1 \times Q(A)$이므로 A에서 보험료를 두 배로 높이면 보험금은 두 배가 된다. 허 주임은 보험금에 대한 기댓값은 변하지 않는다고 했으므로 잘못 이해하였다.
② 공정한 보험에서는 보험료와 보험금에 대한 기댓값이 같아야 하므로 박 사원은 잘못 이해하였다.
③ 〈보기〉에는 A의 보험료율은 0.1, B의 보험료율은 0.2로 명시되어 있으므로 임 대리는 잘못 이해하였다.
④ 조건에 따라 A와 B의 보험금이 서로 같다면 B에서의 보험료는 A에서의 보험료의 두 배가 되므로 손 사원은 잘못 이해하였다.

41 ④

함수율은 목재 내에 함유하고 있는 수분을 백분율로 나타낸 것이다.

$$함수율 = \frac{원종자무게 - 건조종자무게}{원종자무게} \times 100$$

일반적으로 종자저장에 적합한 함수율은 5 ~ 10%로 제시되어 있으므로 이를 활용하여 건조 종자 무게를 확인할 수 있다. 건조 종자 무게를 X로 두는 경우 5(5) < (10 − X) ÷ 10 × 100 < 10(5)의 식을 만들 수 있다. 이를 통해서 건조 종자 무게는 각각 10 − X = 0.5, 10 − X = 1이므로 건조 종자 무게 X의 범위는 9 < X < 9.5임을 알 수 있다.

42 ④

甲이 신청할 수 있는 프로그램은 여성 농업인 바우처, 농촌 여성 결혼 이민자 모국 방문 지원 사업, 청년 농업인 영농 정착 지원 사업, 함께 나누는 프로젝트 총 4개이다.

43 ③

제시된 조건을 다음과 같이 정리할 수 있다.
㉠ 식별코드는 최대 6개 부분으로 구성
㉡ 모든 항공기 식별코드는 기본임무부호나 특수임무부호 중 적어도 하나를 포함
㉢ 기본임무부호는 기본적 수행 임무를 나타냄(12가지)
㉣ 특수임무부호는 개량을 거쳐 기본임무와 다른 임무를 수행
㉤ 현재상태부호는 현재 정상적으로 사용되고 있지 않은 항공기에만 붙임
㉥ 설계번호는 항공기가 특정 그룹 내에서 몇 번째로 설계되었는지를 나타냄
㉦ 개량형부호는 한 모델의 항공기가 몇 차례 개량되었는지를 보여줌
'현재 정상적으로 사용 중인 개량하지 않은 일반 비행기의 경우' 정상적으로 사용 중이므로 ㉤에 따라 현재상태부호는 생략한다. 이를 통해 '④ 최 연구원'과 '⑤ 우 연구원'은 제외된다. 개량을 하지 않았으므로 특수임무도 없을 것임을 알 수 있다. 따라서 ㉣에 의해 특수임무부호도 생략한다. ㉡에 따라 기본임무부호 또는 특수임무부호는 반드시 있어야 하므로 기본임무부호는 포함한다.
제시된 조건의 항공기는 일반 항공기이므로 ㉠에 따라 항공기종류부호도 생략한다. 설계번호는 일반항공기이므로 ㉥에 따라 1 ~ 100번 중 하나임을 알 수 있다. 이를 통해서 설계번호가 없는 '② 한 연구원'도 제외된다. 개량하지 않은 모델의 경우 항상 A를 부여받으므로 개량형부호도 반드시 포함되어야 한다. 이를 통해서 개량형부호가 없는 '① 김 연구원'도 제외된다. 따라서 이를 충족하는 박 연구원이 옳게 제시하였다.

44 ④

해설 공지에 따라 10월 스케줄 표를 만들면 다음과 같다.

월	화	수	목	금
4 • 성평등 교육 이해 • 인간의 성별과 성차에 대한 이해 • 혐오 프레임 분석 교육	5 • 혐오 프레임 분석 교육	6 • 성평등 교육 이해 • 인간의 성별과 성차에 대한 이해 • 혐오 프레임 분석 교육	7 • 성평등 교육 이해 • 인간의 성별과 성차에 대한 이해 • 혐오 프레임 분석 교육	8 • 혐오 프레임 분석 교육
11 • 성평등 교육 이해 • 인간의 성별과 성차에 대한 이해	12	13 • 성평등 교육 이해 • 인간의 성별과 성차에 대한 이해	14 • 성평등 교육 이해 • 인간의 성별과 성차에 대한 이해	15
18 • 성평등 교육 이해 • 인간의 성별과 성차에 대한 이해	19	20 • 성평등 교육 이해 • 인간의 성별과 성차에 대한 이해	21 • 성평등 교육 이해 • 인간의 성별과 성차에 대한 이해	22

'인간의 성별과 성차에 대한 이해' 교육은 월, 수, 목요일에 수강할 수 있다.

45 ②

해설 A계수는 총 가계 지출에서 차지하는 음식비의 비율로 보통은 음식이라면 소득 수준이 높을수록 A계수는 낮아지고 소득 수준이 낮을수록 A계수는 높아진다. 그러나 개별 음식 비용이 비싸다면 소득이 높더라도 A계수가 높을 수 있으므로 옳은 판단을 하였다.

오답 ① ㉠문단에 따르면 가계소득이 증가할 때 A계수는 일반적으로 낮아지는 경향이 있으나, ㉡문단에 따르면 B계수 역시 가계소득 하위 20%와 비교했을 때 가계소득 상위 20% 가구의 지출액이 증가하였다.
③ A의 법칙은 소득의 증가에 따라 총 가계지출 중 음식비 지출 비중을 나타내는 것이다. 이에 지출 비중(퍼센트)과 지출액(소비한 금액)은 다른 지표이므로 허 사원의 판단은 추가적으로 숫자가 제시되지 않는다면 알 수 없다.
④ B계수는 가계지출 대비 교육비 지출 비중을 통해 알 수 있다. 제시문에는 가계소득이 주어지지 않았으므로 문 사원의 평가는 주어진 정보만으로 알 수 없다.
⑤ ㉡문단에 따르면 가계소득 상위 20% 가구의 월평균 교육비 지출액과 비중이 가계소득 하위 20% 가구의 6배에 달할 정도로 더 크므로, 소득이 높을수록 교육열이 높을 것임을 예상할 수 있다.

46 ④

해설 통역료는 통역사 1인 기준으로 영어 통역은 총 4시간 진행하였으므로 기본요금 500,000원에 추가요금 100,000원을 합쳐 600,000원을 지급해야 한다. 인도네시아어 통역사에게는 2시간 진행하였으므로 기본요금 600,000원만 지급한다.

- 영어, 인도네시아 언어별로 2명에게 통역을 맡겼으므로
  $(600,000 + 600,000) \times 2 = 2,400,000$원
- 출장비의 경우 통역사 1인 기준 교통비는 왕복 실비인
  100,000원으로 4회 책정되므로 400,000원
- 이동보상비는 이동 시간당 10,000원 지급하므로 왕복 4시간을 이동하였으므로
  $10,000 \times 4 \times 4 = 160,000$원

총 출장비는 교통비와 이동보상비를 합한 560,000원

총 통역경비는 $2,400,000 + 560,000 = 2,960,000$원

47 ⑤

해설 L 사원에게 주어진 예산은 월 3천만 원이며, 이를 초과할 경우 광고수단은 선택하지 않는다. 따라서 월 광고비용이 3,500만 원인 KTX는 배제된다. 조건에 따라 광고수단은 한 달 단위로 선택되며 한 달 동안의 광고비용을 계산해야 하므로 모든 광고수단은 30일을 기준으로 한다. 조건에 따른 광고 효과 공식을 대입하면 아래와 같이 광고 효과를 산출할 수 있다.

구분	광고횟수(회/월)	회당 광고노출자 수(만 명)	월 광고비용(천 원)	광고 효과
TV	3	100	30,000	0.01
버스	30	10	20,000	0.015
KTX	2,100	1	35,000	0.06
지하철	1,800	0.2	25,000	0.0144
SNS	1,500	0.5	30,000	0.025

따라서 L 사원은 예산 초과로 배제된 KTX를 제외하고, 월별 광고 효과가 가장 좋은 SNS를 선택한다.

48 ②

해설 ㉠ 2021년 경지 면적 중 상위 5개 시·도는 '전남 > 경북 > 충남 > 전북 > 경기'이다.

㉢ 2020년 전국 밭 면적은 751,179ha 이고, 2021년 전국 밭 면적은 740,902ha 이다. 따라서
$(740,902ha - 751,179ha) \div (740,902ha \times 100) = -1.387\cdots$

∴ -1.4가 된다.

오답 ㉡ 울산의 2021년 논 면적은 5,238ha 이고, 2020년 밭 면적은 4,696ha로 두 배가 되지 않는다.

㉣ 2020년 논 면적 중 상위 5개 시·도는 전남 > 충남 > 전북 > 경북 > 경기이다.

49 ⑤

해설 만약 이메일을 선택한 20대 모두가 아이핀과 공인인증서를 동시에 선택했다면 아이핀을 선택한 20대 중에서 11.9%(36.0 − 24.1)는 조건에 따라 타 인증수단을 중복 선호할 수 있다. 신용카드를 선호하는 20대는 16.9%로 11.9%보다 더 크다. 따라서, 신용카드를 선택한 20대 모두가 아이핀을 동시에 선택한다고 평가하는 것은 옳지 않다.

오답 ① 30대의 인증수단은 공인인증서 → 휴대폰문자 인증 → 아이핀 순으로 선호도가 높다. 40대의 인증수단은 공인인증서 → 휴대폰문자 인증 → 아이핀 순으로 선호도가 높다. 따라서 30대와 40대 모두 아이핀이 3번째로 높으므로 박 주임은 옳게 검토하였다.

② 인증수단별 하단에 제시된 전체 선호도를 합산하면 252.9가 된다. 7개 인증수단 중 최대 3개까지 중복 응답이 가능하므로 선호 인증수단을 3개 선택한 응답자 수는 최소 40% 이상이 된다. 이 팀장은 옳게 검토하였다.

③ 남성의 인증수단 선호도를 살펴보면, 신용카드를 선택한 남성의 비율은 21.1%로, 바이오인증을 선호하는 9.9%의 3배인 29.7% 이하이다. 따라서 홍 사원은 옳게 검토하였다.

④ 20대와 50대의 인증수단별 선호도 차이는 공인인증서가 79.4 − 67.4 = 12.0으로 가장 큰 수치이므로 김 주임은 옳게 검토하였다.

50 ③

해설 화재강도 위험도를 환산하면 80점, 화재확률 위험도를 환산하면 60점이며 해당 업소의 업종은 고시원이므로 가중치 0.95를 적용하면,
화재위험 점수 = (80 + 60) × 0.95 = 133점이 된다.

1	2	3	4	5	6	7	8	9	10
②	①	④	③	④	③	⑤	③	①	④
11	12	13	14	15	16	17	18	19	20
①	③	④	③	⑤	②	⑤	⑤	③	①
21	22	23	24	25	26	27	28	29	30
④	②	③	②	①	①	②	④	⑤	③

1 ②

해설 수범 … 몸소 본보기가 되도록 함
② 모범 : 본받아 배울만한 대상을 이르는 말이다.

오답 ① 사견 : 자기 개인의 생각이나 의견을 이르는 말이다.
③ 소범 : 저지른 죄를 이르는 말이다.
④ 부문 : 일정한 기준에 따라 분류하거나 나누어 놓은 낱낱의 범위나 부분을 이르는 말이다.
⑤ 낙향 : 시골로 거처를 옮기거나 이사함을 이르는 말이다.

2 ①

해설 여우잠 … 겉잠의 북한어로, 깊이 들지 않는 잠을 이르는 말이다.
① 괭이잠 : 깊이 들지 못하고 예민하여 자주 깨는 잠을 이르는 말이다.

오답 ② 등걸잠 : 옷은 입을 채 아무것도 덮지 않고 아무 데나 스러져 자는 잠을 이르는 말이다.
③ 새우잠 : 새우처럼 등을 구부리고 잠을 이르는 말로, 주로 모로 누워 불편하게 자는 잠을 의미한다.
④ 나비잠 : 갓난아이가 두 팔을 머리 위로 벌리고 자는 잠을 이르는 말이다.
⑤ 갈치잠 : 비좁은 방에서 여럿이 모로 끼어 자는 잠을 이르는 말이다.

3 ④

해설 융성(隆盛) … 기운차게 일어나거나 대단히 번성함을 이르는 말이다.
④ 조사(徂謝) : 쇠퇴하여 감을 이르는 말이다.

오답 ① 융창(隆昌) : 융성과 같은 뜻으로, 기운차게 일어나거나 대단히 번성함을 이르는 말이다.
② 치성(熾盛) : 불길같이 성하게 일어남을 이르는 말이다.
③ 창성(昌盛) : 기세가 크게 일어나 잘 뻗어 나감을 이르는 말이다.
⑤ 번연(蕃衍) : 한참 성하게 일어나 퍼짐을 이르는 말이다.

4 ③

① 자깝스럽다 : 어린아이가 마치 어른처럼 행동하거나 젊은 사람이 지나치게 늙은이 흉내를 내어 깜찍한 데가 있다.
② 소담스럽다 : 생김새가 탐스러운 데가 있다.
④ 새실스럽다 : 성질이 차분하지 못하고 점잖지 아니하여 말이나 행동이 실없고 부산한 데가 있다.
⑤ 실쌈스럽다 : 말이나 행동이 부지런하고 착실한 데가 있다.

5 ④

제시된 문장의 '고치다'는 잘못되거나 틀린 것을 바로 잡는 의미로 쓰였다.

① 쇄신하다 : 이름이나 제도 따위를 바꾸는 것을 의미한다.
② 다스리다 : 병 따위를 낫게 하는 것을 의미한다.
③ 수선하다 : 고장이 나거나 못 쓰게 된 물건을 손질하여 제대로 되게 하는 것을 의미한다.
⑤ 갈음하다 : 다른 것으로 바꾸어 대신하는 것을 의미한다.

6 ③

제시된 문장에서 '에서'는 앞말이 근거의 뜻을 갖는 부사어임을 나타내는 격조사로 쓰였다.

① 앞말이 행동이 이루어지고 있는 처소의 부사어임을 나타내는 격조사이다.
② 앞말이 출발점의 뜻을 갖는 부사어임을 나타내는 격조사이다.
④ (단체를 나타내는 명사 뒤에 붙어) 앞말이 주어임을 나타내는 격조사이다.
⑤ 앞말이 어떤 일의 출처임을 나타내는 격조사이다.

7 ⑤

절이 망하려니까 새우젓 장수가 들어온다 … 스님들이 먹지도 않는 새우젓을 팔러 온다는 의미로, 일이 안되려니까 뜻밖의 괴상한 일이 생긴다는 말이다. 비슷한 속담으로 '객주가 망하려니 짚단만 들어온다.'가 있다.

① 경점 치고 문지른다.
② 열매될 꽃은 첫 삼월부터 안다.
③ 봄에 깐 병아리 가을에 와서 세어본다.
④ 섶을 지고 불로 들어가려 한다.

8 ③

계란유골(鷄卵有骨) … '달걀에도 뼈가 있다'는 뜻으로 운수가 나쁜 사람은 모처럼 좋은 기회를 만나도 일이 뒤틀리고 잘 풀리지 않음을 이르는 말이다.
③ 아무리 위급한 때라도 체면을 유지하려고 노력하는 것을 이르는 말이다.

①②④ 일이 공교롭게 뒤틀어짐을 비유적으로 이르는 말이다.
⑤ 유능한 사람이 재능을 드러내지 못하고 묻혀 있음을 비유적으로 이르는 말이다.

9 ①

해설 사회적 기업이 영리 추구 활동을 전혀 배제하는 것은 아니며, 창출된 수익이나 이윤을 운용하는 방식이 일반 기업과 다른 것이다.

오답 ② 재정 지원을 받는다는 언급은 지문에 나타나지 않는다.
③ 사회적 기업 활동의 가장 큰 목적은 취약계층에게 일자리와 사회서비스를 제공하는 데 있다.
④ 지역사회 주민의 삶의 질 향상을 위한 기업은 지역사회 공헌형 사회적 기업이다.
⑤ 사회적 기업의 조직형태는 비영리법인·단체, 조합, 상법 상 회사 등 다양하게 인정된다.

10 ④

해설 제시문에 '자신이 취업하고자 하는 기업이 은행이라면 경제와 금융과 관련된 기사를 살펴보는 것을 중점에 두고 익히되, 범위를 넓혀 다양한 분야도 함께 익히는 것이 좋습니다.'라고 말한 것으로 농업과 관련한 기업에 면접을 준비하는 경우 농업과 관련된 이슈와 함께 다양한 분야에 대한 준비가 필요한 것을 알 수 있다.

11 ①

해설 제시된 글은 당뇨병 정의를 비롯하여 만성 합병증으로 진행되지 않도록 위험인자 조절을 위한 식사요법, 운동요법, 약물요법 가운데 당뇨병 교육 프로그램의 일환인 식사요법을 수행한 환자들의 긍정적인 효과에 대해 설명하고 있다.

12 ③

해설 해당 적금은 현역복무사병, 전환복무사병(교정시설 경비교도, 전투경찰대원, 의무경찰대원, 의무소방원), 공익근무요원 등 일반 사병에 한정되므로 장교인 丙은 가입할 수 없다.

13 ④

해설 〈보기〉의 대화를 확인해보면 고객은 일반 예·적금 이율 2%보다는 높고 원금손실 위험이 있어도 되지만, 일정 수준 이상의 손실위험은 감수하기 어렵다고 했기 때문에 위험등급이 보통 위험에 해당한다. 펀드상품 중에서 보통위험에 해당하는 것은 D펀드가 유일하다.

14 ③

해설 다음 글은 노지 스마트 농업에 대한 글이다. ⓒ은 작물에 비료를 사용하는 이유를 말하고 있으므로 노지 스마트 농업과 직접적인 관련이 없는 부분이다. ㉠은 노지 스마트 농업에 대해 서술하기 전 배경지식 서술에 해당한다. ㉡은 노지 스마트 농업의 4단계 중 관찰단계에 대한 설명이다. ㉣은 현재 국내 노지 스마트 농업 시범사업에 대한 내용이며 ㉤은 국내 미래 노지 스마트 농업의 긍정적인 전망을 제시하고 있다.

15 ⑤

해설 ㉠㉡㉢㉣은 루소의 사상에 대한 내용이다. ㉤은 루소의 사상의 가치를 화자가 직접 평가하고 있다는 점에서 화자의 생각이 가장 잘 드러나는 부분이다.

16 ②

해설 루소는 인지(認知)가 깨어나면서 인간의 욕망이 필요로 하는 것 이상으로 확대되었다고 보고 있다.

17 ⑤

해설 회사가 채권자에 대하여 상계할 수 있는 1억 원에 대하여는 변제를 거부할 수 있다.

오답 ① 회사의 재산이 1억 원이므로 부족액인 2억 원에 대하여 변제할 책임이 있다.
② 연대하여 변제할 책임을 부담하는 것은 각 사원이므로 A, B이다.
③ 구상권은 어느 연대채무자가 변제 기타 자기의 재산의 출연으로 공동면책이 된 때에 행사하는 것으로, B가 1억 원을 변제하였더라도 1억 원의 채무가 남아있으므로 A에 대하여 5천만 원을 청구할 수 없다.
④ B는 2억 원에 대한 변제를 거부할 수 없다.

18 ⑤

해설 ㉠ 확정급여방식의 경우 나중에 얼마의 연금을 받을 지 미리 정해놓고 보험료를 납부하는 것으로 기금 운용 과정에서 발생하는 투자의 실패를 연금 관리자가 부담하게 된다. 따라서 투자 수익이 부실한 경우에도 가입자가 보험료를 추가로 납부해야 하는 문제는 발생하지 않는다.

19 ③

해설

구분	적립방식	부과방식
연금 지급 재원	가입자가 적립한 기금	현재 근로자의 보험료
연금 지급 가능 시기	일정한 기금이 형성된 이후	제도 시작 즉시
세대 간 부담의 공평성	세대 간 공평성 확보	세대 간 공평성 미흡
소득 재분배 효과	소득 재분배가 어려움	소득 재분배가 가능
인구 변동 영향	받지 않음	받음

받을 연금과 내는 보험료의 비율이 누구나 일정하여 보험료 부담이 공평한 것은 적립방식이다. 부과방식은 현재 일하고 있는 사람들에게서 거둔 보험료를 은퇴자에게 사전에 정해진 금액만큼 연금을 지급하는 것으로, 노인 인구가 늘어날 경우 젊은 세대의 부담이 증가할 수 있다고 언급하고 있다.

20 ①

해설 Type카드는 여행Type와 놀이Type 중 하나를 선택해서 혜택을 제공받을 수 있다.

오답 ② 공통서비스로 가능한 혜택이다.
③ 다.연회비 항목에서 확인이 가능하다.
④ 온라인 쇼핑몰 제휴가맹점에서 건당 이용금액 2만 원 이상 사용 시 10%의 청구할인이 가능하므로 3만 원짜리 쌀을 구매할 경우 3,000원 할인받을 수 있다.
⑤ 제1유형 놀이공원의 본인 자유이용권 50% 현장 할인이므로 25,000원을 할인받고, B동물원은 본인 무료입장이므로 30,000원을 할인받는다.

21 ④

해설 결원을 보충할 경우 예비합격자 중에서 최종합격자로 선발할 수 있다.

오답 ① 모든 응시자는 기관 간, 전형 간, 직렬 간 중복지원이 불가하며 1인 1분야만 지원할 수 있다.
② 채용관련 인사 청탁 등 채용비리 또는 기타 부정합격 확인 시 채용이 취소될 수 있다.
③ 지원자가 채용예정인원 수와 같거나 미달하더라도 적격자가 없는 경우 선발하지 않을 수 있다.
⑤ 자기소개서를 포함한 입사지원서에 출신학교 등 개인을 식별할 수 있는 내용은 일체 기재하지 않도록
되어 있다.

22 ②

해설 '임금피크제 설계－직무·직책 조정'에 따라 기존 직무·직책의 유지 또는 새로운 직무·직책 발굴을 통
한 조정 등 결정할 수 있으므로 새로운 직무·직책을 수행할 수 있다.

오답 ① 임금피크제 도입 후 지속적인 모니터링으로 임금체계 및 인사제도 개편을 추진해야 한다.
③ 임금피크제 도입 절차에 따라 '진단 및 분석' 단계가 선행되고 이후 '임금피크제 설계 단계'에서 이루
어져야 한다.
④ 임금피크제 세부사항에 대해 근로자 대상의 설문조사, 설명회는 '진단 및 분석－4. 근로자 의견조사'
단계에서 진행되어야 한다.
⑤ '중장기 인건비 변화 예측' 추가 시 '진단 및 분석－2. 임금제도 현황 분석' 분야가 적절하다.

23 ③

해설 제시문은 기분관리 이론을 주제로 하고 있다. 이는 사람들이 현재의 기분을 최적 상태로 유지하려 한다
는 입장을 바탕으로 하고 있다. 흥분 수준이 낮을 때는 이를 높일 수 있는 수단을 선택하고 흥분 수준이
최적 상태보다 높을 때 이를 낮출 수 있는 수단을 선택한다고 본다. 여기서, 빈칸은 기분조정 이론이 음
악 선택의 상황에 적용될 때 나타나는 결론을 찾는 것이다. 단서는 연구자 A의 실험을 통해 기분조정 이
론의 내용을 파악할 수 있다. 집단 1은 최적 상태에서 다소 즐거운 음악을 선택했다. 반면 집단 2는 최
적 상태보다 기분이 가라앉은 상태에서 과도하게 흥겨운 음악을 선택했다. 30분이 지난 뒤 다시 음악을
선택하는 상황에서 놀이하기를 앞둔 집단 1의 선택에는 변화가 없었다.
반면에 과제하기를 앞둔 집단 2는 차분한 음악을 선택하는 쪽으로 변화가 나타났다. 실험 결과로부터 참
가자가 기분이 가라앉았을 때는 흥분을 끌어올리기 위해 흥겨운 음악을 선택한다는 것을 도출할 수 있
다. 또한, 과제를 해야 할 상황을 앞두고 과도하게 흥겨운 상태가 되자 이를 가라앉히기 위해 차분한 음
악을 선택한다는 것을 알 수 있다.

24 ②

해설 사업 대상자 중 전자상거래사업자, 개인사업자 등에는 '지원자격 및 요건'에서 친환경농식품을 산지에서
직구매할 것을 조건으로 하고 있지 않다.

오답 ① 친환경농산물직거래지원금을 지원받고자 하는 업체는 신청제한 된다는 점에서 알 수 있다.
③ 나.사업 의무량에서 제시되고 있다.
④ 변동금리는 운영과 시설로 구분되지 않는다.
⑤ 전자상거래 사업자의 지원자격 및 요건에 해당한다.

25 ①

해설   일반 해외여행자의 경우는 실명확인증표와 여권을 제출하면 된다. 하지만 자국민인 경우에는 여권을 제출하지 않아도 된다.

오답   ② 일반 해외여행자가 1만 불을 초과하는 외화를 휴대한다면 출국 전에 관할세관장에게 신고해야 한다.
③ 1만 불을 초과하는 경우에만 발급받는다.
④ 소지 목적의 외화환전은 1만 불이 초과한다면 국세청에 통보가 된다.
⑤ 상용, 문화, 공무, 기술훈련, 6개월 미만의 국외연수 등으로 외국에 체재하는 기간이 30일을 초과하는 해외체재자는 여권과 소속 단체장 또는 국외연수기관장의 출장·파견증명서를 제출해야 한다.

26 ①

해설   제시문은 고령운전자에 대한 운전면허 자진 반납을 유도해야 한다는 내용이 주를 이루고 있으며, 이것은 결국 고령운전자 본인을 포함하여 고령운전자로 인한 교통사고를 최소화하여야 한다는 주장이다. 이를 위해 조례안을 제정해야 한다는 주제를 담고 있다고 할 수 있으므로 정답은 ①이다.

27 ②

해설   각 지역에서 마련한 할인 혜택이나 교통비 지원 등의 인센티브 제도는 결국 고령운전자의 교통사고로 인한 사회적 비용을 줄여 절약된 비용을 통해 이루어지는 제도일 것이므로, 인센티브 제도는 절약되는 비용과 새롭게 지출되는 비용의 크기를 따져 마련되었을 것으로 판단하는 것은 합리적이다.

오답   ① 고령운전자에 대한 면허반납의 유인책이 될 수 있으나, 그에 대한 결과를 예단하는 것은 합리적인 추론이라고 할 수 없다.
③ 일반화의 오류를 범하고 있는 주장이 된다.
④ 교통사고 또한 줄어들 것이므로 반드시 예산 지출이 증가할 것으로 추론할 수는 없다.
⑤ A시의 고령운전자 기준이 70세로 타 지역과 다르게 책정되어 있으나, 이것은 안전 운전능력을 판단할 수 있는 기준이 아닌, 지역적 특성, 고령운전자의 수, 예산 범위 등을 고려한 행정적 기준으로 보는 것이 타당하다.

28 ④

해설   마지막 줄을 통해 우리나라 65세 이상 치매 인구가 2050년에 300만 명을 넘어설 것이라고 예상함을 알 수 있다.

오답   ① 첫 번째 문단을 통해 우리나라에서는 보건복지부가 치매관리의 중요성을 알리고 공감을 형성하기 위해 2008년부터 치매 인식개선과 극복 프로그램 캠페인을 열고 있다는 사실을 알 수 있다.
② 두 번째 문단을 통해 2016년에는 OECD가 발표한 10대 치매관리 핵심 정책목표를 기준으로 제3차 치매관리종합계획을 발표했다는 사실을 알 수 있다.
③ 두 번째 문단을 통해 2017년에 전국 256개 보건소에 치매안심센터를 단계적으로 설치하여 통합 치매관리서비스를 시작하였다는 것을 알 수 있으며 〈그림〉을 통해 상담, 조기검진, 쉼터 등을 운영한다는 사실을 알 수 있다.
⑤ 마지막 문단에서 WHO 자료에 의해 2021년 전 세계 치매 인구는 약 5,000만 명, 향후 2050년에는 1억 5,200만 명에 육박할 것으로 추정된다는 사실을 알 수 있다.

29 ⑤

해설 뇌과학자 J 씨는 유리질화 냉동보존된 인간을 다시 살려냈을 때 커넥톰이 보존되어 있어야 냉동보존이 유의미하다고 주장하며 냉동보존을 위해 甲재단에서 시신을 수령할 무렵에는 이미 시신의 두뇌가 손상되어 있기 때문에 냉동보존에 대해 회의적이라고 주장한다.

오답 ①④ 제시문에서 언급되지 않은 내용이다.
② 유리질화 냉동보존술에 대한 내용이다.
③ 정자나 난자, 배아, 혈액 등은 저속냉동술을 사용하여 온도를 1분에 1도 정도로 천천히 낮추는 방식으로 이 기술에서 느린 냉각은 삼투압을 이용해 세포 바깥의 물을 얼음 상태로 만들고 세포 내부의 물은 냉동되지 않도록 하는 방식이다.

30 ③

해설 불쾌한 골짜기 현상은 로봇의 외관 즉, 얼굴 형상에 의해 느끼는 것이므로 옷차림은 불쾌한 골짜기 현상에 영향을 미치지 않는다.

오답 ① 인간과 유사한 외관의 마네킹 로봇을 보고 불쾌함, 거부감, 섬뜩함 등을 느끼는 심리적 현상을 불쾌한 골짜기 현상이라고 한다.
② 지능형 로봇을 접했을 때 어느 정도 호감을 느끼는데, 이는 인간이 아닌 대상으로부터 인간과 유사한 점을 찾으려고 하기 때문이다.
④ 인간은 인간과 전혀 다른 모습을 한 산업용 로봇에게 호감도나 거부감 등을 느끼지 못한다.
⑤ 외관의 유사성이 어느 지점에 도달했을 때 호감도가 낭떠러지처럼 급격하게 떨어졌다가 인간과 구별하지 못할 정도로 닮았을 때 호감도는 다시 상승한다.

1	2	3	4	5	6	7	8	9	10
①	④	②	①	④	①	②	③	①	⑤
11	12	13	14	15	16	17	18	19	20
③	④	②	⑤	①	⑤	①	①	⑤	②
21	22	23	24	25	26	27	28	29	30
④	②	②	②	②	①	①	⑤	⑤	①

1 ①

해설 전체 인구수는 전년보다 동일하거나 감소하지 않고 매년 꾸준히 증가한 것을 알 수 있다.

오답 ② 70세 미만 인구 수는 매년 꾸준히 증가하였다.

③ 2019년과 2020년에는 전년보다 감소하였다.

④ 2019년 이후부터는 5% 미만 수준을 계속 유지하고 있다.

⑤ 70세 이상에서 가장 많이 인구수가 늘어난 연도는 2016년(+351명)이다.

2 ④

해설 시민 만족도가 가장 높게 신축을 하기 위해서 우선 예산을 최대한 사용하면 두 가지 경우를 계획할 수 있다.

㉠ 가장 만족도가 높은 기관을 신축할 경우 B구의 구민 실내수영장을 2개, A구에 도서관 1개를 지을 수 있다. 이 경우의 만족도는 50 + (50 − 50 × 0.2) + 35 = 125이다.

㉡ 건축비가 낮은 기관을 각 구에 2개씩 지을 경우, A구에는 구민 실내수영장 2개, B구에는 도서관을 2개 지을 수 있는데 만족도를 계산하면 30 + (30 − 30 × 0.2) + 40 + (40 − 40 × 0.2) = 126이다.

㉠과 ㉡ 중에서 ㉡의 경우가 만족도가 높다. 건축예산 60억원을 전액 사용하면 신축할 수 있다.

오답 ① B구에는 도서관이 2개 신축된다.

② ㉡의 경우 지역별 만족도의 하락을 감안하고 최대의 결과를 도출한 것이다.

③ 뛰시에 신축되는 건물의 수는 4개일 것이다.

⑤ A구에 구민 실내수영장 2개, B구에 도서관 2개를 건축하는 것이 시민 만족도가 가장 높으므로 최종적으로 각 구에 같은 수의 시설을 세우게 될 것이다.

3 ②

괄호를 채우면 다음과 같다.

응시생 \ 구분	정답 문항수	오답 문항수	풀지 않은 문항수	점수(점)
A	19	1	0	93
B	18	2	0	86
C	17	1	2	83
D	(17)	2	1	(81)
E	(17)	3	0	(79)
F	16	1	3	78
G	16	(2)	(2)	76
H	(15)	(0)	(5)	75
I	15	(2)	(3)	71
J	(14)	(3)	(3)	64

㉠ 80점 이상인 응시생은 A, B, C, D 네 명이다.
㉡ 풀지 않은 문항수의 합은 19개이다.
㉢ 응시생 I의 오답 문항수는 2개이며 풀지 않은 문항수는 3개이다.
㉣ 응시생 J의 총 점수는 64점이므로 정답 문항의 점수는 64 이상이 되어야 한다. 따라서 $5 \times 13 = 65$ 이지만 틀린 문항이 하나 있을 경우 -2점으로 63, 즉 64가 도출되지 않는다. 따라서 정답문항의 개수는 14개가 되며, 오답 문항수는 3개, 풀지 않은 문항수는 3개가 된다.

4 ①

$10\frac{2}{18}$ 시간을 $3\frac{1}{6}$ 시간으로 나누면, $10\frac{2}{18} \div 3\frac{1}{6} = \frac{182}{18} \times \frac{6}{19} = 3.19298$

∴ 3개

5 ④

주어진 자료를 통해 3년간 총 배출량은 A국 = 111.39, B국 = 130.35, C = 160.18, D = 123.67로 C국이 가장 배출량이 많다.
국가별 2022년 총 인구수를 구하면 다음과 같다.
A국의 총 인구수는 37.61 ÷ 7.20 = 약 5.22(천만 명)
B국의 총 인구수는 45.88 ÷ 16.22 = 약 2.83(천만 명)
D국의 총 인구수는 44.02 ÷ 2.22 = 약 19.83(천만 명)
따라서 총 인구수가 많은 순서대로 나열하면 D→A→B가 된다.

6 ①

해설 주택담보대출의 경우이므로 3개월의 연체기간을 월별로 나누어 계산해 보면 다음 표와 같이 정리할 수 있다.

연체기간	계산 방법	연체이자
연체발생 ~ 30일분	지체된 약정이자(50만 원) × 연8%(5% + 3%) × 30/365	3,288원
연체 31일 ~ 60일분	지체된 약정이자(100만 원) × 연8%(5% + 3%) × 30/365	6,575원
연체 61일 ~ 90일분	원금(1억2천만 원) × 연8%(5% + 3%) × 30/365	789,041원
합계		798,904원

따라서 798,904원이 정답이다.

7 ②

해설 $\dfrac{245,411 - 216,179}{216,179} \times 100 \fallingdotseq 13.5$

8 ③

해설 연간 복권당첨금 수령액이 3억 원 미만이므로, 기타소득세 20%와 지방소득세 2% 납부해야 한다. 세금은 154만 원을 제외한 당첨금은 546만 원이 된다.

9 ①

해설 $\dfrac{598,360,000,000}{8,493,000} \fallingdotseq 70,453(원)$

10 ⑤

해설 중소기업의 전년 대비 서비스업 수입액 증감률이 가장 큰 시기는 2020년의 13.2%이다. 2017년은 9.9%이다.

오답 ① 연도별로 매년 178억 불, 182억 불, 183억 불, 189억 불, 202억 불로 매년 100억 불 이상의 흑자를 보이고 있다.

② 2018년이 12.2%로 가장 낮은 비중을 보이고 있다.

③ 두 해 모두 11.3%의 가장 낮은 구성비율을 보이고 있다.

④ 수출액은 322 → 325 → 344억 불, 수입액은 568 → 597 → 669억 불로 2018년 이후 모두 매년 증가하였다.

11 ③

해설 '과학'의 실시기관 수는 어린이집의 경우 6.0 × 42,527 ÷ 100 = 약 2,552이고, 유치원의 경우 27.9 × 8,443 ÷ 100 = 약 2,356개로 어린이집이 유치원보다 더 많다.

오답 ① 특별활동프로그램 실시율이 40% 이상인 특별활동프로그램은 어린이집과 유치원 모두 음악, 체육, 영어로 같다.

② 실시기관 수 대비 파견강사 수의 비율은 음악이 1,059 ÷ 5,294 × 100 = 20%이고, 영어가 1,492 ÷ 5,968 × 100 = 25%로 영어가 더 높다.

④ 파견강사 수가 가장 많은 프로그램은 어린이집과 유치원 모두 '영어'이다.

⑤ 어린이집 특별활동프로그램 중 실시기관 수가 1,000개도 안 되는 프로그램은 컴퓨터, 한자, 서예로 총 3가지이다.

12 ④

해설 B에너지의 가격만 상승했을 때 시가총액은 38,500억 원으로 1위가 된다.

오답 ① A 전자의 시가총액은 전체 주식시장의 42%를 차지하므로 시장의 시가총액은 38,000억/0.42 = 105,960억 = 10조 5,960억으로 15조 원을 넘지 못한다.

② 상위 5개 주식만 제시되어 있으므로 전체 주식시장의 통화량 순위는 알 수 없다.

③ 감소율은 E자동차가 가장 크지만 B에너지의 가격이 훨씬 높으므로 전날 대비 가격이 가장 크게 하락한 주식은 B에너지다.

⑤ D화학의 가격만 상승했을 때 시가총액은 11,000억 원으로 그대로 4위이다.

13 ②

해설 1호차는 오전 9시 10분, 2호차는 9시 25분, 3호차는 9시 40분에 출발하므로 김 대리는 9시 25분에 출발하는 2호차로 이동한다. 회사에서부터 워크숍 장소까지는 약 1시간 15분이 소요되므로 도착하는 시간은 10시 55분이다.

14 ⑤

해설 워크숍 참석 사원은 80명이다. 이때 남자직원은 전체 사원 중 40%라고 했으므로, 32명이며 여자직원은 48명이다. 남자직원이 사용할 방의 개수는 11개, 여자직원이 사용할 방의 개수는 16개로 총 27개이다. 그런데 사원 외에 임원이 추가로 왔으므로 강 이사와 최 실장이 사용할 방(1) + 우 전무가 사용할 방(1)까지 모두 29개 방을 사용하게 된다.

15 ①

해설

㉠ 1월 주가지수 = $\frac{60+50}{60+50} \times 100 = 100$

㉡ 2월 주가지수 = $\frac{60+40}{60+50} \times 100 ≒ 90.9$

㉢ 3월 주가지수 = $\frac{63+57}{60+50} \times 100 ≒ 109.1$

㉣ 4월 주가지수 = $\frac{59+45}{60+50} \times 100 ≒ 94.5$

㉤ 5월 주가지수 = $\frac{62+39}{60+50} \times 100 ≒ 91.8$

㉥ 6월 주가지수 = $\frac{54+48}{60+50} \times 100 = 92.7$

∴ 주가지수의 최솟값은 90.9(2월)이다.

16 ⑤

> 해설　각 인원의 총 보수액을 계산하면 다음과 같다.
> 갑 : $500,000 + (15,000 \times 3) + (20,000 \times 3) - (15,000 \times 3) = 560,000$원
> 을 : $600,000 + (15,000 \times 1) + (20,000 \times 3) - (15,000 \times 3) = 630,000$원
> 병 : $600,000 + (15,000 \times 2) + (20,000 \times 2) - (15,000 \times 3) = 625,000$원
> 정 : $650,000 + (15,000 \times 5) + (20,000 \times 1) - (15,000 \times 4) = 685,000$원
> $\therefore 685,000(원) - 560,000(원) = 125,000(원)$

17 ①

> 해설　급식비 지원 증감률은 $\dfrac{647,314 - 665,984}{665,984} \times 100 = -2.8(\%)$으로, -2.8%에 해당한다.

18 ①

> 해설　서울특별시의 순이동이 $-103,647$로 변화폭이 가장 크다.

19 ⑤

> 해설　$\dfrac{2022년\,농산물\,-\,2023년\,농산물}{2022년\,농산물} \times 100 = \dfrac{232.6 - 223.5}{223.5} \times 100$
> 약 -3.9%

20 ②

> 해설　2023년에 인원은 늘어났으나 비율이 감소한 단계는 시제품 제작단계와 시장진입단계이다.
>
> 오답　⑤ ㉠과 ㉡은 29.1로 동일하다.

21 ④

> 해설　A ~ D의 효과성과 효율성을 구하면 다음과 같다.

구분	효과성		효율성	
	산출량÷목표량	효과성 순위	산출량÷투입량	효율성 순위
A	$\dfrac{500}{㉠}$	3	$\dfrac{500}{200+50}=2$	2
B	$\dfrac{1,500}{1,000}=1.5$	2	$\dfrac{1,500}{㉡+200}$	1
C	$\dfrac{3,000}{1,500}=2$	1	$\dfrac{3,000}{1,200+㉢}$	3
D	$\dfrac{㉣}{1,000}$	4	$\dfrac{㉣}{300+500}$	4

A와 D의 효과성 순위가 B보다 낮으므로 $\dfrac{500}{\bigcirc}$, $\dfrac{\textcircled{e}}{1,000}$ 의 값 은 1.5보다 작고 $\dfrac{500}{\bigcirc} > \dfrac{\textcircled{e}}{1,000}$ 가 성립한다. 효율성 순위가 1순위인 B는 2순위인 A의 값보다 커야 하므로 $\dfrac{1,500}{\textcircled{L}+200} > 2$ 이다. C와 D의 효율성 순위가 A보다 낮으므로 $\dfrac{3,000}{1,200+\textcircled{c}}$, $\dfrac{\textcircled{e}}{300+500}$ 의 값은 2보다 작고 $\dfrac{3,000}{1,200+\textcircled{c}} > \dfrac{\textcircled{e}}{300+500}$ 가 성립한다.

따라서 이 조건을 모두 만족하는 값을 찾으면 ㉠ 500, ㉡ 300, ㉢ 800, ㉣ 800이다.

22 ②

해설
㉢ A국가가 1인당 장서 수가 가장 낮고 도서관 수도 가장 적다.
㉣ B국가가 인구 수와 장서 수가 가장 크다.

오답
㉠ 1인당 장서 수는 B국가가 가장 많지만 도서관 수가 가장 많은 국가는 F국가이다.
㉡ 인구 수가 가장 많은 국가는 B국가이지만 1관당 인구 수가 가장 많은 국가는 D국가이다.
㉤ 도서관 수가 많다고 하여 인구 수가 많은 것은 아니다.

23 ②

해설 항목별로 가중치를 부여하여 계산하면,

구분	1/4 분기	2/4 분기	3/4 분기	4/4 분기
유용성	$8\times\dfrac{4}{10}=3.2$	$8\times\dfrac{4}{10}=3.2$	$10\times\dfrac{4}{10}=4.0$	$8\times\dfrac{4}{10}=3.2$
안전성	$8\times\dfrac{4}{10}=3.2$	$6\times\dfrac{4}{10}=2.4$	$8\times\dfrac{4}{10}=3.2$	$8\times\dfrac{4}{10}=3.2$
서비스 만족도	$6\times\dfrac{2}{10}=1.2$	$8\times\dfrac{2}{10}=1.6$	$10\times\dfrac{2}{10}=2.0$	$8\times\dfrac{2}{10}=1.6$
합계	7.6	7.2	9.2	8

분기별 성과평가 점수에 따른 성과평가 등급은 다음과 같다.

성과평가 등급	C	C	A	B
성과급 지급액	80만 원	80만 원	110만 원	90만 원

성과평가 등급이 A이면 직전분기 차감액의 50%를 가산하여 지급한다고 하였으므로, 3/4분기의 성과급 은 직전분기 차감액 20만 원의 50%인 10만 원을 가산하여 지급한다.

∴ 80 + 80 + 110 + 90 = 360(만 원)

24 ②

해설
㉠ 곡물류 구성비 : $\dfrac{62,454}{64,456}\times100=96.89(\%)$

㉡ 채소류 구성비 : $\dfrac{60,564}{62,484}\times100=96.92(\%)$

㉢ 과일류 구성비 : $\dfrac{83,213}{97,456}\times100=85.38(\%)$

㉣ 생선류 구성비 : $\dfrac{15,446}{21,464}\times100=71.96(\%)$

㉤ 육류 구성비 : $\dfrac{25,950}{26,440}\times100=98.14(\%)$

∴ 구성비가 두 번째로 높은 것은 채소류이다.

25 ②

해설

식자재(kg)	금액
두부(20kg)	50,000
상추(4kg)	80,000
연근(8kg)	32,000
브로콜리(3kg)	19,200
부추(2kg)	50,000
표고버섯(3kg)	30,000

총 40kg 구매하였으므로 10% 할인대상이 된다. 단, 브로콜리는 특가 상품으로 이벤트 할인이 적용되지 않으므로, $(50,000+80,000+32,000+50,000+30,000) \times 0.9+19,200=237,000$(원)

∴ 237,000(원)이다.

26 ①

해설 ㉠ 1월 무료 관람객 비중은 $\frac{418}{723} \times 100 ≒ 57.8$(%), 2월 무료 관람객 : $\frac{236}{499} \times 100 ≒ 47.3$(%), 3월 무료 관람객 : $\frac{329}{529} ≒ 62.2$(%)이므로, 3월이 가장 크다.

오답 ㉡ 3월 대비 4월 관람객 증가율은 $\frac{871-529}{529} \times 100 ≒ 64.7$(%)이다.

㉢ 5월 대비 6월 유료 관람객 감소율은 $\frac{211-246}{246} \times ≒ -14.2$(%)이다.

㉣ 4월 $\frac{234}{871} \times 100 ≒ 26.8$(%), 5월 $\frac{227}{548} \times 100 ≒ 41.4$(%), 6월 $\frac{93}{489} \times 100 ≒ 19.0$(%)이다. 2분기에 외국인 관람객 비중이 가장 큰 해는 5월이다.

27 ①

해설 ㉠ E→C→A : 1시간,

A→B→D : 2.5시간

∴ 소요시간은 총 3.5시간

㉡ B→D→E→C→A→B : 4시간

28 ⑤

해설 ㉠ A부서의 업무효율 : A부서의 총 투입시간은 88시간(개인별 업무시간 82, 회의 소요시간 6)이므로 업무효율은 1.136이다.

㉡ B부서의 업무효율 : B부서의 총 투입시간은 102시간(개인별 업무시간 90, 회의 소요시간 12)이므로 업무효율은 0.98이다.

㉢ C부서의 업무효율 : C부서의 총 투입시간은 104시간(개인별 업무시간 88, 회의 소요시간 16)이므로 업무효율은 0.96이다.

㉣ D부서의 업무효율 : D부서의 총 투입시간은 87시간(개인별 업무시간 81, 회의 소요시간 6)이므로 업무효율은 1.15이다.

29 ⑤

해설   김 대리는 "중국으로부터의 식품 수입건수는 수입건수 상위 10개 수입 상대국으로부터의 식품 수입건수 합의 45% 이하"라고 평가했다. 중국으로부터의 식품 수입건수는 104,784건이다. 기타 국가를 제외한 수입건수 상위 10개 수입 상대국으로부터의 식품 수입건수 합은 약 25만 6천 건이다. 중국은 약 40.8%를 차지하므로 김 대리는 제시된 자료를 옳게 평가했다.

오답   ① 정 주임은 식품의 총 수입액은 17조 원 이상이라고 했는데, 이는 금액과 점유율을 활용하여 알 수 있다. 일본의 수입액 금액은 0.17조 원인데 점유율은 1.06%이다. 다시 말해 금액이 17조 원일 경우 점유율은 106%가 되는 것이다. 따라서 100% 값은 17조 원이 되지 않는다는 것을 의미한다.

② 현 대리는 "수입액 상위 10개 수입 대상국의 식품 수입액 합이 전체 식품 수입액에서 차지하는 비중은 70% 이상이다."라고 했다. 상위 10개 수입 상대국의 점유율 합계는 66.49%로 70%에 미치지 못한다.

③ 식품 수입액 상위 10개 수입 상대국과 식품 수입건수 상위 10개 수입 상대국에 모두 속하는 국가 수는 중국, 미국, 태국, 베트남, 필리핀, 영국, 일본의 7개이다. 이 주임은 6개라고 평가했으므로 옳지 않은 평가이다.

④ 식품 수입건수당 식품 수입액은 중국이 약 3,235만 원이고 미국은 약 5,610만 원으로 미국이 더 크므로 한 차장의 평가는 옳지 않다.

30 ①

오답   ⓒ 기업의 매출액이 클수록 자기자본비율이 동일한 비율로 커지는 관계에 있다고 가정하면 순이익은 자기자본비율 × 순이익률에 비례한다. 따라서 2020년도 순이익이 가장 많은 기업은 B이다.

ⓓ 2020년도 순이익률이 가장 높은 기업은 B이다. 2010년도 영업이익률이 가장 높은 기업은 F이다.

1	2	3	4	5	6	7	8	9	10
③	②	①	④	②	③	②	②	②	③
11	12	13	14	15	16	17	18	19	20
⑤	②	④	③	③	④	③	②	④	②
21	22	23	24	25	26	27	28	29	30
③	④	⑤	②	③	③	②	③	④	④

1　③

　　해설　중국 출장은 3명만 갈 수 있다. 우선 중국 출장에 갈 수 있는 사람은 김 과장, 신 과장, 류 과장, 임 과장, 최 과장이다. 〈조건〉에서 한 사람이 두 국가까지만 갈 수 있다고 하였으므로 두 국가를 초과하는 신 과장, 임 과장을 제외하면 김 과장, 류 과장, 최 과장이 중국 출장에 가야 한다. 모든 사람이 한 국가 이상 출장을 가야 한다고 했으므로 김 과장은 꼭 중국을 가야 하며, 장 과장은 꼭 일본을 가야 한다. 또한 영국으로 4명이 출장을 가야 되고, 출장 가능 직원도 4명이므로 이 과장, 신 과장, 류 과장, 임 과장이 영국을 가야한다. 4국가 출장에 필요한 직원은 12명인데 김 과장과 장 과장이 1국가 밖에 못가므로 나머지 5명이 2국가를 출장간다는 것에 주의한다.

	출장가는 직원
미국(1명)	이 과장
영국(4명)	류 과장, 이 과장, 신 과장, 임 과장
중국(3명)	김 과장, 최 과장, 류 과장
일본(4명)	장 과장, 최 과장, 신 과장, 임 과장

2　②

　　해설　보기1에 의하면 ㉠과 ㉢이 주변인과 대화하기 또는 시위 · 집회 참여하기 중 하나임을 알 수 있다. 또한 보기2에 의하면 ㉠, ㉡, ㉢ 중 서명운동 참여하기와 주변인과 대화하기가 해당됨을 알 수 있다. 따라서 ㉡이 서명운동 참여하기임을 확인할 수 있다.

　　　　보기3에서는 ㉢과 ㉣이 시위 · 집회 참여하기 또는 불매운동 참여하기 중 하나임을 의미하고 있으므로 보기1과 함께 판단했을 때, ㉢이 시위 · 집회 참여하기, ㉣이 불매운동 참여하기가 되며 이에 따라 ㉠은 주변인과 대화하기가 된다.

3 ①

해설 조건에 따르면 영업과 사무 분야의 일은 甲이 하는 것이 아니고, 관리는 乙이 하는 것이 아니므로 '甲 –
관리, 乙 – 사무, 丙 – 영업, 丁 – 전산'의 일을 하게 된다.

4 ④

해설 조건을 그림으로 도식화하면 다음과 같이 나타낼 수 있다.

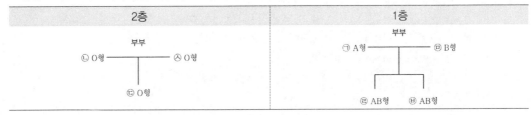

2층	1층

5 ②

해설 2층에 사는 ⓒ, ⓐ, ⓒ를 제외한 ㉠, ㉣, ㉤, ㉥가 1층에 산다.

6 ③

해설 다른 기능은 고려하지 않는다고 했으므로 제시된 세 개 항목에만 가중치를 부여하여 점수화한다. 각 제품의
점수를 환산하여 총점을 구하면 다음과 같다.

구분	A	B	C	D
크기	153.2 × 76.1 × 7.6	154.4 × 76 × 7.8	154.4 × 75.8 × 6.9	139.2 × 68.5 × 8.9
무게	171g	181g	165g	150g
RAM	4GB	3GB	4GB	3GB
저장 공간	64GB	64GB	32GB	32GB
카메라	16Mp	16Mp	8Mp	16Mp
배터리	3,000mAh	3,000mAh	3,000mAh	3,000mAh
가격	653,000원	616,000원	599,000원	549,000원
가중치 부여	(20 × 1.3) + (18 × 1.2) + (20 × 1.1) = 69.6	(20 × 1.3) + (16 × 1.2) + (20 × 1.1) = 67.2	(18 × 1.3) + (18 × 1.2) + (8 × 1.1) = 53.8	(18 × 1.3) + (20 × 1.2) + (20 × 1.1) = 69.4

따라서 가장 가중치 점수가 높은 것은 A제품이며, 가장 낮은 것은 C제품이므로 정답은 A제품과 C제품이
된다.

7 ②

丙은 25점 만점 중 20점이므로 한 개만 틀렸기 때문에 丙의 답안지를 기준으로 정답을 가려낼 수 있다.

• 1번 문항이 틀렸다고 가정할 때

구분	1번	2번	3번	4번	5번	총점(25점)
甲	O	X	X	X	O	10점
乙	X	O	X	O	O	15점
丙	X	X	O	O	O	20점
丁	X	X	O	O	O	25점

甲 = 10점, 乙 = 15점, 丙 = 20, 丁 = 25점이므로 조건이 성립될 수 없다.

• 2번 문항이 틀렸다고 가정할 때

구분	1번	2번	3번	4번	5번	총점(25점)
甲	O	X	X	X	O	10점
乙	X	O	X	O	O	15점
丙	O	O	O	O	O	20점
丁	X	X	O	O	O	15점

甲 = 10점, 乙 = 15점, 丙 = 20점, 丁 = 15점이므로 조건이 성립될 수 없다.

• 3번 문항이 틀렸다고 가정할 때

구분	1번	2번	3번	4번	5번	총점(25점)
甲	O	X	X	X	O	20점
乙	X	O	X	O	O	15점
丙	O	X	X	O	O	20점
丁	X	X	O	O	O	15점

甲 = 20점, 乙 = 15점, 丙 = 20점, 丁 = 15점이므로 조건이 성립될 수 없다.

• 4번 문항이 틀렸다고 가정할 때

구분	1번	2번	3번	4번	5번	총점(25점)
甲	O	X	X	X	O	20점
乙	X	O	X	O	O	5점
丙	O	X	O	X	O	20점
丁	X	X	O	O	O	15점

甲 = 20점, 乙 = 5점, 丙 = 20점, 丁 = 15점이므로 조건이 성립될 수 없다.

• 5번 문항이 틀렸다고 가정할 때

구분	1번	2번	3번	4번	5번	총점(25점)
甲	O	X	X	X	O	10점
乙	X	O	X	O	O	5점
丙	O	X	O	O	X	20점
丁	X	X	O	O	O	15점

甲 = 10점, 乙 = 5점, 丙 = 20점, 丁 = 15점이므로 조건이 성립된다.

∴ 乙의 총점은 5점이다.

8 ②

조건 3에 따라 A업체는 선정된다. 조건 2에 따라 A업체가 선정되면 C업체는 선정되지 않는다. 조건 4에 따라 E업체가 선정된다. 조건 6의 D업체와 H업체는 선정 여부가 확실하지 않다. 따라서 선정이 확실한 업체는 A업체와 E업체 두 개다.

9 ②

A와 D의 면접 점수(x로 치환)가 동일하므로 $14 + 18 + 19 + 16 + 2x = 17.5 \times 6 = 105$가 된다. 따라서 A와 D의 면접 점수는 19점이 된다. 이를 통해 문제의 표를 정리하면 다음과 같다.

분야 응시자	어학	컴퓨터	실무	NCS	면접	평균
A	16	14	13	15	19	15.4
B	12	14	10	10	14	12.0
C	10	12	9	10	18	11.8
D	14	14	20	17	19	16.8
E	18	20	19	17	19	18.6
F	10	13	16	15	16	14
계	80	87	87	84	105	88.6
평균	13.3	14.5	14.5	14	17.5	14.8

따라서 2명의 최종 채용자는 D와 E가 된다. 그러므로 ②와 같은 조건의 경우에는 A와 D의 평균 점수가 각각 16.8점과 15.4점이 되어 최종 채용자가 A와 E로 바뀌게 된다.

① E의 평균 점수가 17.6점이 되어 여전히 1위의 성적이므로 채용자는 변경되지 않는다.
③ F의 평균 점수가 16점이 되므로 채용자는 변경되지 않는다.
④ B의 평균 점수가 16점이 되므로 채용자는 변경되지 않는다.
⑤ C의 평균 점수가 14점이 되므로 채용자는 변경되지 않는다.

10 ③

문법반은 월, 화, 목요일에 강좌 개설이 가능하므로 월요일에도 가능 표시가 되어야 한다.

11 ⑤

3 ~ 4월에 문법반은 월, 수, 금 밤 8시에 중급반 강좌가 개설되었었다. 따라서 5 ~ 6월에는 월, 화, 목 밤 9시로 시간을 옮겨 고급반으로 진행되어야 한다.

① 회화반B는 화, 목, 금요일 개설 가능하므로 수정될 필요가 없다.
② 3 ~ 4월에 독해반이 고급이었으므로 입문반이 올바른 강좌이다.
③ 3 ~ 4월에 한자반은 초급이었으므로 5 ~ 6월에는 중급 강좌가 적절하며 월, 수, 금이 가능한 요일이다.
④ 비즈니스반은 월, 목이 가능하며, 회화반A는 매일 가능하므로 적절하다.

해설 주어진 점수표를 통해 甲 ~ 丙이 4회와 5회에서 받은 점수는 甲은 7, 乙은 6, 丙은 5가 된다. 한 회의 점수가 모두 동점이고 다른 회에서 한 사람이 자유투를 한 번에 성공하여 1점을 받았다. 만약 甲이나 乙이 1점을 받는다면 점수가 동점인 회의 점수가 6점이나 5점이 되므로 丙의 점수표가 완성될 수 없다. 따라서 자유투에서 1점을 획득한 사람은 丙이다.

구분	1회	2회	3회	4회	5회	합계
甲	2	4	3	3	4	16
乙	5	4	2	2	4	17
丙	5	2	6	1	4	18
회차별 합계	12	10	11	6	12	51

오답 ① 1회에서 3회 점수 합산을 하면 甲 9점, 乙 10점, 丙 13점으로 丙이 1위이다.
③ 자유투에서 1점을 획득한 사람은 丙인 것을 알 수 있다.
④ 4회와 5회 합산점수는 甲 7점, 乙 6점, 丙 5점으로 丙이 최하위이다.
⑤ 회차별 합산 점수가 제일 낮은 회차는 4회가 된다.

13 ④

해설 평가대상기관의 내진성능평지수와 내진성능평가점수를 정리하면 다음과 같다.

	A	B	C	D
내진성능 평가지수	82(3점)	90(5점)	80(1점)	83(3점)
내진보강 공사지수	91(3점)	95(3점)	90(1점)	96(5점)
합산 점수	6점	8점	2점	8점

합산 점수가 높은 1위, 2위는 B와 D로 두 기관 다 8점으로 동점이다. 이럴 경우 내진보강 대상건수가 많은 기관을 높은 순위로 한다고 했으므로 1위는 D, 2위는 B이다.

14 ③

해설 헌혈을 하기 위한 공가는 공가 목적에 직접 필요한 시간만큼 휴가일수를 받을 수 있다.

오답 ① 5세 이하 자녀가 있는 경우 24개월 범위에서 1일 최대 2시간 휴가가 가능하다.
② 가족돌봄휴가를 통해 사용할 수 있다.
④ 자녀 군 입영 휴가를 통해 입영 당일 1일 휴가를 받을 수 있다.
⑤ 사생활 편의를 위해 사용하는 휴가인 연가는 재직기간에 따라서 휴가일수가 다르다.

15 ③

해설 ㉠ A와 C는 취미가 운동이기 때문에 반드시 수출 업무를 좋아하는 B와 함께 TF팀이 구성되어야 함을 알 수 있다. 그러므로 ② A, D와 ⑤ A, C, D는 정답에서 제외된다.
㉡ A, B는 짝수 연차이므로 홀수 인원으로 TF팀이 구성될 수 없다. 그러므로 ④ A, B, C는 정답에서 제외된다.
㉢ A, B는 남직원이므로 둘만으로 TF팀이 구성될 수 없다. 그러므로 ① A, B는 정답에서 제외된다. 따라서 정답은 ③ B, C이다.

16 ④

평가 항목	가중치	면접자별 접수				
		A	B	C	D	E
소통 · 공감	30%	12	24	21	27	24
헌신 · 열정	20%	12	14	12	14	16
창의 · 혁신	20%	18	10	14	16	14
윤리 · 책임	30%	24	27	27	30	27
총점		66	75	74	87	81
결과		탈락	탈락	탈락	1순위	2순위

따라서 D가 최종적으로 채용된다.

17 ③

해설 보령댐은 2월부터 시간이 지날수록 조류량이 많아져 2 ~ 4월은 "주의", 5 ~ 8월은 "경보" 단계였다.

18 ②

오답
① 대청댐 – 경보
③ 합천댐 – 주의
④⑤ 남강댐, 주암댐 – 평상

19 ④

오답 ②③⑤ 신탁부가 경영기획부에 대한 조사보다 나중에 시작될 수 없다는 조건과 모순된다.
① 영업부에 대한 조사가 홍보부 또는 리스크관리부 중 적어도 어느 한 부서에 대한 조사보다는 먼저 시작되어야 한다는 조건에 모순된다.

20 ②

해설 甲 : 5㎢는 500ha이므로 사과를 수확하여 무농약 농산물 인증신청을 하려면 농약을 사용하지 않고, 화학비료는 50,000kg(=50t)의 2분의 1 이하로 사용하여 재배해야 한다.
丙 : 5ha(100m × 500m)에서 감을 수확하여 저농약 농산물 인증신청을 하려면 화학비료는 600kg의 2분의 1 이하로 사용하고, 농약은 살포시기를 지켜(수확 14일 전까지) 살포 최대횟수인 4회의 2분의 1 이하로 사용하여 재배해야 한다.

오답 乙 : 복숭아의 농약 살포시기는 수확 14일 전까지이다. 저농약농산물 인증신청을 위한 살포시기를 지키지 못 하였으므로 인증을 받을 수 없다.

21 ③

해설 팀장별 순위에 대한 가중치는 모두 동일하다고 했으므로 1 ~ 4순위까지를 각각 4, 3, 2, 1점씩 부여하여 점수를 산정해 보면 다음과 같다.

갑 : 2 + 4 + 1 + 2 = 9   을 : 4 + 3 + 4 + 1 = 12
병 : 1 + 1 + 3 + 4 = 9   정 : 3 + 2 + 2 + 3 = 10

따라서 〈보기〉의 설명을 살펴보면 다음과 같다.

㉠ '을' 또는 '정' 중 한 명이 입사를 포기하면 '갑'과 '병'이 동점자이나 김 팀장이 부여한 순위가 높은 '갑'이 채용되게 된다.

오답 ㉡ 김 팀장이 '을'과 '정'의 순위를 바꿨다면, 네 명의 순위에 따른 점수는 다음과 같아지므로 바뀌기 전과 동일하게 '을'과 '정'이 채용된다.

갑 : 2 + 4 + 1 + 2 = 9   을 : 3 + 3 + 4 + 1 = 11
병 : 1 + 1 + 3 + 4 = 9   정 : 4 + 2 + 2 + 3 = 11

㉢ 네 명의 순위에 따른 점수는 다음과 같아지므로 '정'은 채용되지 못한다.

갑 : 2 + 1 + 1 + 2 = 6   을 : 4 + 3 + 4 + 1 = 12
병 : 1 + 4 + 3 + 4 = 12   정 : 3 + 2 + 2 + 3 = 10

22 ④

해설 하나의 전략만으로 2번의 대결에서 모두 패배할 확률이 가장 낮고 승리하는 전략은 A(40, 50), B(30, 70), C(10, 60)이므로 각 전략의 패배율을 곱한 수가 가장 작은 C전략을 사용해야 한다.

오답 ① 총 3번의 대결을 하면서 승리할 확률이 가장 높은 전략부터 사용할 시 C→B→A전략 순으로 사용하게 되므로 세 가지 전략을 모두 사용한다.

② 甲이 오직 하나의 전략을 사용하여 승리할 확률을 구하면 각 전략의 1회 ~ 3회의 승률을 모두 곱한 값이 가장 큰 것을 구하면 된다. 따라서 A전략을 사용해야 한다.

③ 4번의 대결을 하면서 승리할 확률이 높은 전략부터 사용하면 4번째 대결에서 A전략을 사용해야 한다.

⑤ 甲이 6번의 대결을 하면서 승률이 가장 높은 전략을 순서대로 사용한다면 C→B→A→A→C→A 순으로 사용하므로 B전략은 1회 사용된다.

23 ⑤

해설 객실의 층과 라인의 배열을 그림으로 표현하면 다음과 같다.

301호	302호	303호	304호
201호	202호	203호	204호
101호	102호	103호	104호

두 번째 조건에서 4호 라인에는 3개의 객실에 투숙하였다고 했으므로 104호, 204호, 304호에는 출장자가 있게 된다. 또한 3호 라인에는 1개의 객실에만 출장자가 투숙하였다고 했는데, 만일 203호나 303호에 투숙하였을 경우, 2층과 3층의 나머지 객실이 정해질 수 없다. 그러나 103호에 투숙하였을 경우, 1층의 2개 객실이 정해지게 되며 2층과 3층은 3호 라인을 제외한 1호와 2호 라인 모두에 출장자가 투숙하여야 한다. 따라서 보기 ⑤의 사실이 확인된다면 8명의 출장자가 투숙한 8개의 객실과 투숙하지 않는 4개의 객실 모두를 다음과 같이 알아낼 수 있다.

301호	302호	303호	304호
201호	202호	203호	204호
101호	102호	103호	104호

24 ②

해설 ㉠ 설립방식 : {(고객만족도 효과의 현재가치) − (비용의 현재가치)}의 값이 큰 방식 선택
  • ㈎ 방식 : 5억 원 − 3억 원 = 2억 원 → 선택
  • ㈏ 방식 : 4.5억 원 − (2억 원 + 1억 원 + 0.5억 원) = 1억 원
  ㉡ 설립위치 : {(유동인구) × (20 ~ 30대 비율) / (교통혼잡성)} 값이 큰 곳 선정(20 ~ 30대 비율이 50% 이하인 지역은 선정대상에서 제외)
  • 甲 : 80 × 75 / 3 = 2,000
  • 乙 : 20 ~ 30대 비율이 50%이므로 선정대상에서 제외
  • 丙 : 75 × 60 / 2 = 2,250 → 선택

25 ③

해설 f 본사에 가서 서류를 받아야 함으로 f 본사와 e 연구소를 먼저 방문한다. 그리고 다음으로 가장 효율적으로 이동하기 위해서는 이동하는 거리상 가까운 곳을 우선적으로 알아봐야 하는데 위의 지하철 노선 상으로도 알 수 있듯이 ④ a-c-d-b는 가장 먼 거리로 이동하기 때문에 비효율적인 방법이다. 따라서 e에서 b로 이동하여 b에서 c로 이동한 다음 c에서 d로 이동하고 마지막으로 d에서 a로 이동하는 것이 가장 효율적인 방법이라 할 수 있다.

26 ③

주어진 평가 방법에 의해 각 팀별 총점을 산출해 보면 다음과 같다.

평가 항목(가중치)	A팀	B팀	C팀	D팀
팀 성적(0.3)	65	80	75	85
연간 경기 횟수(0.2)	90	95	85	90
사회공헌활동(0.3)	95	75	85	80
지역 인지도(0.2)	95	85	95	85
총점	84.5 + 108 + 123.5 + 114 = 430점	104 + 114 + 97.5 + 102 = 417.5점	97.5 + 102 + 110.5 + 114 = 424점	110.5 + 108 + 104 + 102 = 424.5점

따라서 총점은 A − D − C − B 순이다.

㉠ 내년에는 A팀과 D팀이 매주 일요일 시립 야구장을 사용하게 된다.

㉢ 전국 대회 출전 자격은 상위 3개 팀에게 제공되므로 A, C, D팀이 해당한다.

㉡㉣ 다음 표에서와 같이 총점이 달라지므로 ㉣만 올바른 설명이 된다.

〈팀 성적과 연간 경기 횟수 가중치 상호 변경〉

평가 항목(가중치)	A팀	B팀	C팀	D팀
팀 성적(0.3)	65	80	75	85
연간 경기 횟수(0.2)	90	95	85	90
사회공헌활동(0.3)	95	75	85	80
지역 인지도(0.2)	95	85	95	85
총점	78 + 117 + 123.5 + 114 = 432.5점	96 + 123.5 + 97.5 + 102 = 419점	90 + 110.5 + 110.5 + 114 = 425점	102 + 117 + 104 + 102 = 425점

지원금이 삭감되는 4위는 B팀으로 바뀌지 않는다.

〈지역 인지도 점수가 모두 동일할 경우〉

평가 항목(가중치)	A팀	B팀	C팀	D팀
팀 성적(0.3)	65	80	75	85
연간 경기 횟수(0.2)	90	95	85	90
사회공헌활동(0.3)	95	75	85	80
지역 인지도(0.2)	95	85	95	85
총점	84.5 + 108 + 123.5 = 316점	104 + 114 + 97.5 = 315.5점	97.5 + 102 + 110.5 = 310점	110.5 + 108 + 104 = 322.5점

네 개 팀의 총점은 D − A − B − C 순으로 4개 팀의 순위가 모두 바뀌게 된다.

27 ②

해설 한 명만이 진실을 말하고 있는 경우의 명제추리 문제는 주어진 조건을 하나씩 대입하여 모순이 없는 것을 찾는 방법으로 풀어볼 수 있다.

- 甲이 참을 말하는 경우 : 甲은 지역가입자이다. 이 경우 을은 거짓이므로 乙도 지역가입자가 된다. 따라서 모순이 된다.
- 乙이 참을 말하는 경우 : 乙은 지역가입자가 아니므로 사업장 가입자 또는 임의가입자가 된다. 丙은 거짓이므로 병은 임의가입자가 된다. 그러면 乙은 사업장 가입자가 된다. 남는 것은 甲과 지역가입자인데 乙의 말이 참이라면 甲의 말은 거짓이므로 甲은 지역가입자가 아니어야 하여 또한 모순이 된다.
- 丙이 참을 말하는 경우: 乙은 지역가입자가 된다. 甲은 지역가입자가 아니므로 사업장 가입자 또는 임의가입자가 되고, 丙은 사업장 가입자 또는 지역가입자가 된다. 이 경우, 乙이 지역가입자이므로 丙은 나머지 하나인 사업장 가입자가 되고, 이에 따라 甲은 나머지 하나인 임의가입자가 되면 아무런 모순 없이 세 명의 가입자 지위가 정해지게 된다.

따라서 甲은 임의가입자, 乙은 지역가입자, 丙은 사업장 가입자가 된다.

28 ③

해설 먼저, 제시된 조건을 정리하면 다음과 같다.

a. 모두 일렬로 주차되어 있으며 지정주차다.

c. 7년차, 5년차, 3년차, 2년차, 1년차로 연차가 높을수록 지정번호는 낮다.

1	2	3	4	5
7년차	5년차	3년차	2년차	1년차

b. 차량의 색은 빨간색, 주황색, 노란색, 초록색, 파란색이다.

d. 지정번호가 가장 낮은 자리에 주차한 차량의 색은 주황색이다.

e. 노란색 차량과 빨간색 차량의 사이에는 초록색 차량이 주차되어 있다.

h. 2년차 차량 색상은 빨간색이다.

1	2	3	4	5
7년차	5년차	3년차	2년차	1년차
주황색	노란색	초록색	빨간색	

f. 乙의 차량 색상은 초록색이다.

g. 1이 아닌 맨 뒷자리에 주차한 사람은 丙이다.

i. 戊의 차량은 甲의 옆자리에 주차되어 있다.

1	2	3	4	5
7년차	5년차	3년차	2년차	1년차
주황색	노란색	초록색	빨간색	
甲 or 戊	甲 or 戊	乙		丙

戊의 차량과 甲의 차량이 옆자리여야 하므로 7년차와 5년차이다. 이를 조합하여 다시 표로 정리하면 다음과 같다.

1	2	3	4	5
7년차	5년차	3년차	2년차	1년차
주황색	노란색	초록색	빨간색	파란색
甲 or 戊	甲 or 戊	乙	丁	丙

③ 2년차 차량의 색은 빨간색이다. (O)
① 甲은 7년차 또는 5년차이므로 항상 참은 아니다.
② 戊의 차량은 주황색 차량 또는 노란색 차량이므로 항상 참은 아니다.
④ 乙은 3년차로, 乙보다 연차가 높은 사람은 7년차, 5년차 두 명이다.
⑤ 丙의 주차장 번호는 5이고 정의 주차장 번호는 4이므로 뺀 값은 1이다.

29 ④

해설 제23조 제3호에서는 레일에 특별한 경우 외에는 열을 가할 수 없다고 규정하고 있으며, 제27조 제3항에 서는 곡선에 부설된 레일 중 마모가 심하게 발생하는 개소에 열처리레일 설치가 가능하다고 규정하고 있으므로 이를 종합하면 곡선이 아닌 직선에 부설된 어떠한 레일의 경우에도 열처리가 허용되지 않는다고 판단할 수 있다.

오답 ① 모든 경우 본부장의 승인을 받는 것이 아니며, '차륜도유기를 설치한 차량이 운행하는 구간에 레일도 유기를 설치하지 아니할 경우와 레일도유기를 설치(이설) 또는 철거하고자 할 경우'에만 본부장의 승인을 받는 것으로 규정하고 있다.
② 현접법과 지접법은 레일 이음부의 침목 배치 방법이며, 레일의 이음방법에는 상대식과 상호식이 있다.
③ 제26조 제2항의 내용은, 터널 내 레일의 간격정정작업은 봄이나 가을에 시행해야 한다는 원칙 규정의 적용을 받지 않아 계절에 구애받지 않는다는 것이지, 여름과 겨울에 시행해야 한다는 의미는 아니다.
⑤ 레일은 직선과 곡선궤도와 관계없이 '반드시 직각되게 수직으로 절단'해야 한다고 규정하고 있다.

30 ④

해설 재사용이 가능한 중고품으로 60kg을 초과하는 경우이며, 직선 레일에 사용하는 것이므로 곡선용에서만 가능한 열처리가 되어 있지 않는 레일이 된다. 따라서 보통레일에 해당하는 노란색으로 단면을 도색해야 한다. 나머지 단면도색은 모두 주어진 도표에 부합하는 색깔을 사용한 경우이다.

1	2	3	4	5	6	7	8	9	10
④	②	③	④	③	⑤	①	①	②	②
11	12	13	14	15	16	17	18	19	20
②	④	③	①	①	⑤	①	④	⑤	④
21	22	23	24	25	26	27	28	29	30
②	③	①	①	④	②	④	②	④	⑤

1 ④

해설 필드(Field)에 관한 설명이다. 파일(File)은 서로 연관된 레코드들의 집합으로 프로그램 구성의 기본 단위이다.

2 ②

해설 절단 검색은 지정한 검색어를 포함한 문자열을 가진 자료를 모두 검색하는 것을 말한다. 단어의 어미변화 다양성을 간단하게 축약한다. 일반적으로 *나 %를 많이 사용하며, 특정한 문자열로 시작하는 정보를 찾는지, 특정한 문자열로 끝나는 정보를 찾는지에 따라 후방절단, 전방절단으로 분류한다.

3 ③

해설 연산자 수가 많아도 두 개 이상의 값을 산출할 수 없다.

오답 ① 연산의 과정을 연산식이라고 한다.
② 연산자별로 산출되는 값의 타입은 다르다.
④ 연산식의 값은 보통 변수에 저장한다.
⑤ 다른 연산식의 피연산자 위치에 올 수 있다.

4 ④

해설 HTML에서 이미지를 삽입하기 위해서는 〈img〉 태그를 사용하여야 한다.

5 ③

해설 고급 언어로 프로그래밍하는 과정은 '원시 프로그램 → 번역(Compile) → 목적프로그램 → 링킹(Linking) → 로드 모듈 → 로딩(Loading) → 프로그램 실행'이다.

6 ⑤

해설 기억 용량 단위의 크기는 'KB → MB → GB → TB → PB → EB' 순이다.

7 ①

해설 ② ipconfig : 사용자의 컴퓨터 IP 주소를 확인하는 명령이다.
③ nslookup : URL 주소로 IP 주소를 확인하거나 DNS 동작 여부를 확인하는 명령이다.
④ nbtstat : IP 주소가 중복되어 충돌하는 경우, 충돌 지점을 알아내는 명령이다.
⑤ net view : 특정 컴퓨터 시스템에 공유되어 있는 현황을 보여주는 명령이다.

8 ①

해설 IF함수는 논리검사를 수행하여 TRIE 혹은 FALSE에 해당하는 값을 반환한다. 제시된 함수는 다중 IF 함수로, 조건이 세 개인 경우 =IF(조건식,참,IF(조건식,참,거짓))의 형식으로 작성한다.

9 ②

해설 'COUNT' 함수는 인수 목록에서 숫자가 들어 있는 셀의 개수를 구할 때 사용되는 함수이며, 인수 목록에서 공백이 아닌 셀과 값의 개수를 구할 때 사용되는 함수는 'COUNTA' 함수이다.

10 ②

해설 #VALUE!는 논리 값 또는 숫자가 필요한 수식에 텍스트를 입력했거나 배열 수식을 입력한 후 올바른 단축키를 누르지 않았을 때 발생한다.

오답 ① #DIV/0! : 숫자를 0으로 나누었을 때 발생한다.
③ #NAME? : 함수명을 잘못 입력하거나 잘못된 인수를 사용할 때 발생한다.
④ #NUM! : 함수의 인수나 수식이 잘못된 형식으로 입력되었을 때 발생한다.
⑤ ##### : 셀의 값보다 열의 너비가 좁거나 엑셀에서 처리할 수 있는 숫자 범위를 넘었을 때 발생한다.

11 ②

해설 DCOUNT는 조건을 만족하는 개수를 구하는 함수로, [A2:F7]영역에서 '2016'(2016년도 종사자 수)가 25보다 작고 '2020'(2020년도 종사자 수)가 19보다 큰 레코드의 수는 1이 된다. 조건 영역은 [A9:B10]이 되며, 조건이 같은 행에 입력되어 있으므로 AND 조건이 된다.

12 ④

해설 구하고자 하는 값은 "생산부 사원"의 승진시험 점수의 평균이다. 주어진 조건에 따른 평균값을 구하는 함수는 AVERAGEIF와 AVERAGEIFS인데 조건이 1개인 경우에는 AVERAGEIF, 조건이 2개 이상인 경우에는 AVERAGEIFS를 사용한다.

13 ③

해설 FREQUENCY(배열1, 배열2)은 배열2의 범위에 대한 배열1 요소들의 빈도수를 계산하고, PERCENTILE(범위, 인수)은 범위에서 인수 번째 백분위수 값을 의미한다.
제시된 워크시트의 함수 형태는 REQUENCY(Data_array, Bins_array)를 사용해야 한다. Data_array에는 빈도수를 계산하려는 값이 있는 셀 주소 또는 배열이 들어가고, Bins_array에는 Data_array 를 분류하는 데 필요한 구간 값들이 있는 셀 주소 또는 배열이 들어가야 한다.
따라서 {=FREQUENCY(B3:B9, E3:E6)}가 된다.

14 ①

엑셀 통합 문서 내에서 다음 워크시트로 이동하려면 〈Ctrl〉+〈Page Down〉을 눌러야 하며, 이전 워크시트로 이동하려면 〈Ctrl〉+〈Page Up〉을 눌러야 한다.

15 ①

LOOKUP은 LOOKUP(찾는 값, 범위 1, 범위 2)로 작성하여 구한다. VLOOKUP은 범위에서 찾을 값에 해당하는 열을 찾은 후 열 번호에 해당하는 셀의 값을 구하며, HLOOKUP은 범위에서 찾을 값에 해당하는 행을 찾은 후 행 번호에 해당하는 셀의 값을 구한다.

16 ⑤

지정 범위에서 인수의 순위를 구하는 경우 'RANK' 함수를 사용한다. 이 경우, 수식은 '=RANK(인수, 범위, 결정 방법)'이 된다. 결정 방법은 0 또는 생략하면 내림차순, 0 이외의 값은 오름차순으로 표시하게 된다.

17 ①

㉠ 1회전

5	3	8	1	2

1	3	8	5	2

㉡ 2회전

1	3	8	5	2

1	2	8	5	3

18 ④

㉠ 1회전

55	11	66	77	22

11	55	66	77	22

㉡ 2회전

11	55	66	77	22

11	22	66	77	55

© 3회전

11	22	66	77	55

11	22	55	77	66

19 ⑤

해설 코드 부여 안내에 따라 적절한 코드는 다음과 같다.
제조연월 230323, 중국 국가 코드 3, 공장라인 코드 B, QI제품 코드 05, 상세코드(용량 2TB) 003, 1102번째 품목 01102이다. 따라서 230323-3-B-05-003-01102가 된다.

20 ④

해설 상품코트 2110101A0200200321를 나눠보면 211010-1-A-02-002-00321가 된다. 제조연월은 21년 10월 10일이고, 제조 국가는 한국 제1공장에 해당하며, AS2 제품이고, 용량은 1TB이다.

21 ②

해설 코드번호를 나눠보면 230423-4A-03-002-13424가 된다. 잘못 작성된 코드번호는 23년 4월 23일, 베트남 제1공장, oz제품, 1TB, 13424번째 품목이다. 제품은 한국 제4공장에서 제조되었으므로 생산라인 코드를 1D로 수정해야 한다.

22 ③

해설 COUNTBLANK 함수는 비어 있는 셀의 개수를 세어 준다. COUNT 함수는 숫자가 입력된 셀의 개수를 세어 주는 반면 COUNTA 함수는 숫자는 물론 문자가 입력된 셀의 개수를 세어 준다. 즉, 비어있지 않은 셀의 개수를 세어주기 때문에 이 문제에서는 COUNTA 함수를 사용하여야 한다.

23 ①

오답 ② 괄호에 주어진 매개값을 모니터로 출력하고 개행한다.
③ 괄호에 주어진 매개값을 모니터로 출력하나, 개행하지 않는다.
④ 키보드에 입력된 코드를 출력한다.
⑤ 키보드에서 입력된 내용을 읽기 위해 사용해야 한다.

24 ①

해설 "Best Fit"은 가장 낭비가 적은 부분에 할당하기 때문에 영역1에 할당된다.

25 ④

해설 윤동주 시인이 지은 시집을 검색하는 것이므로 많은 책들 중에서 윤동주과 시집이 동시에 들어있는 웹문서를 검색해야 한다. 따라서 AND 연산자를 사용하면 된다.

26 ②

해설 니블 : 4개의 바이트로 구성되어 2^4 개의 정보를 표현할 수 있다.

오답 ③ 필드 : 파일 구성의 최소 단위로, 데이터베이스에서 열을 나타냈다.

④ 레코드 : 하나 이상의 필드들이 모여서 구성된 자료 처리 단위이다.

⑤ 데이터베이스 : 파일들의 집합이다.

※ 자료의 단위 … 비트 → 니블 → 바이트 → 워드 → 필드 → 레코드 → 파일 → 데이터베이스

27 ④

해설 숫자의 자릿수가 일정하지 않으므로 전체 문자에서 '수량:' 세 자리를 뺀 개수를 추출해야 한다. LEN(C2)은 [C2] 셀에 입력된 문자열이 몇 개의 문자로 구성되어 있는지 계산한다. 즉, =RIGHT(C2,LEN(6-3))를 의미한다. =RIGHT 함수는 텍스트 문자열의 마지막 문자부터 지정한 개수의 문자를 반환하는 함수로, [C2] 셀에서 문자열의 오른쪽 끝 글자 수 3(수량:)을 뺀 값을 반환한다. 그러므로 =RIGHT(C2,LEN(C2)-3)가 적절하다.

28 ②

해설

등록 번호	성명	성별	나이	기간	→ 릴레이션 스키마

튜플은 릴레이션 스키마를 제외한다. 따라서 튜플의 수는 4이다.

29 ④

해설 =EDATE 함수는 특정 날짜로부터 몇 개월이 경과하였을 때의 날짜 또는 몇 개월 전의 날짜를 도출한다. EDATE(start_date, months) 함수에서 start_date는 시작 일, months는 경과 개월을 입력하는데 =EOMONTH도 마찬가지다. =EOMONTH 함수를 적용 시 =EOMONTH(A2,B2)가 되어야 한다.

30 ⑤

해설 IF 함수는 논리함수이다. IF 함수는 조건에 만족하는 값을 구할 때 사용된다. IF(logical_test,value_if_true,value_if_false) 식에서 logical_test는 TRUE나 FALSE로 평가될 수 있는 임의의 값 또는 식이다. value_if_true는 logical_test가 TRUE인 경우에 반환되는 값이다. value_if_false는 logical_test가 FALSE인 경우에 반환되는 값이다. 숫자가 1에서 5까지 이므로 여러 함수를 중첩하여 사용해야 하는데, 1일 때 "★", 2일 때 "♡", 3일 때 "♣", 4일 때 "♪", 5일 때 "☎"로 변환하기 위해서는 =IF(A2=1,"★",IF(A2=2,"♡",IF(A2=3,"♣",IF(A2=4,"♪",IF(A2=5,"☎"))))) 수식을 입력해야 한다.

1	2	3	4	5	6	7	8	9	10
①	⑤	④	④	④	④	④	②	③	③
11	12	13	14	15	16	17	18	19	20
②	⑤	①	④	①	②	⑤	①	②	⑤
21	22	23	24	25	26	27	28	29	30
④	③	③	③	③	④	④	⑤	③	④

1　①

해설

필기시험 과목	국제계열	상경계열	이공계열	외국어계열	기타계열	소계
직업기초능력	14	25	35	11	15	100
직무상식	12	34	25	12	17	100
경영학/경제학	24	37	24	9	6	100
논술	21	31	25	15	8	100
합계	71	127	109	47	46	400

학과별로 필기시험 우수자 합계는 상경계열이 가장 많다.

오답　② 경영학/경제학 우수자가 가장 낮은 학과는 기타계열이다.

③ 계열별 평균 인원은 20명이고 20명을 넘는 학과는 상경계열과 이공계열이 있다.

④ 제시된 자료만으로는 확인할 수 없다.

⑤ 필기시험 우수자가 가장 낮은 것은 기타계열이다.

2　⑤

해설　자원을 적절하게 관리하기 위해서 거쳐야 하는 4단계의 자원관리 과정과 순서는 다음과 같다.

'㈐ 어떤 자원이 얼마나 필요한지를 확인하기 → ㈑ 이용 가능한 자원을 수집(확보)하기 → ㈏ 자원 활용 계획 세우기 → ㈎ 계획에 따라 수행하기' 순이다.

3　④

해설　물품출납 및 운용카드를 활용하면 보유하고 있는 물품의 상태 및 활용이 쉽고, 물품의 상태를 지속해서 점검함으로써 효과적으로 관리할 수 있으며, 보유하고 있는 물품의 종류 및 양을 확인하고 분실의 위험을 줄일 수 있다는 장점이 있다. 하지만 운용카드를 활용하면 수기로 작성하여야 하므로 번거롭고 일이 많아 진다는 단점이 있다. 반면 물품관리 프로그램을 이용할 경우 자료를 쉽고 빠르게 입력할 수 있다.

4 ④

해설 SWOT는 기업 경영 전략을 위한 분석 방법으로 업무관리와는 관련이 없다.

5 ④

해설 계속근로연수 3년인 직원이므로 16일의 연차휴가가 발생되며, 반일 연차 6회 사용은 3일 연차 사용이 되므로 13일의 잔여 휴가 일수가 발생하게 된다.

오답 ① 계속근로연수가 1년 미만인 직원이 3일의 연차를 사용하였으므로 1년 후 받게 되는 15일 연차휴가에서 3일만큼을 공제하게 되어 12일의 연차휴가가 발생한다.
② 3년이 지난 후부터 매 2년마다 1일씩 추가되어 3년 후 16일, 5년 후 17일, 7년 후 18일의 연차휴가 일수가 발생한다. 8년 후에는 여전히 18일이 된다.
③ 서면 통보를 받은 잔여 휴가를 사용하지 않을 경우 연차수당이 지급되지 않으며, 1년이 지나면 소멸되므로 만일 서면 통보를 받지 못하였다면 소멸된 휴가에 대하여 연차수당을 받을 수 있는 것으로 판단할 수 있다.
⑤ 질병으로 인한 병가는 계속 출근한 것으로 인정되어 5년 차 17일 휴가가 소멸된다.

6 ④

해설 甲 씨의 월 급여액에서 비용을 모두 지출하고 남은 금액은 70만 원이다. 90%를 넘지 않아야 하므로 아파트 입주를 위한 최대 지출 가능 금액은 63만 원이다. 또한, 한도액 내에서 가장 넓어야 하므로 보증금과 월 임대료의 합이 611,000인 D지역의 큰 방이 가장 적절한 곳이 된다.

7 ④

해설 긴급한 일과 중요한 일이 상충될 경우, 팀장의 지시에 의해 중요한 일을 먼저 처리해야 한다. 따라서 시간관리 매트릭스상의 'I → II → III → IV'의 순으로 업무를 처리하여야 한다.
보기 중 (B) − (F) − (G) − (L)이 가장 합리적인 시간 계획이라고 할 수 있다.

8 ②

해설 A프로젝트 : 200만 원 투자, 수익률 9%로 1년 후 18만 원의 수익이 발생한다.
B프로젝트 : 400만 원 투자(그중 200만 원은 연리 5%로 대출받음. 따라서 10만 원의 비용이 발생)
B프로젝트를 선택하려면, 적어도 28만 원보다 많은 수익이 발생하여야 한다. 400만 원 중 수익이 28만 원보다 많으려면, 수익률이 적어도 7%보다 높아야 한다($\frac{280,000}{4,000,000} \times 100$). 따라서 7.1%가 연간 예상 수익률의 최저 수준이 됨을 알 수 있다.

9 ③

해설 식량부족 문제를 해결하기 위해서는 더 많은 식량을 생산해내야 하지만, 토지를 무한정 늘릴 수 없을 뿐 아니라 이미 확보한 토지마저도 미래에는 줄어들 수 있음을 언급하고 있다. 이것은 식량이라는 자원을 초점으로 하는 것이 아닌 이미 포화 상태에 이르러 유한성을 드러낸 토지에서 어떻게 하면 더 많은 식량을 생산할 수 있는지를 고민하고 있다. 따라서 토지라는 자원은 유한하며 어떻게 효율적인 활용을 할 수 있는지를 주제로 담고 있다고 볼 수 있다.

10 ③

해설 ⓒ을 평정하기 위해서는 다양한 관점으로 현상을 분석하고 새로운 시각으로 대안을 제시하며 이를 시행할 수 있는 계획을 우선순위로 정하여 추진하는 능력을 알 수 있는 질문이 적절하다.

11 ②

해설 달력에 휴가일을 표시하면 다음과 같다.

일	월	화	수	목	금	토
		1	2	3	4	5
6	7	8	9	10	11	12
13	14	15	16	17	18	19
20	21	22	23	24	25	26
27	28	29	30	31		

따라서 戊 씨가 31일에 휴가를 사용해도 24일 목요일은 전원이 근무하는 날이 될 수 있다.

12 ⑤

해설 A사는 높은 가격으로 인한 거래선 유치의 어려움으로 인해 결국 시장점유율이 하락할 것이며, B사는 지속적인 적자 누적으로 제품 생산을 계속할수록 적자폭도 커지게 되는 상황을 맞이하게 될 것이다. 따라서 개발 책정 비용과 실제 발생하는 비용을 동일하게 유지하는 것이 기업에게 가장 바람직한 모습이라고 할 수 있다.

13 ①

해설 기업이 예산 투입을 하는 과정에 있어 비용을 적게 들이는 것이 반드시 좋은 것은 아니다. 기업에서 제품을 개발한다고 할 때, 개발 책정 비용을 실제보다 높게 책정하면 경쟁력을 잃어버리게 되고, 반대로 낮게 책정하면 개발 자체가 이익을 주는 것이 아니라 오히려 적자가 나는 경우가 발생할 수 있다. 그로 인해 책정 비용과 실제 비용의 차이를 줄이고, 비슷한 상태가 가장 이상적인 상태라고 할 수 있다. 또한, 아무리 예산을 정확하게 수립하였다 하더라도 활동이나 사업을 진행하는 과정에서 계획에 따라 적절히 관리하지 않으면 아무런 효과가 없다. 즉 아무리 좋은 계획도 실천하지 않으면 되지 않듯이 예산 또한 적절한 관리가 필요하다. 이는 좁게는 개인의 생활비나 용돈관리에서부터 크게는 사업, 기업 등의 예산관리가 모두 마찬가지이며, 실행과정에서 적절히 예산을 통제해주는 것이 필수적이라고 할 수 있다.

14 ④

제외건수가 매일 5건씩 감소한다고 했으므로 11일째가 되는 날이 제외건수가 0이 되는 날이다.

일별 심사 비용 계산 시 11일째에는 $0.5+(11-1)\times0.2=0.5+10\times0.2=2.5$ 증가한다.

누적 비용을 계산하면,

$$S_{11}=\frac{11}{2}\times(0.5+2.5)$$

$$S_{11}=16\frac{1}{2}$$

∴ 16.5억 원

15 ①

해설 (70억$-$16.5억)/500건$=$1,070만 원

16 ②

해설 각 공급처로부터 두 물품 모두를 함께 구매할 경우(ⓒ)와 개별 구매할 경우(ⓒ)의 총 구매가격을 표로 정리해 보면 다음과 같다. 구매 수량은 각각 400개 이상이어야 한다.

공급처	물품	세트당 포함 수량(개)	세트 가격	ⓒ	ⓒ
A업체	경품 1	100	85만 원	340만 원	5,025,500원
	경품 2	60	27만 원	189만 원	(5% 할인)
B업체	경품 1	110	90만 원	360만 원	5,082,500원
	경품 2	80	35만 원	175만 원	(5% 할인)
C업체	경품 1	90	80만 원	400만 원	5,120,000원
	경품 2	130	60만 원	240만 원	(20% 할인)

17 ⑤

해설 경품 1의 세트당 가격을 5만 원 인하하면 총 판매가격이 4,920,000원이 되어 가장 낮은 공급가가 된다.

오답 ① 경품 1의 세트당 포함 수량이 100개가 되면 세트 수량이 5개에서 4개로 줄어들어 판매가격이 80만 원 낮아지나, 할인 적용이 되지 않아 최종 판매가는 오히려 비싸진다.

② 경품 2의 세트당 가격을 2만 원 인하하면 총 판매가격이 5,056,000으로 A업체보다 비싸다.

18 ①

해설 싱가포르와는 3개월 무비자 협정이 체결되어 있기 때문에 별도의 비자를 신청할 필요가 없다.

19 ②

해설 4대 보험은 기업이 제공하고 있는 법정복리후생이다.

오답 ① 종업원 현황에서 110명은 중소기업에 해당한다.

③ 급여 및 복지 항목에 제시되어 있다.

④ 희망자에 한해 주2회 시간외근무를 한다.

⑤ 직종에 관련된 자격증을 소지한 자를 우대한다.

20 ⑤

해설　주어진 산식을 이용해 각 기업의 금융비용부담률과 이자보상비율을 계산해 보면 다음과 같다.

〈A기업〉	〈B기업〉
영업이익 : 98 − 90 − 2 = 6천만 원 금융비용부담률 : 1.5 ÷ 98 × 100 = 약 1.53% 이자보상비율 : 6 ÷ 1.5 × 100 = 400%	영업이익 : 105 − 93 − 3 = 9천만 원 금융비용부담률 : 1 ÷ 105 × 100 = 약 0.95% 이자보상비율 : 9 ÷ 1 × 100 = 900%
〈C기업〉	〈D기업〉
영업이익 : 95 − 82 − 3 = 10천만 원 금융비용부담률 : 2 ÷ 95 × 100 = 약 2.11% 이자보상비율 : 10 ÷ 2 × 100 = 500%	영업이익 : 112 − 100 − 5 = 7천만 원 금융비용부담률 : 2 ÷ 112 × 100 = 약 1.79% 이자보상비율 : 7 ÷ 2 × 100 = 350%

따라서 금융비용부담률이 가장 낮은 기업과 이자보상비율이 가장 높은 기업은 모두 B기업임을 알 수 있으며, B기업이 가장 우수한 건전성을 나타낸다고 할 수 있다.

21 ④

해설　보유 현금으로 자동차 할부금을 상환하면, 감소하는 자산만큼 부채도 감소하므로 순자산은 변동이 없다.

오답　① 아파트는 요구불예금보다 유동성이 낮다.
② 주식은 요구불예금보다 안전성이 낮다.
③ 채권의 투자 수익에는 이자와 시세 차익이 있다.
⑤ 순자산은 변동하지 않는다.

22 ③

해설　시간관리의 유형
㉠ 시간 창조형(24시간형 인간) : 긍정적이며 에너지가 넘치고 빈틈없는 시간계획을 통해 비전과 목표 및 행동을 실천하는 사람
㉡ 시간 절약형(16시간형 인간) : 8시간 회사 업무 이외에도 8시간을 효율적으로 활용하고 8시간을 자는 사람. 정신없이 바쁘게 살아가는 사람
㉢ 시간 소비형(8시간형 인간) : 8시간 일하고 16시간을 제대로 활용하지 못하며 빈둥대면서 살아가는 사람, 시간은 많은데도 불구하고 마음은 쫓겨 항상 바쁜 척하고 허둥대는 사람
㉣ 시간 파괴형(0시간형 인간) : 주어진 시간을 제대로 활용하기는커녕 시간관념이 없어 자신의 시간은 물론 남의 시간마저 죽이는 사람

23 ③

해설　A제품의 생산량을 x개라 하면, B제품의 생산량은 $(50 - x)$개이므로,
$50x + 20(50 - x) \le 1,600 \cdots ㉠$
$3x + 5(50 - x) \le 240 \cdots\cdots\cdots ㉡$
㉠ $\cdots x \le 20$,
㉡ $\cdots x \ge 5$
따라서 ㉠과 ㉡을 합치면 $5 \le x \le 20$이므로 x의 최댓값인 20개의 A제품을 생산할 때 이익이 최대가 된다.

24 ③

해설 출발시각을 한국 시간으로 먼저 바꾼 다음 소요시간을 더해서 도착 시간을 확인해 보면 다음과 같다.

	출발시각(현지시간)	출발시각(한국시간)	소요시간	도착시간
H 상무	12월 12일 17:20	12월 13일 01:20	13시간	12월 13일 14:20
P 전무	12월 12일 08:30	12월 12일 22:30	14시간	12월 13일 12:30
E 전무	12월 12일 09:15	12월 13일 01:15	11시간	12월 13일 12:15
M 이사	12월 12일 22:30	12월 13일 04:30	9시간	12월 13일 13:30

따라서 도착 시간이 빠른 순서는 E 전무 – P 전무 – M 이사 – H 상무가 된다.

25 ③

해설 ㉠ 융통성을 제외한 나머지 부분의 점수의 합은 동률을 이루는 상황이므로 B 사원보다 융통성 점수가 높아야 총점에서 C 사원이 B 사원 보다 높은 점수를 받을 수 있다. 따라서 10점을 맞아야 한다.

㉢ A 사원과 B 사원의 융통성 부분의 점수가 바뀐다면 A 사원은 1점이 증가하고 B 사원은 1점이 감소하기 때문에 A 사원과 B 사원은 동점인 상황이 된다.

오답 ㉡ D 사원은 작업속도 부분에서 10점을 받더라도 총점이 38점이 나오기 때문에 상여금을 받을 수 있지만 진급하지는 못한다.

㉣ 표에서 괄호부분의 점수를 모두 10점을 준다 하더라도 A 사원(34점), B 사원(36점), C 사원(37점), D 사원(38점), E 사원(39점) 이므로 E 사원이 진급을 하지만 총점이 40점을 넘은 것은 아니다.

26 ④

해설 • 지하철 이용

　15분 → 18분 → 22분으로 총 55분이 소요된다.

• 버스 이용

　21분 → 28분 → 15분으로 총 64분이 소요된다.

甲은 오전 9시 30분에 회사 앞에서 출발하여 오전 10시 30분까지 L대학교 대강당에 도착해야 하므로 지하철을 이용해야 한다.

27 ④

해설 2월에 출장 가는 부서는 영업부 3명(제네바), 해외개발부 4명(파리)이다.

• 영업부 : (2,841,500 × 3) × 0.8 = 6,819,600원

• 해외개발부 : (1,789,200 × 4) × 0.8 = 5,725,440원

∴ 12,545,040원

28 ⑤

해설　• 11/8일 포천점 외근 비용 : 173,400원

• 11/12일 양주점 외근 비용 : 97,200원

• 11/20일 하남점 외근 비용 : 89,000원

• 11/29일 금남점 외근 비용 : 153,800원

• 12/6일 미추홀구점 외근 비용 : 107,800원

∴ 621,200원을 지원받을 수 있다.

29 ③

해설　22일에 E가 오후 반차이긴 하나, 마지막날에는 교육이 오전 10시에 종료되므로 가장 적절하다.

오답　① 월~금 2박3일간 진행되므로 토 · 일요일이 포함된 7일은 적절하지 않다.

② 13일 F가 오전 반차, C가 연차이므로 적절하지 않다.

④⑤ 토요일이므로 적절하지 않다.

30 ④

해설　회사 승인이 필요한 교재는 다음과 같다.

1	2	3	4	5	6	7	8	9	10
①	②	③	④	①	②	③	④	①	②
11	12	13	14	15	16	17	18	19	20
④	⑤	②	④	④	②	④	③	④	④
21	22	23	24	25	26	27	28	29	30
④	②	②	②	②	④	②	②	⑤	⑤

1　①

> 해설　조직체제 구성요소
> ㉠ 조직목표 : 조직이 달성하려는 장래의 상태로 조직이 존재하는 정당성과 합법성을 제공한다. 전체 조직의 성과, 자원, 시장, 인력개발, 혁신과 변화, 생산성에 대한 목표가 포함된다.
> ㉡ 조직구조 : 조직 내의 부문 사이에 형성된 관계로 조직목표를 달성하기 위한 조직구성원들의 상호작용을 보여준다. 조직구조는 결정권의 집중정도, 명령계통, 최고경영자의 통제, 규칙과 규제의 정도에 따라 달라지며 구성원들의 업무나 권한이 분명하게 정의된 기계적 조직과 의사결정권이 하부구성원들에게 많이 위임되고 업무가 고정적이지 않은 유기적 조직으로 구분될 수 있다. 조직의 구성은 조직도를 통해 쉽게 파악할 수 있는데, 이는 구성원들의 임무, 수행하는 과업, 일하는 장소 등을 파악하는데 용이하다.
> ㉢ 조직문화 : 조직이 지속되게 되면서 조직구성원들 간에 공유되는 생활양식이나 가치로 조직구성원들의 사고와 행동에 영향을 미치며 일체감과 정체성을 부여하고 조직이 안정적으로 유지되게 한다. 최근 조직문화에 대한 중요성이 부각되면서 긍정적인 방향으로 조성하기 위한 경영층의 노력이 이루어지고 있다.
> ㉣ 조직의 규칙과 규정 : 조직의 목표나 전략에 따라 수립되어 조직구성원들의 활동범위를 제약하고 일관성을 부여하는 기능을 하는 것으로 인사규정, 총무규정, 회계규정 등이 있다. 특히 조직이 구성원들의 행동을 관리하기 위하여 규칙이나 절차에 의존하고 있는 공식화 정도에 따라 조직의 구조가 결정되기도 한다.

2　②

> 해설　제시된 글은 비공식 집단에 대한 설명이다.
> ②는 공식적 집단에 관한 설명이다.

3 ③

해설

전략목표설정		환경분석		경영전략 도출		경영전략 실행		평가 및 피드백
• 비전 설정 • 미션 설정	→	• 내부환경 분석 • 외부환경 분석 (SWOT 등)	→	• 조직전략 • 사업전략 • 부문전략	→	경영목적 달성		• 경영전략 결과 평가 • 전략목표 및 경영전 략 재조명

4 ④

해설 조직목표의 기능
　　 ㉠ 조직이 존재하는 정당성과 합법성 제공
　　 ㉡ 조직이 나아갈 방향 제시
　　 ㉢ 조직구성원 의사결정의 기준
　　 ㉣ 조직구성원 행동수행의 동기유발
　　 ㉤ 수행평가 기준
　　 ㉥ 조직설계의 기준

5 ①

해설 경영참가제도
　　 ㉠ 목적
　　　 • 경영의 민주성을 제고할 수 있다.
　　　 • 공동으로 문제를 해결하고 노사 간의 세력 균형을 이룰 수 있다.
　　　 • 경영의 효율성을 제고할 수 있다.
　　　 • 노사 간 상호 신뢰를 증진시킬 수 있다.
　　 ㉡ 유형
　　　 • 경영참가 : 경영자의 권한인 의사결정과정에 근로자 또는 노동조합이 참여하는 것
　　　 • 이윤참가 : 조직의 경영성과에 대하여 근로자에게 배분하는 것
　　　 • 자본참가 : 근로자가 조직 재산의 소유에 참여하는 것

6 ②

해설 영리조직은 대표적으로 사기업을 말한다.

7 ③

해설 제시된 글은 기획부의 업무에 해당한다.

※ 업무의 종류

ⓐ 총무부 : 주주총회 및 이사회개최 관련 업무, 의전 및 비서업무, 집기비품 및 소모품의 구입과 관리, 사무실 임차 및 관리, 차량 및 통신시설의 운영, 국내외 출장 업무 협조, 복리후생 업무, 법률자문과 소송관리, 사내외 홍보 광고업무

ⓑ 인사부 : 조직기구의 개편 및 조정, 업무분장 및 조정, 인력수급계획 및 관리, 직무 및 정원의 조정 종합, 노사관리, 평가관리, 상벌관리, 인사발령, 교육체계 수립 및 관리, 임금제도, 복리후생제도 및 지원업무, 복무관리, 퇴직관리

ⓒ 기획부 : 경영계획 및 전략 수립, 전사기획업무 종합 및 조정, 중장기 사업계획의 종합 및 조정, 경영정보 조사 및 기획보고, 경영진단업무, 종합예산수립 및 실적관리, 단기사업계획 종합 및 조정, 사업계획, 손익추정, 실적관리 및 분석

ⓓ 회계부 : 회계제도의 유지 및 관리, 재무상태 및 경영실적 보고, 결산 관련 업무, 재무제표 분석 및 보고, 법인세, 부가가치세, 국세 지방세 업무자문 및 지원, 보험가입 및 보상업무, 고정자산 관련 업무

ⓔ 영업부 : 판매 계획, 판매예산의 편성, 시장조사, 광고 선전, 견적 및 계약, 제조지시서의 발행, 외상매출금의 청구 및 회수, 제품의 재고 조절, 거래처로부터의 불만처리, 제품의 애프터서비스, 판매원가 및 판매가격의 조사 검토

8 ④

해설 제시된 글은 영업부의 업무에 해당한다.

※ 영업부 : 판매 계획, 판매예산의 편성, 시장조사, 광고 선전, 견적 및 계약, 제조지시서의 발행, 외상매출금의 청구 및 회수, 제품의 재고 조절, 거래처로부터의 불만처리, 제품의 애프터서비스, 판매원가 및 판매가격의 조사 검토

9 ①

해설 조직은 목적과 목표를 가지고 있으며, 이를 달성하기 위해 다양한 조직구조를 사용한다. 이렇게 조직이 형성되고 발전되면 조직구성원들이 공유하는 가치관, 신념, 규범 등의 조직문화가 형성되게 된다. 또한 조직의 효율성을 높이기 위해서 규칙과 규정을 제정하고 업무를 분화한다. 본 문항은 한 조직의 구성원으로서 조직의 구조와 목적, 체제 구성요소, 규칙, 규정 등 자신이 속한 조직의 체제를 제대로 이해하고 있는지에 대해 묻는 문항이다.

※ 조직체제 구성요소

ⓐ 조직목표 : 조직이 달성하려는 장래의 상태로 조직이 존재하는 정당성과 합법성을 제공한다. 전체 조직의 성과, 자원, 시장, 인력개발, 혁신과 변화, 생산성에 대한 목표가 포함된다.

ⓑ 조직구조 : 조직 내의 부문 사이에 형성된 관계로 조직목표를 달성하기 위한 조직구성원들의 상호작용을 보여준다. 조직구조는 결정권의 집중정도, 명령계통, 최고경영자의 통제, 규칙과 규제의 정도에 따라 달라지며 구성원들의 업무나 권한이 분명하게 정의된 기계적 조직과 의사결정권이 하부 구성원들에게 많이 위임되고 업무가 고정적이지 않은 유기적 조직으로 구분될 수 있다. 조직의 구성은 조직도를 통해 쉽게 파악할 수 있는데, 이는 구성원들의 임무, 수행하는 과업, 일하는 장소 등을 파악하는데 용이하다.

    ⓒ 조직문화 : 조직이 지속되게 되면서 조직구성원들 간에 공유되는 생활양식이나 가치로 조직구성원들의 사고와 행동에 영향을 미치며 일체감과 정체성을 부여하고 조직이 안정적으로 유지되게 한다. 최근 조직문화에 대한 중요성이 부각되면서 긍정적인 방향으로 조성하기 위한 경영층의 노력이 이루어지고 있다.

    ⓔ 조직의 규칙과 규정 : 조직의 목표나 전략에 따라 수립되어 조직구성원들의 활동범위를 제약하고 일관성을 부여하는 기능을 하는 것으로 인사규정, 총무규정, 회계규정 등이 있다. 특히 조직이 구성원들의 행동을 관리하기 위하여 규칙이나 절차에 의존하고 있는 공식화 정도에 따라 조직의 구조가 결정되기도 한다.

10 ②

해설 조직구조의 유형
  ⓐ 기계적 조직
   • 구성원들의 업무가 분명하게 규정
   • 엄격한 상하 간 위계질서
   • 다수의 규칙과 규정 존재
  ⓑ 유기적 조직
   • 비공식적인 상호의사소통
   • 급변하는 환경에 적합한 조직

11 ④

해설 총무부는 주주총회 및 이사회개최 관련 업무, 의전 및 비서업무, 법률자문과 소송관리의 업무를 하며, 영업부가 외상매출금의 청구 및 회수, 판매예산의 편성, 견적 및 계약의 업무를 다룬다.

12 ⑤

해설 레드오션은 경쟁을 목표로 하고, 존재하는 소비자와 현존하는 시장에 초점(시장경쟁전략)을 맞춘 반면, 블루오션은 비 고객에게 초점(시장창조전략)을 맞추고 새로운 수요를 창출하고자 한다.

13 ②

해설 경영전략의 추진 과정 … 전략목표 설정 → 환경 분석 → 경영전략 도출 → 경영전략 실행 → 평가 및 피드백

14 ④

해설　매일 신문의 국제면을 읽는다.

　※ 국제동향 파악 방법

　　　㉠ 관련 분야 해외 사이트를 방문하여 최신 이슈를 확인한다.

　　　㉡ 매일 신문의 국제면을 읽는다.

　　　㉢ 업무와 관련된 국제잡지를 정기 구독한다.

　　　㉣ 노동부, 한국산업인력공단, 산업자원부, 중소기업청, 상공회의소, 산업별인적자원개발협의체 등의
　　　　 사이트를 방문해 국제동향을 확인한다.

　　　㉤ 국제학술대회에 참석한다.

　　　㉥ 업무와 관련된 주요 용어의 외국어를 알아둔다.

　　　㉦ 해외 서점 사이트를 방문해 최신 서적 목록과 주요 내용을 파악한다.

　　　㉧ 외국인 친구를 사귀고 대화를 자주 나눈다.

15 ④

해설　조직변화의 과정 … 환경변화 인지 → 조직변화 방향 수립 → 조직변화 실행 → 변화결과 평가

16 ②

해설　이란에서 노란색 꽃은 적대감을 표시한다.

17 ④

해설　㈎ 한국금융그룹사, ㈏ 2025년도 우수 직원 해외연수단 편성, ㈐ 5년차 직원 중 희망자, ㈒ 전결이다.

18 ③

해설　회의에서 알 수 있는 내용이다.

오답　① 서비스팀은 주문폭주 일주일 동안 포장된 제품을 전격 회수와 제품을 구매한 고객에 사과문 발송 및
　　　　100% 환불 보상을 공지한다.

　　　② 주문량이 증가한 날짜는 회의록만으로 알 수 없다.

　　　④ 서비스팀에서 제품을 전격 회수하고, 개발팀에서 유해성분을 조사하기로 했다.

　　　⑤ 염료를 사용하지 않는 포장재 개발은 회의에서 알 수 없는 내용이다.

19 ④

해설　경조사비는 접대비에 해당하므로 접대비지출품의서나 지출결의서를 작성하고 30만 원을 초과하였으므로
　　　결재권자는 대표이사에게 있다. 또한 누구에게도 전결되지 않았다.

20 ④

해설　거래처 식대이므로 접대비지출품의서나 지출결의서를 작성하고 30만 원 이하이므로 최종 결재는 본부장
　　　이 한다. 본부장이 최종 결재를 하고 본부장 란에는 전결을 표시한다.

21 ④

해설 사업부문은 신용사업부문으로 명칭이 변경되어야 한다.

22 ②

해설 브레인스토밍 기법은 아이디어의 질보다 양에 초점을 맞춘 것으로서 집단 구성원들은 즉각적으로 생각나는 아이디어를 제시할 수 있으며, 그로 인해 브레인스토밍은 다량의 아이디어를 도출해낼 수 있다. 또한, 구성원들은 자신이 가지고 있던 기존 아이디어를 개선해 더욱 더 발전된 형태의 아이디어를 창출할 수 있는데, 이는 다른 사람의 의견을 참고해서 창의적으로 조합할 수 있기 때문이다.

23 ②

오답 ① 기획부 ③ 자금부 ④ 인사부 ⑤ 영업부
　※ 총무부의 주요 업무
　　㉠ 문서 및 직인관리
　　㉡ 주주총회 및 이사회개최 관련 업무
　　㉢ 의전 및 비서업무
　　㉣ 사무실 임차 및 관리
　　㉤ 차량 및 통신시설의 운영
　　㉥ 국내외 출장 업무 협조
　　㉦ 사내외 행사 관련 업무(경조사 포함)
　　㉧ 기타 타부서에 속하지 않는 업무 등

24 ②

해설 발신부서는 소프트웨어를 제작하는 팀이므로 연구개발팀이고, 발신부서는 수신부서에게 신제품 개발에 대한 대략적인 내용과 함께 영업 마케팅에 대한 당부를 하고 있으므로 수신부서는 영업팀이 가장 적절하다.

25 ②

해설 ㉠ 사장직속으로는 3개 본부, 12개 처, 3개 실로 구성되어 있다.
　㉡ 해외부사장은 2개의 본부를 이끌고 있다.
　㉣ 노무처는 관리본부에, 재무처는 기획본부에 소속되어 있다.

26 ④

해설 임직원행동강령에서는 '그 밖에 지역관할 행동강령책임관이 공정한 직무수행이 어려운 관계에 있다고 정한 자가 직무관련자인 경우'라고 규정하고 있으므로 지역관할 행동강령책임관의 판단으로 결정할 수 있다.

오답 ① 이전 직장 퇴직 후 2년이 경과하지 않으면 직무관련성이 남아 있는 것으로 간주한다.
　② '지역관할 행동강령책임관이 그 권한의 범위에서 그 임직원의 직무를 일시적으로 재배정할 수 있는 경우에는 그 직무를 재배정하고 본사 행동강령책임관에게 보고하지 아니할 수 있다.'고 규정하고 있다.
　③ 규정되어 있는 '사적인 접촉'은 어떠한 경우에도 사전에 보고되어야 하며, 보고받는 자가 부재 시에는 사후에 반드시 보고하도록 규정하고 있다.

⑤ 여행을 가는 경우는 사적인 접촉에 해당되며, 직무관련자가 대학 동창인 것은 부득이한 사유에 해당한다. 따라서 이 경우 사무소장에게 보고를 한 후 여행에 참여할 수 있으며 정보 누설 등의 금지 원칙을 준수하여야 한다.

27 ②

해설 하급자를 상급자에게 먼저 소개해 주는 것이 일반적이며, 비임원을 임원에게 먼저 소개하여야 한다. 또한 정부 고관의 직급명은 퇴직한 경우라고 사용하는 것이 관례이다.

28 ②

해설 ⓒ → 강력하고 견고한 유통망이 있을 경우, 고객을 세분화하여 제품 차별화 전략을 활용할 수 있다.
ⓔ → 차별화를 이루게 되면 경험과 노하우에 따른 더욱 특화된 제품이나 서비스가 제공되므로 신규기업 진입에 대한 효과적인 억제가 가능하게 된다.
ⓐⓑ → 차별화에는 많은 비용이 소요되므로 반드시 비용측면을 고려해야 하며 일정 부분의 경영상 제약이 생길 수 있다.
ⓓ → 지역별, 연령별, 성별 특성 등의 선호체계 구분이 뚜렷할 경우 맞춤형 전략 수립이 용이하다.

29 ⑤

해설 ⓒ 노동조합의 기능이 다양하게 확대됨에 따라 근로자의 경영참가를 자연스럽게 받아들일 수밖에 없는 사회 전반적인 분위기 확산도 경영참가제도의 발전 배경으로 볼 수 있다.
ⓕ 노사 양측의 조직규모는 지속적으로 거대화 되었으며, 이에 따른 사회적 책임이 증대되었고 노사관계가 국민경제에 미치는 영향이 커짐으로 인해 분쟁을 가능한 한 회피하고 평화적으로 해결하기 위한 필요성도 경영참가제도를 발전시킨 배경으로 볼 수 있다.
ⓔ 기술혁신은 인력의 절감효과를 가져와 격렬한 노사분쟁을 유발하고 생산성 향상에 오히려 역효과를 초래하게 되어, 결국 이러한 문제 해결을 위해 노사 간의 충분한 대화가 필요해지며 이런 대화의 장을 마련하기 위한 방안으로 경영참가제도가 발전하였다고 볼 수 있다.

30 ⑤

해설 오 대리가 들러야 하는 조직과 업무 내용은 다음과 같이 정리할 수 있다.
보고 서류 전달 – 비서실
계약서 검토 확인 – 법무팀
배차 현황 확인 – 총무팀
통관 작업 확인 – 물류팀

제1회 실전모의고사

1	2	3	4	5	6	7	8	9	10
④	⑤	②	②	⑤	②	①	④	④	③
11	12	13	14	15	16	17	18	19	20
⑤	④	①	③	⑤	③	②	②	③	①
21	22	23	24	25	26	27	28	29	30
②	②	②	⑤	④	③	②	④	③	①
31	32	33	34	35	36	37	38	39	40
②	④	⑤	④	④	④	⑤	②	②	⑤
41	42	43	44	45	46	47	48	49	50
②	①	②	④	④	④	④	①	④	②

1 ④

해설 난공불락의 甲자동차회사는 위협 요인에 들어가야 한다.

※ SWOT분석 … 기업의 내부환경과 외부환경을 분석하여 강점(Strength), 약점(Weakness), 기회(Opportunity), 위협(Threat) 요인을 규정하고 이를 토대로 경영전략을 수립하는 기법이다. 기회 요인은 경쟁, 고객, 거시적 환경 등과 같은 외부환경으로 인해 비롯된 기회를 말한다.

2 ⑤

해설 A ~ E에서 '집 → 수영장 → 회사 → 학원 → 집'의 경로에 대한 거리를 구하면 다음과 같다.

㉠ A : 4 + 5 + 9 + 6 = 24
㉡ B : 2 + 5 + 9 + 6 = 22
㉢ C : 6 + 5 + 9 + 2 = 22
㉣ D : 3 + 5 + 9 + 3 = 20
㉤ E : 1 + 5 + 9 + 3 = 18

'수영장 → 회사 → 학원'을 거치는 경로는 A ~ E 모두에서 동일하므로 '집 → 수영장', '학원 → 집'의 거리만 계산하여 빠르게 구할 수도 있다.

3 ②

해설 ROUND(number,num_digits)는 반올림하는 함수이며, ROUNDUP은 올림, ROUNDDOWN은 내림하는 함수이다. ROUND(number,num_digits)에서 number는 반올림하려는 숫자를 나타내며, num_digits는 반올림할 때 자릿수를 지정한다. 이 값이 0이면 소수점 첫째 자리에서 반올림하고 −1이면 일의자리 수에서 반올림한다.

4 ②

알파벳 중 U, M 2개가 일치하기 때문에 시스템 상태는 경계 수준이며, input code는 alert이다.

5 ⑤

10개의 알파벳이 모두 일치하기 때문에 시스템 상태는 복구 불능 수준이며, input code는 unrecoverable이다.

6 ②

심사기준별 점수를 합산해보면 다음과 같다.

귀농가구	거주기간	가족수	영농규모	주택 노후도	사업 시급성	총점
A	10	4	4	10	10	38
B	4	8	10	6	10	38
C	6	6	8	10	10	40
D	4	10	6	6	4	30
E	8	4	10	8	7	37

C가 총점이 가장 높으므로 C가 지원대상이 되며, A와 B는 총점이 동일하므로 가구주의 연령이 높은 A가 지원대상이 된다.

7 ①

은행에 내야 하는 금액

A → $(1,000 \times 0.01 \times 12) + 1,000 = 1,120$만 원

B → 1,200만 원

C → $90 \times 12 = 1,080$만 원

ⓒ C상품이 가장 적다.

ⓔ 수리비 50만 원이 소요된다면 A는 1,120+50=1,170만 원, B와 C는 수리비를 은행에서 부담하므로 그대로 1,200만 원, 1,080만 원이 된다. 따라서 가장 저렴한 C상품이 A · B보다 유리하다(C<A<B).

8 ④

시간대별로 구역별 산양의 수는 다음 표와 같다.

시간대	A구역	B구역	C구역	D구역
09:08 ~ 09:10	17마리			
09:15 ~ 09:22	17마리			21마리
09:18 ~ 09:30	22마리	8마리		21마리
09:32 ~ 09:45	22마리	8마리	11마리	20마리
09:50 ~ 09:58	18마리	8마리	15마리	㉠ 20마리
10:00 ~ 10:04	㉡ 18마리	9마리	15마리	19마리
10:05 ~ 10:10	18마리	㉢ 9마리	12마리	22마리
10:11 ~ 10:15	18마리	11마리	㉣ 10마리	22마리

9 ④

해설　산양목장에서 키우는 산양의 총 마리 수는 10시 15분에 나온 산양의 숫자를 총 합하면 알 수 있다. A구역 18마리, B구역 11마리, C구역 10마리, D구역 22마리의 총 합계는 61마리이다.

10 ③

해설　③ 95,000 × 2 × 4 × 95% = 722,000원

오답　① 137,000 × 2 × 4 × 90% = 986,400원
　　　② 68,000 × 3 × 4 × 95% = 775,200원
　　　④ 137,000 × 4 + 68,000 × 4 = 820,000원
　　　⑤ A부장＋팀원 9명＝10명이지만 소형차와 중형차를 1대씩 대여하면 9명만 탈 수 있으므로 올바르지 않은 방법이다.

11 ⑤

해설　(가)는 환경분석 단계로 내부와 외부의 환경을 SWOT 분석을 통하여 파악해 본다.
　　　(나)는 경영전략 도출 단계로 조직, 사업이나 부분 등의 전략을 수립한다.
　　　(다)는 경영전략 실행 단계로 경영목적을 달성하는 단계이다.

12 ④

해설　ⓒ 마지막 문단에 따르면 리비아는 아랍연맹 회원국이다. 합의된 중동지역에는 아랍연맹 22개국과 비아랍국가인 이란, 튀르키예 등이 포함되므로 리비아는 이슬람지역에 속하면서 합의된 중동지역에도 속한다. 따라서 ㉠㉡㉣㉤가 내용과 부합한다.

13 ①

해설　㉡만 제시된 글의 내용과 부합한다.

오답　㉠ 첫 문단 마지막 부분에 따르면 딱딱한 조직을 가진 생물은 화석이 될 가능성이 크지만 어디까지나 이차적인 조건이라고 언급하고 있다. 또한 마지막 문단에서 퇴적물 속에 급속히 매몰되면 딱딱한 조직을 가지지 않은 해파리와 같은 생물도 화석으로 보존될 수 있다고 말하고 있으므로, 대부분의 생물이 딱딱한 조직을 가지고 있었다고 할 수는 없다.
　　　㉢ 마지막 문단에서 해파리 화석의 예를 들어 딱딱한 조직이 없는 고생물도 급속히 매몰되면 화석으로 보존될 수 있다고 언급하고 있다.
　　　㉣ 마지막 문단에 따르면 수중의 산소와 탄소에 의한 화학적인 분해를 막아 줄 가능성이 높아져서 화학의 수가 증가될 가능성이 있다.
　　　㉤ 두 번째 문단에 따르면 화석이 되기 위해서는 고생물이 진화·발전하여 개체수가 충분히 많아야 한다. 그러나 진화의 중간단계에 해당하는 고생물은 모집단에서 변이가 누적되어 서서히 나타나는 것이 아니라 모집단에서 이탈, 새로운 환경에 도전하는 소수의 개체 중에서 비교적 이른 시간에 급속하게 출현한다. 따라서 자연히 화석으로 남을 기회가 상대적으로 적은 것이다.

14 ③

㉠ 상석(上席)을 정함에 있어 나이는 많은데 직위가 낮으면 나이가 직위를 우선한다.
→ 이 경우, 나이보다 직위가 높은 사람이 상석에 앉게 된다.

㉣ 장갑, 부채와 같은 소형 휴대품은 테이블 위에 두어도 된다.
→ 핸드백이나 기타 휴대품은 식탁 위에 올려놓는 것은 금물이다. 핸드백은 의자의 등받이와 자신의 등 사이에 놓는 것이 원칙이다. 장갑, 부채와 같은 소형 휴대품은 어떤 경우에도 테이블 위에 두어서는 안 되며, 귀중품이 들어 있지 않은 비교적 큰 핸드백 종류는 바닥에 내려놓아도 된다.

㉇ 메뉴 판을 이해하기 어려울 때 웨이터에게 물어보는 것은 금기이며, 그날의 스페셜 요리를 주문하는 것이 좋다.
→ 메뉴 판을 이해하기 어려울 때는 웨이터에게 물어보거나, 그날의 스페셜 요리를 주문하는 것이 좋다.

15 ⑤

해설 ㉠ 국산맥주 소비량의 전년대비 감소폭은 $201.6 - 196.2 = 5.4$(만 kL)로 2014년이 가장 크다.

㉡ 2015년에 수입맥주 소비량은 전년대비 감소하였다.

㉢ 2020년 A국의 맥주 소비량 : $16.8 + 204.8 = 221.6$(만 kL) 이다.

㉣ $\frac{3.5}{198.3} \times 100 = 1.76\%$ 로 2%를 넘지 않는다.

16 ③

해설 ㉠ 총 학생의 평균 독서량은 乙의 독서량의 3배이므로, $2 \times 3 = 6$(권)

㉡ 甲의 독서량을 x라 하면, $\frac{x+2+6+4+8+10}{6} = 6$, ∴ $x = 6$(권)

㉢ 甲의 독서량이 전체에서 차지하는 비율 : $\frac{6}{6+2+6+4+8+10} \times 100 = 16.7\%$

17 ②

해설 (가) : $\frac{15,463}{21,886} \times 100 = 70.65 \rightarrow 70.7$

(나) : $\frac{11,660}{22,618} \times 100 = 51.56 \rightarrow 51.6$

(다) : $\frac{15,372}{21,699} \times 100 = 70.84 \rightarrow 70.8$

(라) : $\frac{11,450}{22,483} \times 100 = 50.92 \rightarrow 50.9$

18 ②

해설 2022년 취업자 : $15,372 + 11,450 = 26,822$

2022년 실업자 : $630 + 443 = 1,073$

2022년의 실업률 : $\dfrac{1,073}{26,822+1,073} \times 100 = 3.84 \rightarrow 3.8\%$

2023년 취업자 : $15,463 + 11,660 = 27,123$

2023년 실업자 : $627 + 437 = 1,064$

2023년의 실업률 : $\dfrac{1,064}{27,123+1,064} \times 100 = 3.77 \rightarrow 3.8\%$

19 ③

해설 주어진 조건에서 확정 조건은 다음과 같다.

B, F	A, ( )	C, D, E 중 2명
( )	甲	( )

그런데 세 번째 조건에서 乙은 C와 F에게 교육을 하지 않았다고 하였으므로 F가 있는 조와 이미 甲이 교육을 하는 조를 맡지 않은 것이 된다. 따라서 맨 오른쪽은 乙이 되어야 하고 B, F로 이뤄진 조는 丙이 교육할 수밖에 없다.

또한 이 경우, 乙이 C를 교육하지 않았다고 하였으므로 乙의 조는 D와 E가 남게 되며, C는 A와 한 조가 되어 결국 다음과 같이 정리될 수 있다.

B, F	A, C	D, E
丙	甲	乙

따라서 'C는 甲에게 교육을 받는다.'가 정답이 된다.

20 ①

해설 은행상품을 판매하는 것보다 SNS로 홍보를 하는 업무를 주로 진행하고 있다.

오답 ② Y 팀장의 작업 지시건에 작성된 것으로 해야 하는 업무이다.
③ 외부작업 진행을 확인하면 다음주 금요일 1시로 예정되어 있다.
④ Y 팀장이 작업을 지시한 업무를 연장근무에서 할 예정이다.
⑤ 외부작업 진행을 확인하면 디자인업체와 미팅은 미정으로 적혀있다.

21 ②

해설 자녀학비보조수당은 수업료와 학교운영지원비를 포함하며 입학금은 제외된다고 명시되어 있다.

오답 ① 위험근무수당은 위험한 직무에 상시 종사한 직원에게 지급된다.
③ 육아휴직수당은 휴직일로부터 최초 1년 이내에만 지급된다.
④ 초등학교 · 중학교 또는 고등학교에 취학하는 자녀가 있는 부부의 경우 한 쪽에만 지급한다고 명시되어 있다.
⑤ 육아휴직수당은 만 8세 이하의 자녀를 양육하기 위하여 필요한 경우 지급된다.

22 ②

해설 남자사원의 경우 '나', '바', '아'에 의해 다음과 같은 두 가지 경우가 가능하다.

	월요일	화요일	수요일	목요일
경우 1	D	C	B	A
경우 2	D	B	A	C

[경우 1]

乙은 수요일에 보낼 수 없고, B와 甲은 같이 보낼 수 없으므로 乙과 甲은 수요일에 보낼 수 없다. 또한 甲은 丙과 丁 이후에 보내야 하고, 乙은 丙 이후에 보내야 하므로 조건에 따르면 다음과 같다.

	월요일	화요일	수요일	목요일
남	D	C	B	A
여	丙	乙	丁	甲

[경우 2]

		월요일	화요일	수요일	목요일
	남	D	B	A	C
경우 2-1	여	丁	丙	甲	乙
경우 2-2	여	丙	丁	甲	乙
경우 2-3	여	丙	乙	丁	甲

문제에서 C와 乙을 같이 보낼 수 없다고 했으므로, [경우 1], [경우 2-1], [경우 2-2]는 해당하지 않는다. 따라서 [경우 2-3]에 의해 목요일에 보내야 하는 남녀사원은 C와 甲이다.

23 ②

해설 ISBN코드의 9자리 숫자는 893490490이다. 따라서 다음과 같은 단계를 거쳐 EAN코드의 체크기호를 산출할 수 있다.

㉠ 978 & 893490490 → 978893490490

㉡ $(9 \times 1) + (7 \times 3) + (8 \times 1) + (8 \times 3) + (9 \times 1) + (3 \times 3) + (4 \times 1) + (9 \times 3) + (0 \times 1) + (4 \times 3) + (9 \times 1) + (0 \times 3) = 132$

㉢ $132 \div 10 = 13 \cdots 2$

㉣ 나머지 2의 체크기호는 8

따라서 13자리의 EAN코드는 EAN 9788934904908이 된다.

24 ⑤

해설 조직 경영에 필요한 4대 요소는 경영목적(㉠), 인적자원(㉡), 자금(㉤), 경영전략(㉥)이다.
㉢은 마케팅에 관한 설명이며, ㉣은 회계 관리를 설명하고 있다.

25 ④

해설 (라) '이 제도'라는 것을 보아 앞에 제도에 대한 설명이 있음을 알 수 있다. 따라서 제시된 글의 바로 뒤에 와야한다. → (마) (라)에서 개념을 아는 것이 필요하다고 했으므로 뒤에는 설명이 시작됨을 알 수 있다. → (나) '또한'이라는 말을 통해 (마)의 이야기에 연결된다는 것을 알 수 있다. → 예산선과 무차별 곡선에 대한 이야기가 나오고, 특별한 조건이 없다면 이 둘의 접점에서 최적의 소비선택이 이루어진다고 말하고 있다. → '그런데' 이후는 (가)에서 제시된 특별한 조건에 해당한다.

26 ③

해설 'A'와 'B'가 번갈아 가면서 나타나므로 [A5] 셀에는 'A'가 입력되고 13.9에서 1씩 증가하면서 나타나므로 [B5] 셀에는 '17.9'가 입력된다.

27 ②

해설 전위 순회 방식 … 노드 방문 → 왼쪽 서브트리 방문 → 오른쪽 서브트리 방문

28 ④

해설 터미널 노드(단말 노드)는 자식이 없는 노드로 E, G, I, J, K, L, M 총 7개이다.

29 ③

해설 두 상품을 따로 경매한다면 A는 戊에게 50,000원에, B는 己에게 70,000원에 낙찰되므로 얻는 수입은 120,000원이다.

오답 ① 두 상품을 묶어서 경매한다면 최고가 입찰자는 己이다. 己가 낙찰 받는 금액은 120,000원으로 5% 할인을 해주어도 그 금액이 100,000원이 넘는다. 입찰자는 낙찰가의 총액이 100,000원을 초과할 경우 구매를 포기한다는 조건에 의해 己는 구매를 포기하게 되므로 낙찰자는 戊이 된다.
② 박 씨가 얻을 수 있는 예상 수입은 두 상품을 따로 경매할 경우 120,000원, 두 상품을 묶어서 경매할 경우 95,000원으로 동일하지 않다.
④ 두 상품을 따로 경매한다면 A의 낙찰자는 戊이다.
⑤ 입찰자는 낙찰가의 총액이 100,000원을 초과할 경우 구매를 포기한다.

30 ①

해설

〈시간관리 매트릭스〉

	긴급함	긴급하지 않음
중요함	ⓛ	ⓒⒽ
중요하지 않음	ⓔⓜ	ⓖ

31 ②

> **해설** 제시된 항목 중 직접비는 직원 급여, 출장비, 설비비, 자재대금, 임대료로 총액 4,300만 원이며, 간접비는
> 수도/전기세, 광고료, 비품, 직원 통신비로 총액 675만 원이다. 간접비는 직접비의 15%를 넘으면 안 되므
> 로 허용 비용은 645만 원이다.
>
> ② 출장비가 280만 원이 되면 직접비 총액이 4,380만 원이므로 직접비의 15%인 657만 원까지 가능하
>   다. 따라서 간접비용은 675만 원이므로 여전히 15%를 넘게 된다.

> **오답** ① 30만 원이 절약되므로 간접비는 직접비의 15% 이하가 된다.
> → 허용 비용 645만 원, 간접비 675 − 30 = 645만 원
> ③ 간접비가 35만 원 절약되므로 팀장의 지시 사항에 어긋나지 않게 된다.
> → 허용 비용 645만 원, 간접비 675 − 35 = 640만 원
> ④ 간접비 30만 원 절약되므로 팀장의 지시 사항에 어긋나지 않게 된다.
> → 허용 비용 645만 원, 간접비 675 − 30 = 645만 원
> ⑤ 직접비가 220만 원 상승하므로 팀장의 지시 사항에 어긋나지 않게 된다.
> → 부가세는 10%이므로 따라서 220만 원 상승, 허용 비용 678만 원, 간접비 675만 원

32 ④

> **해설** 완성품 납품 개수는 30 + 20 + 30 + 20으로 총 100개이다. 완성품 1개당 부품 A는 10개가 필요하므로
> 총 1,000개가 필요하고, B는 300개, C는 500개가 필요하다. 이때 각 부품의 재고 수량에서 부품 A는
> 500개를 가지고 있으므로 필요한 1,000개에서 가지고 있는 500개를 빼면 500개의 부품을 주문해야 한
> 다. 부품 B는 120개를 가지고 있으므로 필요한 300개에서 가지고 있는 120개를 빼면 180개를 주문해야
> 하며, 부품 C는 250개를 가지고 있으므로 필요한 500개에서 가지고 있는 250개를 빼면 250개를 주문해
> 야 한다.

33 ⑤

> **오답** ① WO전략 ② WO전략 ③ WT전략 ④ ST전략

34 ④

> **오답** ①② WO전략 ③ ST전략 ⑤ SO전략

35 ④

> **해설** 각 기업의 1단계 조건 충족 여부는 다음과 같다.

기업	사무실조건(25명/개 이하)	임원조건(15명/명 이하)	차량조건(100명/대 이하)	여유면적조건(650㎡ 이상)
A	26.4명/개 ×	10.2명/명 ○	44명/대 ○	950㎡ ○
B	22.9명/개 ○	26.7명/명 ×	80명/대 ○	680㎡ ○
C	24명/개 ○	17.1명/명 ×	120명/대 ×	140㎡ ×
D	24.3명/개 ○	12.1명/명 ○	85명/대 ○	650㎡ ○
E	22.5명/개 ○	13.5명/명 ○	67.5명/대 ○	950㎡ ○

36 ④

해설 예비 선정된 기업인 D, E 중 임원평균근속기간이 더 긴 D 기업이 최종 선정된다.

37 ⑤

해설 a = 0, b = 1 → 1
a = 1 + 1 = 2, b = 2 + 1 = 3 → 5
a = 3 + 1 = 4, b = 4 + 3 = 7 → 11
a = 7 + 1 = 8, b = 7 + 8 = 15 → 23

38 ②

오답 ① 노외주차장의 출구와 입구에서 자동차의 회전을 쉽게 하기 위하여 필요한 경우에는 차로와 도로가 접하는 부분을 곡선형으로 하여야 한다.
③ 출입구가 1개이며 45도 대향주차 형식의 이륜자동차전용 주차장이 아닌 노외주차장에는 너비가 5미터 이상인 차로를 설치해야 한다.
④ 지하식 노외주차장의 차로의 높이는 주차바닥면으로부터 2.3미터 이상이어야 한다.
⑤ 주차대수 규모가 50대 이상인 노외주차장의 경우에는 출구와 입구를 분리하거나 너비 5.5미터 이상의 출입구를 설치하여 소통이 원활하게 하여야 한다.

39 ②

해설 도리아 선법의 종지음은 '레'음이고 중심음은 이보다 5도 위의 음인 '라'음이다.

40 ⑤

해설 히포프리지아 선법은 '미'음을 종지음으로 갖는 프리지아 선법의 변격선법이다. 세 번째 문단에 따르면 변격선법은 상응하는 정격선법과 같은 종지음을 갖는다. 따라서 히포프리지아 선법의 종지음 역시 '미'음이다. 네 번째 문단에 따르면 변격선법에서는 짝을 이루는 정격선법의 중심음으로부터 3도 아래의 음이 변격선법의 중심음이 된다. 즉, 프리지아 선법의 중심음인 위의 '도'음에서 3도 아래인 '라'음이 된다. 이를 악보로 나타내면 ⑤와 같다.

41 ②

해설 레버가 모두 올라가 있으므로 오류값들의 평균을 구한다.
→ (1 + 5 + 7 + 9)/4 = 5.5
반올림을 하므로 6이 되어 경고 → 파란버튼을 누른다.
그러나 올라간 레버가 2개 이상이므로 빨간 버튼을 함께 누른다.

42 ①

해설 &와 0이 음영 처리가 되어 있는데 <조건>에 따라 음영이 반전되면 2, 5, 6, #에 음영이 처리된다. #은 2, 5는 무조건 음영 처리 되지 않는 것으로 판단하므로 오류값은 6, #이 된다. 레버 3개 중 2개만 아래로 내려가 있으면 오류값 중 가장 큰 수를 취하므로 6이 된다. 6이면 경고에 해당하는데 음영 처리된 오류값이 2개 이하이므로 안전이 된다. 그런데 계기판의 두 바늘이 겹쳐 있으므로 한 단계 격상되어 경고가 되고 노란버튼을 눌러야 하지만, 레버가 2개 이상이므로 초록버튼을 눌러야 한다.

43 ②

해설 화면에 '메모리 카드 공간이 충분하지 않습니다.'라는 문구가 떴을 때 취해야 할 방법은 불필요한 파일을 삭제한 후 편집기능을 실행하는 것이다.

44 ④

해설 캠코더 화면에 '쓰기를 실패하였습니다.'라는 문구가 뜰 경우 대처 방법
• 데이터 복구를 위해 기기를 껐다가 다시 켠다.
• 중요한 파일은 컴퓨터에 복사한 후 저장매체를 포맷한다.

45 ④

해설 ㉠ 2023년 甲국 유선 통신 가입자 $= x$
甲국 유선, 무선 통신 가입자 수의 합 $= x + 4{,}100 - 700 = x + 3{,}400$
甲국의 전체 인구 $= x + 3{,}400 + 200 = x + 3{,}600$
甲국의 2023년 인구 100명당 유선 통신 가입자 수는 40명이며 이는 甲국 전체 인구가 甲국 유선 통신 가입자 수의 2.5배라는 의미이다. 따라서 $x + 3{,}600 = 2.5x$이다.
$x + 3600 = 2.5x$
$10x = 25x - 36000$
$-15x = -36000$
$\therefore x = 2400$(만 명)
㉡ 乙국의 2023년 무선 통신 가입자 수는 3,000만 명이고 2024년 무선 통신 가입자 비율이 3,000만 명 대비 1.5배이므로 4,500만 명이다.
㉢ 2024년 丁국 미가입자 $= y$
2023년 丁국의 전체 인구 : $1{,}100 + 1{,}300 - 500 + 100 = 2{,}000$만 명
2024년 丁국의 전체 인구 : $1{,}100 + 2{,}500 - 800 + y = 3{,}000$만 명(2023년의 1.5배)
$\therefore y = 200$만 명
㉣ 乙국 $= 1{,}900 - 300 = 1{,}600$만 명
丁국 $= 1{,}100 - 500 = 600$만 명
$\therefore$ 3배가 안 된다.

46 ④

- 정가 : $500 \times (1 + \dfrac{x}{100})$

- % 할인 후 판매가 : $500 \times (1 + \dfrac{x}{100})(1 - \dfrac{x}{100})$

㉠ x%의 이윤을 남겨 10개를 판매한 금액

개당 이익 $= 500 \times \dfrac{x}{100}$

$\therefore\ 10 \times 500 \times \dfrac{x}{100} = 50x$

㉡ 정가에서 x% 할인하여 50개 판매한 금액

개당 손실 $= 500 \times (1 + \dfrac{x}{100})(1 - \dfrac{x}{100}) = 500 \times (1 - \dfrac{x^2}{10000}) = -\dfrac{x^2}{20}$

$\therefore\ 50 \times -\dfrac{x^2}{20} = -\dfrac{50x^2}{20} = -\dfrac{5x^2}{2}$

이때 이윤은 0이므로, $50x - \dfrac{5x^2}{2} = 0$이다.

따라서

$50x - \dfrac{5x^2}{2} = 0$

$x(50 - \dfrac{5x}{2}) = 0$

$50 - \dfrac{5x}{2} = 0$

$50 = \dfrac{5x}{2}$

$\therefore\ x = 20(\%)$

47 ④

A진영은 은하와 은하가 멀어질 때 그 사이에서 물질이 연속적으로 생성되어 새로운 은하들이 계속 형성되기 때문에, 우주가 팽창하지만 전체적으로 항상성을 유지하며 평균 밀도가 일정하게 유지된다고 보고 있다.

48 ①

사장의 일정에 관한 사항은 비서실에서 관리하나 비서실이 없는 회사의 경우 총무부(또는 팀)에서 비서업무를 담당하기도 한다. 또한 신입사원 관리 및 교육은 인사부에서 관리한다.

49 ④

지문에 제시된 진술을 다음과 같이 정리할 수 있다.
- 대리 1 : A or/and B
- 주임 1 : C + (D, E, F 중 1명)
- 주임 2 : not (B + D)
- 팀장 2 : A → C
- 대리 2 : E → F

A or/and B이고, 반드시 C를 위촉하므로 다음과 같은 경우의 수가 나온다.

A	B	C	D	E	F
O	O	O			
O	×	O			
×	O	O			

B를 위촉할 경우 D는 위촉할 수 없다.

A	B	C	D	E	F
O	O	O	×		
O	×	O			
×	O	O	×		

E를 위촉할 때 반드시 F를 위촉하면 어떤 경우이든 가능하다. 이를 통해 도출할 수 있는 경우는 다음과 같다.

경우	A	B	C	D	E	F
1	O	O	O	×	O	O
2	O	O	O	×	×	O
3	O	×	O	O	O	O
4	O	×	O	×	O	O
5	O	×	O	×	×	O
6	O	×	O	O	×	×
7	×	O	O	×	O	O
8	×	O	O	×	×	O

정은 "D와 E 중 적어도 한 사람은 위촉해야 한다"고 진술했는데 '경우 2, 5, 8'과 같이 D나 E를 위촉하지 않고 F만 위촉할 수도 있다.

오답
① 갑은 "총 3명만 위촉하는 방법은 모두 3가지"라고 했는데 참이다. (경우 5, 6, 8)
② 을은 "A는 위촉되지 않을 수 있다"고 했는데 참이다. (경우 7, 8)
③ 병은 "B를 위촉하기 위해서는 F도 위촉해야 한다"고 했는데 참이다. (경우 1, 2, 7, 8)
⑤ 무는 "D를 포함하여 최소인원을 위촉하려면 총 3명을 위촉해야 한다"고 했는데 참이다. (경우 6)

50 ②

해설 乙 : $170 \times 3 \times 0.8 + 72 \times 4 \times 1.2 = 753.6$

오답
① 甲 : $145 \times 3 + 72 \times 4 = 723$
③ 丙 : $110 \times 3 + 60 \times 5 \times 1.2 = 690$
④ 丁 : $100 \times 4 \times 0.8 + 45 \times 6 = 590$
⑤ 戊 : $75 \times 5 + 35 \times 6 \times 1.2 = 627$

1	2	3	4	5	6	7	8	9	10
⑤	⑤	③	③	④	④	②	③	④	④
11	12	13	14	15	16	17	18	19	20
①	④	④	②	③	①	④	②	②	③
21	22	23	24	25	26	27	28	29	30
③	③	④	①	①	②	③	③	③	④
31	32	33	34	35	36	37	38	39	40
③	⑤	①	①	④	②	⑤	③	③	④
41	42	43	44	45	46	47	48	49	50
④	④	⑤	②	④	⑤	②	④	②	①

1　⑤

해설　행사에 참여하는 총 인원은 대학생 597명(193명 + 174명 + 230명)에 담당자 세 명, 600명이다. 여기에 10%의 여유인원을 수용해야 하므로 최소 660명을 수용할 수 있는 은하수홀이 적절하다.

2　⑤

해설　조직이해영역이 선정된 경우, 나머지 하나의 선정된 영역이 의사소통영역이라면 의사소통영역이 채택된다.
나머지 하나의 영역이 문제해결영역이라면 조직이해영역이 최종 채택된다.
나머지 하나의 영역이 자원관리영역이라면 자원관리영역이 최종 채택된다.
따라서 조직이해영역이 최종 채택되기 위한 경우의 수는 나머지 하나의 영역이 문제해결영역인 경우밖에 없다.

3　③

해설　조직이해영역이 나머지 하나의 영역일 경우, 자원관리영역은 3 + 1 + 3 = 7점, 조직이해영역은 1 + 4 + 2 = 7점이 되어 재투표를 실시하게 된다. 문제해결영역과 함께 선정될 경우에는 자원관리영역이 반드시 채택되며, 자원관리영역과 함께 선정되어도 재투표를 통하여 최종 채택될 수 있으므로 경우의 수는 두 가지가 된다.

4　③

해설　F4셀의 수식은 =SUM(C4:E4)이며, G4셀의 수식은 =RANK(F$4:F$7)이다.

5 ④

해설 자기 공명 방식의 효율을 높이는 방법은 제시문에 나타나 있지 않다.

6 ④

해설 흡입력이 약해졌을 때의 조치방법이다.

7 ②

해설 로봇청소기가 충전 중이지 않은 상태로 아무 동작 없이 10분이 경과되면 자동으로 충전대 탐색을 시작한다. 충전대 탐색에 성공하면 충전을 시작하고 충전대를 찾지 못하면 처음위치로 복귀하여 10분 후에 자동으로 전원이 꺼진다.

8 ③

오답
① 충전이 되지 않을 때의 조치방법이다.
② 회전솔이 회전하지 않을 때의 조치방법이다.
④ 흡입력이 약해졌을 때의 조치방법이다.
⑤ 리모컨으로 작동시킬 수 없을 때의 조치방법이다.

9 ④

해설 $n=1$, $A=2$
$n=2$, $A=2^2$
$n=3$, $A=2^3$
$n=4$, $A=2^4$
∴ 출력되는 A의 값은 2^4이다.

10 ④

해설
• 4단계 → $10 - 3 = 7$
• 3단계 → 10으로 나누었을 때 나머지가 7이 되는 수
• 1단계

2	5	7	3	1	2	0	0	2	8	x	y
$\times 1$	$\times 3$	$\times 1$	$\times 3$	$\times 1$	$\times 3$	$\times 1$	$\times 3$	$\times 1$	$\times 3$	$\times 1$	$\times 3$
$=2$	$=15$	$=7$	$=9$	$=1$	$=6$	$=0$	$=0$	$=2$	$=24$	$=x$	$=3y$

• 2단계 → $2 + 15 + 7 + 9 + 1 + 6 + 2 + 24 + x + 3y = 66 + x + 3y$

① $10 \rightarrow 66 + 1 + 0 = 67 \rightarrow$ 10으로 나누었을 때 나머지가 7이 되는 수
② $23 \rightarrow 66 + 2 + 9 = 77 \rightarrow$ 10으로 나누었을 때 나머지가 7이 되는 수
③ $52 \rightarrow 66 + 5 + 6 = 77 \rightarrow$ 10으로 나누었을 때 나머지가 7이 되는 수
④ $68 \rightarrow 66 + 6 + 24 = 96 \rightarrow$ 10으로 나누었을 때 나머지가 6이 되는 수
⑤ $94 \rightarrow 66 + 9 + 12 = 87 \rightarrow$ 10으로 나누었을 때 나머지가 7이 되는 수

11 ①

해설 • 1단계

9	3	8	1	5	9	3	3	4	7	1	2
×1	×3	×1	×3	×1	×3	×1	×3	×1	×3	×1	×3
=9	=9	=8	=3	=5	=27	=3	=9	=4	=21	=1	=6

- 2단계 → $9+9+8+3+5+27+3+9+4+21+1+6=105$
- 3단계 → $105 \div 10 = 10 \cdots 5$
- 4단계 → $10 - 5 = 5$

따라서 체크기호는 5가 된다.

12 ④

해설 A 씨가 선택할 수 있는 방법은 총 세 가지이다.
- 오늘 상·하의를 모두 구입하는 방법(추가할인 적용)
  $(250,000 \times 0.7) \times 0.95 + 5,000 = 171,250$(원)
- 오늘 상의를 구입하고, 세일기간이 아닌 기간에 하의를 구입하는 방법(할인쿠폰 사용)
  $(100,000 \times 0.7) + (150,000 \times 0.6) + 10,000 = 170,000$(원)
- 오늘 하의를 구입하고, 세일기간이 아닌 기간에 상의를 구입하는 방법(할인쿠폰 사용)
  $(150,000 \times 0.7) + (100,000 \times 0.6) + 10,000 = 175,000$(원)

오답 ㉠ 가장 싸게 구입하는 방법은 오늘 상의를 구입하고, 세일기간이 아닌 기간에 하의를 구입하는 것이다.
ㄴ 상·하의를 가장 싸게 구입하면 17만 원의 비용이 소요된다.

13 ④

해설 체내 수분은 생태에 일어나는 생화학적 반응의 용매로서 작용할 뿐만 아니라 영양소의 운반·배출·분비, 삼투압 조절 및 체온 조절 등에 관여하고 혈량을 유지하는 데 필수적이며 체내 영양 공급 및 노폐물 배설에도 주요한 역할을 한다. 신체의 향상성 유지, 면역력 증진 등에도 도움이 된다.

14 ②

해설 K가 지불해야 하는 총비용은 1,000(경복궁) + 5,000(미술관) + 10,000(전망대) + 1,000(박물관) +1,000(지하철) × 2 = 19,000원이다.
K는 비용을 최소화하고자 하므로 할인받을 수 있는 내용을 살펴봐야 한다.
- 스마트 교통카드 : 서울타워 전망대에서 5,000원 할인, 지하철 2,000원 할인, 가격 1,000원을 지불해야 하므로 총 6,000원이 할인된다.
- 시티투어 A : 가격 3,000원을 지불하고, 지하철 2,000원과 경복궁, 전망대, 미술관, 박물관 입장료에서 30% 할인이 된다. 따라서 4,100원(7,100원 − 3,000원)이 할인된다.
- 시티투어 B : 경복궁, 전망대, 박물관이 무료이므로 12,000원이 할인되고 가격 5,000원을 지불해야 하므로 총 7,000원이 할인된다. 따라서 甲은 시티투어 B를 사용하고, 이때 지불할 관광비용은 12,000원 (19,000원 − 7,000원)이다.

15 ③

모네는 인상주의 화가로서 대상의 고유한 색은 존재하지 않는다고 생각했다. 그러므로 모네가 고유한 색을 표현하려 했다는 진술은 적절하지 않다.

16 ①

② 시시각각 달라지는 자연을 관찰 · 분석해 대상에 대한 인상을 그려 내는 화풍을 정립한 것은 세잔이 아니다.
③ 사물에 대해 최대한 정확히 묘사하기 위해 전통적 원근법을 독창적 방식으로 변용한 것은 세잔의 화풍이 아니다.
④ 대상에 대해 복잡한 형태로 추상화하여 대상에 대한 전체적인 느낌을 부각하는 방법을 시도한 것은 세잔의 화풍이 아니다.
⑤ 대상을 보이는 형태로 표현한 것은 모네의 화풍이며, 세잔의 화풍이 아니다.

17 ④

㉠ 정기예금은 저축성예금에 해당한다.
㉢ A는 단리, B는 복리가 적용된 정기예금 상품이다.

18 ②

시제품 B는 C에 비해 독창성 점수가 2점 높지만 총점은 같다.

19 ②

다른 나라에 진출한 타 기업 수 현황 자료는 '다른 나라와의 경제적 연대 증진'이라는 해외 시장 진출의 의의를 뒷받침하는 근거 자료로 적합하지 않다.

20 ③

丙 : 손해액 전액이므로 9천만 원

① 甲 : 6천만 원 $\times \dfrac{7천만 원}{1억 원} = 4,200$만 원

② 乙 : 손해액 전액이므로 8,000만 원

④ 丁 : 6천만 원 $\times \dfrac{9천만 원}{1억 원} = 5,400$만 원

⑤ 戊 : 8천만 원 $\times \dfrac{6천만 원}{6,400만 원} = 7,500$만 원

21 ③

해설 ㉠ 뚜껑과 도자기 몸체는 한 점으로 분류된다.
  ㉡ 파편을 찾을 수 없으면 결손이고 결손은 복원의 대상이 된다.
  ㉢ 재료만 동일하고 제작기법, 문양, 형태는 모두 다르다.
  ㉣ 한 쌍일 때도 한 점, 한 짝만 있을 때도 한 점으로 계산된다.
  ㉤ 파편이 발견되면 기존의 철불과 일괄로 한 점 처리된다.

22 ③

해설 23일 일요일 오후 1시 울릉도 도착, 24일 월요일 호박엿 만들기 체험, 25일 화요일 독도 방문, 26일 수
  요일 포항 도착

오답 ① 19일 수요일 오후 1시 울릉도 도착, 20일 목요일 독도 방문, 22일 토요일은 복귀하는 날인데 甲은
  매주 금요일에 술을 마시므로 멀미로 인해 선박을 이용하지 못한다. 또한 금요일 오후 6시 호박엿 만
  들기 체험도 해야 한다.
  ② 20일 목요일 오후 1시 울릉도 도착, 독도는 화요일과 목요일만 출발하므로 불가능
  ④ 25일 화요일 오후 1시 울릉도 도착, 27일 목요일 독도 방문, 28일 금요일 호박엿 만들기 체험은 오
  후 6시인데, 복귀하는 선박은 오후 3시 출발이라 불가능
  ⑤ 26일 수요일 오후 1시 울릉도 도착, 27일 목요일 독도 방문, 28일 금요일 호박엿 만들기 체험, 매주 금요일은
  술을 마시므로 다음날 선박을 이용하지 못하며, 29일은 파고가 3m를 넘어 선박이 운항하지 않아 불가능

23 ④

해설 A의 경우, 가시거리가 100m 이내이긴 하나 5시간 동안 강수량이 75mm이므로 시간당 15mm에 해당되며
  호우주의보 발령 단계가 된다. 따라서 1km 이내로 배달지역을 제한하는 것이 좋다.
  B의 경우, 24시간 적설량이 20cm을 넘어섰으므로 대설경보 단계이며 배달을 금지하는 것이 좋다.

24 ①

해설 이용 시 유의사항에 따르면 크기는 가로, 세로, 높이의 합이며, 한 변의 최대 길이는 100cm 이내에 한하
  여 취급한다. 또한 당일특급 우편물의 경우 크기 140cm 이내에 한하여 취급하므로, 당일특급 우편물 이
  용이 가능한 가장 큰 물건은 ①이다.

25 ①

해설 이용 시 유의사항에 따르면 중량/크기 중 큰 값을 기준으로 다음 단계의 요금을 적용한다. 이에 따라 각
  각의 이용요금을 계산하면 甲 8,500원, 乙 7,000원, 丙 7,500원, 丁 3,700원, 戊 8,000원이다.

26 ②

해설 '#,###,'이 서식은 천 단위 구분 기호 서식 맨 뒤에 쉼표가 붙은 형태로 소수점 이하는 없애고 정수 부분은 천
  단위로 나타내면서 동시에 뒤에 있는 3자리를 없애준다. 반올림 대상이 있을 경우 반올림을 한다. 2451648.81
  여기에서 소수점 이하를 없애주면 2451648이 되고, 그 다음 정수 부분에서 뒤에 있는 3자리를 없애주는데, 맨
  뒤에서부터 3번째 자리인 6이 5 이상이므로 반올림이 된다. 그러므로 결과는 2,452가 된다.

27 ③

해설 팬 인(Fan-In)은 특정 모듈로 들어오는 라인, 팬 아웃(Fan-Out)은 특정 모듈에서 나가는 라인을 의미한다. G 모듈의 팬 인은 2개(C, D), 팬 아웃은 2개(I, J)이므로 합은 4가 된다.

28 ③

해설 직원 50명 중에서 임의로 선택한 1명이 1년차 직원인 사건을 A, 주제 B를 고르는 사건을 B라 하면

$$p_1 = \mathrm{P}(B|A) = \frac{16}{24} = \frac{2}{3}, \quad p_2 = \mathrm{P}(A|B) = \frac{16}{30} = \frac{8}{15}$$

$$\therefore \quad \frac{p_2}{p_1} = \frac{\frac{8}{15}}{\frac{2}{3}} = \frac{4}{5}$$

29 ③

해설 ㈎ [C1] 셀의 수식 '=SUM(A1:B1)'를 채우기 핸들로 드래그하면, 상대주소는 변경되어야 하므로 [D1] 셀에 '=SUM(B1:C1)'이 복사되어 결과 값은 '50'이 출력된다.

㈏ [C1] 셀의 수식 '=SUM($A$1:B1)'를 채우기 핸들로 드래그하면, 절대주소는 변경되지 않으므로 [D1] 셀에 '=SUM($A$1:C1)'이 복사되어 결과 값은 '60'이 출력된다.

30 ④

해설 김영태는 병가로 인한 휴직이므로 '기타'에 속해야 한다.

31 ③

해설 생일인 경우에는 상품권 5만 원을 지원한다.

32 ⑤

해설 특정한 범위에서 지정한 조건(2개 이상)에 만족하는 개수를 구하기 위해 =COUNTIFS(비교대상1,"조건식",비교대상2,"조건식",…)함수를 사용한다. 날짜가 2022-03-26이면서 200건 이상의 출고 수량만 구하려고 한다면 B2:B19,F2,D2:D19 범위에서 ">=200"으로 설정해야 한다.

33 ①

해설

종류	타입	종류	타입
문자	char		unsigned short
부호가 없는 문자형	unsigned char	부호가 없는 정수형	unsigned int
	short		unsigned long
	int		unsigned longlong
정수	long		float
	longlong	실수	double
			long double

34 ①

㉠ 성인 4명(28,800 × 4) + 청소년 3명(18,800 × 3) = 171,600원
5인 입장권 구매 시 = 162,600원
㉡ 성인 6명(25,800 × 6) + 청소년 2명(17,800 × 2) × 평일 10% 할인 = 171,360원
5인 입장권 구매 시 = 186,400원
㉢ 성인 5명(28,800 × 5) + 청소년 2명(18,800 × 2) × 주말 통신사 15% 할인 = 154,360원
5인 입장권 구매 시 = 162,600원
㉣ 성인 5명(25,800 × 5명) + 어린이 1명(13,800) × 평일 10% 할인 = 128,520원
5인 입장권 구매 시 = 138,800원

35 ④

① 체육경기를 목적으로 관내 동호회가 휴일에 체육관을 대관한 것으로, 4시간 기준 대관료 90,000원에 1시간 초과 대관료 18,000원을 더하여 108,000원의 대관료를 지불해야 한다.
② 시 주최의 행사가 있을 시에는 시행사 우선으로 대관 예약이 취소될 수 있다.
③ 음향시설 사용료는 시간당 만 원으로, 대관료와 함께 지불해야 할 부대시설 사용료는 2만 원이다.
⑤ 여성배구와 줌바댄스 프로그램의 수강료는 각각 3만 원으로 2개 프로그램을 모두 수강하는 사람은 수강료로 6만 원을 지불해야 한다.

36 ②

재작년과 작년에 적립된 마일리지를 구하면 다음과 같다.
• 재작년 : 45 × 12 = 540, 540 × 40 = 21,600
• 작년 : 65 × 12 = 780, 780 × 50 = 39,000
총 60,600마일리지
올해의 카드 결제금액이 월 평균 60만 원이라면, 60 × 12 = 720, 720 × 50 = 36,000이 되어 총 96,600 마일리지가 되므로 120,000마일리지가 필요한 광주 일등석을 이용할 수 없다.

① 80 × 12 = 960, 960 × 70 = 67,200마일리지이므로 총 127,800마일리지로 제주 일등석을 이용할 수 없다.
③ 60,600마일리지가 되므로 울산 일반석을 이용할 수 없다.
④ 70 × 12 = 840, 840 × 70 = 58,800마일리지이므로 총 119,400마일리지로 제주 프레스티지석 이용이 가능하다.
⑤ 30 × 12 = 360, 360 × 40 = 14,400마일리지이므로 총 75,000마일리지로 울산 프레스티지석을 이용할 수 없다.

37 ⑤

'세단대기'는 세단할 문서를 문서투입구에 넣을 준비가 되어 있는 상태를 나타내므로 조치를 취해야 함을 알리는 나머지 OLED 표시부 표시들과는 성격이 다르다.

① 문서가 과도하게 투입된 경우이다.
② 파지함에 파지가 꽉 찼거나 파지 감지스위치에 이물질이 쌓여있는 경우이다.
③ 과도한 투입 및 장시간 연속동작의 경우이다.
④ 프런트 도어를 열고 파지함을 비워야 하는 경우이다.

38 ③

해설 절전모드 실행 중에는 전원버튼을 눌러 켠 후 문서를 넣어 사용할 수 있으므로 정상 작동하지 않는 원인이라고 볼 수 없다.

39 ③

해설 A는 주택소유자로서 소득인정액이 중위소득의 40%이므로 중위소득 35% 이상 43% 미만에 해당하여 총 보수비용의 80%를 지원받는다. 甲주택은 지붕의 수선이 필요하므로 주택보수비용 지원 내용에 따라 950만 원이 지원된다.
따라서 A가 지원받을 수 있는 주택보수비용의 최대 액수는 950만 원의 80%인 760만 원이 된다.

40 ④

해설
㉠ $\dfrac{\text{올해 값} - \text{전년 값}}{\text{전년 값}} \times 100 = \dfrac{15,300}{81,708} \times 100 = 18.7(\%)$

㉢ $\dfrac{\text{총지출}}{\text{총수입}} \times 100 = \dfrac{78,951}{81,708} \times 100 = 96.6(\%)$

㉣ $\dfrac{\text{급여비}}{\text{보험료}} \times 100 = \dfrac{76,713}{79,045} \times 100 = 97.0(\%)$

㉡ $\dfrac{\text{올해 값} - \text{전년 값}}{\text{전년 값}} \times 100 = \dfrac{6,753}{83,466} \times 100 = 8.8(\%)$

㉤ (나)$= 97.0(\%)$, (다)$= \dfrac{83,466}{87,256} \times 100 = 95.7(\%)$ ∴ 192.7

41 ④

해설 P도시에서 Q도시로 가는 길은 3가지이고, Q도시에서 R도시로 가는 길은 2가지이므로, P도시를 출발하여 Q도시를 거쳐 R도시로 가는 방법은 3 × 2 = 6가지이다.

42 ④

해설 제품 중 향이 가장 좋은 제품은 D, E이며, 윤기가 더 좋은 제품은 D이다.

43 ⑤

해설
㉠ 고속도로에서 갓길로 통행한 승합자동차 차주에게 부과되는 과태료 : 10만 원
㉡ 12세인 동승자에게 좌석안전띠를 매도록 하지 않은 운전자에게 부과되는 과태료 : 6만 원
㉢ 제한속도를 30km/h 초과한 3톤 화물자동차 차주에게 부과되는 과태료 : 7만 원
㉣ 규정을 위반하여 3시간 주차한 5톤 화물자동차97 차주에게 부과되는 과태료 : 6만 원
따라서 과태료의 총합은 29만 원이다.

44 ②

일	월	화	수	목	금	토
		1	2	3	4	5
6	7	8	9	10	11	12
13	14	15	16	17	18	19
20	21	22	23	24	25	26
27	28	29	30			

해외에서 제품 판매는 국내 판매 이후이므로 15일부터 가능하지만 16일에 전체 회의가 있으므로 17일부터 출장을 갈 수 있다. 또한 경영 팀에게 보고를 해야 하는데 25일부터 경영팀이 채용준비로 보고를 받지 못하므로 24일까지 보고를 해야 한다. 이때, 보고서를 작성하는데 하루가 소요되므로 22일까지는 도착을 해야 한다. 따라서 출장을 다녀올 수 있는 날은 17~22일이며 주말에 출발·도착하지 않는다고 했으므로 甲은 18일에 출발을 했다.

45 ④

甲은 18일에 출발을 하여 21일에 도착을 하고 22일, 23일에 보고서를 작성하였다. 따라서 개발팀이 보고서를 받은 날은 24일이며 24일은 목요일이다.

46 ⑤

구분	빵	케이크	쿠키	마카롱	알레르기
C	O	X	O	X	O
D	X	O	X	O	O
F	X	X	O	O	X

F는 쿠키와 마카롱을 먹었지만 알레르기가 발생하지 않았으므로 쿠키와 마카롱은 원인에서 제외된다. C와 D의 경우 쿠키와 마카롱을 제외하면 빵과 케이크가 알레르기의 원인이 된다.

47 ②

11월 12일 황보경(3조)은 오전근무이다. 1조는 바로 전날 야간근무를 했기 때문에 대체해줄 수 없다. 따라서 이가희가 아닌 우채원(3조 조장)이 황보경의 업무를 대행한다.

48 ④

11월 20일 김희원(3조)은 야간근무이다. 1조는 바로 다음 날 오전근무를 해야 하기 때문에 대체해줄 수 없다. 따라서 임채민이 아닌 우채원(3조 조장)이 김희원의 업무를 대행한다.

49 ②

해설

	김부장	최과장	오과장	홍대리, 박사원
외국어 성적	25점	25점	40점	근무경력이 5년 미만이므로 선발 자격이 없다.
근무 경력	20점	20점	14점	
근무 성적	9점	10점	9점	
포상	10점	20점	0점	
계	64점	75점	63점	

50 ①

해설

	김부장	최과장	오과장	홍대리, 박사원
외국어 성적	20점	20점	32점	근무경력이 5년 미만이므로 선발 자격이 없다.
근무 경력	40점	28점	20점	
근무 성적	9점	10점	9점	
포상	5점	10점	0점	
계	74점	68점	61점	

가볍게! 빠르게! 확인하는 용어사전 시리즈

가볍게! 빠르게! 한눈에 보는 시사용어사전 1228

- 공기업 / 언론사 / 기업체 / 공무원 채용대비에 필요한 시사용어 수록
- 분야별로 구성으로 최신·중요 시사용어 총 1228개 수록
- 자가진단 TEST 및 십자말 풀이, 파트별 실력 점검퀴즈로 이해도와 응용력 강화
- 한눈에 확인할 수 있는 시리즈, 상식을 통해 폭넓은 지식 확장

상식연구소 편저

가볍게! 빠르게! 한눈에 보는 경제용어사전 1050

- 금융권 / 공기업 / 언론사 / 기업체 / 공무원 채용대비에 필요한 경제용어
- 사전식 구성으로 최신·중요 경제용어 총 1050개 수록
- 자가진단TEST 및 십자말 풀이, 파트별 실력점검 퀴즈로 이해도와 응용력 강화

상식연구소 편저

가볍게! 빠르게! 한눈에 보는 부동산용어사전 1310

- 2024년 제35회 공인중개사 출제 용어 수록
- 부동산학개론 / 민법 및 민사특별법 / 중개실무법 / 부동산공시법
- 부동산 세법 / 부동산업 용어 총 1310개 수록
- 자가진단TEST 및 십자말 풀이, 파트별 실력점검 퀴즈로 이해도와 응용력 강화

상식연구소 편저

시사용어사전 | 경제용어사전 | 부동산용어사전

시사용어사전 1228

매일 접하는 각종 기사와 정보! 공기업/언론사/기업체/공무원 채용을 준비하는 수험생과
현대인이 꼭 알아야 할 최신 시사상식을 쏙쏙 뽑아 이해하기 쉽도록 영역별로 정리

경제용어사전 1050

주요 경제용어는 거의 다 실었다! 금융권/공기업/언론사/기업체/공무원 채용을 준비하기 전에,
경제 공부를 시작하기 전에 읽어보면 경제가 쉬워지도록 사전식으로 구성

부동산용어사전 1310

부동산에 대한 이해를 높이고 부동산의 개발과 활용, 투자 및 부동산 용어 학습에도
적극적으로 이용할 수 있는 교재, 공인중개사 출제용어도 수록